中华传世藏书　图文珍藏版

国学经典文库

邹博◉主编

线装書局

图书在版编目（CIP）数据

道学经典／邹博主编 .-- 北京：线装书局，
2011.7 (2022.3)

（国学经典文库）

ISBN 978-7-5120-0378-1

Ⅰ．①道… Ⅱ．①邹… Ⅲ．①道教②道家 Ⅳ.
① B95 ② B223

中国版本图书馆CIP数据核字（2011）第122927号

国学经典文库

主　　编：邹　博

责任编辑：崔建伟　高晓彬

出版发行：**线 装 書 局**

　　　　　地　　址：北京市丰台区方庄日月天地大厦 B 座 17 层(100078)

　　　　　电　话：010-58077126(发行部)010-58076938(总编室)

　　　　　网　　址：www.zgxzsj.com

经　　销：新华书店

印　　制：北京彩虹伟业印刷有限公司

开　　本：787×1092 毫米　1/16

印　　张：336

字　　数：3800 千字

版　　次：2022 年 3 月第 1 版第 2 次印刷

印　　数：3001-9000 套

线装书局官方微信

定　　价：4680.00 元（全十二卷）

道学经典

国学经典文库　图文珍藏版

邹博◎主编

线装书局

卷首语

　　道学文化与儒家文化是我国地地道道、土生土长的两大文化传统。道学肇始于黄、老、庄的思想学说,其所建构的"玄之又玄"的形而上道体哲学,不仅成为中国思辨哲学的源头和主流,而且渗透到百姓日用的各个领域,成为建构中华民族文化的重要的智慧源泉。

　　用现代哲学技术解读道学思想,我们知道,古代道学的"道"其实并不是隐秘的存在,而是与我不可分割的真实存在态。"道"法自然,所谓天不在,"道"亦不在;我不在,"道"也不在,这就是古代中国先哲认识的"天人合一"之"道"。用现代人的知识来看,"道"类似光的波粒二象性存在,散为"气",聚为"器",而且是一种"力""气",具有能量。所谓的"德",为"式",也即"道"之必然形式。我们可以认为,"道"是"天象"之全息,无时无处不在,与人"心"相通,是可以由意识直观感知的"无意识"之在。

　　道学的渊源很久远,从人类利用自身的智慧创造图形,演绎一个很久远的图腾,那就是伏羲立道的象形学说,远古最有智慧的鼻祖就是伏羲作为华夏人群智慧的代表,传说中的伏羲是人首蛇身,依照传说中伏羲的形象创造出了"道",道字中的"首"是伏羲的头,辶字旁,就是伏羲的躯干,更形象的记载着人类的智慧伏羲也就是"道"。

　　道学被很多的新出学说借用后,赋予神秘、赋予万能,辞藻修饰后,使人们不能够正确的认识,看不清"道"的真正含义,道就是智慧。

　　有"道"之士,有了"慈爱"之心,就能够以"百姓之心为心",将天下人的幸福与快乐当作自己的追求,善于调和一切"太极图"的矛盾纷争,将天下人一视同仁,不分贵贱,不计恩仇,兼爱无私。正因为有了这份仁慈博爱之心,才能够勇于作为,为天下幸福谋求福祉。

目　　录

老子

【导语】

《老子》自问世以来,注者蜂起,众说纷纭。由于《老子》表述含蓄隐讳,正言若反,以辩证思维揭示了普遍存在于自然、社会、人事的矛盾对立转化规律,因此,触动了不同的学科领域,产生了广泛的社会联想。所以,《老子》一书,有说是权谋之书,有说是兵法之书,有说是气功之书;而后来的道教甚至将《老子》列为《道藏》诸经之首,又成为宗教之书,并且各有注本、专书广为传播。

其实,老子生活在战国,与百家诸子一样,关注的都是天下、国家、社会、民生的诸多现实问题。不同的是,他提出了道的哲学观念,借助天道,统辖人道,在杨朱理论的基础上,进一步论述阐发慈爱贵柔,俭啬收敛,谦下不争,反对圣智仁义,主张无为而治,以达到贵生为我、韬晦自保、否定传统、顺应自然的目的,建立了自己独特的道家理论体系。因此,《老子》虽然论述规律,并非权谋之书;《老子》明确反对战争,并非兵法之书;《老子》讲解修身之道,并非气功之书;《老子》完全否定天命,更不是宗教之书。但是,从阐述矛盾对立转化的客观规律来说,《老子》又与上述诸多领域所论述的问题密

老子像

切联系。我们认为,从表述的内容、构建的理论来看,《老子》在本质上是先秦道家的一部代表性著作。至于《老子》的文句和思想被其他学科领域引用发挥,那是另外的问题了。

既然如此,我们必须把《老子》放在战国时期特定的历史环境中去认识考察,切实从《老子》文本出发研究问题,理解意义,既要实事求是地肯定其思想成果,又要认真分析其时代局限,进而汲取有益的思想营养,弘扬优秀的传统文化。

上　篇

一章(论道)

【题解】

本章是道的总论,也是全书的总纲。

道,是老子提出的一个重要哲学观念,是贯穿于全书的一条思想纽带。老子认为,道体非常玄妙幽深、蕴涵非常宽泛丰富,人们对道并非生而知之,而是后天逐步进行探索、认识,才能有所了解、感悟,因此是可以阐述和说解的。但是,人们的探索是渐进的,认识是主观的,阐述是非系统的,说解是有局限的,与作为客观本体的道的玄妙幽深和丰富内涵还有相当距离,并不等于道所具有的全部内涵、外延、情态和性状,要想全面彻底地掌握道的真知,还需要一个长期不断的探索过程,所以说,"道可道,非常道"。

同样,既然道本无名,道是由人们勉强命名的,那么,所命之名只是仅就道的某一特征为理据,或大或逝,或远或反,都不足以完全概括道的内涵、外延、情态和性状,所以说,"名可名,非常名"。

【原文】 道可道,非常道①;名可名,非常名②。无③,名天地之始④;有⑤,名万物之母⑥。故常无,欲以观其妙⑦;常有,欲以观其徼⑧。

此两者,同出而异名,同谓之玄⑨。玄之又玄,众妙之门⑩。

【注释】 ①道可道,非常道:道是可以阐述解说的,但是并非完全等同于浑然一体、永恒存在而又运动不息的那个大道。前一"道",名词,指浑然一体的宇宙本体、永恒存在的天地万物之源、运动不息而又对立转化的规律和法则。后一"道",动词,阐述,解说。常道,指浑然一体、永恒存在、运动不息的大道。②名可名,非常名:道名也是可以命名的,但是并非完全等同于浑然一体、永恒存在、运动不息的道之名。前一"名",名词,道之名。后一"名",动词,命名,称谓。常名,指浑然一体、永恒存在、运动不息的道之名。③无:指道。④天地之始:天地的本初。⑤有:指由道而产生的万物。⑥万物之母:万物的本原,即无名之道是天地的本初,天地混沌初开,然后有万物的产生,才能制名,而道正是天下初始和万物产生的源头和动力,即母体。⑦欲:将。妙:微妙。⑧徼:边际。⑨玄:玄妙幽深。⑩众妙之门:天地万物变化的总源头。

【译文】 道是可以阐述解说的,但是并非完全等同于浑然一体、永恒存在、运动不息的大道;道名也是可以命名的,但是并非完全等同于浑然一体、永恒存在、运动不息的道之名。

无,称天地的初始;有,称万物的本原。

因此,从常无中,将以观察道的微妙;从常有中,将以观察道的边际。

这无、有二者,同出于道而名称不同,都可谓玄妙幽深。玄妙而又玄妙,正是天地万物变化的总源头。

二章(治国)

【题解】

本章讲述了相反相成、互相转化的道理,重在治国。

美—恶、善—不善、有—无、难—易、长—短、高—下、音—声、前—后等,都是相反相成的概念,离开前者则后者不存在,离开后者则前者不成立,在互相对立中互相依赖,互

相补充;同时,二者的关系又不是绝对的,比较而言,可以转化,这是来于自然的重要启示,是道的永恒规律。圣人正是掌握了这个规律,因此,"处无为之事,行不言之教",一切顺应自然的发展,而不加入自己的意志和私欲。只有"不为始""弗有""弗恃""弗居",才能得到"不去"的结果。这种"功成而弗居"的不争思想,有利于治国。

【原文】 天下皆知美之为美,斯恶已①;皆知善之为善,斯不善已。

有无相生②,难易相成③,长短相形④,高下相倾⑤,音声相和⑥,前后相随⑦,恒也⑧。

是以圣人处无为之事⑨,行不言之教⑩;万物作而弗始⑪,生而弗有⑫,为而弗恃⑬,功成而弗居⑭。夫唯弗居,是以不去⑮。

【注释】 ①斯恶已:就显露出丑了。斯,则,就。恶,丑陋,与美相反。已,表肯定的语气词,相当于"了"。②相生:互相依存。生,存。③相成:相反相成。成,成就。④形:比较,显现。⑤倾:侧,依靠。⑥音声相和:音与声互相和谐。音,组合音。声,始发声。和,和谐。⑦随:跟随。⑧恒:永恒。⑨圣人处无为之事:圣人用无为的方式处事。圣人,老子所理想的具有道行的统治者。无为,不妄为,顺其自然,无为而治。⑩不言:不用言词,不用发号施令。⑪万物作而弗始:万物兴起而不首倡。作,兴起。始,首倡。⑫有:占有。弗:今本作"不"。⑬恃:倚仗,依赖。⑭居:当,任,据。⑮去:离。与"居"相反。

【译文】 天下都知道美之所以为美,就显露出丑了;都知道善之所以为善,就显露出不善了。

有与无互相依存,难与易相反相成,长与短互相比较,高与下互相依靠,音与声互相和谐,前与后互相跟随,这是永恒的现象。

因此,圣人用无为的方式处事,实行不言的教化;万物兴起而不首倡,生养万物而不占有,培育万物而不倚仗,功业成就而不居功。正因为不居功,因此他的功业不会泯没。

三章(治国)

【题解】

本章阐发无为而治的思想,重在治国。

老子认为,现实社会中统治者崇尚贤能、占有珠宝、炫耀物欲,是扰乱人心、造成动乱的根源,因此,必须坚决杜绝。所以,圣人治理天下,只关心百姓的饮食身体,要削弱百姓的精神意志,使聪明人都不敢有所作为,这样,没有奸诈和贪欲,回归到质朴淳厚的状态,才能无为而治。

历来认为,老子鼓吹愚民思想,其实他是反对现实社会的物欲横流和道德沦丧,因此主张消除奸诈智慧和贪婪私念,即所谓"虚其心""弱其志",认为恢复纯朴的民风,国家才能大治,这正是老子的社会政治理想。

【原文】 不尚贤①,使民不争;不贵难得之货②,使民不为盗;不见可欲③,使民心不乱。

是以圣人之治,虚其心④,实其腹⑤,弱其志⑥,强其骨⑦。常使民无知无欲⑧,使夫智

者不敢为也⑨。为无为⑩,则无不治。

【注释】 ①尚贤:崇尚贤能之人。贤,贤能之人。"尚贤"是墨家的主张。②难得之货:指珠玉宝器。③不见可欲:不炫耀贪欲的事物。见,同"现",显现,炫耀。可欲,贪欲的事物。④虚:空虚而无欲。⑤实:充实,满足。⑥弱:削弱,减损。⑦强:增强,强健。⑧无知无欲:没有心智,没有欲望。⑨不敢为:不敢有所作为。⑩为无为:以无为的方式行事,即以顺应自然的方式处理事务。

【译文】 在上者不崇尚贤能之人,使百姓不争夺;不珍贵难得的财货。使百姓不为强盗;不炫耀贪欲的事物,使百姓思想不惑乱。

因此,圣人治理天下,要空虚百姓的心灵,满足百姓的饮食,削弱百姓的意志,强健百姓的筋骨。永远使百姓没有奸诈的心智,没有贪婪的欲望,使那些聪明的人不敢有所作为。用无为的方式处理事务,那么天下就没有不大治的。

四章(论道)

【题解】

本章指出道空虚深邃,用之不竭,重在论道。

道深邃而隐秘,无形而实存。作为万物的宗主,早在天帝之前已经产生,是天地之始,万物之母,本初元尊,至高无上,实为宇宙自然的本体和规律。

【原文】 道冲①,而用之或不盈②。渊兮③,似万物之宗。(挫其锐,解其纷,和其光,同其尘④。)湛兮⑤,似或存⑥。

吾不知谁之子,象帝之先⑦。

【注释】 ①冲:本为"盅"。引申为空虚。②不盈:不盈满。盈,充盈,充实。③渊:深邃。④此四句疑为《五十六章》错简重出,当删。上面"渊兮"句当与"湛兮"句相对成文。⑤湛:没,隐秘。⑥或:有。⑦象帝之先:好像在天帝之前。象,好像。帝,天帝。

【译文】 道是空虚的,然而使用它或许不会穷尽。深邃啊! 好像万物的宗主;隐秘啊! 又好似实有而存在。

我不知道它是谁家之子,好像是在天帝之前。

五章(治国)

【题解】

本章讲述天地不仁的道理,重在治国。

天地按照自己的规律运行,春夏秋冬,雨雪风霜,无爱无憎,无恩无怨,公平对待万物;圣人也按照天道的规律治国,顺应自然,清静无为,无爱无憎,无恩无怨,公平对待百姓。正如《五十六章》曰:"故不可得而亲,不可得而疏;不可得而利,不可得而害;不可得而贵,不可得而贱。故为天下贵。"如此则天道运行,空虚而永不衰竭,循环而永不止息。

而现实社会中统治者却发号施令,横征暴敛,穷兵黩武,生灵涂炭,表面上有所作为,实际

上胡作非为,因为违背了天道规律,所以屡次失败,应该回到虚静无为的天道规律上来。显然,老子反对多言,多言即有为;主张不言,不言即无为。这种思想贯穿于全书。

【原文】 天地不仁①,以万物为刍狗②;圣人不仁,以百姓为刍狗。

天地之间,其犹橐籥乎③?虚而不屈④,动而愈出。

多言数穷⑤,不如守中⑥。

【注释】 ①仁:指儒家的仁爱,源自家族血缘的孝悌之亲,即等差之爱。②刍狗:用草扎成的狗,用来作为祭品。天地对于万物也是无憎无爱,顺应自然,按照规律运行,因此,"万物为刍狗"。③橐籥:风箱。由两部分构成,橐,装气的口袋;籥,通气的竹管。④屈:竭,尽。⑤多言数穷:政令繁多而屡次失败。"多言"与"不言"相反,指政令繁多。数穷,屡次失败。⑥守中:持守虚静。

【译文】 天地没有偏爱,把万物像刍狗一样对待,全凭万物自然生长;圣人没有偏爱,把百姓像刍狗一样对待,全靠百姓自己成长。

天地之间,岂不像风箱吗?空虚却不竭尽,鼓动起来风吹不息。

政令繁多而屡次失败,还不如坚守空虚无为。

六章(论道)

【题解】

本章以谷神为喻,赞美大道,重在论道。

老子认为,道如同谷神、玄牝——微妙的母体、天地的根本,空虚不盈,永不停息,孕育和生养了万物;生生不已,绵延不绝,运动不止而不知辛劳。这是对道的赞美,也是对伟大母性的颂歌!

【原文】 谷神不死①,是谓"玄牝"②。玄牝之门,是谓天地根。绵绵若存③,用之不勤④。

【注释】 ①谷神:谷,养。"谷神"即指道——生养天地万物的神灵。②玄牝:微妙的母体。③绵绵若存:绵延不绝好像永远存在着。④勤:辛劳,倦怠。

【译文】 道——生养天地万物的神灵永远不停息,这是微妙的母体。微妙的母性之门,就是天地的根源。绵延不绝好像永远存在,运行而不知倦怠。

七章(修身)

【题解】

本章由天地不自生,阐发了谦下思想,重在修身。

表面上,"不自生"与"长久"是互相矛盾的;实际上,"不自生"与"长久"是密切相关的,如果自生就必然不长久。同样,要想"身先",必须"后其身";要想"身存",必须"外其身",这就是矛盾对立转化的辩证法。老子认识到这个谦下的法则,所以说:"以其无私,故能成其私。"

【原文】 天长地久。天地所以能长且久者,以其不自生①,故能长生②。是以圣人后其身而身先③,外其身而身存④。以其无私,故能成其私⑤。

【注释】 ①不自生:不为自己而生。②生:当作"久",与前文相应。③后其身而身先:把自身置于众人之后,却能得到大家的推崇而占先。④外其身而身存:把自身置之度外,却能保存自己。⑤成其私:成就自己。

【译文】 天地是长久存在的。天地所以能够长久存在,是因为天地不为自己而生,所以能够长久。

因此,圣人把自身置于众人之后,却能得到大家的推崇而占先;把自身置之度外,却能保存自己。因为他无私,所以能够成就自己。

八章(修身)

【题解】

本章以水为喻,论述谦下不争之道,重在修身。

水,柔静温和,滋养万物,从不争夺,甘于卑下,这正与天道相吻合。因此,老子认为,最好的人应该像水一样为人处世,才能没有过错。所以,老子将谦下不争,视为立身之本。

【原文】

上善若水①。水善利万物而不争,处众人之所恶②,故几于道③。

居善地④,心善渊⑤,与善仁⑥,言善信⑦,政善治⑧,事善能⑨,动善时⑩。

夫唯不争,故无尤⑪。

【注释】 ①上善若水:上善之人如同水一样。②所恶:厌恶的地方。指低洼之处。③几于道:近于道。④居善地:居住低洼之地。《三十九章》曰:"贵以贱为本,高以下为基。"《六十六章》又曰:"江海所以能为百谷王者,以其善下之。"因此,低洼之地就是善地。⑤心善渊:思虑深邃宁静。⑥与善仁:交接善良之人。⑦言善信:说话遵守信用。⑧政善治:为政精于治理。⑨事善能:处事发挥特长。⑩动善时:行动把握时机。⑪尤:过失。

【译文】 上善的人如同水一样。水滋养万物而不与之争夺,汇聚在人们厌恶的低洼之地,因此,近于大道。

他居于低洼之地,思虑深邃宁静,交接善良之人,说话遵守信用,为政精于治理,处事发挥特长,行动把握时机。

正因为不争夺,所以没有过失。

九章(养生)

【题解】

本章论述俭啬自保之道,重在养生。

贪图禄位，私欲满盈，就会贻害无穷，因为，物壮则老，盛极则衰。恃才傲物，锋芒毕露，就会受到挫折，因为，众叛亲离，不能长保。金玉是难得之货，必然引起争夺；富贵是众人所求，必然招致祸患。所以，只能功成身退，敛身自保，才是正确的养生之道，这就如同大自然四季交替、周而复始的运行规律一样。

【原文】 持而盈之^①，不如其已^②；揣而锐之^③，不可长保。金玉满堂，莫之能守^④；富贵而骄，自遗其咎^⑤。功遂身退，天之道也^⑥。

【注释】 ①持而盈之：把持而使它满盈。②已：停止。③揣而锐之：捶击而使它锐利。④莫之能守：没有谁能守护。⑤咎：灾祸。⑥功遂身退，天之道也：功成身退，是自然的规律。遂，成。天之道，自然的规律，指四季的运行交替。

【译文】 把持而使它满盈，不如趁早停止；捶击而使它锐利，不能保持长远。金玉满堂，没有谁能守护；富贵而骄，自己招致祸患。功成身退，这是自然的规律。

十章（修身）

【题解】

本章论述人生修养，重在修身。

灵魂对人是内在的，没有灵魂则形亡，"载营魄"是灵与肉的结合，意在重生；大道对人是外在的，违背大道则身亡；"抱一"是身与道的结合，意在重道，所以，守护灵魂与坚守大道必须紧密结合，不能分离。在此基础上，要像婴儿般平和宁静，品德质朴纯洁，处事清静无为，形貌柔弱卑下，态度谦虚恭敬。这些都是老子强调的人生修养，也就是道对人生各个方面的具体要求。

【原文】 载营魄抱一^①，能无离乎？专气致柔^②，能如婴儿乎？涤除玄鉴^③，能无疵乎^④？爱民治国，能无为乎？天门开阖^⑤，能为雌乎^⑥？明白四达^⑦，能无知乎？

（生之畜之。生而不有，为而不恃，长而不宰，是谓"玄德"。）

【注释】 ①载营魄抱一：守护灵魂与坚持大道。载，加，持。营魄，魂魄，灵魂。抱一，坚守大道。一为"道"。②专气致柔：聚合精气，归于柔顺。专，聚合。致，归。③玄鉴：微妙的心境。④疵：瑕疵，缺点。⑤天门：人体天生的自然门户，即《荀子·正名篇》所说的"天官"，指目、耳、口、鼻、心等。开阖：感官的动作行为，指视、听、言、食、嗅、喜、怒、爱、憎等。⑥雌：比喻柔弱宁静。⑦明白四达：通达四方。

【译文】 守护灵魂与坚持大道，能够互不分离吗？聚合精气归于柔顺，能够像婴儿一样吗？洗涤微妙的心境，能够没有瑕疵吗？爱民治国，能够顺应自然吗？感官活动，能够坚守宁静吗？通达四方，能够自己认为无知吗？

十一章（论道）

【题解】

本章说明"有"与"无""利"与"用"的辩证关系，重在论道。

有车轮而无车毂的中空,不能用;有陶器而无陶器的中空,不能用;有房舍而无门窗的中空,不能用。也就是说,器物实体这个"有",只是提供便利的条件;器物中空这个"无",才是发挥作用的关键。这些现实生活中的事例,何止千万!显然,"有"与"无"是辩证统一、互相依存的,二者缺一不可,而老子更强调的是空虚不盈的作用,提醒人们注意。

【原文】 三十辐共一毂①,当其无②,有车之用。埏埴以为器③,当其无④,有器之用。凿户牖以为室⑤,当其无⑥,有室之用。故有之以为利⑦,无之以为用⑧。

【注释】 ①辐:辐条,车轮上连接车毂与轮圈的木条。毂:车轮中心有圆孔的圆木,其中插轴。②无:这里指车毂中心的圆孔。③埏埴:制陶。埏,用水和土。埴,制陶的粘土。④无:这里指陶器中空⑤户牖:门窗。⑥无:这里指门窗中空。⑦利:便利。⑧用:作用。

【译文】 三十根辐条汇集到一个车毂上,有了车毂的中空,才能具有车的作用。

把粘土放进模具做成器皿,有了器皿的中空,才能具有器皿的作用。

开凿门窗以为房舍,有了门窗的中空,才能具有房舍的作用。

因此,有了器物可以带来便利,器物中空才能发挥作用。

十二章(养生)

【题解】

本章论述了物欲横流的危害,重在养生。

进入文明时代,随着生产力的发展,为社会提供了愈来愈多的生活资料,与此同时,声色犬马,金玉珠宝,也对人产生了极大的感官刺激和心理诱惑。统治者横征暴敛,穷奢极欲,纵情声色,道德沦丧,给社会、人生带来极大的危害。因此,老子坚决反对物欲横流,提出"为腹不为目"的极端主张。庄子更认为:"擢乱六律,铄绝竽瑟,塞师旷之耳,而天下始人含其聪矣;灭文章,散五采,胶离朱之目,而天下始人含其明矣;毁绝钩绳,而弃规矩,攦工倕之指,而天下始人有其巧矣;削曾、史之行,钳杨、墨之口,攘弃仁义,而天下之德始玄同矣。"(《庄子·胠箧》)几乎到了毁弃一切文明成果的程度。今天看来,他们的主张固然有些偏激,但是,其合理的因素是不容忽视的,依然有着重要的现实意义。

【原文】 五色令人目盲①,五音令人耳聋②,五味令人口爽③,驰骋畋猎令人心发狂④,难得之货令人行妨⑤。

是以圣人为腹不为目⑥。故去彼取此⑦。

【注释】 ①五色:青、黄、赤、白、黑,泛指多种颜色。②五音:宫、商、角、徵、羽,泛指多种音乐。③五味:甜、酸、苦、辣、咸,泛指多种味道。爽:伤,败。④畋猎:打猎。⑤妨:伤害。⑥为腹不为目:只为温饱生存,不求纵情声色。目,代称色、音、味、畋猎、宝货等诸多欲望诱惑。⑦去彼取此:抛弃物欲,只要温饱。

【译文】 五色缤纷使人眼瞎,五音繁乱使人耳聋,五味混杂使人口伤,纵马驰骋围猎

使人内心疯狂,金玉宝物使人德行败坏。

因此,圣人只为温饱生存,不求纵情声色。所以,抛弃物欲,只要温饱。

十三章(修身)

【题解】

本章论述贵身爱身之道,重在修身。

得宠则喜为上,受辱则悲为下,本是世人常情,然而老子却认为得到宠辱和失去宠辱,都感到惊恐,的确发人深省! 在老子看来,宠也罢,辱也罢,都是因名利之类的身外之物而造成的后果,都会由此带来祸患,即有祸患是因为有私利,无私利则无祸患,因此,作为行道者应该无私无欲,清静无为,知足不辱,知止不殆,如果有了宠辱之类的情况发生,就会惊恐不安,反身自责。所以,抛弃私利,贵身爱身才为道根本。只有贵身爱身,才能全性保真,傲然独立,维护自己的人格和自尊,遵循自然规律,承担大任。

【原文】 宠辱若惊①,贵大患若身②。

何谓宠辱若惊? 宠为上,辱为下;得之若惊,失之若惊③,是谓宠辱若惊。

何谓贵大患若身? 吾所以有大患者,为吾有身;及吾无身,吾有何患④?

故贵以身为天下,若可寄天下;爱以身为天下,若可托天下⑤。

【注释】 ①宠辱若惊:得宠和受辱就感到惊恐不安。若,则,就。②贵大患若身:重视自己的身体如同重视祸患一样。联系下文,意在强调重视自己的身体,所以提前。若,如。③得之若惊,失之若惊:得到宠辱感到惊恐,失去宠辱也感到惊恐。④吾所以有大患者,为吾有身;及吾无身,吾有何患:我之所以有大祸患,是因为我有自身的私利;如果我没有自身的私利,我还有什么祸患? 及,若,如果。⑤故贵以身为天下,若可寄天下;爱以身为天下,若可托天下:说明贵身、爱身是能够寄托天下的关键。贵身爱身,就是贵己为我,全性保真,唯有如此,就不会轻身徇物,放纵私欲,才能爱惜他人生命,遵循自然规律,各安其居,各乐其俗。

【译文】 得宠和受辱就感到惊恐不安,重视自己的身体如同重视祸患一样。

为什么说得宠和受辱就感到惊恐不安? 得宠为上,受辱为下;得到宠辱感到惊恐,失去宠辱也感到惊恐,这就是说,得宠和受辱都感到惊恐不安。

为什么说重视自己的身体如同重视祸患一样? 我所以有祸患,是因为我有自身的私利;如果我没有自身的私利,我还有什么祸患?

因此,以珍贵自身的思想治理天下的人,就可以寄托天下;以爱惜自身的思想治理天下的人,就可以委托天下。

十四章(论道)

【题解】

本章描述道的形象,强调道的重要,重在论道。

道,混沌一体,无边无际,不可名状,无形无象,是人们凭着感官知觉(视、听、触)无法具体触及的,但又似无实有,无处不在。人们只要掌握了古有之道的规律和法则,就可以认识宇宙的始终,治理当今社会。

【原文】 视之不见,名曰"夷"①;听之不闻,名曰"希"②;搏之不得③,名曰"微"④。此三者不可致诘⑤,故混而为一。其上不皦⑥,其下不昧⑦,绳绳兮不可名⑧,复归于无物⑨。是谓无状之状,无物之象,是谓"惚恍"⑩。迎之不见其首,随之不见其后。

执古之道,以御今之有⑪。能知古始⑫,是谓道纪⑬。

【注释】 ①夷:《经典释文》曰:"钟会云:'灭也,平也。'"即无形。②希:《经典释文》曰:"希,疏也,静也。"即无声。③搏:拊拍。④微:《经典释文》曰:"细也。"即无形体。⑤诘:讯问。⑥皦:洁白,光明。⑦昧:阴暗。⑧绳绳:无边无际。⑨复归于无物:还原为没有物态。复归,还原。无物,无形态。⑩惚恍:似有似无,茫然不定。⑪以御今之有:用来驾驭当今的具体事物。⑫古始:宇宙的初始。⑬道纪:道的纲纪。

【译文】 看却看不着,叫作"夷";听却听不着,叫作"希";拍却拍不着,叫作"微"。这三者不可推问,因此混沌为一体。它的上面不光明,它的下面不阴暗,无边无际啊不可名状,最终还原为没有物态。这就是没有形状的状,没有物象的象,称作惚恍。迎着它看不见它的前头,追随它看不见它的后背。

把握古有之道,用来驾驭当今的具体事物。能够了解宇宙的初始,就称为道的纲纪。

十五章(修身)

【题解】

本章以诗的语言,描述了行道者的修养和风貌,重在修身。

老子认为,理想的行道者应该具有小心谨慎、心存畏惧、恭敬庄重、温和融洽、敦厚自然、虚怀若谷、浑朴纯正、深沉宁静、飘扬放逸的修养和风貌。其实,这正是老子自己的人格精神造型。所有这些品格的核心,在于不求满盈;只有不求满盈,才能吐故纳新。这与道的空虚(道冲)一脉相承。

【原文】 古之善为道者①,微妙玄通,深不可识。夫唯不可识,故强为之容②:
豫兮③,若冬涉川;犹兮④,若畏四邻;俨兮⑤,其若客;
涣兮,其若凌释⑥;敦兮,其若朴⑦;旷兮⑧,其若谷;
混兮⑨,其若浊;〔澹兮⑩,其若海;飂兮⑪,若无止。〕
孰能浊以静之徐清⑫?孰能安以动之徐生⑬?
保此道者,不欲盈⑭。夫唯不盈,故能蔽而新成⑮。

【注释】 ①善为道者:善于行道的人。②容:形容。③豫:犹豫。④犹:犹豫。⑤俨:恭敬。⑥涣兮,其若凌释:融化流散啊,像河冰消解。涣,流散。凌释,河冰消解。⑦敦兮,其若朴:纯厚自然啊,像未经雕凿的原木。敦,纯厚。朴,未经雕凿的原木。⑧旷:空旷。⑨混:浑,浑厚。⑩澹:宁静。⑪飂:高风,飘扬。这两句原在《二十章》内,疑为本章错简,移于此处。⑫徐清:慢慢澄清。⑬徐生:慢慢产生。⑭不欲盈:不求盈满。⑮蔽而新成:敝旧却能新生。蔽,通"敝"。《二十二章》曰:"敝则新。"

【译文】 古代善于行道的人,精微玄妙,深邃而不可认识。正因为不可认识,只能勉强地来形容描述它:

迟疑踌躇啊,像冬天涉过江河;犹豫狐疑啊,像畏惧四面的威胁;恭敬庄重啊,像充当宾客;

融化流散啊,像河冰消解;纯厚自然啊,像未经雕琢的原木;空旷宽阔啊,像远山的幽谷;

浑厚质朴啊,像混浊的水流;宁静深沉啊,像浩渺的大海;飘扬放逸啊,像永无止境。

谁能够将浊水静止,慢慢澄清? 谁能在安定中启动,慢慢产生?

保持这些大道的人,不求满盈。正因为不满盈,所以敝旧却能新生。

十六章(修身)

【题解】

本章强调"致虚"和"守静",重在修身。

"致虚",就是空虚其心,排除一切蒙蔽心灵的私念;"守静",就是坚守清静,顺应自然,绝不妄为,二者互为因果。这是道的法则,也是修身的要义。所谓"复",就是道的循环往复,周而复始,回归根本,即虚静之境,天地万物的本始。道的运行如此,人的行动亦应如此;不循道则凶险,循道则安全。所以,老子特别强调"致虚""守静",以达到无为无不为的目的。

【原文】 致虚极①,守静笃②。万物并作③,吾以观复④。夫物芸芸⑤,各归其根。归根曰"静"⑥,静曰"复命"⑦。复命曰"常"⑧,知常曰"明"⑨。不知"常",妄作凶⑩。

知"常"容⑪,容乃公⑫,公乃全⑬,全乃天⑭,天乃道,道乃久,没身不殆⑮。

【注释】 ①致虚极:达到极端的空虚无欲。②守静笃:坚守彻底的清静无为。③并作:一起生长。④观复:观察循环往复的规律。⑤芸芸:纷繁众多。⑥归根:回归根本。⑦复命:复归生命之本。⑧常:永恒不变的规律。⑨明:指准确地认识和把握规律。⑩妄作凶:轻举妄动干出凶险之事。⑪容:包容。⑫公:公正。⑬全:全面,普遍。⑭天:天地自然。⑮没身不殆:终生没有危险。

【译文】 达到极端的空虚无欲,坚守彻底的清静无为。

万物一起生长,我来观察其中循环往复的规律。

万物纷繁众多,各自回归根本。回归根本叫作"静",静叫作"复命",复命叫作"常",认识把握"常"叫作"明"。不认识把握"常",就会轻举妄动干出凶险之事。

能够认识把握"常"就能包容,能够包容就能公正,能够公正就能普遍,能够普遍就能符合天地自然,能够符合天地自然就能符合道,能够符合道就能长久,终生没有危险。

十七章（治国）

【题解】

本章强调贵言无为，重在治国。

在老子看来，最好的侯王行不言之教，清静无为，因此百姓根本不知道他的存在。百姓"亲而誉之"的统治者，是因为言而有信；"畏之""侮之"的统治者，是因为言而无信。言而有信者是有所作为，言而无信者是欺骗百姓，老子认为都比不上行不言之教、清静无为的侯王。所以，老子主张统治者贵言、希言、不言，即不要制定法律，发布命令。"轻诺必寡信"，还不如不言，只有这样，才能顺应自然，无为而治。

【原文】 太上①，不知有之②；其次，亲而誉之；其次，畏之；其次，侮之。信不足焉，有不信焉③。

悠兮其贵言④。功成事遂，百姓皆谓："我自然⑤。"

【注释】 ①太上：最好的侯王。②不知有之：不知有君王存在。③信不足焉，有不信焉：君王诚信不够，百姓自然不会相信他。④悠兮其贵言：君王悠闲啊，不会轻易发号施令。贵言，珍贵语言，不多说。《二十三章》曰："希言自然。"《五十六章》曰："知者不言，言者不知。"《六十三章》曰："夫轻诺必寡信，多易必多难。"都强调的是贵言、希言、不言，即无为而治。⑤自然：自己如此。

【译文】 最好的侯王，百姓感觉不到他存在；其次的侯王，百姓亲近赞誉他；再其次的侯王，百姓害怕他；更其次的侯王，百姓侮辱他。侯王的诚信不够，百姓自然不会相信他。

最好的侯王悠闲啊，不会轻易地发号施令。功业成就，百姓都说："我们本来自己如此。"

十八章（砭时）

【题解】

本章揭示现实社会的混乱和病态，重在砭时。

老子认为，大道是顺应自然之道，而仁义、智慧、大伪、孝慈、忠臣之类都是在自然之道破坏、私有制产生以后的昏乱现实中出现的，是对大道的背离和否定，社会是发展了，私欲却增多了，因此，老子竭力提倡清静无为、顺应自然之道。特别是老子提出充满辩证思想的历史观，认为大道与仁义，智慧与大伪，六亲不和与孝慈，国家昏乱与忠臣，虽然相反，却有因果关系，给人以深刻启示。

【原文】 大道废，有仁义；智慧出①，有大伪②；六亲不和③，有孝慈④；国家昏乱，有忠臣。

【注释】 ①智慧：智谋，指圣智、巧利。②大伪：巨大的虚伪奸诈。③六亲：父母兄弟妻子。④孝慈：孝子慈父。

【译文】　大道废弃,才会提倡仁义;智谋出现,才会产生伪诈;六亲不和睦,才有孝子慈父;国家昏乱,才会出现忠臣。

十九章(治国)

【题解】

本章论述治疗社会弊病的方略,重在治国。

老子认为,儒家的圣智、仁义、巧利,是统治者扰民的"有为",是欺骗百姓的"文饰",是搜刮民利、六亲不和、产生盗贼的起因,是造成道德沦丧、世风败坏、社会混乱的根源,应该坚决杜绝和抛弃。因为,"圣人不死,大盗不止。虽重圣人而治天下,则是重利盗跖也。为之斗斛以量之,则并与斗斛而窃之;为之权衡以称之,则并与权衡而窃之;为之符玺而信之,则并与符玺而窃之;为之仁义以矫之,则并与仁义而窃之。何以知其然邪?彼窃钩者诛,窃国者为诸侯。诸侯之门,而仁义存焉,则是非窃仁义、圣智邪?"(《庄子·胠箧》)既然如此,仁义之类不足以治国,只会乱国,因此说,"以智治国,国之贼"。正

老子骑牛图

确的办法只能是坚持质朴,减少私欲,杜绝圣智、仁义、巧利之类所谓学问,才能没有忧患。可见,在"文"与"质"的对立中,老子强调的是"质",返璞归真,才是治国的出路。

【原文】　绝圣弃智①,民利百倍;绝仁弃义,民复孝慈;绝巧弃利,盗贼无有。此三者,以为文②,不足。故令有所属③:见素抱朴④,少私寡欲,绝学无忧⑤。

【注释】　①绝圣弃智:杜绝和抛弃聪明巧智。圣,睿智,聪明。《六十五章》曰:"故以智治国,国之贼;不以智治国,国之福。"②文:文饰。③所属:归属的地方。④见素抱朴:显现并坚守朴素。见,同"现",显现。素,未染色的丝。抱,坚守。朴,未雕琢的木。⑤绝学无忧:杜绝学问没有忧患。学,指儒家所提倡的仁义礼智之学。《六十五章》曰:"古之善为道者,非以明民,将以愚之。"

【译文】　杜绝和抛弃聪明巧智,百姓可以得到百倍的利益;杜绝和抛弃仁义,百姓可以恢复孝慈的天性;杜绝和抛弃巧诈私利,盗贼就不会存在。这三者,以为文饰,不足以治理天下。所以,要让百姓有归属之地:显现并坚守朴素,减少私欲,杜绝世俗之学,就不会有忧患。

二十章(修身)

【题解】

本章说明行道之人(即老子)与众不同,重在修身。

唯与阿、美与恶,是有差别,但是毕竟标准不同,随着世风流转变化,众人畏惧,老子也畏惧,这是他与众人相同的地方。但是,老子淡泊自守,浑沌宁静,质朴淳厚,无为无不

为,因为取法于道,顺应自然,追求更高的精神境界,所以又与众不同,遗世独立。虽然是以"我"与众人比较,实则为行道者树立了榜样。

【原文】 唯之与阿①,相去几何?美之与恶,相去若何?人之所畏,不可不畏②。荒兮,其未央哉③!

众人熙熙④,如享太牢⑤,如春登台⑥;我独泊兮⑦,其未兆⑧。

沌沌兮⑨,如婴儿之未孩⑩;儽儽兮⑪,若无所归。

众人皆有余,而我独若遗⑫,我愚人之心也哉⑬!

俗人昭昭⑭,我独昏昏⑮;俗人察察⑯,我独闷闷⑰。(澹兮其若海,飂兮若无止⑱。)

众人皆有以,而我独顽且鄙⑲。

我独异于人,而贵食母⑳。

【注释】 ①唯之与阿:唯声与阿声,应诺声。阿,同"诃"。"唯",对上;"阿",对下。②人之所畏,不可不畏:人们所畏惧的,我不能不怕。③荒兮,其未央哉:宇宙是如此宽阔啊,从古到今,世风流转,好像没有尽头!荒,宽广,遥远。未央,未到边际尽头。以上是说与众人相同之处。④熙熙:纵欲狂欢的样子。⑤太牢:用牛、羊、猪三牲之肉做成食品,用于祭祀或盛筵,称为太牢。⑥如春登台:如同春天登上高台,极目远望。⑦泊:淡泊。⑧未兆:没有征兆,无动于衷。⑨沌沌兮:浑浑沌沌的样子。⑩孩:小儿笑。⑪儽儽兮:疲劳的样子。⑫遗:借作"匮",不足。⑬愚人:蠢笨的人。这是老子以反话自嘲。下同。⑭昭昭:明白、鲜亮的样子。⑮昏昏:糊涂、暧昧的样子。⑯察察:洁净、精明的样子。汶,通"润"。⑰闷闷:浑浊、质朴的样子。⑱以上两句与文义不合,疑为错简,已移至《十五章》,此处当删。⑲众人皆有以,而我独顽且鄙:大家都有作为,我却顽愚而且鄙陋。以,用。顽且鄙,顽愚而鄙陋。⑳食母:用道。食,用。母,指道。《二十五章》曰:"有物混成,先天地生。寂兮寥兮,独立而不改,周行而不殆,可以为天地母,吾不知其名,强字之曰道。"以上是说与众人不同之处。

【译文】 唯声与阿声,相差多少?美丽与丑陋,相差几何?人们所畏惧的,我不能不害怕。宇宙是如此宽阔啊,从古到今,世风流转,好像没有尽头!

然而,众人都在纵欲狂欢,如同享用太牢的盛筵,如同春天登上高台极目远望;而我却独自淡泊宁静啊,无动于衷。

浑浑沌沌的样子啊,好像婴儿不知嬉笑;疲劳困顿的样子啊,好像无所归依。

众人都有剩余,而唯独我好像不足,我真有一颗愚人的心啊!

世俗的人都活得明白鲜亮,而我却过得糊涂暗昧;世俗的人活得洁净精明,而我却过得浑浊质朴。

大家都有作为,我却顽愚而且鄙陋。

我独与世人不同,而是重视取法于道。

二十一章(论道)

【题解】

本章说明道与德的关系,与(十四章)互相补充,重在论道。

道是形而上的，无边无际，无形无状，因此，恍恍惚惚，似有似无。但是，道并非不可知，反映在社会人生就是德，因此，有形有物，有精有信，德随着道而变化，所以，"孔德之容，惟道是从"。正因为道是万物的本原和归宿，永远存在，所以，可以追溯万物的初始。

【原文】 孔德之容①，惟道是从②。

道之为物，惟恍惟惚③。惚兮恍兮，其中有象④；恍兮惚兮，其中有物。窈兮冥兮⑤，其中有精⑥；其精甚真⑦，其中有信⑧。

自今及古，其名不去，以阅众甫⑨。吾何以知众甫之状哉？以此⑩。

【注释】 ①孔德之容：大德的模样。孔，大。德，道的体现。容，容貌，模样。②惟道是从：唯有跟随着道而变化。③道之为物，惟恍惟惚：道作为事物，似有似无。④象：形象。⑤窈兮冥兮：遥远幽深。⑥精：精神，规律。⑦真：真切。⑧信：验证。⑨以阅众甫：用来视察万物的初始。"阅"，视，察。"甫"，始。⑩以此：由道认识。

【译文】 大德的模样，唯有跟随着道而变化。

道作为事物，似有似无。如此恍恍惚惚，其中却有形象；如此惚惚恍恍，其中却有实物。遥远幽深啊，其中却有精神；这精神非常真切，可以得到验证。

从今到古，它的名字永远不会消失，可以用来视察万物的初始。我怎么知道万物的情状呢？由道而知。

二十二章（修身）

【题解】

本章阐发了处世的辩证法，重在修身。

曲与全，枉与直，洼与盈，敝与新，少与得，多与惑，本是相反、相对的矛盾双方，但是又互相依存，互相转化，可以由前者变为后者，具有密切的内在联系。因此，观察事物，处理问题，将矛盾的双方根本对立，截然分开，见外不见内，见表不见里，是根本错误的。圣人正是由此总结了道的柔弱、俭啬、谦卑的特征，作为天下的榜样，不自见，不自是，不自伐，不自矜，所以，"天下莫能与之争"，这就是"曲则全"的道理。

【原文】 曲则全①，枉则直②，洼则盈③，敝则新④，少则得⑤，多则惑⑥。

是以圣人抱一为天下式⑦。不自见，故明⑧；不自是，故彰⑨；不自伐，故有功⑩；不自矜，故长⑪。

夫唯不争，故天下莫能与之争。古之所谓"曲则全"者，岂虚言哉？诚全而归之⑫。

【注释】 ①曲则全：弯曲才能保全。②枉则直：委屈才能伸直。③洼则盈：低洼才能盈满。④敝则新：破旧才能更新。⑤少则得：少取才能多得。⑥多则惑：贪多反而惑乱。⑦圣人抱一为天下式：圣人坚守大道为天下的楷模。式，法式，楷模。⑧不自见，故明：不自我表现，因此聪明。见，同"现"，显现。明，聪明。⑨不自是，故彰：不自以为是，因此彰显。是，正确。彰，彰显，显著。⑩不自伐，故有功：不自我炫耀，因此有功。伐，夸，自矜。⑪不自矜，故长：不自我骄傲，因此长久。矜，矜夸，骄傲。⑫诚：确实。

【译文】 弯曲才能保全,委屈才能伸直,低洼才能盈满,破旧才能更新,少取才能多得,贪多反而惑乱。

因此,圣人坚守大道为天下的楷模。不自我表现,因此聪明;不自以为是,因此彰显;不自我炫耀,因此有功;不自我骄傲,因此长久。

正因为不与人争,天下的人没有谁能与他争。古代所谓"弯曲才能保全"的话,难道是空话吗? 确实能够让他保全。

二十三章(治国)

【题解】

本章以暴风雨喻暴政不会长久,行道才是正途,重在治国。

天地尚且使得暴风雨不到一天,何况人间的暴政能够持久吗? 因此,严刑峻法、苛捐杂税的暴政既不可能长久,又不会有好结果,只有清静无为,顺应自然,使百姓安居乐业,才算是"同于道者,道亦乐得之;同于德者,德亦乐得之"。这里再次提出"希言",与《二章》的"行不言之教"、《十七章》的"贵言"相应。

【原文】 希言自然①。故飘风不终朝②,骤雨不终日③。孰为此者?天地。天地尚不能久,而况人乎?

故从事于道者,同于道④;德者,同于德⑤;失者,同于失⑥。同于道者,道亦乐得之⑦;同于德者,德亦乐得之;同于失者,失亦乐得之。

(信不足焉,有不信焉⑧。)

【注释】 ①希言自然:不言教令是符合自然规律的。《十七章》曰:"悠兮其贵言。"②飘风不终朝:狂风刮不了一个早晨。飘风,疾风,暴风。③骤雨不终日:暴雨下不了一个整天。④从事于道者,同于道:从事于道的人,行为就与道相同。⑤德者,同于德:从事于德的人,行为就与德相同。⑥失者,同于失:从事于失道失德的人,行为就与失道失德相同。⑦同于道者,道亦乐得之:行为与道相同的人,道也乐意得到他。⑧此两句已经见于《十七章》,错简重出,当删。

【译文】 不言教令是符合自然规律的。因此,狂风刮不了一个早晨,暴雨下不了一个整天。谁使它这样的? 天地。天地尚且不能让狂风暴雨持久,何况人呢?

所以,从事于道的人,行为就与道相同;从事于德的人,行为就与德相同;从事于失道失德的人,行为就与失道失德相同。行为与道相同的人,道也乐意得到他;行为与德相同的人,德也乐意得到他;行为与失道失德相同的人,失道失德也乐意得到他。

二十四章(修身)

【题解】

本章反对"余食赘行",重在修身。

立何必"企",行何必"跨",明何必"自见",彰何必"自是",有功何必"自伐",自矜必不长久,因此,"企""跨""自见""自是""自伐""自矜",都是多余而无用的行为,这种追求私欲、自我炫耀的思想行为,不符合道柔弱、俭啬、谦卑的要求,不会有好结果。所以,"余食赘行",不合于道,有道的人不能这样做。这是从《二十二章》的反面立论,道理完全相同。

【原文】 企者不立①,跨者不行②。自见者,不明③;自是者,不彰④;自伐者,无功⑤;自矜者,不长⑥。

其在道也,曰:"余食赘行⑦,物或恶之⑧。"故有道者不处⑨。

【注释】 ①企者不立:踮起脚跟的人难以久立。企,踮起脚跟。②跨者不行:跨越走路的人难以远行。③自见者,不明:自我表现的人,不聪明。④自是者,不彰:自以为是的人,不彰显。⑤自伐者,无功:自我炫耀的人,没有功。⑥自矜者,不长:自我骄傲的人,不长久。以上四句,与《二十二章》句式相反,意义相同。⑦余食赘行:多余的饮食和行为。赘,剩余。指的是上述"企者""跨者""自见者""自是者""自伐者""自矜者",均为多余而无用的行为。⑧物或恶之:鬼神都要厌恶他。物,鬼神。恶,厌恶。⑨不处:不居于此,不这样做。处,居。

【译文】 踮起脚跟的人难以久立,跨越走路的人难以远行。自我表现的人,不聪明;自以为是的人,不彰显,自我炫耀的人,没有功;自我骄傲的人,不长久。

从道的观点来看,可以说:"多余的饮食和行为,鬼神都会厌恶。"因此,有道的人不这样做。

二十五章(论道)

【题解】

本章说明道的属性、状态、称谓和归依,重在论道。

浑然一体,天地本原,先天地生,寂静空虚,独立存在,循环不息,勉强称它为"道"。因为他没有边际,无所不在,勉强称它为"大"。"大"就运行不息,又称为"逝";"逝"就延伸遥远,又称为"远";"远"就返回本原,又称为"反"。如此循环不息的道,是效法自然而来。由此可知《一章》"道可道,非常道;名可名,非常名"的真正含义。

特别值得注意的是,老子把人与道、天、地并提,列为"四大"之一,而没有提到神,这是对神本主义的否定,对人本主义的肯定,表现出对人格尊严的认定和推崇,与道家主张的贵身爱身、全性保真的思想完全一致,无疑具有重要意义。

【原文】 有物混成①,先天地生②。寂兮寥兮③,独立而不改④,周行而不殆⑤,可以为天地母⑥。吾不知其名,强字之曰"道",强为之名曰"大"⑦。大曰"逝"⑧,逝曰"远"⑨,远曰"反"⑩。

故道大,天大,地大,人亦大。域中有四大⑪,而人居其一焉。

人法地⑫,地法天,天法道,道法自然。

【注释】 ①有物混成:有一个东西混沌而成。物,指道。②先天地生:先于天地而存在。③寂兮寥兮:寂静啊,空虚啊。寂,无声。寥,空虚。④独立而不改:独自生存而永不

改变。⑤周行而不殆：循环运行而永不懈怠。周，匝，环绕。殆，通"怠"。⑥天地母：天地的本原。⑦大：极言道无边无际，无所不包。⑧逝：往行，运行不息。⑨远：遥远，延伸遥远。⑩反：同"返"，返回，返回本原。⑪域中：宇宙中。⑫法：效法。

【译文】 有一个东西混沌而成，先于天地而存在。寂静啊，空虚啊，独自生存而永不改变，循环运行而永不懈怠，可以成为天地的本原。我不知道它的名字，勉强地称它为"道"，勉强地称它为"大"。大又称为"逝"，逝又称为"远"，远又称为"反"。

因此说，道大，天大，地大，人也大。宇宙中有"四大"，而人居于四大之一。

人效法地，地效法天，天效法道，道效法自然。

二十六章（修身）

【题解】

本章论述稳重和沉静，重在修身。

行道者柔弱、俭啬、谦卑，对人处事必然稳重而沉静，因此，稳重是轻率的根本，沉静是浮躁的主宰。治理天下的万乘之君必须以天下为重，如果违背大道，轻率浮躁，骄奢淫逸，肆意纵欲，把治理天下视为儿戏一般，轻则误身，重则乱国，造成严重的后果，所以说，"轻则失根，躁则失君"。

【原文】 重为轻根①，静为躁君②。是以君子终日行不离辎重③。

虽有荣观，燕处超然④。奈何万乘之主而以身轻天下⑤？

轻则失根⑥，躁则失君⑦。

【注释】 ①重为轻根：稳重是轻率的根本。②静为躁君：沉静是浮躁的主宰。③辎重：有衣车，四面有屏蔽的车。④虽有荣观，燕处超然：虽然有华美之居和观览之乐，却安处其中而超然物外。荣，华美之居。观，观览之乐。燕，安。⑤以身轻天下：自身轻浮地面对天下。⑥轻则失根：轻率就会丧失根本。⑦躁则失君：浮躁就会丧失主宰。

【译文】 稳重是轻率的根本，沉静是浮躁的主宰。因此，君子整天外出不离开四面屏蔽的车辆。

虽然有华美之居和观览之乐，却能安处其中而超然物外。怎么万乘之君而自身轻浮地面对天下呢？

轻率就会丧失根本，浮躁就会丧失主宰。

二十七章（治国）

【题解】

本章说明无为而治、善待民众的道理，重在治国。

善行者无辙，善言者无瑕，善数者无筹，善闭者无楗，善结者无绳，这是他们奉行大道，"处无为之事，行不言之教"（《二章》）的结果。圣人没有私爱私亲，既不弃人，又不弃物，即就是对不善之人也要善待，要以天道感化，使百姓和睦相处，这就是"天地不仁"，

"圣人不仁"（《五章》）的道理。如果"不贵其师，不爱其资"，造成尖锐的矛盾对立，引起激烈的社会动乱，那真是"虽智大迷"！正确处理这个问题，才是掌握了治国的精义。

【原文】　善行，无辙迹[1]；善言，无瑕谪[2]；善数，不用筹策[3]；善闭，无关楗而不可开[4]；善结，无绳约而不可解[5]。

是以圣人常善救人，故无弃人；常善救物，故无弃物。是谓"袭明"[6]。

故善人者不善人之师，不善人者善人之资[7]。不贵其师，不爱其资，虽智大迷，是谓"要妙"[8]。

【注释】　[1]辙迹：车辙的痕迹。[2]瑕谪：瑕疵，过失。[3]筹策：计算的筹码。[4]关楗：门闩。[5]绳约：绳索。[6]袭明：重明。袭，重。既善救人，又善救物，双重知明，故曰"袭明"。[7]资：资用，教导的对象，即学生。[8]要妙：精深微妙。妙，通"眇"。

【译文】　善于行车的人，不留下车痕；善于言谈的人，没有瑕疵；善于计算的人，不用筹码；善于关门的人，没有门闩却不可开；善于捆绑的人，没有绳索却不可解。

因此，圣人善于经常救助他人，所以没有被抛弃的人；善于经常拯救万物，所以没有被抛弃的物。这就叫作"袭明"。

因此，善人是不善人的老师，不善人是善人的学生。不尊重他的老师，不爱护他的学生，虽然自以为聪明，其实是最大的糊涂。这就是精微的道理。

二十八章（修身）

【题解】

本章说明知雄守雌的道理，重在修身。

守雌贵柔是老子一再强调的道的原则，行道之人必须在深知自己雄强的前提下，主动地甘守雌弱，居于下流，因为，弱胜强，柔胜刚，牝胜牡，"以静为下"才能处于不败之地，所以，老子非常赞赏以柔弱克坚强的水、善下的江海成为百谷王、含德深厚的赤子和以至柔驰骋天下至坚的无为之道，愿意"为天下豀"，"为天下谷"，使得"常德乃足，复归于朴"，因而"大制不割"。

【原文】　知其雄，守其雌[1]，为天下豀[2]。为天下豀，常德不离[3]，复归于婴儿。

知其白，(守其黑，为天下式。为天下式，常德不忒，复归于无极。知其荣[4]，)守其辱[5]，为天下谷[6]。为天下谷，常德乃足，复归于朴[7]。

朴散则为器[8]，圣人用之，则为官长[9]，故大制不割[10]。

【注释】　[1]知其雄，守其雌：深知自己雄强，却甘守雌柔。《四十三章》曰："天下之至柔，驰骋天下之至坚。"《五十五章》曰："含德之厚，比于赤子。……骨弱筋柔而握固。"《六十一章》曰："大邦者下流，天下之牝，天下之交也。牝常以静胜牡，以静为下。"《六十六章》曰："江海之所以能为百谷王者，以其善下之，故能为百谷王。"《七十六章》曰："故坚强者死之徒，柔弱者生之徒。是以兵强则灭，木强则折。强大处下，柔弱处上。"《七十八章》曰："天下莫柔弱于水，而攻坚强者莫之能胜，以其无以易之。弱之胜强，柔之胜刚，

19

天下莫不知,莫能行。"这种守雌贵柔的思想,贯穿全篇。②谿:山间小水沟,溪涧。天下谿,言其处于天下低洼之地。《八章》曰:"水善利万物而不争,处众人之所恶,故几于道。"《二十二章》曰:"洼则盈。"③常德不离:永恒的德不会离身。④以上六句为后人妄加,当删。《庄子·天下篇》引老聃曰:"知其雄,守其雌,为天下溪。知其白,守其辱,为天下谷。"可证。⑤辱:污黑。《四十一章》曰:"大白若辱。"正是以白对辱,可证。⑥谷:有水曰溪,无水曰谷。谷无水则空虚。⑦复归于朴:恢复到质朴的状态。⑧朴散则为器:质朴分散为各种器具。⑨官长:百官之长。⑩大制不割:完美的制度是不会伤害百姓的。割,害。《三十五章》曰:"执大象,天下往。往而不害,安平泰。"《五十八章》曰:"是以圣人方而不割,廉而不刿,直而不肆,光而不耀。"《六十章》曰:"非其神不伤人,圣人亦不伤人。夫两不相伤,故德交归焉。"

【译文】 深知自己雄强,却甘守雌柔,作为天下的溪涧。作为天下的溪涧,永恒的德不会离身,就恢复到婴儿的纯真状态。

深知自己的洁白,却甘守污黑,作为天下的空谷。作为天下的空谷,永恒的德才能充足,恢复到质朴的状态。

质朴分散为各种器具,圣人使用这些器具,就可以成为百官之长。所以说,完美的制度是不会伤害百姓的。

二十九章(治国)

【题解】

本章反对勉强作为,主张顺应自然,重在治国。

老子认为,治理天下不能为了私欲而一意孤行,更不能不顾现实而为所欲为,因为,天下万物千姿百态,千差万别,"或行或随,或嘘或吹,或强或羸,或载或隳",不能按照同一个标准去衡量和要求,更不能用严酷的法律去命令和禁止,应该顺应自然,因势利导,所以圣人要除去极端、奢侈和讨分的措施,实行无为而治。

【原文】 将欲取天下而为之①,吾见其不得已②。天下神器③,不可为也,不可执也④。为者败之,执者失之。〔是以圣人无为,故无败;无执,故无失⑤。〕

夫物⑥,或行或随⑦,或歔或吹⑧,或强或羸⑨,或载或隳⑩。是以圣人去甚⑪,去奢⑫,去泰⑬。

【注释】 ①为:治理,作为。②不得:不可得,不会达到目的。③天下神器:天下是神圣的东西。④执:把持。⑤以上四句为《六十四章》错简,当移于此处。⑥物:万物。⑦或行或随:有前有后。行,前行。随,后随。⑧或歔或吹:有缓有急。歔,出气缓。吹,出气急。⑨或强或羸:有刚强有羸弱。强,刚强。羸,羸弱。⑩或载或隳:有成就有毁坏。载,成就。隳,毁坏。⑪甚:极端。⑫奢:奢侈。⑬泰:过分。

【译文】 有人想要夺取天下而治理它,我看他不会达到目的。天下的神圣的东西,不能勉强作为,不能用力把持。勉强作为就会失败,用力把持就会丢失。因此圣人从不

妄自作为,所以不会失败;从不强行把持,所以不会失去。

那些世间万物,有前有后,有缓有急,有刚强有赢弱,有成就有毁坏。因此,圣人要清静无为,顺应自然,除去极端,除去奢侈,除去过分。

三十章(议兵)

【题解】

本章反对战争,指出物壮则老,重在议兵。

老子认为,战争是残酷的,虽然有胜有败,但是胜败双方都是受害者,因为"其事好还",双方都要付出惨重的代价,谁也不能幸免,所以警告统治者"不以兵强于天下"。这一辩证思考,非常深刻,与前面反复强调的矛盾双方对立转化的思想一脉相承,所以,因胜利而"矜""伐""骄""强",毫无必要,有害无利。在此基础上,老子特别指出"物壮则老"的客观规律,事物发展到极端就会走向反面,就会消亡,这无疑是对那些穷兵黩武的诸侯们的当头棒喝!

【原文】 以道佐人主者,不以兵强天下。其事好还①。师之所处,荆棘生焉。大军之后②,必有凶年③。

善有果而已④,不敢以取强。果而勿矜⑤,果而勿伐⑥,果而勿骄,果而不得已,果而勿强⑦。

物壮则老,是谓不道。不道早已。

【注释】 ①还:返,回报,报应。②军:疑为"单",借为"战"。③凶年:荒年。④善有果而已:善于用兵的人只求取得胜利罢了。⑤矜:矜夸。⑥伐:炫耀。⑦强:逞强。

【译文】 用道辅佐君王的人,不靠军队逞强于天下。这件事情喜欢反复报应。军队所到之处,荆棘丛生。大战之后,必有荒年。

善于用兵的人只求取得胜利罢了,不敢凭武力来取得称霸的地位。胜利了而不要矜夸,胜利了而不要炫耀,胜利了而不要骄傲,胜利是出于不得已,胜利了而不要逞强。

事物发展到盛壮就会衰老,这就不符合道了。不符合道会提早消亡。

三十一章(议兵)

【题解】

本章承前而发,继续阐述反战思想,重在议兵。

行道之人恬淡虚静,柔弱俭啬,没有私欲追求,自然要远离凶器,即使是进行自卫战争,抗暴安民,也是迫不得已而用之,生命财产会遭到巨大的损失,因此,即使是取得胜利也是不值得赞美的,如果赞美胜利,就说明喜欢杀人,那样是不能得志于天下的。出兵用丧礼,取胜也用丧礼,重在祭奠战争亡灵,表现了老子悲天悯人的人道思想。

【原文】 夫兵者,不祥之器,物或恶之①,故有道者不处。

君子居则贵左,用兵则贵右②。兵者不祥之器,非君子之器,不得已而用之,恬淡为上③。胜而不美,而美之者,是乐杀人。夫乐杀人者,则不可得志于天下矣。

吉事尚左,凶事尚右。偏将军居左,上将军居右,言以丧礼处之。杀人之众,以悲哀泣之;战胜,以丧礼处之。

【注释】 ①见《二十四章》注⑧。②"贵左""贵右"以及下文中"尚左""尚右""居左""居右",都是古代礼仪的规定。③恬淡:宁静,安适。

【译文】 兵器,是不吉祥的器具,连鬼神都厌恶它,因此有道的人远离而不用。

君子平常以左为贵,用兵时以右为贵。兵器是不吉祥的器具,不是君子所用的器具,万不得已才使用它,要以宁静安适为上。胜利了却不赞美,如果赞美胜利,就是喜欢杀人。那些喜欢杀人的人,不能在天下实现统治的愿望。

吉庆的事情以左为上,凶丧的事情以右为上。偏将军在左,上将军在右,这是说出兵打仗用丧礼的仪式安排。杀人很多,要悲伤哭泣去追悼;打了胜仗,也要用丧礼去纪念。

三十二章(论道)

【题解】

本章说明道无名而质朴的特征,重在论道。

道,无名质朴,隐而无形,大而无边,阴阳交合就能普降甘露,没有偏私,均衡平等,这正所谓"天地不仁","圣人不仁","天道无亲"。而名则是万物出现之后产生的,名分一定,各归其类,就有各自的界限,严格界限,各守本分,就没有危险,这就如同天下归于大道,川谷流向江海一样。

【原文】 道常无名,朴①。虽小,天下莫能臣②。侯王若能守之,万物将自宾③。

天地相合,以降甘露,民莫之令而自均④。

始制有名⑤,名亦既有,夫亦将知止,知止可以不殆⑥。譬道之在天下,犹川谷之于江海⑦。

【注释】 ①道常无名,朴:道永远无名,处于质朴的状态。②虽小,天下莫能臣:道虽然隐微,天下没有谁能够臣服它。③自宾:自己宾服。④民莫之令而自均:百姓没有谁命令它而自然均匀。⑤始制有名:万物出现后,才产生了各种名称。⑥知止可以不殆:知道界限就可以没有危险。止,禁止,界限。不殆,没有危险。⑦此为倒文。当以"川谷"喻"天下",以"江海"喻"道"。

【译文】 道永远无名,处于质朴的状态。它虽然隐微,天下没有谁能够臣服它。侯王如果坚守它,万物将会自己宾服。

天地阴阳相交合,就降下甘露,百姓没有谁命令它而自然均匀。

万物出现后,就产生了各种名称,名称既然有了,也就知道各自的界限,知道界限可以没有危险。就譬如道对于天下的关系,好像江海对于川谷的关系一样。

三十三章(修身)

【题解】

本章论述个人品行修养,重在修身。

对外的"知人""胜人",故然可贵;对内的"自知""自胜",更为重要,完全符合道的俭啬精神。因此,有自知之明,自胜之强,就成为更高的修养标准。在此基础上,"知足""强行""不失其所""死而不亡",就可以实现人生追求。

【原文】 知人者智,自知者明。胜人者有力,自胜者强。知足者富。强行者有志①。不失其所者久②。死而不亡者寿③。

【注释】 ①强行者:顽强坚持的人。②不失其所者:不失根本的人。③死而不亡者:身死而精神不亡的人。

【译文】 识别他人的人可谓智慧,了解自己的人可谓聪明。战胜他人的人称为有力,战胜自己的人称为刚强。知道满足就是富有。顽强坚持的人叫作有志。不失根本的人就能长久。身死而精神不亡的人才算长寿。

三十四章(论道)

【题解】

本章说明大与小的辩证法,重在论道。

大道无所不在,没有私欲,顺应自然,由不主宰万物可以称为"小",由万物都归依又可称为"大","小"与"大"是事物的两面,相反相成。正因为它不据为己有,不自以为大,没有占有欲和支配欲,所以成就了它的伟大。天道如此,人道亦如此。

【原文】 大道氾兮,其可左右①。万物恃之以生而不辞②,功成而不有③。衣被万物而不为主④,可名于"小"⑤;万物归焉而不为主,可名为"大"⑥。以其终不自为大,故能成其大。

【注释】 ①大道氾兮,其可左右:大道广泛而普遍地流行,它可左可右,无处不在。氾,普,博。②辞:推辞。③有:据为己有。④衣被:遮蔽,覆盖。⑤小:指大道任物成长,自然无为,因此称为"小"。⑥大:指大道无私养育,万物归依,因此称为"大"。

【译文】 大道广泛而普遍地流行,它可左可右,无所不在。万物依靠它生长而不推辞,功业成就而不据为己有。它覆盖万物而不自以为主宰,可以称它为"小";它万物归依而不自以为主宰,可以称它为"大"。由于它最终不自以为大,所以才能成就它的大。

三十五章(论道)

【题解】

本章说明道平淡而无穷,重在论道。

道不像音乐和美食,可以刺激感官,引起诱惑,形成欲望,而是无味、无形、无声,却用

之不竭,无穷无尽。掌握和遵循道的规律,就可以让百姓归依,平和安宁。

【原文】 执大象①,天下往。往而不害,安平泰②。

乐与饵③,过客止。道之出口,淡乎其无味,视之不足见④,听之不足闻,用之不足既⑤。

【注释】 ①大象:大道。象,道。②安平泰:就平和而安宁。安,乃,则。③乐与饵:音乐与美食。饵,泛指美味食品。④足:可。⑤既:尽。

【译文】 执守大道,天下百姓都来归往。归往而不伤害,就会平和而安宁。

音乐美食,能使过客止步。而道的讲述,平淡得没有味道,看它看不着,听它听不到,用它却用不尽。

三十六章(治国)

【题解】

本章由自然物势阐发统治谋略,重在治国。

张极必歙,强极必弱,举极必废,予极必夺,也就是说,张是歙的先导,强是弱的前兆,举是废的端倪,予是夺的根苗,这是自然事物发展的大势,运动的规律,即所谓物极必反,对立转化的微明之理。因此,要处于柔弱地位,才能战胜刚强,这种治理国家的玄机谋略不能随便示人。

【原文】 将欲歙之①,必固张之②;将欲弱之,必固强之;将欲废之,必固举之;将欲取之,必固与之。是谓"微明"③。柔弱胜刚强。鱼不可脱于渊④,国之利器不可以示人⑤。

【注释】 ①歙:收敛。②固:定。张:扩张。③微明:隐微而显明。④鱼不可脱于渊:鱼不能离开深渊。⑤利器:锐利的武器,指赏罚,权谋。示:显示,炫耀。

【译文】 将要收敛它,必定扩张它;将要削弱它,必定强盛它;将要废弃它,必定举荐它;将要夺取它,必定给予它。这就叫作"微明"。

柔弱必胜刚强。

鱼不能离开深渊,国家的赏罚权谋不能向人炫耀。

三十七章(治国)

【题解】

本章论述君无为而民自化的道理,重在治国。

作为侯王,如果能够行大道,不妄为,顺应自然,万物不受干扰就会自己生长变化,无所不为。即使是出现了个人的私欲,也可以用质朴淳厚之风镇定引导。只要百姓没有私欲,回归天性,天下就会自己安定,形成"甘其食,美其服,安其居,乐其俗。邻国相望,鸡犬之声相闻,民至老死,不相往来"(《八十章》)的理想社会。

【原文】 道常无为而无不为①。

侯王若能守之,万物将自化②。化而欲作③,吾将镇之以无名之朴④。镇之以无名之朴,夫将不欲。不欲以静,天下将自正。

【注释】 ①无为而无不为:顺应自然不妄为则无所不能为。②自化:自己成长变化。③欲作:私欲产生。④无名之朴:道的质朴。无名,指道。《三十二章》曰:"道常无名,朴。"

【译文】 道永远顺应自然不妄为,就能够无所不为。

侯王如果能够坚守它,万物将会自己成长变化。成长变化而私欲产生,我将用道的质朴来震慑它。用道的质朴来震慑,就不会产生私欲。不产生私欲而宁静,天下将自己归于正道。

三十八章(砭时)

【题解】

本章抨击仁、义、礼对自然之道、德的破坏,重在砭时。

"孔德之容,惟道是从"(《二十一章》),道与德体用一源,顺应自然,没有私欲,先天而生,而仁、义、礼出自人为功利制作,后天而生,伤害人的自然天性,是对道、德的根本破坏,因此,即就是那些制定仁义礼的所谓先知们,也不过是看到道的表面的虚华,没有见到实质,已经是愚昧的开始。所以,大丈夫必须抛弃浅薄虚华,采取敦厚笃实。

【原文】 上德不德①,是以有德;下德不失德②,是以无德。

上德无为而无以为③;下德无为而有以为④。

上仁为之而无以为⑤;上义为之而有以为⑥。

上礼为之而莫之应⑦,则攘臂而扔之⑧。

故失道而后德,失德而后仁,失仁而后义,失义而后礼。夫礼者,忠信之薄⑨,而乱之首⑩。

前识者⑪,道之华⑫,而愚之始。是以大丈夫处其厚⑬,不居其薄;处其实,不居其华。故去彼取此⑭。

【注释】 ①上德不德:上德的人顺应自然,不追求仁义之类品德。《韩非子·解老》曰:"德者内也,得者外也。'上德不德',言其神不淫于外也。神不淫于外则身全,身全之谓得,得者得身也。凡德者,以无为集,以无欲成,以不思安,以不用固。为之欲之则德无舍,德无舍则不全;用之思之则不固,不固则无功。无功则生有德,生有德则无德。故曰'上德不德,是以有德'。"②下德不失德:下德的人不失去仁义之类品德。③上德无为而无以为:上德的人顺应自然而无所作为。《韩非子·解老》曰:"虚者之无为也,不以无为为有常。不以无为为有常,则虚。虚则德盛,德盛之谓上德。故曰'上德无为而无不为'也。"④下德无为而有以为:下德的人顺应自然而有所作为。⑤上仁为之而无以为:上仁的人想有作为而无所作为。《韩非子·解老》曰:"仁者谓其中心欣然爱人也,其喜人之有福,而恶人之有祸也。生心之所不能已也,非求其报也。故曰'上仁为之而无以为'也。"⑥上义为之而有以为:上义的人想有作为而有所作为。《韩非子·解老》曰:"义者,君臣上下之事,父子贵贱之差也,知交朋友之接也,亲疏内外之分也。臣事君宜,下怀上宜,子事父宜,贱敬贵宜,知交友朋相助也宜,亲者内而疏者外宜。义者谓其宜也,宜而为之。故曰'上义为之而有以为'也。"⑦上礼为之而莫之应:上礼之人想有作为而没人回应。⑧攘臂:用臂推操。扔之:引之,拽之,印强迫人服从。⑨薄:薄弱,浅薄,不足。⑩首:开始,开端。⑪前识者:有先见之明的人。⑫华:虚华。⑬厚:敦厚。⑭去彼取此:抛弃浅薄虚华,采取敦厚笃实。

【译文】 上德的人顺应自然,不追求仁爱之德,因此确实有德;下德的人不失去仁爱之德,因此没有德。

上德的人顺应自然而无所作为,下德的人顺应自然而有作为。

上仁的人想有作为而无所作为,上义的人想有作为而有所作为。

上礼的人想有作为而没人回应,就用臂推操强迫人服从。

所以,失道而后有德,失德而后有仁,失仁而后有义,失义而后有礼。礼,标志着忠信的薄弱,混乱的开端。

所谓有先见之明的人,只是认识道的虚华,是愚昧的开始。因此,大丈夫身处敦厚,而不居于浅薄;身处笃实,而不居于虚华。所以,抛弃浅薄虚华,采取敦厚笃实。

三十九章(治国)

【题解】
本章强调得道的重要性和侯王的谦下态度,重在治国。

天地万物得道则生存,失道则毁灭,治国也是同样的道理。作为侯王应该遵循道的法则,慈爱、俭啬、谦卑,"贵以贱为本,高以下为基",称孤道寡,自处卑下,态度谦虚,行为恭敬,重视百姓,爱护百姓,这样,才能"天下正"。百姓对于侯王最好的称誉就是不称誉,因为不知道侯王的存在,即"太上,不知有之"(《十七章》),这就达到了最高的境界。《二十八章》曰:"知其雄,守其雌,为天下豀。"《六十一章》曰:"牝常以静胜牡,以静为下。"《六十六章》曰:"是以圣人欲上民,必以言下之;欲先民,必以身后之。"与此同理。

【原文】 昔之得一者①——天得一以清,地得一以宁,神得一以灵,谷得一以盈,万物得一以生,侯王得一以为天下正。

其致之也②,天无以清,将恐裂;地无以宁,将恐废③;神无以灵,将恐歇④;谷无以盈,将恐竭;万物无以生,将恐灭;侯王无以正,将恐蹶⑤。

故贵以贱为本,高以下为基。是以侯王自称孤、寡、不穀⑥。此非以贱为本邪?非乎?故至誉无誉。是故不欲琭如玉⑦,珞珞如石⑧。

【注释】 ①一:指道。《四十二章》曰:"道生一,一生二,二生三,三生万物。"②其致之也:如果推广言之。其,若,如果。致,推极。③废:毁坏。④歇:休息,停止。⑤蹶:颠覆。⑥孤、寡、不穀:都是侯王的谦称。孤,孤德;寡,寡德;不穀,不善。⑦琭琭:光彩的样子,形容美玉。⑧珞珞:同"硌硌",坚硬的样子,形容石块。

【译文】　古来得道者——天得道就清明,地得道就安宁,神得道就灵验,山谷得道就充盈,万物得道就生长,侯王得道就使天下安定。

如果推广言之,天没有清明,将要崩裂;地没有安宁,将要毁坏;神没有灵验,将要休止;山谷没有充盈,将要枯竭;万物没有生长,将要灭绝;侯王没有安定,将要颠覆。

因此,贵以贱作为根本,高以下作为基础。因此,侯王自称孤、寡、不穀。这不是以低贱作为根本吗? 不是吗? 所以,最高的声誉无须赞誉。所以,不愿像光彩的美玉,宁可如坚硬的石块。

四十章（论道）

【题解】

本章说明道的特征,重在论道。

"反"即复,相反相成,对立转化,物极必反,回归本原,这是道的循环运动方式。"柔"即弱,道的运用不是以暴烈强迫的方式进行,而是以自然柔和、润物无声为特征。所以,道作为天地之始的"无",产生了作为万物之母的"有"。

【原文】　反者①,道之动;弱者②,道之用。天下万物生于"有","有"生于"无"。

【注释】　①反:同"返",复,循环。《十六章》曰:"万物并作,吾以观复。"②弱:柔弱,柔和。

【译文】　循环,是道的运动方式;柔弱,是道的运用特征。

天下万物产生于"有","有"产生于"无"。

四十一章（论道）

【题解】

本章阐发"明道若昧"的道理,重在论道。

"道冲,而用之或不盈"(《四章》),空虚实用;道"迎之不见其首,随之不见其后"(《十四章》),无影无踪;道"微妙玄通,深不可识"(《十五章》),藏而不露;道"不自见""不自是""不自伐""不自矜"(《二十二章》),俭啬内敛。因此,道的现象和实质似乎是矛盾的,不为一般人认识知晓,这就如同"大白""大方""大器""大音""大象"一样,所以说,"道隐无名","明道若昧"。但是,道却"善贷且成",养育成就了万物。

【原文】　上士闻道①,勤而行之;中士闻道,若存若亡②;下士闻道,大笑之。——不笑,不足以为道。

故建言有之③:

明道若昧,进道若退,夷道若纇④。

上德若谷,广德若不足,建德若偷⑤,质真若渝⑥。

大白若辱⑦,大方无隅⑧,大器晚成。

大音希声⑨,大象无形,道隐无名。

夫唯道,善贷且成⑩。

【注释】　①上士:上等的士人。②若存若亡:或许保留或许遗忘。"亡",通"忘"。③建言:立言的人。④颣:不平。⑤建德若偷:刚健的德好像苟且偷生。建,通"健"。偷,苟且。⑥质真若渝:质朴纯真好像污秽混浊。⑦辱:污黑。参见《二十八章》注⑤。⑧隅:角,棱角。⑨希声:无声。《十四章》曰:"听之不闻,名曰'希'。"⑩善贷且成:善于帮助而且成就万物。贷,施与,帮助。

【译文】　上士听了道,努力实行;中士听了道,或许保留或许遗忘;下士听了道,哈哈大笑。——不被嘲笑,就不足以成为道。

因此,立言的人这样说:

光明的道好像暗昧,前进的道好像后退,坦直的道好像不平。

崇高的德好像低谷,广博的德好像不足,刚健的德好像苟且,质朴纯真好像污秽。

最洁白的好像污黑,最方正的好像无角,最宝贵的器皿最后完成。

最美妙的音乐没有声音,最大的形象没有形体,大道幽隐没有名称。

唯有道,善于帮助而且成就万物。

四十二章(论道)

【题解】

本章讲述宇宙生成,重在论道。

老子认为,道是一个独立存在的浑沌整体,由道而生出天地,蕴涵着阴阳二气,阴阳二气互相交冲而形成和谐之气,于是就产生了万物,正如《一章》曰:"无,名天地之始;有,名万物之母。"这就是宇宙生成的过程。

【原文】　道生一①,一生二②,二生三③,三生万物。

万物负阴而抱阳④,冲气以为和⑤。

(人之所恶,唯孤、寡、不穀,而王公以为称。故物或损之而益,或益之而损。人之所教,我亦教之。强梁者不得其死,吾将以为教父⑥。)

【注释】　①一:指道。道,浑沌而成,独立无偶,故为"一"。《十章》曰:"载营魄抱一,能无离乎?"《二十二章》曰:"圣人抱一为天下式。"《三十九章》曰:"昔之得一者。"②二:指天地。天为阳,地为阴。③三:指阳气、阴气、和气。《三十二章》曰:"天地相合,以降甘露,民莫之令而自均。"即阴阳二气交合形成的和气状态而产生了万物。④负阴而抱阳:背阴而向阳。⑤冲气以为和:阴阳二气相交冲而形成和气。⑥以上数句与文义不合,疑为《三十九章》错简,当删。

【译文】　道整体唯一,一产生天地,天地含有阳、阴二气,互相交冲而产生和谐之气,阴、阳和三气产生了万物。

万物背阴而向阳,阴阳二气相交冲而形成和气。

四十三章（治国）

【题解】

本章说明无为的作用和效果，重在治国。

以柔克刚，以弱胜强，是老子反复申明的贵柔之道，《七十八章》就曰："天下莫柔弱于水，而攻坚强者莫之能胜，以其无以易之。"由此可以看到无为的作用和效果。然而，天下对此却很少有人了解到；即使是认识到，也未必能够做到。可见，老子反复强调的还是不言无为之道。

【原文】 天下之至柔，驰骋天下之至坚①。无有入无间②。吾是以知无为之有益。
不言之教，无为之益，天下希及之③。

【注释】 ①驰骋：使……奔驰，驱使。②无有入无间：无有之形可以进入无间隙之中。③希：少。及：至，到达。

【译文】 天下最柔软的东西，可以驱使天下最坚硬的东西。无有之形可以进入无间隙之中。我因此知道无为的好处。

不言的教诲，无为的好处，天下很少能够认识到做得到。

四十四章（养生）

【题解】

本章强调尊重生命，重在养生。

名利财货都是身外之物，都不能与珍贵的生命相比，因此，为争名利而危及自身，实为得不偿失。这种贵身爱身的思想，与俭啬不争的要求相一致，所以，"知足不辱，知止不殆"，就成为必然的人生信条。《二十九章》曰："是以圣人去甚，去奢，去泰。"《四十六章》曰："祸莫大于不知足，咎莫大于欲得。"与此同理。

【原文】 名与身孰亲？身与货孰多①？得与亡孰病②？
甚爱必大费③，多藏必厚亡④。
故知足不辱，知止不殆，可以长久。

【注释】 ①多：贵重。②病：痛苦。③费：耗费。④厚：厚重

【译文】 名声与身体相比哪一个亲近？生命与财物相比哪一个贵重？得到与丧失相比哪一个痛苦？

过分私爱必然要有重大的耗费，太多收藏必然会有厚重的损失。

因此，知道满足就不会受到屈辱，知道休止就不会出现危险，这样才能保持长久。

四十五章（修身）

【题解】

本章论述人品修养，重在修身。

道的法则,要求内敛俭啬,反映在人品修养上,就是所有的"大成""大盈""大直""大巧""大辩"的内涵,都是以"缺""冲""屈""拙""讷"的形式表现出来,不自吹,不自是,不炫耀,不矜持,以卑下的姿态对人处世,所谓"治人事天,莫若啬"(《五十九章》)。《四十一章》曰:"上德若谷,广德若不足,建德若偷。"与此同理。所以,清静无为可以为君长,正如《二十六章》曰:"重为轻根,静为躁君。"

【原文】 大成若缺①,其用不弊②。

大盈若冲③,其用不穷④。

大直若屈⑤,大巧若拙,大辩若讷⑥,大赢若绌⑦。

静胜躁,寒胜热。清静,为天下正⑧。

【注释】 ①成:善。②遮蔽:停止。③冲:本为"盅",空虚。参见《四章》注①。④穷:穷尽。⑤屈:弯曲。⑥讷:语言困难,口吃。⑦绌:通"黜"。⑧正:长,君。

【译文】 最美好的东西好像残缺,但是它的作用不会停止。

最充盈的东西好像空虚,但是它的作用不会穷尽。

最正直的东西好像弯曲,最灵巧的东西好像笨拙,最雄辩的人才好像口吃,最大的赢利好像亏本。

沉静战胜浮躁,寒冷战胜炎热。清静无为可以成为天下的君长。

四十六章(养生)

【题解】

本章说明贪婪不知足的危害,重在养生。

贵族贪婪不知足,"甚爱必大费,多藏必厚亡"(《四十四章》),危及自身生命;侯王贪婪不知足,则发动战争,侵城略地,使得"天下无道,戎马生于郊",不仅危及自身生命,还会毁弃国家命运。因此,无论对于自身或国家,"祸莫大于不知足,咎莫大于欲得",知足才能长保,这是养生要义。

【原文】 天下有道,却走马以粪①;天下无道,戎马生于郊②。

祸莫大于不知足,咎莫大于欲得③。故知足之足④,常足矣⑤。

【注释】 ①却:退回,放回。走马:跑马,战马。粪:《韩非子·解老》曰:"凡马之所以大用者,外供甲兵而内给淫奢也。今有道之君,外希用甲兵而内禁淫奢,上不事马于战斗逐北,而民不以马远通淫物,所积力唯田畴。积力于田畴,必且粪灌。故曰'天下有道,却走马以粪'也。"②戎马:战马。生于郊:在荒郊野外生下马驹。《韩非子·解老》曰:"人君者无道,则内暴虐其民,而外侵欺其邻国。内暴虐则民产绝,外侵欺则兵数起;民产绝则畜生少,兵数起则士卒尽;畜生少则戎马乏,士卒尽则军危殆;戎马乏则牸马出,军危殆则近臣役。马者,军之大用;郊者,言其近也。今所以给军之具于牸马近臣,故曰'天下无道,戎马生于郊矣'。"③咎:罪过。④知足之足:知道满足的这种满足。⑤常足:永远满足。

【译文】 天下有道,退回战马去运肥播种;天下无道,连怀孕的母马也要上战场,在荒郊野外生下马驹。

祸患没有比不知满足更大的了,罪过没有比贪得无厌更大的了。因此,知道满足的这种满足,才会永远满足啊。

四十七章(修身)

【题解】

本章论述认知关系,重在修身。

老子认为道是万物的本原,掌握了道就可以洞察一切,而对道的认知,必须"涤除玄鉴"(《十章》),自省感悟,只要内心纯净,质朴敦厚,自我修养,认真体会,就可以明道,观照外物。因此,不出户,不阅牖,可以知天道;如果外出实践经验,就会触及社会欲望,污染心灵,而使得耳目蒙蔽,视听混淆,不辨真伪,远离大道,因此要"塞其兑,闭其门"(《五十二章》)。显然,这种观点与其清静无为、内敛俭啬的思想是一脉相承的。但是,与老子对道的论述一样,在认识论上则是唯心的。

【原文】 不出户①,知天下;不阅牖②,见天道。其出弥远③,其知弥少。

是以圣人不行而知,不见而明,不为而成。

【注释】 ①户:单扇门。②阅:窃视,看。牖:窗子。③弥:愈,更加。

【译文】 不出门户,能够知道天下世事;不看窗外,能够了解自然规律。外出愈远,所知愈少。

因此,圣人不出行而知情,不眼见而明白,不作为而成功。

四十八章(治国)

【题解】

本章比较"为学"与"为道",重在治国。

老子反对政教礼义这些外在世俗之学,认为这样的"为学"愈多,伪诈奸邪之事愈多;主张内心纯净,自省感悟,俭约收敛,返璞归真,这样"为道"愈久,私欲私爱愈少,近于无为的大道。因此,《十九章》曰:"绝圣弃智,民利百倍;绝仁弃义,民复孝慈;绝巧弃利,盗贼无有。此三者,以为文,不足。故令有所属,见素抱朴,少私寡欲,绝学无忧。"显然,所谓"学"就是圣智、仁义、巧利之类,"绝学"对"为学"而言,"见素抱朴,少私寡欲"则是对"为道"而言。所以,"为道"使百姓返璞归真而自化,就可以治理天下;如果"为学"扰乱天下,胡作非为,则适得其反。

【原文】 为学日益①,为道日损②。损之又损,以至于无为。

无为而无不为③。取天下常以无事④,及其有事⑤,不足以取天下。

【注释】 ①为学日益:研究世俗学问,则伪诈奸邪一天天增加。②为道日损:修行自然天道,则私欲私爱一天天减少。天道指清静无为之道。③无为而无不为:顺应自然不

妄为,就能够无所不为。参见《三十七章》。④取:为,治理。无事:无所事事,无妄为之事。⑤有事:有所事事,严刑峻法之类苛政。

【译文】 研究世俗学问,伪诈奸邪一天天增多;修行自然天道,私欲私爱一天天减少。减少而又减少,一直到无为的状态。

顺应自然不妄为,就能够无所不为。治理天下经常凭借无所事事,等到有所事事,实行苛政,就不能够治理天下了。

四十九章(治国)

【题解】

本章论述善待百姓、浑沌其心的道理,重在治国。

作为行道之人,没有私心,对善者与不善者一律善待,对信者与不信者一律相信,因此,天下和谐,没有被抛弃的人。正如《二十七章》曰:"是以圣人常善救人,故无弃人;常善救物,故无弃物。是谓'袭明'。"而真正要使民自化,就必须绝弃百姓的耳目私欲,即"塞其兑,闭其门"(《五十二章》),浑沌其心,返璞归真,才能像婴儿般纯厚。

【原文】 圣人常无心①,以百姓心为心。

善者,吾善之;不善者,吾亦善之,德善②。

信者,吾信之;不信者,吾亦信之,德信。

圣人在天下,歙歙焉③,为天下浑其心④。百姓皆注其耳目⑤,圣人皆孩之⑥。

【注释】 ①常无心:永远没有私心。②德:通"得"。③歙歙:收敛,谨慎。④浑:浑沌。⑤注:专注。⑥孩:婴孩,儿童。《十章》曰:"专气致柔,能如婴儿乎?"《二十章》曰:"沌沌兮,如婴儿之未孩。"《二十八章》曰:"为天下谿,常德不离,复归于婴儿。"

【译文】 圣人永远没有私心,把百姓的心作为自己的心。

善良的人,我善待他;不善良的人,我也善待他,这就得到了善良。

诚信的人,我信任他;不诚信的人,我也信任他,这就得到了诚信。

圣人在天下,总是谨慎的样子,为天下而浑沌百姓的心,使他们返璞归真。百姓们都专注自己的耳目欲望,圣人则要使他们回复到婴孩般纯厚质朴。

五十章(养生)

【题解】

本章论述保护生命的方法,重在养生。

老子对人生进行分析,"生之徒,十有三;死之徒,十有三",这是正常自然的生死状况。另外,"人之生,动之于死地,亦十有三",即因为养生太厚而缩短了生命,这才是论述的重点。因此讲到善于养生的人,应该避开死地,形象地说就是避开虎兕、战争,实际上就是见素抱朴,少私寡欲,杜绝声色犬马,生活清静恬淡,一切顺应自然,才能安享天年。

这种思想影响到后世。比如《吕氏春秋·本生》曰:"富贵而不知道,适足以为患,不

如贫贱。贫贱之致物也难,虽欲过之,奚由？出则以车,入则以辇,务以自佚,命之曰'招蹶之机';肥肉厚酒,务以自强,命之曰'烂肠之食';靡曼皓齿,郑卫之音,务以自乐,命之曰'伐性之斧'。三患者,富贵之所致也。故古之人有不肯富贵者矣,由重生故也。"

【原文】 出生入死。生之徒①,十有三;死之徒②,十有三;人之生,动之于死地③,亦十有三。夫何故？以其生生之厚④。

盖闻善摄生者⑤,陆行不遇兕虎⑥,入军不被甲兵⑦;兕无所投其角⑧,虎无所用其爪,兵无所容其刃。夫何故？以其无死地。

【注释】 ①生之徒:正常活着的人。②死之徒:夭折死去的人③死地:死亡之地。④生生之厚:养生的过分丰厚。⑤摄生:养护生命。⑥兕虎:独角犀牛和老虎。泛指野兽。⑦被:触及,遭受。⑧投:掷,撞击。

【译文】 出世为生,入土为死。天下正常活着的人,占十分之三;夭折死去的人,占十分之三;人活着,却行动在死亡之地,也占十分之三。这是什么缘故呢？因为他们养生过分丰厚奢侈,而糟蹋缩短了生命。

听说那些善于养护生命的人,在陆地上行走不会遇到野兽,在战争中不会触及兵器;犀牛没有地方撞击它的角,老虎没有地方使用它的爪,兵器没有地方容纳它的刃。这是什么缘故呢？因为他就没有进入死亡之地。

五十一章(论道)

【题解】

本章重申"生而不有",重在论道。

道化生、养育、区别、成就万物,是万物之母,虽然受到尊崇,却不号令,不占有,不自恃,不主宰,一切顺应自然,具有深妙的品德。正如《二章》曰:"是以圣人处无为之事,行不言之教;万物作而弗始,生而弗有,为而弗恃,功成而弗居。夫唯弗居,是以不去。"

【原文】 道生之①,德畜之②,物形之③,势成之④。是以万物莫不尊道而贵德。道之尊,德之贵,夫莫之命而常自然。

故道生之,德畜之,长之育之⑤,亭之毒之⑥,养之覆之⑦。〔生而不有,为而不恃,长而不宰,是谓"玄德"⑧〕。

【注释】 ①道生之:道化生万物。②德蓄之:德养育万物。③物形之:用不同形态区别万物。④势成之:在各种环境成就万物。⑤长之育之:使万物成长发育。⑥亭之毒之:使万物结果成熟。⑦养之覆之:给万物抚育保护。⑧玄德:深妙的德性。以上四句错简重出于《十章》,应在此章。

【译文】

道化生万物,德养育万物,用不同形态区别万物,在各种环境成就万物。因此,万物没有不尊崇道而珍贵德的。道受到尊崇,德受到珍贵,是因为道和德没有对万物发号施令而永远顺应自然。

所以,道化生万物,德养育万物,使万物成长发育,使万物结果成熟,给万物抚育保护。生长万物而不占有,抚育万物而不自恃,长养万物而不主宰,这就叫"玄德"。

五十二章(修身)

【题解】

本章论述持守大道,重在修身。

道是万物之母,由母知子,由子知母,永远持守大道就能终身安泰。要守道必须"塞其兑,闭其门",杜绝排除外界私欲功利的诱惑和干扰,否则终身有难。只有"见小""守柔",不事张扬炫耀,坚持深藏不露,才能永保太平。

【原文】 天下有始①,以为天下母②。既得其母,以知其子③;既知其子,复守其母。没身不殆。

塞其兑④,闭其门⑤,终身不勤⑥;开其兑,济其事⑦,终身不救。

见小曰"明"⑧,守柔曰"强"⑨。用其光⑩,复归其明⑪,无遗身殃。是为"袭常"⑫。

【注释】 ①始:初始。指道。②母:本原。《一章》曰:"无,名天下之始;有,名万物之母。"《二十章》曰:"我独异于人,而贵食母。"③子:指万物。④兑:口,指嗜欲的感官。兑为八卦之一,《周易·说卦》曰:"兑,说也。""兑为口。""兑为口舌。"⑤门:门径,指巧利的途径。⑥勤:劳。⑦济其事:成就世间的庶事。济,成。⑧见小曰"明":能看见细微叫"明"。⑨守柔曰"强":能坚守柔弱叫"强"。《十章》曰:"专气致柔,能如婴儿乎?"《七十六章》曰:"强大处下,柔弱处上。"《七十八章》曰:"弱之胜强,柔之胜刚,天下莫不知,莫能行。"⑩光:智力之光。⑪明:内省之明。⑫袭常:承袭永恒的道。

【译文】 天下必有初始的道,作为万物的本原。既然得知本原,就知道万物;既然知道万物,就持守本原。这样,终身没有危险。

堵塞嗜欲的感官,关闭巧利的门径,终身不劳;打开嗜欲的感官,成就世间的庶事,则终身不可救药。

能看见细微叫"明",能坚守柔弱叫"强"。使用智力之光,回复内省之明,不要给自身留下祸殃,这就是承袭永恒的道。

五十三章(砭时)

【题解】

本章揭发统治者穷奢极欲的罪恶行径,重在砭时。

老子处于乱世,贫富对立严重,社会矛盾尖锐。统治者巧取豪夺,锦衣玉食,声色犬马,生活糜烂,使得国库空虚,田园荒芜,民不聊生,生灵涂炭。因此,老子认为统治者走的是邪恶之路,他们是一伙强盗头子,对他们进行强烈的控诉和诅咒!

【原文】 使我介然有知①,行于大道,唯施是畏②。

大道甚夷③,而人好径④。朝甚除⑤,田甚芜,仓甚虚;服文彩,带利剑,厌饮食⑥,财货

有余,是为盗夸⑦。非道也哉!

【注释】 ①使:假如。介,微小,稍微。②施:斜,邪。③夷:平坦。④径:邪路。⑤除:修饰。⑥厌:饱足。⑦盗夸:大盗,强盗的首领。《韩非子·解老》"盗夸"作"盗竽",曰:"竽也者,五声之长者也,故竽先则钟瑟皆随,竽唱则诸乐皆和。今大奸作,则俗之民唱;俗之民唱,则小盗必和。故服文采,带利剑,厌饮食,而资货有余者,是之谓'盗竽'矣。"夸,通"竽","盗夸"即"盗竽"。

【译文】 假如我稍微有些知识,在大道上行走,就害怕走入邪路。

大道很平坦,而那些侯王就喜欢走邪路。朝廷装饰非常豪华,田园非常荒芜,仓库非常空虚;而他们穿戴锦绣的衣冠,佩带锋利的宝剑,饱食丰盛的宴席,占有充裕的财物,他们就是强盗的首领。真是无道啊!

五十四章(修身)

【题解】

本章强调以道修德,普化天下,重在修身。

子孙相继,祭祀不辍,是以血缘为纽带的农耕民族的本能愿望和追求。为了实现这个目标,必须修德,这是治身、治家、治乡、治邦、治天下的关键所在。因为,"孔德之容,惟道是从"(《二十一章》)。道为德之内容、本体,德为道之形式、功用,所以,归根到底,仍在于重道。

【原文】 善建者不拔①,善抱者不脱②,子孙以祭祀不辍③。

修之于身,其德乃真;修之于家,其德乃余;修之于乡,其德乃长;修之于邦,其德乃丰;修之于天下,其德乃普。

故以身观身,以家观家,以乡观乡,以邦观邦,以天下观天下。吾何以知天下之然哉?以此④。

【注释】 ①拔:拔除。②脱:脱离。③辍:停止,断绝。④以此:就因为这个道理。《韩非子·解老》曰:"为人子孙者,体此道以守宗庙,不灭之谓'祭祀不绝'。身以积精为德,家以资财为德,乡国天下皆以民为德,今治身而外物不能乱其精神,故曰'修之身,其德乃真'。真者,慎之固也。治家者,无用之物不能动其计,则资有余,故曰'修之家,其德有余'。治乡者行此节,则家之有余者益众,故曰'修之乡,其德乃长'。治邦者行此节,则乡之有德者益众,故曰'修之邦,其德乃丰'。莅天下者行此节,则民之生莫不受其泽,故曰'修之天下,其德乃普'。修身者,以此别君子小人;治乡、治邦、莅天下者,各以此科适观息耗,则万不失一。故曰:'以身观身,以家观家,以乡观乡,以邦观邦,以天下观天下。吾奚以知天下之然也?以此。'"

【译文】 善于建树的人不可拔除,善于抱持的人不会脱离,子子孙孙遵循大道就永远祭祀不断绝。

用道修养自身,他的德就纯真;修养一家,他的德就充余;修养一乡,他的德就长久;

修养邦国,他的德就丰硕;修养全天下,他的德就普遍。

因此,从自身之德观察他人之德,从自家之德观察他家之德,从自己家乡之德观察其他地区之德,从自己国家之德观察其他国家之德,从今日天下之德观察未来天下之德。我凭什么知道天下的情况呢? 就是运用的这个道理和方法。

五十五章(修身)

【题解】

本章论厚德之人,重在修身。

老子以赤子比喻厚德之人,认为赤子质朴纯真,元气充沛,筋骨柔弱,内力刚强,精神和谐,这正是行道之人必须具备的品德修养。唯有如此,才能有效地克制内部的欲望和冲动,抵制外部的伤害和影响,归于大道。

【原文】 含德之厚,比于赤子。毒虫不螫①,猛兽不据②,攫鸟不搏③。骨弱筋柔而握固,未知牝牡之合而朘作④,精之至也。终日号而不嗄⑤,和之至也⑥。

知和曰常⑦,知常曰明。益生曰祥⑧,心使气曰强⑨。

物壮则老,谓之不道。不道早已⑩。

【注释】 ①毒虫不螫:蜂虿之类毒虫不蜇刺。螫,蜂虿行毒螫人。②猛兽不据:虎豹之类猛兽不抓伤。据,通"攥",兽以爪抓物为据。③攫鸟不搏:鹰隼之类凶禽不搏持。④朘:小男孩儿的生殖器。⑤嗄:哑。⑥和:和气。《四十二章》曰:"冲气以为和。"⑦常:指永恒不变的规律。《十六章》曰:"复命曰'常',知常曰'明'。"⑧益生:有益于养生。⑨心使气:欲念放纵任气。⑩物壮则老,谓之不道。不道早已:《三十章》同此。

【译文】 人饱含深厚的德,可以比得上初生的婴儿。蜂虿之类毒虫不蜇刺他,虎豹之类猛兽不抓伤他,鹰隼之类凶禽不搏持他。婴儿筋骨柔弱而拳头紧握,不知男女交合而小生殖器翘起,这是精气非常充足的缘故。整天号哭而嗓子不哑,这是和气充盈的缘故。

知道和气叫"常",知道"常"叫"明"。有益于养生叫"祥",欲念放纵任气叫"强"。

事物发展到盛壮就要衰老,就不符合道。不符合道就会提早消亡。

五十六章(治国)

【题解】

本章阐发不言之教、混同亲疏的道理,重在治国。

《五十九章》曰:"治人事天,莫若啬。"《六十五章》曰:"古之善为道者,非以明民,将以愚之。"其具体方法就是"挫锐""解纷""和光""同尘"。因为,"圣人不仁"(《五章》),"天道无亲"(《七十九章》),"是以圣人之治,虚其心,实其腹,弱其志,强其骨。常使民无知无欲,使夫智者不敢为也。为无为,则无不治"(《三章》),所以,不分亲疏,不分利害,不分贵贱,圣人才为天下贵。

【原文】　知者不言,言者不知①。

(塞其兑,闭其门②,)〔挫其锐,解其纷,和其光③,同其尘④,〕是谓"玄同"⑤。

故不可得而亲,不可得而疏;不可得而利,不可得而害;不可得而贵,不可得而贱。故为天下贵。

【注释】　①知者不言,言者不知:聪明的人不发号施令,发号施令的人不聪明。②塞其兑,闭其门:已见于《五十二章》,此处错简重出,当删。③和其光:混合他们辨识万物的智力之光。《五十二章》曰:"用其光,复归其明。"④同其尘:规范他们动作行为的世俗之尘。以上四句错简重出于《四章》,当移于此。⑤玄同:玄妙混同的境界,即道的境界。《二十五章》曰:"有物混成,先天地生。"

【译文】　聪明的人不发号施令,发号施令的人不聪明。

挫折人们的锐气,解决人们的纠纷,混合他们辨识万物的智力之光,规范他们动作行为的世俗之尘,这就是"玄同"。

因此,对百姓不能亲,不能疏;不能利,不能害;不能贵,不能贱。所以,就被天下人尊重。

五十七章(治国)

【题解】

本章论述清静无为,重在治国。

老子主张清静无为,并非空穴来风,面壁虚构,而是针对乱世进行冷静地观察思考后确认,统治者所谓"有为",就是人间动乱不安的根源。因此,《十九章》曰:"绝圣弃智,民利百倍;绝仁弃义,民复孝慈;绝巧弃利,盗贼无有。"《三十七章》曰:"道常无为而无不为。侯王若能守之,万物将自化。"这就是老子解决治国问题的思路和方法,本章是进一步的论述和阐发。

【原文】　以正治国①,以奇用兵②,以无事取天下③。吾何以知其然哉? 以此:天下多忌讳④,而民弥贫;人多利器⑤,国家滋昏;人多伎巧⑥,奇物滋起;法令滋彰⑦,盗贼多有。

故圣人云:"我无为,而民自化;我好静,而民自正;我无事,而民自富;我无欲,而民自朴。"

【注释】　①以正治国:以无为正道治理国家。正,正道。②以奇用兵:以诡异奇谋指挥战争。奇,奇谋。③以无事取天下:以无所事事管理天下。《四十八章》曰:"取天下常以无事,及其有事,不足以取天下。"《六十章》曰:"治大国,若烹小鲜。"取,为,治理,管理。④忌讳:禁忌,指戒律禁令。⑤利器:锐利的武器,权谋。《三十六章》曰:"鱼不可脱于渊,国之利器不可以示人。"⑥伎巧:技能智慧。⑦滋彰:繁多显明。

【译文】　以无为正道治理国家,以诡异奇谋指挥战争,以无所事事管理天下。我为什么知道是这样呢? 从这些事情可以看出:天下多禁忌,百姓就愈贫穷;人们多权谋,国家就愈昏乱;人们多技巧,奇事就多发生;法令繁多显明,盗贼就多出现。

因此,圣人说:"我无所作为,而百姓就自我教化;我喜欢清静,而百姓自然端正;我无所事事,而百姓自己富足;我没有私欲,而百姓自然质朴。"

五十八章(治国)

【题解】
本章讲述对立转化的道理,重在治国。

"其政闷闷",是清静无为之政,由于圣人"不割""不刿""不肆""不耀",因此百姓纯厚知足,安居乐业;"其政察察",是精明严酷之政,统治者以智治国,政令繁多,百姓深受压迫剥削,因此百姓生活匮乏,不得温饱。其结果正好相反。所以,祸与福相倚依,正复为奇,善复为妖,并没有一定的标准。可见,老子确实认识并揭示了对立双方转化的现象和规律。但是,矛盾的转化并不是自然发生的,必须在一定的外部条件下才能进行并得以实现,正是在这个问题上,老子没有深入论述,反映了他的思想局限。

【原文】 其政闷闷①,其民淳淳②;其政察察③,其民缺缺④。

祸兮,福之所倚⑤;福兮,祸之所伏⑥。孰知其极⑦?其无正也⑧。正复为奇⑨,善复为妖⑩。人之迷,其日固久。

是以圣人方而不割⑪,廉而不刿⑫,直而不肆⑬,光而不耀⑭。

【注释】 ①闷闷:质朴的样子。《二十章》曰:"俗人察察,我独闷闷。"②淳淳:淳厚知足的样子。③察察:精明、严酷的样子。④缺缺:欠缺、不满足的样子。《六十五章》曰:"古之善为道者,非以明民,将以愚之。民之难治,以其智多。故以智治国,国之贼;不以智治国,国之福。"⑤倚:倚傍,依靠。《韩非子·解老》曰:"人有祸则心畏恐,心畏恐则行端直,行端直则思虑熟,思虑熟则得事理。行端直则无祸害,无祸害则尽天年;得事理则必成功,尽天年则全而寿;必成功则富与贵,全寿富贵之谓福。而福本于有祸,故曰'祸兮,福之所倚',以成其功也。"⑥伏:隐藏,潜伏。《韩非子·解老》曰:"人有福则富贵至,富贵至则衣食美,衣食美则骄心生,骄心生则行邪僻而动弃理。行邪僻则身死夭,动弃理则无成功。夫内有死夭之难,而外无成功之名者,大祸也。而祸本生于有福,故曰'福兮,祸之所伏'。"⑦极:终极的结果。⑧正:定准,标准。⑨正复为奇:正又变为邪。奇,诡异不正,邪。⑩善复为妖:善再变为恶。妖,恶。⑪方而不割:方正而不割伤人。《二十八章》曰:"故大制不割。"⑫廉而不刿:性格刚强而不戳伤人。刿,伤。⑬直而不肆:正直而不放肆。⑭光而不耀:光鲜而不炫耀。《韩非子·解老》曰:"所谓方者,内外相应也,言行相称也。所谓廉者,必生死之明也,轻恬资财也。所谓直者,义必公正,心不偏党也。所谓光者,官爵尊贵,衣裘壮丽也。"

【译文】 一国的政治质朴,它的百姓就纯厚知足;一国的政治严酷,它的百姓就欠缺不满足。

灾祸,是幸福倚傍的地方;幸福,是灾祸潜伏的地方。谁知道它们极终的结果呢?大概没有一个标准。正又变为邪,善再变为恶。人们的迷惑,时日实在很久了。

因此，圣人的言行方正而不割伤人，性格刚强而不戳伤人，直率而不放肆，光鲜而不炫耀。

五十九章（修身）

【题解】

本章讲述俭啬之道，重在修身。

俭啬，老子视为人生三宝之一（《六十七章》）。所谓俭啬，就是爱惜自身，收敛精神，内心纯朴，不事炫耀，因此，要早服道，重积德，不断聚积内力，永立不败之地。所以，俭啬用以修身，则谦恭卑弱，守雌处下；用于治国，则处无为之事，行不言之教，这就是长生久视之道。

【原文】 治人事天①，莫若啬②。

夫唯啬，是谓早服③；早服，谓之重积德④；重积德，则无不克；无不克，则莫知其极⑤；莫知其极，可以有国；有国之母⑥，可以长久。是谓深根固柢、长生久视之道⑦。

【注释】 ①治人事天：治理百姓，敬事天地。②啬：爱惜精神，收敛知识。《韩非子·解老篇》曰："书之所谓'治人'者，适动静之节，省思虑之费也。所谓'事天'者，不极聪明之力，不尽知识之任。苟极尽则费神多，费神多则盲聋悖狂之祸至，是以啬之。啬之者，爱其精神，啬其智识也。故曰'治人事天，莫如啬'。"③早服：趁早服从道。《韩非子·解老篇》曰："夫能啬也，是从于道而服于理也。众人离于患，陷于祸，犹未知退，而不服从道理；圣人虽未见祸患之形，虚无服从于道理，以称蚤服。故曰'夫谓啬，是以蚤服'。"④重积德：多积累德。重，多。《韩非子·解老》曰："知'治人'者其思虑静，知'事天'者其孔窍虚。思虑静故德不去，孔窍虚则和气日入。故曰'重积德'。夫能令故德不去，新和气日至者，蚤服者也。故曰'蚤服，是谓重积德'。"⑤极：极点，尽头。⑥母：道，根本。《韩非子·解老》曰："所谓'有国之母'，母者道也。道也者，生于所以有国之术。所以有国之术，故谓之有国之母。夫道以与世周旋者，其建生也长，持禄也久，故曰'有国之母，可以长久'。"⑦长生久视：长久存在。《韩非子·解老》曰："树木有曼根，有直根。根者，书之所谓柢也。柢也者，木之所以建生也。曼根者，木之所以持生也。德也者，人之所以建生也。禄也者，人之所以持生也。今建于理者，其持禄也久，故曰深其根体其道者。其生日长，故曰固其柢。柢固则生长，根深则视久。故曰'深其根，固其柢，长生久视之道'也。"

【译文】 治理百姓，敬事天地，没有比爱惜精神、收敛知识更重要。

正因为"啬"，所以要趁早服从道；趁早服从道，就要多多积德；多多积德，就战无不胜；战无不胜，就没有人知道他力量的极点；没有人知道他力量的极点，就可以拥有国家；掌握国家的根本大道，就可以长治久安。这就是根深蒂固、长久永存的道理。

六十章(治国)

【题解】

本章论述清静无为,两不相伤,重在治国。

在老子看来,治国之道,在于顺应自然,清静无为,而不要繁令苛政,扰民害民,这就如同煎小鱼,反复翻动则无完鱼。只要以道治国,鬼神与圣人都不侵害百姓,百姓即可安享太平。这就是"我无为,而民自化;我好静,而民自正;我无事,而民自富;我无欲,而民自朴"(《五十七章》)。

【原文】 治大国,若烹小鲜①。

以道莅天下②,其鬼不神③。非其鬼不神,其神不伤人;非其神不伤人,圣人亦不伤人。夫两不相伤④,故德交归焉⑤。

【注释】 ①烹小鲜:煎小鱼。烹,煎煮。鲜,鱼。《韩非子·解老篇》曰:"故以理观之,事大众而数摇之,则少成功;藏大器而数徙之,则多败伤;烹小鲜而数挠之,则贼其宰;治大国而数变法,则民苦之。是以有道之君,贵虚静而重变法。故曰:'治大国者,若烹小鲜。'"所谓"数挠之",即多次翻动。所谓"贼其宰",即鱼翻烂了,伤害了宰夫的烹饪之功。也就是说,煎小鱼不能多次翻动,治国家不能朝令夕改,有道之君要虚静无为,不要变动治国之道,所以,"治大国若烹小鲜"。②莅:临。③神:灵。《韩非子·解老》曰:"人处疾则贵医,有祸则畏鬼。圣人在上则民少欲,民少欲则血气治而举动理,举动理则少祸害。夫内无痤疽瘅痔之害,而外无刑罚法诛之祸者,其轻恬鬼也甚。故曰'以道莅天下,其鬼不神'。"④两不相伤:鬼怪与圣人都不伤害人。《韩非子·解老》曰:"治世之民,不与鬼神相害也。故曰'非其鬼不神也,其神不伤人也'。鬼祟也疾人之谓鬼伤人,人逐除之之谓人伤鬼也。民犯法令之谓民伤上,上刑戮民之谓上伤民。民不犯法则上亦不行刑,上不行刑之谓上不伤人,故曰'圣人亦不伤民'。上不与民相害,而人不与鬼相伤,故曰'两不相伤'。"⑤德交归焉:功德恩泽都归向百姓。《韩非子·解老》曰:"民不敢犯法,则上内不用刑罚,而外不事利其产业。上内不用刑罚而外不事利其产业则民蕃息,民蕃息而蓄积盛。民蕃息而蓄积盛之谓有德。凡所谓祟者,魂魄去而精神乱,精神乱则无德。鬼不祟人则魂魄不去,魂魄不去则精神不乱,精神不乱之谓有德。上盛蓄积而鬼不乱其精神,则德尽在于民矣。故曰'两不相伤,则德交归焉'。言其德上下交盛而俱归于民也。"

【译文】 治理大国,如同煎小鱼,不要多次翻动。

用道临治天下,那些鬼怪都不显灵;不是那些鬼怪不灵,显灵也不伤人;不仅鬼怪不伤人,圣人也不伤人。这样,鬼怪与圣人都不伤人,因此,功德恩泽都归向百姓。

六十一章(治国)

【题解】

本章讲述大国居下流的道理,重在治国。

老子处在诸侯割据的年代，以大欺小、以强凌弱的兼并战争是经常发生的，给百姓带来极大的苦难。为了天下太平，他根据自己"知其雄，守其雌"(《二十八章》)的观念，要求大国应该主动地谦下包容，善待小国，不能骄横自傲，恃强争霸，这样，大国可以会聚统辖小国，小国也可以被大国会聚统辖，避免战争，各得其所，和平相处，百姓安宁，何乐而不为？老子的主张，表现了反对战乱、反对争霸的善良愿望，应该肯定，但是，大国未必只是"欲兼畜人"，小国也未必愿意"欲入事人"，老子把诸侯国的血腥战争理想化了，只能成为脱离现实的幻想。

【原文】 大邦者下流①，天下之牝，天下之交也②。牝常以静胜牡，以静为下。

故大邦以下小邦，则取小邦③；小邦以下大邦，则取大邦。故或下以取，或下而取。大邦不过欲兼畜人④，小邦不过欲入事人⑤，夫两者各得所欲。大者宜为下。

【注释】 ①大邦者下流：大国要像江河一样处于下流。②天下之牝，天下之交也：处于天下雌柔的位置，那是天下万方交汇的地方。③取：通"聚"，会聚，统辖。④兼畜人：聚养众人。⑤入事人：入事他人。

【译文】 大国要像江河一样处于下流，也就是处于天下雌柔的位置，那是天下万方交汇的地方。雌柔经常凭着静定战胜雄强，就是因为静定处于下方的缘故。

因此，大国以谦下的态度对待小国，就能会聚统辖小国；小国以谦下的态度对待大国，就能被大国会聚统辖。所以，大国有时以谦下的态度统辖小国，小国有时以谦下的态度被大国统辖。大国不过想聚养众人(小国)，小国不过想入事他人(大国)，双方都实现了自己的愿望。大国更应该具有谦下的态度。

六十二章(修身)

【题解】

本章说明守道的重要，重在修身。

道庇护万物，是天地的主宰，有求必得，有罪必免，因此，善人与不善人都离不开，这比立天子、置三公、聘问诸侯的烦琐礼仪更为有效实用，所以，天下人都看重清静无为的大道。

【原文】 道者，万物之奥①。善人之宝，不善人之所保②。

美言可以市尊③，美行可以加人④。人之不善，何弃之有⑤？故立天子，置三公，虽有拱璧以先驷马⑥，不如坐进此道⑦。

古之所以贵此道者何？不曰：求以得，有罪以免邪？故为天下贵。

【注释】 ①奥：主，主宰。②所保：保存的东西。③市尊：博取尊敬。市，买，取。④加人：见重于人。加，重也。⑤何弃之有：为什么要抛弃道呢？⑥虽有拱璧以先驷马：虽然以捧璧在先、驷马车在后的礼仪去交游诸侯。拱璧，双手捧着璧玉。驷马，四匹马拉的车。⑦不如坐进此道：不如安坐而深入此道。

【译文】 道，是万物的主宰。它是善良人的法宝，不善良的人也必须保存。

美好的言论可以博取人们的尊敬，美好的行为可以受到人们的重视。人即使是不善，为什么要抛弃道呢？因此，树立天子，设置三公，虽然以捧璧在先、驷马车在后的礼仪去交游诸侯，还不如安坐而深入此道。

古代之所以重视此道的原因是什么？不就是说：有求必有所得，有罪就可以免除吗？所以，被天下人珍重。

六十三章(修身)

【题解】

本章阐发由小成大、由少成多的道理，重在修身。

事物的产生发展都是由小变大，由少变多，因此，对于难事要从易处着手，对于大事要从小处着手，所以"为无为"就是为了有为，"事无事"就是为了成事，"味无味"就是为了品味。圣人"终不为大"，就是为了"能成其大"。这就是说，必须慎重缜密地对待一切困难，不要轻易许诺，草率从事，这样由易而难，由小而大，就能够成功。

【原文】 为无为，事无事，味无味。

大小多少①。(报怨以德②。)图难于其易，为大于其细。天下难事，必作于易；天下大事，必作于细。是以圣人终不为大③，故能成其大。

夫轻诺必寡信④，多易必多难⑤。是以圣人犹难之⑥，故终无难矣。

【注释】 ①大小多少：大生于小，多起于少。②报怨以德：此句在《七十九章》，这里错简重出，与上下文义无关，当删。③终不为大：始终不自以为大。④轻诺必寡信：轻易承诺必然很少遵守信用。⑤多易必多难：把事情看得太容易必然会遭受很多困难。⑥犹：均，都。

【译文】 作无为之为，行无事之事，品无味之味。

大生于小，多起于少。图谋困难的事情要趁它容易的时候，处理重大的事情要在它细小的时候。因为天下的难事，必须从容易的地方做起；天下的大事，必须从细小的地方做起。因此，圣人始终不自以为大，所以，能够成就他的伟大。

轻易承诺必然很少守信用，把事情看得太容易必然遭受很多困难。因此，圣人遇事都看得困难，所以最终就没有困难。

六十四章(治国)

【题解】

本章继续论述未雨绸缪、未兆易谋的道理，重在治国。

任何事物都有形成的过程，萌芽生成大树，累土筑就高台，跬步积累千里；因此，凡事只要预先谋划，有所准备，慎重对待，有始有终，"为之于未有，治之于未乱"，就可以战胜困难。

【原文】 其安易持①，其未兆易谋②；其脆易泮③，其微易散④。为之于未有，治之于未乱。

合抱之木,生于毫末⑤;九层之台,起于累土⑥;千里之行,始于足下。

(为者败之,执者失之。是以圣人无为,故无败;无执,故无失⑦。)

民之从事,常于几成而败之⑧。慎终如始,则无败事。

(是以圣人欲不欲,不贵难得之货;学不学,复众人之所过。以辅万物之自然,而不敢为⑨。)

【注释】 ①其安易持:那里形势安定,就容易把握。②其未兆易谋:那里事故尚无征兆,就容易谋划。③其脆易泮:那里力量脆弱,就容易消解。泮,散。④其微易散:那里问题细微,就容易分散。⑤毫末:细微的萌芽。⑥累土:积累的泥土。⑦以上数句,均见于《二十九章》,此处错简重出,当删。⑧几成:接近成功。⑨以上数句,与上文不合,疑为错简,当删。可译为:"所以圣人意欲他人所不欲,不以难得之货为贵;学习他人所不学,挽回众人的过错。用来辅助万物的自然发展,而不敢有所作为。"《三章》曰:"不贵难得之货,使民不为盗。"《三十七章》曰:"道常无为而无不为。"《四十八章》曰:"为学日益,为道日损。"《五十七章》曰:"我无为,而民自化。"《六十三章》曰:"为无为,事无事,味无味。"已经包含了其中的文义。

【译文】 那里形势安定,就容易把握;那里事故尚无征兆,就容易谋划;那里力量脆弱,就容易消解;那里问题细微,就容易分散。处理在矛盾尚未出现的时候,治理在混乱尚未发生的时候。

合抱粗的大树,生长于细微的萌芽;九层高的楼台,起始于积累的泥土;千里的远行,开始于自己的脚下。

百姓做起事情,经常在接近于成功的时候却失败了。如果像慎重对待开始一样对待结束,就没有失败的事情。

六十五章(治国)

【题解】

本章强调返璞归真,重在治国。

老子认为,因为统治者以智治国,而百姓巧以应付,所以,奸伪丛生,天下大乱,即所谓"大道废,有仁义;智慧出,有大伪"(《十八章》),这就是"以智治国,国之贼"的理论根据。由此,老子主张"绝圣弃智""绝仁弃义""绝巧弃利",而让百姓"见素抱朴,少私寡欲,绝学无忧"(《十九章》),即"非以明民,将以愚之",以顺应大自然的规律。由此可知,老子是针对奸诈虚伪之风横流的社会现实,而提出"愚之",即回归到质朴纯真的天性,目的在于"民利百倍""民复孝慈""盗贼无有"。因此,老子所说的"愚",指的是符合自然规律的质朴纯真,不能简单地理解为愚民政策。

【原文】 古之善为道者,非以明民①,将以愚之②。

民之难治,以其多智。故以智治国,国之贼③;不以智治国,国之福。

43

知此两者,亦稽式④。常知稽式,是谓"玄德"。"玄德"深矣,远矣,与物反矣⑤,然后乃至大顺⑥。

【注释】 ①明民:让百姓聪明巧智。②愚之:使百姓质朴淳厚。《三章》曰:"是以圣人之治,虚其心,实其腹,弱其志,强其骨。常使民无知无欲。"《十九章》曰:"少私寡欲,绝学无忧。"《二十章》曰:"俗人昭昭,我独昏昏;俗人察察,我独闷闷。"《四十九章》曰:"圣人在天下,歙歙焉,为天下浑其心。百姓皆注其耳目,圣人皆孩之。"《五十二章》曰:"塞其兑,闭其门,终身不勤。"《五十六章》曰:"挫其锐,解其纷,和其光,同其尘,是谓'玄同'。"③贼:害。④稽式:法则,楷模。式,法。⑤反:同"返",返回。⑥大顺:顺应自然。

【译文】 古代善于行道的人,并不是让百姓聪明巧智,而是将使百姓质朴淳厚。

百姓难以治理,是因为他们的巧智太多。因此,用巧智治理国家,就是国家的祸害;不用巧智治理国家,就是国家的幸福。

知道这两者的差别,也就是法则。经常认识这个法则,就是"玄德"。"玄德"深沉啊,幽远啊,与万物返回到质朴的本原,就可以顺应大自然的规律。

六十六章(治国)

【题解】

本章论述谦下卑弱的道理,重在治国。

老子以江海为百谷之首为喻,说明"善下"的重要性。统治者高居百姓之上,剥削压迫,作威作福,百姓必然认为是沉重的压力和负担,进而激化矛盾,造成动乱,因此,统治者一定要言下身后,谦恭卑弱,才能"处上而民不重,处前而民不害",即所谓"太上,不知有之"(《十七章》),这样,才会永远处于"莫能与之争"的有利地位。

【原文】 江海所以能为百谷王者①,以其善下之②,故能为百谷王。

是以圣人欲上民③,必以言下之;欲先民④,必以身后之。是以圣人处上而民不重,处前而民不害,是以天下乐推而不厌。以其不争,故天下莫能与之争。

【注释】 ①百谷王:百川的首领,河流的汇聚之地。谷,即川。②下之:处于其下。《八章》曰:"上善若水。水善利万物而不争,处众人之所恶,故几于道。"《二十八章》曰:"知其雄,守其雌,为天下谿。为天下溪,常德不离,复归于婴儿。知其白,守其辱,为天下谷。为天下谷,常德乃足,复归于朴。"《六十一章》曰:"大者宜为下。"③上民:处于民上,统治百姓。④先民:处于民先,领导百姓。《七章》曰:"是以圣人后其身而身先,外其身而身存。以其无私,故能成其私。"

【译文】 江海所以能够成为百川汇流的地方,是因为它善于处在低下的位置,所以,能够成为百川的首领。

因此,圣人要统治百姓,必须用言词对百姓表示谦下;要领导百姓,必须把自身放在百姓的后面。所以,圣人处于上位而百姓不感到沉重,处于前位而百姓不感到危害。所以,天下百姓乐意拥戴而不厌恶。因为他不争,所以天下没有谁与他争。

六十七章（修身）

【题解】

本章讲解人生之宝，重在修身。

老子说自己有三宝：慈爱，俭啬，不敢为天下先(即谦下)。慈爱则不凶残，俭啬则不放纵，谦下则不争夺，这正是老子有感而发、一再强调的圣人具有的品德修养，背弃三宝就走向死路。这里，特别强调慈爱的作用，显然是针对当时残酷无情的暴政和烧杀抢掠的战争而言。

【原文】　(天下皆谓我："道大，似不肖。"夫唯大，故似不肖。若肖，久矣其细也夫①！)

我有三宝，持而保之：一曰慈②，二曰俭③，三曰不敢为天下先④。慈，故能勇⑤；俭，故能广⑥；不敢为天下先，故能成器长⑦。

今舍慈且勇，舍俭且广，舍后且先，死矣！

夫慈，以战则胜，以守则固⑧。天将救之，以慈卫之。

【注释】　①以上数句，于下文不合，当为《三十四章》错简，可移至"故能成其大"之后。其译文为："天下人都对我说：'道大，却不像大。'正因为道大，所以好似不像大。如果像大，很早就细微渺小了！"②慈：慈爱。《四十一章》曰："夫唯道，善贷而成。"③俭：俭啬。《五十九章》曰："治人事天，莫若啬。"④不敢为天下先：不敢处于天下人的前面。《六十六章》曰："圣人欲上民，必以言下之；欲先民，必以身后之。"⑤慈，故能勇：慈爱，因此能够勇敢。《韩非子·解老》曰："爱子者慈于子，重生者慈于身，贵功者慈于事。慈母之于弱子也，务致其福，务致其福则事除其祸，事除其祸则思虑熟，思虑熟则得事理，得事理则必成功，必成功则其行之也不疑，不疑之谓勇。圣人之于万事也，如慈母之为弱子虑也，故见必行之道；见必行之道，则其从事亦不疑。不疑之谓勇，不疑生于慈。故曰'慈，故能勇'。"⑥俭，故能广：俭啬，因此能够宽广。《韩非子·解老》曰："万物必有盛衰，万事必有弛张；国家必有文武，官治必有赏罚。是以智士俭用其财则家富，圣人爱宝其神则精盛。人君重其战卒则民众，民众则国广。是以举之曰'俭，故能广'。"⑦器长：万物之长。"器"，物。⑧夫慈，以战则胜，以守则固：慈爱，用于进攻就胜利，用于守卫就稳固。《韩非子·解老》曰："慈于子者不敢绝衣食，慈于身者不敢离法度，慈于方圆者不敢舍规矩。故临兵而慈于士吏，则战胜敌；慈于器械，则城坚固。故曰'慈，于战则胜，以守则固'。"

【译文】　我有三种宝贝，守持而保存着。第一种叫慈爱，第二种叫俭啬，第三种叫不敢处于天下人的前面。慈爱，因此能够勇敢；俭啬，因此能够宽广；不敢处于天下人的前面，因此能够成为万物之长。

现在舍弃慈爱而要勇敢，舍弃俭啬而要宽裕，舍弃退让而要争先，就是死路一条！

慈爱，用于进攻就胜利，用于守卫就稳固。天将要拯救他，就用慈爱保护他。

六十八章（议兵）

【题解】

本章论述不争之德，重在议兵。

"不武""不怒"，是讲不能逞匹夫之勇，意气用事，争强好胜，因为，"善有果而已，不敢以取强。果而勿矜，果而勿伐，果而勿骄，果而不得已，果而勿强"（《三十章》）。"不与""为之下"，是讲"以奇用兵"（《五十七章》），谦恭用人，避免正面交锋，杀伤士卒，因为，"兵者不祥之器，非君子之器，不得已而用之，恬淡为上"（《三十一章》）。只有在战争中坚持不争的原则，珍惜人力，这样才符合最高的自然之道。

【原文】 善为士者①，不武②；善战者，不怒；善胜敌者，不与③；善用人者，为之下。是谓不争之德，是谓用人之力，是谓配天④，古之极也⑤。

【注释】 ①士：卿士。这里指执政者，统帅。②不武：不炫耀武力。③不与：不相斗，不交战。④配天：符合天道。配，合。⑤极：极准，最高的法则。

【译文】 善于当统帅的人，不炫耀武力；善于作战的人，不逞怒气；善于战胜敌人的人，不与敌人交战；善于用人的人，对人谦下。这就称为不争的品德，这就称为善于用人的能力，这就称为符合天道，是古代最高的法则。

六十九章（议兵）

【题解】

本章反对狂妄轻敌，发动战争，重在议兵。

从慈爱、俭啬、谦下的原则出发，作战不能主动侵略，可以被动防御；不能主动前进，可以被动撤退。因为，挑起战争，违背慈爱；纵兵抢掠，不合俭啬；主动进犯，傲然轻敌，如此丧失三宝，一定招致大祸。所以，受侵略的一方哀兵必定胜利。

【原文】 用兵有言："吾不敢为主①，而为客②；不敢进寸，而退尺。"是谓行无行③，攘无臂④，扔无敌⑤，执无兵⑥。

祸莫大于轻敌，轻敌几丧吾宝。

故抗兵相若⑦，哀者胜矣⑧。

【注释】 ①主：主动，主动侵略。②客：被动，被动防御。③行无行：行军却没有行阵。④攘无臂：奋起却没有挥臂。《三十八章》曰："上德为之而莫之应，则攘臂而扔之。"⑤扔无敌：交手却没有敌人。《六十八章》曰："善胜敌者，不与。"以上四句，都是由此而来。⑥执无兵：执握却没有兵器。⑦抗兵相若：对抗的两军力量相当。⑧哀者：悲哀的一方，指受攻击、受侵略的一方。

【译文】 用兵的人说："我不敢主动侵略，而被动防御；不敢前进一寸，而要后退一尺。"这就是说，行军却没有行阵，奋起却没有挥臂，执握却没有兵器，交手却没有敌人。

灾祸没有比轻敌更大的了，轻敌几乎丧失我的三件宝贝。

所以,对抗的两军力量相当,一定是受侵略的悲哀一方胜利。

七十章(修身)

【题解】

本章论行道之难,重在修身。

老子坚持的清静无为之道,有根据,有主旨,易知易行,然而,天下无人知,无人行,甚至连老子本人也知者甚少,无人理解。尽管如此,作为圣人还是要被褐怀玉,坚持行道,顺应自然,守护三宝。这是老子在乱世中流露出的寂寞、无奈和感叹!

【原文】 吾言甚易知,甚易行。天下莫能知,莫能行。

言有宗①,事有君②。夫唯无知,是以不我知。

知我者希,则我者贵③。是以圣人被褐而怀玉④。

【注释】 ①宗:根本,根据。②君:主,主旨。③则我者贵:效法我的人难能可贵。则,法,效法。④被褐而怀玉:身穿粗衣而胸怀美玉。褐,粗布衣。玉,指道家的思想主张。

【译文】 我的话很容易知晓,很容易实行。而天下人却没有谁能够知晓,没有谁能够实行。

我说话有根据,我行事有主旨。因为天下人不了解这些,因此也就不了解我。

了解我的人很少,效法我的人更是难能可贵。所以,圣人只能身穿粗衣而胸怀美玉。

七十一章(修身)

【题解】

本章论述自知之明,重在修身。

天地万物是极其复杂的,即就是有所了解,也很可能是一知半解,不能自以为是,必须谨慎小心地探求,因此说,"知不知,尚矣",这完全符合俭啬收敛的思想原则。同样,因为圣人有自知之明,能够正视祸患,认真对待,及时处置,也就没有祸患。反之,如果盲目自信,自以为是,强不知以为知,必然带来祸患。

【原文】 知不知①,尚矣②;不知知③,病也④。圣人不病⑤,以其病病⑥。夫唯病病,是以不病。

【注释】 ①知不知:知道却自认为不知道。②尚:上,最好。③不知知:不知道却自认为都知道。④病:患,祸患。⑤不病:没有祸患。⑥病病:知道祸患就是祸患。

【译文】 知道却自认为不知道,就最好了;不知道却自认为都知道,就是祸患。圣人没有祸患,是因为早已知道祸患就是祸患,认真对待,及时处置。正因为早已知道祸患就是祸患,认真对待,及时处理,所以就没有祸患。

七十二章(治国)

【题解】

本章反对暴政,重在治国。

压迫愈重,反抗愈强,因此,到了百姓不怕暴政的时候,必然引来强烈的暴力反抗。因此,统治者必须以"慈爱""俭啬""不争"的态度治国,"无狎""无厌",百姓就不会厌弃。只要圣人有自知之明,自爱之道,不自见,不自贵,就能够清静无为,长治久安。

【原文】 民不畏威①,则大威至。

无狎其所居②,无厌其所生③。夫唯不厌,是以不厌④。

是以圣人自知不自见⑤,自爱不自贵⑥。故去彼取此。

【注释】 ①民不畏威:百姓不害怕暴力。威,力。《七十四章》曰:"民不畏死,奈何以死惧之?"②狎:通"狭",狭窄,逼迫。③厌:通"压",压榨。下文"夫唯不厌"中"厌"与此同义。④厌:厌恶。《六十六章》曰:"是以圣人处上而民不重,处前而民不害。是以天下乐推而不厌。"⑤自知不自见:自己知道而不自我表现。"见"同"现"。《二十二章》曰:"不自见,故明;不自是,故彰;不自伐,故有功;不自矜,故长。"⑥自爱不自贵:自我爱护而不自显高贵。

【译文】 如果百姓不畏惧暴力,那么就会有更大的暴力到来。

不要逼迫百姓的处所,不要压榨百姓的生活。正因为不压榨百姓,因此百姓就不会厌恶他。

因此,圣人自己知道而不自我表现,自我爱护而不自显高贵。所以,抛弃"自见""自贵",采取"自知""自爱"。

七十三章(治国)

【题解】

本章论述俭啬不争,重在治国。

老子认为,治理国家凡是进取有为者会猝死,凡是谦让无为者就长存,这是俭啬不争的天道规律。天道就是不争、不言、自在、善谋,所以,大自然的网络无边无际,虽然稀疏却不会遗漏任何事物,一切都控制在道的规律之中。

【原文】 勇于敢则杀①,勇于不敢则活。此两者,或利或害。天之所恶,孰知其故?(是以圣人犹难之②。)

天之道,不争而善胜,不言而善应,不召而自来,绰然而善谋③。

天网恢恢④,疏而不失⑤。

【注释】 ①勇于敢:勇于进取。敢,进取。《九章》曰:"揣而锐之,不可长保。"《五十九章》曰:"治人事天,莫若啬。"《六十七章》曰:"今舍慈且勇,舍俭且广,舍后且先,死矣!"《七十六章》曰:"故坚强者死之徒,柔弱者生之徒。""杀",死。②此句为《六十三章》

错简重出,当删。③绵:舒缓。④天网恢恢:天网宽大无边。⑤疏而不失:稀疏而不遗漏。

【译文】 勇于进取就死,勇于谦让就活。这二者,一个利一个害。天道厌恶一方,有谁知道其中的缘故?

自然的规律,不争夺而善于取胜,不说话而善于回应,不召唤而自己到来,舒展缓慢而善于谋划。

天网宽大无边,稀疏而不遗漏。

七十四章(砭时)

【题解】

本章反对刑杀,重在砭时。

百姓本不怕死,而统治者一味地以刑杀治国,以死来威胁百姓,是没有用处的,反而会招来强烈的反抗,即"民不畏威,则大威至"(《七十二章》)。再说,人的生死顺应自然,寿命长短靠天道自然掌握,而统治者却要越俎代庖,主宰百姓命运,"代司杀者杀",以暴政置人于死地,就必定受到百姓的报复。

【原文】 民不畏死,奈何以死惧之?若使民常畏死,而为奇者①,吾得执而杀之,孰敢?

常有司杀者杀②。夫代司杀者杀,是谓代大匠斲③。夫代大匠斲者,希有不伤其手矣。

【注释】 ①奇:正之反,邪恶。②司杀者:负责行刑者,指天道、自然。③斲:砍,削。

【译文】 百姓不怕死,为什么用死来使他们害怕呢?如果让百姓经常害怕死,对那些作恶的人,我就可以抓来杀了他,谁还敢干坏事?

本来有专管行刑的天道杀人。如果代替行刑的天道去杀人,就如同代替木匠去砍削。那代替木匠砍削的人,很少有不砍伤自己手的啊。

七十五章(砭时)

【题解】

本章反对虐政,重在砭时。

老子深刻揭示了统治者食税多与民饥、有为与民难治、求生厚与民轻死的直接因果关系,从而坚决认定,造成尖锐社会矛盾的根本原因,就是统治者残酷盘剥和刑杀镇压的虐政。所以,进一步指出,淡泊名利、清静无为的人,比横征暴敛、骄奢淫逸、残酷镇压的统治者要高明得多。

【原文】 民之饥,以其上食税之多,是以饥。民之难治,以其上之有为①,是以难治。民之轻死②,以其上求生之厚③,是以轻死。夫唯无以生为者④,是贤于贵生⑤。

【注释】 ①有为:无为的反面,有所作为非为。《十章》曰:"爱民治国,能无为乎?"《五十七章》曰:"我无为,而民自化。"《六十三章》曰:"为无为,事无事,味无味。"②轻死:以死为轻,不怕死。③求生之厚:养生丰厚,奉养奢华。④无以生为者:不以养生为要务

的人,即生活淡泊清静的人。⑤贤于贵生:比奉养奢华的人要高明。

【译文】　百姓的饥荒,是因为在上者侵吞赋税太多,所以造成饥荒。

百姓难以治理,是因为在上者胡作非为,所以难以治理。

百姓不怕死,是因为在上者养生丰厚,所以百姓冒死犯上。

唯有生活淡泊清静的人,要比奉养奢华的人高明。

七十六章(修身)

【题解】

本章阐发贵柔戒刚思想,重在修身。

无论人或草木,柔软标志着成活,僵硬标志者死亡,由此,老子认为物壮则老,军队逞强,容易遭到反击而失败;树木长大,招致砍伐而折断。所以,表面强大者处于劣势,表面柔弱者处于优势,柔弱会战胜刚强。正如《四十三章》曰:"天下之至柔,驰骋天下之至坚。无有入无间。吾是以知无为之有益。"这就是老子一再把有道之士比作婴儿、赤子的道理。

【原文】　人之生也柔弱①,其死也坚强②;草木之生也柔脆,其死也枯槁。故坚强者死之徒,柔弱者生之徒。

是以兵强则灭③,木强则折④。强大处下,柔弱处上。

【注释】　①生也柔弱:活着身体柔软。②死也坚强:死后身体僵硬。③兵强则灭:军队逞强就要灭亡。《三十章》曰:"物壮则老,是谓不道。不道早已。"④木强则折:树木长大就要砍伐折断。

【译文】　人活着身体柔软,死后身体僵硬;草木生长时柔脆,死后变得干硬。因此,坚硬强大的东西属于死亡一类,柔软弱小的东西属于生存一类。

所以,军队逞强就要失败灭亡,树木长大就要砍伐折断。强大者处于下方,柔弱者处于上方。

七十七章(砭时)

【题解】

本章揭示"损不足以奉有余"的病态社会,重在砭时。

老子认为,天道是公平的,高、下,有余、不足,随时调节,正如《三十二章》曰:"天地相合,以降甘露,民莫之令而自均。"既然"人法地,地法天,天法道,道法自然"(《二十五章》),人间的法则也应该如此。然而,恰恰相反,现实社会的情况却是弱肉强食,劫贫济富,压榨贫苦的百姓以奉养富贵的统治者。所以,老子向往"有余以奉天下"的有道者。

【原文】　天之道,其犹张弓与?高者抑之,下者举之;有余者损之①,不足者补之。

天之道,损有余而补不足;人之道则不然②,损不足以奉有余。

孰能有余以奉天下?唯有道者。

(是以圣人为而不恃,功成而不处。其不欲见贤③。)

【注释】 ①损:减少。②人之道:社会的法则。③以上几句与文义不合,疑为错简,当删。可译为:"所以圣人培育万物而不倚仗,成就功业而不居功。他不愿意表现出自己的贤能。"前两句已见于《二章》。

【译文】 自然的规律,大概就像拉开弓弦射箭吧?弦位高了压低它,弦位低了举高它;用力大了减少它,用力不够补足它。

自然的规律,是减少多余的而弥补不足的;社会的法则就不是这样,是减少不足的而供养有余的。

谁能够用有余来供养天下的不足呢?只有得道的人。

七十八章(修身)

【题解】

本章论述以柔克刚,正言若反,重在修身。

老子这里再次为水为例,说明以弱胜强、以柔胜刚的道理。正如《八章》曰:"上善若水。水善利万物而不争,处众人之所恶,故几于道。"突出的就是像水一样的柔弱、慈爱、俭啬、谦下、不争的精神。关于"正言若反",《老子》一书有许多类似的文句,比如《四十一章》曰:"明道若昧,进道若退,夷道若纇。上德若谷,广德若不足,建德若偷,质真若渝。大白若辱,大方无隅,大器晚成。大音希声,大象无形,道隐无名。"《四十五章》曰:"大成若缺,其用不弊。大盈若冲,其用不穷。大直若屈,大巧若拙,大辩若讷,大赢若绌。"后者是表象,前者是实质,表面互相排斥,实际对立统一,就是这种"正言若反",反映了老子对事物的辩证认识。本章所说弱之于强,柔之于刚,受国之垢之于社稷主,受国不祥之于天下王,与此同理。所谓"垢""不祥",即《二十二章》曰:"曲则全,枉则直,洼则盈,敝则新,少则得,多则惑。"《三十九章》曰:"故贵以贱为本,高以下为基。是以侯王自称孤、寡、不穀。"《六十六章》曰:"江海所以能为百谷王者,以其善下之,故能为百谷王。"指的是所有曲枉、柔弱、谦卑、低下的言行态度,唯其如此,才能成就功业。

【原文】 天下莫柔弱于水,而攻坚强者莫之能胜,以其无以易之①。

弱之胜强,柔之胜刚,天下莫不知,莫能行。

是以圣人云:"受国之垢②,是谓社稷主;受国不祥③,是为天下王。"正言若反④。

【注释】 ①易:取代。②受国之垢:承受国家的耻辱。垢,耻辱。③受国不祥:承受国家的灾难。④正言若反:正面的语言却像反话。

【译文】 天下没有比水更柔弱的了,但是冲击坚硬的东西没有能胜过水的,因为它是无可取代的。

弱胜过强,柔胜过刚,天下人没有不知,却没有人能够实行。

所以,圣人说:"承受国家的耻辱,才能称为国家的君主;承受国家的灾难,才能称为天下的君王。"正面的语言却像反话。

七十九章(治国)

【题解】

本章论述天道无亲,重在治国。

老子认为,"和大怨","报怨以德",也不能从根本上解决问题,关键在于统治者爱民助民,而不扰民,不害民,不横征暴敛,不残酷压迫,从来不与百姓结怨,即《五十六章》曰:"故不可得而亲,不可得而疏;不可得而利,不可得而害;不可得而贵,不可得而贱。故为天下贵。"《六十六章》曰:"是以圣人处上而民不重,处前而民不害。是以天下乐推而不厌。"既然统治者对百姓无亲无疏、无利无害、无贵无贱、不重不害,还有什么怨恨需要调和解决呢?因此,"圣人执左契,而不责于人"。这就是"天地不仁","圣人不仁"(《五章》)),所以说"天道无亲,常与善人",强调的还是顺应自然,无为而治。

【原文】 和大怨①,必有余怨,〔报怨以德②,〕安可以为善?

是以圣人执左契③,而不责于人④。有德司契⑤,无德司彻⑥。

天道无亲⑦,常与善人⑧。

【注释】 ①和大怨:调和巨大的怨恨。②本为《六十三章》错简,当移于此。③左契:债权人所执的券契(合同)。④责:求,讨债。⑤司契:主管券契。⑥司彻:主管税收。⑦无亲:没有私亲。《五章》曰:"天地不仁,以万物为刍狗;圣人不仁,以百姓为刍狗。"《五十六章》曰:"故不可得而亲,不可得而疏;不可得而利,不可得而害;不可得而贵,不可得而贱。"⑧与:给予,帮助。

【译文】 调和巨大的怨恨,必定有余留的怨恨,〔用德来报答怨恨,〕怎么可以说是做了好事呢?

因此,圣人拿着债权合同,而不向负债人讨债。有德的人就主管合同,无德的人就主管税收。

自然的规律是没有私亲的,经常帮助善良的人。

八十章(治国)

【题解】

本章阐述"小国寡民"的社会理想,重在治国。

老子反对诸侯国以强凌弱、以大欺小的兼并战争,厌恶贫富对立、两极分化的社会现实,因此,在小农经济的基础上,提出"小国寡民"的社会主张:国家要小,百姓要少,不要对外扩张,不受他人兼并,自给自足,互不往来;衣食住行各个方面,不受外来干扰,固守传统不变,自安其俗,自得其乐;器具、车船、甲兵之类统统弃而不用,珍视生命,顺应自然,不听信盲从,不见异思迁,固守家园,终老一生,一切都恢复到远古单纯质朴的状态。显然,这是老子虚构的理想社会,完全符合他韬晦自保、避世全身的思想追求。

如果从反对压迫、反对战争的角度来说,这种理想显然具有进步意义,给人以美好的

启迪和向往,但是,这种复古倒退的唯心设想,毕竟脱离社会实际,根本不能兑现。

【原文】 小国寡民①。使有什伯之器而不用②,使民重死而不远徙③。虽有舟舆,无所乘之④;虽有甲兵,无所陈之⑤。使民复结绳而用之⑥。

甘其食⑦,美其服,安其居,乐其俗。邻国相望,鸡犬之声相闻,民至老死,不相往来。

【注释】 ①小国寡民:使国家小,使百姓少。②什伯之器:各种各样的器具。什伯,即"什佰"。③重死:与"轻死"相反,以死为重,怕死。《七十五章》曰:"民之轻死,以其上求生之厚,是以轻死。"④无所乘之:没有乘坐远行的必要。⑤无所陈之:没有列阵示威的必要。陈,通"阵"。⑥结绳:指没有文字之前,用结绳来记事。⑦甘其食:认为自己的饮食甜美。

【译文】 使国家小,使百姓少。即使有各种各样的器具却不使用,使百姓重视死亡而不向远处迁徙。虽然有车船,没有乘坐远行的必要;虽然有武器,没有列阵示威的必要。使百姓回复到用结绳记事的境况。

百姓都认为自己的饮食甜美,认为自己的衣服漂亮,认为自己的居所安适,认为自己的风俗快乐。毗邻的国家互相可以看见,鸡狗的叫声互相可以听见,而百姓直到老死,都互相不往来。

八十一章(修身)

【题解】

本章再次论述"利而不害,为而不争"的道理,将天道、人道、治国、修身联系在一起,总结全文。

老子认为,"信言""善者""知者"是纯厚质朴的,不需要"美""辩""博"之类文饰以自见。同样,圣人清心寡欲,清静无为,不需要搜刮索取,聚积财物,只是以尽力帮助、给予他人而求得自我的满足。所以,如同天道"利而不害"一样,人道的准则应该是"为而不争"。

【原文】 信言不美①,美言不信②。善者不辩③,辩者不善④。知者不博⑤,博者不知⑥。圣人不积⑦,既以为人⑧,己愈有;既以与人,己愈多。

天之道,利而不害;圣人之道,为而不争。

【注释】 ①信言:真实的话语。②美言:华丽的言词。③善者:善良的人。④辩者:巧辩的人。⑤知者:有真知的人。⑥博者:广博的人。⑦不积:不积累财物。⑧既:尽,全部。

【译文】 真实的话语不华丽,华丽的言词不真实。

善良的人不巧辩,巧辩的人不善良。

有真知的人未必广博,广博的人未必有真知。

圣人不积累财物,尽力帮助他人,自己更富有;全部给予他人,自己更加多。

自然的法则,是利物而不害物;圣人的法则,是帮助而不争夺。

庄子

【导语】

　　庄子对后世影响很大,主要反映在庄子思想和庄子文学成就两大方面。从思想方面看,由于庄子继承和发展了老子"道"的学说,在当时,形成了与儒、墨鼎立的形势,而后作为儒道释三大家之一的思想文化影响着中国近两千年的社会思想文化的发展。作为老庄哲学思想,他们提倡的淡泊名利,清心寡欲,旷达超脱,以及崇尚人与自然的和谐,追求为人处事上的清廉正直和真实无假的理想人格的塑造,都是有益于人的道德思想境界的提高的,对儒学提倡的敬业献身精神是一种有益的补充。当然,老庄思想也存在消极的一面,因为事物总是一分为二,相反相成的,倘若一味地追求"无为"的境界,脱离作为社会人应该尽到的社会责任,也将走向反面。

庄子像

　　如果说庄子的哲学思想尚须有积极与消极的鉴别,而庄子在文学艺术领域所开创的浪漫主义的创作精神及其创作手法,则完全是积极的和进步的,为后世文学艺术的发展,诸如风格的多样化,创作手法的丰富性,特别是针对社会的现实主义的批判精神,与艺术表现上的浪漫主义手法,都有着直接或间接地重大影响。庄子思想对历代的学者、作家都有很深的影响。诸如屈原、司马迁、陶渊明、李白、苏轼、曹雪芹、鲁迅等人,他们从不同的层面汲取有益的东西,成就了自己在文学史上的卓著地位。我们相信,现在和未来的人们,会有更多的人从《庄子》书中获得更多的教益。

内　篇

逍遥游

【题解】

　　本篇是《庄子》的首篇,以"逍遥游"命题,恰好道出了庄子人生哲学的最高要求和最高境界,也是庄子哲学思想的出发点和归宿。

　　何谓逍遥游呢?用原话说就是能够"乘天地之正,而御六气之辩","无所待,以游无穷"的生活;用今天的话说,就是完全掌握宇宙的自然规律,获得精神上与物质上的绝对自由。显然,这种超越时空、超越物我的"无所待"的绝对自由的生活,千百年来只能存在

于我们的梦境中。而《庄子》一书,让人久读不厌的,让人顿开茅塞的,让人获益匪浅的,不是绝对自由的提出,而是论述的过程。这个过程犹如一出多幕多场景的大戏,展示了庄子们对大自然的独到领悟,对世俗万态的深刻洞察,对万世万物认识的卓越才智。

文章的构思新颖奇特,行文汪洋恣肆,波澜起伏,仪态万千。读者如入茂林,如入海滩,如入无际的星河,时时有惊喜发现。

【原文】 北冥有鱼①,其名为鲲②。鲲之大,不知其几千里也。化而为鸟,其名为鹏。鹏之背,不知其几千里也。怒而飞,其翼若垂天之云③。是鸟也,海运则将徙于南冥④。南冥者,天池也。

【注释】 ①北冥:北海。冥,通"溟",浩瀚无边。②鲲:大鱼名。③垂:通"陲",边陲,边际。④海运:海动,海风刮起。

【译文】 北海有一条鱼,它的名字叫作鲲。鲲的体长,不知道有几千里。变化成为鸟,它的名字叫作鹏。鹏的阔背,不知道有几千里。奋起而飞,它的翅膀就像天边的云。这只鸟啊,当海水激荡、飓风刮起的时候,就要迁往南海。那南海,就是一个天然的大池。

【原文】 《齐谐》者①,志怪者也。《谐》之言曰:"鹏之徙于南冥也,水击三千里,抟扶摇而上者九万里②,去以六月息者也③。"野马也,尘埃也,生物之以息相吹也④。天之苍苍⑤,其正色邪?其远而无所至极邪⑥?其视下也,亦若是则已矣。

【注释】 ①齐谐:书名。出于齐国,记载诙谐怪异之事,故名《齐谐》。②抟:环绕。一作"搏",拍打。扶摇:旋风,海中飓风。③去以六月息:乘着六月之风而去。此"息"作"风"解。一说,一去半年才歇息。此"息"作"休息"解。二者均通。④息:气息,风。⑤苍苍:深蓝色。⑥其:抑或,还是。

【译文】 《齐谐》这本书,是记载怪异之事的。书里有这样的话:"当鹏往南海迁徙时,一击水就行三千里,环绕旋风升腾九万里,它是乘着六月的大风而飞去的。"野马般的气雾,飞扬的浮尘,这都是生物的气息相互吹拂的结果。看那天空,湛蓝湛蓝的,那是它的本色吗?还是由于它无限高远的缘故呢?倘若从上往下看,大概也是这种光景吧。

【原文】 且夫水之积也不厚①,则其负大舟也无力。覆杯水于坳堂之上②,则芥为之舟,置杯焉则胶③,水浅而舟大也。风之积也不厚,则其负大翼也无力。故九万里则风斯在下矣,而后乃今培风④;背负青天而莫之夭阏者⑤,而后乃今将图南。

【注释】 ①且夫:提起将要议论的下文。厚:深。②坳堂:读作"堂坳",屋中的低洼处。③胶:粘连。④培风:凭风,乘风。⑤夭阏:阻碍。夭,折。阏,遏,止。

【译文】 水的积蓄不够深厚,那就没有能力负载大船。在堂前的洼地上倒上一杯水,那么放入一根小草还可以当船,放上一只杯子就胶着不动了,这是水浅而船大的缘故。风的势头不够强劲,那就没有能力负载巨大的翅膀。所以鹏飞九万里,由于风就在它的下面,然后才凭借着大风飞行;由于背靠青天而没有阻碍它的东西,然后才能图谋飞往南海。

【原文】 蜩与学鸠笑之曰①:"我决起而飞②,抢榆枋③,时则不至而控于地而已矣,奚

以之九万里而南为④?"适莽苍者⑤,三飡而反,腹犹果然⑥;适百里者,宿舂粮⑦;适千里者,三月聚粮。之二虫又何知!

【注释】 ①蜩:蝉。学鸠:小斑鸠。②决起:疾速而起,奋起。③抢:冲,撞。枋:檀树。④奚以:何以。之:往。为:句末语气词。⑤适:往,到。莽苍:郊野苍茫景色,代指郊外。⑥果然:吃饱的样子。⑦宿舂粮:读作"舂宿粮",舂捣一宿之粮,准备过夜的吃食。

【译文】 蜩和学鸠讥笑大鹏说:"我们从地面疾速而飞,碰上榆树檀树的枝条就停下来,有时飞不上去,就落到地面罢了,何必要飞上九万里高空而前往南海呢?"到郊野去,只需携带三顿饭食,回来后还是饱饱的;去百里以外的地方,就要准备过夜的粮食;去千里以外的地方,那就要预备三个月的口粮。这两只小虫小鸟又怎么会知道!

【原文】 小知不及大知①,小年不及大年②。奚以知其然也?朝菌不知晦朔③,蟪蛄不知春秋④,此小年也。楚之南有冥灵者⑤,以五百岁为春,五百岁为秋;上古有大椿者⑥,以八千岁为春,八千岁为秋,此大年也。而彭祖乃今以久特闻⑦,众人匹之⑧,不亦悲乎?

【注释】 ①知:同"智"。②年:年寿,寿命。③朝菌:朝生暮死的菌类生物。晦朔:每月的最后一天为晦,每月的第一天为朔。这里指一天的晨与夕。④蟪蛄:寒蝉。因为春生夏死或夏生秋死,无法了解一年春夏秋冬四季的变化。⑤冥灵:大海灵龟。一说树木名。⑥大椿:大椿树,传说中的神树。⑦彭祖:传说中的长寿人物,一说活了七百岁,一说活了八百岁。⑧匹之:与他相比。匹,比。

【译文】 智慧小的不如智慧大的,寿命短的不如寿命长的。怎么知道是这样呢?朝菌不知道昼夜的交替,蟪蛄不知道春夏秋冬四季的变化,这都是由于寿命短促的缘故。楚国的南边有一只灵龟,以五百年的光阴当作一个春季,又以五百年的光阴当作一个秋季;远古时期有一棵大椿树,更以八千年光阴当作一个春季,再以八千年光阴当作一个秋季,这是因为它们的寿命太长了。然而彭祖至今还以长寿闻名于世,众人都希望和他相比,岂不是很可悲吗?

【原文】 汤之问棘也是已①:"穷发之北②,有冥海者,天池也。有鱼焉,其广数千里,未有知其修者③,其名为鲲。有鸟焉,其为名鹏,背若太山④,翼若垂天之云;抟扶摇羊角而上者九万里⑤,绝云气⑥,负青天,然后图南,且适南冥也。斥鴳笑之曰⑦:'彼且奚适也?我腾跃而上,不过数仞而下⑧,翱翔蓬蒿之间,此亦飞之至也⑨!而彼且奚适也?'"此小大之辩也⑩。

【注释】 ①汤:商汤,商朝第一代国君。棘:夏革,商朝大夫,为商汤的师。②穷发:寸草不生的地方。③修:长。④太山:即泰山,今山东省境内。⑤羊角:形似羊角的旋风。⑥绝:超越,穿过。⑦斥鴳:池泽中的小雀。斥,池塘,小泽。⑧仞:古代长度单位,八尺为一仞。⑨至:极致,指最高的境界。⑩辩:通"辨",分别。

【译文】 商汤问棘中也有这样的话:"在不毛之地的北方,有一个广漠无涯的大海,那是天然形成的大池。那里有一条鱼,它的身宽有几千里,没有人知道它的身长,它的名字叫作鲲。有只鸟,它的名字叫作鹏。鹏的脊背像泰山,翅膀像天边的云。它乘着羊角

般的旋风,直升到九万里的高空,穿越云雾,背负青天,然后一个心思往南飞去,将要到达南海。池泽中的小雀讥笑大鹏说:'它将要往哪儿飞呢?我腾跃而起,飞不过几丈高就落下来,在蓬蒿丛中飞来飞去,这也是飞翔中很得意的境界了!而它还想飞到哪里去呢?'"这就是小和大的区别。

【原文】 故夫知效一官,行比一乡,德合一君而征一国者①,其自视也,亦若此矣②。而宋荣子犹然笑之③。且举世而誉之而不加劝,举世而非之而不加沮,定乎内外之分,辩乎荣辱之境,斯已矣。彼其于世,未数数然也④。虽然,犹有未树也⑤。

【注释】 ①"故夫"三句:知,同"智"。效,胜任。比,合,适合,符合。征,信。②"其自视"二句:其,指上述三类人。此,指斥鴳、蜩、学鸠。③宋荣子:宋钘,战国时期宋人。犹然:嗤笑的样子。④数数然:汲汲追求名利的样子。⑤未树:不曾树立的,指超越自我的境界。

【译文】 所以说,那些才智可以充当一官半职的,品行可以亲合一乡人心意的,德性合乎国君要求而又能取信百姓的,他们自我感觉啊,也与这些小雀们并无区别。宋荣子禁不住嗤笑他们。像宋荣子这样的人,全世界都赞扬他,他也不为此受到激励;全世界都非议他,他也不为此感到沮丧。他能确定自我与外物的区别,分辨荣誉与耻辱的界限,不过如此而已。他对于世俗的功名,不曾积极去追求,尽管如此,仍有更高的境界没有树立。

【原文】 夫列子御风而行①,泠然善也②,旬有五日而后反。彼于致福者③,未数数然也。此虽免乎行,犹有所待者也。

若夫乘天地之正④,而御六气之辩⑤,以游无穷者⑥,彼且恶乎待哉!故曰:至人无己,神人无功,圣人无名。

【注释】 ①列子:列御寇,战国时期郑人。御风:秉风。②泠然:轻妙的样子。③彼:指列子。致:求,得。福:福报。④乘:因循,随顺。正:规律,本性。⑤御:与"乘"同义,顺从。六气:指阴、阳、风、雨、晦、明。辩:通"变",变化。⑥无穷者:虚指无限的境界,实指无限的自然界。对主体个人讲,达到绝对自由自在的境界。

【译文】 列子乘风漫游,轻松美妙极了,过了十天半个月才回来。他对于福报的事,并没有积极去追求。列子虽然可以免于步行,还是要依靠风力才行。

如果能够把握天地的本性,顺从六气的变化,畅游于无穷的世界,他还有什么必须依赖的东西呢!所以说:至人无一己的私念,神人无功业的束缚,圣人无名声的牵挂。

【原文】 尧让天下于许由①,曰:"日月出矣,而爝火不息②,其于光也,不亦难乎!时雨降矣,而犹浸灌,其于泽也③,不亦劳乎!夫子立而天下治④,而我犹尸之⑤,吾自视缺然⑥。请致天下。"

许由曰:"子治天下,天下既已治也,而我犹代子,吾将为名乎?名者,实之宾也⑦,吾将为宾乎?鹪鹩巢于深林⑧,不过一枝;偃鼠饮河⑨,不过满腹。归休乎君!予无所用天下为。庖人虽不治庖⑩,尸祝不越樽俎而代之矣⑪。"

【注释】　①尧:名放勋,号陶唐氏,儒家视为上古时代理想中的圣明君王。许由:字武仲,传说中的高洁隐士。②爝火:火炬。息:通"熄",灭。③泽:润泽。④夫子:指许由。立:立位,登位。⑤尸:主,主持。⑥缺然:欠缺的样子。⑦宾:宾从,附庸。⑧鹪鹩:小鸟名。⑨偃鼠:即鼹鼠,白天隐于土穴中,晚上出来觅食的地鼠。⑩庖人:厨师。⑪尸祝:祭祀时,主祭人执祭版对神主(尸)祷祝,所以称主祭人为尸祝。樽俎:樽是盛酒的器具,俎是盛肉的器具,都是厨师必备的东西,所以用来借指厨师。

【译文】　尧想要把天下让给许由,对他说:"日月都出来了,而火烛还不熄灭,它要和日月争辉,这不是很难吗?适时之雨已经普降,而人们还在汲水灌田,这对于禾苗的滋润,岂不是多此一举吗?倘若您登上大位,天下就会安定,而我还在占着您的位子,自己感到太不够格了。请让我把天下交给您吧。"

许由说:"您治理天下,天下已经得到了治理,这时还让我来代替您,我将要求名吗?名这东西,不过是实的附庸,难道我将要充当附庸吗?鹪鹩在茂林中筑巢,只需占用一根树枝就够了;偃鼠到河边饮水,只不过喝饱肚皮就够了。您请回吧!我要天下做什么呢?厨师虽然不尽职守,主祭的人不会替他去烹调。"

【原文】　肩吾问于连叔曰①:"吾闻言于接舆②,大而无当,往而不返。吾惊怖其言,犹河汉而无极也,大有径庭③,不近人情焉。"

连叔曰:"其言谓何哉?"

"曰:'藐姑射之山④,有神人居焉。肌肤若冰雪,绰约若处子⑤;不食五谷,吸风饮露;乘云气,御飞龙,而游乎四海之外;其神凝⑥,使物不疵疠而年谷熟⑦。'吾以是狂而不信也⑧。"

连叔曰:"然,瞽者无以与乎文章之观⑨,聋者无以与乎钟鼓之声。岂唯形骸有聋盲哉?夫知亦有之。是其言也⑩,犹时女也⑪。之人也⑫,之德也,将旁礴万物以为一⑬,世蕲乎乱⑭,孰弊弊焉以天下为事⑮!之人也,物莫之伤,大浸稽天而不溺⑯,大旱金石流、土山焦而不热。是其尘垢秕糠⑰,将犹陶铸尧、舜者也,孰肯以物为事!"

【注释】　①肩吾、连叔:皆为虚构人物。②接舆:陆通,字接舆,楚国狂士,隐居不仕。③径庭:指差别很大,相距甚远。径,门外路。庭,堂前地。④藐姑射:传说中的神山。⑤绰约:轻柔安逸的样子。处子:处女。⑥神凝:精神内守,凝聚专一。⑦疵疠:恶病,指灾害。⑧狂:通"诳",谎言。⑨瞽者:眼瞎的人。与乎:与之,参与其中。指观赏活动。文章:色彩纹路。⑩是其言:指上面所说"岂唯形骸有聋盲哉?夫知亦有之"的话。是,此。⑪时:通"是"。女:同"汝",指肩吾。⑫之人:指神人。⑬旁礴:混同。⑭蕲:期求。乱:治。作"动乱"解也通。⑮弊弊:操劳的样子。⑯大浸:大水。稽:至。⑰尘垢秕糠:庄子认为道在万事万物之中,此指道之粗者。

【译文】　肩吾向连叔问道:"我从接舆那里听到的,尽是不切实际的大话,说出口收不回来的话。我惊骇他的言论,犹如天上的银河那样漫无边际,与常人的认识相差悬殊,不合世情。"

连叔说:"他说了什么话呢?"

肩吾说:"他他回答说:'藐姑射山上,住着一位神人,肌肤像冰雪一样洁白清透,容态轻柔婉约如同处女;不吃五谷杂粮,只是吸风饮露;乘着云气,驾着飞龙,遨游于四海之外;他的精神凝聚专一,能够使万物不受灾害,五谷丰登。'我听了这些话,所以认为纯属诳言而根本不信。"

连叔说:"当然啦,瞎子无法让他和别人一样观赏花纹的美丽,聋子无法让他和别人一样聆听钟鼓的乐音。岂止形体上有聋有瞎呢? 人的心智也有啊。上述的话,也是针对你而言呀。那个神人啊,他的德性,将要混同万物,浑如一体,世人期望世间得到治理,但是有谁愿意劳劳碌碌去管世间的俗事呢! 这样的人,万物不能伤害他,洪水滔天也不可能淹没他,酷暑大旱使金石熔化、土山枯焦,也不能让他感到炽热。他扬弃的尘垢糟糠,都能造就像尧、舜那样的伟人,他怎么肯把俗间杂物当回事呢!"

【原文】 宋人资章甫而适诸越^①,越人断发文身,无所用之。

尧治天下之民,平海内之政,往见四子藐姑射之山^②,汾水之阳^③,窅然丧其天下焉^④。

【注释】 ①资:货,贩卖。章甫:殷代时的一种礼帽。因宋人是殷人的后代,所以保存了殷人的旧俗。诸越:也作"於越",越人的自称。②四子:指王倪、啮缺、被衣、许由,为作者虚拟的神人。③汾水:今汾水在山西省境内,黄河的支流。阳:山南水北为阳面。④窅然:怅然若失的样子。

【译文】 宋国人到越国去贩卖礼帽,越国人习惯剪掉头发,身刺花纹,根本就用不上它。

尧一心治理天下的百姓,安定海内的政事,前往藐姑射山上,汾水的北面,拜见四位得道之人,不禁怅然若失,忘掉了自己的天子之位。

三

【原文】 惠子谓庄子曰^①:"魏王贻我大瓠之种^②,我树之成而实五石。以盛水浆,其坚不能自举也;剖之以为瓢,则瓠落无所容^③。非不呺然大也^④,吾为其无用而掊之^⑤。"

庄子曰:"夫子固拙于用大矣。宋人有善为不龟手之药者^⑥,世世以洴澼絖为事^⑦。客闻之,请买其方百金。聚族而谋曰:'我世世为洴澼絖,不过数金。今一朝而鬻技百金^⑧,请与之。'客得之,以说吴王^⑨。越有难^⑩,吴王使之将。冬,与越人水战,大败越人,裂地而封之^⑪。能不龟手一也,或以封,或不免于洴澼絖,则所用之异也。今子有五石之瓠,何不虑以为大樽而浮乎江湖^⑫,而忧其瓠落无所容? 则夫子犹有蓬之心也夫^⑬!"

【注释】 ①惠子:惠施,宋人,曾为梁惠王的相,是先秦名家的重要人物。本书中多次记述他与庄子的交谊与辩论。②魏王:魏惠王,因迁都大梁,又称梁惠王。战国时期魏国的国君。大瓠:大葫芦。③瓠落:犹廓落,形容极大。④呺然:虚大的样子。⑤掊:打碎。⑥龟:通"皲",皮肤因寒冻或干燥而破裂。⑦洴澼:漂洗。絖:通"纩",棉絮。⑧鬻技:出卖制药的技方。⑨说:游说。吴王:周代诸侯国吴国的国王。⑩越有难:越国发难,

攻打吴国。难,难事,指军事行动。⑪裂地:割地,划地。⑫樽:一种形如酒器,可以缚在腰上,浮水渡河的东西。⑬蓬之心:喻心如茅草那样堵塞不通。

【译文】 惠子对庄子说:"魏王送给我一棵大葫芦种子,我把它种植养大,果实足有五石。用它盛水,它的坚固程度承受不了自己的容量;把它破开做成瓢,那么阔大的瓢无处可容。这葫芦并非不够空大,只是大得无法派上用场,所以就把它打碎了。"

庄子说:"你真是不善于利用大的东西。宋国有个人,擅长制造让手不皲裂的药,于是利用它,世世代代从事漂洗丝絮的工作。有个客人听说,要拿出百金买下这个药方。宋人便聚集起全家族的人商量说:'我家世世代代以漂洗丝絮为业,所得也不过几金。如今一旦把药方卖出就可以获得百金,就卖了吧。'客人得到药方后,便去游说吴王。这时越国发兵攻打吴国,吴王就派他领兵打仗。冬天,吴军与越军水战,大败越军,吴王划出一块土地封赏他。同样一个让人不皲裂手的药方,有人用它得到了封赏,有人用它只能从事漂洗丝絮的工作,这是因为用途不同。现在你有五石之大的葫芦,为什么不考虑把它当作腰舟系在身上,去浮游于江湖之上,反而担忧它太大无处可容呢?可见你的心如同蓬草一样茅塞不通啊!"

【原文】 惠子谓庄子曰:"吾有大树,人谓之樗①。其大本拥肿而不中绳墨②,其小枝卷曲而不中规矩。立之涂,匠者不顾。今子之言,大而无用,众所同去也。"

庄子曰:"子独不见狸狌乎③?卑身而伏,以候敖者④;东西跳梁⑤,不辟高下⑥;中于机辟⑦,死于罔罟⑧。今夫斄牛⑨,其大若垂天之云,此能为大矣,而不能执鼠。今子有大树,患其无用,何不树之于无何有之乡,广莫之野,彷徨乎无为其侧⑩,逍遥乎寝卧其下?不夭斤斧,物无害者,无所可用,安所困苦哉!"

【注释】 ①樗:落叶乔木,有臭味,木质粗劣。②拥肿:指木瘤集结。拥,读作"痈",肿。绳墨:木匠用来取直的墨线。③狸:野猫。狌:黄鼠狼。④敖者:指遨游的小动物。敖,游玩,出游。⑤跳梁:又写作"跳踉""跳浪",跳跃,腾跳。⑥辟:躲避,避开。此义现写作"避"。⑦机辟:泛指捕兽的工具。⑧罔:同"网","网"(網)是后起字。罟:网。⑨斄牛:牦牛。⑩彷徨:徘徊,悠游自适。

【译文】 惠子对庄子说:"我有一棵大树,人们称它为樗树。它的树干长满木瘤而不符合绳墨的要求,它的小枝弯弯曲曲也不合规矩。它长在路边,匠人们不屑一顾。而今你的言论,大而无用,众人都远离而去了。"

庄子说:"你难道就没见过野猫和黄鼠狼吗?它们趴伏着身子,等候出游的小动物;它们东蹿西跳,不避高低;往往陷入机关,死于罗网之中。再看那牦牛,庞大的身躯就像天边的云,它的能力大极了,却不会捕捉老鼠。现在你有这么一棵大树,却愁它无用,为什么不把它种植在虚无的乡土、广漠的旷野。悠闲自在地徘徊在大树的旁边,怡然自得地睡卧在大树的下面呢?它不会遭到斧头的砍伐而夭折,没有什么东西去伤害它,它的无所可用,哪里还会招来困苦呢!"

齐物论

【题解】

本篇以"齐物论"命题，包括了齐物之论和齐同物论两个层面的内容，既论述了"齐物"的观点，也论述了"齐言"的理念。庄子认为，世上的万事万物，包括人在内，都是齐一的，"天地与我并生，而万物与我为一"。而人类社会的一切矛盾的对立面，诸如生与死、寿与夭、贵与贱、荣与辱、成与毁等等都是无差别的一回事。万事万物的绝对齐同，必然导致了关于万事万物言论上的绝对齐同的认识，所以庄子否定了诸子百家的论争，也否定了一切是非、对错、好坏的客观存在。

本篇大致可分六段来阅读。第一段描写悟道者南郭子綦"吾丧我"的入道境界，引出了人籁、地籁和天籁的三籁之说。以人籁的箫管声和地籁的洞穴声反衬出只有入道的至人才能感受的自然的无声之声的天籁。天籁的引出，目的在于"怒者其谁"的提问，而这个问题的提出并非让人去寻求答案，恰恰相反，是让人们在无限深奥的自然面前去掉一切是是非非之心，进入物我两忘的超然境界。

第二段铺开描写众人之纷争、百家争鸣的世俗百态，并指出一切纷争的产生出于人们的"成心"。所谓成心，庄子认为人之初都有本真之心，但由于外物的（即社会生活）的影响及耳目等五官的后天局限，逐渐有了一己之情、一己之私、一己之成见。私心成见在胸，牢不可破，于是引发了万劫不复的固执、偏见与纷争。庄子写世人陷于纷争的痛苦与悲哀，他说："一受其成形，不亡以待尽。与物相刃相靡，其行尽如驰而莫之能止，不亦悲乎！"又说："终身役役而不见成功，苶然疲役而不知其所归，可不哀邪！"极富人道的关怀。又说："人之生也，固若是芒乎？其我独芒，而人亦有不芒者乎？"悲天悯人的情怀溢于言表。

第三段分别从是与非、彼与此、可与不可、然与不然、分与成、成与毁、指与非指等方面，不厌其烦地论述万事万物没有本质上的差别，它们不仅相互依存，也可以相互转换，从道的层面看，他们完全是浑然一体的，也就是"道通为一"。在此观念上，庄子提出了"莫若以明"的认识论，即与其纠缠于是是非非的偏见之中，不如用虚静之心去观照万事万物，排除自我中心的障蔽，呈现大道的光明。在论述分与成、成与毁一节中，庄子还描写了一个狙公赋芧的寓言故事，通过"朝三暮四"与"朝四暮三"的转换，名实未变而对猴子心理作用却不同，从而提出了"休乎天钧"，即混同是非，任凭自然均调的观点，反映了庄子崇尚自然的根本思想。狙公赋芧的寓言流传至今，早已突破了原始的内涵。

第四段可分两小节，前一节以相对论的观点去看待大小、寿夭，"天下莫大于秋毫之末，而大山为小；莫寿于殇子，而彭祖为夭"，其目的还是借此推出"天地与我并生，而万物与我为一"的齐物论命题。后一节以辩证论的观点阐明悟道者的品质，即"大道不称，大辩不言，大仁不仁，大廉不嗛，大勇不忮"，其目的再次说明泯灭纷争、混同齐一的合理性。

关于齐物论的宗旨观点，前面已经尽说无遗，这第五段便列举了三个寓言故事，分别

从形象意境上加深读者对齐物论的体悟。第一个寓言"尧问舜"，意在从狭小的自我中走出，开阔心胸。第二个寓言"啮缺问乎王倪"，通过人、泥鳅、猿猴、麋鹿、蝍蛆、猫头鹰等等的生活习惯的比较，说明万物没有一个共同的标准，更没有一个是非利害的标准，申明偏于一私的争辩是多么的愚蠢。第三个寓言"瞿鹊子问乎长梧子"，描述了悟道者的"游乎尘垢之外"的精神境界。

第六段写了两个寓言故事，近于纯情景式的描述，没有多余的话，因此更富独立的内涵。"罔两问景"写影子随形而动，随形而止，反衬"无待"之旨。"庄周梦为蝴蝶"写庄周与蝴蝶的梦中转化，阐述"物化"之旨。庄周化为蝴蝶，蝴蝶化为庄周，万物化而为一，哪里还有彼是此非、此是彼非之辨呢？

一

【原文】 南郭子綦隐机而坐①，仰天而嘘②，荅焉似丧其耦③。颜成子游立侍乎前④，曰："何居乎⑤？形固可使如槁木，而心固可使如死灰乎？今之隐机者，非昔之隐机者也。"

子綦曰："偃，不亦善乎，而问之也⑥！今者吾丧我⑦，汝知之乎？女闻人籁而未闻地籁⑧，女闻地籁而未闻天籁夫！"

子游曰："敢问其方⑨。"

子綦曰："夫大块噫气⑩，其名为风。是唯无作，作则万窍怒呺⑪。而独不闻之翏翏乎⑫？山林之畏佳⑬，大木百围之窍穴⑭，似鼻，似口，似耳，似枅，似圈，似臼，似洼者，似污者⑮。激者、谒者、叱者、吸者、叫者、譹者、宎者、咬者⑯。前者唱于而随者唱喁⑰，泠风则小和⑱，飘风则大和，厉风济则众窍为虚⑲。而独不见之调调之刁刁乎⑳？"

子游曰："地籁则众窍是已，人籁则比竹是已㉑，敢问天籁？"

子綦曰："夫吹万不同，而使其自己也㉒。咸其自取，怒者其谁邪㉓？"

【注释】 ①南郭子綦：虚拟人物。旧注认为是楚昭王的庶弟，字子綦，住在南郭，因以为号。隐机：凭靠几案静坐。②嘘：缓缓吐气。③荅焉：形体不存在的样子。丧其耦：即忘其形。耦，匹对，精神与肉体为匹对，外物与内我为匹对。④颜成子游：南郭子綦的弟子，复姓颜成，名偃，字子游。⑤何居：何故。居，犹"故"。⑥而：犹"汝"，你。"而问之也"是"不亦善乎"的倒装句。⑦吾丧我：本然之真我忘掉了社会关系中的俗我。⑧女：同"汝"，你。籁：箫。这里指由空虚地方而发出的声响。⑨方：术，道术。⑩大块：大地。噫气：吐气，气息声。⑪呺：读作"号"，多本并作"号"，吼叫。⑫翏翏：大风声。又写作"飀飀"。⑬畏佳：读作"崴崔"，形容山势险峻盘回。⑭窍穴：指树洞。小滑如窍，大洞如穴。⑮"似鼻"八句：形容各种窍穴的形状。枅，柱上的方木。圈，牲畜栏圈；一说杯口。臼，舂粮的器具。洼，池沼。污，泥塘。⑯激者：如水激之声。谒者：如飞箭之声。叱者：如叱咤之声。譹者：如嚎哭声。譹，同"嚎"。宎者：如风入空谷声。咬者：如哀之声。以上形容窍穴发出的各种不同的声音。⑰于、喁：均指应和之声。⑱泠风：小风。⑲济：止。虚：寂静。⑳调调、刁刁：均指树木摇动的声音。调调，指树枝大动。刁刁，指树叶微动。㉑比

竹:并列组合在一起的竹管,指箫、笙一类的乐器。㉒使其自己:谓万窍所发出的万种不同的声音,这声音是本窍穴的自然状态造成的。㉓怒者:发动者,产生者。

【译文】　南郭子綦靠着几案静坐,仰着头缓缓地呼吸,好像遗忘了自己的形体一样。颜成子游站在他的面前侍奉着,问道:"这是什么缘故呢?难道人的形体本来可以使它如同枯木,而心灵本来可以使它寂静得如同死灰吗?今天您的静坐,和往日的静坐大不相同啊。"

子綦说:"偃,你的提问,不是很好嘛!今天我把我丢掉了,你知道这一点吗?你或许听说过人籁,但不一定听说过地籁,你或许听说过地籁,肯定没有听说过天籁吧。"

子游说:"请问其中的道理。"

子綦说:"大地呼出的气,人们称作风。这风不发作就罢了,一旦发作就会万窍怒吼。你就没有听过长风呼呼的声音吗?那山林中险峻盘旋的地方,还有百围大树的洞穴,形状有似鼻子的,有似嘴巴的,有似耳朵的,有似梁上方孔的,有似牛栏猪圈的,有似舂臼的,有似池沼的,有似泥坑的。那发出的声音,有的像水流声,有的像射箭声,有的像斥骂声,有的像吸气声,有的像喊叫声,有的像嚎哭声,有的像幽怨声,有的像哀叹声。前面的风呜呜地唱着,后面的风就呼呼地和着,微风就小声地应和着,大风就大声地应和着,当暴风过后,所有的窍穴就虚寂无声了。你就没有见过风吹树林时,那摇曳摆动的枝条吗?"

子游说:"地籁是各种孔洞发出的声音,人籁则是竹箫之类发出的声音,请问天籁是什么呢?"

子綦说:"所谓天籁,也就是风吹万种孔洞发出各种不同的声音,这些千差万别的声音是由于自己自然的形态体质所造成的。既然各种不同的声音都是自身决定的,那么鼓动它们发声的还有谁呢?"

二

【原文】　大知闲闲,小知间间[1];大言炎炎,小言詹詹[2]。其寐也魂交[3],其觉也形开[4]。与接为构[5],日以心斗。缦者,窖者,密者[6]。小恐惴惴,大恐缦缦[7]。其发若机栝[8],其司是非之谓也[9];其留如诅盟[10],其守胜之谓也;其杀若秋冬[11],以言其日消也;其溺之所为之[12],不可使复之也;其厌也如缄[13],以言其老洫也[14];近死之心,莫使复阳也。喜怒哀乐,虑叹变热[15],姚佚启态[16]。乐出虚,蒸成菌。日夜相代乎前,而莫知其所萌。已乎,已乎!旦暮得此[17],其所由以生乎!

【注释】　①知:同"智"。闲闲:广博雅致。间间:固执偏狭。②言:言论,议论。炎炎:气盛词烈。詹詹:言多啰唆。③魂交:精神交错,指睡中多梦不宁。④形开:体乏不支,犹如说累得身体散了架子。⑤接:交接,指心与外界交接,产生种种爱恨好恶之情。构:通"构",交结,交接。⑥"缦者"三句:缦,通"慢",懈怠,散漫。窖,深藏不露,深沉。密,细密,慎重。⑦缦缦:惊魂失魄的样子。⑧机:弩上用来发射的部位。栝:箭末扣弦的

部位。⑨司：通"伺"，伺机。⑩留：指持言不发，不肯吐露。诅盟：誓约。⑪杀：衰，衰败。⑫所为之：指为辩论所付出的精力。⑬厌：闭塞。缄：束箧的绳索。⑭老洫：旧沟，因日久坍塌，沟内虽有水而被封闭。⑮虑：忧虑。叹：感叹。变：后悔。热：恐惧。⑯姚：轻浮，浮躁。佚：放纵。启：狂放，张狂。态：作态，装模作样。⑰此：指上述各种情态。

【译文】　大智的人广博，小智的人偏狭；高谈阔论的人盛气凌人，具体而论的人争辩不休。他们睡觉时魂魄也不安宁，等睡醒后身疲气散。他们整天与外界交涉纠缠，日复一日勾心斗角。有的散漫不经，有的藏奸不露，有的谨慎精细。小怕时惴惴不安，大怕时惊魂失魄。他们有时发言就像放出的利箭，窥伺到别人的是非来攻击；他们有时片语不吐就像发过誓约一样，不过是等待制胜的机会；他们正在衰竭着，犹如秋冬的萧条，这是说他们一天天地走向消亡；他们沉溺于辩论的作为中，不可能使他们再恢复本然之性；他们心灵闭塞，如同被绳索束缚，这说明他们已如废旧的沟洫，源头之水已经枯竭了；走向死亡的心灵，再也没有办法使他们恢复生机了。他们时而欣喜，时而愤怒，时而悲哀，时而快乐；有时多虑，有时感叹，有时后悔，有时恐惧；有的轻浮，有的放纵，有的张狂，有的作态；就像音乐从虚空的东西里发出来的一样，又像菌类被地气蒸发出来的一样。这种种情绪和心态日夜变化着，时不时更替出现，但却不知是从哪里萌生的。算了吧，算了吧！一旦得知这些情态从哪里产生，也就明白这些情态所以产生的根由了！

【原文】　非彼无我①，非我无所取。是亦近矣，而不知其所为使。若有真宰②，而特不得其联③。可行已信，而不见其形，有情而无形④。

百骸、九窍、六藏⑤，赅而存焉，吾谁与为亲？汝皆说之乎⑥？其有私焉⑦？如是皆有为臣妾乎？其臣妾不足以相治乎？其递相为君臣乎？其有真君存焉⑧！如求得其情与不得，无益损乎其真。

一受其成形，不亡以待尽。与物相刃相靡，其行尽如驰而莫之能止⑨，不亦悲乎？终身役役而不见其成功⑩，苶然疲役而不知其所归⑪，可不哀邪！人谓之不死，奚益！其形化，其心与之然，可不谓大哀乎？人之生也，固若是芒乎⑫？其我独芒，而人亦有不芒者乎？

夫随其成心而师之⑬，谁独且无师乎？奚必知代而心自取者有之⑭？愚者与有焉！未成乎心而有是非，是今日适越而昔至也⑮。是以无有为有。无有为有，虽有神禹且不能知，吾独且奈何哉！

【注释】　①彼：指以上种种情态。②真宰：身心的主宰。③特：独。联：通"朕"，征兆。④情：实。⑤百骸：众多骨节。九窍：指双目、双耳、双鼻孔、口、尿道和肛门。六藏：心肝、脾、肺、肾称为五脏，肾有二，故又称六脏。藏，今写作"脏"。⑥说：同"悦"。⑦其：抑或，还是。私：偏爱。⑧真君：与"真宰"同义，真心，真我。⑨行尽：走向死亡。一说"尽"通"进"，亦通。⑩役役：奔忙劳碌的样子。⑪苶然：疲倦的样子。⑫芒：芒昧，昏庸，糊涂。⑬成心：成见，偏见。师：取法。⑭知代：谓了解事物发展的更替变化。心自取者：指心有见识的人。⑮今日适越而昔至：这话原是惠子的论说，意在泯灭今昔之分（详见

《天下篇》"惠施多方"一节），而这里则是借此话说明，如果成心在昔日已经形成，那么今日的是非不过是昔日是非的表现而已。

【译文】 没有那些情态就没有我自己，没有我自己，那些情态也就无从显现。这样的认识也算接近于道了，但不知是谁主使的。好像有个真宰主使这种关系，然而却看不到它的端倪。我们可以从它的行为结果上得到验证，虽然看不见它的形体，但它是真实存在而本无形迹的。

百骸、九窍和六脏，都完备地存在我的身上，我究竟和哪一部分最亲近呢？你都喜欢它们吗？还是有所偏爱呢？如果是同样喜欢它们，都把它们视为臣妾吗？把它们都当作臣妾，它们之间就不能由哪一个来统治吗？还是轮换着做君臣呢？或许有"真君"来主宰呢！无论能否获得"真君"的真实情况，这都不可能减损或增益它的本然真性。

世人一旦禀受成为人体，虽然不至于马上死亡，却也在衰耗中坐等死神的光临。人们与外物相互伤害，相互摩擦，在死亡的道路上奔驰着而无法止步，这不是很可悲吗？终生奔忙劳碌却不见成功，疲惫困顿却不知前途，这不是很悲哀嘛！这样的人就算不死，又有什么益处！人的形骸不断地衰竭老化，人的精神也随着消亡，这难道不是最大的悲哀吗？人的一生，本来就如此昏昧吗？还是只有我一个人昏昧，而别人也有不昏昧的呢？

如果依据个人的成见作为判断事物的标准，那么有谁没有这个标准呢？又何必一定要懂得事物发展变化之理的智人才有呢？愚人也同样会有的！如果说心中尚无成见时就已经先有了是非，那就好像今天去越国而昨天就到了一样可笑。这种说法是把没有当作有。如果把没有的当作有的，就是神明的大禹尚且搞不清，我又有什么办法呢！

三

【原文】 夫言非吹也①。言者有言，其所言者特未定也②。果有言邪？其未尝有言邪？其以为异于鷇音③，亦有辩乎④？其无辩乎？

道恶乎隐而有真伪？言恶乎隐而有是非？道恶乎往而不存？言恶乎存而不可？道隐于小成⑤，言隐于荣华⑥。故有儒墨之是非，以是其所非而非其所是。欲是其所非而非其所是，则莫若以明⑦。

【注释】 ①言非吹：言论和风吹窍穴不同，言论出于成见，风吹窍穴纯属自然。②特未定：指不能作为是非的标准。③鷇音：幼鸟将破壳而出时发出的叫声，此声无成见辨别。④辩：通"辨"，区别。⑤小成：局部的片面的成就或认识。⑥荣华：浮夸粉饰之辞。⑦明：指用洞彻之心去观照事物，以明于大道。

【译文】 言论并不像风吹洞穴而发声那样出于自然。说话的人各持一家的言辞，他们所说的话并不能确定为是非的依据。他们果真有自己的言论吗？还是不曾有过自己的言论呢？他们都认为自己的言论有异于刚破壳而出的小鸟的鸣声，这其中有区别吗？还是根本没有区别呢？

大道为什么隐晦不明而有真伪呢？至言为什么隐晦不明而有是非呢？大道本是无

处不在的,为什么往而不存呢?至言本是无处不可的,为什么存而不可呢?大道被一孔之见隐蔽了,至言被浮华之词隐蔽了。所以产生了像儒家墨家之类的是非争辩,他们各以对方所否定的为是,各以对方所肯定的为非。如果肯定对方所否定的而否定对方所肯定的,则不如以空明的心境去观照事物的本源。

【原文】 物无非彼,物无非是①。自彼则不见,自是则知之②。故曰:彼出于是,是亦因彼,彼是方生之说也③。虽然,方生方死,方死方生④;方可方不可⑤,方不可方可;因是因非,因非因是⑥。是以圣人不由而照之于天⑦,亦因是也。是亦彼也,彼亦是也。彼亦一是非,此亦一是非。果且有彼是乎哉?果且无彼是乎哉?彼是莫得其偶⑧,谓之道枢⑨。枢始得其环中⑩,以应无穷。是亦一无穷,非亦一无穷也。故曰:莫若以明。

【注释】 ①是:此。下同。②自是:原作"自知",依严灵峰说改。③方生:并生,指彼与此的概念相依相对一起产生。④方生方死,方死方生:这是惠施的命题,揭示了生与死的对立统一关系,认为事物是可以互相转化的。但在论述中忽略了事物发展过程中的相对稳定性和转化的必要条件,因而带有较大的局限性。⑤可:即"是"。不可:即"非"。⑥因是因非,因非因是:谓是非相因果而生,有因为而是的,就有因为而非的,反过来也是一样。⑦不由:指不取彼此是非之途。天:自然。⑧偶:匹偶,指对立关系。⑨道枢:道的枢纽,道的关键。⑩环中:指环圈。

【译文】 万事万物没有不是彼方的,万事万物也没有不是此方的。从彼方来观察此方就看不见此方的实际,从此方来了解自己就知道了。所以说,事物的彼方是由对立的此方而产生的,事物的此方也因对立的彼方而存在,彼与此的概念是一并产生一并存在的。虽然如此,万事万物都是随着生就随着灭,随着灭就随着生;刚认为可以时而不可以的念头已经萌生,刚认为不可以时而可以的念头已经萌生;有因而认为是的就有因而认为非,有因而认为非的就有因而认为是,是与非皆因对方的相互依存关系而产生。所以圣人不走这条是非分辨的路子,而是用天道去观照事物的本然,也就是顺应事物的自然发展。此也就是彼,彼也就是此。彼有彼的是非,此有此的是非,果真有彼与此的分别吗?果真没有彼与此的分别吗?如果超脱了彼与此、是与非的对立关系,就叫掌握了大道的枢要。掌握了大道的枢要,就好比开始进入圆环之上,可以应对无穷的变化。用是非的观点分别事物,是的变化无穷尽,非的变化也是无穷尽。所以说,不如以空明的心境去观照事物的本源。

【原文】 以指喻指之非指,不若以非指喻指之非指也;以马喻马之非马,不若以非马喻马之非马也①。天地一指也,万物一马也。

可乎可,不可乎不可。道行之而成,物谓之而然。恶乎然?然于然。恶乎不然?不然于不然。物固有所然,物固有所可。无物不然,无物不可。故为是举莛与楹②,厉与西施③,恢恑憰怪④,道通为一。

【注释】 ①"以指喻指"四句:陈鼓应《庄子今注今译》:"'指''马'是当时辩者辩论的一个重要主题,尤以公孙龙的指物论和白马论最著名。庄子只不过用'指''马'的概

中华传世藏书——国学经典文库 道学经典——图文珍藏版

念作喻说,原义乃在于提醒大家不必斤斤计较于彼此、人我的是非争论,更不必执着于一己的观点去判断他人。"②莛:草茎。楹:房柱。③厉:癞病。这里指丑女。④恢:读作"诙",诙谐。恑:变诈,诡变。憰:谲诈。怪:怪异。以上四字均指形形色色的社会现象。

【译文】 用手指来说明手指不是手指,不如用非手指来说明手指不是手指;用白马来说明白马不是马,不如用非白马来说明白马不是马。从道通为一、万物浑然一体的观点来看,天地无非一指,万物无非一马,没有什么区别。

人家认可的我也跟着认可,人家不认可的我也跟着不认可。道路是人们走出来的,事物的称谓是人们叫出来的。为什么说是这样的?它原本是这样的,所以人们就认为是这样的。为什么说不是这样的?它原本不是这样的,所以人们就认为不是这样的。事物原本就有这样的道理,事物原本就有可以的原因。没有什么事物不是,也没有什么事物不可。所以就像草茎与房柱、丑女与西施,以及世上诸如恢诡谲怪的种种奇异现象,从大道的观点来看,都是浑然一体的。

【原文】 其分也,成也;其成也,毁也。凡物无成与毁,复通为一。唯达者知通为一,为是不用而寓诸庸①。庸也者,用也;用也者,通也;通也者,得也。适得而几矣②。因是已③。已而不知其然,谓之道。劳神明为一,而不知其同也,谓之"朝三"。何谓"朝三"?狙公赋芧④,曰:"朝三而暮四。"众狙皆怒。曰:"然则朝四而暮三。"众狙皆悦。名实未亏,而喜怒为用,亦因是也。是以圣人和之以是非,而休乎天钧⑤,是之谓两行⑥。

【注释】 ①为是:为此。不用:指不用固执常人的成见。寓诸庸:寄于事物的功用上。②"庸也者"七句:这七句二十字疑为注文掺入,依严灵峰说当删去,现保留,不做译注。③因:任由,随顺。④狙公:养猴的老人。赋芧:分发橡子。⑤休:止。天钧:即天均,自然的均衡。⑥两行:指对立之双方,如物我、内外等各得其所。

【译文】 万物有分必有成,有成必有毁。所以从总体上说,万物根本就不存在所谓的完成和毁灭,始终是浑然一体的。只有通达之人才可能懂得万物浑然相通的道理,为此他们不用固执常人的成见,而寄托在万物的各自功用上。这就是随顺事物的自然罢了。随顺自然而不知所以然,这就叫作"道"。辩者们竭尽心力去追求一致,却不知道万物本来就是混同的,这就是所谓的"朝三"。什么叫作"朝三"呢?有一个养猴的老人,他给猴子们分橡子,说:"早晨三升,晚上四升。"众猴子听了很生气。老人改口说:"那么就早晨四升而晚上三升吧。"众猴子听了都高兴起来。橡子的名称和实际数量都不曾增损,而猴子们的喜怒却因而不同,这里养猴老人不过是顺从猴子们的主观感受罢了。所以圣人混同于是非,而任凭自然均衡,这就是物我并行,各得其所。

【原文】 古之人,其知有所至矣①。恶乎至?有以为未始有物者,至矣,尽矣,不可以加矣!其次以为有物矣,而未始有封也②。其次以为有封焉,而未始有是非也。是非之彰也,道之所以亏也。道之所以亏,爱之所以成③。果且有成与亏乎哉?果且无成与亏乎哉?有成与亏,故昭氏之鼓琴也④;无成与亏,故昭氏之不鼓琴也。昭文之鼓琴也,师旷之枝策也⑤,惠子之据梧也⑥,三子之知几乎皆其盛者也,故载之末年⑦。唯其好之也以异于

彼，其好之也欲以明之。彼非所明而明之，故以坚白之昧终⑧。而其子又以文之纶终⑨，终身无成。若是而可谓成乎，虽我亦成也；若是而不可谓成乎，物与我无成也。是故滑疑之耀⑩，圣人之所图也⑪。为是不用而寓诸庸，此之谓"以明"。

【注释】　①古之人：指古时的得道者。知：同"智"。至：至极，极高境界。②封：疆域，界限。③爱：指偏爱，偏好。④故：则。昭氏：姓昭，名文，善弹琴。⑤师旷：春秋时晋平公的乐师，精于音律。枝策：举杖，指举杖敲击乐器。⑥惠子：惠施。据梧树，指惠施坐在树边参加辩论。⑦载：事，从事。末年：晚年。⑧坚白：战国时期有"坚白同异"之争，公孙龙主张"离坚白"，即认为石头的坚硬和白色只能分别由触觉和视觉才感受到，所以是分离的；以墨子为首的一派则主张"盈坚白"，认为坚硬与白色同为石头属性，所以是不可分离的。⑨纶：琴瑟的弦，代指弹琴。⑩滑疑之耀：迷惑人心的炫耀。滑，乱。⑪图：除，摒弃。

【译文】　古时候那些得道的人，他们的智慧达到了极高的境界。是怎样的极高境界呢？他们的视野追究到了宇宙的本初，认识到原始本无万物的存在，这种认识可谓深刻透彻极了，达到最高境界，无以复加了！在认识上稍差一等的人，他们认为万物是现实存在的，探究它却并不严加区别界定。再次一等的人，认为事物有了分别界限，但并不计较是非。是非观念的显现，大道也就有了亏损。大道的亏损，这是由于个人的偏好所造成的。天下的万事万物，果真有所谓的成就和亏损吗？还是果真没有所谓的成就和亏损呢？有成就和亏损，好比昭文的弹琴；没有成就和亏损，好比昭文的不弹琴。昭文的弹琴，师旷的击乐，惠子的倚树争辩，他们三个人的技艺智慧，都称得上最高超的了，所以他们一直从业到晚年。这三个人自以为自己的所好不同于别人，便想用自己的所好去教诲明示他人。惠子并非真正明道，而却用自以为的明理去明示他人，所以陷于"坚白同异"的偏蔽昏昧中，终身不拔。而昭文之子又终身从事昭文弹琴的事业，以致终生没有什么成就。如果像这个情况可以算作成就的话，那么像我这样的人也应算为有成就的。如果这样子不能算有成就的话，那么外物与我都无所成就。所以对于迷乱世人的炫耀，圣人总是要摒弃的。所以圣人不用个人的一孔之见、一技之长夸示于人，而寄托在事物自身的功用上，这就叫作"以明"。

四

【原文】　今且有言于此，不知其与是类乎？其与是不类乎？类与不类，相与为类，则与彼无以异矣。虽然，请尝言之。有始也者①，有未始有始也者，有未始有夫未始有始也者。有有也者，有无也者②，有未始有无也者，有未始有夫未始有无也者。俄而有无矣，而未知有无之果孰有孰无也。今我则已有谓矣，而未知吾所谓之其果有谓乎？其果无谓乎？

天下莫大于秋豪之末，而大山为小③；莫寿于殇子④，而彭祖为夭。天地与我并生，而万物与我为一。既已为一矣，且得有言乎？既已谓之一矣，且得无言乎？一与言为二，二

与一为三。自此以往,巧历不能得⑤,而况其凡乎!故自无适有⑥,以至于三,而况自有适有乎!无适焉,因是已!

【注释】 ①有始也者:宇宙有个开始。②"有有也者"二句:宇宙万物之初,有"有"的东西,也有"无"的东西。"有""无"的辩证观念始于《老子》。③"天下"二句:豪,同"毫"。大山,即泰山。④殇子:夭折的婴儿。⑤巧历:善于计算的人。⑥适:至,推算。

【译文】 现在在这里说的话,不知道与其他论者属于同一类呢?还是属于不同的一类?无论是同类还是不同类,既然彼此都是说话,那就与其他的论者没有什么不同了。虽然如此,还是让我试着说一说。宇宙万物有个"始",也有个未曾开始的"始",更还有个未曾开始的未曾开始的"始"。宇宙万物的初始,有自己的"有",也有自己的"无",还有未曾有"无"的"无",更有未曾有那未曾有的"无"。突然间产生了"有"和"无",然而不知这个"有"和"无",果真是不是"有"和"无"。现在我已经有了说法,但不知我的说法果真有说法呢?还是果真没有说法?

天下没有比秋毫的末端更大的东西,而泰山却是小的;没有比夭折的婴儿更长寿的人,而彭祖却是短寿的。天地和我共同生存,而万物与我浑然一体。既然已经浑然一体了,还要有我的言论吗?既然已经说了"浑然一体"了,还能说我没有言论吗?万物一体加上我的言论就成了"二","二"再加上"一"就成了"三"。如此反复计算下去,就是精于计数的专家也不能得出最终的数目,更何况凡人呢!从"无"到"有"已经推至到三,何况从"有"到"有"呢!不必再推算下去了,还是顺应自然吧!

【原文】 夫道未始有封,言未始有常,为是而有畛也①。请言其畛。有左有右,有伦有义②,有分有辩,有竞有争,此之谓八德。六合之外③,圣人存而不论;六合之内,圣人论而不议;春秋经世先王之志④,圣人议而不辩。故分也者,有不分也;辩也者,有不辩也。曰:何也?圣人怀之⑤,众人辩之以相示也。故曰:辩也者,有不见也。

夫大道不称,大辩不言,大仁不仁,大廉不嗛⑥,大勇不忮⑦。道昭而不道,言辩而不及,仁常而不成,廉清而不信,勇忮而不成。五者无弃而几向方矣⑧!故知止其所不知,至矣。孰知不言之辩,不道之道?若有能知,此之谓天府⑨。注焉而不满,酌焉而不竭,而不知其所由来,此之谓葆光⑩。

【注释】 ①为是而有畛:为了一个"是"字而有了界限。畛,界限。②伦:次序。义:通"仪",仪则。③六合:天地和东西南北四方。④春秋经世先王之志:读作"春秋先王经世之志"。春秋,泛指史书。志,记载。⑤怀之:不分不辩,涵容于心。⑥嗛:按李勉说,原字当为"廉"字,后人误改。一说嗛,与"陈"同,谓崖岸,亦通。⑦忮:害,伤害。⑧无弃:二字原作"园",据奚侗之说,依《淮南子·诠言》引文改。方:道。⑨天府:自然的城府,指心胸广阔,包容一切。⑩葆光:包藏光明而不外露。

【译文】 大道原本没有人为的界限,至言原本没有固定的框框,只是为了争得一个"是"字而妄加了许多界限。请让我说说这界限吧。如划分了左与右,次序与等级,分别与辩论,竞言与争锋,这就是世俗所谓的八种才能。其实,天地四方之外的事,圣人是随

它存在而不加谈论;天地四方之内的事,圣人只是谈论它而不加评论;对于古史中先王治理世事的记载,圣人只是评论它而不去辩解。所以天下的事理,有去分别的,就有不去分别的;有去辩论的,就有不去辩论的。这是为什么呢?圣人不争不辩,虚怀若谷,而众人却热衷于争辩,以此夸耀于世间。所以说:辩论的存在,必有眼界看不到的地方。

大道是不可称谓的,大辩是不用言语的,大仁者是不自言自己仁慈的,大廉者是不自言自己廉洁的,大勇者是从不伤害人的。道一旦说得明明白白也就不是大道了,言语再辨析周详也有所不及,仁爱经常普及也就不能保全了,廉洁过于清纯人家也就不信了,勇敢达到伤人的地步也就不是真正的勇敢了。这五个方面遵行不弃那就差不多接近于大道了! 所以说,一个人的智能能够止于所不知的境地,这就是极点了。谁知道不用言辞的辩论、不用称说的大道呢? 如果有人能够知道,他就可以称为天然的府库了。在这里无论注入多少也不会满溢,无论索取多少也不会枯竭,人们不知道它的源头在哪里,这就叫作潜藏不露的光明。

五

【原文】 故昔者尧问于舜曰:"我欲伐宗、脍、胥敖①,南面而不释然②。其故何也?"

舜曰:"夫三子者,犹存乎蓬艾之间。若不释然③,何哉? 昔者十日并出,万物皆照,而况德之进乎日者乎④!"

【注释】 ①宗、脍、胥敖:三个小国名,虚拟之名。②南面:君位,指临朝听政。释:放。③若:汝,你,指尧。④进乎:胜于。

【译文】 从前尧问舜说:"我打算讨伐宗、脍、胥敖这三个小国,每当临朝,心里总是放不下。这是什么原因呢?

舜说:"这三个小国的国君,犹如生存在蓬蒿艾草中一样,你还不放心,问题在哪里呢? 过去听说有十个太阳同时出现,普照万物,何况人的道德应当超过太阳的光辉呢!"

【原文】 啮缺问乎王倪曰①:"子知物之所同是乎②?"

曰:"吾恶乎知之!"

"子知子之所不知邪?"

曰:"吾恶乎知之!"

"然则物无知邪?"

曰:"吾恶乎知之! 虽然,尝试言之:庸讵知吾所谓知之非不知邪③? 庸讵知吾所谓不知之非知邪? 且吾尝试问乎女:民湿寝则腰疾偏死④,鳅然乎哉? 木处则惴栗恂惧⑤,猨猴然乎哉? 三者孰知正处? 民食刍豢⑥,麋鹿食荐⑦,蝍蛆甘带⑧,鸱鸦耆鼠⑨,四者孰知正味? 猿猵狙以为雌⑩,麋与鹿交,鳅与鱼游。毛嫱丽姬⑪,人之所美也;鱼见之深入,鸟见之高飞,麋鹿见之决骤⑫,四者孰知天下之正色哉? 自我观之,仁义之端,是非之涂,樊然淆乱⑬,吾恶能知其辩!"

啮缺曰:"子不知利害,则至人固不知利害乎?"

70

王倪曰："至人神矣！大泽焚而不能热,河汉沍而不能寒⑭,疾雷破山、飘风振海而不能惊。若然者,乘云气,骑日月,而游乎四海之外,死生无变于己,而况利害之端乎！"

【注释】　①啮缺、王倪:皆为虚拟人物。②同是:共同标准,共同认可。③庸讵:怎么,哪里。庸,安,何。讵,何。④偏死:半身瘫痪。⑤惴栗:惊恐得发抖。恂惧:恐惧,害怕。⑥刍豢:指家畜。食草者谓刍,食谷者谓豢。⑦荐:美草。⑧蝍蛆:蜈蚣。甘:甘美,可口。带:蛇。⑨鸱:猫头鹰。耆:通"嗜",爱好。⑩猵狙:猿猴的一种。⑪毛嫱、丽姬:皆为古代美女。一说"丽姬"当为"西施",因涉下"丽之姬,艾封人之子"而误改。⑫决骤:疾奔。决,疾走不顾。⑬樊然淆乱:纷然错乱。淆,错杂。⑭河汉:泛指江河。河,黄河。汉,汉水。沍:冻结。

【译文】　啮缺问王倪:"你知道万物都有共同之处吗?"

王倪说:"我怎么会知道呢?"

"你知道你所不知道的原因吗?"

"我怎么会知道呢!"

"那么天下万物就无法知道了吗?"

"我怎么会知道呢! 虽然如此,姑且让我说说看:何以知道我所说的'知道'不是'不知道'呢? 何以知道我所说的'不知道'不是'知道'呢? 我且问问你:人们睡在潮湿的地方,腰部就要患病,并致半身不遂,莫非泥鳅也会这样吗? 人们呆在树枝上就会惊恐不安,莫非猿猴也会这样吗? 人、泥鳅和猿猴,这三种动物究竟谁知道居住在什么地方才是最合适的呢? 人们吃家畜的肉,麋鹿吃美草,蜈蚣爱吃小蛇,猫头鹰和乌鸦喜欢吃老鼠,这四类动物究竟谁知道吃什么样的食物才算是真正的美味佳肴呢! 雌猿与猵狙成为配偶,麋与鹿交合,泥鳅与鱼配对。毛嫱和丽姬,这是世人所羡美的;然而鱼见了就会深入水里,鸟见了就会高飞天空,麋鹿见了就会急速逃走,这四种动物到底有谁知道天下什么样的美色才是真正的美色呢? 依我看来,那些仁义的头绪,是非的途径,错综杂乱,我怎么会知道它们之间的分别呢?"

啮缺说:"你不管世间的利害,难道至人原本也不顾世间的利害吗?"

王倪说:"至人太神妙了! 林薮焚烧不能让他感到炎热,江河冻结不能让他感到寒冷,就是雷电劈山、狂风掀海也不能让他感到惊恐。像这样的圣人,乘着云气,骑着日月,遨游于四海之外,生死的变化都影响不到他,更何况世间的利害小事呢!"

【原文】　瞿鹊子问乎长梧子曰①:"吾闻诸夫子②,圣人不从事于务,不就利,不违害,不喜求,不缘道③,无谓有谓④,有谓无谓,而游乎尘垢之外。夫子以为孟浪之言⑤,而我以为妙道之行也。吾子以为奚若⑥?"

长梧子曰:"是黄帝之所听荧也⑦,而丘也何足以知之! 且女亦大早计,见卵而求时夜⑧,见弹而求鸮炙⑨。予尝为女妄言之,女以妄听之。奚旁日月⑩,挟宇宙,为其吻合⑪,置其滑涽⑫,以隶相尊? 众人役役⑬,圣人愚芚⑭,参万岁而一成纯⑮。万物尽然,而以是相蕴。予恶乎知说生之非惑邪⑯! 予恶乎知恶死之非弱丧而不知归者邪⑰!

71

"丽之姬[18]，艾封人之子也。晋国之始得之也，涕泣沾襟。及其至于王所，与王同筐床[19]，食刍豢，而后悔其泣也。予恶乎知夫死者不悔其始之蕲生乎？梦饮酒者，旦而哭泣；梦哭泣者，旦而田猎。方其梦也，不知其梦也。梦之中又占其梦焉，觉而后知其梦也。且有大觉而后知此其大梦也[20]。而愚者自以为觉，窃窃然知之[21]。君乎！牧乎[22]！固哉丘也！与女皆梦也！予谓女梦，亦梦也。是其言也，其名为吊诡[23]。万世之后，而一遇大圣，知其解者，是旦暮遇之也。

【注释】 ①瞿鹊子、长梧子：皆为虚拟人物。②夫子：指孔子。③不缘道：无行道之迹（林希逸说）。不践迹而行道（释德清说）。④谓：言，言语。⑤孟浪：不着边际，不切实际。⑥奚若：何如。⑦听荧：听了疑惑。⑧卵：指鸡蛋。时夜：司夜，指鸡鸣报晓。时，通"司"。⑨鸮炙：烤鸮鸟肉。鸮，形似斑鸠，略大。⑩奚：何不。旁：依傍。⑪为：与。其：指宇宙万物。⑫置：任。滑涽：滑乱昏暗。⑬役役：操劳不息的样子。⑭愚芚：浑然无知的样子。⑮参：糅合，调和。万岁：指古今事物。⑯说：通"悦"。⑰弱丧：自幼流浪他乡。⑱丽之姬：即骊姬，晋献公的夫人。⑲筐床：安适之床，为君主所用。⑳大觉：彻底觉醒，指圣人。㉑窃窃然：明察的样子。㉒牧：牧夫，养马的人。这里指卑贱之人。㉓吊诡：极其怪异之谈。吊，至。

【译文】 瞿鹊子问于长梧子，说道："我从孔夫子那里听说过，有人说圣人不去从事世俗的工作，不贪图利益，不去躲避灾害，不喜欢妄求，不经意去符合大道，无言如同有言，有言如同无言，而心神遨游于尘世之外。孔夫子认为这些话都是不着边际的无稽之谈，而我却认为这正是大道的体现。先生你是怎么看的？"

长梧子说："这些话连黄帝听了都要疑惑，何况孔丘呢？他怎么能够理解呢！而且你也操之过早过急，就像刚见到鸡蛋就去追求司晨的公鸡，刚见到弹丸就想吃到烤熟的鸮鸟。现在我姑且试着说说，你也姑且听听。为什么不依傍着日月，怀抱着宇宙，与万物混合为一体，任其是非殽乱不闻不问，而把世俗上的尊卑贵贱一律等同看待呢？众人忙忙碌碌，圣人浑浑沌沌，他调和古今万事万物而成为一团纯朴。万物都是如此，互相蕴含着归于浑朴之中。我怎么知道喜欢着就不是一种迷惑呢！我怎么知道讨厌死亡就不是像自幼流落他乡而不知回家那样呢！"

"丽姬是艾地守封疆人的女儿。当晋国刚得到她的时候，哭得衣服都湿了。等她到了晋献公的王宫里，与君王睡在安适的床上，吃着美味的肉食，这才后悔当初的哭泣。我怎么知道死去的人不会后悔当初的求生呢？梦中饮酒作乐的人，早晨醒后或许遇到祸事而哭泣；梦中伤心哭泣的人，早晨醒后或许高兴地去打猎。当人在梦中，并不知道自己在做梦。有时候在梦中还在做着另一个梦，等觉醒后才知一切都是梦。只有彻底觉醒了的圣人，而后才会知道人生犹如一场大梦。而愚昧的人自以为自己清醒，一副明察秋毫的样子，似乎什么都知道，动不动就'君呀'臣呀'的呼叫。孔丘真是固执浅陋极了！他与你都在梦中啊！我说你在做梦，其实我也在梦中了。我说的这番话，可以称之为奇谈怪论。也许万世之后，有幸遇到一位大圣人，他能了悟这个道理，也如同在旦暮之间相遇了。

【原文】 "既使我与若辩矣①,若胜我,我不若胜,若果是也,我果非也邪?我胜若,若不吾胜,我果是也,而果非也邪?其或是也,其或非也邪?其俱是也,其俱非也邪?我与若不能相知也,则人固受其黮暗②,吾谁使正之?使同乎若者正之,既与若同矣,恶能正之?使同乎我者正之,既同乎我矣,恶能正之?使异乎我与若者正之,既异乎我与若矣,恶能正之?使同乎我与若者正之,既同乎我与若矣,恶能正之?然则我与若与人俱不能相知也,而待彼也邪?"

【注释】 ①我:指长梧子。若:汝,你。下同。②黮暗:暗昧不明。

【译文】 "假如我和你辩论,你胜了我,我没有胜你,你果然就对吗?我果然就错了吗?假如我胜了你,你没有胜我,我果然就对吗?你果然就错了吗?这其中是有一个人对,有一个人错呢?还是我们两个人都对,或者都错了呢?我和你都无法知道,而别人原本就暗昧不明,我们找谁来判定是非呢?如果让观点和你相同的人来评定,既然他已经和你相同了,怎么能来评定呢?假使请观点和我相同的人来评定,既然他已经和我相同了,怎么能来评定呢?如果让观点和你我都不相同的人来评定,既然他已经跟你我都不相同了,怎么能来评定呢?假使请观点跟你我都相同的人来评定,既然他已经跟你我都相同了,怎么能来评定呢?那么你我和他人都无从知道谁是谁非了,恐怕只有等待造化了吧。"

【原文】 "何谓和之以天倪①?"

曰:"是不是,然不然。是若果是也,则是之异乎不是也亦无辩;然若果然也,则然之异乎不然也亦无辩。化声之相待②,若其不相待,和之以天倪,因之以曼衍③,所以穷年也。忘年忘义,振于无竟④,故寓诸无竟。"

【注释】 ①天倪:自然的均平。②化声:是非之辩。③因:因循,顺应。曼衍:自在的发展变化。④振于无竟:逍遥于无物之境。振,振动鼓舞,有遨游、逍遥之意。竟,古"境"字,境界。

【译文】 "什么叫用自然的天平来调和万事万物呢?"

长梧子说:"是便是不是,然便是不然,'是'假如真的是'是',那么就和'不是'有了区别,这样也就不用辩论了。'然'假如真的是'然',那么就和'不然'有了区别,这样也就不用辩论了。是是非非变来变去的声音是相对立而存在的,如果要使它们不相对立,就要用自然的天平去调和,任其自在的发展变化,如此便可以享尽天年。忘掉岁月与理义,遨游于无物的境界,这样也就能够托身于无是无非、无穷无尽的天地了。"

六

【原文】 罔两问景曰①:"曩子行②,今子止;曩子坐,今子起。何其无特操与③?"

景曰:"吾有待而然者邪?吾所待又有待而然者邪?吾待蛇蚹蜩翼邪④?恶识所以然?恶识所以不然?"

【注释】 ①罔两:影外之微阴。景:古"影"字,影子。②曩:从前。③特:独立。

④蚹:鳞皮。

【译文】 罔两问影子说:"刚才你还在行走,现在你又停止不动了;刚才你还坐着,现在又站了起来;你怎么这样没有独立的意志呢?"

影子回答说:"我因为有所依赖才这样的吧?我所依赖的东西又有所依赖才这样的吧?我所依赖的东西就像蛇依赖腹下的鳞皮、蝉依赖于翅膀一样吧?我怎么知道会这样?怎么知道为什么不会这样呢?"

【原文】 昔者庄周梦为蝴蝶,栩栩然蝴蝶也①。自喻适志与②,不知周也。俄然觉,则蘧蘧然周也③。不知周之梦为蝴蝶与?蝴蝶之梦为周与?周与蝴蝶则必有分矣。此之谓物化④。

【注释】 ①栩栩:形容轻盈畅快的样子。一本作"翩翩",形容蝴蝶飞来飞去的样子。②喻:晓,觉得。适志:快意。与:通"欤"。③蘧蘧然:僵直的样子。一说悠然自得的样子。④物化:万物浑然同化,指物我及人我达到无差别的境界。

【译文】 从前庄周梦见自己变成了蝴蝶,一只轻快飞舞的蝴蝶。他自我感觉非常快意,竟然忘记庄周是谁。突然醒来,自己分明是僵卧床上的庄周。不知道是庄周做梦化为了蝴蝶,还是蝴蝶做梦化为了庄周?庄周与蝴蝶必定是有所分别的。这种现象就叫作物化。

养生主

【题解】

所谓"养生主"即为"养生的宗旨",是讲养生之道的。庄子所讲的养生不是养形(生理)而是养神(精神),把保养精神看作是入道的一种体现。庄子认为,只有因其自然,循乎天理,行于中虚,才能使精神不被外物所伤害,从而达到尽享天年的目的。

全篇可分四段来赏析。首段开门见山,以寥寥数语揭示养生的宗旨,并形象而凝练地总结出"缘督以为经"这一养生法则,并通过以下三个寓言故事,从不同的层面和角度阐明这一理念。每则寓言故事可以视为一个段落。

第二段即叙述"庖丁为文惠君解牛"这一故事。作者以出神入化之笔描绘出庖丁出神入化的解牛技艺,并巧妙地强调了超越技艺水平的心得体会,落脚到养生上。从解牛技艺中悟出的,诸如"依乎天理""因其固然""无厚入有间""以神遇而不以目视"等等认识,不正是养生之奥义吗?"庖丁解牛"的寓言故事,因其形象化的艺术手法、带有普遍性的思想提炼和抽象化的语言运用、富有丰富的多层次的内涵,它早已突破了原创者所赋予的内容和旨意。

第三段写"公文轩见右师"的自问自答,探讨右师招祸断足的根本原因,强调世间的善恶、福祸、寿夭、健残皆根于天然。如果依乎天理,葆养天真就能得到福寿健,反之就要招灾惹祸,表面出于人事,实质还是违背自然法则。这则寓言后,还写有一个譬喻性的小结,假借饮食短缺的野鸡宁肯在泽地里觅食糊口,也不愿进笼中享受口福,阐明养生的根

本在于葆养源于自然本真的自由自在的精神。此段小结也可以看作独立的一则寓言。

第四段写"秦失吊老聃",意在说明人生在世应当"安时处顺",把生死当作来去一样的平淡自然,这样才能达到"哀乐不入"的境界。最后写道:"指穷于为薪,火传也,不知其尽也。"这一警言性的结语,既照应了第四段所表达的生死观,也用"薪尽火传"之喻照应了全文的深刻旨意。

一

【原文】　吾生也有涯①,而知也无涯,以有涯随无涯,殆已②!已而为知者③,殆而已矣!为善无近名,为恶无近刑,缘督以为经④,可以保身,可以全生,可以养亲⑤,可以尽年。

【注释】　①涯:涯际,界限。②殆:危险。已:通"矣"。③已:既,如此。④缘:循,顺应。督:督脉。人身前的中脉为任脉,人身后的中脉为督脉,任、督二脉为人体奇经八脉的主脉,主呼吸之息。⑤亲:指真君,即精神。

【译文】　我们的生命是有限的,而知识是无穷的,以有限的生命去追求无穷的知识,就会陷入困顿之中!既然已经困顿不堪,还要从事求知的活动,那就更加危险了!做了善事不图名声,做了坏事不遭刑害,像气循任、督二脉周流不息一样,遵循中正自然之路,就可以保护身体,可以保全生命,可以养护精神,可以享尽天年。

二

【原文】　庖丁为文惠君解牛①,手之所触,肩之所倚,足之所履,膝之所踦②,砉然响然③,奏刀騞然④,莫不中音,合于《桑林》之舞⑤,乃中《经首》之会⑥。

文惠君曰:"嘻,善哉!技盖至此乎⑦?"

庖丁释刀对曰⑧:"臣之所好者道也,进乎技矣。始臣之解牛之时,所见无非全牛者;三年之后,未尝见全牛也;方今之时,臣以神遇而不以目视⑨,官知止而神欲行⑩。依乎天理⑪,批大卻⑫,导大窾⑬,因其固然。枝经肯綮之未尝⑭,而况大軱乎⑮!良庖岁更刀,割也;族庖月更刀⑯,折也。今臣之刀十九年矣,所解数千牛矣,而刀刃若新发于硎⑰。彼节者有间而刀刃者无厚,以无厚入有间,恢恢乎其于游刃必有馀地矣⑱。是以十九年而刀刃若新发于硎。虽然,每至于族⑲,吾见其难为,怵然为戒⑳,视为止,行为迟,动刀甚微,謋然已解㉑,如土委地。提刀而立,为之四顾,为之踌躇满志㉒,善刀而藏之㉓。"

文惠君曰:"善哉!吾闻庖丁之言,得养生焉。"

【注释】　①庖丁:名叫丁的厨师。一说掌厨的丁役。文惠君:旧注说是梁惠王,疑为附会,可视为虚拟人物。②踦:屈跪一膝,顶住牛体。③砉然、响然:皆为形容解牛时发出的声音。一说砉然为骨肉分离之声,响然为刀砍骨肉之声。④騞然:进刀之声。⑤《桑林》之舞:传说殷商时代的乐舞曲。⑥《经首》:传说殷商时代的乐曲。会:节奏,旋律。⑦盖:同"盍",何。⑧释:放。⑨神遇:心神感触。⑩官知止:感官的认知作用停止了。⑪天理:自然的纹理结构。⑫批:击,劈。卻:通"隙",指筋骨间的缝隙。⑬导:引刀而入。

75

大窾:指骨节间的较大空隙。⑭枝:枝脉。经:经脉。肯:带骨肉。綮:筋肉盘结处。⑮
軱:大骨。⑯族:众。这里指一般人。⑰硎:磨刀石。⑱恢恢乎:宽绰的样子。⑲族:盘结
交错处。⑳怵然:警惕的样子。㉑謋然:散开的样子。㉒踌躇满志:愉悦安适,从容自得
的样子。㉓善刀:拭刀。

【译文】 庖丁为文惠君宰牛,手抓肩顶,脚踩膝抵,各种动作无不精确利索。此时牛
体被肢解发出哗啦哗啦的或重或轻的响声,庖丁进刀发出的阵阵唰唰声,都无不符合音
乐的节奏,合乎《桑林》舞曲的节拍,同于《经首》乐章的韵律。

文惠君说:"啊,太好了! 你的技术怎么会达到这般的地步?"

庖丁放下刀,回答说:"我所爱好的是道,已经超过技术了。我刚开始从事宰牛时,眼
前所见无非是一个完整的牛;三年之后,就再也不去观看整牛了。到了现在,我再宰牛
时,全凭心神去运作,而不需用眼睛来观察,感官的认知作用早已停止了,而只是心神的
活动罢了。依据牛体的天然纹理劈开筋骨间空隙,把刀引入骨节之间的空隙,完全是顺
着牛体的自然结构来操作。像那些经络交错、筋骨盘结的地方都不曾有什么妨碍,何况
对付大骨头呢! 好的厨师一年换一把刀,他们是用刀割肉;普通的厨师一个月换一把刀,
他们是用刀砍骨头。如今我的这把刀已经用了十九年了,宰牛的数量也有几千头了,而
刀口还像是刚从磨刀石磨过的一样锋利。因为那牛骨节是有间隙的,而这刀刃却薄得犹
如没有厚度,用没有厚度的刀刃切人有间隙的骨节,这其中宽宽绰绰的,当然会游刃有余
了。所以这把刀子用了十九年还是像新磨的一样。尽管这样,每次碰到筋骨聚集的地
方,我知道其中的难度,便小心警惕,眼神专注,动作缓慢,操刀轻微,'哗啦'一声,牛体已
解,如同泥土散落一地。此时我提刀站立,环顾四周,悠然自得,心满意足,把刀子揩净
收好。"

文惠君说:"好啊! 我听了庖丁的这番话,懂得养生的道理了。"

三

【原文】 公文轩见右师而惊曰①:"是何人也? 恶乎介也②? 天与? 其人与③?"曰:
"天也,非人也。天之生是使独也,人之貌有与也④,以是知其天也,非人也。"

泽雉十步一啄,百步一饮,不蕲畜乎樊中⑤。神虽王⑥,不善也。

【注释】 ①公文轩:姓公文,名轩,宋国人。右师:官名。此以官职称人。②介:独
脚。③其:抑或。④与:赋予。⑤蕲:求。樊:笼。⑥王:通"旺",旺盛。

【译文】 公文轩看到右师不禁惊奇地说:"这是什么人呢? 为什么只有一只脚呢?
是天生就该如此呢? 还是由于人祸而造成的呢?"想了想自语道:"看来这是天意,并非人
为。天生此人使他因祸而断足,因为人的形貌是上天赋予的,所以知道他的断足之祸来
自上天的处罚,而不是人为的结果。"

沼泽中的野鸡走出十步才啄到一口食,走出百步才饮到一口水,但它并不祈求被养
在笼子里。在笼中精神虽然旺盛,但并不自由。

四

【原文】 老聃死①，秦失吊之②，三号而出。

弟子曰："非夫子之友邪?"

曰："然。"

"然则吊焉若此可乎?"

曰："然。始也吾以为其人也，而今非也。向吾入而吊焉③，有老者哭之，如哭其子；少者哭之，如哭其母。彼其所以会之，必有不蕲言而言，不蕲哭而哭者。是遁天倍情④，忘其所受，古者谓之遁天之刑⑤。适来，夫子时也⑥；适去，夫子顺也。安时而处顺，哀乐不能入也，古者谓是帝之县解⑦。"

指穷于为薪⑧，火传也，不知其尽也。

【注释】 ①老聃：即老子，姓李，名耳，字聃，春秋时楚国苦县人，曾任周守藏室的史官。②秦失：又作"秦佚"，虚拟人物。③向：刚才。④遁：失，逃避。倍：通"背"，违背。⑤刑：规范，道理。⑥适来：正当来世。夫子：指老聃。时：时运。⑦帝：天帝。县：通"悬"，倒悬。⑧指：读作"脂"，指烛薪上的油脂。穷：指燃尽。

【译文】 老聃死了，秦失前往吊唁，仅仅哭了三声就出来了。

弟子问秦失说："他不是您的朋友吗?"

秦失答道："是的。"

弟子问道："那么这样的吊唁是待朋友之礼吗?"

秦失答道："是的。开始我以为他是个俗人，而现在不这样认为了。刚才我进去吊唁，看见有老年人哭他，如同哭自己的孩子；有少年人哭他，如同哭自己的父母。众人来此一起吊唁老聃，必定有老聃不期望他们称赞而称赞的话，必定有老聃不期望他们哭泣而哭泣的人。这是逃避天意，违背实情，忘记了人之生死寿夭皆禀受于自然，古时候称之为逃避自然的规范。正当该他来时，老聃应运而生；正当该他去时，老聃顺势而死。安心时运，顺变不惊，哀乐的情绪就不会侵入胸中，古时候把这种解脱称为天帝解人于倒悬。"

脂膏作为烛薪有燃尽的时候，火种却流传下去，没有穷尽。

人间世

【题解】

人间世，即人世间，人在世间的生活。当时的社会正处于转型期，中央政权的衰微，各诸侯国相继崛起争霸，弱小诸侯国不甘被吞并，于是强权、扩张、暴力与战争、掠夺、争斗成为时代的主题，而野心、残忍、暴虐、阴险、狡诈、欺骗等违反人性的现象和事件比比皆是，人们如同生活在一个血淋淋的角斗场上，难以聊生。对此，儒家期待用仁爱、礼仪挽救道德的衰败，墨家主张兼爱、非攻，企图平息战乱。显然，一个是远水救不了近火，一个是良好的愿望而已。于是庄子从入世转到了出世，从社会中寻找出路转为从个人的精神世界中寻找前途。于是庄子发挥了老子有关"有""无"等思想,创建了自己的养生论。如果说《养生主》主要是从人体生理的角度,总结出因循中虚,即因循自然的养生之道,那么《人间世》则主要是面对险恶的社会现实,解决"涉乱世以自全"(王夫之语)的养生方法和养生宗旨。

那么,庄子是如何阐述这一宗旨的呢?本篇相继虚构出"颜回见仲尼"等七则寓言故事,从不同的角度,具体而生动地阐明了要想避害全身就必须弃除名利之心,使心境达到空明的境地,从而达到以不材为大材,以无用为大用的客观目的,把这种思维称之为庄子的处世哲学也未尝不可。

七则寓言故事可作为七段内容来阅读。第一段假借颜回与孔子的对话,讲人际关系特别是与统治者相处的艰难。面对专横独断的卫君,颜回提出了"端而虚""勉而一"与"内直外曲""成而上比"等方法来对待,都被作者否定,认为人间的一切纠纷和矛盾的根源在于名利二字,要想摆脱杀身之祸,就只有随机应变,"入则鸣,不入则止";就要忘形绝智,虚己忘名,物我两忘,进入心神与自然融为一体的"心斋"境界。所谓"心斋",实际上借用了古代养生学中所达到一种空明的精神境界,这种境界只有在特殊的精神状态中才可能体验到,并非能够运用到人际关系上,这只是庄子理想化、极致化的说法而已。

第二段,假借孔子回答叶公子高将要出使齐国所遇到的祸患问题,进一步描述君臣相处的艰难和危险,提出了臣子替君主办事,或不免于君主因不满而加害的"人道之患",或不免于自己因惶恐不安而染疾的"阴阳之患"。对此,作者申明了要在主观上采取"知其无可奈何而安之若命"的态度,一切顺从自然,生死置之度外,也就不存在贪生怕死的问题。从养生高度讲,作者倡导"乘物以游心,托不得已以养中",方能避免一切后患。

第三段,假借颜阖问于蘧伯玉,请教如何做卫灵公太子老师的问题,再次申明顺物无己的思想。由于所描写的对象不同,这里提出了"顺"为"导"的教育方法,而目的是"达",即"达之无疵"。作者于此,唯恐人物寓言不足说清"顺达"的要害,还编撰了三则动物寓言,通过螳螂的恃才傲物、老虎与养虎者的顺逆关系和爱马者的遭遇,分别阐明了顺物的重要性。

第四段以下均为阐明无用之用之旨。第四段以栎社树为喻,极写栎社树因其无所可用而得以全生,从反面揭示了万物莫不"以其能苦其生",莫不以其能"不终其天年而中道夭",莫不因为显示自己有用而"自掊击于世俗"。第五段再次写不材之木得以长成出乎寻常的高大,同时对比写出像楸、柏、桑之类的有用之材惨遭斧斤斩之的下场,点出常人以为的不祥,"此乃神人之所以为大祥"的主旨。第六段转写人,编撰了一个身患残疾的支离疏形象。支离疏由于疾患,对当权者毫无利用的价值,也因此免除了兵役徭役之灾,得以存活,亦属于无用之用的例证。

第七段,可看作全篇的总结点题段。全篇突出着眼点有二,一是在每一则寓言故事中无不揭露社会之黑暗、统治者之残酷,而在这段中,通过楚狂接舆唱给孔子的歌,更集中、更强力地反映了这一心声,道出了"方今之时,仅免刑焉"这一悲愤的呐喊。二是多次

申明的避害全生的无用之用、无用之大用的主旨，而在这段的末尾，不厌其重复，转用简约的格言式的语言，鲜明确切地再现全篇主旨，指出"山木自寇也，膏火自煎也。桂可食，故伐之；漆可用，故割之。人皆知有用之用，而莫知无用之用"这一主题。

一

【原文】 颜回见仲尼①，请行。

曰："奚之？"

曰："将之卫②。"

曰："奚为焉？"

曰："回闻卫君③，其年壮，其行独。轻用其国，而不见其过。轻用民死，死者以国量乎泽若蕉④，民其无如矣⑤！回尝闻之夫子曰：'治国去之，乱国就之，医门多疾。'愿以所闻思其则⑥，庶几其国有瘳乎⑦！"

仲尼曰："嘻，若殆往而刑耳⑧！夫道不欲杂，杂则多，多则扰，扰则忧，忧而不救。古之至人，先存诸己，而后存诸人。所存于己者未定，何暇至于暴人之所行⑨？且若亦知夫德之所荡⑩，而知之所为出乎哉⑪？德荡乎名，知出乎争。名也者，相轧也；知也者，争之器也。二者凶器，非所以尽行也。

"且德厚信矼⑫，未达人气⑬；名闻不争，未达人心。而强以仁义绳墨之言，术暴人之前者⑭，是以人恶有其美也⑮，命之曰菑人⑯。菑人者，人必反菑之，若殆为人菑夫！

"且苟为悦贤而恶不肖，恶用而求有以异⑰？若唯无诏⑱，王公必将乘人而斗其捷⑲。而目将荧之⑳，而色将平之，口将营之㉑，容将形之，心且成之。是以火救火，以水救水，名之曰益多。顺始无穷。若殆以不信厚言㉒，必死于暴人之前矣！

"且昔者桀杀关龙逢㉓，纣杀王子比干㉔，是皆修其身以伛拊人之民㉕，以下拂其上者也，故其君因其修以挤之。是好名者也。

"昔者尧攻丛、枝、胥敖㉖，禹攻有扈㉗。国为虚厉㉘，身为刑戮。其用兵不止，其求实无已㉙，是皆求名实者也，而独不闻之乎？名实者，圣人之所不能胜也，而况若乎！虽然，若必有以也㉚，尝以语我来。"

【注释】 ①颜回：字子渊，鲁国人，孔子最为得意的学生。仲尼：即孔子，名丘，字仲尼，鲁国陬邑（今山东曲阜）人。按《庄子》书中出现的孔子、颜回等历史人物，其言行大多为虚构，不能视为史实。②卫：卫国，春秋时期的诸侯国，在今河南境内。③卫君：一说指卫庄公，当视为虚拟人物。④死者以国量乎泽若蕉：读作"死者以国，若蕉量乎泽"，谓几乎一国的人都死光了，就像草芥一样填满了大泽。量，填满。蕉，草芥。⑤无如：无往，无处可去。⑥则：法则，指治理卫国的法则。⑦庶几：差不多。瘳：病愈。⑧若：你。殆：恐怕。⑨暴人：暴君。这里指卫君。⑩荡：丧失。⑪出：显露。⑫德厚：道德纯厚。信矼：信誉确实。⑬未达：不了解。人气：人的口味。⑭术：借为"述"，陈述。⑮有：一说当为"育"字之误。育，卖弄。⑯菑：同"灾"，害。⑰而：你。⑱若：你。诏：进谏。⑲王公：指

卫君。斗其捷：施展他的巧辩。捷，迅捷，利口。⑳荧：眩，眩惑。㉑营：营救。㉒若：你。殆：恐怕。厚言：忠诚之言。㉓桀：夏桀，夏朝的暴君。关龙逢：夏桀的贤臣，因忠谏被斩首。㉔纣：商纣，商朝的暴君。比干：商纣的叔父，因忠谏而被剖心。㉕伛拊：曲身抚爱。此指怜爱、爱养。㉖丛、枝、胥敖：皆为虚拟的小国名。㉗有扈：小国名，在今陕西户县。㉘虚：同"墟"，废墟。厉：厉鬼，古时称死而无后为厉。㉙实：实利。此指国土、人口和财物。㉚以：原因，办法。

颜回像

【译文】 颜回拜见孔子，向他辞行。

孔子问："到哪里去呢？"

颜回说："准备到卫国去。"

孔子问："去做什么？"

颜回说："我听说卫国的国君，年壮气盛，行为专断独裁。他轻率地处理国事，却看不见自己的过失。他轻率地役使百姓而不惜百姓的生命，国中的人几乎死光，就像草芥填满于大泽，百姓真是无处可走了！我曾经听先生说过：'安定的国家可以离开，动乱的国家就应前去救助，就像医生家的门前有很多的病人。'我想根据先生的教导去考虑帮助卫国的办法，也许这个国家还有救吧！"

孔子说："唉，你去了恐怕要遭刑戮啊！修道不宜心杂，心杂就会多事，多事就会自扰，自扰就会招致忧患，忧患降临再自救也来不及了。古时候的圣人，先是充实自己，而后才去帮助别人。如果自己内在空虚，根基不稳，哪有闲工夫去纠正暴君的行为呢？况且你知道道德所以丧失，智慧所以外露的原因吗？道德的丧失是由于好名，智慧的外露是由于好争。名这东西，它是相互倾轧的祸根；智这东西，它是相互争斗的工具。这两者都是凶器，不可以尽行于社会。"

"而且一个人虽然德性纯厚、品性诚实，但未必符合别人的口味；即使不与别人争夺名誉，但未必被他人理解。如果你勉强用仁义规范的言论，在暴君面前陈述，这样将被认为是利用别人的丑恶来显示自己的美德，而扣上'害人'的帽子。害别人的人，别人必定反过来害他，你恐怕要被人害了！"

"如果说卫君真的喜欢贤人而讨厌不肖之徒，何必用你去显示有异于人呢？除非你不进谏，否则卫君必定钻你的空子而施展他的巧辩。到那时你会眼花目眩，面色将会和顺下来，嘴里只会说些自救的话，卑恭的容色将会显露出来，内心就会屈从于卫君的错误主张了。这就好比用火去救火，用水去救水，可以称为添乱。以顺从开始，以后就会永远顺从下去了。你恐怕虽有忠诚之言也不会被信用，必将死于暴君之前了。"

"从前夏桀杀关龙逢，商纣杀王子比干，这都是因为他们修身养德，以臣下的身份爱抚人君的民众，以在下的地位违逆了在上的君主的心意，所以君主因为他们好修身养德

而排挤他们。这就是好名的结果。"

"从前尧攻打丛、枝和胥敖，禹攻打有扈，这些国家变成了废墟，百姓成了厉鬼，国君们也被杀戮。这都是他们用兵不断、贪图实利不止所造成的，这都是求名求利的结果，你就没有听说过吗？对于名利的诱惑，有时连圣人都难以克制，何况你呢！虽然这样，你肯定有你的想法，不妨说给我听听。"

【原文】 颜回曰："端而虚①，勉而一②，则可乎？"

曰："恶！恶可！夫以阳为充孔扬③，采色不定④，常人之所不违，因案人之所感⑤，以求容与其心⑥。名之曰日渐之德不成⑦，而况大德乎！将执而不化，外合而内不訾⑧，其庸讵可乎！"

"然则我内直而外曲，成而上比⑨。内直者，与天为徒。与天为徒者，知天子之与己，皆天之所子⑩，而独以己言蕲乎而人善之⑪，蕲乎而人不善之邪？若然者，人谓之童子，是之谓与天为徒。外曲者，与人之为徒也。擎跽曲拳⑫，人臣之礼也。人皆为之，吾敢不为邪？为人之所为者，人亦无疵焉，是之谓与人为徒。成而上比者，与古为徒。其言虽教，谪之实也⑬，古之有也，非吾有也。若然者，虽直而不病⑭，是之谓与古为徒。若是则可乎？"

仲尼曰："恶！恶可！大多政法而不谍⑮。虽固⑯，亦无罪。虽然，止是耳矣⑰，夫胡可以及化！犹师心者也⑱。"

【注释】 ①端而虚：外表端正而内心谦虚。②勉而一：勤勉努力而心志专一。③阳：骄盛之气。充：满。孔：甚。④采色：神采气色。这里指喜怒变化的表情。⑤案：压抑。⑥容与：自快。⑦日渐之德：指小德。⑧訾：资取，采纳。⑨成而上比：谓引用成说而上比于古人。⑩子：作动词用，生。⑪而：岂。而人：别人。⑫擎：执笏。跽：跪拜。曲拳：鞠躬。⑬谪：指责。⑭病：指灾祸。⑮大：读作"太"。政法：正人之法。政，通"正"。谍：妥当。⑯固：固陋，不圆通。⑰耳矣：即"而已"。⑱师心：师法自己的成心。

【译文】 颜回说："我外表端正而内心谦虚，做事勤勉而心态专一，这样可以吗？"

孔子说："唉！这怎么可以呢！卫君骄横之气充溢张扬，喜怒之情无常，平常人都不敢违逆他，因而他压抑世人对他的进谏，来求得自己心里的畅快。这种人每天用小德渐渐感化他都不成，何况用大德来规劝呢！他必然会固执不化，即使表面附和而内心也不会接纳，你的做法怎么行得通呢？"

颜回说："那么我内心诚直而外表恭顺，援引成说而上比于古人。所谓内心诚直，就是与自然同类。与自然同类，便知道天子与我自己，都是天生的，这样，我哪里会期望别人称赞自己所讲的话为善，又哪里会期望别人指责为不善呢？像这样做法，世人就会称我是不失赤子之心的孩童，这就叫作与自然同类。所谓外表恭顺，就是与一般人一样。执笏跪拜，鞠躬行礼，这是做人臣的礼节。世人都这样做，我敢不这样做吗？做大家都做的事，别人也不会指责我了，这就叫作与世人同类。所谓援引成说而上比于古人，这是与古人同类。所说的虽是古人的教诲，其实是指责人君的过失，这种做法自古就有，并非是

我的创造。像这样，虽然言语直率了一些，却也不会招来灾祸，这就叫作与古人同类。这样做可以吗？"

孔子说："唉！怎么可以呢！纠正人君的方法也太多了，又不太妥当。这些方法虽然浅陋，倒也不会获罪于卫君。然而，只不过如此而已，怎么能够感化他呢！这还是师法自己的成心啊。"

【原文】 颜回曰："吾无以进矣，敢问其方。"

仲尼曰："斋，吾将语若①。有心而为之，其易邪？易之者，皞天不宜②。"

颜回曰："回之家贫，唯不饮酒不茹荤者数月矣。如此，则可以为斋乎？"

曰："是祭祀之斋，非心斋也。"

回曰："敢问心斋。"

仲尼曰："若一志③，无听之以耳，而听之以心；无听之以心，而听之以气。听止于耳④，心止于符⑤。气也者，虚而待物者也⑥。唯道集虚⑦。虚者，心斋也。"

颜回曰："回之未始得使⑧，实自回也；得使之也，未始有回也，可谓虚乎？"

夫子曰："尽矣！吾语若：若能入游其樊，而无感其名，入则鸣，不入则止。无门无毒⑨，一宅而寓于不得已⑩，则几矣。绝迹易，无行地难⑪。为人使易以伪，为天使难以伪。闻以有翼飞者矣，未闻以无翼飞者也；闻以有知知者矣，未闻以无知知者也。瞻彼阒者⑫，虚室生白⑬，吉祥止止⑭。夫且不止，是之谓坐驰⑮。夫徇耳目内通⑯，而外于心知⑰，鬼神将来舍⑱，而况人乎！是万物之化也，禹、舜之所纽也⑲，伏戏、几蘧之所行终⑳，而况散焉者乎㉑！"

【注释】 ①语若：告诉你。若，你。②皞天：自然。不宜：不合。③若一志：读作"一若志"，即专一你的心志。④听止于耳：读作"耳止于听"。⑤符：合。⑥气也者，虚而待物：能够容纳外物的气，显然不是指呼吸之气息，当指能够主宰万物和心志的道体的一种形式。⑦虚：指空明的一尘不染的心境。⑧得使：得到教诲。⑨无门无毒：谓不走门路去营求。毒，假借为"窦"，与"门"同义。⑩一宅：即"宅一"，安心于一。寓于不得已：即"不得已而为之"之意。释德清说："寓意于不得已而应之，切不可有心强为。"⑪绝迹易，无行地难：释德清说："逃人绝迹尚易，独有涉世无心，不着形迹为难。"⑫瞻：看，观照。阒：空，指空明的境界。⑬虚室：指空明无物的心境。白：纯白无染的光明。⑭止止：即"止于止"。前"止"为"处""集"之意，后"止"指空明静止的心境。⑮坐驰：形坐而心驰。⑯徇：通"殉"，丧，弃。内通：返视返听，由心去视听。⑰外于心知：排除心智心机。⑱舍：居住，指依附。⑲纽：枢纽，关键。⑳伏戏：即伏羲。几蘧：传说中的古帝王。㉑散焉者：疏散之人，指众人。

【译文】 颜回说："我没有别的办法了，请问先生的高见。"

孔子说："你先斋戒，我再告诉你。你有心感化卫君，岂是易事？如果认为这样做容易，便与自然之理不符合了。"

颜回说："我颜回家贫穷，不饮酒、不吃肉食已经有好几个月了。这样做可以称为斋

戒吗?"

孔子说:"这是祭祀中要求的斋戒,并非是心斋。"

颜回说:"请问什么是心斋?"

孔子说:"专一你的心志,不要用耳去听,而要用心去听;进一步不要用心去听,而要用气去听。耳的作用只是听取外物,心的作用只是符合外物。'气'这个东西,才是能够以虚明无形之体来容纳万事万物。只有达到空明的虚境才能容纳道的聚集。这空明的虚境就是心斋。"

颜回说:"在我不曾听到'心斋'教诲的时候,确确实实感到我的存在;在得到'心斋'教诲之后,不曾再有我的感觉,这样可以算是空明的虚境吗?"

孔子说:"心斋的道理已尽于此!我可以告诉你:你进入卫国境内去游说,不要为虚名而动心,人家能听进去的话就说,人家听不进去的话就闭口。不寻找门路去营求,心灵专一,了无二念,待人处事一切都不得已而为之,这就差不多了。人不走路是很容易做到的,但是要走路而不留下痕迹就很难了。为人的欲望所驱使就容易作伪,顺其自然而行就难以作伪。只知道有了翅膀才能飞翔,却不知道有不用翅膀而飞翔的;只知道用心智去获取知识,却不知道还有不用心智而获取知识的。观照那个空虚的境界,静寂的心室就会发出纯白的亮光,吉祥之光只止于虚寂空明之心。如果心境不能虚寂空明,这就叫作形坐而心驰。抛弃耳目的视听,让虚寂空明之心返听内视,而排除动用一切外在的心机,这样连鬼神都要依附,何况是人呢!这样万物都可以感化,这正是禹、舜处世的关键,也是伏羲、几蘧始终不移的行为准则,何况平庸之辈呢!"

二

【原文】 叶公子高将使于齐①,问于仲尼曰:"王使诸梁也甚重②,齐之待使者,盖将甚敬而不争。匹夫犹未可动③,而况诸侯乎!吾甚栗之。子常语诸梁也曰:'凡事若小若大,寡不道以欢成④。事若不成,则必有人道之患⑤;事若成,则必有阴阳之患⑥。若成若不成而后无患者,唯有德者能之。'吾食也执粗而不臧⑦,爨无欲清之人⑧。今吾朝受命而夕饮冰,我其内热与!吾未至乎事之情而既有阴阳之患矣⑨!事若不成,必有人道之患。是两也⑩,为人臣者不足以任之,子其有以语我来!"

【注释】 ①叶公子高:楚庄王玄孙,名诸梁,字子高,封于叶,僭号称公。②甚重:指极重要的使命。③动:感化。④寡:少。欢成:欢然成功。⑤人道之患:指国君的惩处。⑥阴阳之患:指阴阳失调而造成的疾病。⑦臧:善。⑧爨:烧火做饭。此指烧火之人。清:清凉。⑨情:实,成。⑩两:指内外两方面的祸端。

【译文】 叶公子高将要出使齐国,向孔子请教说:"楚王交给我极为重大的使命,而齐国对待外国使者总是表面特别恭敬而实际上推托怠慢。一般人我都感化不了,何况对待诸侯呢?我很是害怕。您曾经对我说:'凡事不分大小,很少有不靠道术而能痛快成功的。事情如果办不成,那么就必定受到人君的惩罚;事情如果能够办成,那么就要在阴阳

失调的状况下招来疾患。不论事情成功与否都不会遭到祸患的,只有大德之人才能做到。'我的饮食粗淡,不求精美,很少用火,所以家里烧火做饭的不会因热而思求清凉。如今我早晨接受使命而晚上就要喝冰水,我大概得了内热之病了吧!我还没有出使办事就因喜惧交加、阴阳失调而患上病了!将来事情办不成,必遭人君的惩罚。这双重的灾患临头,做人臣的实在无法承受,先生有什么避灾之法可以教导我吗?"

【原文】 仲尼曰:"天下有大戒二①:其一命也②,其一义也③。子之爱亲,命也,不可解于心;臣之事君,义也,无适而非君也,无所逃于天地之间。是之谓大戒。是以夫事其亲者,不择地而安之,孝之至也;夫事其君者,不择事而安之,忠之盛也;自事其心者,哀乐不易施乎前④,知其不可奈何而安之若命,德之至也。为人臣子者,固有所不得已。行事之情而忘其身,何暇至于悦生而恶死!夫子其行可矣!"

"丘请复以所闻:凡交,近则必相靡以信⑤,远则必忠之以言。言必或传之。⑥夫传两喜两怒之言,天下之难者也。夫两喜必多溢美之言,两怒必多溢恶之言。凡溢之类妄,妄则其信之也莫⑦,莫则传言者殃。故法言曰⑧:'传其常情,无传其溢言,则几乎全。'"

"且以巧斗力者,始乎阳,常卒乎阴⑨,大至则多奇巧⑩;以礼饮酒者,始乎治,常卒乎乱,大至则多奇乐⑪。凡事亦然,始乎谅,常卒乎鄙⑫;其作始也简,其将毕也必巨。夫言者,风波也;行者,实丧也。风波易以动,实丧易以危。故忿设无由,巧言偏辞。兽死不择音,气息茀然⑬,于是并生心厉⑭。克核大至⑮,则必有不肖之心应之,而不知其然也。苟为不知其然也,孰知其所终!故法言曰:'无迁令,无劝成。过度,益⑯。'迁令劝成殆事。美成在久,恶成不及改,可不慎与!且夫乘物以游心,托不得已以养中⑰,至矣。何作为报也?莫若为致命⑱,此其难者。"

【注释】 ①大戒:指人生足以为戒的大法。戒,法。②命:天性,指受之于自然的性分。③义:道义,指人应尽的社会责任。④易施:改变,转移。施,移动,改易。⑤靡:顺。信:信用。⑥或:有人。⑦莫:不,无。一说疑惑的样子。⑧法言:格言。一说古书名。⑨"始乎阳"二句:阳,公开,外露。阴,隐藏,阴谋。一说"阳"指"喜","阴"指"怒"。⑩大至:即"太至",太过分。奇巧:诡计。⑪奇乐:谓荒淫无度。⑫"始乎谅"二句:谅,见谅,诚信。鄙,鄙恶,欺诈。⑬茀然:勃然,指怒气勃然发作。⑭心厉:读作"厉心",恶心,狠戾之心。⑮克核:苛刻。⑯益:"溢"的古字,越轨,超限。⑰养中:即《养生主》"缘督以为经"的"缘督",顺任中虚自然。⑱致命:传达君命。

【译文】 孔子说:"天下有两个足以为戒的大法:一个是禀受于自然的性分,一个是做人的道义。儿女敬爱父母,这就是自然的天性,永远不可能从心中解除;臣子侍奉国君,这就是臣子应尽的职责,无论哪里都不会没有君主,所以普天之下这是无法逃避的。这就是所谓的足以为戒的大法。所以儿女奉养双亲,无论生活在什么环境下,都要使他们安适,这就是最大的孝心了;臣子侍奉君主,无论做什么事情,都要顺从君主的旨意,这就是最大的忠心了;自己修养心性,无论是哀是乐都不会改变原来的心境,知道某些事情的发展无法预料而仍然安心去做,这就是道德修养的最高境界了。做一个臣子的,本来

就有不得已而做的事情。只要按实情去办,置自身于不顾,哪里会产生贪生怕死的念头呢? 你这样去做就可以了。"

"我还要把我听到的告诉你:大凡国与国相交往,邻近的国家要以信用求得安顺,远方的国家要通过语言维系忠信。这语言必须有人来传达。而传达两国国君的喜怒之言,这是天下最难做好的事情。两国国君喜悦时的言辞必然多有溢美之词;两国国君愤怒时的言辞,必然多有溢恶之辞。凡是过分的超出实际的言辞都是不真实的,不真实的东西就没有诚信可言,不诚信的传言就会让使者遭殃。所以格言说:'要传达真实不妄之言,不要传达过分不实之言,那么就差不多能够保全自己了。'"

"比如那些用技巧来角力的人,开始是明来明去,到最后往往是搞些阴谋,太过分时就诡计多端了;那些讲究礼节饮酒的人,开始时还是规规矩矩的,往往到最后时就会迷乱,太过分时就会放荡不羁了。什么事情都是这样,开始时彼此互谅互让,到最后时就往往互相欺诈了;许多事情开始做时都比较单纯,等到将要完毕时就变得非常艰巨,难以收拾。言语这东西,就像捉摸不透的风波;而传达言语的人,自然会有失实的地方。风波很容易兴作,失实很容易陷入危境。所以愤怒的发作往往没有别的原因,只是由于花言巧语和片面之词造成的。被逼入死地的野兽,它会发出特别的叫声,怒气勃然而发,于是便会产生伤人的恶念。做事太苛刻太过分,必然让人心生恶念来报复,而他自己还不知道其中的原因。假如自己做的事都不知道怎么回事,那谁会知道他终将遭到什么样的下场呢! 所以格言说:'不要改变所要传达的指令,不要勉强把事情办成。超过正常的尺度,就是犯了夸大失实的错误。'改变指令,强求成功,都会把事情办坏。好事的成就需要很久的时间,而坏事一旦出现再改过也来不及了,这可以不慎重吗! 顺应万物,悠游自适,托身于自然,不得已而应之,以此修养中虚之道,可谓是最好的选择了。何必为了报答君命而有意去做呢? 不如如实地传达君命罢了,这样做已经难为人了。"

三

【原文】 颜阖将傅卫灵公太子①,而问于蘧伯玉曰②:"有人于此,其德天杀③。与之为无方④,则危吾国;与之为有方,则危吾身。其知适足以知人之过,而不知其所以过。若然者,吾奈之何?"

蘧伯玉曰:"善哉问乎! 戒之,慎之,正女身也哉! 形莫若就,心莫若和。虽然,之二者有患⑤。就不欲入⑥,和不欲出⑦。形就而入,且为颠为灭,为崩为蹶⑧;心和而出,且为声为名,为妖为孽⑨。彼且为婴儿,亦与之为婴儿;彼且为无町畦⑩,亦与之为无町畦;彼且为无崖⑪,亦与之为无崖;达之,入于无疵。

"汝不知夫螳螂乎? 怒其臂以当车辙⑫,不知其不胜任也,是其才之美者也⑬。戒之,慎之,积伐而美者以犯之⑭,几矣⑮!

"汝不知夫养虎者乎? 不敢以生物与之,为其杀之之怒也;不敢以全物与之,为其决之之怒也。时其饥饱⑯,达其怒心⑰。虎之与人异类,而媚养己者,顺也;故其杀者⑱,

逆也。

"夫爱马者,以筐盛矢⑲,以蜄盛溺⑳。适有蚊虻仆缘㉑,而拊之不时㉒,则缺衔、毁首、碎胸㉓。意有所至,而爱有所亡,可不慎邪!"

【注释】　①颜阖:姓颜,名阖,鲁国的贤人。傅:师傅,老师。这里作动词用。太子:指蒯聩。②蘧伯玉:姓蘧,名瑗,字伯玉,卫国的贤大夫。③天杀:天性刻薄,天性凶残。④方:方圆,规矩,法度。⑤之:此,指形就、心和。⑥入:陷入,苟同。⑦出:显露,显示。⑧崩:垮。蹶:跌倒,失败。⑨为妖为孽:招致灾祸。孽,灾。⑩町畦:田界。⑪无崖:无边际,指放荡不拘。⑫怒:奋起。当:阻挡。⑬是:作动词,自恃的意思。⑭积:屡,多次。伐:夸耀。而:你。⑮几:危,危险。⑯时:通"伺",伺候。⑰达:疏导,引导。⑱杀:搏杀,指伤人。⑲矢:通"屎",马粪。⑳蜄:大蛤,此指蛤壳。溺:尿,指马尿。㉑仆缘:附着。仆,附。㉒拊:拍打。不时:不及时。㉓缺衔:指咬断马勒口。首:辔头。胸:胸络。

【译文】　颜阖将要去做卫灵公太子的师傅,便去请教蘧伯玉说:"现在有一个人,他的天性凶残。如果不用法度去劝导他,势必要危害国家;如果用法度去规劝他,势必要危害到我自己。他的智力刚够得上知道别人的过错,却不知别人为什么犯这样的过错。像这种情况,我该怎么办呢?"

蘧伯玉说:"你问得很好!要警惕啊,要谨慎啊,要端正你的行为!外表不如表现将就顺从的样子,内心不如抱着调剂的态度。虽然如此,这两者仍免不了有灾患。外表将就随顺他而不能过分陷入,内心调剂诱导他而不能有所显露。外表过分将就顺从他,难免招来堕落、毁灭、垮台和失败;内心调剂诱导他太显露,就会招致声名之祸、妖孽之灾。他如果像婴儿那样天真无知,你也姑且和他一样像婴儿那样天真无知;他如果没有界限的约束,你姑且也像他一样没有界限的约束;他如果放荡不羁,你姑且也像他一样放荡不羁;这样委婉地引导他,使他渐渐地达到无过失的境地。

"你不知道那螳螂吗?奋力举起双臂去阻挡车轮,却不知道自己的力量根本就不胜任,这是因为它把自己的才能看得太了不起的缘故。要警戒啊,要谨慎啊,经常夸耀自己的才能去触犯他,这就危险了。"

"你不知道那养虎的人吗?他不敢拿活的小动物去喂养,因为怕它在搏杀活物时引发它凶残的天性;也不敢把整个小动物丢给它,因为怕它在撕裂过程中激起它残忍的天性。伺候着它的饥饱来喂食,疏导它的喜怒之情。虎与人不同类别,而虎却喜欢喂养它的人,这是因为人们随顺了虎的性子;虎所以伤害人,那都是人们违逆了虎的性情的缘故。"

"有那爱马的人,用精美的竹筐盛马粪,用珍贵的大蛤壳接马尿。一旦有蚊虻叮咬在马身上,那爱马的人如若拍打不及时,马就会怒气冲天,咬断勒口,挣断辔头,损坏胸络。本意在于爱马而结果却适得其反,这可以不谨慎吗?"

四

【原文】　匠石之齐①,至于曲辕②,见栎社树③。其大蔽数千牛,絜之百围④,其高临

86

山十仞而后有枝⑤,其可以为舟者旁十数⑥。观者如市,匠伯不顾⑦,遂行不辍。

弟子厌观之⑧,走及匠石,曰:"自吾执斧斤以随夫子,未尝见材如此其美也。先生不肯视,行不辍,何邪?"

曰:"已矣,勿言之矣!散木也⑨。以为舟则沉,以为棺椁则速腐,以为器则速毁,以为门户则液樠⑩,以为柱则蠹,是不材之木也。无所可用,故能若是之寿。"

匠石归,栎社见梦曰⑪:"女将恶乎比予哉?若将比予于文木邪?夫柤梨橘柚果蓏之属⑫,实熟则剥,剥则辱。大枝折,小枝泄⑬。此以其能苦其生者也。故不终其天年而中道夭,自掊击于世俗者也。物莫不若是。且予求无所可用久矣!几死,乃今得之,为予大用。使予也而有用,且得有此大也邪?且也,若与予也皆物也,奈何哉其相物也⑭?而几死之散人,又恶知散木!"

匠石觉而诊其梦⑮。弟子曰:"趣取无用⑯,则为社何邪?"

曰:"密⑰!若无言!彼亦直寄焉!以为不知己者诟厉也⑱。不为社者,且几有翦乎!且也,彼其所保与众异,而以义喻之⑲,不亦远乎?"

【注释】 ①匠石:一个名叫石的木匠。之:往。②曲辕:虚拟的地名。③栎社树:把栎树当作社神。④絜:用绳子度量粗细。围:两手合抱。⑤临山:高出山头。从上往下看称"临"。⑥旁:旁枝。⑦匠伯:工匠之长。这里指匠石。⑧厌观:饱看,看个够。⑨散木:无用之木。⑩液樠:脂液渗出。⑪见梦:托梦。⑫柤:山楂。果蓏:树木所结的果实叫果,瓜类等地上蔓生植物的果实叫蓏。⑬泄:读作"抴",牵扯。⑭相:视。⑮诊:通"畛",告。⑯趣:志趣,志向。⑰密:闭,闭嘴。⑱诟厉:辱骂。⑲义喻:用常理来衡量。

【译文】 匠石前往齐国,到了曲辕,看见一棵为社神的栎树。这棵树大到可以给几千头牛来遮阴,用绳子一量足有一百多围,树身高出山头八丈以上才长出枝条,其中可以造船的旁枝就有十来枝。观看的人就像赶集一样众多,然而匠石不屑一顾,照样往前走个不停。

弟子们在树边饱看一番,这才赶上匠石,问道:"自从我们拿起斧头跟随先生以来,还没有见过这么好的木材。先生不肯看一眼,走个不停,这是为什么呢?"

匠石说:"够了,不要再说下去了!那是无用的散木。用它来造船,船就很快会沉没;用它来做棺材,棺材很快会腐烂;用它来做器具,器具很快会毁坏;用它来做门户,门户就会渗出脂浆;用它来做柱子,柱子就会生出蛀虫,这是一棵没有任何材料价值的树木。正是它的没有任何作用,所以才能有这么长久的寿命。"

匠石回来后,社神栎树托梦说:"你要用什么来和我相比呢?你要用质地细密的树和我相比吗?那山楂树、梨树、橘树、柚子树以及瓜果之类,果实熟了就要遭受击打,被击打就落个扭折。大枝被折断,小枝被扯下来。这都是由于它的才能害苦了自己的一生。所以不能享尽天年而中途夭折,这都是自己招来世俗人们的打击。万物莫非不是这个道理。况且我寻求无所可用的境地已经很久了!几乎遭到砍杀,到现在才幸而保全,这正是我的大用。假使我对人确实有用,我还能长得如此高大吗?况且,你与我都是天地间

的物,为什么你把我视为散木这东西呢?你这将要死的散人,又怎能了解这无用之用的散木呢!"

匠石醒后把梦告诉了弟子。弟子说:"它的志趣既然是寻求无用,为什么还要充当社树呢?"

匠石说:"闭嘴!你不要再说了。它只是特意借社神寄托形体罢了!这才致使那些不了解真相的人辱骂它。如果不充当社树的话,几乎早就遭到剪伐之害了。况且,它的自我保全的方法与众不同,你从常理上去评论它,不是相差太远了吗?"

五

【原文】 南伯子綦游乎商之丘^①,见大木焉,有异,结驷千乘,将隐芘其所藾^②。子綦曰:"此何木也哉!此必有异材夫!"仰而视其细枝,则拳曲而不可以为栋梁;俯而视其大根^③,则轴解而不可以为棺椁^④;咶其叶^⑤,则口烂而为伤;嗅之,则使人狂酲三日而不已^⑥。子綦曰:"此果不材之木也,以至于此其大也。嗟乎,神人以此不材。"

宋有荆氏者^⑦,宜楸柏桑^⑧。其拱把而上者^⑨,求狙猴之杙者斩之^⑩;三围四围,求高名之丽者斩之^⑪;七围八围,贵人富商之家求樿傍者斩之^⑫。故未终其天年而中道之夭于斧斤,此材之患也。故解之以牛之白颡者^⑬,与豚之亢鼻者,与人有痔病者,不可以适河^⑭。此皆巫祝以知之矣,所以为不祥也。此乃神人之所以为大祥也。

【注释】 ①南伯子綦:虚拟人物,《齐物论》作"南郭子綦"。商之丘:即商丘,宋国都城。②将隐:通行本作"隐将",误倒,《阙误》引张君房本正作"将隐",当据以乙正。芘:通"庇",遮蔽。藾:荫。③大根:树干的底部。④轴解:树干中心出现裂纹。⑤咶:舔。⑥狂酲:酒醉如狂人。⑦荆氏:地名。⑧楸:落叶乔木,木质细密坚实。⑨拱把:两手相握称拱,一手所握称把。⑩狙猴:猕猴。杙:小木桩。⑪高名之丽:荣显高大之屋。名,显。一说"大"。丽,同"欐",屋栋。⑫樿傍:由整块板做成的棺材。⑬解:禳除,即通过向神祈祷、祭祀以解除灾祸。颡:额。⑭适河:把人或牲畜投入河中祭神。

【译文】 南伯子綦在商丘游玩,看见一棵大树,它的茂盛异乎寻常,就是集结千辆的车马停在树下,也能被枝叶所荫蔽。子綦自语说:"这是什么树啊!它必定有异乎寻常的材质吧!"仰起头看了看它的细枝,却只见弯弯曲曲的,不可以做栋梁;低下头去看了看它的粗干,却见轴心出现裂纹而不能制作棺材;舔舔它的叶子,嘴就溃烂而受到伤害;闻一闻它的气味,就使人烂醉如泥,三天都醒不过来。子綦又叹道:"这果然是不成材的树木,所以才能长得如此高大茂盛。唉,神人也是用不材的面目来显示世人的。"

宋国荆氏那个地方,适宜种植楸、柏之类的质地细密的树木。当它长到一二把粗的时候,想用它来做拴猕猴的木桩的人便砍了去;当它长到三四围粗的时候,想用它来建华丽豪宅的人便砍了去;当它长到七八围粗的时候,高官富商之家想用它做独板棺材的人便砍了去。所以那些树木不能享尽自然赋予的寿命而中途夭折于斧头之下,这就是有用之才招来的祸患。古人在禳除祭祀的时候,凡是白额的牛和翘鼻子的猪,以及生了痔疮

的人,都不可以用来祭祀河神。这些都是巫祝所知道的,认为那些情况都是不祥的。但这正是神人因它可以保身所以认为是最大的吉祥。

六

【原文】 支离疏者①,颐隐于脐,肩高于顶,会撮指天②,五管在上③,两髀为胁④。挫针治繲⑤,足以餬口;鼓䇲播精⑥,足以食十人。上征武士,则支离攘臂而游于其间⑦;上有大役,则支离以有常疾不受功⑧;上与病者粟,则受三钟与十束薪⑨。夫支离其形者,犹足以养其身,终其天年,又况支离其德者乎!

【注释】 ①支离疏:虚拟人物。释德清说:"'支离'者,谓隳其形。'疏'者,谓泯其智也。乃忘形去智之喻。"②会撮:发髻。指天:朝天。由于驼背低头,所以发髻朝天。③五管:五脏的穴位。④髀:大腿。胁:从腋下至肋骨下部。⑤挫针治繲:缝衣洗衣。繲,脏旧衣服。⑥鼓:簸。䇲:小箕。播精:用簸箕扬弃米糠而得精米。⑦攘臂:捋起袖子,伸出胳膊。形容支离疏因残疾而不忧被征兵的神气。⑧功:当差。⑨钟:六斛四斗为一钟。束:捆。

【译文】 支离疏,他的面颊缩在肚脐下,肩膀高过头顶,脑后的发髻朝天,脊背间五脏的穴位向上,两条大腿和胸旁肋骨贴在一起。他给人家缝衣洗衣,足够养家餬口;他给人家簸糠筛米,足够养活十口人。国家征兵时,支离疏却敢捋袖挥臂游于闹市;国家有徭役征夫时,他因为残疾而免除服役;国家救济贫病时,他可以领到三钟米和十捆柴。像形体残缺不全的人,尚且能够养活自身,享尽天年,更何况那忘掉世俗德行的人呢!

七

【原文】 孔子适楚,楚狂接舆游其门曰①:"凤兮凤兮②,何如德之衰也?来世不可待,往世不可追。天下有道,圣人成焉;天下无道,圣人生焉③。方今之时,仅免刑焉!福轻乎羽,莫之知载;祸重乎地,莫之知避。已乎,已乎!临人以德。殆乎,殆乎!画地而趋。迷阳迷阳④,无伤吾行。郤曲郤曲⑤,无伤吾足。"

山木,自寇也;膏火,自煎也。桂可食⑥,故伐之;漆可用,故割之。人皆知有用之用,而莫知无用之无用也。

【注释】 ①楚狂接舆:楚国隐士,姓陆,名通,字接舆。②凤兮凤兮:以凤鸟讽喻孔子。③生:保全生命。④迷阳:一种多刺的草,即荆棘。⑤郤曲郤曲:通行本作"吾行郤曲",传写者误重"吾行"而误,当据《阙误》引张君房本改。郤曲,即刺榆,一种带刺的小树,散生于原野。(采高亨《诸子新笺》说。)⑥桂可食:桂树的皮与肉气味芳香,可供调味。

【译文】 孔子到楚国去,楚国狂人接舆走到孔子住所门前,唱道:"凤啊,凤啊,你的德行何以变得这样衰微了呢?来世不可期待,往世不可追回。天下有道,圣人可以成就大业;天下无道,圣人只能保全生命。当今这个时代,仅能免于刑戮!幸福比羽毛还要轻,却不知道珍惜;灾祸比大地还要重,却不知道躲避。罢了,罢了!别在人的面前炫耀

自己。危险啊,危险啊!莫要画地为牢让人盲目钻进去。迷阳啊迷阳,不要伤害我的行路。邵曲啊邵曲,不要伤害我的双足。"

山上的良木是自己招来的砍伐;油脂可燃是自己招来的煎熬。桂树由于可以食用,所以遭人砍伐;漆树由于可以做涂料,所以遭人割取。世人都知道有用的用途,却不知道无用中的用途。

德充符

【题解】

本篇以"德充符"命题,体现了作者对完美道德的无限推崇。所谓"德充符",即道德充满于内,万物符验于外,象征着完美道德的确立。我们知道,道德自古以来就属于人类内在的思想品性上的东西,与人类的形貌美丑无关。但庄子偏偏要把道德纳入审美的范畴去审视、去对比、去塑造这理性之美,在中国审美思想史上开辟了一个新天地。

当然,庄子并非有意涉及世俗的审美问题,但他的艺术灵感使他突发奇想,对世俗的美丑观反其道而用之,凭空创造了六个残缺不全的极其丑怪的,但内质却是极其完美的、道德却是极其至善的人物形象。

庄子讲的道德,与儒家讲的礼义道德不同,与我们今天讲的道德品质也不同,甚至相抵触。例如本篇强调的遗形忘情、因循自然,否定后天的智能,否定社会的约束等等,都与儒家理想及现代社会的功利主义格格不入。其原因,正如先哲荀子批评庄子的"蔽于天而不知人"。在庄子心目中,"眇乎小哉,所以属于人也;謷乎大哉,独成其天"。庄子认识到自然(即天)是世界万物的源泉和创造者,这是深刻的,应予以肯定。但他忽略了作为自然产物的人类有着不同于其他自然物的特殊的社会属性,因此他的学说不可避免地带有片面性和局限性。当然,在人类几千年的文明史中,特别是近百年以来的现代社会中,人们所犯的"蔽于人而不知天"的错误,同样值得我们警惕,而庄子的思维角度值得我们借鉴。

本篇可分六个段落,前五段分别塑造了六个特型人物,反复说明形残貌丑不足影响道德纯美的价值。最后一段集中讨论人情问题,从养生的角度主张"无情",指出"吾所谓无情者,无以好恶内伤其身",实际上反对的是因情伤性,因情伤身。

第一段写兀者王骀,他虽然断了一只脚,但是他的声望却超过了孔子,连孔子也要拜他为师。王骀何德何能让孔子甘拜下风呢?于是作者写他由于领悟了永恒不变的大道,能够"保始""守宗",把握事物的本质;能够用齐一的观点看待万事万物,所以人们都愿意追随他。

第二段写兀者申徒嘉与郑子产的对话。郑子产羞与被处刑而断足的申徒嘉同行,反映了当权者对刑馀之人的傲慢和歧视。而申徒嘉不以遭遇刑罚为耻辱,能以"知不可奈何而安之若命"泰然处之。同时也揭露了当时的社会犹如一个大刑网,生活在迫害之中,犹如"游于羿之彀中"一样难以幸免。本段还申明了形体的残缺不影响心智的完善,反之

有的人形体虽然完好却心智残缺。也涉及以道德取人还是以形貌取人问题。申徒嘉的老师伯昏无人是个没有出场的人物，通过申徒嘉之口反映了这个得道者，虽与弟子相处十九年，却不曾感到申徒嘉是残疾人，与郑国宰相子产的态度成一鲜明的对比。

第三段写兀者叔山无趾与孔子及老子的对话，申明了足虽丧失，"犹有尊足者存"，即精神远比形体尊贵。还借老子之语，申明了"以死生为一条，以可不可为一贯"的齐同是非、齐同生死的一贯宗旨。

第四段，在鲁哀公与孔子的对话中，描绘出一个极具个人魅力的形象，他叫哀骀它。一个形貌丑陋到使天下人见了都惊怕的人，却有着地心一样的引力，除非你不曾和他相处过。男人与他相处，思慕而不舍离去；女人与他相处，宁为他的妻妾；国君与他相处，情愿把国家让给他。就是这样一个人，不仅貌丑，而且无权无财，甚至见识也不出四域，那么何以成为君臣百姓的偶像呢？读到此不得不去寻找答案。庄子于是借孔子之口揭开了这个谜团，那就是"才全而德不形"。又借鲁哀公之口诠释了"才全而德不形"的含义。

第五段所写的闉跂支离无脤与瓮㼜大瘿，也是两个奇形怪状、残缺不全的人物，他们却获得了卫灵公与齐桓公的青睐，说明了"德有所长，而形有所忘"的道理。此外，还提出了"有人之形，无人之情"的理想追求，为末段的人情之论留下一个话头。

一

【原文】　鲁有兀者王骀①，从之游者与仲尼相若②。常季问于仲尼曰③："王骀，兀者也，从之游者与夫子中分鲁④。立不教，坐不议，虚而往，实而归。固有不言之教，无形而心成者邪⑤？是何人也？"

仲尼曰："夫子，圣人也。丘也直后而未往耳⑥！丘将以为师，而况不若丘者乎！奚假鲁国⑦，丘将引天下而与从之。"

常季曰："彼兀者也，而王先生⑧，其与庸亦远矣⑨。若然者，其用心也，独若之何？"

仲尼曰："死生亦大矣，而不得与之变；虽天地覆坠，亦将不与之遗⑩；审乎无假而不与物迁⑪，命物之化而守其宗也⑫。"

常季曰："何谓也？"

仲尼曰："自其异者视之，肝胆楚越也；自其同者视之，万物皆一也。夫若然者，且不知耳目之所宜，而游心乎德之和⑬。物，视其所一而不见其所丧，视丧其足犹遗土也。"

常季曰："彼为己，以其知得其心，以其心得其常心⑭。物何为最之哉⑮？"

仲尼曰："人莫鉴于流水而鉴于止水，唯止能止众止。受命于地，唯松柏独也正，在冬夏青青；受命于天，唯尧、舜独也正，在万物之首。幸能正生⑯，以正众生。夫保始之征⑰，不惧之实，勇士一人，雄入于九军⑱。将求名而能自要者而犹若是⑲，而况官天地、府万物、直寓六骸、象耳目、一知之所知而心未尝死者乎⑳！彼且择日而登假㉑，人则从是也。彼且何肯以物为事乎！"

【注释】　①兀者：断足之人。王骀：虚拟人物。②从之游：跟随他的门徒。相若：相

等。③常季：虚拟人物。④中分鲁：占鲁国学生的一半。⑤无形而心成：无形之中心有所获，指潜移默化。⑥直：只，特。后：落后。⑦奚假：岂止。⑧王：胜，超过。⑨庸：常人。⑩遗：失，指毁灭，消亡。⑪审：明悉。无假：无所假借，即无所待。⑫命：听命，即顺任。守其宗：坚持原旨。⑬德之和：道德的浑然一体。⑭常心：原始本然之心。此心无分别、无好恶作用。⑮物：外物，包括人。最：聚集，归附。⑯正生：端正自己的心性。生，通"性"。⑰保始之征：遵守先前许下的诺言。保，守。征，信，诺言。⑱九军：天子六军加上诸侯三军，合为九军。这里泛指千军万马。⑲自要：自我要求，指自好，自求上进。⑳官：主宰。府：包藏。直：只。寓：寄托。六骸：头、身、四肢合为六骸。这里泛指身体。象耳目：把耳目看作是一种摆设。象，虚象，形式。一知之所知：把世上的所有认知都混同为一种认识。一，同一。心未尝死者：指未曾丧失常心的人。死，丧失。㉑择日：指日。登假：飞升，指达到超尘绝俗的精神世界。假，通"遐"，远，高远。

【译文】 鲁国有一个断了脚的人名叫王骀，跟从他游学的人与跟从孔子游学的人差不多。常季便问孔子："王骀，他是个断了脚的人，跟随他的弟子与您在鲁国的弟子各占一半。他对弟子，立不施教，坐不讲述，可弟子们头脑空空而去，回来却满载而归。莫非真有不用言语的教化，在无形之中得到潜移默化吗？这是一个什么样的人呢？"

孔子说："这位先生，他是个圣人啊。我只是落在后面，还没有来得及去请教罢了！我将拜他为师，何况不如我的人呢！何止鲁国，我将要引领全天下的人去追随他。"

常季说："他是一个断了脚的人，却能超过您，若与平庸之辈相比，恐怕更加深远了。像他这样的人，一旦用起心智来，将会怎么样呢？"

孔子说："死生是件大事吧，却不能改变他的心境；就是天塌地陷，他也不会与天地一起消亡；他洞悉无所待的道理而不随万物变化，听任事物的变化而固守一贯的宗旨。"

常季说："这是什么意思呢？"

孔子说："从事物彼此相异的方面去看，肝与胆就像楚国与越国一样遥远；从事物彼此相同的方面去看，万事万物都是一样的。像他这样认识的人，就不会考虑耳目适合什么样的声音和颜色，只求逍遥于无差别无分辨而浑然一体的道德境界中。面对万物，只看到它的浑然一同的方面，那么就看不见其中有什么缺失，所以在他看来，失掉一只脚犹如丢掉一块泥巴一样。"

常季说："王骀只是修己，用他的真智获得明理之心，再用这个明理之心获得无所分辨的永恒之心，那么众人为什么都归附他呢？"

孔子说："人们不会在流水中照影子，而是利用静止之水来观照，因为只有静止的水才能留住众人止步观照。植物皆从大地中获得生命，然而只有松柏禀受自然之正气，不分冬夏，枝叶常青；众人皆从上天中获得生命，然而只有尧、舜禀受自然之正气，成为万众的首领。可幸的是他们能够自正性命，因此才可以引导众人匡正性命。为了遵守先前许下的诺言，那些具有无所畏惧品质的勇士，就是独自一人，也敢于闯入千马万马中作战。那些为了求得名誉而能严格要求自己的人尚且如此，何况主宰天地，蕴藏万物，把身体六

骸只当作寄托的躯壳,把耳目当作一种象征性的摆设,把世间万般认知视为一回事而未曾丧失常心的人呢？王骀将指日飞升,与大道冥合为一体。这样超尘绝俗的人,众人都愿意追随他,而他岂肯把众人的追随当回事呢！"

二

【原文】 申徒嘉①,兀者也,而与郑子产同师于伯昏无人②。子产谓申徒嘉曰:"我先出则子止,子先出则我止。"其明日,又与合堂同席而坐。子产谓申徒嘉曰:"我先出则子止,子先出则我止。今我将出,子可以止乎？其未邪③？且子见执政而不违④,子齐执政乎？"

申徒嘉曰:"先生之门,固有执政焉如此哉？子而说子之执政而后人者也⑤。闻之曰:'鉴明则尘垢不止⑥,止则不明也。久与贤人处则无过。'今子之所取大者⑦,先生也,而犹出言若是,不亦过乎？"

子产曰:"子既若是矣⑧,犹与尧争善。计子之德,不足以自反邪？"

申徒嘉曰:"自状其过,以不当亡者众;不状其过⑨,以不当存者寡。知不可奈何而安之若命,唯有德者能之。游于羿之彀中⑩。中央者,中地也⑪;然而不中者,命也。人以其全足笑吾不全足者多矣,我怫然而怒⑫,而适先生之所,则废然而反⑬。不知先生之洗我以善邪⑭,吾之自寤邪！吾与夫子游十九年矣,而未尝知吾兀者也。今子与我游于形骸之内⑮,而子索我于形骸之外⑯,不亦过乎！"

子产蹴然改容更貌曰⑰:"子无乃称⑱！"

子产像

【注释】 ①申徒嘉:虚拟人物。②郑子产:春秋时郑国人,名侨,字子产,曾任国相。伯昏无人:虚拟人物。③其:抑或。④执政:子产为郑国执政大臣,故自称执政。违:回避。⑤而:乃。说:同"悦"。后人:看不起人。⑥鉴:镜子。⑦取大:求取最大的东西,指老师伯昏无人的道德。⑧若是:如此,指断足。⑨状:申辩。过:过错。⑩羿:尧时的神射手。彀中:射程之内,喻刑网。⑪中地:箭矢射中的地方,啥在刑网之中。⑫怫然:脸上变色的样子。⑬废然:怒气消除的样子。⑭洗我以善:即以善洗我。洗,犹教育。⑮形骸之内:形体之内的精神世界,指道德。⑯形骸之外:外貌,指断足之身。⑰蹴然:惊惭的样子。⑱子无乃称:你别再说了。乃,读为"仍",复,再。称,称述。

【译文】 申徒嘉是一个断了脚的人,他和郑子产同是伯昏无人的弟子。子产对申徒嘉说:"我若先出去,你就留下;你若先出去,我就留下。"到了第二天,他们又同室同席坐在一起。子产对申徒嘉说:"我若先出去,你就留下;你若先出去,我就留下。现在我要先出去,你可以稍留一会儿吗？还是不能呢？你看见我这个执政大臣却不回避,你想把自己当成执政大臣与我平起平坐吗？"

申徒嘉说:"先生的门徒弟子,有这样的执政大臣吗? 你是得意你的执政地位而瞧不起人吗? 听说过这样的格言:'镜子明亮就不会落下灰尘,落上灰尘的就不会明亮。与贤人相处长久就不会犯下过失。'现在你想获取的是伯昏无人先生的道德,却还说出这种话来,不是过错吗?"

子产说:"你都这样了,还要和尧争个高低。估量一下你自己的德性,还不够你自我反省吗?"

申徒嘉说:"如果让自己申辩自己的过错,认为自己不应当断足的多;虽然不为自己的过错去申辩,但是认为自己不应当存足的人还是很少。知道事情的无可奈何,而能泰然接受,如同接受自然的命运一样,这只有有德的人才能做到。正像我们走进了羿的射程之内。那中心的地方,正是箭矢必中的地方;然而也有不被射中的,那是命运。拿自己齐全的双脚来讥笑我双脚不全的人很多,我听了勃然大怒;等我来到先生的寓所,怒气如烟消云散,又恢复了常态。不知道先生用什么妙法洗净了我的心灵,还是我自己悟出了生命的真谛! 我跟随先生修学已经十九年了,先生不曾感觉到我是断了脚的人。现在你和我交往于道德的修养之中,但你却在形貌上来要求我,这不也是过错吗?"

子产惭愧不安地改变了态度,说道:"是的,你不必再说了。"

三

【原文】 鲁有兀者叔山无趾①,踵见仲尼②。仲尼曰:"子不谨,前既犯患若是矣。虽今来,何及矣!"

无趾曰:"吾唯不知务而轻用吾身③,吾是以亡足。今吾来也,犹有尊足者存④,吾是以务全之也。夫天无不覆,地无不载,吾以夫子为天地,安知夫子之犹若是也!"

孔子曰:"丘则陋矣! 夫子胡不入乎? 请讲以所闻。"

无趾出。孔子曰:"弟子勉之! 夫无趾,兀者也,犹务学以复补前行之恶,而况全德之人乎⑤!"

无趾语老聃曰:"孔丘之于至人⑥,其未邪? 彼何宾宾以学子为⑦? 彼且蕲以谀诡幻怪之名闻⑧,不知至人之以是为己桎梏邪⑨?"

老聃曰:"胡不直使彼以死生为一条⑩,以可不可为一贯者,解其桎梏,其可乎?"

无趾曰:"天刑之⑪,安可解!"

【注释】 ①叔山无趾:虚拟人物。无趾,脚趾被切断。②踵见:用脚跟行走去求见。踵,脚后跟。③务:事务,时务。④尊足者:即"尊于足者",比足还要贵重的东西,指道德。⑤全德之人:指形体健全的人。⑥至人:得道之人。⑦宾宾:犹频频。以:而。学子:学于子。子,指老子。⑧蕲:求。谀诡:奇异。⑨桎梏:镣铐。用在脚上的叫桎,用在手上的叫梏。⑩一条:一贯,一样。⑪天刑之:自然的根器如此。刑,土模,模型。

【译文】 鲁国有一个被砍断了脚趾的人叫作叔山无趾,他用脚后跟行走去见孔子。

孔子说:"你不谨慎,以前既然犯了这样的刑罚,现在虽然来这里请教,哪里还来得及呢!"

无趾说:"我只因不识时务而轻率地对待自己的身体,所以才断去了脚趾。今天我来这里,还有比脚更贵重的东西存在,因此我要努力保全它。天是无所不覆盖的,地是无所不承载的,我把先生当作天地,哪里知道先生如此拘于形骸之见呢!"

孔子说:"我实在浅陋!您为什么不进来呢?请把您听到的讲一讲。"

无趾从室内走出来。孔子说:"弟子们要努力啊!无趾是一个断了脚趾的人,还要努力学习以弥补从前的过错,更何况身体健全的人呢!"

无趾对老子说:"孔子这个人,拿得道者至人的境界来衡量他,恐怕还不够吧?他为什么频频前来求教于您呢?他还在追求用奇异怪诞的说教来扬名于世,殊不知至人把这些名声视为束缚自己的一种枷锁呢?"

老子说:"为什么不使他认识到死生一体、是非同一的道理,解除他的枷锁,这样也就可以了吧?"

无趾说:"孔子先天造就的根器如此,怎么可能解除呢?"

四

【原文】 鲁哀公问于仲尼曰:"卫有恶人焉①,曰哀骀它②。丈夫与之处者,思而不能去也;妇人见之,请于父母曰'与为人妻,宁为夫子妾'者,十数而未止也。未尝有闻其唱者也③,常和人而已矣。无君人之位以济乎人之死④,无聚禄以望人之腹⑤,又以恶骇天下,和而不唱,知不出乎四域⑥,且而雌雄合乎前⑦,是必有异乎人者也。寡人召而视之,果以恶骇天下。与寡人处,不至以月数,而寡人有意乎其为人也;不至乎期年,而寡人信之。国无宰,寡人传国焉⑧。闷然而后应⑨,氾然而若辞⑩。寡人丑乎⑪,卒授之国。无几何也,去寡人而行。寡人恤焉若有亡也⑫,若无与乐是国也⑬。是何人者也?"

【注释】 ①恶人:指形貌丑陋的人。②哀骀它:虚拟人物。③唱:倡导。④济:救济,挽救。⑤聚禄:积蓄的钱财。望:月满为望。这里指饱。⑥四域:四方,指人世。⑦雌雄:指妇人、丈夫。⑧传国:授以国政。⑨闷然:无心的样子。⑩氾然:漠不关心的样子。氾,同"泛"。⑪丑:惭愧。⑫恤焉:忧虑的样子。⑬若无与乐是国也:即"是国若无与乐也"。是,此,指鲁国。

【译文】 鲁哀公问孔子说:"卫国有个形貌极为难看的人,他的名字叫哀骀它。男人和他相处,想念他而舍不得离开;女人见了他,请求父母说,'与其做别人的妻子,不如做这位先生的妾',这样的女人已有十几个而不止。不曾听说他有什么倡导,只见他总是应和别人。他没有统治者的权位去挽救人们的死亡,也没有积蓄的钱粮去满足人们的温饱,而且又面貌丑陋得让天下人见了都要震惊,他应和而不领唱,他的智虑不超出人世之外,然而男人女人都来亲近他,这必定有异于常人之处。我把他招来一看,果然见他面貌丑陋得让天下人都震惊。他与我相处,不到一个月,我便感到他为人的可爱之处;不到一年,我便完全信任了他。国家缺宰相,我就要把国事委托给他。他心不在焉地应承,又漫不经心地好像有所推辞。我感到很惭愧,最终把国政授给他。时间不长,他就离开我走了。我很忧闷,就像丢了什么东西,好像在鲁国再也没人能够与我同欢乐了。他到底是怎样的一个人呢?"

【原文】 仲尼曰:"丘也尝使于楚矣,适见独子食于其死母者①。少焉眴若②,皆弃之而走。不见己焉尔③,不得类焉尔。所爱其母者,非爱其形也,爱使其形者也④。战而死者,其人之葬也不以翣资⑤;刖者之屦⑥,无为爱之。皆无其本矣。为天子之诸御⑦,不爪翦⑧,不穿耳;取妻者止于外,不得复使。形全犹足以为尔,而况全德之人乎! 今哀骀它未言而信,无功而亲,使人授己国,唯恐其不受也,是必才全而德不形者也⑨。"

【注释】 ①独子:小猪。食:吃奶。②眴若:惊慌的样子。③焉尔:才如此,指弃之而走的原因。④使其形:主宰它的形体,指精神。⑤翣:棺材饰物。资:送,给。⑥刖:古代砍足的刑罚。屦:鞋。⑦诸御:宫女及其嫔妃。⑧不爪翦:不剪指甲。翦,同"剪"。⑨才全:天性完备未损。德不形:内德不外露。

【译文】 孔子说:"我曾经出使过楚国,正巧看见一群小猪在刚死的母猪身上吃奶。不一会儿,突然露出惊恐的样子,都抛开母猪逃开了。这是因为母猪对小猪不再有任何感应,不再像活着时候了。可见小猪爱他的母猪,不是爱它的形貌,而是爱主宰形貌的精神啊。战死在疆场上的士兵,葬埋他时用不着棺饰;被砍去脚的人,他对原来的鞋子,没有理由再去珍惜。这都是由于失去了根本。做天子嫔妃的,不剪指甲,不穿耳眼;娶了妻子的内侍,不能再进宫,不得再役使。为了保全完整的形体尚且如此,何况德性完备的人呢! 现在哀骀它不开口而获信任,无功业而受人亲敬,使别人情愿把自己的国家授给他,还怕他不肯接受,他必定是个天性完美无缺而道德高尚不露的人。"

【原文】 哀公曰:"何谓才全?"

仲尼曰:"死生、存亡、穷达、贫富、贤与不肖、毁誉、饥渴、寒暑,是事之变,命之行也①。日夜相代乎前,而知不能规乎其始者也②。故不足以滑和③,不可入于灵府④。使之和豫通而不失于兑⑤,使日夜无隙而与物为春⑥,是接而生时于心者也。是之谓才全。"

【注释】 ①命:天命,自然。②知:同"智",智慧。规:读作"窥",窥视。③滑和:扰乱和顺的本性。滑,乱。④灵府:精神的府宅,指心灵。⑤和:和顺。豫:豫适。通:通畅。兑:悦。⑥日夜无隙:日夜都不间断。与物为春:与万物同游于春和之中。

【译文】 哀公说:"什么叫作天性完美无缺?"

孔子说:"像死生、存亡、穷达、贫富、贤与不肖、毁誉、饥渴、寒暑,这都是事物的变化、自然规律的运行。它们日夜相互更替,展现在人们面前,而人们智力却不能窥见它们的起始。所以这些变化不足以扰乱我们和顺的本性,不能侵入我们的心灵。能使心灵日夜不间断地保持这种真性而与万物同游于春和之气中,这就使心灵在与万物接触中,无时不和谐感应。这就叫作天性完美无缺。"

【原文】 "何谓德不形?"

曰:"平者,水停之盛也①。其可以为法也,内保之而外不荡也。德者,成和之修也②。德不形者,物不能离也。"

【注释】 ①盛:至,极。②成和:成就纯和。

【译文】 "什么叫作道德高尚不露呢?"

孔子说:"平,这是水极端静止的状态。它可以作为我们取法的标准,内心保持极端静止的状态,那么就能不为外界变化所摇荡。道德这东西,实际上就是成就纯和的修养。道德高尚不露,万物自然亲附不离。"

【原文】 哀公异日以告闵子曰①:"始也吾以南面而君天下,执民之纪而忧其死,吾自以为至通矣②。今吾闻至人之言,恐吾无其实,轻用吾身而亡其国。吾与孔丘,非君臣也,德友而已矣!"

【注释】 ①闵子:孔子弟子,姓闵,名损,字子骞。②至通:非常通达,指明于治道。

【译文】 后来哀公把此事告诉了闵子,说:"起初,我以国君的地位治理天下,执掌生杀的法纪而忧虑百姓的死亡,我自以为非常明达了。如今我听了至人哀骀它的言论,恐怕我言过其实,只是轻率地动用自己的身心,以致使国家陷于危亡的境地。我和孔子并非是君臣关系,而是以德相交的朋友啊!"

五

【原文】 闉跂支离无脤说卫灵公①,灵公说之②,而视全人,其脰肩肩③。瓮㼜大瘿说齐桓公④,桓公说之,而视全人,其脰肩肩。故德有所长而形有所忘。人不忘其所忘,而忘其所不忘⑤,此谓诚忘。

故圣人有所游,而知为孽,约为胶⑥,德为接⑦,工为商⑧。圣人不谋,恶用知?不斫⑨,恶用胶?无丧,恶用德?不货,恶用商?四者,天鬻也⑩。天鬻者,天食也。既受食于天,又恶用人!

有人之形,无人之情。有人之形,故群于人;无人之情,故是非不得于身。眇乎小哉,所以属于人也;謷乎大哉⑪,独成其天⑫。

【注释】 ①闉跂支离无脤:虚拟人物。曲足、伛背、无唇,形容形残貌丑之人。说:游说。②说之:喜欢他。说,同"悦"。③脰:颈。肩肩:细长的样子。④瓮㼜大瘿:虚拟人物,形容脖颈上长着瓮㼜那么大的瘤子。⑤所不忘:所不应该遗忘的,指道德。⑥约:约束,指礼仪之类。⑦德:通"得",使人得,施小恩小惠。接:交接。⑧工:工巧,技巧。商:商贸,物品交换。⑨不斫:不施雕琢,顺任自然。⑩天鬻:大自然的养育。⑪謷乎:高大的样子。⑫独成其天:读作"独其天成",只是大自然造就的。

【译文】 闉跂支离无脤游说卫灵公,卫灵公很喜欢他,再看身体健全的人,反而觉得他们的脖子太细长了。瓮㼜大瘿游说齐桓公,齐桓公很喜欢他,再看身体健全的人,反而觉得他们的脖子太细长了。所以说只要道德上有所建树,他身体上的缺陷就往往被人遗忘。如果人们不忘掉应该遗忘的东西,却忘掉了所不应遗忘的东西,这才是真正的遗忘。

所以圣人一入逍遥游,就会把智能看作是灾孽,把约束看作是禁锢,把小恩小惠看作是应酬,把工巧看作是商品的交换。圣人不去谋划,哪里用得着智慧?不去雕琢万物,哪里用得着胶漆?没有可丧失的东西,哪里谈得上获得?用不着货品,哪里需要通商交换?这四个方面都是大自然的哺育。大自然的哺育也就是大自然供给的食物。既然禀受自然的养育,又哪里还用人为的东西!

圣人只有人的形体,却无人的情绪。有了人的形体,所以与人群居;没有人的情绪,所以是非不会沾身。渺小啊,它属于人为的偏执;伟大啊,它属于大自然的造就。

<h1 style="text-align:center">六</h1>

【原文】 惠子谓庄子曰:"人故无情乎?"

庄子曰:"然。"

惠子曰:"人而无情,何以谓之人?"

庄子曰:"道与之貌,天与之形,恶得不谓之人?"

惠子曰:"既谓之人,恶得无情?"

庄子曰:"是非,吾所谓情也①。吾所谓无情者,言人之不以好恶内伤其身,常因自然而不益生也②。"

惠子曰:"不益生,何以有其身?"

庄子曰:"道与之貌,天与之形,无以好恶内伤其身。今子外乎子之神,劳乎子之精,倚树而吟,据槁梧而瞑③。天选子之形④,子以坚白鸣⑤。"

【注释】 ①是非,吾所谓情也:此二句连读"是非吾所谓情也"亦可。②因:顺。不益生:不对生命做额外的增益保护。③槁梧:枯槁的梧桐树。一说指琴,于修辞上讲更顺。瞑:睡眠。④选:授给。⑤坚白:即坚白论,战国时名家的著名论题。

【译文】 惠子对庄子说:"人原本就没有情吗?"

庄子说:"是的。"

惠子说:"人要是无情,怎么能称为人呢?"

庄子说:"自然之道给了人的容貌,天然之理给了人的形体,怎么不能称为人?"

惠子说:"既然称为人,怎么能够没有情?"

庄子说:"是是非非的分别,这是我所说的情。我所说的无情,是不要因为好恶爱憎之类的情绪损害自己的本性,要经常顺其自然而不是人为地去增益生命。"

惠子说:"不用人为的增益生命,怎么能够保存自己的身体?"

庄子说:"自然之道已经给了你容貌,天然之理已经给了你形体,加之不以好恶之情损害自己的本性,你还需要做什么呢?现在你放纵自己的精神,使它驰骛在外,耗费你的精力,倚着树干呻吟,靠着干枯的梧桐树打瞌睡。大自然赋予你形体,你却抱着坚白之论争鸣不休。"

<h1 style="text-align:center">大宗师</h1>

【题解】

本篇是专门阐述大道的本质、特征及其与人的关系的。庄子对道的阐释,基本上承继了老子的宗旨和观点,如老子讲的"道冲而用之或不盈,渊兮似万物之宗"(四章);"道之为物,惟恍惟惚。惚兮恍兮,其中有象;恍兮惚兮,其中有物。窈兮冥兮,其中有精;其

精甚真,其中有信"(二十一章);"天得一(即道)以清,地得一以宁,神得一以灵,谷得一以盈,万物得一以生,侯王得一以为天下正"(三十九章)等等,庄子都有类似的发挥。庄子也说大道:"有情有信,无为无形","自本自根,未有天地,自古以固存","豨韦氏得之,以挈天地"等等,认为大道是宇宙的本源,是万事万物的主宰,更是人类的大宗师。

本篇内容可分为两部分十个段落。第一部分含三个段落,是议论道的。首段起笔盛赞"知天""知人"的"知",而后笔锋一转,指出这"知"是"有患"的,是靠不住的,只有"有真人而后有真知",引出真正的体道者、大道的化身——真人。此段用排比的句法,历数真人的形象、特征和所达到的境界。其中论及的天人关系,"天与人不相胜"的"天人合一"的自然观,丰富了老子"道"的内涵,对汉代"天人合一"认识的成熟,起到了很大的影响。第二段提出了"相濡以沫,不如相忘于江湖"的观点,形象地譬喻大道才是人类安身处命的真正场所。第三段小结道体的基本特征,即无形、永存、本源和无限的客观存在。

从第四段起,至第十段,可看作第二部分。这部分,庄子一连创作了七则寓言故事,通过故事中人物的对话、心境的描写,全面而生动地描述了大道的内涵及其特征,是对第一部分论道的形象化再现。

第四段,通过南伯子葵与得道者女偊的对话,说明了学道的过程和道的传授。第五段,描写子祀、子舆、子犁、子来四人结为默契之友,共同体认"死生存亡之一体",因而能够坦然面对得与失、生与死,达到"安时而处顺,哀乐不能入"的入道境界。第六段,再虚构子桑户、孟子反、子琴张三人相与为友的故事,进一步描述入道者不为死生之情所羁绊。子桑户死而孟子反、子琴张二人却临尸而歌,正是体现了"鱼相忘乎江湖,人相忘乎道术"的入道境界。第七段,写孟孙才其母死,他却"哭泣无涕,中心不戚,居丧不哀",并因而获得善于处丧的美名。由此说明入道者明了自然变化的道理,明了生死的真谛,因而不拘儒者烦琐礼节而能简便处之。第八段,借意而子与许由的对话,对儒家传统的仁义规范提出质疑,并指出陷于是非仁义的束缚中是难以领悟大道的。第九段,借颜回与仲尼的对话,展现道家修炼的"坐忘"法则,即"堕肢体,黜聪明,离形去知,同于大道"。第十段,通过子桑面对困境的心理情绪描写,再次张扬安命顺变的思想。

一

【原文】 知天之所为[①],知人之所为者,至矣!知天之所为者,天而生也[②];知人之所为者,以其知之所知[③],以养其知之所不知[④],终其天年而不中道夭者,是知之盛也。虽然,有患。夫知有所待而后当,其所待者特未定也。庸讵知吾所谓天之非人乎?所谓人之非天乎?且有真人而后有真知。

【注释】 ①天:自然。所为:运化,运化的产物。②天而生:谓知道一切都是自然无为的产物。进一步说明只有顺应自然而产生的事物才是天生的而不是人为的。《天地》"无为为之之谓天",无为而运化是自然的根本属性,与人为的认知指导下所产生的行为相区别。③知之所知:智力所知道的。前一"知"字读作"智"。④知之所不知:智力所不知道的。指一般智力难以知道的自然深层次的规律及生死变化的道理。

【译文】 知道天道自然运化，也知道人类的主观所为，可称得上是认知的极致了。知道天道运化的自然之理，这是由于顺应自然的道理而得知；知道人类的后天所为，这是用人类智力所能知道的道理，去顺应智力所不能知道的，让自己享尽天年而不至于中途死亡，这也算是智力的极致了。虽然这样说，但是还有问题。认识的正确与否，必须依赖客观对象的验证才能确定，而所依赖的对象却是变化不定的。怎么知道我所说的天道自然不是属于人为呢？所谓的人为不是属于天道自然呢？只有有了真人才可能有真知。

【原文】 何谓真人？古之真人，不逆寡，不雄成①，不谟士②。若然者，过而弗悔，当而不自得也。若然者，登高不栗，入水不濡，入火不热。是知之能登假于道者也若此③。

【注释】 ①雄：逞强。成：成功。②谟：谋。士：通"事"。③登假于道：谓达到大道的境界。假，至。

【译文】 什么叫真人？古时候的真人，不违逆微少，不自恃成功，不谋虑事情。像这样的人，错过时机而不后悔，正当时机而不自得。像这样的人，登高不发抖，入水不沾湿，入火不觉热。这是他的见识达到了大道的境界才能这样。

【原文】 古之真人，其寝不梦，其觉无忧，其食不甘，其息深深。真人之息以踵，众人之息以喉。屈服者，其嗌言若哇①。其耆欲深者②，其天机浅③。

【注释】 ①嗌言：堵在咽喉里的话。哇：呕吐。②耆：同"嗜"。③天机：自然的根器。

【译文】 古时候的真人，睡觉时不做梦，醒来时不烦忧，饮食不求甘美，呼吸深沉绵长。真人的气息通达脚跟，众人的气息仅存喉咙。争辩中被人屈服的人，他的言语塞在喉头中，就像要呕吐一样难受。凡是嗜欲深的人，他的天然根器就浅薄。

【原文】 古之真人，不知说生①，不知恶死。其出不䜣②，其入不距③。翛然而往④，翛然而来而已矣。不忘其所始，不求其所终。受而喜之，忘而复之⑤。是之谓不以心捐道⑥，不以人助天，是之谓真人。若然者，其心忘⑦，其容寂，其颡頯⑧。凄然似秋，暖然似春，喜怒通四时，与物有宜而莫知其极⑨。故圣人之用兵也，亡国而不失人心⑩；利泽施乎万世，不为爱人。故乐通物，非圣人也；有亲，非仁也；天时，非贤也；利害不通，非君子也；行名失己，非士也；亡身不真⑪，非役人也⑫。若狐不偕、务光、伯夷、叔齐、箕子、胥馀、纪他、申徒狄⑬，是役人之役⑭，适人之适⑮，而不自适其适者也。

【注释】 ①说：同"悦"。②䜣：古"欣"字。③距：通"拒"。④翛然：自由无拘的样子。⑤受而喜之，忘而复之：谓接受自然赋予的生命而欣然自得，忘却生死的变化而复归于自然。之，指自然。⑥捐：多认为应是"损"字的坏字。读本字亦通。⑦忘：原本形误作"志"，据褚伯秀等诸家之说改正。⑧颡：额。頯：宽大的样子。⑨极：指痕迹。⑩亡国：亡人之国。⑪亡身不真：指自丧真性。⑫役人：役使人。⑬狐不偕：姓狐，字不偕，古贤人。一说尧时人。不受禅让，投河而死。务光：夏末隐士，汤让天下而不受，投河而死。伯夷、叔齐：商时孤竹君二子，周武王灭商，他们认为这是以暴易暴，不食周粟，饿死于首阳山。箕子：商纣王庶叔，因忠谏不从而佯狂为奴，被纣王囚禁。胥馀：不详。旧注说是箕子之

名,或谓比干、伍子胥。纪他:商时隐士,担心汤让位,投窾水而死。申徒狄:商时人,因仰慕纪他,负石沉河而死。⑭役人之役:做别人应当做的事,即为人所用。⑮适人之适:把让别人快意的事当作自己快意的事去做,即快人意。

【译文】 古时候的真人,不知道贪生,不知道怕死。出生了不欣喜,入土了不拒绝。无拘无束地去世,无拘无束地来世而已。不忘记自己生命的本源,不寻求自己的归宿。接受了自然赋予的生命而欣然自得,忘却了生死的变化而复归于自然。这就是叫作不以欲望之心损害自然之道,不以人为的力量去辅助天命之常,这就是真人了。像这样的人,他的心欲早已忘怀,他的容貌静寂安闲,他的额头宽宽大大。表情严肃时像秋天一样冷凄,态度和蔼时像春天一样温暖,喜怒无心,像四季的自然变化,随事合宜,无迹可寻。所以圣人用兵打仗,虽然灭亡了别的国家,却不会失掉人心;利益和恩泽施及万世,却并非有意爱人。所以说有心和外界交往,就不是圣人;有亲疏之分,就不是仁人;揣度天时,就不是贤人;利害不能相通为一,就不是君子;追求声名而失去本性,就不是士人;自丧真性,只能被人役使,就不是役使之人。像狐不偕、务光、伯夷、叔齐、箕子、胥馀、纪他、申徒狄,他们都是被人役使,使人快意,而不是以自己的快意为快意。

二

【原文】 古之真人,其状义而不朋①,若不足而不承;与乎其觚而不坚也②,张乎其虚而不华也;邴邴乎其似喜也③,崔崔乎其不得已也④。滀乎进我色也⑤,与乎止我德也⑥,广乎其似世也⑦,警乎其未可制也⑧,连乎其似好闭也⑨,悗乎忘其言也⑩。以刑为体,以礼为翼,以知为时,以德为循。以刑为体者,绰乎其杀也⑪;以礼为翼者,所以行于世也;以知为时者,不得已于事也;以德为循者,言其与有足者至于丘也⑫,而人真以为勤行者也⑬。故其好之也一,其弗好之也一。其一也一,其不一也一。其一与天为徒⑭,其不一与人为徒,天与人不相胜也,是之谓真人。

【注释】 ①义而不朋:依俞樾说,"义"读为"峨","朋"读为"崩",即"言其状峨然高大而不崩坏也"。②与乎:容与,从容闲舒的样子。觚:特立不群。坚:固执。③邴邴乎:安畅的样子。④崔崔乎:被迫而动的样子。⑤滀乎:水聚的样子。形容充实而有光辉。⑥与乎:宽舒的样子。与,通"豫"。止:归止,归依。⑦广:原形误作"厉",据崔本改。世:通"大"。⑧警:通"傲",放,高放自得。⑨连乎:形容沉默不语。连,合,密。⑩悗乎:无心的样子。⑪绰:宽大。⑫丘:山丘。⑬"以刑为体"至"而人真以为勤行者也"十三句,张默生、陈鼓应等认为和庄子思想极不相类,主张删除为宜。⑭为徒:视为同类。

【译文】 古时候的真人,他的形体高大而不崩坏,好像不足却无须接受;安闲特立而不固执,心胸开阔而不浮华;畅然自适好像有喜色,一举一动好像出于不得已。他的容颜和悦有光,令人亲近;他的德行宽厚闲舒,令人归依;他的胸襟恢宏,犹如世界一般广大;他的精神高放自得,不可驾驭;他沉默不语,好像封闭了感觉的通路;他漫不经心,好像遗忘了要说的语言。他把刑律作为主体,把礼仪作为辅助,凭借智慧审时度势,以道德为处事所遵循的原则。把刑律作为主体，虽杀而犹觉宽大；把礼仪作为辅助，正是为了推行于天下；凭借智慧审时度势，不过是为了应付事物而出于无奈；以道德为处事所遵循的原则，说的是就像有脚的人都能登上山丘一样，而世人却认为只有勤行者才能达到。所以真人无心好恶，喜欢和厌恶都是一样的。真人是把万物混同为一的，一样的东西是一，不一样的东西也是一。当真人处于混同境界时，则与天道自然同游；当他混迹于芸芸众生之中时，则与世人为同类。他把天与人的关系看作是天人合一、天人不相互对立的关系，这就是真人。

【原文】 死生，命也①；其有夜旦之常，天也②。人之有所不得与③，皆物之情也。彼特以天为父④，而身犹爱之，而况其卓乎⑤！人特以有君为愈乎己，而身犹死之，而况其真乎⑥！

泉涸，鱼相与处于陆，相呴以湿⑦，相濡以沫⑧，不如相忘于江湖。与其誉尧而非桀也，不如两忘而化其道⑨。

夫大块载我以形⑩，劳我以生，佚我以老，息我以死。故善吾生者⑪，乃所以善吾死也。夫藏舟于壑，藏山于泽，谓之固矣⑫！然而夜半有力者负之而走，昧者不知也⑬。藏小大有宜，犹有所遁。若夫藏天下于天下而不得所遁，是恒物之大情也⑭。特犯人之形而犹喜之⑮。若人之形者，万化而未始有极也，其为乐可胜计邪？故圣人将游于物之所不得遁而皆存。善妖善老⑯，善始善终，人犹效之，又况万物之所系而一化之所待乎⑰！

【注释】 ①命：自然而不可免者（释德清说）。②天：自然的规律。③与：参与，干预。④彼：人。特：独，仅。⑤卓：卓越，指天道。⑥真：真宰，指大道。⑦呴：吐气。⑧濡：沾湿。⑨化其道：同化于大道。⑩大块：大地，泛指天地。载我以形：倒装句，读为"以形载我"，以下三句句法同此。载，托载，寄托。⑪善吾生：把我的出生视为善事。⑫固：牢靠。⑬昧者：愚昧的人。一说"昧"通"寐"，睡。⑭恒物之大情：万物普遍的至理。指天地万物与道混而为一，不去区分。⑮犯：通"范"，铸造。一说："犯，犹遇也，遭也。"⑯妖：通"夭"，少，指生命短。⑰系：从属，系属。一化：一切变化，大化。待：依赖。"所系""所待"皆指大道。

【译文】 人的生死变化是不可避免的命运活动；就像日夜永恒的交替一样，都是自然的规律。对于自然规律，人们是无法干预的，这都是事物变化的情理。人们把天作为生命之父，而终身敬爱它，更何况派生天地的大道！人们认为国君的势力地位超过了自己，而愿意舍身效忠，更何况主宰万物的大道！

泉水干枯了，鱼儿一同困在陆地上，它们互相吐着湿气滋润着对方，又用唾液沾湿彼此的身体，与其如此，它们宁愿回到江湖中，把彼此都忘掉。与其赞美尧而非难桀，不如把两人的善恶是非都忘掉，而同化于大道之中。

天地赋予我形体以使我有所寄托，给了我生命以使我勤劳，又用衰老让我安逸，最后又用死亡让我安息。所以说把生存看作是好事的，也必然把死亡也看作是好事。把船藏在山谷里，把山藏在大泽中，称得上很牢靠了。然而夜半之时，倘若有造化的大力士把它们背走,愚昧的人是不会知道的。把小的东西藏在大的东西里面,可以说是很合适了,但还是有所亡失。如果把天下隐藏在天下之中是不会亡失的,这是万物普遍的至理。人们一旦获得人的形体就欣然自喜。如果知道人的形体千变万化而没有穷尽,那么这种欣喜岂可数清呢?所以圣人游心于不会亡失的境地而和大道共存。对于乐观地安顺地对待和处理生老病死的人,大家尚且效法他,何况对于万物的根源和一切变化所依赖的大道呢?

三

【原文】 夫道有情有信①,无为无形;可传而不可受②,可得而不可见;自本自根,未有天地,自古以固存;神鬼神帝③,生天生地:在太极之先而不为高④,在六极之下而不为深⑤,先天地生而不为久,长于上古而不为老⑥。豨韦氏得之⑦,以挈天地⑧;伏戏氏得之,以袭气母⑨;维斗得之⑩,终古不忒⑪;日月得之,终古不息;堪坏得之⑫,以袭昆仑⑬;冯夷得之⑭,以游大川;肩吾得之⑮,以处大山;黄帝得之,以登云天⑯;颛顼得之⑰,以处玄宫;禺强得之⑱,立乎北极⑲;西王母得之⑳,坐乎少广,莫知其始,莫知其终;彭祖得之,上及有虞,下及五伯㉑;傅说得之,以相武丁,奄有天下,乘东维,骑箕尾,而比于列星㉒。

【注释】 ①情:实。信:真。②受:通"授"。③神鬼神帝:生鬼生帝。神,生,引出。④太极:指天地未形成以前,阴阳未分的那股浑沌之气。⑤六极:六合,指天地和四方。⑥"先天地生而不为久"二句:谓道贯古今,无时不在(陈启天说)。⑦豨韦氏:传说中的远古帝王。得之:指得到大道。⑧挈:提挈,整顿。⑨袭:沿袭,调和。气母:气之母,指元气。⑩维斗:北斗星。⑪不忒:不出差错,指不偏离轨道。⑫堪坏:昆仑山之神。⑬袭:入。⑭冯夷:黄河之神。⑮肩吾:泰山之神。⑯登云天:指登天成仙。⑰颛顼:黄帝之孙,又称高阳,古代五帝之一,为北方帝,居玄宫。⑱禺强:水神。⑲立乎北极:自立于北海之神。⑳西王母:传说中的神人。一说为太阴之精,豹尾,虎齿,善笑。常坐西方少广之山,不复生死,莫知所终。㉑上及有虞,下及五伯:谓从上古虞舜时代活到春秋时期五霸时代。五伯,即五霸:齐桓公、晋文公、秦穆公、楚庄王、宋襄公。㉒"傅说得之"六句:传说傅说为殷商时代的贤臣。他原是在傅岩做苦工的奴隶,后被殷高宗武丁任用为相,治理天下。传说傅说死后,精神升天,驾驭东维、箕尾两星,并列于众星之中。奄,包括。

【译文】 大道是真实而有信验的,没有主观的作为,也不留下任何的形迹;它可以心传而不能口授,可以心得而不能目见;它是万物最原始的本根,在没有天地以前,就一直存在着;是它产生了鬼神和上帝,是它产生了天和地;它在混沌之气之前就存在而称不上高远,它在天地四方之下还不算深邃,它早于天地之前就存在还不算久长,它比上古时间还长远而不算老。豨韦氏得到它,用它整顿天地;伏羲氏得到它,用它调和元气;北斗星得到它,用它保障终古不变的运行轨道;日月得到它,用它维持万古运转不停;山神堪坏得到它,就能入主昆仑;河神冯夷得到它,就能巡游黄河大川;肩吾得到它,就能镇守泰山;黄帝得到它,就能登天成仙;颛顼得到它,就能身居玄宫,成为北方之帝;禺强得到它,

就能自立于北海之神。西王母得到它，便可安坐少广之山，不复生死，不知始终；彭祖得到它，寿数绵长，上及虞舜，下至春秋五霸；傅说得到它，可以做武丁的宰相，治理全天下，死后驾驭着东维与箕尾两星，遨游于众星之间。

<h2 style="text-align:center">四</h2>

【原文】　南伯子葵问乎女偊曰[1]："子之年长矣，而色若孺子，何也？"

曰："吾闻道矣。"

南伯子葵曰："道可得学邪？"

曰："恶！恶可！子非其人也。夫卜梁倚有圣人之才而无圣人之道[2]，我有圣人之道而无圣人之才。吾欲以教之，庶几其果为圣人乎！不然，以圣人之道，告圣人之才，亦易矣。吾犹守而告之[3]，参日而后能外天下[4]；已外天下矣，吾又守之，七日而后能外物[5]；已外物矣，吾又守之，九日而后能外生[6]；已外生矣，而后能朝彻[7]；朝彻，而后能见独[8]；见独，而后能无古今；无古今，而后能入于不死不生。杀生者不死，生生者不生[9]。其为物，无不将也，无不迎也，无不毁也，无不成也[10]。其名为撄宁[11]。撄宁也者，撄而后成者也。"

南伯子葵曰："子独恶乎闻之？"

曰："闻诸副墨之子[12]，副墨之子闻诸洛诵之孙[13]，洛诵之孙闻之瞻明[14]，瞻明闻之聂许[15]，聂许闻之需役[16]，需役闻之於讴[17]，於讴闻之玄冥[18]，玄冥闻之参寥[19]，参寥闻之疑始[20]。"

【注释】　[1]南伯子葵：虚拟人物，《齐物论》有南郭子綦，《人间世》有南伯子綦。女偊：虚拟的得道人物。[2]卜梁倚：虚拟人物。[3]守：修守，修持。[4]外天下：把天下置之度外，即忘掉天下。外，遗忘。[5]外物：指忘事。[6]外生：指忘身、忘我。[7]朝彻：如朝阳初起时的明彻，指豁然彻悟。[8]见独：洞见大道。独，指独立而不改的大道。[9]"杀生者"二句：杀生者和生生者都是指大道，大道本身不存在死亡和诞生的问题。[10]"其为物"五句：谓作为万物主宰者的道，无时不在送走什么，无时不在迎来什么，无时不在毁灭什么，无时不在成就什么。将，送。[11]撄宁：动而后静，乱而后定。撄，扰动。[12]诸：之于。副墨之子：即指文字。副墨，文字。子、孙，皆指流传之意。[13]洛诵：指诵读、言语。洛，读为"络"，反复。文字源于语言。[14]瞻明：指目见。瞻，见。[15]聂许：指耳闻。[16]需役：践行，修行。需，须。役，行。[17]於讴：咏叹。[18]玄冥：静默。[19]参寥：空旷。[20]疑始：疑似原始，近于本源。

【译文】　南伯子葵问女偊说："你的年寿很高了，为什么面色却像孩童一样呢？"

女偊说："我得道了。"

南伯子葵说："道可以学到吗？"

女偊说："不！不可以！你不是学道的那类人。卜梁倚具有圣人的才质却还没有获得圣人的道心。我有圣人的道心而没有圣人的才质。我想教他，或许他真的能够成为圣人吧！就是不能，以圣人之道指导具有圣人之才的人，他的提高也会是很容易。我继

续修持着,然后开始诱导他,三天后,他已能把天下置之脑后;已经遗忘天下了,我继续修持诱导,七天之后,他已能把人事置之度外;已经遗忘人事了,我继续诱导他,九天后,他已能把生死置之度外;已经忘掉自我了,而后心窍豁然彻悟;心窍豁然彻悟了,而后就能洞见独立而不改的道;洞见独立而不改的道了,而后就不再受到古今时间的束缚;不受古今时间的束缚了,而后就能进入无生无死的永恒境地。能够灭亡一切生命的道,它本身不会灭亡;能够产生一切生命的道,它本身不存在产生的问题。道对于天下万物,无所不送,无所不迎,无所不毁,无所不成,这就叫作'撄宁'。'撄宁'的意思,就是动而后静,乱而后定。"

南伯子葵说:"你从哪里学到的道呢?"

女偊说:"我从文字那里得到的,文字是从语言那里得到的,语言是从目见那里得到的,目见是从耳闻那里得到的,耳闻是从修持那里得到的,修持是从咏叹那里得到的,咏叹是从静默那里得到的,静默是从空旷那里得到的,空旷是从疑似本源那里得到的。"

五

【原文】 子祀、子舆、子犁、子来四人相与语曰①:孰能以无为首,以生为脊,以死为尻②;熟知死生存亡之一体者,吾与之友矣!"四人相视而笑,莫逆于心③,遂相与为友。俄而子舆有病,子祀往问之。曰:"伟哉,夫造物者将以予为此拘拘也④。"曲偻发背⑤,上有五管⑥,颐隐于齐⑦,肩高于顶,句赘指天⑧。阴阳之气有沴⑨,其心闲而无事,跰𨂂而鉴于井⑩,曰:"嗟呼!夫造物者又将以予为此拘拘也。"

子祀曰:"女恶之乎?"

曰:"亡⑪,予何恶!浸假而化予之左臂以为鸡⑫,予因以求时夜;浸假而化予之右臂以为弹,予因以求鸮炙⑬;浸假而化予之尻以为轮,以神为马,予因以乘之,岂更驾哉!且夫得者,时也;失者,顺也。安时而处顺,哀乐不能入也,此古之所谓县解也⑭。而不能自解者,物有结之⑮。且夫物不胜天久矣⑯,吾又何恶焉!"

俄而子来有病,喘喘然将死。其妻子环而泣之。子犁往问之,曰:"叱!避!无怛化⑰!"倚其户与之语曰:"伟哉造化!又将奚以汝为⑱?将奚以汝适⑲?以汝为鼠肝乎?以汝为虫臂乎?"

子来曰:"父母于子⑳,东西南北,唯命之从。阴阳于人,不翅于父母㉑。彼近吾死而我不听㉒,我则悍矣,彼何罪焉?夫大块载我以形,劳我以生,佚我以老,息我以死。故善吾生者,乃所以善吾死也。今大冶铸金㉓,金踊跃曰:'我且必为镆铘㉔!'大冶必以为不祥之金。今一犯人之形而曰㉕:'人耳!人耳!'夫造化者必以为不祥之人。今一以天地为大炉,以造化为大冶,恶乎往而不可哉!"成然寐㉖,蘧然觉㉗。

【注释】 ①子祀、子舆、子犁、子来:皆为虚拟人物。相与语:相互交谈。②尻:脊椎骨末端,指屁股。③莫逆于心:心意相通,不违背共识。④造物者:与后文的"造化者"均指"道","道"能生物,也能化物,所以如此说。拘拘:拘挛弯曲的样子。⑤曲偻:伛偻,驼

背。发背：突背，背向上拱露。⑥五管：五脏的穴位。⑦颐隐于齐：面颊藏在肚脐下。齐，古"脐"字。⑧句赘：发髻。⑨沴：凌乱。⑩跰𨇠：走路蹒跚的样子。鉴：照。⑪亡：古同"无"，不。⑫浸假：假使。浸，逐渐。⑬鸮炙：烤鸮鸟肉。⑭县解：即悬解，解其倒悬。⑮物有结之：指被阴阳之气所束缚。物，指阴阳二气。⑯物：指人。天：指大自然。⑰无怛化：无须惊恐于生死的变化。怛，惊。⑱又将奚以汝为：又将要把你变成何物。奚，何。⑲将奚以汝适：将要把你送到何处。适，往。⑳父母于子：即"子于父母"的倒装句。下"阴阳于人"也是倒装句。㉑不翅：不啻，不止，何止。㉒彼：指阴阳、造化。近：迫，使。㉓大冶：冶金工匠，喻造化。㉔镆铘：也写作"莫邪"，良剑名。㉕犯：通"范"，铸造。㉖成然：安然。寐：睡着了。㉗蘧然：自适的样子。

【译文】 子祀、子舆、子犁、子来四人一起议论说："谁能把'无'当作头颅，把'生'当作脊梁，把'死'当作屁股；谁能认识到生死存亡本是一体的，我们就和他做朋友。"四人相视而笑，彼此心意契合不背，于是就相互结为好友。不久子舆生病了，子祀去探望他。子舆说："伟大啊，造物者把我变成这样一个拘挛不直的人。"只见他腰弯背驼，五脏的穴位冲上，面颊缩在肚脐下，肩膀高过头顶，发髻朝天。阴阳二气虽然凌乱不调，子舆却仍闲逸自适而若无其事，他步履蹒跚地走到井边，照着自己的影子说："哎呀，造物者又把我变成这样一个曲背拘挛的人啊。"

子祀说："你厌恶这种变化吗？"

子舆说："不，我为什么要厌恶呢？假使把我的左臂化为公鸡，我就用它来司晨报晓；假使把我的右臂化为弹丸，我就用它获取鸮鸟烤肉吃；假使把我的屁股化为车轮，我就让精神变为马，我于是乘着它出游，哪里再用别的车驾！再说人们获得生命，这是适时而得；失去生命，这是顺应变化。人们能够安心于适时顺应，哀乐的情绪就不会侵入胸中，这就是古人所说的解开倒悬之苦。那些不能自我解脱的人，因为被外物所束缚。再说人力不能胜过自然力是由来已久了，我又为什么要厌恶它呢？"

不久，子来有病，气喘急促快要死了。他的妻子儿女围着他啼哭。子犁前去慰问，对子来的妻子儿女们说："去！走开！不要惊动变化的人！"便靠着门框对子来说："伟大的造物者啊，又将把你变成何物？又将把你送到何方？要把你变为鼠肝吗？要把你变为虫臂吗？"

子来说："子女对于父母，无论东南西北，你都要听从父母之命。人对于造化者，何止于儿女对待父母。造化者让我死，我如果不从命，我就是违逆不顺，它有什么罪过呢？大自然赋予我形体，使我有所寓托；赋予我生命，使我劳动；赋予我年老，让我安逸；安排我死亡，让我安息。所以善待我赋予我生命的，同样善待我赋予我死亡的。犹如铁匠铸造金属器物，金属跳着脚喊：'我一定要做镆铘宝剑！'那么铁匠必然把这块金属视为不祥之物。现在造化一旦造出一个人的形体，这个人就大喊大叫：'我是人了！我是人！'那么造化必定把他视为不祥之人。现在一旦把天地视为大熔炉，把造化视为大铁匠，往哪里去不可呢！"子来说完安然熟睡，不一会儿又适意醒了。

六

【原文】　子桑户、孟子反、子琴张三人相与友①，曰："孰能相与于无相与，相为于无相为②？孰能登天游雾，挠挑无极③，相忘以生，无所终穷④？"三人相视而笑，莫逆于心。遂相与为友。

莫然有间⑤，而子桑户死，未葬。孔子闻之，使子贡往侍事焉⑥，或编曲，或鼓琴，相和而歌曰："嗟来桑户乎⑦！嗟来桑户乎！而已反其真⑧，而我犹为人猗⑨！"子贡趋而进曰⑩："敢问临尸而歌，礼乎？"

二人相视而笑曰："是恶知礼意！"

子贡反，以告孔子曰："彼何人者邪？修行无有，而外其形骸，临尸而歌，颜色不变⑪，无以命之⑫。彼何人者邪？"

孔子曰："彼游方之外者也⑬，而丘游方之内者也。外内不相及，而丘使女往吊之，丘则陋矣！彼方且与造物者为人⑭，而游乎天地之一气⑮。彼以生为附赘县疣⑯，以死为决疣溃痈⑰。夫若然者，又恶知死生先后之所在！假于异物，托于同体；忘其肝胆，遗其耳目；反复终始，不知端倪；芒然彷徨乎尘垢之外，逍遥乎无为之业。彼又恶能愦愦然为世俗之礼⑱，以观众人之耳目哉⑲！"

子贡曰："然则夫子何方之依？"

孔子曰："丘，天之戮民也。虽然，吾与汝共之⑳。"

子贡曰："敢问其方？"

孔子曰："鱼相造乎水，人相造乎道。相造乎水者，穿池而养给；相造乎道者，无事而生定㉑。故曰：鱼相忘乎江湖，人相忘乎道术㉒。"

子贡曰："敢问畸人㉓。"

曰："畸人者，畸于人而侔于天。故曰：天之小人，人之君子；人之君子，天之小人也。"

【注释】　①子桑户、孟子反、子琴张：三人均为虚拟人物。相与友：相交为朋友。②相为：相助。③挠挑：宛转循环的意思。无极：太虚。④终穷：止尽，指死亡。⑤莫然：即"漠然"，淡淡无心。有间：过了一段时间，即不久。⑥侍事：帮助料理丧事。⑦嗟来：感叹之声。⑧而：通"尔"，你。反其真：返归自然，指死亡。⑨猗：叹词，犹"啊"。⑩趋：快步走。⑪颜色：面色。⑫命：名，称，形容。⑬方之外：世外。方，天地四方，指世上。⑭造物者：自然，大道。为人：犹为偶，为友。⑮天地之一气：指万物之初的原始混沌状态，亦即大道的浑一状态。⑯附赘：附生的多余的肉瘤。县疣：悬生的肉瘤。县，同"悬"。⑰疣：皮肤上的肿包。痈：毒疮。⑱愦愦然：烦乱的样子。⑲观：示人，给人看。⑳共：通"拱"，向，向往。㉑无事：无为而逍遥的状态。生定：心性安详。生，通"性"。㉒道术：大道的修养，大道。㉓畸人：奇异之人，不平常的人。

【译文】　子桑户、孟子反、子琴张三人一起结为朋友，说："看谁能够相交于无心无肺，相助于无所作为？看谁能够登天穿雾，超然万物之外，遨游太虚，忘掉生死的区别，没

中华传世藏书

国学经典文库　庄子

图文珍藏版

有止境?"三个人相视而笑,彼此心意相通,于是成为契友。

漠然之中过了不久,子桑户死,还未安葬。孔子听说了,派子贡前往助理丧事。只见那里有的编曲,有的弹琴,相互唱和道:"哎呀桑户啊!哎呀桑户啊!你已经返归本真了,而我们还寄寓在人间啊!"子贡快步向前,问道:"请问面对死尸歌唱,这符合礼仪吗?"

二人相互看了看,笑着说:"这种说法哪里懂得礼的真意?"

子贡回去后,把此事告诉了孔子,说:"他们到底是什么样的人呢?修行却不讲礼仪,把形骸置之度外,对着尸体唱歌,脸色全无哀色,真是无法说清。他们到底是什么样的人呢?"

孔子说:"他们是生活在尘世外的人,而我却是生活在尘世内的人。尘世外与尘世内是彼此不相干的两个世界,而我竟然派你去吊唁,这是我的浅陋啊!他们正在和造物者为朋友,而游于万物之初的浑沌境地。他们把生命看作是附着的肉瘤,把死亡看作是肉瘤的溃败,像这样子,又哪里知道生死先后的区别呢!假借于不同的物体,寄托于同一个身体;忘却内部的肝胆,遗忘外面的耳目;让生命随其自然而生死循环,不去追究它们的头绪;无所牵挂地神游于尘世之外,逍遥自在地遨游于无为太虚之乡。他们又怎能心烦意乱地拘守世俗的礼仪,以此让众人来观看听闻!"

子贡说:"那么先生是依从方内还是依从方外呢?"

孔子说:"我是个摆脱不了方内桎梏的人,终究要遭天道处罚的人。虽然如此,我与你还是向往着方外之道。"

子贡说:"请问有什么方法吗?"

孔子说:"鱼儿相互追寻水源,人们相互向往大道。相互寻找水源的,挖个水池来供养;相互向往大道的,无为而逍遥,心性安详宁静。所以说,鱼儿游于江湖就会忘掉一切而悠然自乐,人们游于大道之中就会忘掉一切而逍遥自在。"

子贡说:"请问不同凡响的异人是什么样的人?"

孔子说:"异人是异于普通人而顺合于自然天道。所以说,天道视为的小人,正是俗人眼中的君子;俗人眼中的君子,正是天道视为的小人。"

七

【原文】 颜回问仲尼曰:"孟孙才①,其母死,哭泣无涕,中心不戚,居丧不哀②。无是三者③,以善处丧盖鲁国④,固有无其实而得其名者乎?回壹怪之⑤。"

仲尼曰:"夫孟孙氏尽之矣⑥,进于知矣⑦,唯简之而不得⑧,夫已有所简矣。孟孙氏不知所以生,不知所以死。不知就先,不知就后⑨。若化为物,以待其所不知之化已乎!且方将化,恶知不化哉?方将不化,恶知已化哉?吾特与汝,其梦未始觉者邪!且彼有骇形而无损心,有旦宅而无情死⑩。孟孙氏特觉⑪,人哭亦哭,是自其所以乃⑫。且也相与'吾之'耳矣!庸讵知吾所谓'吾之'乎?且汝梦为鸟而厉乎天⑬,梦为鱼而没于渊。不识今之言者,其觉者乎?其梦者乎?造适不及笑⑭,献笑不及排⑮,安排而去化,乃入于寥

108

天一^⑯。"

天一[⑯]。"

【注释】　①孟孙才：姓孟孙，名才，虚拟人物。②居丧：守丧期间。③是：此，指眼泪、心悲、情哀。④盖：覆盖，超越。⑤壹：语助词，表强调。⑥尽之：尽到服丧之礼。⑦进于知：超过知道服丧礼仪的人。进，胜过。⑧唯：读为"惟"，想。简之：简化烦琐的服丧礼仪。之，指丧礼。⑨先、后：均针对生死而言。⑩旦宅：通"怛咤"，惊忧。⑪特觉：独自觉醒。⑫乃：如此，那个样子。⑬厉：到达。⑭造适：突然感到的适意。造，至。⑮献笑：从内心发出的笑容。⑯寥天：指寂寥虚空的天道。一：混为一体。

【译文】　颜回问孔子说："孟孙才的母亲死了，他哭泣没有眼泪，心中不悲伤，服丧期间不哀痛。他没有做到这三点，却以善于处丧而闻名鲁国，难道有不具其实而能博得虚名吗？我觉得很怪异。"

孔子说："孟孙氏已经尽了服丧之道，超过了知道服丧礼仪的人。人们想简化烦琐的服丧礼仪而办不到，然而他已经有所简化了。孟孙氏不知道什么是生，也不知道什么是死；不知道追求先生，也不知道迷恋后死。他像是正在变化的物，以等待自己不知道变成何物的变化而已！再说正要变化时，又如何知道不变化呢？正要不变化时，又如何知道已经变化了呢？可我和你吧，恐怕都是在梦境中还没有觉醒啊！况且孟孙氏认为其母在变化中虽有形体上的惊动，却无伤损心神；虽有惊扰，却没有精神上的死亡。孟孙氏独自觉醒，只是人家哭也跟着哭，所以才会有哭而不哀的那个样子。世人看到自己的形体就相互说'我的我的'，怎么知道'我的'真是属于我呢？再说你梦为鸟而飞到高空，梦为鱼而潜入深渊。不知道现在说话的我，到底是醒着呢？还是在梦中呢？突如其来的快意来不及显露笑容，由衷的快乐来不及事先安排，只有听任自然的安排而顺应变化，这样才能进入寂寥空虚的天道，混为一体。"

<h1 style="text-align:center">八</h1>

【原文】　意而子见许由^①，许由曰："尧何以资汝^②？"

意而子曰："尧谓我，'汝必躬服仁义而明言是非^③'。"

许由曰："而奚来为轵^④？夫尧既已黥汝以仁义，而劓汝以是非矣^⑤。汝将何以游夫遥荡恣睢转徙之涂乎^⑥？"

意而子曰："虽然，吾愿游于其藩^⑦。"

许由曰："不然。夫盲者无以与乎眉目颜色之好，瞽者无以与乎青黄黼黻之观^⑧。"

意而子曰："夫无庄之失其美^⑨，据梁之失其力^⑩，黄帝之亡其知，皆在炉捶之间耳^⑪。庸讵知夫造物者之不息我黥而补我劓，使我乘成以随先生邪^⑫？"

许由曰："噫！未可知也。我为汝言其大略：吾师乎^⑬！吾师乎！齑万物而不为义^⑭，泽及万世而不为仁，长于上古而不为老，覆载天地、刻雕众形而不为巧，此所游已！"

【注释】　①意而子：虚拟人物。②资：资助，教诲。③躬服：亲自实践，身体力行。明言：明辨。④而奚来为轵：倒装句，读为"而为奚来轵"。而，通"尔"，你。轵，通"只"，语

助词。⑤"夫尧"二句:黥,古代先用刀刺割犯人的额颊等处,然后再涂上墨的一种刑罚。劓,古代割下犯人鼻子的一种刑罚。⑥遥荡:逍遥放荡。恣睢:放纵不拘。转徙:变化。⑦藩:藩篱,门户。⑧黼黻:古代礼服上所绣的花纹。观:华丽。⑨无庄:虚拟的美女。⑩据梁:虚拟的大力士。⑪炉捶:炉和锤,指冶炼锻打。捶,通"锤"。⑫乘成:载着完整的身体。成,全,完整。⑬师:宗师,指大道。⑭整:和,调和。

【译文】　意而子去见许由,许由说:"尧用什么来教导你?"

意而子说:"尧告诉我,'你一定要亲自推行仁义而明辨是非'。"

许由说:"你为何还要到这里来呢?尧既然用仁义给你施行了墨刑,又用是非施行了劓刑。你将来怎么能够逍遥放荡、无拘无束地遨游于变化境界呢?"

意而子说:"虽然如此,我还是愿意游于大道的门墙。"

许由说:"不行的。盲人无法观赏眉眼颜面的娇艳美好,瞎子无法观赏礼服上绣的青黄色花纹的华丽。"

意而子说:"让美人无庄失去她的美丽,让大力士据梁失去他的力气,让黄帝失去他的智慧,这都在于造物者的一炉一锤的掌握之中。怎么知道造物者不会平息我被黥的皮肤,补回我被割掉的鼻子,使我载着完整的身躯来追随先生呢?"

许由说:"唉!这是不可知晓的。我为你说个大略:我的宗师啊!我的宗师啊!调和万物却不认为是义,恩泽施于万代而不认为是仁,先于上古却不算老,包容天地、雕刻万物的形状却不算为技巧,这就是我所逍遥的境界!"

九

【原文】　颜回曰:"回益矣①。"

仲尼曰:"何谓也?"

曰:"回忘仁义矣。"

曰:"可矣,犹未也。"

他日复见,曰:"回益矣。"

曰:"何谓也?"

曰:"回忘礼乐矣!"

曰:"可矣,犹未也。"

他日复见,曰:"回益矣!"

曰:"何谓也?"

曰:"回坐忘矣②。"

仲尼蹴然曰③:"何谓坐忘?"

颜回曰:"堕肢体,黜聪明④,离形去知,同于大通⑤,此谓坐忘。"

仲尼曰:"同则无好也,化则无常也⑥。而果其贤乎⑦!丘也请从而后也。"

【注释】　①益:增益,指修炼得到提高。②坐忘:通过静坐而达到忘怀一切的虚无境

界,与大道浑然一体。③蹴然:因惊奇而神态突变的样子。④黜:废除,抛弃。⑤大通:大道。⑥常:常规,常理,指固执不变。⑦而:通"尔",你。

【译文】 颜回说:"我提高了。"

孔子说:"你指的是什么呢?"

颜回说:"我开始忘掉仁义了。"

孔子说:"很好,但是还不够。"

过了几天,颜回又见到孔子,说:"我又提高了。"

孔子说:"你指的是什么呢?"

颜回说:"我已经忘掉礼乐了。"

孔子说:"很好,但是还不够。"

过了几天,颜回又见到孔子,说:"我又提高了。"

孔子说:"你指的是什么呢?"

颜回说:"我坐忘了。"

孔子听了一惊,急忙问道:"什么叫坐忘?"

颜回说:"忘却自己的形体,抛弃自己的聪明,摆脱形体和智能的束缚,与大道融通为一,这就叫坐忘。"

孔子说:"与万物混同于一体就没有偏爱了,与万物一起变化就没有偏执了。你果真成为贤人了! 我愿意追随在你的身后。"

十

【原文】 子舆与子桑友①。而霖雨十日②,子舆曰:"子桑殆病矣③!"裹饭而往食之。至子桑之门,则若歌若哭,鼓琴曰:"父邪? 母邪? 天乎? 人乎?"有不任其声而趋举其诗焉④。

子舆入,曰:"子之歌诗,何故若是?"

曰:"吾思夫使我至此极者而弗得也。父母岂欲吾贫哉? 天无私覆,地无私载,天地岂私贫我哉? 求其为之者而不得也。然而至此极者⑤,命也夫!"

【注释】 ①子桑:虚拟人物。②霖雨:连续几天不停的雨。③病:指饥饿。④不任:不胜,不堪。趋举:急促吟唱。⑤极:指饥贫的绝境。

【译文】 子舆和子桑是朋友。连绵不断的雨一下就十天,子舆说:"子桑恐怕要饿坏了吧!"于是就带着饭食去给他吃。到了子桑的家门,就听到又像歌唱又像哭泣的声音。子桑弹着琴吟唱道:"父亲吗? 母亲吗? 天呢? 人呢?"他的歌声微弱不堪而诗句急促不清。

子舆进了门,问道:"你吟唱的诗句。为何这样不成调子?"

子桑说:"我在思索使我如此贫困的人是谁而没有答案。父母难道希望我贫困吗? 天没有偏私地覆盖着万物,地没有偏私地承载着万物,天地岂会偏偏让我贫困潦倒呢?

追究造成这种情况的原因而没有答案。然而使我达到这般绝境的,这是由于天命吧!"

应帝王

【题解】

本篇论帝王如何治理天下,以"应帝王"为篇名。全篇共有七个自然段,除第六段纯为议论外,其他均为虚构的寓言故事,分别从不同的角度演绎为政当顺人性的自然、为政当无为而治的主旨。

第一段,借蒲衣子之口,道出理想中的帝王:安闲自得,超然物外,品德纯真,不以仁义要结人心。

第二段,借狂接舆之口,指出"君人者以己出经式义度""是欺德"的行为,批评了统治者仅凭个人意志制定法律的独裁行径,并指出圣人治理天下,不靠法律绳之于外,而是"正而后行",即自正而后化行天下。

第三段,天根向无名人询问治理天下的问题,通过无名人的答话,表达了作者两层意思。一是对提问的鄙视和厌恶,认为抱有治理天下之心的人正是乱天下的祸根;二是如果让天下得到治理,治理者必须"顺物自然而无容私焉"。

第四段,通过阳子居与老聃的对话,讨论何为明王之治。指出真正的圣明之王应当做到"功盖天下而似不自己,化贷万物而民弗恃",也就是不居功,不自傲,让万物各得其所,而自立于虚无的境地。

第五段,描写了神巫给壶子看相的故事,这是一段绝妙的文字,不仅情节发展变化莫测,而且创编的词语也出人意表,如随境而出的"地文""天壤""杜德机""衡气机""太冲莫胜"之类。此段文字表面看来与治理天下无关,但它着力表现的虚己、顺变,正可推之为政,说明虚己无为、随物顺化,百姓才可以自安,天下才可以自定。

第六段,明确指出作为一个得道的明王应当达到的境界,即不受称誉,不使计谋,不强任事情,不主智巧;用心若镜,不送不迎,应照却不存留,固守虚寂无为的心境,所以超脱物外而不被外物所伤害。本段可作为前文的总结而结束全篇,然而庄子至此意犹未尽,于是乘其余兴,续写了下段。

第七段,此段又是绝妙文字,用疾速之意的"儵""忽"二字喻有为之帝,用纯朴未曾开发之意的"浑沌"一词喻无为之帝,有为之帝为了报恩,让无为之帝与众生一样具有"视听食息"的七窍,结果"日凿一窍,七日而浑沌死"。从更为严重的生死存亡的角度,回答了帝王从政应当以无用为用、无功为功、无为而治的问题。此种笔法,此种灵机,使读者不得不为之震撼。

一

【原文】 啮缺问于王倪①,四问而四不知。啮缺因跃而大喜②,行以告蒲衣子③。蒲衣子曰:"而乃今知之乎④?有虞氏不及泰氏⑤。有虞氏其犹藏仁以要人⑥,亦得人矣,而未始出于非人⑦。泰氏其卧徐徐⑧,其觉于于⑨。一以己为马⑩,一以己为牛。其知情信⑪,其德甚真,而未始入于非人。"

【注释】 ①啮缺、王倪:皆为虚拟人物。②因跃而大喜:读为"因大喜而跃"。③行以告:去告诉。蒲衣子:虚拟人物。④而:通"尔",你。乃今:"现在才……"的意思。⑤有虞氏:即舜。泰氏:传说中的上古帝王。⑥要人:要结人心。⑦非人:指物,与人相对的外物。⑧徐徐:舒缓的样子。⑨于于:安闲的样子。⑩一:或,任或。⑪知:同"智"。情:实。

【译文】 啮缺向王倪请教,问了四次,王倪四次都回答说不知道。啮缺因此高兴得跳了起来,把这事告诉蒲衣子。蒲衣子说:"现在你才知道了吧,有虞氏不如泰氏。有虞氏还心怀仁义,以此要结人心,虽然也获得了人心,但未能超然物外。泰氏却睡眠时呼吸舒缓,醒来时安闲自得,任人把自己称为马,或是称为牛。他的心智真实无伪,他的品德纯真高尚,没有受到外物的牵累。"

二

【原文】 肩吾见狂接舆。狂接舆曰:"日中始何以语女①?"

肩吾曰:"告我,君人者以己出经式义度②,人孰敢不听而化诸③?"

狂接舆曰:"是欺德也④。其于治天下也,犹涉海凿河,而使蚊负山也。夫圣人之治也,治外乎⑤?正而后行⑥,确乎能其事者而已矣。且鸟高飞以避矰弋之害⑦,鼷鼠深穴乎神丘之下以避熏凿之患⑧,而曾二虫之无知⑨?"

【注释】 ①日中始:虚拟人物。女:同"汝",你。②君人者:国君。经、式、义、度:皆谓法度。义,读为"仪"。③诸:句尾助词,犹"乎"。④欺德:虚伪骗人的言行。⑤治外:指用"经式仪度"来治理人的外表。⑥正而后行:自正而后化行天下。此"正"指无为,此"行"指自然。即《老子》所说:"我无为而民自化,我好静而民自正。"⑦矰弋:捕鸟的器具。矰是鸟网,弋是系有丝绳的箭。⑧鼷鼠:小鼠。熏凿:谓烟熏和挖掘。⑨无知:奚侗认为"'知'当作'如',其义较长。'无如'犹言'不如'也"。可参考。

【译文】 肩吾见到狂接舆,狂接舆说:"日中始对你都说了些什么?"

肩吾说:"他告诉我,那些做国君的,凭自己的想法制定各种法规,人们谁敢不听而归从呢?"

狂接舆说:"这是虚伪骗人的做法。他这样去治理天下,就如同在大海里开凿河道,让蚊虫背负大山一样。圣人治理天下,难道是用法度来约束人们的外表吗?圣人是先端正自己,而后才会感化他人,任随人们能够做的事情去做就是了。譬如鸟儿知道高高飞起来躲避罗网弓箭的伤害,鼷鼠知道深深藏在神坛下的洞穴中来避免烟熏挖掘的祸患,能够说鸟和鼠是无知的吗?"

三

【原文】 天根游于殷阳①,至蓼水之上②,适遭无名人而问焉③,曰:"请问为天下④。"

无名人曰："去！汝鄙人也,何问之不豫也⑤！予方将与造物者为人⑥,厌则又乘夫莽眇之鸟⑦,以出六极之外,而游无何有之乡,以处圹埌之野⑧。汝又何帠以治天下感予之心为⑨?"

又复问,无名人曰："汝游心于淡,合气于漠⑩,顺物自然而无容私焉,而天下治矣。"

【注释】 ①天根:虚拟人物。殷阳:虚拟地名。②蓼水:虚拟水名。③无名人:虚拟人物。④为:治,治理。⑤不豫:不悦,不快。⑥为人:为友。⑦莽眇之鸟:像鸟般的轻盈虚渺之气。⑧圹埌:空旷寥阔。⑨帠:"臬"的坏字,读作"癉","吃"的本字。⑩淡、漠:皆指清静无为的境界。

【译文】 天根在殷阳游览,走到蓼水岸边,恰巧碰见无名人,便问道:"请问治理天下的办法。"

无名人说:"走开！你这鄙陋的人,为何问这些令人不快的问题！我正要和造物者结伴遨游,厌烦了就要乘像鸟一样的轻盈清虚的气流,飞出天地四方之外,畅游于无何有之乡,歇息于广阔无边的旷野。你又为什么用治理天下的梦话来触动我的心呢?"

天根再次询问,无名人说:"你的心神要安于淡漠,你的形气要合于虚寂,顺着万物的自然本性而不掺杂私意,天下就可以大治了。"

四

【原文】 阳子居见老聃①,曰:"有人于此,向疾强梁②,物彻疏明③,学道不倦。如是者,可比明王乎?"

老聃曰:"是于圣人也,胥易技系④,劳形怵心者也⑤。且也虎豹之文来田⑥,猨狙之便、执嫠之狗来藉⑦。如是者,可比明王乎?"

阳子居蹴然曰⑧:"敢问明王之治。"

老聃曰:"明王之治:功盖天下而似不自己,化贷万物而民弗恃⑨;有莫举名⑩,使物自喜;立乎不测,而游于无有者也⑪。"

【注释】 ①阳子居:虚拟人物。历来多认为阳子居是主张"贵己"的杨朱,其实不相干。②向疾:敏捷如响。向,通"响"。强梁:强悍果断。③物彻:观察事物透彻。疏明:疏通明白。④胥:有才智的小吏。易:掌管占卜的小官。技系:被技术所束缚而不能脱身。⑤劳形怵心:形体劳累,内心担惊受怕。怵,惊惧。⑥文:花纹。来:招来。田:田猎。⑦便:灵便。嫠:狐狸。藉:拘系。⑧蹴然:脸色突然改变的样子。⑨贷:施。弗恃:不觉有所依赖。⑩莫:无。举:显示,称说。⑪无有:指至虚之境。

【译文】 阳子居见到老聃,问道:"有这样的一个人,做事敏捷果敢,看问题透彻明达,学道勤奋不倦。像这种人,可以和圣明之王相比吗?"

老聃说:"这样的人在圣人看来,不过就像有才智的小吏,被自己的技艺职守所困,终身劳其形体,担惊受怕罢了。况且像虎豹由于皮有花纹而招来捕猎,猕猴由于灵便、猎狗由于会捉狐狸而招来拘系。像这样的情况,能够和圣明之王相比拟吗?"

阳子居脸色突变,惭愧地说:"请问圣明之王是如何治理天下的呢?"

老聃说:"圣明之王治理天下,功绩布满天下却好像与自己无关;化育万物而百姓却不觉得有所依赖;有功德却无法去称谓,而让万物欣然自得;自己立于不可测见的地位,生活在至虚无为的境地。"

五

【原文】 郑有神巫曰季咸①,知人之死生、存亡、祸福、寿夭,期以岁月旬日②,若神。郑人见之,皆弃而走。列子见之而心醉③,归,以告壶子④,曰:"始吾以夫子之道为至矣,则又有至焉者矣。"

壶子曰:"吾与汝既其文,未既其实。而固得道与⑤?众雌而无雄,而又奚卵焉⑥!而以道与世亢⑦,必信⑧,夫故使人得而相汝⑨。尝试与来。以予示之。"

明日,列子与之见壶子。出,而谓列子曰:"嘻!子之先生死矣!弗活矣!不以旬数矣⑩!吾见怪焉,见湿灰焉⑪。"

列子入,泣涕沾襟以告壶子。壶子曰:"乡吾示之以地文⑫,萌乎不震不止⑬。是殆见吾杜德机也⑭。尝又与来。"

明日,又与之见壶子。出,而谓列子曰:"幸矣!子之先生遇我也,有瘳矣⑮!全然有生矣!吾见其杜权矣⑯!"

列子入,以告壶子。壶子曰:"乡吾示之以天壤⑰,名实不入,而机发于踵。是殆见吾善者机也⑱。尝又与来。"

明日,又与之见壶子。出,而谓列子曰:"子之先生不齐⑲,吾无得而相焉。试齐,且复相之。"

列子入,以告壶子。壶子曰:"吾乡示之以太冲莫胜⑳,是殆见吾衡气机也㉑。鲵桓之审为渊㉒,止水之审为渊,流水之审为渊。渊有九名㉓,此处三焉㉔。尝又与来。"

明日,又与之见壶子。立未定,自失而走。壶子曰:"追之!"列子追之不及。反,以报壶子曰:"已灭矣,已失矣,吾弗及已。"

壶子曰:"乡吾示之以未始出吾宗㉕。吾与之虚而委蛇㉖,不知其谁何,因以为弟靡㉗,因以为波流㉘,故逃也。"

然后列子自以为未始学而归。三年不出,为其妻爨㉙,食豕如食人㉚,于事无与亲。雕琢复朴㉛,块然独以其形立。纷而封哉㉜,一以是终㉝。

【注释】 ①神巫:精于祈祷降神、占卜吉凶的人。季咸:事见《列子·黄帝篇》。②期:预测。③心醉:指迷恋、折服。④壶子:名林,号壶子,郑国人,是列子的老师。⑤而:通"尔",你。固:岂,难道。与:通"欤",语气词。⑥"众雌而无雄"二句:喻有文无实不能称为道。⑦而:通"尔",你。道:指列子所学的表面之道。亢:同"抗",较量。⑧信:伸。⑨使人得而相汝:让神巫窥测到你的心迹,从而要给你相面。⑩不以旬数:不能用旬数死期了。旬,十天。⑪湿灰:喻毫无生气,死定了。⑫乡:通"向",刚才。地文:大地寂

静之象。⑬萌乎：犹"芒然"，喻昏昧的样子。萌，通"芒"。震：动。止：通行本作"正"，据《阙误》引江南古藏本改。⑭杜：闭塞。德机：指生机。⑮有瘳：疾病可以痊愈。⑯杜权：闭塞中有所变化。权，变。⑰天壤：指天地间一丝生气。壤，地。⑱善者机：指生机。善，生意。⑲不齐：指神色变化不定。⑳吾乡：当是"乡吾"的误倒。太冲莫胜：太虚之气平和无偏颇，无迹可寻。㉑衡气机：生机平和，不可见其端倪。㉒鲵：鲸鱼。桓：盘旋。审：借为"沈"，深意。㉓渊有九名：《列子·黄帝篇》："鲵旋之潘为渊，止水之潘为渊，流水之潘为渊，滥水之潘为渊，沃水之潘为渊，氿水之潘为渊，雍水之潘为渊，汧水之潘为渊，肥水之潘为渊，是为九渊焉。"㉔此处三焉：指鲵桓之水喻杜德机、止水喻善者机、流水喻衡气机。㉕出：显露。吾宗：我的大道根本。㉖虚：无所执着。委蛇：随顺应变的样子。㉗弟靡：茅草随风摆动。形容一无所靠。弟，读作"稀"，茅草类。㉘波流：形容一无所滞。㉙爨：烧火做饭。㉚食豕：喂猪。㉛雕琢复朴：去雕琢，复归于素朴。㉜纷而封哉：谓在纷乱的世事中持守真朴纯一大道。封，守。㉝一以是终：终身不变。

【译文】 郑国有一个神巫名叫季咸，能够预测人的生死存亡和祸福寿夭，所预言的时间，哪年哪月哪日，都能如期发生，准确如神。郑国人见了他，因为害怕知道自己的凶日而都远远逃走。列子见了他，却被他的神算所陶醉所折服，回来后，便把此事告诉了壶子，说道："当初我还以为先生的道术最高明了，没想到还有更高深的。"

壶子说："我教授你的都是外在的东西，还没有展现道的实质，难道你就认为自己得道了吗？就像有许多雌性的鸟而缺少雄性的鸟，又怎能生出卵来呢？你用表面的道与世人较量，希望得到认可，所以才让神巫窥测到你的心迹，从而要给你相面。试着把他带来，让他看看我的相。"

第二天，列子与季咸一起来见壶子。季咸出来后，对列子说："唉！你的先生快要死了！活不成了！过不去十来天了！我见他形色怪异，犹如湿灰一样毫无生机。"

列子进去，泪水汪汪沾湿了衣裳，把季咸的话告诉了壶子。壶子说："刚才我显给他看的是大地般的寂静，茫然无迹，不动不止。他大概是看到我闭塞生机的景象。试着再跟他一起来看看。"

第二天。列子又跟季咸一起来看壶子。季咸出来后，对列子说："你的先生幸亏遇上了我，现在可以痊愈了！完全有生机了！我看见他闭塞的生机开始活动了！"

列子进去，把季咸的话告诉了壶子。壶子说："刚才我显示给他看的是天地间的一丝生机，名利不入于心，一丝生机从脚跟升起。他大概看到了我这线生机了。试着你再请他一起来看看。"

第二天，列子又跟季咸一起来见壶子。季咸出来后，对列子说："你的先生神情恍惚不定，我无法给他相面。等他心神安宁的时候，我再给他看相。"

列子进去，把季咸的话告诉了壶子。壶子说："我刚才显示给他看的是无迹可寻的太虚境界。他大概看到了我生机平和而不偏一端的状况。鲸鱼盘旋的深水是渊，不流动的深水是渊，流动的深水是渊。渊有九种，我给他看的只有三种。试着再跟他一起来

看看。"

第二天,列子又跟季咸一起来见壶子。季咸还没有站稳,就感觉不对头,便惊慌地逃走了。壶子说:"追上他!"列子没有追上,回来告诉壶子说:"已经不见踪迹了,已经跑掉了,我追不上他了。"

壶子说:"刚才我显示给他看的并不是我的根本大道。我不过是和他随顺应变,他分不清彼此,犹如草随风披靡,水随波逐流,只得逃走。"

此后列子才认识到自己并没有学到什么,便返回家中,三年不出家门。他替妻子烧火做饭,饲养猪就像侍候人一样,对待一切事物无所偏爱。他扬弃浮华,复归真朴,无知无识、不偏不倚的样子,犹如土块立在地上。他在纷乱的世界中固守着真朴,终身一贯如此。

六

【原文】 无为名尸①,无为谋府②,无为事任③,无为知主④。体尽无穷,而游无朕⑤。尽其所受乎天而无见得⑥,亦虚而已!至人之用心若镜,不将不迎⑦,应而不藏,故能胜物而不伤。

【注释】 ①尸:主。②谋府:出谋划策的地方。③事任:担当事物的责任。④知主:智慧的主人,主谋,智慧的总集。⑤无朕:无迹象,无征兆。朕,兆。⑥天:指自然。无见得:不自现其所得。见,同"现"。⑦不将不迎:物去不送,物来不迎。将,送。

【译文】 不要承受附加的名誉,不要成为智谋的府库,不要承担事物的责任,不要成为智慧的主持。体悟大道,应化没有穷尽;逍遥自在,游于无物之初。尽享自然所赋予的本性而不自现人为的所得,这正是虚寂无为的心境!至人用心犹如明镜,物来不迎,物去不送,物来应照,物去不留,顺其自然,不存私心,所以能够超脱物外而不为外物所伤害。

七

【原文】 南海之帝为儵,北海之帝为忽①,中央之帝为浑沌②。儵与忽时相与遇于浑沌之地,浑沌待之甚善。儵与忽谋报浑沌之德,曰:"人皆有七窍以视听食息③,此独无有,尝试凿之。"日凿一窍,七日而浑沌死。

【注释】 ①"南海"二句:儵、忽,虚拟人物。儵,通"倏"。倏""忽"二字都含有神速意,喻有为。②浑沌:虚拟人物。"浑沌"是纯朴自然的意思,喻无为。③七窍:一口、两耳、两目、两鼻孔。

【译文】 南海的帝王名叫儵,北海的帝王名叫忽,中央的帝王名叫浑沌。儵和忽时常在浑沌的境内相遇,浑沌待他们很好。儵和忽商量回报浑沌对他们的好处,说:"人们都有七窍,用来看、听、饮食、呼吸,唯独他没有,我们试着给他凿出来。"于是每天凿出一窍,凿到第七天浑沌就死了。

外　篇

骈　拇

【题解】

《骈拇》为外篇的首篇。与内篇按篇旨命题不同，外篇的大部分篇名取自篇首二字或三字，也有部分篇章可视为以义名篇，如本篇既可以认为取自篇首二字为篇名，也可以认为以义名篇。

本篇宗旨在于宣扬为人处事要合于自然，顺乎人情之常，而痛斥了仁义残生伤性的弊端。这里录了两段。前一段意在揭露所谓仁义并非出于自然的情理，并非是自然的正道，而自然的正道在于"不失其性命之情"。其中"凫胫虽短，续之则忧；鹤胫虽长，断之则悲"这一论断，张扬了尊重自然、遵从本性的进步思想。后一段意在说明"天下有常然"，而一味强调施行仁义，就会损害天下常然的状态，损害万物的本性。

一

【原文】　骈拇枝指出乎性哉①，而侈于德②；附赘县疣出乎形哉③，而侈于性；多方乎仁义而用之者④，列于五藏哉⑤，而非道德之正也。是故骈于足者，连无用之肉也；枝于手者，树无用之指也；骈枝于五藏之情者⑥，淫僻于仁义之行⑦，而多方于聪明之用也。

是故骈于明者，乱五色⑧，淫文章⑨，青黄黼黻之煌煌非乎⑩？而离朱是已⑪！多于聪者，乱五声⑫，淫六律⑬，金、石、丝、竹、黄钟、大吕之声非乎⑭？而师旷是已⑮！枝于仁者，擢德塞性以收名声⑯，使天下簧鼓以奉不及之法非乎⑰？而曾、史是已⑱！骈于辩者，累瓦、结绳、窜句⑲，游心于坚白同异之间⑳，而敝跬誉无用之言非乎㉑？而杨、墨是已㉒！故此皆多骈旁枝之道，非天下至正也。

彼至正者㉓，不失其性命之情。故合者不为骈，而枝者不为跂㉔；长者不为有馀，短者不为不足。是故凫胫虽短㉕，续之则忧；鹤胫虽长，断之则悲。故性长非所断，性短非所续，无所去忧也。意仁义其非人情乎㉖！彼仁人何其多忧也。

【注释】　①骈拇：脚的大拇指与第二指连生。骈，连合。枝指：手大拇指旁歧生一指。枝，歧出。②侈：多，多余。德：通"得"，指人所固有。③附赘县疣：即附悬的赘疣。赘疣，身上所生的多余的肉瘤。县，同"悬"。④多方：多端，多方面。乎：于，列于。⑤列于五藏：指以仁义配五脏。据《内经》："仁配肝，礼配心，信配脾，义配肺，智配肾。"藏，即"脏"。⑥骈枝于五藏之情者："骈枝"上原衍"多方"两字，依焦竑诸家之说删。⑦淫僻：过度为淫，过偏为僻。⑧五色：青、黄、赤、白、黑。⑨淫：过度，淫溢。文章：青与赤为文，赤与白为章。⑩黼黻：绣在礼服上的花纹。黑与白相间叫黼，黑与青相间叫黻。煌煌：光辉炫目的样子。⑪而：通"如"。离朱：一说黄帝时人。《淮南子·原道》称"离朱之明，察

箴末于百步之外"。⑫五声：指古乐中的五个音节，即宫、商、角、徵、羽。⑬六律：古乐中的六个标准音调，即黄钟、大吕、姑洗、蕤宾、无射、夹钟。⑭金、石、丝、竹：皆可用来制作乐器，这里指五类乐器。黄钟、大吕：指乐器的声调。⑮师旷：晋平公的乐师，精于音律。⑯擢：拔。塞：闭塞。收名声：指沽名钓誉。⑰簧鼓：犹"吹笙打鼓"，即吹吹打打，喧闹之意。⑱曾、史：曾参和史鳅。曾参字子舆，是孔子的弟子；史鳅字子鱼，是卫灵公的大臣。⑲累瓦、结绳、窜句：皆是比喻过于善辩者堆砌文辞、上下串说、穿凿文句。⑳游心：心思游荡。坚白、同异：名家两个重要论题。详见《齐物论》注。㉑敝跬：疲惫的样子。誉：夸耀。㉒杨、墨：杨朱和墨翟，均为宋国人。㉓至正：通行本误作"正正"，依褚伯秀等说改正。㉔跂：多出的脚趾。㉕凫胫：野鸭的小腿。㉖意：成玄英《疏》本作"噫"，嗟叹之声。释"意"为料想、猜想也通。

【译文】　连生的脚趾与歧生的手指虽然是天生的，但是对于人的体容来说却是多余的；附着在人体上的肉瘤，虽然生长在人身上，但是对于天生的身体却是多余的；使用各种方法推行仁义，并把它匹配五脏，但这些并非是道德的本然。因而连生在脚上的，只是连接了一块无用的肉；歧生在手上的，只是长了一个无用的指头；节外生枝地把仁义与五脏相匹配而超出了五脏的实情的，这种实行仁义的淫僻行为，真是多方地滥用了聪明。

　　因而视物过度明察的，就会迷乱五色，淫滥文采，岂不像青黄相间的华丽服饰的花纹令人炫目吗？那离朱就是这样的人！听觉过度灵敏的，就会混淆五声，淫乱六律，岂不像金石丝竹各种乐器发出的像黄钟、大吕等各种动听的乐声令人沉迷吗？那师旷就是这样的人！多余地提倡仁义的，拔高品德，蔽塞真性，以此来沽名钓誉，岂不是让天下人喧嚷着去奉守不可做到的礼法吗？那曾参和史鳅就是这样的人！过分辩解的，犹如累瓦结绳般的堆砌语词，穿凿文句，驰骋心思，致力于坚白同异论题的争论上，岂不是疲惫地夸耀自己的无用之言吗？那杨朱和墨翟就是这样的人！所以这些都是多余无用之道，并非天下最纯正的道德。

　　那天下最纯正的道德，就是出自他们真实的自然本性。所以从自然而然的角度说，大拇指与第二指连生的不算连生，旁生出一指的不算是多余；长的不算有余，短的不算不足。所以野鸭的腿虽然短小，但给它接上一段就会带来痛苦；野鹤的腿虽然修长，但给它截去一节就会带来悲哀。所以本性是长的，就不该去截短它；本性是短的，就不该去接长它，这样也就没有什么可忧虑的了。噫，仁义它不合乎性命之情吧！那些仁义者怎么会有那么多的忧愁。

二

【原文】　且夫待钩绳规矩而正者①，是削其性者也；待绳约胶漆而固者②，是侵其德者也③；屈折礼乐④，呴俞仁义⑤，以慰天下之心者，此失其常然也⑥。天下有常然。常然者，曲者不以钩，直者不以绳，圆者不以规，方者不以矩，附离不以胶漆⑦，约束不以缠索⑧。故天下诱然皆生⑨，而不知其所以生；同焉皆得，而不知其所以得。故古今不二，不可亏也⑩。则仁义又奚连连如胶漆缠索而游乎道德之间为哉⑪！使天下惑也！

【注释】 ①待：依赖。钩：木工画曲线的曲尺。绳：木工用绳来划直线。规矩：皆为木工工具，规划圆，矩划方。正：矫正，标准。②绳约：绳索。③德：德性，本性。④屈折：屈身折体，指举行礼乐仪式时的动作。可引申为周旋。⑤呴俞：爱抚，安抚。⑥常然：正常状态。⑦附离：附依。离，通"丽"，依附。⑧缠索：绳索。⑨诱然：犹"油然"，自然而然。⑩不可亏：指自然之性不可亏损。⑪奚：何，为什么。而：以。

【译文】 要用曲尺、墨线、圆规、角尺来修正事物的，这就损害了事物的本性；要用绳索、胶漆来固定事物的，这就侵害了事物的品质；那些用礼乐来周旋，用仁义来安抚，以此告慰天下人心的，这就违背了事物的自然生态。天下的事物存在着自己的自然生态。这自然生态就是，弯曲的并非使用了曲尺，笔直的并非使用了墨线，圆圆的并非使用了圆规，方方的并非使用了角尺，相合在一起的并非使用了胶漆，束缚在一起的并非使用了绳索。所以天下万物都是自然而然的生长，却不知道它是如何生长的；天下万物都有所得，却不知道它是如何取得的。所以古往今来，万物的自然之理都是一样的，不能够用人为的东西去亏损自然的本性。那么仁义又何必像胶漆绳索那样非要挤进万物的自然本性之中呢！这让天下人都感到疑惑哎呀！

马 蹄

【题解】

本篇取篇首二字为篇名，其主旨与《骈拇》相同，皆从性命上立论，批评当权者在所谓的"善治"下，带给社会和人们的伤害，宣扬道家无为而治的思想。

本篇可分三段，我们选录了首段和第二段的一部分。首段以马为喻，描写马的"龁草饮水，翘足而陆"的自在生活，也是马的真性表现，以此隐喻人的自然天性。接着用伯乐治马、陶工治埴、木匠治木设喻，指出他们对马及对物本性的损害，犹如统治者治理国家中对人们本性的残害一样有罪过。这是以宾喻主的写法。第二段一部分，作者着力描绘了处于原始社会状态下的人与自然和谐共处的情景；这里的人民"织而衣，耕而食"，同心同德，浑然一体，"禽兽可系羁而游，鸟鹊之巢可攀援而窥"，可谓庄子版的"世外桃源"。以社会发展史的角度来看，这是一种复古和倒退；从人与自然和谐共存的理念角度来看，应看作是人类更高境界的憧憬和追求。

一

【原文】 马，蹄可以践霜雪，毛可以御风寒。龁草饮水①，翘足而陆②，此马之真性也。虽有义台路寝③，无所用之。及至伯乐④，曰："我善治马。"烧之，剔之，刻之，雒之⑤。连之以羁馽⑥，编之以皂栈⑦，马之死者十二三矣！饥之，渴之，驰之，骤之，整之，齐之，前有橛饰之患⑧，而后有鞭筴之威⑨，而马之死者已过半矣！陶者曰⑩："我善治埴⑪。圆者中规⑫，方者中矩。"匠人曰："我善治木⑬。曲者中钩，直者应绳。"夫埴木之性，岂欲中规矩

钩绳哉?然且世世称之曰:"伯乐善治马,而陶匠善治埴木。"此亦治天下者之过也。

【注释】 ①齕:啮,吃。②陆:跳。③义台:即"仪台",用于举行典礼的台子。路寝:正室,大室。④伯乐:姓孙,名阳,字伯乐,秦穆公时人。善于识别好马。⑤"烧之"四句:烧之,指用烧红的烙铁打火印。剔之,指剪马毛。刻之,削马蹄甲。雒之,戴笼头。⑥羁:络马首。馽:绊马前足。⑦皂:马槽。栈:马棚。⑧橛:马嚼子。⑨笑:马杖,打马的工具。⑩陶者:制作陶器的人。⑪治埴:烧治陶器。埴,粘土,制陶原料。⑫中:符合。⑬治木:制作木器。

【译文】 马蹄可以践踏霜雪,马毛可以抵御风寒。马吃草饮水,举足跳跃,这是马的真性情。纵使有高台大室,对马来说也是毫无用处。后来有了伯乐,他说:"我善于驯马。"于是用烙铁打上印记,剪除长毛,削去蹄甲,戴上笼头。又用马络头和足绊把马拴在一起,用绳子按顺序编排在马棚马槽中,这样好好的马就有二、三成死掉了!然后再让马饿着,渴着,驱赶着,奔跑着,进行着整齐划一的训练,前有马嚼子和马缨的束缚,后有鞭策抽打的威胁,这时马的伤亡就已过半了!陶匠说:"我善于制作陶器。能使圆的合于规,方的合于矩。"木匠说:"我善于制作木器。能使弯的合于曲尺,直的合于墨线。"难道粘土和木材的本性一定要合于规矩绳墨吗?然而世世代代都称赞说:"伯乐善于养马,而陶工木匠善于制作陶器木器。"这也是那些治理天下的人所犯的过错啊!

二

【原文】 吾意善治天下者不然。彼民有常性①,织而衣,耕而食,是谓同德②。一而不党③,命曰天放④。故至德之世⑤,其行填填,其视颠颠⑥。当是时也,山无蹊隧⑦,泽无舟梁⑧;万物群生,连属其乡⑨;禽兽成群,草木遂长⑩。是故禽兽可系羁而游,鸟鹊之巢可攀援而窥。夫至德之世,同与禽兽居⑪,族与万物并⑫,恶乎知君子小人哉?同乎无知,其德不离;同乎无欲,是谓素朴⑬。素朴而民性得矣。

【注释】 ①常性:不变的本性。②同德:共同得于自然。③一:浑然一体。党:偏。④命:称,名。天放:自然赋予的自由。⑤至德之世:道德最高尚的时代。⑥"其行"二句:填填、颠颠,均为形容自在得意的神态。⑦蹊隧:小径和穴道。⑧舟梁:船和桥。⑨连属其乡:指居所相连。⑩遂长:生长。⑪同:混同。⑫族:聚集。并:合。⑬素朴:纯朴。

【译文】 我以为善于治理天下的人不会这样。那人民是有不变的天性的,他们织布穿衣,耕田吃饭,这是共同的本能。彼此浑然一体,没有偏向,可以称为自由放任。所以在道德昌盛的时代,人民的行为总是显出悠闲自得、质朴拙实的样子。在那个时候,山中没有小径和隧道,水上没有船只和桥梁;万物共同生长,居处彼此相连;禽兽成群结队,草木茁壮滋长。因而禽兽可以让人牵着去游玩,鸟鹊的窠巢可以任人攀援去窥探。在那道德昌盛的时代,人与禽兽混杂而居,与万物聚集在一起,哪里有君子与小人的区别呢?人们都一样的不用智巧,自然的本性就都不会丧失;人们都一样的没有贪欲,所以都纯真朴实。人们都纯真朴实,也就能永葆人的自然本性了。

胠箧

【题解】

本篇以篇首"胠箧"二字(指实义字)名篇,也可视为举事以名篇。文章旨在宣扬老子"绝圣弃智"的思想。圣人为什么要灭绝？智慧为什么要摒弃？作者开篇就用事物类比法进行了深刻地论辩。他以箧(箱)、囊(袋)、匮(柜)喻天下、国家,以摄缄縢(扎紧绳索)、固扃鐍(加固门闩和锁钥)喻圣智之法,又以巨盗"负匮揭箧担囊而趋"(背着柜子、举着箱子、扛着袋子而逃)喻田成子之流不但盗取了国家,连"圣智之法"也一并偷窃了去。以小喻大,一路写来,深刻地揭示和抨击了当时社会存在的"窃钩者诛,窃国者为诸侯,诸侯之门而仁义存焉"的黑暗现实。当作者面对"仁义"成为窃国的帮凶,"礼法"成为治民的工具,无奈之中,只好眷恋起"小国寡民"的自由平等的原始社会,其政治倾向虽是消极的,但其中蕴含的民主性的精华却是值得我们礼赞。

本篇自开头至"是乃圣人之过"一段止,雄论滔滔,一气呵成,文笔犀利,气势磅礴,是本篇的精粹。我们选录此部分加以介绍。

【原文】 将为胠箧探囊发匮之盗而为守备①,则必摄缄縢②,固扃鐍③,此世俗之所谓知也④。然而巨盗至,则负匮揭箧担囊而趋⑤,唯恐缄縢扃鐍之不固也。然则乡之所谓知者⑥,不乃为大盗积者也？

故尝试论之:世俗之所谓知者,有不为大盗积者乎？所谓圣者,有不为大盗守者乎？何以知其然邪？昔者齐国邻邑相望,鸡狗之音相闻,罔罟之所布⑦,耒耨之所刺⑧,方二千馀里。阖四竟之内⑨,所以立宗庙社稷,治邑屋州闾乡曲者⑩,曷尝不法圣人哉⑪？然而田成子一旦杀齐君而盗其国⑫,所盗者岂独其国邪？并与其圣知之法而盗之⑬。故田成子有乎盗贼之名,而身处尧、舜之安。小国不敢非,大国不敢诛,十二世有齐国⑭。则是不乃窃齐国并与其圣知之法以守其盗贼之身乎？

尝试论之:世俗之所谓至知者,有不为大盗积者乎？所谓至圣者,有不为大盗守者乎？何以知其然邪？昔者龙逢斩⑮,比干剖⑯,苌弘胣⑰,子胥靡⑱,故四子之贤而身不免乎戮。故跖之徒问于跖曰:"盗亦有道乎？"跖曰:"何适而无有道邪⑲？夫妄意室中之藏⑳,圣也;入先,勇也;出后,义也;知可否,知也㉑;分均,仁也。五者不备而能成大盗者,天下未之有也。"由是观之,善人不得圣人之道不立㉒,跖不得圣人之道不行㉓。天下之善人少而不善人多,则圣人之利天下也少而害天下也多。故曰,唇竭则齿寒㉔,鲁酒薄而邯郸围㉕,圣人生而大盗起。掊击圣人㉖,纵舍盗贼,而天下始治矣。

夫川竭而谷虚㉗,丘夷而渊实㉘。圣人已死,则大盗不起,天下平而无故矣㉙！圣人不死,大盗不止。虽重圣人而治天下㉚,则是重利盗跖也。为之斗斛以量之㉛,则并与斗斛而窃之;为之权衡以称之㉜,则并与权衡而窃之;为之符玺以信之㉝,则并与符玺而窃之;为之仁义以矫之,则并与仁义而窃之。何以知其然邪？彼窃钩者诛㉞,窃国者为诸侯。诸侯之门而仁义存焉,则是非窃仁义圣知邪？故逐于大盗㉟,揭诸侯㊱,窃仁义并斗斛权衡符玺之

利者,虽有轩冕之赏弗能劝㊲,斧钺之威弗能禁㊳。此重利盗跖而使不可禁者,是乃圣人之过也。

【注释】 ①胠:从旁边打开。箧:箱子。探囊:掏布袋子。发匮:开柜子。匮,同"柜"。为守备:做好防守戒备。②摄:打结,缠绕。缄、縢:都是绳子。③固:加固,使坚固。扃鐍:门闩和锁钥。④知:同"智"。⑤负:背。揭:举。趋:指逃走。⑥乡:通"向",指前面所说。⑦罔:渔网,鸟网。罟:网的总称。布:设置。⑧耒:犁。耨:锄草工具。刺:插。⑨阖四竟:全国。阖,整个。竟,通"境"。⑩邑、屋、州、闾、乡、曲:都是古代大小不同的地方行政区域。⑪曷:何。不法:不效法。⑫田成子:齐国大夫陈恒(又称田常)于鲁哀公十年,杀了齐简公,夺取了政权。⑬圣知之法:指圣人制订的法规制度。知,同"智"。⑭十二世:当为"世世"之误。⑮龙逢斩:关龙逢是夏桀的贤臣,因直谏被杀。⑯比干剖:比干是商纣王的叔父,因忠谏被剖心。⑰苌弘胣:苌弘是周灵王的贤臣,因遭谗毁自剖而死。胣,剖肠。⑱子胥靡:子胥姓伍,名员,字子胥。他力谏吴王灭越,吴王不听,赐剑令子胥自刎。子胥尸体沉入江中,致使糜烂。靡,通"糜"。⑲何适:何往,哪一个。⑳妄意:揣摩,猜想。㉑知可否,知也:能够预测计划可否实现,这是智慧。前一"知",预知;后一"知",同"智"。㉒不立:指不能立功建业。㉓不行:指不能行窃下去。㉔唇竭:唇反举向上,即露齿。㉕鲁酒薄而邯郸围:有两种说法。一说是,楚国会见诸侯,鲁国和赵国都向楚王献酒。鲁国的酒味淡而赵国的酒味浓。楚国管酒的人向赵国要酒,赵国不给,于是管酒的人便把赵国的好酒换成了鲁国的薄酒。后来,楚王嫌赵国的酒不好,就出兵围困了赵国的邯郸。㉖掊击:抨击,打倒。㉗川:两山之间的流水。谷:两山间的流水道。㉘夷:平。㉙无故:无事。㉚重:重用。㉛斗斛:斗和斛都是量具,十斗为一斛。㉜权衡:指秤。权,秤锤。衡,秤杆。㉝符:符契。玺:印。㉞钩:指腰带钩。㉟逐:追逐,追随。㊱揭:举而夺之。㊲轩冕:轩车和礼帽,指高官厚禄。劝:劝止。㊳斧钺之威:指死刑的威胁。钺,大斧。

【译文】 为了防备那些开箱、掏布袋、撬柜子的小偷,就必然要捆紧绳子,加固锁钮,这是世俗间所说的聪明。然而大盗一来,就会顺手背起柜子,扛起箱子,挑起布袋而偷走,唯恐绳子锁钮不够牢固。那么以前所谓的聪明,不就是替大盗储藏财物了吗?

为此我们尝试着讨论一下:世俗的所谓聪明,有不为大盗储备积累的吗?所谓的圣人,有不为大盗守护的吗?为什么说是这样的呢?从前齐国,从邻里相望、鸡鸣狗叫之声相闻的地方,到网罟设置的地方,再到犁锄耕作的地方,方圆有两千多里。整个国境之内,凡是建立宗庙社稷,以及设置邑屋州闾乡曲等各级行政管理机构的地方,何尝不效法圣人呢?但是田成子一旦杀死齐君而盗取了齐国政权,所盗取的岂止是那个国家呢?连同圣人的法规制度不也盗取了吗?所以田成子虽有盗贼的不好名声,然而身处尧、舜一般安稳的帝王地位。小国不敢非议他,大国不敢讨伐他,他却世世代代据有齐国。这件事不就是连同圣智的法制一起窃取了齐国的政权,并以此保护那盗贼的身家性命吗?

我们接着试做论析:世俗间所谓最聪明的人,有不替大盗做储备和积蓄的吗?所谓

的大圣有不替大盗做守护的吗？怎么知道是这样的呢？从前关龙逢被斩首，比干被剖心，苌弘剖肠而死，伍子胥尸体沉江而糜烂，像这样的四个贤人都不免于杀身之祸。所以盗跖的门徒向盗跖问道："做强盗也有道吗？"盗跖回答说："做什么事情没有道呢？就像我们能够揣摩出屋里藏着什么好东西，这就是圣明；能够争先入室，这就是勇敢；撤出时主动断后，这就是义气；能够预测计划可否成功，这就是智慧；分赃平均，这就是仁爱。这五样不具备而能够成为大盗的人，天下还没有见过。"由此看来，善人如果不懂圣人之道就不能建功立业，盗跖如果不懂圣人之道就不能行窃下去。然而天下的善人少而不善的人多，那么圣人利于天下的作用少而害于天下的作用就多。所以说，唇亡则齿寒，鲁酒薄而邯郸被围，圣人生而大盗兴起。打倒圣人，放走盗贼，那么天下就开始太平了。

河川干涸，那么山谷就会空虚；山丘铲平，那么深渊也能填满。圣人死了，大盗就不会兴起，天下便太平无事了！如果圣人不死，大盗就不会止息。虽说重用圣人是为了治理天下，其结果却是大大有利于盗跖。圣人为了公平，制造了斗斛用来量谷物，大盗便连同斗斛也一并盗去；圣人制造了市秤来称东西，大盗便连同市秤也一并盗去；圣人制造了符契印章以便取信，大盗便连同符契印章也一并盗去；圣人宣扬仁义来矫正不正之风，大盗便连同仁义也一并盗去。为什么要这样说呢？看看那盗窃钩环的人被诛杀，而盗窃国家的人却成了诸侯就清楚了。诸侯们门前都打着仁义的招牌，这不是盗窃了仁义和圣智吗？所以那些追逐着要做大盗，去夺取诸侯之位，去窃取仁义和斗斛、市秤、符印好处的人，就是有高官厚禄的赏赐，也不能劝阻他们，用斧钺的威刑也不能禁止他们。这种大大有利于盗跖而难以禁止的局面，都是圣人的过错。

在　宥

【题解】

　　本篇取首句"在宥"二字为篇名。"在宥"，按宣颖解释为"在，存也，听其自存不乱之也；宥，宽也，容之宽然，不驱之也"（《南华经解》），即任由天下自然发展，不去强加约束和治理。正如篇首二句所说："闻在宥天下，不闻治天下也。"道出了全篇的宗旨。

　　本篇全文分两部分来论述，从开头至"吾又何暇治天下哉"为主体部分，先以"闻在宥"一段总论全文无为而治的宗旨，而后编排了"崔瞿问于老聃""黄帝立为天子"和"云将东游"三个寓言故事，对前论予以生动而形象化的说明。后一部分则对前论未能尽兴之言，分别对有为之害、"睹有"与"睹无"之别、"天道"与"人道"的关系即兴阐释。其中最后一个段落"贱而不可不任者"，不少的学者认为此段文意与庄子思想不类，疑为俗儒所窜入。我们选取本篇的主体部分予以介绍。

一

　　【原文】　闻在宥天下①，不闻治天下也②。在之也者，恐天下之淫其性也③；宥之也者，恐天下之迁其德也④。天下不淫其性，不迁其德，有治天下者哉⑤？昔尧之治天下也，

使天下欣欣焉人乐其性，是不恬也⑥；桀之治天下也，使天下瘁瘁焉人苦其性⑦，是不愉也。夫不恬不愉，非德也；非德也而可长久者，天下无之。

人大喜邪，毗于阳⑧；大怒邪，毗于阴。阴阳并毗，四时不至，寒暑之和不成，其反伤人之形乎！使人喜怒失位，居处无常，思虑不自得，中道不成章⑨。于是乎天下始乔诘卓鸷⑩，而后有盗跖、曾、史之行⑪。故举天下以赏其善者不足，举天下以罚其恶者不给⑫。故天下之大不足以赏罚。自三代以下者，匈匈焉终以赏罚为事⑬，彼何暇安其性命之情哉！

而且说明邪⑭，是淫于色也；说聪邪，是淫于声也；说仁邪，是乱于德也；说义邪，是悖于理也；说礼邪，是相于技也⑮；说乐邪，是相于淫也；说圣邪，是相于艺也⑯；说知邪，是相于疵也⑰。天下将安其性命之情，之八者⑱，存可也，亡可也。天下将不安其性命之情，之八者，乃始脔卷狯囊而乱天下也⑲。而天下乃始尊之惜之。甚矣，天下之惑也！岂直过也而去之邪⑳！乃齐戒以言之㉑，跪坐以进之，鼓歌以儛之㉒。吾若是何哉！

故君子不得已而临莅天下㉓，莫若无为。无为也，而后安其性命之情。故贵以身于为天下，则可以托天下；爱以身于为天下，则可以寄天下㉔。故君子苟能无解其五藏㉕，无擢其聪明㉖，尸居而龙见㉗，渊默而雷声㉘，神动而天随㉙，从容无为，而万物炊累焉㉚。吾又何暇治天下哉！㉛

【注释】　①在宥：优游自在，宽容自得。②治：统治，驾驭。③淫：乱，失。④迁：迁移，改变。⑤有：岂有，岂用。⑥恬：静，宁静。⑦瘁瘁焉：心力疲惫的样子。⑧毗：伤，害。⑨"使人"四句：失位、无常、不自得、不成章，均指人的生活失调不正常。位，尺度。常，常规。中道，中和之道。章，条理。⑩乔诘卓鸷：四字均形容不和谐之意。乔，自高自大。诘，猜忌责备。卓，孤傲高亢。鸷，凶猛严厉。⑪曾、史：即曾参、史鳅，均以仁孝闻名于世。⑫给：足。⑬匈匈：喧嚣，争先恐后之意。⑭说：同"悦"，喜爱。下七"说"字同。⑮相：帮助，助长。技：技艺，伎俩。⑯艺：才能，技能。⑰疵：病，弊病。⑱之：此。八者：即指以上明、聪、仁、义、礼、乐、圣、知（智）八方面。⑲脔卷：拘束不伸的样子。狯囊：犹"抢攘"，喧闹张扬的样子。⑳岂直：岂止。㉑齐戒：即斋戒。齐，通"斋"。㉒儛：即"舞"的俗字。㉓临莅：到。这里指治理、统治。㉔"故贵"四句：引用《老子》十三章文。原文无二"于"字，王先谦《集解》引苏舆说认为是衍文，而陆西星《南华经副墨》说"而加二'于'字，亦文之奇处"。㉕无解其五藏：谓不耗散精神。解，散，裂。藏，即"脏"。五脏为精灵之宅，代指精神。㉖擢：显示。㉗尸居而龙见：形容身体如死尸般纹丝不动，而不动之中活跃着龙腾虎跃般的生机。见，同"现"。㉘渊默而雷声：形容虽然像深渊一样的静寂无声，但在无声之中蕴藏着如电闪雷鸣般的生机。㉙神动：精神活动。天随：即随天，符合天理自然。㉚炊累：形容犹如炊烟自然累积而自动升腾。一说"炊"通"吹"，动也；累，尘也。若风吹尘埃，任意飘浮。㉛以上一段为论断文，起伏呼应，环环相扣，有极强的说服力。

【译文】　只听说任天下人自由自在生活的，没有听说要治理天下百姓的。所以要任由百姓自由自在的生活，是怕他们丧失了本性；所以要让百姓能够宽松安适，是怕他们改变纯朴的德性。天下之人都不丧失本性，不改变德性，哪里还用治理天下呢！从前尧治理天下时，让人欣喜若狂、快乐不已，这就不宁静了；桀治理天下时，使人疲于奔命、痛苦不堪，这就不愉快了。让天下之人弄得不宁静不愉快，这并不是人的自然本性。违背人的自然本性而可以长久的，这是天下没有的事情。

人若过于欢乐，就会伤害阳气；人若过于愤怒，就会伤害阴气。阴阳二气都受到了伤害，四时的节气不按时而至，寒暑的交替失去调和，这不反过来要伤害到人体吗！使人喜怒无常，居无定所，思虑不安，中和之道遭到破坏。于是天下开始出现了自大、责备、高傲、凶猛等等不和谐的现象，而后也就产生了盗跖、曾参、史鳅等不同的行为。因此使用全天下的力量来奖赏善举，也还是不够；使用全天下的力量来惩罚恶行，也还是不够。所以天下之大，却不足以处理奖善罚恶的事。自从三代以后，那些国君们喧哗着竞相以赏善罚恶为能事，他们哪里还有时间顾及安定百姓的自然本性呢！

再说你喜欢目明吗？那势必要沉溺于美色之中；你喜欢耳聪吗？那势必要沉溺于乐声之中；你喜欢仁吗？那势必要扰乱了自然的天性；你喜欢义吗？那势必要违背了自然的天理；你喜欢礼吗？那势必要助长了烦琐的伎俩；你喜欢音乐吗？那势必要助长淫荡的滋长；你喜欢圣智吗？那势必要助长技艺的泛滥；你喜欢智慧吗？那势必要助长纠缠是非的弊病。如果天下之人都保持自己的自然本性，这八个方面有也可以，没有也可以。如果天下之人都不安于自己的自然本性，这八个方面就会使人拘束不伸和喧闹张扬而扰乱天下。而天下之人却尊重它们，珍惜它们。天下之人真是太糊涂了！这些人岂止只是一时的尊重珍惜而过后便丢弃呢！他们竟然斋戒后才敢虔诚地谈论它，行跪拜礼去传授它，载歌载舞去宣扬它。对待这种情况，我又能怎么样呢？

所以君子不得已而治理天下的时候，最好是无为而治。只有做到无为，而后才能使天下人的自然本性得到安宁。所以说把自身看得比天下还重的人，才可以把天下托付给他；把珍爱自身甚于珍爱天下的人，才可以把天下寄托给他。所以君子如果能够不肢解五脏而伤害真性，能够不显耀自己的聪明才智，安然不动而生机勃勃，沉静如渊而蕴藏着雷鸣般的声音，精神活动处处合乎自然，从容自在，无所作为，万物的活动就像炊气自然积累而飘升一样，我又何必多此一举去治理天下呢！

二

【原文】　崔瞿问于老聃曰①："不治天下，安藏人心②？"

老聃曰："女慎，无撄人心③。人心排下而进上④，上下囚杀⑤，绰约柔乎刚彊⑥，廉刿雕琢⑦。其热焦火，其寒凝冰，其疾俯仰之间而再抚四海之外⑧。其居也渊而静，其动也县而天⑨。偾骄而不可系者⑩，其唯人心乎！昔者黄帝始以仁义撄人之心，尧、舜于是乎股无胈⑪，胫无毛⑫，以养天下之形⑬，愁其五藏以为仁义⑭，矜其血气以规法度⑮。然犹有不胜也⑯。尧于是放谨兜于崇山⑰，投三苗于三峗⑱，流共工于幽都⑲，此不胜天下也。夫施及三王而天下大骇矣⑳。下有桀、跖，上有曾、史，而儒墨毕起。于是乎喜怒相疑，愚知相欺，善否相非,诞信相讥,而天下衰矣㉑;大德不同,而性命烂漫矣㉒;天下好知,而百姓求竭矣㉓。于是乎斤锯制焉㉔,绳墨杀焉㉕,椎凿决焉㉖。天下脊脊大乱㉗,罪在撄人心。故贤者伏处大山嵁岩之下㉘,而万乘之君忧栗乎庙堂之上。今世殊死者相枕也㉙,桁杨者相推也㉚,刑戮者相望也,而儒墨乃始离跂攘臂乎桎梏之间㉛。意㉜,甚矣哉!其无愧而不知耻也甚矣!吾未知圣知之不为桁杨椄槢也㉝,仁义之不为桎梏凿枘也㉞,焉知曾、史之不为桀、跖嚆矢也㉟!故曰:绝圣弃知,而天下大治。"㊱

【注释】　①崔瞿:虚拟人物。老聃:李耳字聃,即老子。②藏:当为"臧"字之误。臧,善。③"女慎"二句:女,同"汝",你。无,通"毋",不。撄,扰乱,触动。④排下:因受到排挤而精神消沉。进上:因受到推崇而精神振奋。⑤囚杀:拘囚杀害。⑥淖约:柔弱的样子。彊:同"强"。⑦廉:借作"𨱔",刺。刿:割。⑧疾:迅速,快。抚:触摸,亲临。⑨县:同"悬"。⑩偾骄:奋发骄纵,形容不可禁制的势态。⑪股:大腿。胲:大腿根部的肉。⑫胫:小腿。⑬天下之形:天下的人体。⑭愁:忧愁。五藏:即"五脏",指心性。⑮矜:苦。血气:指精力。规:建立,规范。⑯不胜:不堪。⑰放:放逐,流放。谨兜:传说是帝鸿氏之子,又称浑沌,为共工同党。崇山:在今湖南省境内。⑱投:投放。三苗:又称饕餮,尧时诸侯,封三苗之国。三苗之国在今湖南省境内。三峗:山名,也写作"三危",在今甘肃省天水一带。⑲共工:名穷奇,与谨兜、饕餮等同党。幽都:也写作"幽州",在今北京密云区境内。⑳施:延,延续。三王:指夏商周三代国君。㉑"于是乎"五句:形容种种自以为是、他人为非的猜疑和争斗。知,同"智"。否,恶,坏。诞,虚诞,谎骗。㉒烂漫:散乱,指受到伤害。㉓求竭:无以供其求。㉔斤:通"斤",斧。制:制裁,处制。㉕绳墨:指礼法、刑法。㉖椎凿:指刑具。决:断,裂。㉗脊脊:犹"藉藉",互相践踏。㉘伏处:隐居。嵁岩:深岩。㉙殊死:断头而死,身首异处。㉚桁杨:加在颈上和脚上的刑具。相推:相互拥挤。㉛离跂:翘足。攘臂:举手袒臂。桎梏:脚镣手铐。㉜意:同"噫"。㉝椄槢:接合枷锁的横木。㉞凿枘:指用来固定枷锁的榫眼和榫头。㉟嚆矢:响箭,喻先声。㊱此段借老聃回答崔瞿之言,说明治理天下的弊端,"罪在撄人心"。矛头直指黄帝、尧、舜,并牵连儒墨之徒,嬉笑怒骂,酣畅淋漓。最后两句,从正面结"在宥"之义。

【译文】　崔瞿问老聃说:"不去治理天下,如何使人心向善呢?"

老聃说:"你要审慎,不要扰乱人心。人心如果受到人的排挤,情绪就会低落,如果受到人的推崇,精神就会振奋;人的心志在忽上忽下的无常变化中,就像被绳索囚缚,被刀剑伤害一样;当被囚缚时,柔弱的心志可以化为刚强;当被伤害时,就像用刀剑切割雕刻一般。他们的内心焦躁如烈火,而忧恐战栗又如卧寒冰,他们的心境迅速变化着,俯仰之间便能往来于四海之外。当人心未动之时,像深渊一样安静,一旦心志活动起来,飞扬飘浮,犹如悬系于天际。骄矜逞强而不可禁制的,就是人心啊!从前黄帝开始拿仁义来扰乱人心,于是尧、舜就依样效法,累得大腿上没有肉,小腿上不长毛,以养育天下人的身体;愁劳他的心思去施行仁义,苦劳他的血气去建立法度。尽管这样,然而还是不能完胜天下。于是尧把谨兜放逐到崇山,把三苗投放到三峗,把共工流放到幽州,这样做也未能

完胜天下。延续到了夏商周三代君王，天下便更加惊恐不安了。下有夏桀、盗跖之小人，上有曾参、史鰌之君子，其间又有儒家和墨家纷纷兴起。于是或喜或怒互相猜疑，愚者和智者相互欺侮，善的与不善的互相非议，荒诞的与信实的彼此讥讽，天下的人性便从此衰微了；人们自然的天德出现了不同，而性命的本真也随之受到了伤害；天下都追逐智巧，百姓竭尽心力也无法应付。于是君主用斧锯制裁百姓，用礼法来杀害百姓，用椎凿来处决百姓。天下人们相互践踏大乱，其罪过就在于圣人及历代君主们扰乱了人心。所以贤者隐遁在高山深岩之下，而万乘君主忧虑惊恐于朝廷之上。如今遭遇断头之刑的人多得尸首压在一起，在脖子上和脚上钳夹着刑具的囚犯多得一个接着一个，遭受过笞辱的人多得满眼都是，然而儒家和墨家之徒竟然跷着脚、举手袒臂地在囚犯中间，大谈仁义之道。唉，这也太荒唐了！他们不知惭愧、不知羞耻到了何等地步！我不知道圣智不是枷锁的横木、仁义不是枷锁的榫眼榫头，怎么知道曾参、史鰌不是夏桀、盗跖的先声呢！所以说：灭绝圣人，抛弃智慧，而后天下才能得到根本的治理。"

三

【原文】 黄帝立为天子十九年，令行天下，闻广成子在于空同之山①，故往见之，曰："我闻吾子达于至道，敢问至道之精。吾欲取天地之精，以佐五谷，以养民人。吾又欲官阴阳②，以遂群生③，为之奈何？"

广成子曰："而所欲问者④，物之质也⑤；而所欲官者，物之残也⑥。自而治天下，云气不待族而雨，草木不待黄而落，日月之光益以荒矣⑦，而佞人之心翦翦者⑧，又奚足以语至道！"

黄帝退，捐天下⑨，筑特室⑩，席白茅⑪，闲居三月，复往邀之⑫。

广成子南首而卧，黄帝顺下风⑬，膝行而进，再拜稽首而问曰⑭："闻吾子达于至道，敢问治身，奈何而可以长久？"

广成子蹶然而起⑮，曰："善哉问乎！来，吾语女至道⑯。至道之精，窈窈冥冥⑰；至道之极，昏昏默默⑱。无视无听，抱神以静，形将自正⑲。必静必清，无劳女形，无摇女精，乃可以长生。目无所见，耳无所闻，心无所知，女神将守形，形乃长生。慎女内，闭女外，多知为败⑳。我为女遂于大明之上矣，至彼至阳之原也；为女入于窈冥之门矣，至彼至阴之原也㉑。天地有官，阴阳有藏。慎守女身，物将自壮㉒。我守其一，以处其和㉓，故我修身千二百岁矣，吾形未常衰㉔。"

黄帝像

黄帝再拜稽首曰："广成子之谓天矣㉕！"

广成子曰："来！余语女：彼其物无穷㉖，而人皆以为有终；彼其物无测，而人皆以为有极。得吾道者，上为皇而下为王㉗；失吾道者，上见光而下为土㉘。今夫百昌皆生于土而反于土㉙。故余将去女，入无穷之门，以游无极之野㉚。吾与日月参光㉛，吾与天地为常㉜。

当我缗乎,远我昏乎③! 人其尽死,而我独存乎!"③

【注释】 ①广成子:虚拟中的得道人物。空同:或写作"崆峒",虚拟山名。②官:掌管。这里指调和。③遂:成,成就。群生:万物。④而:通"尔",你。下三"而"字同。⑤质:本质。这里指道的精华。⑥残:残渣。这里指道的残余。⑦荒:昏暗,暗淡。⑧佞人:谄媚善辩的人。䎘䎘:浅薄狭隘的样子。⑨捐:弃,抛弃不顾。⑩特室:别室,独居之室。⑪席:藉,垫。⑫邀:求。⑬顺下风:处在风的下方,表示谦恭。⑭稽首:磕头到地,表示谦恭。⑮蹶然:迅速起身的样子。⑯语女:告诉你。女,同"汝",你。下同。⑰窈窈冥冥:幽冥深远的状态。⑱昏昏默默:昏暗寂静的状态。⑲形:形体,身体。正:纯正。⑳"慎女内"三句:慎,静。内,内心,精神。外,指耳目。㉑"我为女"四句:"至道"产生天地万物的阴阳二端,至阴至阳都原本于"至道",所以这里描述的"大明之上""至阳之原""窈冥之门""至阴之原"均喻"至道"。遂,径达。大明,至阳的景象。原,本。窈冥,至阴的景象。㉒物:指道之物,即大道。㉓"我守"二句:一,指至道。和,指阴阳二气调和。㉔常:通"尝"。㉕天:自然之谓天,指合乎自然。或谓与天合德、与天合一,亦通。㉖物:指至道。下同。㉗皇:"三皇五帝"之"皇",地位崇高。王:"施及三王"之"王",地位低于皇。㉘上见光而下为土:生则见日月之光而死则为腐土。㉙百昌:百物之昌盛。犹百物。㉚无极之野:与上句"无穷之门"均指至道。㉛与日月参光:与日月共有三光,引申为"与日月同光"或"与日月争光"。参,三。㉜常:久,永久。㉝"当我"二句:当我,向我,迎我。远我,背我,离我。缗,通"冥"。昏暗。"缗""昏"均指无心无意之谓。㉞此段主要说明只有把自身看得比治理天下还重要的人才可以治理天下,并对修身养性的治身之道及延年益寿之法做出了详细描述。

【译文】 黄帝做了十九年的天子,政令通行天下,听说广成子住在空同山上,便特地去见他,对他说:"我听说先生明达至道,请问至道的精髓是什么? 我想取用天地的精华来帮助五谷成熟,用来养育人民。我还想掌管阴阳二气的变化,以顺应万物的生长,这应该如何去做呢?"

广成子说:"你所想问的问题,是大道的精华;而你所想要管理的,却是大道的残渣。自从你治理天下以来,云气还没有聚集起来就下雨,草木还没有达到枯黄季节就凋零,太阳和月亮的光辉越来越暗淡,而像你这样的谄佞之人,心境浅薄狭小,又怎么能够同你谈论至道呢!"

黄帝回去后,抛弃天下政事不管,修筑了一间别室,铺垫上白茅,闲居了三个月,这才再次去请教广成子。

广成子头朝南躺卧着,黄帝从风的下方,用膝盖跪地行走,来到广成子面前,再次叩头行礼,然后问道:"听说先生明达至道,冒昧地请问,如何修身养性,才可以使生命长久?"

广成子迅速地坐起来,说道:"问得好! 过来,我告诉你什么是至道。至道的精粹,幽冥深远;至道的精微,静默无声。不要外视,不要外听,静守精神,身体会自然康宁纯正。内心一定要清净宁静,不要劳累你的身体,不要摇荡你的精神,这样才可以长生不老。眼睛不见多余的东西,耳朵不听多余的声音,内心不要多余的考虑,让你的精神守护着身

129

体,身体就可以长寿健康。让你的内心保持虚静,闭塞你的耳目以免外来的干扰,知道得太多则会败坏你的修道。我帮助你达到大明的境界,领略至阳的本原;帮助你进入深邃幽冥的门户,领略至阴的本原。天地各有自己的主宰,阴阳各有自己的居所。谨慎地守住自身的心性,大道的修养自然会日趋强壮。我固守这一贯的大道,保持体内阴阳二气的和谐,所以我修身虽有一千二百年了,而我的身体至今健康不衰。"

黄帝再次叩头礼拜,说:"广成子可以说是与天合德了。"

广成子说:"来!我告诉你:大道是无穷无尽的,而人们却都认为它有终止;大道是高深不测的,而人们却都认为它有极限。得到我所说的大道的,随着世缘在上可以为皇,在下可以为王;丧失我所说的大道的,在上只能见到日月之光,在下只能化为尘土。犹如当今万物生长都源于土而又返归于土一样。所以我将离开你,进入无穷尽的大道之门,逍遥于广漠无极的境地。我与日月同光辉,我与天地共永恒。迎着我来的,我无意它的来;背着我去的,我无意它的去。人们来来去去而不免于死,而我独存啊!"

四

【原文】 云将东游①,过扶摇之枝而适遭鸿蒙②。鸿蒙方将拊脾雀跃而游③。云将见之,倘然止④,贽然立⑤,曰:"叟何人邪⑥? 叟何为此?"

鸿蒙拊脾雀跃不辍,对云将曰:"游!"

云将曰:"朕愿有问也⑦。"

鸿蒙仰而视云将曰:"吁⑧!"

云将曰:"天气不和,地气郁结,六气不调⑨,四时不节。今我愿合六气之精以育群生,为之奈何?"

鸿蒙拊脾雀跃掉头曰:"吾弗知! 吾弗知!"

云将不得问。又三年,东游,过有宋之野,而适遭鸿蒙。云将大喜,行趋而进曰:"天忘朕邪⑩? 天忘朕邪?"再拜稽首,愿闻于鸿蒙。

鸿蒙曰:"浮游不知所求,猖狂不知所往⑪,游者鞅掌⑫,以观无妄⑬。朕又何知!"

云将曰:"朕也自以为猖狂,而民随予所往;朕也不得已于民⑭,今则民之放也⑮!愿闻一言。"

鸿蒙曰:"乱天之经⑯,逆物之情⑰,玄天弗成⑱,解兽之群而鸟皆夜鸣,灾及草木,祸及止虫⑲。意⑳! 治人之过也。"

云将曰:"然则吾奈何?"

鸿蒙曰:"意! 毒哉㉑! 僊僊乎归矣㉒!"

云将曰:"吾遇天难,愿闻一言。"

鸿蒙曰:"意! 心养㉓! 汝徒处无为㉔,而物自化。堕尔形体,吐尔聪明,伦与物忘㉕,大同乎涬溟㉖。解心释神,莫然无魂㉗。万物云云,各复其根㉘,各复其根而不知。浑浑沌沌㉙,终身不离。若彼知之㉚,乃是离之。无问其名,无窥其情,物固自生。"

云将曰:"天降朕以德⑪,示联以默。躬身求之,乃今也得。"再拜稽首,起辞而行。⑫

【注释】 ①云将:虚拟人物。②扶摇:神木,或谓风。枝:旁。鸿蒙:虚拟人物。③拊脾:拍打大腿。脾,通"髀",大腿。④倘然:惊疑的样子。⑤赘然:拱立不动的样子。⑥叟:对长者的尊称。⑦朕:我。自秦始皇始,天子自称为朕,而秦始皇前不论贵贱皆称朕。⑧吁:叹词,这里表示不屑回答。⑨六气:指阴、阳、风、雨、晦、明六气。⑩天:对鸿蒙的尊称。⑪猖狂:自由放荡、无拘无束的样子。⑫鞅掌:失容,随意而自得。⑬无妄:真实。⑭不得已:指上"不得已而临莅天下"。⑮放:通"仿",依。⑯经:常,常规。⑰逆:违背。情:本性。⑱玄天:自然造化,俗称"苍天""老天爷"。⑲止虫:即"豸虫"。止,同"豸"。一本作昆虫。⑳意:同"噫"。下同。㉑毒哉:感慨云将受毒害太深而不觉悟。毒,害。㉒僊僊:轻举的样子。僊,同"仙"。㉓心养:即"养心"。心因操劳而伤,所以应当保养它不用。㉔徒:但,只。㉕伦:类,辈。此指本身。㉖滓溟:混沌之气,自然之气。㉗莫然:无知的样子。无魂:身心俱忘,如同枯木死灰。㉘"万物云云"二句:云云,种种,众多。云云,亦通"芸芸",盛多的样子。根,自然本性,指道。《老子》第十六章有"夫物芸芸,各复归其根"之语。㉙浑浑沌沌:纯朴无心。㉚彼:指万物。之:指复根,即归于自然本性。㉛天:指鸿蒙。德:天德,天道。㉜此段通过云将与鸿蒙的对话,说明治理天下,当以无为为之。刘凤苞评说,"撰出二名,各有意境,又生出一番彼此问答,曲肖神情","写出一片化境"。

【译文】 云将到东方去游历,经过神木的旁边,正巧遇上了鸿蒙。鸿蒙正在拍打着大腿,像鸟雀一样跳跃着,准备出发去遨游。云将看到这个情景,惊疑地停下脚步,恭敬地拱身站在那里,问道:"老先生是什么人呀,为何这样欢喜雀跃呢?"

鸿蒙仍旧拍着腿跳跃不停,对云将说:"去遨游!"

云将说:"我有个问题想问一问。"

鸿蒙仰起头看了看云将,说道:"唉!"

云将说:"天气不调和,地气郁结不畅通,六气失调,四时失序。现在我打算调和六气的精华来养育万物,应当怎样去做呢?"

鸿蒙拍着腿跳跃着,转过头来说:"我不知道! 我不知道!"

云将得不到回答。又过了三年,再次东游,经过宋国的原野,恰巧遇见了鸿蒙。云将非常高兴,快步向前,说道:"您忘了我吗? 您忘了我吗?"再次叩头跪拜,希望听到鸿蒙的指教。

鸿蒙说:"随意漂泊于世,无所贪求;随心所欲,自由奔放,不知所往;在无拘无束、无心无意的漫游中,来观察万物的本来面目。此外,我又知道些什么呢!"

云将说:"我原来也是很想自由自在地随意游荡的,而百姓却总是跟着我前往;我也是没办法才去君临天下的,现在却成了百姓的依靠! 希望听到您的忠告。"

鸿蒙说:"扰乱了自然的规律,违背了万物的本性,苍天就不会让你成功,而群兽也会离散,禽鸟也因惊吓而夜鸣,灾难降临草木,祸害殃及昆虫。唉! 这都是治理人的过错。"

云将说:"那么我将怎么办呢?"

鸿蒙说:"唉!你中毒太深了!我要飘扬凌空而去了!"

云将说:"我能遇见您很是难得,希望您多加指点。"

鸿蒙说:"唉!那就养心吧!你只要处心无为,而那万物将会自然化生。废弃你的形体,抛掉你的聪明,物我俱忘,与自然之气混同如一。解开心灵上的束缚,释放精神上的重负,漠然无知无觉,犹如死灰枯木。万物纷纭众多,往来生灭,各自归于自然的本性。这种生灭复归的过程,本是全然不知不觉地自化过程。浑然无知而不用心机,才能终身不离自然的本性。假如万物有心追求复归自然本性,本身就是离开了自然本性。不要询求万物的称谓,不要窥探万物的真情,万物本是自然而然的化生。"

云将说:"先生赐予我天德,教导我以静默无为求道。由于我亲身追求,现在终于有所收获。"一再叩头行礼,而后起身告辞离去。

天　地

【题解】

本篇以篇首"天地"二字名篇,由总论和分论组成。首段为总论,包括三个层次。第一个层次,论天地运化本于自然,强调古代明君都是顺应天地自然无为的规律行事。第二个层次,也是针对统治者而言,申明"万物一府,死生同状"的道理,不要追求个人的荣华富贵,不要拘于一己之私利。第三个层次,说明道与物的关系,认为大道无所不在。分论部分由十几节杂记组成,各节内容不相关连,但其宗旨仍是崇尚自然无为,主张无为而治。

本篇除选总论外,分论部分只选了"黄帝游于赤水之北"与"子贡南游于楚"两段。这两段均为著名的寓言,寓意深刻,文字畅美。前一个寓言明喻"无心而得"的道理,暗喻治理天下不能依赖智慧,贵在无为。后一个寓言赞扬了纯真素朴的天性,说明只有去掉"机心",返璞归真,才能入道。

一

【原文】　天地虽大,其化均也①;万物虽多,其治一也②;人卒虽众,其主君也③。君原于德而成于天④,故曰:玄古之君天下⑤,无为也,天德而已矣。以道观言而天下之君正⑥,以道观分而君臣之义明⑦,以道观能而天下之官治⑧,以道泛观而万物之应备。故通于天地者,德也;行于万物者,道也⑨;上治人者,事也⑩;能有所艺者⑪,技也。技兼于事⑫,事兼于义,义兼于德,德兼于道,道兼于天。故曰:古之畜天下者⑬,无欲而天下足,无为而万物化,渊静而百姓定。《记》曰⑭:"通于一而万事毕⑮,无心得而鬼神服。"

夫子曰⑯:"夫道,覆载万物者也,洋洋乎大哉!君子不可以不刳心焉⑰。无为为之之谓天⑱,无为言之之谓德⑲,爱人利物之谓仁,不同同之之谓大,行不崖异之谓宽⑳,有万不同之谓富。故执德之谓纪㉑,德成之谓立,循于道之谓备㉒,不以物挫志之谓完㉓。君子明于此十者,则韬乎其事心之大也㉔,沛乎其为万物逝也㉕。若然者,藏金于山,藏珠于渊;不

利货财,不近贵富;不乐寿,不哀夭;不荣通,不丑穷;不拘一世之利以为己私分㉖,不以王天下为己处显㉗。显则明,万物一府,死生同状。"

夫子曰:"夫道,渊乎其居也㉘,滲乎其清也㉙。金石不得无以鸣,故金石有声,不考不鸣㉚。万物孰能定之!夫王德之人㉛,素逝而耻通于事㉜,立之本原而知通于神㉝,故其德广。其心之出,有物采之㉞。故形非道不生㉟,生非德不明。存形穷生,立德明道,非王德者邪?荡荡乎!忽然出,勃然动㊱,而万物从之乎!此谓王德之人。视乎冥冥㊲,听乎无声。冥冥之中,独见晓焉㊳;无声之中,独闻和焉㊴。故深之又深而能物焉㊵,神之又神而能精焉㊶。故其与万物接也,至无而供其求㊷,时骋而要其宿㊸,大小、长短、修远。"

【注释】 ①化:生化,生长,化育。②治:指自得而治。③主:主宰。君:君主。④原:本。天:自然,指无为之道。⑤玄古:远古。君:君临,统治。⑥言:名,称谓。正:正当。⑦分:职分,名分。⑧能:才能,能力。官:官吏。治:指尽职。⑨"故通于天地者"四句:陈碧虚《庄子阙误》引江南古藏本作:"故通于天者,道也;顺于地者,德也;行于万物者,义也。"正与下文"技兼于事,事兼于义,义兼于德,德兼于道,道兼于天"五句相应,可参考。通,贯通。行,通行。⑩事:政事,指礼乐、政法。⑪艺:才能,专长。⑫兼:统,统属。⑬畜天下者:养育百姓的人,指国君。畜,养。⑭《记》曰:古书所记载,不一定确指某书。⑮一:指道。毕:尽,举。⑯夫子:当指庄子。此为门人记庄子之言。⑰刌心:谓剔除心智。刌,挖空。⑱无为为之:无所作为。天:自然,道。⑲无为言之:即《老子》"行不言之教"之意,不用教化。德:天性,天德。⑳崖异:突出而与众不同。宽:宽容。㉑纪:纲纪。㉒循:遵循,顺。备:完备,指众善皆有。㉓完:完美。㉔韬:宽,包容。事心:立心。事,立。㉕沛:充沛,充盛。逝:往。㉖拘:取,拿。私分:私有。分,分内。㉗王:称王,统治。处显:处于显要地位。㉘渊:沉静。居:安处,安定。㉙滲:清澈的样子。㉚"故金石有声"二句:钟泰《庄子发微》认为此二句乃郭象注误入正文,可参考。考,叩击。㉛王德之人:大德之人。王,盛,大。㉜素逝:抱朴而行。素,朴,真。逝,往。㉝本原:指道。知:同"智"。㉞采:牵动,感应。㉟形:形体,身体。生:生活,生命。㊱"忽然"二句:忽然、勃然,都是形容无心而行动的样子。㊲冥冥:昏暗的样子。㊳晓:晓光,光亮。㊴和:和声,应和之声。㊵能物:能主宰万物。㊶能精:能生出精气。㊷至无:指道体虚无之极。供其求:能提供万物的需求。㊸时骋:随时变化运动。要其宿:使万物有所归宿。要,约,容聚。

【译文】 天地虽然广大,但它们化育万物却是均平的;万物虽然繁多,但它们各得其所却是一样的;百姓虽然众多,但他们却要求国君来主宰。国君治理天下本于德性而成全于自然,所以说,远古的君主治理天下,出于无为,顺任天道罢了。用道来看称谓,则天下国君的地位都是正当的;用道来看职分,则君臣之间的上下贵贱的差别就分明了;用道来看才能,则天下的官吏都称职了;用道来普遍地看待各种事物,则万物无不完备。所以贯通于天地的,是德;通行于万物的,是道;君主治理百姓,凭借的是礼乐政刑之事;人们能够有所专长,凭借的是技巧。技巧统属于事物,事物统属于义,义统属于德,德统属于道,道统属于自然。所以说,古代养育百姓的君主,没有贪欲而天下富足,无所作为而万

物自化,深沉静默而百姓安定。《记》中说:"通彻于道而万事尽举,心无欲求而鬼神敬服。"

先生说:"这个道,是覆盖和托载万事万物的,真是广阔盛大啊!君子不可以不摒弃心智去效法。无所作为这就是顺应之道,无所教化这就是顺应天性,广泛地爱人利物这就叫作仁,混同不同的事物这就叫作大,行为不与众乖戾这就叫作宽,能够包罗不同的万物这就叫作富。所以能够执守天德就算是把握了万物的纲纪,成就了德行这就是功业的确立,能够顺应大道这就叫作完备,不因外物挫折心志这就叫作德行完美。君子明了这十个方面,那么他的心地宽广而能包容万物,德泽充盈而为万物所归往。假如能够这样,便会任凭黄金藏于深山,宝珠藏于深渊;不贪图财物,不追求富贵;不以长寿为快乐,不以夭折为悲哀;不以显达为荣耀,不以穷困为羞辱;不索取世上的利益据为己有,不以称王于天下看成是自己身处显位。显耀了就要彰明,万物本为一体,生死本无两样。"

先生说:"这个道,安定得像是深潭,清澈得像是泉水。金石之类的乐器如果失去道也就无从发出声响,所以金石虽然能够发声,但是没有道的叩击就不会发出声响。万物都是如此,谁能测定它呢!大德之人,抱朴而行,以通晓俗事为耻辱,立身于大道而心智通达于不测之境,所以他的德性广大。他心志的显露,是出于对外物的感应。所以说,形体没有道就不会产生生命,生命没有德性就不会彰明。保存形体,穷尽生命,树立天德,彰明大道,这难道不是大德之人的行为吗?浩大啊!忽然显露,勃然行动,无心无意而万物却都依从啊!这就是大德之人。那道啊,看上去昏暗不明,听一听无声无息。昏暗之中,却能看见光明;无声之中,却能听到和声。所以,虽然在深邃之中,却能主宰万物;虽然神妙莫测,却处处产生精气。所以它与万物接应,道体虚无却能供应万物的需求;时时变化运转,却能成为万物的归宿,无论大小、长短、深远。

二

【原文】 黄帝游乎赤水之北①,登乎昆仑之丘而南望。还归,遗其玄珠②。使知索之而不得③,使离朱索之而不得④,使喫诟索之而不得也⑤。乃使象罔⑥,象罔得之。黄帝曰:"异哉,象罔乃可以得之乎?"

【注释】 ①赤水:虚拟地名。②玄珠:虚拟珠名,喻道。③知:虚拟人名。知,同"智"。④离朱:古代明目者,喻善于明察。⑤喫诟:虚拟人名,喻善于言辩。⑥象罔:虚拟人名,喻无心。象,形迹。罔,无,忘。

【译文】 黄帝在赤水的北边游览,登上了昆仑山,向南方瞭望。在返回时,丢失了玄珠。黄帝让知寻找,而知没有找到;让离朱去寻找,而离朱也没有找到;又让喫诟去寻找,而喫诟也没有找到。于是才让象罔去寻找,而象罔终于找到了玄珠。黄帝说:"奇怪啊!只有象罔才能找到玄珠吗?"

三

【原文】 子贡南游于楚①,反于晋②,过汉阴③,见一丈人方将为圃畦④,凿隧而入井,

抱瓮而出灌,搰搰然用力甚多而见功寡⑤。子贡曰:"有械于此,一日浸百畦,用力甚寡而见功多,夫子不欲乎?"

为圃者卬而视之曰⑥:"奈何?"

曰:"凿木为机,后重前轻,挈水若抽⑦,数如泆汤⑧,其名为槔⑨。"

为圃者忿然作色而笑曰:"吾闻之吾师,有机械者必有机事⑩,有机事者必有机心⑪。机心存于胸中,则纯白不备⑫;纯白不备,则神生不定⑬;神生不定者,道之所不载也。吾非不知,羞而不为也。"

子贡瞒然惭⑭,俯而不对。

有间,为圃者曰:"子奚为者邪?"

曰:"孔丘之徒也。"

为圃者曰:"子非夫博学以拟圣,於于以盖众⑮,独弦哀歌以卖名声于天下者乎?汝方将忘汝神气,堕汝形骸,而庶几乎!而身之不能治⑯,而何暇治天下乎!子往矣,无乏吾事⑰。"

子贡卑陬失色⑱,顼顼然不自得⑲,行三十里而后愈。

其弟子曰:"向之人何为者邪?夫子何故见之变容失色,终日不自反邪⑳?"

曰:"始吾以为天下一人耳,不知复有夫人也㉑。吾闻之夫子,事求可,功求成,用力少,见功多者,圣人之道。今徒不然。执道者德全,德全者形全,形全者神全,神全者,圣人之道也。托生与民并行而不知其所之㉒,汒乎淳备哉㉓!功利机巧,必忘夫人之心。若夫人者,非其志不之,非其心不为。虽以天下誉之,得其所谓,謷然不顾㉔;以天下非之,失其所谓,傥然不受㉕。天下之非誉,无益损焉,是谓全德之人哉!我之谓风波之民㉖。"

反于鲁,以告孔子。孔子曰:"彼假修浑沌氏之术者也㉗。识其一,不知其二;治其内,而不治其外。夫明白入素㉘,无为复朴,体性抱神,以游世俗之间者,汝将固惊邪㉙?且浑沌氏之术,予与汝何足以识之哉?"

【注释】 ①子贡:孔子弟子。②反:同"返"。③汉阴:汉水的南岸。阴,山北与水南谓阴,而山南水北谓阳。④丈人:古代对老年人的尊称。圃畦:菜园子。⑤搰搰然:用力的样子。⑥卬:通"仰",仰起头。⑦挈:提。⑧数:疾速。泆汤:溢出的沸汤。⑨槔:桔槔,古代用来汲水的器械。⑩机事:机动之事,此事使人操劳。⑪机心:机变之心,有了此心使人伤神。⑫纯白:指纯粹素朴之性。⑬神生:精神。生,通"性"。⑭瞒然:目无神采的样子。⑮於于:夸诞的样子。⑯而:通"尔",你。下句"而"字同。⑰无乏:无废,无妨。⑱卑陬:惭愧的样子。⑲顼顼然:自失的样子。⑳反:同"返",指恢复。㉑夫人:那个人,指汉阴丈人。㉒托生:寄生在世上。并行:并存。所之:所往。㉓汒乎:即"茫乎",茫然无知的样子。淳备:纯朴完备。㉔謷:通"傲",自高自得的样子。㉕傥然:无心的样子。㉖风波之民:指容易被是非所牵动的人。㉗假:借,托。浑沌氏:虚拟人物,喻虚寂无为。㉘入素:达到纯白的境界。㉙固:胡,何。

【译文】 子贡往南到楚国去游览,返回晋国,经过汉水南岸时,看见有一个老人正在

整治菜畦，只见他挖地道通到井中，抱着瓮从井中取水，然后来灌园子，非常费劲儿而收效很小。子贡说："有一种机械，一天能够灌溉上百畦，用力很小而功效很大，老先生不想使用吗？"

灌园子的老人抬起头看了看子贡，说道："这是什么东西啊？"

子贡说："这是用木头做成的机关，后头重，前头轻，用它提水就像从井里抽水一样，速度之快就和溢出的沸汤一样，它的名称叫作桔槔。"

灌园子的老人听了面起怒色，却笑着说："我从我的老师那里听说过，使用机械的人必定要从事机务之事，从事机务之事的人必然要存机动之心。机动之心一旦存于心中，那纯粹素朴的天性就不完备了；纯粹素朴的天性一旦不够完备，那精神就会摇荡不定；一旦精神摇荡不定，便不能容载大道了。我并非不知道那个东西，只是耻于去做罢了。"

子贡目无光彩，羞愧满面，低头不语。

过了一会儿，灌园子的老人说："你是干什么的呢？"

子贡说："我是孔丘的学生。"

灌园子的老人说："你莫非就是那个以博学多识来和圣人相比，依靠夸饰来压倒众人，独自抚琴悲歌，向天下人卖弄名声的人吗？你倘若遗忘你的神气，抛掉你的形体，差不多就接近大道了！你自身都不能修为，哪有功夫去治理天下呢！你走吧，不要妨碍我的事情。"

子贡羞惭色变，怅然若失，很不自在，离开菜园子三十里路后，才恢复了常态。

子贡的弟子说："刚才见到的那个人是什么人呢？先生为什么见了他而变容失色，整天不能恢复原来的风采呢？"

子贡说："开始我还以为天下只有我老师一个人够得上是个圣人呢，不知道还有这样的人。我从老师那里听说，事情要办得顺利，功业要求成功，用力少而功效多的，这才是圣人之道。现在才明白事情不是那样。掌握大道的德性全备，德性全备的形体健全，形体健全的精神圆满，精神圆满的便是圣人之道了。把生命寄托于世上，与民共存，而却无心考虑归宿的人，真可谓茫然不知而纯朴完备啊！在那种人心中，功利机巧的事情肯定是不可能存在的。像那种人，不合他的心志是不会去追求的，不合他的思想是不会去做的。纵然天下之人都称赞他，与他的看法一致，他也会傲然不顾；纵然天下之人都非议他，与他的意愿不一致，他也会毫不动心，不予理睬。普天之下的诋毁与称誉，对他都毫无增益和损害，这就是天德完备的人啊！像我这样的人，不过是个风吹草动的人。"

子贡返回到鲁国，把此事告诉了孔子。孔子说："他是个修炼浑沌氏道术的人。只知道这一个道术，不知道其他的事情；只知道持守内心的纯一，却不管身外的变化。像他这样心智明澈而达到纯白的境界，虚寂无为而复归自然本性，体悟真性、持守精神而生活在世俗之中的人，你怎么能不惊异呢？何况对于浑沌氏的道术，我和你怎么能够识别呢？"

左侧竖排文字：
中华传世藏书——国学经典文库 道学经典——图文珍藏版

天　道

【题解】

此篇以篇首二字为篇名,其中心思想是论述天道与人道的关系。正像《在宥》篇所论:"无为而尊者,天道也;有为而累者,人道也。主者,天道也;臣者,人道也。"本篇在肯定了这种观点上,并有所突破,作者还从天道的秩序论及了人伦等级的合理性,这就与《庄子》内篇思想相抵触,难怪有些学者对此多有批评,认为"非庄子之旨""颇不类老庄之言"。本书所选不涉及此类内容。

本书选了五段文字。

其一为"天道运而无所积"一段,也是本篇的首段。此段说明圣人以虚静无为之心,任随天地万物运行不辍。并进一步提出"天乐"与"人乐"的区别,赞扬得到天乐的人,能够与天地同运行,与万物同转化,可以称王天下。

其二为"昔者舜问于尧"一段。此段引尧、舜之言,归结本篇"天地者,虚静无为"的主旨。

其三为"士成绮见老子而问"一段。此段在人物描写上所运用的漫画式笔法,颇为新鲜、幽默而辛辣。林云铭点评说:"状得肖,骂得狠,奇文至文!"宣颖则针对文章中对士成绮小丑般的描写和影射他是边境上的小偷,点明说:"士成绮之状貌志气如此,与虚静无为相去远矣,是大道之贼也,故曰其名为窃!"

其四为"世之所贵道者,书也"一段。此段纯为议论,提出"意之所随者,不可以言传""知者不言,言者不知"等论题,多有意味。

其五为"桓公读书于堂上"一段。此段以寓言小说之体裁,探讨语言文字传播中的信息量和保真度问题,"词意精微,发前人所未有","是千古教学之指归"(林云铭语)。

——一——

【原文】　天道运而无所积①,故万物成;帝道运而无所积②,故天下归;圣道运而无所积③,故海内服。明于天,通于圣,六通四辟于帝王之德者④,其自为也,昧然无不静者矣⑤。圣人之静也,非曰静也善,故静也;万物无足以铙心者⑥,故静也。水静则明烛须眉,平中准,大匠取法焉⑦。水静犹明,而况精神!圣人之心静乎!天地之鉴也,万物之镜也。夫虚静、恬淡、寂漠、无为者,天地之平而道德之至也⑧,故帝王、圣人休焉⑨。休则虚,虚则实,实则备矣⑩。虚则静,静则动,动则得矣。静则无为,无为也,则任事者责矣⑪。无为则俞俞⑫。俞俞者,忧患不能处,年寿长矣。夫虚静、恬淡、寂漠、无为者,万物之本也。明此以南乡⑬,尧之为君也;明此以北面⑭,舜之为臣也。以此处上,帝王、天子之德也;以此处下,玄圣素王之道也⑮。以此退居而闲游,江海、山林之士服⑯。以此进为而抚世⑰,则功大名显而天下一也⑱。静而圣,动而王⑲,无为也而尊,朴素而天下莫能与之争美。

夫明白于天地之德者⑳,此之谓大本大宗,与天和者也㉑。所以均调天下,与人和者

也。与人和者,谓之人乐;与天和者,谓之天乐。庄子曰:"吾师乎,吾师乎! 齑万物而不为戾,泽及万世而不为仁,长于上古而不为寿,覆载天地、刻雕众形而不为巧㉒。此之谓天乐。故曰:'知天乐者,其生也天行,其死也物化㉓。静而与阴同德,动而与阳同波㉔。'故知天乐者,无天怨,无人非,无物累,无鬼责。故曰:'其动也天,其静也地,一心定而王天下㉕;其鬼不祟,其魂不疲,一心定而万物服。'言以虚静,推于天地,通于万物,此之谓天乐。天乐者,圣人之心,以畜天下也㉖。"

【注释】　①天道:自然之道,指自然规律。运:运行,转化。积:积蓄,停滞。②帝道:帝王之道,指建功立业之法。③圣道:圣贤之道,指制法立教、匡正时弊、感化人心的办法。④六通四辟:六合四方(东南西北上下)都通晓。辟,开辟,通达。⑤昧然:昏昏然,不知不觉的样子。⑥铙:通"挠",扰乱。⑦"水静"三句:烛,用作动词,照。中,合。取法,拿来作为效法的标准。⑧平:准则。至:实,实质。⑨休:息虑。⑩备:通行本原作"伦",据陈碧虚《庄子阙误》引江南古藏本改。⑪责:尽责,尽职。⑫俞俞:即"愉愉",从容愉悦的样子。⑬南乡:指南向登天子之位。乡,通"向"。⑭北面:面向北而坐。⑮玄圣素王:指具有帝王之道并被天下人仰慕崇拜而无帝王爵位的人。如老子、孔子之类的人。⑯江海、山林之士:即隐士。服:信服。⑰进为:进取出仕。抚世:安抚世人,治理百姓。⑱天下一:天下一统,统一天下。⑲"静而圣"二句:"静而圣"就"内体"而言,"动而王"就"外用"而言(宣颖说),内静外动皆顺其天道的变化。⑳天地之德:天地以无为为德。㉑天:指自然。和:和谐、协调。㉒"吾师乎"六句:此六句亦见于《大宗师》,不同之处有二。一是此篇为庄子言,而《大宗师》为许由言。或称许由,或称庄子,皆为托言,其主旨无不同。二是此篇"齑万物而不为戾",《大宗师》作"齑万物而不为义"。戾,至,高。可参考《大宗师》注。㉓"其生"二句:天行,自然规律的运行。物化,物理的变化。㉔"静而"二句:静、动、阴、阳,古代认为静属阴,动属阳,而阴代表地,阳代表天。道家效法天地,所以说"静与阴同德,动与阳同波"。同德、同波,均指相合。㉕一心定:内心专一于静寂的境地。㉖畜:养育。

【译文】　自然之道的运行是永不停滞的,所以万物能够不断地生成;帝王之道的运行是不停顿的,所以天下人都愿意归附;圣贤之道的运行是连续不断的,所以海内百姓都愿意顺服。明白自然之道,通晓圣贤之道,又能六合四方无不通达帝王之德的,都是任天下人自由自在的生活,他们虽然懵懵懂懂,不求虚静,却无不神安心静。圣人之心总是能够清静,并非因为清静好,所以清静;而是因为万事万物都无法干扰他的心,所以他总是清静的。水面清静时,便能明澈地照见须眉,平平的水面可以作为平度的标准,高明的工匠用它来作为准绳。水静犹能明照须眉,更何况人的精神呢! 虚静的圣人之心啊! 它可是天地的明镜,万物的明镜。虚静、恬淡、寂寞、无为,它们是天地的准则和道德的实质,所以帝王和圣人在这境界中可以安心休息了。息心休虑而内心才会虚寂,内心虚寂而真气充盈,方能感到生命的充实,生机充实也就具备了进入大道的条件。虚寂而后才能宁静,宁静而后才有活动,活动而后无不自得。清静就会无所作为,无所作为就可以让做事

的人各尽其职。无所作为方能从容愉悦。从容愉悦的人,忧患不会留在心中,所以能够长寿。虚静、恬淡、寂寞、无为,它们是万物的本原。明白了这个道理而南面登帝王之位的,尧就是这样的人;明白了这个道理而北面称臣的,舜就是这样的人。用此道理对待尊上之位,这是帝王、天子的德性;用此道理对待卑下之位,这是玄圣素王的道义。用此道理来退隐闲游,天下的隐士都会信服。用此道理来进取出仕,安抚世人,就会创立大功,名显一世,统一天下。清静则立内圣之德,行动则建外王之业,无为而能受到世人的尊崇,朴素而天下无人与他媲美。

明白天地以无为为德的,这就是认识了天地的宗本,也就能与自然相和谐。用它来均调天下,也就能与人相和谐。与人相随和,称为人乐;与天相随和,称为天乐。庄子说:"我的大宗师啊,我的大宗师啊!调和万物却不自以高明,恩泽万世却不自以为仁,早于上古却不以为长寿,覆天载地、塑造万物却不以为巧妙。这就是天乐。所以说:'体验天乐的人,他生存时便顺自然规律而运行,他死亡时便随万物而转化。清静时与地阴同隐寂,行动时与天阳共波动。'所以体验天乐的人,不怨天尤人,不为外物所牵累,不遭受鬼神的责罚。所以说:'他活动时能够与天一同运行,他宁静时能够与地一同寂寞,内心安定专一而能称王天下;鬼神不为祸害,精神永不疲惫,内心安定专一而万物都来归附。'说的是,把虚寂宁静推及于天地间,通达于万物中,这就叫作天乐。所谓天乐,便是圣人用道心来养育天下。"

二

【原文】 昔者舜问于尧曰:"天王之用心何如①?"

尧曰:"吾不敖无告②,不废穷民,苦死者③,嘉孺子而哀妇人④,此吾所以用心已。"

舜曰:"美则美矣,而未大也⑤。"

尧曰:"然则何如?"

舜曰:"天德而出宁⑥,日月照而四时行,若昼夜之有经⑦,云行而雨施矣。"

尧曰:"胶胶扰扰乎⑧!子,天之合也;我,人之合也。"

夫天地者,古之所大也,而黄帝、尧、舜之所共美也。故古之王天下者,奚为哉?天地而已矣。

【注释】 ①天王:犹天子。②敖:同"傲"。傲慢。无告:有苦无处诉说的人。在古代认为鳏寡孤独四种人为无告之人。③苦:哀怜。④嘉:喜爱。哀:怜悯。⑤"美则"二句:言外之意是说还没有达到无为的大境界。⑥天德:自然之德。出宁:呈现宁静。⑦经:常则,规律。⑧胶胶扰扰:纠缠扰乱的样子。此为尧自谦多事之辞。

【译文】 从前舜问尧说:"你治理天下的用心

舜帝塑像

怎么样？"

尧说："我不怠慢鳏寡孤独等有苦无处诉说的人，不抛弃走投无路的穷苦百姓，哀怜死亡的人，喜爱儿童和怜悯妇女，这些就是我的用心所在。"

舜说："好是很好，却不是最伟大的。"

尧说："那要怎么样呢？"

舜说："有自然之德的人，总是显出宁静无为的状态，就像日月照耀和春夏秋冬四季运行那样自然，像昼夜更替那样有规律，像云行雨施那样合乎时宜。"

尧说："我真是扰乱多事啊！你的德性与天相合，而我的用心仅仅符合人事罢了。"

天地是自古以来最伟大的，是黄帝、尧、舜等圣人共同赞美的。所以古代君临天下的人，都做了些什么呢？不过顺着天地的法则，自然无为罢了。

三

【原文】 士成绮见老子而问曰①："吾闻夫子圣人也，吾固不辞远道而来愿见②，百舍重趼而不敢息③。今吾观子，非圣人也。鼠壤有馀蔬④，而弃妹之者⑤，不仁也！生熟不尽于前，而积敛无崖⑥。"

老子漠然不应。

士成绮明日复见，曰："昔者吾有刺于子，今吾心正却矣⑦，何故也？"

老子曰："夫巧知神圣之人，吾自以为脱焉⑧。昔者子呼我牛也而谓之牛，呼我马也而谓之马。苟有其实，人与之名而弗受，再受其殃。吾服也恒服⑨，吾非以服有服。"

士成绮雁行避影⑩，履行遂进而问⑪："修身若何？"

老子曰："而容崖然⑫，而目冲然⑬，而颡頯然⑭，而口阚然⑮，而状义然⑯，似系马而止也⑰。动而持⑱，发也机⑲，察而审⑳，知巧而睹于泰㉑。凡以为不信㉒。边竟有人焉㉓，其名为窃。"

【注释】 ①士成绮：虚拟人物。②固：通"故"。③百舍：三千里，极言路途遥远。舍，古代三十里为一舍。重趼：层层厚茧。重，层，多层。趼，通"茧"，脚底磨出的厚皮。④鼠壤：鼠穴。蔬：读作"糈"，粮食粒。⑤弃妹：即"弃昧"，"弃"与"昧"同义，不知惜物而弃之。⑥积敛：积聚敛取。无崖：无限。⑦正却：正在回转，指有所觉悟。⑧脱：离，不及。⑨服：服从，接受。⑩雁行避影：像雁子斜行，侧身避影。表示对老子的恭敬。⑪履行遂进：穿着鞋子就进了老子的房间。按古人入室要脱鞋，士成绮因心里惭愧不安，慌忙之中，便忘了脱鞋，径直进室请教。⑫而：通"尔"，你。下同。崖然：傲岸。⑬冲然：鼓目突视的样子。⑭颡頯：额头宽大的样子。⑮阚然：张口欲言的样子。⑯义然：高大的样子。义，读为"峨"，高大。⑰似系马而止：马欲奔跑，只是因束缚而止步。⑱动而持：欲动则矜持作态。持，矜持。⑲发也机：发动如弩箭在机。⑳察而审：好明察而谨慎。审，慎。㉑知巧而睹于泰：自恃智巧而显露出骄泰傲慢之气。知，同"智"。睹，外露。泰，骄泰。㉒不信：不实，指矫情虚伪之态。㉓竟：通"境"。

【译文】 士成绮见到老子，问道："我听说先生是一个圣人，所以我才不辞远道而来，

140

希望见到您,一路上长途跋涉,脚底长出了厚厚茧子,也没有止步休息。现在我看先生,算不上是个圣人。鼠洞边有剩余的粮食,如此丢弃不顾,可说是不仁!面前的生熟食品都享受不尽,却还无限地聚敛不止。"

老子冷漠地不予回应。

第二天,士成绮再次去见老子,说道:"昨天我说了讽刺先生的话,今天我心里有所觉悟,不知什么缘故?"

老子说:"巧智神圣的人,我自认为不能与之相比。先前你喊我是牛,我便称之为牛;你喊我是马,我便称之为马。如果名副其实,别人给我的名称却不去接受,这是双重的罪过。我接受别人给予的名称,这是长久地接受,并非有心接受才去接受。"

士成绮侧身斜行,不敢践踏老子的足迹,慌乱之中,竟忘了脱鞋就进入了室内,问道:"怎样修身?"

老子说:"你的容貌傲岸不凡,你的眼睛鼓目突出,你的额头宽大高耸,你的嘴巴虚张欲言,你的体形巍峨高大,就像欲奔的马,只是因为被绳索系住才暂时止步。蠢蠢欲动却矜持作态,发动迅速犹如机弩,好明察却处处审慎,自恃智巧而掩饰不住骄泰傲慢之气。凡此种种,皆是矫情伪态,皆非修身之为。边境上有一种人,其名为窃贼。"

四

【原文】 桓公读书于堂上①,轮扁斫轮于堂下②,释椎凿而上③,问桓公曰:"敢问,公之所读者,何言邪?"

公曰:"圣人之言也。"

曰:"圣人在乎?"

公曰:"已死矣。"

曰:"然则君之所读者,古人之糟魄已夫④!"

桓公曰:"寡人读书,轮人安得议乎!有说则可,无说则死!"

轮扁曰:"臣也以臣之事观之。斫轮,徐则甘而不固⑤,疾则苦而不入⑥。不徐不疾,得之于手而应于心。口不能言,有数存焉乎其间⑦。臣不能以喻臣之子,臣之子亦不能受之于臣,是以行年七十而老斫轮。古之人与其不可传也死矣⑧,然则君之所读者,古人之糟魄已夫!"

【注释】 ①桓公:即齐桓公,名小白。②轮扁:制作车轮的人,名扁。斫:砍削。③释:放,放下。椎、凿:木工所用工具。④糟魄:即糟粕,指古人遗言。魄,通"粕"。⑤徐:缓。甘:滑。⑥疾:急。苦:涩。⑦数:术数,技术,窍门。⑧不可传也:指道。也,犹"者"。死:死亡,消失。

【译文】 桓公在堂上读书,轮扁在堂下砍制车轮。轮扁放下锥子凿子,走到桓公跟前,问桓公说:"请问,公所读的书,是什么人的言论?"

桓公说:"是圣人之言。"

轮扁问道:"圣人还在吗?"

桓公说:"已经死了。"

轮扁问道:"那么您所读的,不过是古人的糟粕罢了。"

桓公说:"寡人读书,造轮的人岂能随便议论!说出个道理也就罢了,说不出个道理来就得去死!"

轮扁说:"我是用我从事的工作来观察的。就说砍造车轮吧,做工太慢太细了就会因为甘滑而不牢固;做工太快太粗了就会因为苦涩而榫头难入。只有做工不缓不急,得心应手,才能恰到好处。其中的门道,口里说不出来,却有难言的心术存在其中。这心术,我无法明示给我的儿子,我的儿子也不能从我那里获得传授,因此我都七十岁了还在制造车轮。古时的人和他不可言传的东西都已经消失了,那么你所读到的,不过是古人留下的糟粕罢了!"

天　运

【题解】

本篇的主题仍是讲自然之道的,但它与前几篇不同的是,这里首次从发展变化的角度来认识宇宙万物的规律,把内篇中所阐述的玄而又玄的道,拉近了与社会生活的距离,具有了实践性的内涵。这种认识主要反映在首段"天其运乎"及后面"孔子西游于卫"两段,我们予以选录,加以介绍。

"天其运乎"一段,作者把天地万物的运行和变化,归结为"六极五常"的作用,已经蕴含了朴素的唯物认识论思想。可贵的是,作者还把这"六极五常"的物质性、自然性的存在,作为人类社会生活的准则,指出"帝王顺之则治,逆之则凶"。

"孔子西游于卫"一段,则完全从社会发展变化的角度来探讨古代的礼乐制度。作者批评了孔子循规守旧,不懂得事物的运动变化并无常规,以及不懂得人类应该顺应万物的变化而没有穷尽的道理,并明确指出了"故礼义法度者,应时而变"的精辟论断,与《韩非子·五蠹》"世异则事异,事异则备变"的观点相似,无疑具有积极的意义。此外,本段为了说明"无方之传"与"应物而不穷"的道理,所杜撰的"桔槔俯仰随人""猨狙衣周公之服""丑人捧心而颦"等寓言故事,寓意隽永,形象鲜明,具有很高的艺术价值。

一

【原文】 "天其运乎?地其处乎①?日月其争于所乎②?孰主张是③?孰维纲是④?孰居无事推而行是⑤?意者其有机缄而不得已邪⑥?意者其运转而不能自止邪?云者为雨乎?雨者为云乎?孰隆施是⑦?孰居无事淫乐而劝是⑧?风起北方,一西一东,在上彷徨⑨,孰嘘吸是⑩?孰居无事而披拂是⑪?敢问何故?"

巫咸招曰⑫:"来,吾语女。天有六极五常⑬,帝王顺之则治,逆之则凶。九洛之事⑭,治成德备⑮,监照下土,天下戴之,此谓上皇⑯。"

【注释】 ①"天其"二句:运,运转。处,止,静止。②所:处所,轨道。③孰:谁。主

张：主宰而施行。是：此。④维纲：维持纲纪。⑤"孰居"句：此句针对"日月其争于所乎"而言。推而行：推动它们运行。⑥"意者"句：此句针对"天其运乎"而言。意，估计，猜想，推测。机，机关。缄，闭。⑦隆：兴起。施：降。是：此，指云雨。⑧淫乐：过度的快乐。劝：助长，助成。是：此，指云雨。⑨在：通行本误作"有"，据陈碧虚《庄子阙误》引张君房本改。彷徨：回转、往来的样子。⑩嘘吸：呼吸。嘘，吐气。⑪披拂：摇荡，煽动。⑫巫咸：神巫名咸。祒：借为"招"，招呼。⑬六极：即"六合"，指四方和上下。五常：即"五行"，指金、木、水、火、土。⑭九洛之事：有二解，一指九州聚落之事，一指《洛书》九畴之事。译文从前一说。⑮治成德备：治定功成，道圆德备。⑯上皇：指道德超过了三皇。

【译文】 "天是自己在运转吗？地是自己在静止不动吗？太阳和月亮是自己在争夺运行的轨道吗？是谁主宰着而如此安排呢？是谁维持着纲纪而使它们成为这个样子呢？是谁闲居无事推动着它们如此运行呢？莫非有机关控制着它们而使它们不能停止吗？莫非它们自己运转而根本不会停止吗？是云造成的雨呢？还是雨造成的云呢？是谁在兴云降雨呢？是谁闲居无事，为了追求过度的快乐而助成这云兴雨施呢？风在北方兴起，忽西忽东，在空中不断地回旋飘荡，这是谁在大口地吸气吐气而造成如此之风呢？是谁闲居无事而煽起这样的大风呢？请问这究竟是怎么回事？"

巫咸招了招手，说："过来，我告诉。天有六极五常，帝王顺着它便能太平安定，违逆它便生祸殃。顺着这自然之理，九州百姓安居的事情，就会大功告成而德性完备，光辉普照天下，天下百姓都会拥戴他，这样方能称得上超越三皇。"

二

【原文】 孔子西游于卫①，颜渊问师金曰②："以夫子之行为奚如？"

师金曰："惜乎，而夫子其穷哉③！"

颜渊曰："何也？"

师金曰："夫刍狗之未陈也④，盛以箧衍⑤，巾以文绣⑥，尸祝齐戒以将之⑦。及其已陈也，行者践其首脊，苏者取而爨之而已⑧。将复取而盛以箧衍，巾以文绣，游居寝卧其下，彼不得梦⑨，必且数眯焉⑩。今而夫子亦取先王已陈刍狗⑪，聚弟子游居寝卧其下。故伐树于宋⑫，削迹于卫⑬，穷于商周⑭，是非其梦邪？围于陈蔡之间⑮，七日不火食，死生相与邻，是非其眯邪？夫水行莫如用舟，而陆行莫如用车。以舟之可行于水也，而求推之于陆，则没世不行寻常⑯。古今非水陆与？周鲁非舟车与？今蕲行周于鲁⑰，是犹推舟于陆也！劳而无功，身必有殃。彼未知夫无方之传⑱，应物而不穷者也。且子独不见夫桔槔者乎？引之则俯，舍之则仰。彼，人之所引，非引人者也。故俯仰而不得罪于人。故夫三皇五帝之礼义法度⑲，不矜于同而矜于治⑳。故譬三皇五帝之礼义法度，其犹柤梨橘柚邪！其味相反而皆可于口。故礼义法度者，应时而变者也。今取猨狙而衣以周公之服㉑，彼必龁啮挽裂㉒，尽去而后慊㉓。观古今之异，犹猨狙之异乎周公也。故西施病心而矉其里㉔，其里之丑人见之而美之，归亦捧心而矉其里。其里之富人见之，坚闭门而不出；贫人见之,挈妻子而去走。彼知矉美而不知矉之所以美。惜乎,而夫子其穷哉!”

【注释】 ①游:游说。卫:春秋时卫国。②颜渊:孔子最得意的学生。姓颜名回,字子渊。师金:鲁国太师,名金。③“惜乎”二句:惜,可怜。而,通“尔”,你。穷,窘困。④刍狗:用茅草扎成的狗,用于祭祀。⑤箧:箱子。衍:笥,小方竹箱。⑥巾:用作动词,用巾帛包裹。文绣:刺有花纹的巾帛。⑦尸祝:主祭的巫师。齐:通“斋”。将:送。⑧苏者:取草烧饭的人。爨:烧火做饭。⑨彼:指复取刍狗的人。⑩且:将。教:屡次。眯:被妖魔惊吓。⑪先王:指尧、舜、禹、汤、文王、武王等儒家推崇的帝王。已陈刍狗:比喻先王那一套政教礼法。⑫伐树于宋:孔子与其弟子曾在宋国的一棵大树下讲习礼法。宋司马桓魋想杀孔子,孔子逃走后,桓魋一气之下,把那棵大树砍掉了。⑬削迹于卫:决意不再去卫国。孔子曾到卫国做官,后怕被人谋害,于是转去陈国。在途经卫国匡地时,被拘捕。削迹,绝迹。⑭穷于商周:指不得志于宋、卫二国。商周,指宋与卫。宋为商的后裔,卫开国国君为周武王同母少弟。⑮围于陈蔡之间:孔子与其弟子曾经住在陈与蔡两地之间,与陈、蔡两地的士大夫主张不合。后来楚昭王派使臣聘孔子到楚国去做官。陈、蔡的士大夫怕孔子到楚国做官对自己不利,便发兵把孔子一行围住,围了七天,断粮七天,弟子们饿得不能起行。⑯寻常:古代长度单位,八尺为寻,二寻为常。⑰蕲:期求。⑱彼:指孔子。无方之传:谓运转无常规。方,常。传,转,运动。⑲三皇:指燧人、伏羲、神农(见《尚书大传》)。亦指伏羲、神农、黄帝(见孔安国《尚书序》)。五帝:有三种说法,一指黄帝、颛顼、帝喾、唐尧、虞舜(《世本》);二指太暤、炎帝、黄帝、少暤、颛顼(《礼记·月令》);三指少昊、颛顼、高辛、唐尧、虞舜(孔安国《尚书序》)。第三种说法与《庄子》所说同。⑳矜:尚,崇尚。㉑周公:姓姬,名旦,周武王之弟,周成王之叔父。武王崩,成王年幼,周公摄政,创制了周朝的礼乐制度。㉒龁:啃。啮:咬。挽裂:扯裂。㉓慊:满意。㉔矉:通“颦”,皱眉。其里:疑涉下句“其里”二字而衍。下“归亦捧心而矉其里”之“其里”二字亦疑为衍文。

【译文】 孔子往西到卫国去游说,颜渊向师金问道:“你认为我的老师此次出行将会怎么样?”

师金说:“可怜啊,你的老师将要遭受困厄!”

颜渊说:“为什么这样说呢?”

师金说:“当茅草扎的刍狗还没有陈设在神位的时候,把它放在竹筐里,用刺有花纹的巾帛包裹着,主祭的巫师斋戒沐浴后才可以把它护送到神位上行祭。等到陈列献祭完毕,刍狗被抛了出去,路人可以随便地践踏它的头和脊背,打柴的人把它捡去烧火做饭用了。若是有人把它捡来,重新放在竹筐里,重新用刺有花纹的巾帛包起来,游乐寝卧在它的旁边,那么即使他们不会做噩梦,也将屡屡受到妖魔的惊扰。现在你的老师不也是取用先王为祭神早已陈列过的政教礼法的刍狗,召集弟子游乐寝卧在它的旁边。所以在宋国遭遇到伐树的屈辱,在卫国被禁止居留,不得志于宋、卫等国,这些难道不是在做噩梦吗?再说师徒们被围困在陈、蔡之间,七天没有烧火做饭,与死亡相伴,这些难道不是妖魔的惊扰吗？走水路没有使用船只更方便的了，而要在陆上行走，没有使用车辆更为便利了。以为船只可以行于水上，便希望把它推行到陆地上来，那么就会终生走不了多远。古代与今天的不同，不就像河水与陆地的不一样吗？西周时代与鲁国的不同，不就像船只与车辆的不一样吗？现在期望把西周的典章制度搬到鲁国去实行，这就好比把船只推到陆地上去行走！只能徒劳无功，自身必定还要遭殃。孔子不懂得事物总是运动发展着，没有一成不变的事物，只能不断地顺应万物的变化。再说你偏偏没有看见过桔槔汲水的情形吗？人们牵引绳子，它便俯下；人们放开绳子，它便仰起。它是被人所牵引的，不是牵引人的，所以它任人俯仰，而不会得罪人。所以三皇五帝的礼义法度，不珍贵于相同，而珍贵于能够治理天下。因而三皇五帝的礼义法度，就好比是山楂、梨、橘、柚呀！味道全然不同而都可口。可见礼义法度，是随着时代变化而改变的。现在如果让猿猴穿上周公的衣服，它一定会连啃带咬，把衣服扯裂脱光，而后才痛快。观察古与今的不同，就像猿猴不同于周公一样。所以美女西施有心病而皱眉头，邻里的丑女见了觉得很美，回家后也学起西施的样子；用手捂着胸口而皱起眉头。里巷中的富人见了她，赶紧关上房门，不敢出来；穷人见了她，带着妻子儿女急忙逃走。丑女只知道皱眉头好看，却不知道皱眉头好看的原因何在。可怜啊，你的老师将要遭受困厄！"

刻　意

【题解】

这是一篇论述养神之道的短文。"刻意"，即磨砺心志，使之行为高尚的意思。本篇取篇首二字为题。作者认为，那些处处表现自己清高的、以教诲世人为己任的、致力于建功立业的、隐居山林而终日闲散无聊的，以及为了追求长寿而导引练气的，都有损于自然本性，只有"纯粹而不杂，静一而不变，惔而无为，动而以天行"才是真正的养神之道。反映了道家养生思想的精华。其中揭示的"形劳而不休则弊，精用而不已则劳，劳则竭"，以及用水性喻人性的"水之性不杂则清，莫动则平；郁闭而不流，亦不能清"等有关人的身心健康的观点，至今仍有宝贵的参考价值。我们就本篇的核心段落加以介绍。

【原文】　故曰，夫恬惔寂漠①，虚无无为，此天地之平而道德之质也②。故曰，圣人休焉，休则平易矣③，平易则恬惔矣。平易恬惔，则忧患不能入，邪气不能袭，故其德全而神不亏④。

故曰，圣人之生也天行⑤，其死也物化⑥。静而与阴同德，动而与阳同波⑦。不为福先，不为祸始⑧。感而后应，迫而后动，不得已而后起。去知与故⑨，循天之理。故无天灾，无物累，无人非，无鬼责。不思虑，不豫谋⑩。光矣而不耀，信矣而不期⑪。其寝不梦，其觉无忧。其生若浮，其死若休⑫。其神纯粹，其魂不罢⑬。虚无恬惔，乃合天德⑭。

故曰，悲乐者，德之邪也；喜怒者，道之过也；好恶者，德之失也。故心不忧乐，德之至也；一而不变，静之至也；无所于忤，虚之至也；不与物交，惔之至也；无所于逆，粹之至也。

故曰，形劳而不休则弊，精用而不已则劳，劳则竭。水之性不杂则清，莫动则平；郁闭而不流，亦不能清，天德之象也。

故曰,纯粹而不杂,静一而不变,恢而无为,动而以天行,此养神之道也。

【注释】 ①恢:平静。②平:准则。质:根本。③圣人休焉,休则平易矣:通行本作"圣人休休焉则平易矣","焉休"二字误倒,今据陈碧虚《庄子阙误》引张君房本乙正。④德:天性,本性。⑤天行:随自然而运动。⑥物化:随万物而变化。⑦同波:合流,同运动。⑧"不为"二句:福先,指行善,行善是得福的先兆。祸始,指作恶,作恶是遭祸的开始。⑨知:同"智",智慧。故:巧,伪诈。⑩豫:预先。⑪期:约。⑫"其生"二句:原在"无鬼责"句下,据严灵峰说移正。⑬魂:神,精神。罢:同"疲"。⑭天德:自然本性。

【译文】 所以说,恬淡、寂寞、虚无、无为,这是天地的准则和道德的根本,所以说圣人息心于此。息心宽容便与外界无争,因而也就心平气和了。心平气和也就恬淡愉悦了。心平气和、恬淡愉悦,那么忧患就不会入心,邪气就不会袭身,于是他的自然天性完美而精神充实不亏。

所以说,圣人在生存时就会随着自然变化而行动,他在死亡后就会随着万物的变化而转化。他静时与地阴同默守,动时与天阳共流动。行善是福的先声,所以不求福报也不行善;作恶是祸的根源,所以不受祸害也不作恶。凡事有所感动而后才去应和,有所迫近而后才去行动,万不得已而后兴起。抛弃智巧伪诈,一切顺应自然的常理。所以没有天灾,没有事务的牵累,不会遭到别人的非议,不会受到鬼神的谴责。不须思虑,不必预谋。光照天下而不炫耀,坚守信用而不固守约定。他入睡不做梦,醒时无忧愁。他把生存视为浮云,把死亡视为休息。心神纯粹,不夹杂念;精力充沛,终不疲倦。虚无恬淡,契合自然的本性。

所以说,悲哀和欢乐,它是自然本性的扭曲;喜爱和愤怒,它是自然本性的失衡;偏好和厌恶,它是自然本性的缺失。所以内心没有忧虑和欢乐,乃是自然本性的极致;专守大道而不随外物变化,乃是清静的极致;顺应群生而无所抵触,乃是虚寂的极致;不与身外之物交往,乃是恬淡的极致;混同万物而无所违逆,乃是纯粹德性的极致。

所以说,形体过分劳累而得不到休息就会疲困,精力过分消耗而不止就会疲劳,过分疲劳就会枯竭。水的本性是,不混杂就清澈,不搅动就平静;倘若闭塞而不流动,也不能澄清,这就是自然本性的体现。

所以说,纯粹素朴而不混杂邪念,清静专一而不改变心志,恬淡无为,遵循自然运行的规律而行动,这就是养神的道理。

缮　性

【题解】

这是一篇短小精悍的论文,通过批评"俗思"与"俗学",宣扬了古代修道者"以恬养知""以知养恬"和"知与恬交相养"的方法。文中提到"不为轩冕肆志,不为穷约趋俗",既抨击了追求荣华富贵者的"丧己于物",也劝勉了不得志的穷困者坚守自己的情操。

本文取篇首二字为题,"缮性",即修冶性情的意思。全文可分三个段落,第一段"言

古人以恬养知，故使天下之知，亦皆归于恬也"（林云铭语）。第二段指出"逮德下衰"，一代不如一代，批评当世"文灭质""博溺心"等不良现象。第三段提出了"乐全之谓得志"的命题，并总结全文道："丧己于物，失性于俗者，谓之倒置之民。"与文章开始提出的"谓之蔽蒙之民"相呼应。

一

【原文】 缮性于俗学①，以求复其初；滑欲于俗思②，以求致其明：谓之蔽蒙之民③。

古之治道者，以恬养知④。知生而无以知为也⑤，谓之以知养恬。知与恬交相养，而和理出其性⑥。夫德，和也；道，理也。德无不容，仁也；道无不理，义也；义明而物亲，忠也；中纯实而反乎情，乐也；信行容体而顺乎文，礼也。礼乐偏行，则天下乱矣⑦。彼正而蒙己德⑧，德则不冒⑨，冒则物必失其性也。

古之人，在混芒之中⑩，与一世而得澹漠焉⑪。当是时也，阴阳和静，鬼神不扰，四时得节，万物不伤，群生不夭，人虽有知，无所用之，此之谓至一⑫。当是时也，莫之为而常自然⑬。

【注释】 ①俗学：世俗之学。"俗"下原重"俗"字，据陈碧虚《庄子阙误》引张君房本删。②滑：乱，治。俗思：世俗的思想。③蔽蒙：闭塞昏昧。④以恬养知：用恬静来养心智，指无为自然的意思。知，同"智"。⑤知生而无以知为：谓心智生长而却不用心智行事。⑥和理：和顺。理，犹"顺"。⑦夫德，和也……则天下乱矣：这十六句五十四字，关锋说："这和庄子哲学大相悖谬，而与宋尹学派一致。"（《庄子外杂篇初探》）可供参考。义，宜。反，返，恢复。信行容体，刘凤苞云："信行，行之而昭其信。容体，体之而验于容。"顺乎文，依顺自然的节文。礼乐偏行，指世俗的礼乐偏于一方。⑧蒙：晦，蔽，敛藏。⑨冒：露，外露。⑩混芒：混沌无味，混混茫茫。⑪澹漠：即淡漠。⑫至一：最纯粹自然的境界。⑬莫之为：没有作为。常自然：常随自然。

【译文】 用世俗的学问来修养性情，想恢复人的本性；用世俗的思想来调治欲望，想得到人们思想的明澈：这就叫作闭塞昏昧的人。

古时修道的人，是用恬静来涵养心智。心智生成而却不用心智行事，这就叫作用心智涵养恬静。心智与恬静相互涵养，而和顺的性情就会从本性中生发出来。德就是和谐，道就是理顺。德和而无不包容，则无不兼爱；道理而无不随顺，则无不适宜。义理明彻而众人前来亲附，这就是忠；内心纯朴诚实而能恢复本性，这就是乐；行为讲究诚信，形貌反映心声，而又都能符合自然的节制，这就是礼。片面地推行礼乐，那么天下就要乱了。人们端正了就会敛藏自己的德性，这样德性就不会外露，德性一旦外露，那人们必定要丧失自然无为的本性。

古时候的人，在混沌无味的生活中，举世都是淡漠相处。在那时，阴阳和谐宁静，没有鬼神的干扰，四季合于节气，万物不受伤害，众生不死于非命，人们虽有心智，却无处可用，这就是最纯粹的自然境地。在那时，一切都无所作为而总是顺其自然。

【原文】 逮德下衰①,及燧人、伏羲始为天下,是故顺而不一②。德又下衰,及神农、黄帝始为天下,是故安而不顺。德又下衰,及唐、虞始为天下,兴治化之流③,澆淳散朴④,离道以善,险德以行⑤,然后去性而从于心⑥。心与心识⑦,知而不足以定天下,然后附之以文⑧,益之以博⑨。文灭质⑩,博溺心,然后民始惑乱,无以反其性情而复其初。由是观之,世丧道矣,道丧世矣⑪,世与道交相丧也。道之人何由兴乎世?世亦何由兴乎道哉?道无以兴乎世,世无以兴乎道,虽圣人不在山林之中,其德隐矣。隐,故不自隐。

古之所谓隐士者,非伏其身而弗见也,非闭其言而不出也,非藏其知而不发也,时命大谬也⑫。当时命而大行乎天下,则反一无迹⑬;不当时命而大穷乎天下,则深根宁极而待⑭。此存身之道也。

古之存身者,不以辩饰知⑮,不以知穷天下,不以知穷德⑯,危然处其所而反其性⑰,己又何为哉!道固不小行,德固不小识⑱。小识伤德,小行伤道。故曰,正己而已矣。

【注释】 ①逮:及。②不一:不能保持人性的自然纯一。③治化:教化。流:风气,风尚。④澆淳:浇薄淳朴,破坏淳厚。澆,通"浇"。⑤险德:危害德性。险,危,危害。⑥去性:舍弃天性。从于心:顺从机心。⑦识:识别,指窥测。⑧文:礼文。也指文饰。⑨博:博学,博识。⑩质:天生的素质。⑪道丧世:指假道伪道败坏了世风。⑫时命大谬:指时运背离天道而言。⑬反一:返一,返归大道。无迹:不留痕迹。按道家认为,道本自然,无为无迹。⑭深根:扎根深深的,喻深隐以求宁静。宁极:安宁之极。待:指等待时机。⑮不以辩饰知:不用善辩来装饰智慧。知,同"智"。⑯不以知穷德:不用智慧来困惑自己的德性。知,同"智"。⑰危然:独正的样子。危,独。处其所:指居无为之所。反其性:返归自然本性。反,同"返"。⑱"道固"二句:郭象注:"道固不小行:游于坦途。德固不小识:块然大通。"

【译文】 等到德性不断衰落,到了燧人、伏羲时便开始治理天下,这时只能顺从民心而不能保持自然纯一的人性了。德性又往下衰落,到唐尧、虞舜开始治理天下时,大兴教化之风,浇薄了淳厚之德,耗散了浑朴之性,脱离自然之道去求善,危害德性的完满而行事,然后舍弃纯一的天性而顺从世俗的人心。彼此互相窥测对方的用心,这时用智慧已经不足以安定天下了,然后便用世俗的礼文和渊博的知识作为统治的辅助。世俗的礼文会泯灭人们自然的素质,世俗的博识会淹溺人们纯真的心灵,而后百姓将会迷惑混乱,无法再恢复他们自然纯朴的性情。由此看来,是世俗世风破坏了自然之道,而虚假之道又败坏了世俗世风,于是世风与伪道相互破坏殆尽。世风破坏了自然之道,那么有道之人怎能在世间兴起呢?伪道败坏了世俗世风,那么世间又怎能恢复真正的纯真之道呢?伪道无法让世风恢复纯真之性,世风无法让自然之道兴起,就是圣人不去山林中归隐,而他的德性已被世风蒙蔽了。这德性的隐没,并非圣人自己主动的归隐。

古时所谓的隐士,并非是躲藏起来不去见人,并非是闭口不言而不发表意见,也不是

潜藏自己的智慧而不发挥，而是时运乖谬背道啊。当时逢有道之世，自然之道大行于天下，就恬淡自然，不见有为之迹；当时遭无道，德化不行而困厄天下，就深藏自然本性，保持极为宁静的心态，以待时运的到来。这就是保全自身的方法。

古时保全自身的人，不用善辩来装饰智慧，不用智慧来困厄天下人，不以智慧来困惑自己的德性，端正地独立于无为之境，返归自然的本性，除此我还有什么要做的呢！大道原本就不是仁义礼乐之类的小的行为，德性原本就不是是非善恶之类的小的见识。这些小的见识损害了德性纯和的完善，小的行为损伤了大道自然无为的修养。所以说，只要端正自己就够了。

三

【原文】 乐全之谓得志①。古之所谓得志者，非轩冕之谓也②，谓其无以益其乐而已矣。今之所谓得志者，轩冕之谓也。轩冕在身，非性命也③，物之傥来④，寄者也。寄之，其来不可圉⑤，其去不可止。故不为轩冕肆志⑥，不为穷约趋俗⑦，其乐彼与此同⑧，故无忧而已矣！今寄去则不乐⑨。由是观之，虽乐，未尝不荒也⑩。故曰，丧己于物，失性于俗者，谓之倒置之民⑪。

【注释】 ①"乐全"句：成玄英说："无顺无逆，忘哀忘乐，所造皆适，斯乐之全者也。至乐全矣，然后志性得焉。"刘凤苞说："乐全，惟不受伤，则全乎天乐也。"②轩冕：古代贵人的车服。这里指高官厚禄。③非性命也：此句陈碧虚《庄子阙误》引张君房本，作"非性命之有也"，语意更为显著。④傥：偶然。⑤圉：通"御"，拒，抵挡。⑥肆志：放纵情性，快意。⑦穷约：穷困。趋俗：媚俗，趋炎附势。⑧彼：指轩冕。此：指穷约。⑨今：指今天的世俗之人。寄：指轩冕之类。⑩荒：通"慌"，恐慌。⑪倒置：本末轻重不分。

【译文】 无忧无虑，无所不适，可谓获得全乐了，乐全就可以说得到自己的志性了。古人所说的得志，并非指高官厚禄，他们认为高官厚禄对自己的快乐并没有什么补益。现在世俗之人所说的得志，是专指高官厚禄而言。高官厚禄在身，并非是性命所固有的东西，它是偶然而来的外物，不过寄存在人身而已。像高官厚禄这类寄托之物，它来时不能阻挡，它去时不能挽留。所以修道之人不能因为高官厚禄的到来而放纵志性，也不能因为自己穷困潦倒就趋炎附势，在他们看来，处于高官厚禄与处于穷困潦倒都是一样的快乐，所以总是无忧无虑罢了！现在的世俗之人，他们一旦失去了寄存于身的利益就不快乐。由此看来，他们尽管在快乐的时候，未尝不担心丧失利益而心存恐慌啊！所以说，在物欲中丢掉自己本性的人，在世俗中丧失自己德性的人，叫作不知本末轻重的人。

秋 水

【题解】

本篇是《庄子》书中倍受称道的篇章之一，其鲜明的思想特色和隽永的文字魅力都堪称精品。本篇取篇首二字命题，其主旨探讨了人对万事万物价值判断的无限相对性，表

现了庄子哲学中颇有影响的相对论的观点。作者认为一切事物的大小、是非都是相对的，人生的贵贱、荣辱也是无常的，因而要求人们"无以人灭天，无以故灭命，无以得殉名，谨守而勿失，是谓反其真"，即不执着于人为得失而伤害自然本性，一切顺应自然而返归人生的真谛。

本篇全文分前后两大部分，前一部分描述海神与河神的对话，总共七问七答，分别就关于多与少的自我判断、时空的无穷性与事物变化的不定性、"言之所不能论"与"意之所不能察致"、大小贵贱的不同审视、自然之道的可贵性等作了精细而形象的讨论，最后以"无以人灭天"等三"无以"一"谨守"给全部对话作结。这也是全文的总论部分。

本篇的后一部分，也是分论部分，则是通过看似不相关联的六则寓言故事，分别对总论进行了进一步的形象化诠释。如"夔怜蚿"一则，意在阐发"无以人灭天"之旨；"孔子游于匡"一则，意在申明"无以故灭命"之旨；"公孙龙问于魏牟"一则，意在申发"无以得殉名"之旨；而"庄子钓于濮水"与"惠子相梁"二则，再次申发"无以得殉名"之旨；而"庄子与惠子游"一则，则是申发了"反其真"之旨。

一

【原文】　秋水时至①，百川灌河。泾流之大②，两涘渚崖之间③，不辩牛马④。于是焉河伯欣然自喜⑤，以天下之美为尽在己。顺流而东行，至于北海，东面而视，不见水端。于是焉河伯始旋其面目⑥，望洋向若而叹曰⑦："野语有之曰：'闻道百，以为莫己若者。'我之谓也⑧。且夫我尝闻少仲尼之闻而轻伯夷之义者⑨，始吾弗信。今我睹子之难穷也，吾非至于子之门则殆矣，吾长见笑于大方之家⑩。"

北海若曰："井蛙不可以语于海者，拘于虚也⑪；夏虫不可以语于冰者，笃于时也⑫；曲士不可以语于道者⑬，束于教也⑭。今尔出于崖涘⑮，观于大海，乃知尔丑，尔将可与语大理矣⑯。天下之水，莫大于海，万川归之，不知何时止而不盈，尾闾泄之⑰，不知何时已而不虚；春秋不变，水旱不知。此其过江河之流，不可为量数。而吾未尝以此自多者，自以比形于天地⑱，而受气于阴阳⑲，吾在于天地之间，犹小石小木之在大山也⑳。方存乎见小，又奚以自多！计四海之在天地之间也，不似礨空之在大泽乎㉑？计中国之在海内，不似稊米之在大仓乎㉒？号物之数谓之万㉓，人处一焉。人卒九州㉔，谷食之所生，舟车之所通，人处一焉㉕。此其比万物也，不似豪末之在于马体乎㉖？五帝之所连㉗，三王之所争，仁人之所忧，任士之所劳㉘，尽此矣㉙！伯夷辞之以为名，仲尼语之以为博，此其自多也，不似尔向之自多于水乎？"

【注释】　①秋水：秋雨。时至：按时而降。②泾流：水流。泾，借为"巠"，水脉。③涘：河岸。渚崖：水洲岸边。渚，小洲。崖，边。④辩：通"辨"。⑤焉：犹"乎"，句中语助词。河伯：黄河之神。⑥旋：转。面目：脸面，指态度。⑦望洋：仰视的样子。若：海神名，取其若有若无之意。⑧"以为"二句：莫己若，即"莫若己"。我之谓，即"谓之我"。均为倒装句。⑨少：以……为少。轻：轻视。伯夷：孤竹君之子，不受君位，不食周粟，饿死于

首阳山。义：义气，气节。⑩大方：大道。⑪拘：局限。虚：同“墟”，居处。⑫笃：固，浅陋不通，局限。⑬曲士：一曲之士，浅陋偏执之人。⑭束于教：束缚于世俗之学。⑮尔：你。崖涘：指黄河岸边。⑯大理：大道理，指大道。⑰尾闾：指海水出口处。⑱比：借为“庇”，寄托。⑲气：元气。阴阳：指天地，自然。⑳大山：即泰山。㉑礨空：小穴。礨，借作“罍”，酒器。㉒稊米：稊的果实，与谷子相似。稊，形似稗的草。大仓：储粮的大库。㉓号物：称呼物类。㉔卒：借为“萃”，聚。按“卒”如读为本字，“人卒”即指人众，亦通。㉕人处一焉：此处是以个人对众人而言。㉖豪：通“毫”。㉗连：读为“禅”，禅让。㉘任士：操劳务事之人。㉙此：指如同毫末。

【译文】 秋雨按时而降，大小溪水都灌入了黄河。水流的浩大宽广，两岸及河中水洲之间，连牛马都不能分辨。于是乎河伯欣然自得，以为天下的盛美都集中在自己身上了。它顺着水流向东前进，到达了北海，面向东方望去，不见大海的尽头。于是乎河伯这才改变自得的态度，仰起头对着海神若，感叹说：“俗话说：‘听了很多道理，总觉得都不如自己高明。’说的就是我这种人啊。而且我还曾经听说过认为孔子的见闻很少和轻视伯夷气节的话，当初我还不信。现在我亲眼目睹了你那望不到边的海水，难以穷尽，我若不是来到你的门前，那就危险了，我将永远被得道的人讥笑。”

北海若说：“对于井中之蛙不能和它谈论大海，这是由于它局限在井中很小的地方；对于夏生秋死的昆虫不能和它谈论结冰的事情，这是由于它的生命局限在很短的时间；对于浅陋偏执人士不能和他谈论大道，这是由于他被世俗之学所束缚。现在你从河岸走了出来，看到了大海，方知你自己的孤陋寡闻，这将可以同你谈论大道了。天下的水域，没有比海更广大了，千万条江河之水归入这里，不知何时休止，但大海从来未见满溢；海水从尾闾地方排泄，不知道什么时候停止，然而大海不会空虚；不论春秋季节的更替，大海不会有所变化；不论水灾旱灾的降临，大海全然不受影响。它的蓄水之多远远超过江河的水流，根本无法计量。对此，我却从来没有感到自满，自认为寄托形体于天地，禀受元气于阴阳，我在天地之间，犹如一块小石头、一根小树枝放在泰山上一样。正存有自以为渺小的想法，哪里还会感到自大自满呢！计量四海在天地之间所占的分量，不就像在大泽中的一个蚁窝吗？计量中国在四海之内所占的分量，不就像在大粮仓中的一粒小米吗？物类名称的数目有万种之多，而人类只是其中的一种。人类聚居于九州，凡是粮食所生长的地方，舟车所通行的地方，都有人类，而个人只是人类中的一分子。这样说来，一个人与万物相比，不就像毫毛之末长在马身上那样微不足道吗？诸如五帝的相继禅位，三王的互相争位，仁人为天下安危而忧虑，实干家为治理天下而操劳，都如毫末一样微不足道。伯夷辞让王位以此取得声名，孔子游说以此显示渊博，他们的自满，不就像刚才你对于河水的自满一样吗？”

【原文】 河伯曰：“然则吾大天地而小毫末，可乎？”

北海若曰：“否。夫物，量无穷①，时无止②，分无常③，终始无故④。是故大知观于远近⑤，故小而不寡，大而不多，知量无穷。证曏今故⑥，故遥而不闷⑦，掇而不跂⑧，知时无

止。察乎盈虚，故得而不喜，失而不忧，知分之无常也。明乎坦涂⑨，故生而不说⑩，死而不祸，知终始之不可故也。计人之所知，不若其所不知；其生之时，不若未生之时；以其至小，求穷其至大之域，是故迷乱而不能自得也。由此观之，又何以知毫末之足以定至细之倪⑪，又何以知天地之足以穷至大之域！"

【注释】　①量：物体的量数。②时无止：时间、时序的流逝是没有止境的。③分：得与失的分际。无常：无定。④故：通"固"，固定。⑤大知：指得道的人。知，同"智"。观于远近：远近都能看到。⑥曓：明，明察。今故：犹古今。故，读为"古"。⑦闷：郁闷。⑧掇：拾取。跂：向往，企求。⑨涂：同"途"。⑩说：同"悦"，欣喜。⑪倪：读为"仪"，尺度，标准。

【译文】　河伯说："那么我以天地为大而以毫末为小，这样可以吗？"

北海若说："不可以。那物体，器量各不相同，千差万别，没有穷尽；时间的流逝也永无止境；贵贱贫富等等一切得与失的分际根本上就没有定准；一切都是变化不定的，没有所谓的开始，也没有所谓的终结。所以有大智慧的人能够观察到事物的远近，因而小的不以为小，大的不以为大，这是因为知道物量无穷的道理。验证和察明古今变化无穷的情况，所以对于流逝的遥远的过去并不感到郁闷，对于俯拾可得的未来并不心存企望，这是因为懂得时间的流逝永远不会停止的道理。明察自然万物盈亏的变化，所以得到什么并不欣然自喜，失掉什么并不忧愁烦恼，这是因为知道得与失是没有定准的道理。明白了生死不过是人生旅行中的一条平坦大路，所以生存时不特别欣喜，死亡时不以为祸害，这是因为懂得终始没有固定不变的道理。计算一下人所知道的事情，远不如人所不知道的事情多；计算一下人的生存时间，远比不上他没有生命时的时间长；想用极少的知识和极短的生命去追究无限发展变化的世界，因此只能造成心思迷乱而茫然若失。由此看来，又怎么知道用毫末就足以判定最小的尺度，又怎么知道用天地就足以穷尽最大的领域呢！"

【原文】　河伯曰："世之议者皆曰：'至精无形①，至大不可围②。'是信情乎③？"

北海若曰："夫自细视大者不尽，自大视细者不明。夫精，小之微也；垺④，大之殷也⑤。故异便⑥，此势之有也。夫精粗者，期于有形者也⑦；无形者，数之所不能分也⑧；不可围者，数之所不能穷也。可以言论者，物之粗也；可以意致者⑨，物之精也；言之所不能论，意之所不能察致者，不期精粗焉⑩。是故大人之行⑪，不出乎害人，不多仁恩⑫，动不为利⑬，不贱门隶；货财弗争，不多辞让；事焉不借人⑭，不多食乎力⑮，不贱贪污；行殊乎俗，不多辟异⑯；为在从众，不贱佞谄；世之爵禄不足以为劝⑰，戮耻不足以为辱⑱；知是非之不可为分，细大之不可为倪⑲。闻曰：'道人不闻，至德不得，大人无己⑳。'约分之至也㉑。"

【注释】　①精：细小。②围：范围。③信情：实情。④垺：大，宏大。⑤殷：大。⑥异便：谓物虽相异却各有自己的所宜。⑦期：限，限于。⑧数：度数。⑨意致：意识到，意会。⑩不期精粗：指不能用精细和粗大来限定的事物。期，不限于。⑪大人：指得道的人。行：行为。⑫多：赞美。⑬动不为利：举动做事并非为了私利。⑭事焉不借人：做事不借

助别人之力。⑮不多食乎力：不赞美自食其力。⑯辟：邪僻。异：乖异、怪异。⑰劝：劝勉，勉励。⑱戮耻：刑戮和罢官的耻辱。辱：羞辱。⑲倪：限定，区别。⑳"道人"三句：道人、至德、大人，均指体道之人。成玄英《疏》说，"体道圣人，和光韬晦，推功于物，无功名之可闻"；"造极之人，均得干丧，既无所丧，亦无所得"；"大圣之人，有感斯应，方圆任物，故无己也"。㉑约分：依守本分。

【译文】　河伯说："世俗中的议论者都说：'最细小的东西是没有形状的，最大的东西是无法限定范围的。'这是真实情况吗？"

北海若说："从小的方面去看大的东西，这是看不到尽头的；从大的方面去看小的东西，这是看不分明的。精细之物，这是小物中的小物；巨大之物，这是大物中的大物。所以各物大小不相同却有着自己的相宜之处，这是势态不同的必然现象。所谓精细与粗大，都是局限于有形的东西；对于小到无形的东西，是无法用度数进行测量区分的；对于大到不可范围的东西，是无法用度数测量穷尽的。可以用言语谈论的事物，那是事物中比较粗大的；可以意识到却无法用言语表达的事物，那是事物中比较精微的；用言语无法谈论而用意识又不能沟通的，那是无法用精细和粗大来称谓的事物。因此，体道之人的行为，不做危害他人的事，但也不赞许对他人施恩行惠；行动做事不为获取利益，不轻贱家奴；不与他人争夺财物，也不赞许把财物辞让给人；遇事不借助他人之力，也不赞许自食其力的人，也没有轻贱贪污之人的念头；一举一动与世俗大为不同，却也不赞许乖僻邪僻的行径；凡有所为，不过随众人而已；也不卑贱奉承谄媚的人，世间的高官厚禄不足以为劝勉，杀戮蒙耻也不足以为羞辱；知道是非的界限不可以确定，知道大小的标准也无法限定。我听说：'得道的人不扬名，至德的人不索取，体道的人不存己。'依守本分到了极致罢了。"

【原文】　河伯曰："若物之外，若物之内，恶至而倪贵贱？恶至而倪小大？"

北海若曰："以道观之，物无贵贱；以物观之，自贵而相贱；以俗观之，贵贱不在己。以差观之①，因其所大而大之，则万物莫不大；因其所小而小之，则万物莫不小。知天地之为稊米也，知毫末之为丘山也，则差数睹矣②。以功观之③，因其所有而有之，则万物莫不有；因其所无而无之，则万物莫不无。知东西之相反而不可以相无，则功分定矣。以趣观之④，因其所然而然之，则万物莫不然；因其所非而非之，则万物莫不非。知尧、桀之自然而相非⑤，则趣操睹矣⑥。昔者尧、舜让而帝，之、哙让而绝⑦；汤、武争而王⑧，白公争而灭⑨。由此观之，争让之礼，尧、桀之行，贵贱有时，未可以为常也。梁丽可以冲城而不可以窒穴⑩，言殊器也；骐骥骅骝一日而驰千里⑪，捕鼠不如狸狌⑫，言殊技也；鸱鸺夜撮蚤⑬，察毫末，昼出瞋目而不见丘山，言殊性也。故曰：盖师是而无非⑭，师治而无乱乎？是未明天地之理，万物之情者也。是犹师天而无地，师阴而无阳，其不可行明矣！然且语而不舍，非愚则诬也！帝王殊禅，三代殊继。差其时⑮，逆其俗者，谓之篡夫；当其时，顺其俗者，谓之义之徒。默默乎河伯，女恶知贵贱之门，小大之家！"

【注释】　①差：指万物的大小差别。②差数：数量的差别。③功：功能。④趣：趋向，

153

取向。⑤尧、桀：唐尧和夏桀。尧为圣人，桀为暴君。自然：自是，自以为是。⑥趣操：志趣和情操。⑦之，哙让而绝：指燕王哙将王位禅让给子之，子之即位，国人不服。齐宣王兴师伐燕，杀死哙与子之，燕国几乎灭绝。让，禅让。⑧汤、武争而王：指商汤伐桀，周武王伐纣，都因争战获胜而称王。⑨白公争而灭：指白公胜因郑人杀其父，请兵报仇，不许，遂自起封邑之兵反楚。楚王派叶公子高伐而灭之。白公，名胜，楚王平之孙，太子建之子。⑩梁丽：梁栋。丽，通"棚"，屋栋。冲城：冲击城防。窒穴：堵塞小洞。⑪骐骥骅骝：四种良马，一般骐骥连称，骅骝连称。⑫狸狌：野猫和黄鼠狼。⑬鸱鸺：猫头鹰。一说，"鸺"字为衍文。撮：抓取。蚤：跳蚤。⑭盖：通"盍"，何不。师：效法。无：通"毋"，不要。抛弃。下同。⑮差其时：不合时宜。

【译文】 河伯说："假若在物体的表面，假若在物体的内部，又怎样来区分贵贱，怎样来区别大小呢？"

北海若说："用自然之道来观察，万物原本没有贵贱之分；从万物自身的角度来看，都是自以为贵而彼此相贱；用世俗之人的眼光来看，贵贱的判定并非自己能够操控。按照万物的大小差别来考察，顺着大的角度来看而认为是大的，那么没有一物不是大的；顺着小的角度来看而认为是小的，那么没有一物不是小的。知道了像天地那么巨大的东西，比起更巨大的东西，也不过是一粒小米；知道了像毫末那么细小的东西，比起更细小的东西，就犹如一座大山；那么万物之间的数量差别也就看清了。从事物的功能来考察，从有功能的角度来看而认为它有功能，那么万物之中都有功能；从没有功能的角度来看而认为它没有功能，那么万物之中没有功能。懂得了东与西两个方向相互对立，而又彼此不能相缺，那么事物的功能与分量就可以确定了。从人们对事物的取向来看，依着它可肯定的地方去肯定它，那么万物之中没有不可肯定的；依着它可否定的地方去否定它，那么万物之中没有不可否定的。知道了尧和桀各自为是而相互否定，那么人们的取向和情操便可以看清了。从前尧和舜因禅让而称帝，而燕王哙和燕相子之因禅让而灭绝；商汤和周武王因争战而称王，白公胜却因为征讨而灭亡。由此看来，争斗和禅让的礼制，唐尧和夏桀的行为，他们的高贵与卑贱是因时而异的，并没有一定的常规。梁栋之大可以用来冲撞城墙，但不能用来堵塞鼠穴，说明使用的器具不同；像骐骥骅骝一类的良马，它能一日奔驰千里，但让它捕鼠远不如野猫和黄鼠狼，说明各自的技能不同；猫头鹰夜间能够抓取跳蚤，明察秋毫，但白天出来，瞪着眼睛却看不见大山，说明各自的性能不同。人们总是说：为什么效法正确的而丢掉错误的，效法治理好的而抛弃混乱的呢？这是不明白天地间事物变化的道理，和万物发展的实际情况。这好比是说只师法天而抛弃地，只效法阴而抛弃阳一样，这种说法行不通是很明显的。然而有的人还在不停地游说，这种人不是愚昧就是在欺骗人！古代帝王的禅让情况各不相同，夏商周三代相继承的情况也各自相异。凡是不合时宜，违背民众意愿的，称他为篡夺之人；凡是合乎时宜，顺从民众意愿的，称他为高义之人。沉默住口吧，河伯，你哪里知道贵贱的分别，和大小的真谛呢！"

154

【原文】 河伯曰："然则我何为乎？何不为乎？吾辞受趣舍①，吾终奈何？"

北海若曰："以道观之，何贵何贱，是谓反衍②；无拘而志，与道大蹇③。何少何多，是谓谢施④；无一而行⑤，与道参差。严乎若国之有君⑥，其无私德；繇繇乎若祭之有社⑦，其无私福；泛泛乎其若四方之无穷⑧，其无所畛域⑨。兼怀万物，其孰承翼⑩？是谓无方⑪。万物一齐，孰短孰长？道无终始，物有死生，不恃其成。一虚一满，不位乎其形⑫。年不可举，时不可止。消息盈虚⑬，终则有始。是所以语大义之方⑭，论万物之理也。物之生也，若骤若驰，无动而不变，无时而不移。何为乎？何不为乎？夫固将自化。"

【注释】　①辞受趣舍：辞让、接受、趋就、舍弃。②反衍：向相反的方向发展，犹转化。③蹇：阻塞，违碍。④谢施：谓相互转化。施，移，转。⑤无：通"毋"，不要。一：执一，固守。⑥严：庄重威严。有：语助词，无义。下句"有"字同。⑦繇繇：即"悠悠"，悠然自得的样子。社：社神，即土地神。⑧泛泛：广阔、周遍的样子。⑨畛域：界限。⑩孰：谁。承翼：得到庇护。承，受。翼，羽翼，庇护。⑪无方：无所偏向。⑫不位乎其形：形无定位，没有固定不变的形态。⑬消息盈虚：消亡、生息、充盈、亏虚。⑭大义：指大道。方：指精义、奥旨。

【译文】　河伯说："那么我在哪些事情上可以做，哪些事情上不可以做呢？我将如何辞让、接受、进取和舍弃呢？我到底怎样做好呢？"

北海若说："从道的观点来看，什么是贵什么是贱，可以说贵与贱是相互转化的；不要拘执你的心志，造成与大道背离。什么是少什么是多，可以说多少是相互转化的；不要固执偏见行事，造成与大道不合。像国君一样庄重威严，对谁都没有偏爱；像被祭祀的土地神一样悠然自得，对谁都没有偏私的福佑；像四方无限伸展的大地那样广阔无垠，没有什么东西可以界限。包容万物，谁受到庇护？可以说是无所偏向。万物都是一样的，谁是短的谁是长的呢？大道是没有开始与终止的，而万物却有死生的变化，即便一时有所成就，也是不足依赖的。大道在一虚一盈中变化着，没有固定不变的形态。往昔的岁月不可回转，逝去的时间无法挽留。万物在消亡、生息、充盈、亏虚之中，终而复始地变化着。明白了以上的道理，方能谈论大道的奥义，讨论万物变化的道理。万物的生长，犹如快马拉车奔腾驰骤一般，没有一个动作不在变化，没有一个时间不在移动。什么事可以去做，什么事不可以去做呢？万物原本就在自行变化着，何须你有意去做什么呢！"

【原文】　河伯曰："然则何贵于道邪？"

北海若曰："知道者必达于理，达于理者必明于权①，明于权者不以物害己。至德者，火弗能热，水弗能溺，寒暑弗能害，禽兽弗能贼。非谓其薄之也②，言察乎安危，宁于祸福③，谨于去就，莫之能害也。故曰：'天在内，人在外④，德在乎天。'知天人之行⑤，本乎天⑥，位乎得⑦，蹢躅而屈伸⑧，反要而语极⑨。"

曰："何谓天？何谓人？"

北海若曰："牛马四足，是谓天；落马首⑩，穿牛鼻，是谓人。故曰：'无以人灭天，无以故灭命⑪，无以得殉名⑫，谨守而勿失，是谓反其真。'"

【注释】　①权：权变，应变。②薄：迫近，逼近。③宁：安。祸福：指穷困和通达。

④"天在"二句：天，天性，自然本性。人，人事，人为。⑤天人：自然与人。行：指活动规律。⑥本乎天：以自然为根本。⑦位乎得：处于自得的境地。⑧蹢躅：同"踯躅"，进退不定的样子。⑨反要：返回道的枢要。语极：谈论万物的至理。⑩落：通"络"，指套上马笼头。⑪故：有心而为，造作。命：天理。⑫殉名：为追求虚名而丧生。

【译文】　河伯说："那么为什么还要尊重大道呢？"

北海若说："明白大道的人必定通达万物之理，通达万物之理的人必然知道如何应变，知道如何应变的人就不会让外物伤害自己了。有最高修养的人，火不能让他感到灼热，水不能让他淹溺，寒冷和酷暑不能伤害他，禽兽也不能偷袭他。这些并非说他迫近它们而不会受到损害，而是说他能明察安危，安于祸福，能够谨慎对待进退，所以没有什么东西能够伤害他。所以说：'天性存于内心，人事显露于身外，道德本于自然。'懂得自然与人类活动的规律，方能以自然为根本，处于自得的境界，进退适宜而屈伸得当，返归道的枢要而谈论万物的至理。"

河伯说："什么叫作天然？什么叫作人为？"

北海若说："像牛马长着四只脚，这就叫天然；像给马套上笼头，给牛鼻穿上缰绳，这就是人为。所以说：'不要用人为的东西来损害天性，不要有心造作而毁灭天理，不要为追求名利而丧生，谨慎守住这三句话而不失误，这就叫作返归纯真的本性。'"

二

【原文】　夔怜蚿①，蚿怜蛇，蛇怜风，风怜目，目怜心。

夔谓蚿曰："吾以一足趻踔而行②，予无如矣。今子之使万足，独奈何？"

蚿曰："不然。子不见夫唾者乎？喷则大者如珠，小者如雾，杂而下者不可胜数也。今予动吾天机③，而不知其所以然。"

蚿谓蛇曰："吾以众足行，而不及子之无足，何也？"

蛇曰："夫天机之所动，何可易邪？吾安用足哉！"

蛇谓风曰："予动吾脊胁而行，则有似也④。今子蓬蓬然起于北海⑤，蓬蓬然入于南海，而似无有，何也？"

风曰："然，予蓬蓬然起于北海而入于南海也，然而指我则胜我，鰌我亦胜我⑥。虽然，夫折大木，蜚大屋者⑦，唯我能也。"

故以众小不胜为大胜也⑧。为大胜者，唯圣人能之。

【注释】　①夔：传说中的野兽，形似牛，无角，一足。怜：爱慕。蚿：马蚿，又名百足虫。②趻踔：跳着走。③天机：天然的本能。④有似：谓像是有足行走的样子。⑤蓬蓬然：风吹的声音。⑥鰌：又作"蹴"，踢踏。⑦蜚：通"飞"，指吹卷。⑧以众小不胜：谓不与众小争胜。

【译文】　夔美慕蚿，蚿美慕蛇，蛇美慕风，风美慕眼睛，眼睛美慕心思。

夔对蚿说："我只能用一只脚跳着行走，我不如你啊。现在你使用那么多的脚行走，究竟是怎么走法呢？"

蚿说："不是这样的，我并非有心用万足行走。你没见到过那唾沫吗？喷出来，大的如珠子，小的如水雾，夹杂着散下，不可胜数。现在我也像唾沫一样，只是动用我的自然本能，并不知道为什么这样。"

蚿对蛇说："我用众多的脚行走，却不及你没有脚走得快，这是为什么呢？"

蛇说："我依靠天然的机能而行走，怎么能够改变它呢？我哪里还要用脚呢！"

蛇对风说："我扭动着脊背和胁下而行走，还像是用脚行走的样子。现在你'呼'的一声从北海兴起，又'呼呼'的吹入南海，而看起来好像什么也没有，这是为什么呢？"

风说："是的，我是'呼呼'地从北海兴起而又进入南海，然而有人用手指我，用脚踢我，就都能战胜我。尽管这样，像吹折大树、席卷大屋这样的事情，只有我最能干。"

所以说，只有任听自然天机，不与众小争胜，才能成就大胜，能够成就大胜的，只有圣人才能做到。

三

【原文】 孔子游于匡①，宋人围之数匝②，而弦歌不惙③。子路入见，曰："何夫子之娱也？"

孔子曰："来，吾语女④。我讳穷久矣⑤，而不免，命也！求通久矣，而不得，时也！当尧、舜而天下无穷人，非知得也⑥；当桀、纣而天下无通人，非知失也⑦；时势适然。夫水行不避蛟龙者，渔父之勇也；陆行不避兕虎者⑧，猎夫之勇也；白刃交于前，视死若生者，烈士之勇也；知穷之有命，知通之有时，临大难而不惧者，圣人之勇也。由，处矣⑨！吾命有所制矣⑩！"

无几何，将甲者进⑪，辞曰⑫："以为阳虎也，故围之。今非也，请辞而退。"

【注释】 ①匡：卫国邑名。②宋人：当作"卫人"。鲁国阳虎曾经暴虐匡人，孔子游宦到此地，因长相颇像阳虎，所以匡人误会把孔子包围起来。匝：层，圈。③惙：通"辍"，止，停。④语女：告诉你。女，同"汝"，你。⑤讳：忌讳，躲避。⑥知得：指智慧高超。知，同"智"，智慧。⑦知失：智慧丧失，智慧低下。⑧兕：犀牛一类的野兽。⑨由：即子路，名仲由。处矣：谓安然处之，安居。⑩制：控制，管制。⑪将甲者：率领士兵的人。甲，士兵。⑫辞：转告，解说，含有道歉之意。

【译文】 孔子游宦到了卫国匡地，卫国人把他围了好几层，而孔子仍然抚琴歌吟，并不停止。子路进屋拜见孔子，说："先生为什么这样快乐呢？"

孔子说："过来，我告诉你。我避免穷厄的局面已经很久了，但是还是不可摆脱，这是命运不好啊！我追求通达已经很久了，而却一直没有实现，这是时运不好啊！当时在尧、舜的时代，天下没有困窘失志的人，并非他们的智慧高明；当时在桀、纣的时代，天下没有通达得志的人，并非他们的智慧低下：这都是时代形势造成的。在水中行走而不躲避蛟龙，这是渔夫的勇敢；在陆地上行走而不躲避兕虎，这是猎人的勇敢；刀剑逼近眼前而无

所畏惧，视死如归，这是壮士的勇敢；明白困窘是命运的安排，知道通达是由时运所决定，面临大灾大难而无所畏惧，这是圣人的勇敢。仲由，你安心呆着吧！我的命运自有一定的限数。"

没过一会儿，一个带兵的人进来，表示歉意说："我们还以为您是阳虎呢，所以就围了起来。现在知道弄错了，请让我表示歉意，随后我们退去。"

<h2 style="text-align:center">四</h2>

【原文】　公孙龙问于魏牟曰①："龙少学先王之道，长而明仁义之行；合同异，离坚白；然不然，可不可②；困百家之知，穷众口之辩，吾自以为至达已。今吾闻庄子之言，汒焉异之③，不知论之不及与④？知之弗若与？今吾无所开吾喙⑤，敢问其方。"

公子牟隐机大息⑥，仰天而笑曰："子独不闻夫坎井之蛙乎⑦？谓东海之鳖曰：'吾乐与！出跳梁乎井干之上⑧，入休乎缺甃之崖⑨。赴水则接腋持颐，蹶泥则没足灭跗⑩。还虷蟹与科斗⑪，莫吾能若也⑫。且夫擅一壑之水，而跨跱坎井之乐⑬，此亦至矣。夫子奚不时来入观乎？'东海之鳖左足未入，而右膝已絷矣⑭。于是逡巡而却⑮，告之海曰：'夫千里之远，不足以举其大；千仞之高，不足以极其深。禹之时，十年九潦，而水弗为加益；汤之时，八年七旱，而崖不为加损⑯。夫不为顷久推移，不以多少进退者，此亦东海之大乐也。'于是坎井之蛙闻之，适适然惊⑰，规规然自失也⑱。且夫知不知是非之竟⑲，而犹欲观于庄子之言，是犹使蚊负山，商蚷驰河也⑳，必不胜任矣。且夫知不知论极妙之言，而自适一时之利者㉑，是非坎井之蛙与？且彼方跐黄泉而登大皇㉒，无南无北，奭然四解㉓，沦于不测；无东无西，始于玄冥㉔，反于大通㉕。子乃规规然而求之以察㉖，索之以辩，是直用管窥天，用锥指地也，不亦小乎？子往矣！且子独不闻夫寿陵馀子之学行于邯郸与㉗？未得国能，又失其故行矣，直匍匐而归耳㉘。今子不去，将忘子之故㉙，失子之业。"

公孙龙口呿而不合㉚，舌举而不下，乃逸而走。

【注释】　①公孙龙：姓公孙，名龙，字子秉，战国时期赵国人，著名的名家。著有《公孙龙子》，今存六篇。魏牟：魏国公子，名牟，故称公子牟。按，此借他人之名，编自家故事，不可用信史看待。②"合同异"四句：这是公孙龙的著名论题。合同异，把事物的同与异合而为一。离坚白，把一物的坚硬与白色分出来。然不然，可不可，把不是说成是，把不可说成可。③汒焉：自失的样子。汒，通"茫"。④论：指辩论的水平。与：通"欤"。⑤喙：鸟嘴，代指人嘴。⑥隐机：依靠在几案上。机，通"几"，几案。大息：叹息。⑦坎井：浅井。⑧跳梁：即"跳踉"，腾跳。井干：井栏。⑨甃：堆砌井壁的砖。崖：指破损的井壁边。⑩蹶：踏。跗：脚背。⑪还：回顾。虷：孑孓，蚊子幼虫。科斗：即"蝌蚪"，蛙的幼虫。⑫莫吾能若：即"莫若吾能"的倒置。⑬跨跱：盘踞。⑭絷：绊住。⑮逡巡：小心退却的样子。⑯崖：海岸，指水位。⑰适适然：惊惧的样子。⑱规规然：拘谨自失的样子。⑲知不知：智慧不足以知道。竟：通"境"。⑳商蚷：马蚿，俗称百足虫。㉑自适：自以……为乐。㉒彼：指庄子。跐：蹈，踏。大皇：皇天，苍天。㉓奭然：释然，毫无阻碍的样子。四解：四

面通达。㉔玄冥：万物产生前的混沌状态。㉕大通：无所不通的大道。㉖规规然：经营的样子。㉗寿陵：战国时燕国地名。馀子：少年人。邯郸：赵国国都，在今河北邯郸。㉘直：只不过，只能。㉙忘子之故：与下句"失子之业"互文见义，"忘"与"失"同义，"故"与"业"同义。㉚呿：口张开的样子。

【译文】 公孙龙向魏牟问道："我少年时学习先王之道，长大后通晓仁义道德的行为，提出了'合同异，离坚白'、'然不然，可不可'的命题，使各家各派的智士感到困惑，让众多的善辩之人理屈词穷，我自认为达到了最通达的境界。现在我听说了庄子的言论，感到茫然怪异，无所适从，不知道是我辩论的才能不及他呢？还是我的智慧赶不上他？总之现在我是无法开口了，敢问这其中的道理。"

公子魏牟听了，靠在几案上长长叹了一口气，仰着头笑着说："你就没有听说过浅井中青蛙的故事吗？它对东海的大鳖说：'我好快乐呀！想出来玩耍，就在井栏上面跳来跳去，想休息就回到破损的井壁边。跳入水中，水便托住我的腋窝，撑起我的下巴；踏进泥浆里，烂泥就会淹没我的脚背。回头看看那些孑孓、小蟹和蝌蚪，没有能像我这样的。而且我独占一坑之水，盘踞浅井的快乐，这也是最大的幸福了。先生你为什么不常过来看看呢？'东海的大鳖左脚还没有伸进井里，而右膝已经被井口绊住了。于是小心地退到原处，向浅井之蛙告诉大海的情况，说：'那大海辽阔深邃啊，说有千里之远，不足以形容大海之大；说有八千尺的高度，不足以量尽大海之深。大禹时代，十年就有九年闹水灾，可是海水并不曾增多；商汤时代，八年就有七年闹旱灾，可是海水并不曾减少。不因为时间的长短而有所变化，不因为雨量的多少而有所增减，这也是东海的最大快乐。'于是浅井之蛙听了，惊慌失措，若有所失。再说，你的智慧不足以了解是非的究竟，还想观察庄子的至理之言，这就好像让蚊子背山，让马蚿过河一样，必定不可能胜任。而且你的智慧尚且不能谈论精妙的理论，自己却满足于一时口舌上的胜利，这不就像浅井之蛙一样吗？况且庄子的学说正可以下蹈黄泉而上登苍天，不分南北，四通八达，进入到深不可测的境地；不分东西，原始于天地未分的混沌状态，返归于无所不通的大道。你却不断地用洞察的眼光去探讨它，用雄辩的口气去谈论它，这简直是用竹管窥视苍天，用锥尖测量大地，不也是太渺小了吗？你走吧！你就没有听说过寿陵少年到邯郸学步的故事吗？他不但没有学会赵国走路的步法，而且连原来的步法也忘掉了，结果只好爬着回去。现在你还不快点走开，将会忘掉你原来的学业。"

公孙龙呆呆地张着嘴，翘起的舌头放不下来，心神恍惚，悄悄地溜走了。

<h2 style="text-align:center">五</h2>

【原文】 庄子钓于濮水①。楚王使大夫二人往先焉②，曰："愿以境内累矣③！"

庄子持竿不顾，曰："吾闻楚有神龟，死已三千岁矣。王巾笥而藏之庙堂之上④。此龟者，宁其死为留骨而贵乎？宁其生而曳尾于涂中乎？"

二大夫曰："宁生而曳尾涂中⑤。"

庄子曰:"往矣! 吾将曳尾于涂中。"

【注释】 ①濮水:在今山东濮县。②楚王:楚威王。往先:往见之,先述其意。有试探的意思。③境内:国内,指国家政务。④巾笥:巾、笥皆用作动词。巾,即用巾包装。笥,装入竹箱里。⑤曳:拖。涂:泥。

【译文】 庄子在濮水垂钓。楚威王派遣了两位大夫先去试探庄子的心意,说:"大王愿意把国内的政务委托先生。"

庄子头也不回,仍然拿着鱼竿钓鱼,说:"我听说楚国有一只神龟,已经死了三千年了。国王把它用丝巾包起来,安放在竹箱里,珍藏在庙堂中。请问这只龟,宁可死了留下一把骨头让人尊贵呢? 还是愿意活着而拖着尾巴在泥巴里爬呢?"

两位大夫说:"宁愿活着而拖着尾巴在泥巴里爬。"

庄子说:"你们走吧! 我也是愿意拖着尾巴在泥巴里爬。"

六

【原文】 惠子相梁①,庄子往见之。或谓惠子曰:"庄子来,欲代子相。"于是惠子恐,搜于国中三日三夜。

庄子往见之,曰:"南方有鸟,其名为鹓鶵②,子知之乎? 夫鹓鶵发于南海而飞于北海,非梧桐不止,非练实不食③,非醴泉不饮④。于是鸱得腐鼠⑤,鹓鶵过之,仰而视之曰:'吓!'今子欲以子之梁国而吓我邪?"

【注释】 ①惠子:惠施。梁:魏国都城大梁,故址在今河南开封。这里代指魏国。按,因魏国以大梁为都,所以又称梁国。②鹓鶵:凤凰一类的鸟,喻庄子。③练实:竹子的果实。④醴泉:甜美的泉水。醴,甜酒。⑤鸱:猫头鹰,喻惠子。腐鼠:喻相位。

【译文】 惠子做了梁国的宰相,庄子去看望他。有人对惠子说:"庄子过来,是想取代你当宰相。"于是惠子十分恐惧,在国都中连续寻找了三天三夜。

庄子前往去见惠子,说:"南方有一种鸟。名叫鹓鶵,你知道吗? 这鹓鶵从南海起飞,一直飞到北海,不是梧桐树它不栖息,不是竹子的果实它不食用,不是甜美的泉水它不饮用。这时有一只猫头鹰得到了一只腐烂的老鼠,刚好鹓鶵从上空飞过。猫头鹰仰起头,望着鹓鶵,唯恐失掉腐鼠,大声怒斥道:"吓!现在你想用你的梁国来怒斥我吧?"

七

【原文】 庄子与惠子游于濠梁之上①。庄子曰:"鯈鱼出游从容②,是鱼之乐也。"

惠子曰:"子非鱼,安知鱼之乐?"

庄子曰:"子非我,安知我不知鱼之乐?"

惠子曰:"我非子,固不知子矣;子固非鱼也,子之不知鱼之乐,全矣③!"

庄子曰:"请循其本④。子曰'汝安知鱼乐'云者,既已知吾知之而问我⑤。我知之濠上也。"

【注释】 ①濠:濠水,在今安徽凤阳境内。梁:桥。②儵鱼:白条鱼。③全矣:完全如此。④循:顺,追溯。本:始。⑤"子曰"二句:庄子把惠子"子非鱼,安知鱼之乐"的反诘句,改换成一般的问句,把否定的意思转换成肯定的意思,所以反驳说:"既已知吾知之而问我。"

【译文】 庄子与惠子在濠水桥上游玩。庄子说:"儵鱼游来游去,从容自在,这是鱼的快乐。"

惠子说:"你不是鱼,怎么会知道鱼的快乐?"

庄子说:"你不是我,怎么会知道我不知道鱼的快乐?"

惠子说:"我不是你,固然不知道你的想法;你原本也不是鱼,你也不知道鱼的快乐,这就完整准确了!"

庄子说:"请追溯你原来问我的话,你说的'你怎么会知道鱼的快乐'这句话,说明你已经知道我知道鱼的快乐才来问我的。现在我来告诉你吧,我是在濠水桥上知道的。"

至 乐

【题解】

本篇以义名篇,正如篇题所示,是讲人生快乐问题。作者认为人生最大的快乐可以养活性命,即提出了"至乐活身"的命题。什么叫"至乐活身"呢?作者就世俗之见展开了描述,并予以否定,最后提出自己的"无为诚乐""至乐无乐"的结论。这种观点在今天看来,虽有偏颇之处,但其内含的深层次的思考,对探讨养生养性还是很有价值的。

本篇由若干独立的文字段落组成,其中首段为论,阐明主旨,其他段落为寓言体,通过一个个寓言故事烘托主旨内容。其中的"颜渊东之齐"一则寓言,通过海鸟与鲁侯关系的描述,就"以己养鸟"还是"以鸟养鸟"命题的生发,说明了只有顺应自然的本性,各随其情,才能达到"至乐活身"的目的,相当精彩。我们选首段与此段予以介绍。

一

【原文】 天下有至乐无有哉?有可以活身者无有哉①?今奚为奚据?奚避奚处?奚就奚去?奚乐奚恶②?

夫天下之所尊者,富贵寿善也;所乐者,身安厚味美服好色音声也;所下者,贫贱夭恶也;所苦者,身不得安逸,口不得厚味,形不得美服,目不得好色,耳不得音声。若不得者,则大忧以惧③,其为形也亦愚哉!夫富者,苦身疾作,多积财而不得尽用,其为形也亦外矣④!夫贵者,夜以继日,思虑善否⑤,其为形也亦疏矣!人之生也,与忧俱生。寿者惛惛⑥,久忧不死,何苦也!其为形也亦远矣⑦!烈士为天下见善矣⑧,未足以活身。吾未知善之诚善邪?诚不善邪?若以为善矣,不足活身;以为不善矣,足以活人⑨。故曰:"忠谏不听,蹲循勿争⑩。"故夫子胥争之⑪,以残其形;不争,名亦不成。诚有善无有哉?

今俗之所为与其所乐,吾又未知乐之果乐邪?果不乐邪?吾观夫俗之所乐,举群趣

者⑫,诓诓然如将不得已⑬,而皆曰乐者,吾未之乐也,亦未之不乐也。果有乐无有哉?吾以无为诚乐矣⑭,又俗之所大苦也。故曰:"至乐无乐,至誉无誉。"

天下是非果未可定也。虽然,无为可以定是非。至乐活身,唯无为几存⑮。请尝试言之:天无为以之清,地无为以之宁。故两无为相合,万物皆化生⑯。芒乎芴乎⑰,而无从出乎!芴乎芒乎,而无有象乎⑱!万物职职⑲,皆从无为殖。故曰:"天地无为也而无不为也⑳。"人也孰能得无为哉!

【注释】 ①活身:养活身体,养身。②乐:喜欢。恶:厌恶。③以:而。④外:外行,偏颇。⑤善否:指官场上的亨通与困厄。⑥惛惛:昏昏沉沉,神志不清的样子。⑦远:与"外""疏"同义,都含有不重视、爱护不够之意。⑧为:被。见善:称善。⑨活人:使他人生活。⑩蹲循:通"逡巡",退却的样子。⑪子胥:伍子胥,名员,字子胥。吴王夫差接受越王勾践求和的要求,伍子胥极力谏言阻止,吴王不听,还赐剑让伍子胥自杀。⑫举群:所有的人群。趣:趋,指竞相追逐。⑬诓诓然:追逐求乐的样子。已:止。⑭诚乐:真正的快乐。⑮几:近。⑯生:原本无,据陈碧虚《庄子阙误》引江南古藏本补。⑰芒、芴:即"恍""惚"。《老子》:"道之为物,惟恍惟惚。惚兮恍兮,其中有物。""无为之象,是谓恍惚。"⑱象:迹象。⑲职职:繁多的样子。⑳"天地"句:出于《老子》三十七章"道常无为而无不为"。

【译文】 世界上有没有最大的快乐呢?有没有养活性命的方法呢?现在要做什么?又有什么根据呢?要避免什么?要在什么样的环境安身呢?要接近什么?又要舍弃什么呢?应当喜欢什么?又应当厌恶什么呢?

世界上所尊贵的,是富有、高贵、长寿和美名;所快乐的,是居处安逸、饮食丰美、服装华丽、颜色悦目和音乐动听;所鄙视的,是贫苦、卑贱、夭折和恶名;所痛苦的,是身体得不到安逸,口腹吃不到美味,外表穿不上美服,眼睛看不到美色,耳朵听不到美声。如果得不到这些,人们就会大大的忧虑和焦急,这样的对待身体,不也是太愚昧了!那些富人们,劳累身体,辛勤操作,积蓄了许多的钱财,却不能够全部享用,这样的对待身体,不也是太不爱惜身体了!那些贵人们,夜以继日地思虑着如何保住官运的亨通,避免危机的到来,这样的对待身体,不也是太疏忽了!人初来世上,便与忧愁同生。长寿的人整日昏昏沉沉,长久地伴随着忧愁而活着,这是多么的痛苦!这样的对待身体,不也是太疏远了!壮烈之士被天下的人所称善,却不能保养住自己的性命。我不知道这种善是真的善呢?还是真的不善呢?如果以此为善,这"善"却不能保住自己的性命;如果以此为不善,然而这"不善"却足以保住他人的性命。所以说:"忠言不被采纳,闭口退步不争。"所以伍子胥因谏诤而身遭残害,如果伍子胥不谏诤,也不会成名。如此看来,到底有没有真正的完善呢?

现在世俗间所追求的和所认为快乐的,我并不知道这种快乐是果真快乐呢?还是果真不快乐呢?我看世俗之人所认为快乐的,大家竞相追逐,那种兴致高亢的样子,好像无法平静下来,他们都认可的快乐,我不知道有什么快乐,也不知道有什么不快乐。到底有没有快乐呢？我认为无为才是真正的快乐，而世俗之人却认为那是最大的痛苦。所以说："最大的快乐是忘掉快乐，最大的荣誉是忘掉荣誉。"

天下的是非果真是无法确定的，虽然如此，无为虚寂的态度还是可以解决是非的问题。至乐能够养活性命，只有无为能够让至乐存留。请让我说说这个道理：天因其无为而清明，地因其无为而宁静。天与地两个无为相合和，万物皆能化育生长。恍恍惚惚，不知从什么地方而出；惚惚恍恍，没有留下一点迹象！万物繁多，皆从无为的自然中生息。所以说："天地无为而无不为。"世俗之人谁能够做到无为呢！

<h2 style="text-align:center">二</h2>

【原文】 颜渊东之齐①，孔子有忧色。子贡下席而问曰②："小子敢问：回东之齐，夫子有忧色，何邪？"

孔子曰："善哉汝问。昔者管子有言③，丘甚善之，曰：'褚小者不可以怀大④，绠短者不可以汲深⑤。'夫若是者，以为命有所成而形有所适也，夫不可损益。吾恐回与齐侯言尧、舜、黄帝之道，而重以燧人、神农之言⑥。彼将内求于己而不得⑦，不得则惑，人惑则死。且女独不闻邪？昔者海鸟止于鲁郊，鲁侯御而觞之于庙⑧，奏《九韶》以为乐⑨，具太牢以为膳⑩。鸟乃眩视忧悲⑪，不敢食一脔⑫，不敢饮一杯，三日而死。此以己养养鸟也，非以鸟养养鸟也。夫以鸟养养鸟者，宜栖之深林，游之坛陆⑬，浮之江湖，食之鳅鲦⑭，随行列而止，委蛇而处⑮。彼唯人言之恶闻⑯，奚以夫谣谣为乎⑰？《咸池》《九韶》之乐⑱，张之洞庭之野⑲，鸟闻之而飞，兽闻之而走，鱼闻之而下入，人卒闻之，相与还而观之⑳。鱼处水而生，人处水而死。彼必相与异，其好恶故异也。故先圣不一其能，不同其事。名止于实，义设于适，是之谓条达而福持㉑。"

【注释】 ①颜渊：颜回，字子渊，鲁国人。孔子最得意门生。东之齐：向东到齐国去。②子贡：姓端木，名赐，字子贡，卫国人。孔子弟子。下席：离席，离开座位。③管子：管仲，齐国人，曾辅助齐桓公称霸诸侯。④褚：装衣服的袋子。怀：包。⑤绠：吊水用的绳子。⑥重：重视，推崇。⑦彼：指齐侯。内求于己：指用三皇五帝的言论主张来要求自己。⑧御：迎。觞：酒杯，用作动词，谓以酒招待。⑨《九韶》：舜时乐曲，往往在庆典国宴中演奏。⑩太牢：古代帝王祭祀时，牛羊猪三牲都具备的称为太牢。⑪眩视：指眼花缭乱。⑫脔：切成小块的肉。⑬坛陆：沙洲。⑭鳅：通"鳅"，泥鳅。鲦：即"鲦"，白条鱼。⑮委蛇：从容自得的样子。⑯彼：指海鸟。人言：人说话的声音。⑰谣谣：指嘈杂的音乐。⑱《咸池》：黄帝时的乐曲。⑲张：铺张，陈设，指演奏。洞庭之野：即广漠之野。⑳还：通"环"，环绕。㉑条达：条理通达。福持：福分持久。

【译文】 颜渊向东到齐国去，孔子脸上流露出忧愁的样子。子贡离开座位，向前问道："学生大胆地问一问：颜回东往齐国，而先生面有忧色，这是什么原因呢？"

孔子说："你问得很好。从前管子说过一句话，我很欣赏，他说：'小袋子装不下大东西，短井绳提不来深井水。'这种说法，正是认为性命各有它形成的道理，而形体各有它相

163

适宜的地方,都是不可以随意改变的。我担心颜回向齐侯宣讲尧、舜、黄帝的主张,又推崇燧人氏和神农氏的言论。而齐侯将会用三皇五帝的做法要求自己,但又办不到,办不到便会产生怀疑,被人怀疑的人就要面临死亡的危险了。再说你就没有听说过这个故事吗?从前有一只海鸟飞到了鲁国都城郊外栖息,鲁侯为了欢迎它,还在宗庙里摆酒款待它,演奏舜帝时的《九韶》作为宴会音乐,准备了古代帝王祭祀时才使用牛、羊、猪作为宴会的食品。这时海鸟眼花缭乱,心怀忧悲,不敢吃一片肉,不敢喝一口酒,过了三天就死了。这是用养护自己的方式去养鸟,不是用养鸟的方法去养鸟。用有利于鸟的养护的方法去养鸟的话,应当让海鸟栖息在深林之中,游荡在沙洲之上,飘浮在江湖之中,吃的是泥鳅和小鱼,随着鸟群的行列而息止,从容自在的生活安处。海鸟就怕听到人的说话声,为什么还要那喧哗嘈杂的音乐呢?像《咸池》《九韶》这样的帝王音乐,在广漠的原野上演奏,鸟儿听到了腾飞,野兽听到了逃走,鱼儿听到了便潜入水中,众人听到了,便一起围绕过来欣赏。鱼儿呆在水里就能生存,人呆在水里便会淹死。他们必定是相互不同的,他们的喜好和厌恶所以也不同。所以先代的圣人不求才能的划一,不求都做相同的事情。名称要符合实际,义理的设置要适合人们的生活习性,这就叫作道理通达,福分持久。"

<h1 style="text-align:center">达　生</h1>

【题解】

本篇取篇首二字为篇名。本篇由十一则寓言故事与篇首一段短论组成。篇首一段论述了养形与养神的重要性,在肯定了养形的作用上,更加强调了养神的意义,提出了"形全精复,与天为一"的观点,反映了作者对养生较为全面、辩证的认识。这也是本篇的中心思想。其余十一则寓言故事,则是从不同的角度,或明或暗,或远或近,说明"守气全神"的道理和作用。如本书所选的"仲尼适楚"一段,就赞扬了痀偻丈人因其"用志不分,乃凝于神",便在承蜩技艺上达到了出神入化的境界。又如所选的"纪渻子为王养斗鸡"一段,作者一反常人的常理思维,写纪渻子驯养斗鸡,非但不培养它的斗性,恰恰要消磨它的斗性,从养神全性的角度把它培养成不战而胜的形似呆若木鸡的"守气全神"之鸡。作者从反现实生活现象中,让读者体悟养生的真谛。

一

【原文】　达生之情者①,不务生之所无以为②;达命之情者,不务命之所无奈何③。养形必先之以物④,物有馀而形不养者有之矣;有生必先无离形,形不离而生亡者有之矣。生之来不能却,其去不能止。悲夫!世之人以为养形足以存生,而养形果不足以存生,则世奚足为哉!虽不足为而不可不为者,其为不免矣!

夫欲免为形者,莫如弃世⑤。弃世则无累,无累则正平⑥,正平则与彼更生⑦,更生则几矣⑧!事奚足弃而生奚足遗?弃事则形不劳,遗生则精不亏。夫形全精复⑨,与天为一⑩。天地者,万物之父母也;合则成体,散则成始⑪。形精不亏,是谓能移⑫。精而又精,反以相天⑬。

【注释】 ①达:通达,通晓。情:实,实情。②务:求,务求。无以为:无以为用,无所用。③命:原误作"知",依武延绪、马叙伦、刘文典诸家之说及本文文义改。无奈何:指无能为力。④形:形体,身体。物:物质,如衣食住行等物质条件。⑤弃世:谓抛弃世间繁杂之事而心超世外(刘凤苞《南华雪心编》)。⑥正平:心正气平。⑦彼:指大自然,造化。⑧几:庶几,近,差不多。这里指大道。⑨精复:精神康复不亏。⑩天:指天然。为一:融为一体。⑪"合则"二句:谓天地阴阳二气相结合就会生成某一物体,如若阴阳二气离散就会复归于无物之初。体,物体。始,初始。⑫能移:能够与自然一起变化迁移。⑬相:助,辅。天:指大自然。

【译文】 通达生命实情的人,不去追求生命所不必要的东西;通晓寿命实情的人,不去做对寿命无能为力的事情。保养身体,一定先要具备物质条件,物资有余而不能保养身体的人也是有的;保住生命,必须先让形体不要离去,形体不离而生命已经死亡的人也是有的。生命的降临是无法拒绝的,它的离去也无法阻止。可悲啊!世俗之人认为保养身体就完全可以保存生命,然而保养身体果真不足以保存生命,那么世人还有什么事情可做呢!虽然不值得去做,却也不得不去做,这样的作为便不免于操劳了!

要想避免为了身体而操劳,便不如抛弃世俗之事。抛弃世俗之事就没有拖累,没有拖累就会心正气平,心正气平就能和大自然一同发展变化而生生不息,生生不息就接近大道了!世事为什么值得抛弃,而生命值得遗忘呢?因为抛弃世事就能让身体不操劳,遗忘生命就能让精神不亏损。形体得到保全,精神复归凝聚,就能与自然融合一体。天地,是万物的父母;阴阳二气的相合就形成万物之体,阴阳二气的离散就又复归于万物的初始。形体与精神都不亏损,这叫作能够随着自然变化而更新。精神修养到了极高处,反过来可以辅助大自然的化育。

二

【原文】 仲尼适楚,出于林中①,见痀偻者承蜩②,犹掇之也③。

仲尼曰:"子巧乎,有道邪?"

曰:"我有道也。五六月累丸二而不坠,则失者锱铢④;累三而不坠,则失者十一;累五而不坠,犹掇之也。吾处身也,若厥株拘⑤;吾执臂也,若槁木之枝。虽天地之大,万物之多,而唯蜩翼之知。吾不反不侧⑥,不以万物易蜩之翼⑦,何为而不得!"

孔子顾谓弟子曰:"用志不分,乃凝于神⑧。其痀偻丈人之谓乎⑨!"

【注释】 ①出:经过。②痀偻:驼背。承:用杆去粘。蜩:蝉。③掇:拾取。④失:失误。锱铢:古代重量单位,六铢为一锱,四锱为一两。此喻极少。⑤厥:通"橛",竖。株拘:即"株枸",树根盘错处。⑥不反不侧:指身心都不变化。反、侧,均指活动。⑦易:改变。⑧凝于神:精神凝聚专一。⑨丈人:对老人的尊称。

【译文】 孔子到楚国去,经过树林中,看见一位驼背老人用竹竿粘蝉,就像用手拾取那样容易。

孔子说:"你真灵巧啊,这里有什么门道吗?"

驼背老人回答说:"是的,我有门道。我在竹竿上累放两个弹丸,经过五六个月的练习就不会掉下来,那么粘蝉失手的次数就很少了;如果练到累放三个弹丸也掉不下来,那么粘蝉失误的概率也就是十分之一了;如果再继续练习到累放五个弹丸也掉不下来,那么粘蝉就如拾取那样容易了。当我粘蝉时,身体站在那里一动不动,就像一个竖立的木桩;我伸臂执竿,如同枯槁的树枝。虽然天地无限广大,万物纷纭繁多,而我眼中心中只有蝉翼。我身心不变不动,不因纷杂的万物改变我对蝉翼的关注,为什么得不到蝉呢!"

孔子回头对弟子们说:"用心不分散,精神凝聚专一,不就是说的这位驼背老人嘛!"

三

【原文】 纪渻子为王养斗鸡①。

十日而问:"鸡已乎②?"曰:"未也,方虚愲而恃气③。"

十日又问,曰:"未也,犹应向景④。"

十日又问,曰:"未也,犹疾视而盛气⑤。"

十日又问,曰:"几矣,鸡虽有鸣者,已无变矣,望之似木鸡矣,其德全矣⑥。异鸡无敢应者,反走矣⑦。"

【注释】 ①纪渻子:姓纪,名渻子。王:《列子·黄帝篇》所载,指周宣王。②已:已经,可以,指可以竞斗。③愲:通"骄",骄矜。恃气:自恃意气。④应:反应。向:通"响",指鸡的叫声。景:影子,指鸡的身影。⑤疾视:目光犀利。盛气:指斗志旺盛。⑥德全:德性完备。⑦反走:转身逃跑。反,同"返"。

【译文】 纪渻子给周宣王驯养斗鸡。

十天后,周宣王问道:"这鸡可以斗了吗?"纪渻子回答说:"不行,正虚浮骄矜,自恃意气呢。"

过了十天,周宣王又问,纪渻子回答说:"不行,它听到了鸡的声音,见到了鸡的影子,还是有反应。"

过了十天,周宣王又问,纪渻子回答说:"不行,目光还是锐利,心气还是旺盛。"

过了十天,周宣王又问,纪渻子回答说:"差不多了,虽然有的鸡鸣叫,它也没有一点变化,看上去就像一只木头雕成的鸡,它的德性已经完备了。别的鸡没有敢于应战的,见到它转身就跑了。"

山 木

【题解】

本篇由各自独立的九则寓言故事组成,每则寓言故事的主旨不尽相同,但大体上反

映了社会生活中的种种体验和感悟,不乏深邃的人生哲理和对社会问题的深刻认识。诸如我们所选的四则:其一,"庄子行于山中"一则,先写山中大树,因其不材而终享天年,再写不会鸣叫的鹅,因其不材而被宰杀,折射处世之艰难,由此阐发只有通往大道,与时变化,才能避灾远祸。其二,"庄子衣大布而补之"一则,以猿猴生存环境的优劣不同而遭遇大异为喻,揭露了昏君乱臣给社会带来的灾难,对当时的黑暗政治给予了尖锐的批判,表现了庄子学派对社会与人生的关注。其三,"庄子游于雕陵之樊"一则,描写了一个由蝉、螳螂、异鹊、庄周、虞人组成的利害得失的连环圈,无奈地提出"物固相累,二类相召"的认识判断,令人警醒。正如刘凤苞指出的,"此段极写仕途之危险,见得而忘其形,见利而忘其真,说透病根"。此则寓言故事构思奇妙,行文一波三折,正如刘凤苞所评,"文心矫变不测,正如惊涛骇浪之中,忽逢峭石,叠嶂层峦之外,突起奇峰,真非常意境"。其四,"阳子之宋"一则,通过逆旅小子"其美者自美,吾不知其美也;其恶者自恶,吾不知其恶也"的一番话语,道出了人生一大道理,即有才之人不可自矜取过,"行贤而去自贤之行",就可远离祸患,永远受人尊敬。

本篇因首段以"山木"为喻,故取之为篇名。

一

【原文】 庄子行于山中,见大木,枝叶盛茂,伐木者止其旁而不取也。问其故,曰:"无所可用。"庄子曰:"此木以不材得终其天年。"

夫子出于山①,舍于故人之家。故人喜,命竖子杀雁而烹之②。竖子请曰③:"其一能鸣,其一不能鸣,请奚杀?"主人曰:"杀不能鸣者。"

明日,弟子问于庄子曰:"昨日山中之木,以不材得终其天年;今主人之雁,以不材死。先生将何处?"

庄子笑曰:"周将处乎材与不材之间。材与不材之间,似之而非也,故未免乎累。若夫乘道德而浮游则不然④。无誉无訾⑤,一龙一蛇⑥,与时俱化,而无肯专为。一上一下,以和为量⑦,浮游乎万物之祖⑧。物物而不物于物⑨,则胡可得而累邪!此神农、黄帝之法则也。若夫万物之情,人伦之传则不然⑩,合则离,成则毁,廉则挫⑪,尊则议⑫,有为则亏,贤则谋,不肖则欺。胡可得而必乎哉!悲夫,弟子志之⑬,其唯道德之乡乎!"

【注释】 ①夫子:庄子。②竖子:童仆。雁:鹅。烹:读作"享",进献,款待。按,古"亨""享""烹"三字同,往往混用。③请:问。④乘:因循。道德:自然之道。浮游:指游于虚无之中。⑤訾:诋毁。⑥龙、蛇:言其屈伸不定,随时变化。⑦和:和顺。量:度,则。⑧万物之祖:未始有物之先。⑨物物:主宰万物。前一"物"字作动词用。不物于物:不役使于外物。⑩伦:类。传:习俗,习惯。⑪廉:指锋利。⑫议:非议。⑬志:记。

【译文】 庄子在山中行走,看见一棵大树,它的枝叶非常茂盛,伐木人停在树旁却不去砍伐。问他为什么不去砍伐,他说:"没有什么用处。"庄子说:"这棵大树因为不够良木的材质,所以才能享尽天赋的寿命。"

庄子走出山区，在老朋友家歇息。老朋友很高兴，便叫童仆杀鹅来款待庄子。童仆问道："有一只鹅会叫，另一只鹅不会叫，请问杀哪一只？"主人说："杀不能叫的。"

第二天，弟子向庄子问道："昨天遇见的山中之树，因为材质不好而能够终享天年；现在主人家的鹅，却因为没有才能而被杀。先生将要处于哪种情境呢？"

庄子笑着说："我庄周将要处于有材和无材之间。不过处于有材和无材之间似乎妥当，其实不然，所以不能免于拖累。若是顺应自然之道而游于虚无之境，那就大不一样了。那时，既没有美誉也没有毁谤，时隐时现犹如龙蛇一般，随时变化，而不偏执一端。上上下下随意飞腾与潜伏，以顺应自然为法则，游心于万物产生之前的浑沌境界。主宰万物而不被外物所役使，那么怎么还会受到外物的拖累呢！这是神农和黄帝的处世法则。若是万物的情况和人类的习俗就不是这样了，有了汇合就有分离，有了成功就有毁坏，锐利的将被挫折，尊贵的将被非议，有作为的人将要遭受亏损，有贤能的人将要遭人谋算，没出息的人就会遭受欺侮。谁又得知荣辱福祸必然来临的原因呢！可悲啊，弟子们要记住，想要免于拖累，只有进入清静无为的大道境界了。"

二

【原文】 庄子衣大布而补之①，正纆系履而过魏王②。魏王曰："何先生之惫邪③？"

庄子曰："贫也，非惫也。士有道德不能行，惫也；衣弊履穿④，贫也，非惫也，此所谓非遭时也。王独不见夫腾猿乎？其得柟梓豫章也⑤，揽蔓其枝而王长其间⑥，虽羿、蓬蒙不能眄睨也⑦。及其得柘棘枳枸之间也⑧，危行侧视⑨，振动悼栗⑩，此筋骨非有加急而不柔也⑪，处势不便，未足以逞其能也！今处昏上乱相之间而欲无惫，奚可得邪？此比干之见剖心⑫，征也夫！"

【注释】 ①衣：穿。大布：粗布。②正纆系履：谓用麻绳捆绑破鞋。正，借为"整"，整理。纆，带子。履，鞋。③惫：疲惫，困乏。④弊：破。穿：穿孔。⑤柟、梓、豫章：三种端直良木。⑥王长其间：在其间称王称长。⑦羿：即后羿，古代善射之人。蓬蒙：即"逢蒙"，羿的弟子。眄睨：斜视。⑧柘、棘、枳、枸：四种有刺的小树。⑨危行：小心行走，行动谨慎。⑩振动：发抖。悼栗：因惧怕而战栗。悼，惧。⑪急：紧。柔：灵便。⑫比干：殷纣王的叔父，因忠谏被纣王剖心而死。

【译文】 庄子穿着一件带补丁的粗布衣服，脚上穿的破鞋用麻绳绑着，去见魏王。魏王说："先生如何这样的疲惫呢？"

庄子说："是贫穷，不是疲惫。士人有道德不能实行，这是疲惫；衣服破旧，鞋子穿孔，这是贫穷，不是疲惫，这就是所谓的生不逢时啊。你就没有见过那跳踉的猴子吗？当它们生活在柟、梓、豫章等大树之中的时候，攀援着树枝，心悦气盛，可以说是称王天下，即使善射的后羿、逢蒙也不敢小看它们。等到它们落到了柘、棘、枳、枸等带刺的树丛中时，尽管小心谨慎，目不斜视，走起路来还是胆战心惊，这并不是因为筋骨受到了束缚而不灵活，这是因为所处情势不利，不能施展自己的才能啊！现在正处于昏君乱臣的治理下，想

要不疲惫,怎么可能呢? 在此社会中,像比干那样被剖心,不就是明证吗?"

三

【原文】 庄周游于雕陵之樊①,睹一异鹊自南方来者。翼广七尺,目大运寸②,感周之颡③,而集于栗林。庄周曰:"此何鸟哉! 翼殷不逝④,目大不睹。"褰裳躩步⑤,执弹而留之⑥。睹一蝉方得美荫而忘其身。螳螂执翳而搏之⑦,见得而忘其形。异鹊从而利之,见利而忘其真⑧。庄周怵然曰⑨:"噫! 物固相累,二类相召也!"捐弹而反走⑩,虞人逐而谇之⑪。

庄周反入,三日不庭⑫。蔺且从而问之⑬:"夫子何为顷间甚不庭乎?"庄周曰:"吾守形而忘身⑭,观于浊水而迷于清渊⑮。且吾闻诸夫子曰:'入其俗,从其俗。'今吾游于雕陵而忘吾身,异鹊感吾颡,游于栗林而忘真,栗林虞人以吾为戮⑯,吾所以不庭也。"

【注释】 ①雕陵:陵名。樊:圃。②运:圆。③感:触。颡:额。④殷:大,广。⑤褰裳:提起衣裳。躩步:疾步,快步。⑥留:伺机。⑦翳:障蔽。这里指树叶。一说指螳螂之斧。⑧真:真性,性命。⑨怵然:惊恐警醒的样子。⑩捐弹:丢弃弹弓。捐,弃。反走:回头跑去。反,同"返"。⑪虞人:守园子的人。谇:责骂。⑫三日:原误作"三月",据王念孙说及文义改。不庭:不出门庭。⑬蔺且:庄子弟子。⑭守形:指看守异鹊之形。⑮浊水:喻异鹊等外物。清渊:喻自己内在的真性。⑯戮:侮辱。

【译文】 庄周到雕陵之圃游玩,看见一只异鹊从南方飞来。异鹊双翼宽广有七尺多长,眼睛又圆又大足有一寸,触到了庄周的额头后,停在了栗林中。庄周说:"这是什么鸟啊! 翅膀广却不能远飞,眼睛大却看不清东西。"于是提起衣裳快步走去,手拿弹弓,准备伺机射杀异鹊。这时,看见有一只蝉因为找到了一块浓荫,正在得意而忘记了自身的安全。而螳螂正在利用树叶做遮蔽,准备攻击这只蝉,因为见到猎物可得而忘记了自己的形体。异鹊见螳螂有利可图便跟了过去,因贪利而忘掉了自身的性命。此情此景使庄周惊恐,警惕地说:"哎! 万物原本就是相互牵累,彼此两两相互招引呀!"想到此,便扔掉弹弓,急忙返身往回走,而守园子的人发现后,一边责骂着一边追过去。

庄周回到住所后,三天没有出门。弟子蔺且便问道:"先生为什么近来不出门呢?"庄周说:"我只知看守外物,却忘记了自身的安危;观看混浊之水,却冷淡了珍贵的清渊。我听先生说过:'到一个地方去,就要随从那里的风俗。'现在我到雕陵游玩却忘了自身的安危,让异鹊碰到了我的前额;走到栗林里却忘掉了自己的本性,让守园子的人侮辱了一顿,所以我三日不出门户。"

四

【原文】 阳子之宋①,宿于逆旅②。逆旅人有妾二人,其一人美,其一人恶。恶者贵而美者贱。阳子问其故,逆旅小子对曰③:"其美者自美,吾不知其美也;其恶者自恶,吾不知其恶也。"

阳子曰:"弟子记之:行贤而去自贤之行④,安往而不爱哉!"

【注释】 ①阳子:《韩非子·说林上》所载同一故事,作"杨子";《列子·黄帝篇》作"杨朱"。之:往。宋:宋国。②逆旅:旅店。③逆旅小子:即逆旅人,均指旅店主人。④行贤:德行美好。

【译文】 阳子到宋国去,住在一家旅店里。店主人有两个小妾,一个相貌美丽,一个相貌丑陋。然而貌丑的受到店主人的宠爱,貌美的却受到店主人的轻视。阳子询问其中的缘故,店主人说:"那个貌美的女人自以为美而骄矜,我并不认为她有多美;那个貌丑的女人自以为丑而安分守己,我并不认为她有多丑。"

阳子对弟子们说:"弟子们要记住,品德美好而能忘掉自己美好品德的人,走到哪里不会受到人们的敬爱呢!"

田子方

【题解】

本篇以篇首三字为篇名,"田子方"为人名,也可以说以人名名篇。

本篇由十一则寓言故事组成,各则寓言故事虽然各有主旨,但大体都是围绕一个"真"字生发。我们选了三则。其一,"田子方侍坐于魏文侯"一则,通过对田子方之师的侧面描写,赞扬了保持真性的"全德君子",讽刺了"圣知之言、仁义之行"不过是"土埂"而已。其二,"肩吾问于孙叔敖"一则,通过孔子之口,赞扬像孙叔敖这样的真人,能够纯气自守,保持真性,不为世俗的美人、爵禄、生死所动心,成为悟道的象征。其三,"楚王与凡君坐"一则,不足百字的短文,却说明一个大道理,即天下万物何为贵,真性最贵。真性存,一切皆存;真性亡,一切皆亡。

一

【原文】 田子方侍坐于魏文侯①,数称谿工②。

文侯曰:"谿工,子之师邪?"

子方曰:"非也,无择之里人也。称道数当③,故无择称之。"

文侯曰:"然则子无师邪?"

子方曰:"有。"

曰:"子之师谁邪?"

子方曰:"东郭顺子④。"

文侯曰:"然则夫子何故未尝称之?"

子方曰:"其为人也真,人貌而天虚⑤,缘而葆真⑥,清而容物。物无道,正容以悟之⑦,使人之意也消。无择何足以称之!"

子方出,文侯傥然⑧,终日不言,召前立臣而语之曰:"远矣,全德之君子!始吾以圣知之言、仁义之行为至矣。吾闻子方之师,吾形解而不欲动⑨,口钳而不欲言。吾所学者,直

土埂耳⑩! 夫魏真为我累耳!"

【注释】 ①田子方:姓田,名无择,字子方,魏国人。魏文侯:魏国国君。②数称:多次称赞。谿工:姓谿,名工,魏国贤人。⑦称道:言谈说理。数当:往往恰当。④东郭顺子:虚拟人物。⑤人貌:外表如同常人。天虚:天心,内心与自然契合。虚,心。⑥缘:顺。葆真:保持真性。⑦正容:自正客仪,端正自己。⑧傥然:自失的样子。⑨形解:犹言身体散了架子。⑩土埂:土偶人,喻粗陋无用。

【译文】 田子方陪坐在魏文侯的旁边,多次称赞谿工。

魏文侯说:"谿工,他是你的老师吗?"

田子方说:"不是,他是我的同乡。言论见解往往很中肯,所以我常称赞他。"

魏文侯说:"那么你没有老师吗?"

田子方说:"有。"

魏文侯说:"你的老师是谁呢?"

田子方说:"东郭顺子。"

魏文侯说:"那么先生为什么不曾称赞过他?"

田子方说:"他为人纯真,外貌虽如常人,而内心却如自然一样清虚,一切随顺自然而保持真性,心境清静而能包容万物。世人无道,他便首先端正自己,以此让人开悟,使别人的邪念自然消除。我又能用怎样的言辞来称赞他呢?"

田子方走后,魏文侯恍然自失,整天不说话,把站在面前的臣子招来,告诉他们说:"真是深远啊,一个道德完备的君子! 起初我以为圣智的言论、仁义的行为,算是最高的层次了。当我听到了田子方老师的情况,我的身体就像瓦解了一样不想动,嘴巴就像被钳住一样不想开口。我原来所学的东西,简直像土偶人一样粗陋啊! 那魏国真成了我的累赘啊!"

二

【原文】 肩吾问于孙叔敖曰①:"子三为令尹而不荣华②,三去之而无忧色。吾始也疑子,今视子之鼻间栩栩然③,子之用心独奈何?"

孙叔敖曰:"吾何以过人哉! 吾以其来不可却也④,其去不可止也。吾以为得失之非我也,而无忧色而已矣。我何以过人哉! 且不知其在彼乎⑤,其在我乎? 其在彼邪,亡乎我⑥;在我邪,亡乎彼。方将踌躇⑦,方将四顾⑧,何暇至乎人贵人贱哉!"

仲尼闻之曰:"古之真人,知者不得说⑨,美人不得滥⑩,盗人不得劫⑪,伏戏、黄帝不得友。死生亦大矣,而无变乎己,况爵禄乎! 若然者,其神经乎大山而无介⑫,入乎渊泉而不濡⑬,处卑细而不惫。充满天地,既以与人,己愈有⑭。"

【注释】 ①肩吾:虚拟人物。孙叔敖:曾任楚庄王相。②令尹:在楚国掌握国家军政大权的官职,相当于宰相。③栩栩然:舒缓悠长的样子。④以:以为。其:指令尹官职。却:推却。⑤其:指荣华。彼:指令尹之职。⑥亡乎我:与我无关。亡,无。⑦踌躇:悠闲自得的样子。⑧四顾:向四方张望,高视八方。⑨知:同"智"。说:游说。⑩滥:淫乱。⑪

劫:劫持。⑫大山:即泰山。介:碍,阻碍。⑬濡:湿。⑭"既以"二句:出自《老子》:"既以为人,己愈有;既以与人,己愈多。"既,尽。

【译文】　肩吾向孙叔敖问道:"你曾经三次出任令尹一职而没有感到荣耀和华贵,你三次被免除令尹一职而没有丝毫的忧虑。我起初还怀疑你是装出来的,现在看你鼻息出入舒缓悠长的样子,果真不假,你的内心究竟是怎么想的呢?"

孙叔敖说:"我哪有过人的地方啊! 我只是认为这令尹一职,它来了你不可以推却,它走了你不可以阻止。我认为得与失都不是我所能决定的,我所做的只是无忧无虑罢了。我哪有过人的地方啊! 而且不知道所谓的荣耀和华贵是在令尹一职上呢? 还是在我身上呢? 如果它在令尹一职上,那么就与我无关;如果它在我的身上,那么就与令尹一职无关。我正在从容自得,四顾遐想,哪有时间去考虑人的高贵与卑贱呢!"

孙叔敖像

孔子听到后说:"古时候的真人,智者不能说服他,美女不能淫乱他,强盗不能劫持他,伏羲、黄帝不能与他交朋友。就是生死这样的大事,也不能使他的本性发生变化,何况爵位和俸禄呢! 像这样的人,他的精神遨游泰山也不会遇上阻碍,潜入深渊也不会沾湿衣裳,身处卑微的地位也不会疲惫。他的精神充满天地,越是尽力济人,越是感到更加富有。"

三

【原文】　楚王与凡君坐①,少焉,楚王左右曰"凡亡"者三②。凡君曰:"凡之亡也,不足以丧吾存③。"夫"凡之亡不足以丧吾存",则楚之存,不足以存存④。由是观之,则凡未始亡,而楚未始存也。

【注释】　①楚王:楚文王。凡君;凡国的国君。楚国强大,凡国弱小,楚王有吞并之心。②三:指三人。③存:指所存真性。④存存:保存这种存在。

【译文】　楚王与凡君坐在一起,不一会儿,楚王左右的近臣就有三个人相继传说"凡国灭亡了"。凡君说:"凡国的灭亡,也不能让我丧失真性的存在。"那么"凡国的灭亡也不能让我丧失真性的存在"这句话,是说楚国的存在也不能保存他的存在。由真性的观点看来,凡国不曾灭亡而楚国不曾存在。

知北游

【题解】

本篇以篇首三字命题,由十一则寓言故事和一段议论组成,其主题在于论道。我们选了两则寓言故事予以介绍。其一,"知北游于玄水之上",这则寓言先写道体虚无,纯任自然,不可言传,得出"知者不言,言者不知"的论断。次写人的生死问题,指出"人之生,气之聚也。聚则为生,散则为死",并断言包括人之生死在内的万物的发展变化,都源于"通天下一气"的元气的变化。这种认识,反映了道家可贵的唯物思想和卓越的思辨能力。其二,"东郭子问于庄子",这则寓言主要说明了主宰万物的道是无处不在的,大至天地,小至瓦甓和屎溺,鲜明地阐述了作为自然规律的道的普遍性。

一

【原文】 知北游于玄水之上①,登隐弅之丘②,而适遭无为谓焉③。知谓无为谓曰:"予欲有问乎若④:何思何虑则知道? 何处何服则安道⑤? 何从何道则得道⑥?"三问而无为谓不答也。非不答,不知答也。

知不得问,反于白水之南⑦,登狐阕之上⑧,而睹狂屈焉⑨。知以之言也,问乎狂屈。狂屈曰:"唉! 予知之,将语若。"中欲言而忘其所欲言⑩。

知不得问,反于帝宫,见黄帝而问焉。黄帝曰:"无思无虑始知道,无处无服始安道,无从无道始得道。"

知问黄帝曰:"我与若知之,彼与彼不知也⑪,其孰是邪?"

黄帝曰:"彼无为谓真是也,狂屈似之,我与汝终不近也。夫知者不言,言者不知,故圣人行不言之教⑫。道不可致,德不可至⑬。仁可为也,义可亏也,礼相伪也。故曰⑭:'失道而后德,失德而后仁,失仁而后义,失义而后礼。'礼者,道之华而乱之首也⑮。故曰⑯:'为道者日损,损之又损之,以至于无为。无为而无不为也。'今已为物也,欲复归根,不亦难乎! 其易也,其唯大人乎⑰! 生也死之徒,死也生之始,孰知其纪⑱! 人之生,气之聚也⑲。聚则为生,散则为死。若死生为徒,吾又何患! 故万物一也⑳。是其所美者为神奇,其所恶者为臭腐。臭腐复化为神奇,神奇复化为臭腐。故曰:'通天下一气耳㉑。'圣人故贵一㉒。"

知谓黄帝曰:"吾问无为谓,无为谓不应我,非不我应,不知应我也;吾问狂屈,狂屈中欲告我而不我告,非不我告,中欲告而忘之也;今予问乎若,若知之,奚故不近㉓?"

黄帝曰:"彼其真是也㉔,以其不知也;此其似之也㉕,以其忘之也;予与若终不近也,以其知之也。"

狂屈闻之,以黄帝为知言㉖。

【注释】 ①知:虚拟人物。玄水:虚拟水名。玄,黑,深奥的意思。②隐弅:虚拟丘名。弅,突起。③无为谓:虚拟人名。取其无所为、无所谓的意思。④若:你。⑤处:居。服:行,事。安:守,符合。⑥何道:何由。⑦反:同"返"。白水:虚拟水名。⑧狐阕:虚拟丘名,取其阕疑的意思。⑨狂屈:虚拟人物,取其狂放屈伸之意。⑩中:心中。⑪彼与彼:指无为谓和狂屈。⑫"夫知者"三句:夫,发语词。圣人,指老子。知者不言,言者不知,出于《老子》第五十六章。⑬"道不"二句:致,得。至,达。郭象《庄子注》云:"道在自然,非可言致也。不失德故称德,称德而不至也。"⑭"故曰"以下四句:出于《老子》第三十八

章。⑮华:装饰,引申为假象。⑯"故曰"以下四句:出于《老子》第四十八章。⑰大人:指自然无为的得道之人。⑱纪:始末,终结。⑲气:指元气。⑳一:同一,指一气。㉑通:贯通。一气:谓一气为之。㉒贵:看重。一:指生死的同一性。㉓不近:指不接近大道。㉔彼:指无为谓。真是:指真正知道大道。㉕此:指狂屈。似之:指近似于知道大道。㉖知言:明白道理的言论,中肯之言。

【译文】　知到北方的玄水边游览,登上了隐弅之丘,恰巧遇上了无为谓。知对无为谓说:"我想问你一个问题:怎样思索怎样考虑才能懂得道?怎样生活怎样做事才能符合道?依从什么采用什么途径才能得到道?"知三问而无为谓皆不回答。不是不回答,而是不知道回答。

知得不到解答,返回白水的南边,登上了狐阕之丘,看见了狂屈。知便把问无为谓的话,转问于狂屈。狂屈说:"唉,我知道这些问题,等一会儿我告诉你。"狂屈心中想说,突然却忘记了想要说的话。

知又没有得到解答,便返回帝宫,见到黄帝便问他。黄帝说:"无所思考、无所顾虑方能知道道,无所处身、无所行事方能符合道,无所依从、无所选择方能得到道。"

知问黄帝说:"我和你知道了这些说法,可无为谓和狂屈却不知道,那么谁是对的呢?"

黄帝说:"那无为谓是真正对的,狂屈差不多,我和你始终没有能够接近大道。知道的人不说出,说出的人不知道,所以圣人实行的是不用言传的教育。道本于自然,不能依靠言传获得;德根于修养,不能凭着称述达到。仁爱是有作为的,义理是有缺欠的,礼仪是有虚伪的。所以说:'丧失道而后才有德,丧失德而后才有仁,丧失仁而后才有义,丧失义而后才有礼。'礼,是道的假象,祸乱的开始。所以说:'修道的人要天天减损华伪的形迹,减损了再继续减损,一直达到无所作为的程度。无所作为也就是无所不作为了。'现在世人已经被物化而丧失了真性,想要复归大道,不是很难了嘛!如果说容易的话,那只有悟道的大人了!生是死的伴侣,死是生的开始,谁能知道生死的始末呢!人的出生,是元气的聚合。元气聚合,人即有了生命;元气散失,人即走向死亡。若是死生相为伴侣的话,我又有什么可忧患的呢!所以说万物是一体的,并无差别。只是世人把自己所喜欢的所欣赏的事物称为神奇,把自己所厌恶的所痛恨的事物称为臭腐。就像死生相伴随一样,臭腐的东西将会重新转化为神奇的东西,而神奇的东西也将会转化成臭腐的东西。所以说:'贯通天下生死的,是一气为之而已。'因此,圣人所重视的是生死的同一性。"

知对黄帝说:"我问无为谓,无为谓不回答我,不是不回答我,是不知道回答我;我问狂屈,狂屈心中想告诉我却没有告诉我,不是不告诉我,心中想告诉我而忘记了;现在我来问你,你知道,是什么原因不能接近大道呢?"

黄帝说:"说无为谓是真正知道大道,就是因为他不知道什么是大道;说狂屈好像明白大道,就是因为他忘记了什么是大道;说我和你始终没有接近大道,就是因为我们知道了什么是大道。"

狂屈听说后,认为黄帝的这番话算是对大道理解比较深刻的话。

二

【原文】 东郭子问于庄子曰^①:"所谓道,恶乎在?"

庄子曰:"无所不在。"

东郭子曰:"期而后可^②。"

庄子曰:"在蝼蚁^③。"

曰:"何其下邪^④?"

曰:"在稊稗^⑤。"

曰:"何其愈下邪?"

曰:"在瓦甓^⑥。"

曰:"何其愈甚邪?"

曰:"在屎溺^⑦。"

东郭子不应。

庄子曰:"夫子之问也,固不及质。正、获之问于监市履狶也^⑧,'每下愈况^⑨'。汝唯莫必^⑩,无乎逃物。至道若是,大言亦然^⑪。周遍咸三者,异名同实,其指一也。尝相与游乎无何有之宫,同合而论,无所终穷乎^⑫!尝相与无为乎!澹而静乎!漠而清乎!调而闲乎!寥已吾志^⑬。无往焉而不知其所至^⑭,去而来而不知其所止。吾已往来焉而不知其所终。彷徨乎冯闳^⑮,大知入焉而不知其所穷。物物者与物无际^⑯,而物有际者,所谓物际者也。不际之际,际之不际者也^⑰。谓盈虚衰杀^⑱,彼为盈虚非盈虚,彼为衰杀非衰杀,彼为本末非本末,彼为积散非积散也。"

【注释】 ①东郭子:因住在东郭而取以为名。②期:限,谓要求确指。③蝼蚁:蝼蛄和蚂蚁。④下:低下。⑤稊、稗:两种相似的杂草。⑥甓:砖。⑦溺:通"尿"。⑧正、获:主管饮射的官名。监市:管理市场的官。履狶:用脚踩猪。狶,同"豨",大猪。按,买猪时要挑肥的,踩一下猪腿就可以辨别猪的肥瘦了。因为猪腿的下部最难肥,如果猪腿肥了,那么整只猪是肥的就没问题了。⑨每下愈况:这是监市回答如何检查猪的肥瘦的方法。以此比喻检验大道也是如此。⑩汝唯莫必:谓你不要限定道在何处。必,拘限,限定。⑪大言:大的言辞,大话。⑫"尝相与"三句:林云铭云:"十九字作一句读,言试与游于虚无之中,合万为一,而论无所底止学乎!"尝,试。无何有之宫,指虚无的境界。⑬寥已吾志:即"吾志寥已"的倒装。寥,虚。已,矣。⑭无:疑为"吾"字音误,马叙伦谓"无"为衍文。⑮彷徨:徜徉。冯闳:空虚开阔的样子。⑯物物:主宰万物,指道。际:边际,界限。⑰"不际"二句:王先谦云:"道本不际,而见于物际;见于物际,而仍是无际也。"⑱盈:满。虚:亏。衰:败。杀:降。

【译文】 东郭子问庄子说:"所谓道,在什么地方?"

庄子说:"无所不在。"

东郭子说:"必须指出一个地方来才可以。"

庄子说:"在蝼蛄和蚂蚁中。"

东郭子说:"怎么这样卑下呢?"

庄子说:"在稊稗这类的杂草中。"

东郭子说:"怎么越说越低下了呢?"

庄子说:"在砖瓦中。"

东郭子说:"怎么更加低下了呢?"

庄子说:"在屎尿中。"

东郭子不再说话。

庄子说:"先生所问的,原本就没有问到实质上。司正和司获向市场管理员询问踩猪验肥的方法,市场管理员便说'每下愈况',猪的下腿肥了,猪的全身还能不肥吗?你不要限定道在何处,没有脱离物外的道。大道原本就是无处不在的,使用再大的言辞来说明它,也是一样。'周'、'遍'、'咸'这三种称谓,名称不同而实质是相同的,它们所指的是同样的意思。试让我们一起游于虚无的境界,合万物为一,见道之同源,所论之大道是无法穷尽的!试让我们一起率性无为吧!若能如此,便能恬淡而平静!寂寞而清澄!调和而悠闲!这样一来,我的心志也就虚寂了。我随着自然前往,却不知要到什么地方;去而复回,而又不知在什么地方停止。我来回往返,却从来没有想到归于何处。徜徉于虚旷之中,虽有大智之人进入其中,也不能得知大道的止境。主宰万物的大道,与万物融为一体,是没有边际的,就一物而言是有边际的,即所谓某一物的边际而已。没有边际的边际,乃是边际中没有边际。说到盈虚衰杀,大道能使万物盈虚,而大道并不盈虚;大道能使万物衰杀,而大道并不衰杀;大道能使万物有始终,而大道并非有始终;大道能使万物有积散,而大道并非有积散。"

杂　篇

庚桑楚

【题解】

本篇取首句人名为篇名,由十二段文字杂纂而成,每段文字所表现的主题不尽相同,文字风格也是不尽相同,其中有的文字艰涩破碎,与《庄子》一书整体上的流美风格大异。我们选录此篇的首段予以介绍。首段主旨是论道,作者采取的表现手法不是直面的阐述,而是通过体道者庚桑楚的待人处事来表现。如待人上,辞退炫智矜仁的弟子,只与拙笨、不重外表的弟子相处;处事上,坚决反对当地百姓把自己当成圣人、贤人来敬奉。作者还通过庚桑楚之口,说明"春气发而百草生,正得秋而万宝成",一切事物的发展变化都是大道无为而自然运行的结果。值得注意的是,作者还借庚桑楚之口,对尧、舜所倡导的

举贤任智，从而诱导人们对私利的过分追逐，因而造成的恶果，作出了惊世骇俗的判断，他说："大乱之本，必生于尧、舜之间，其末存乎千世之后。千世之后，其必有人与人相食者也。"大乱的根源是否在于尧、舜，我们且不论，但人类私欲的无限膨胀，对功名无限的追逐，确实酿造了无数的战争、瘟疫，甚至自然灾害，人与人相食的现象屡有发生，我们应当从历史悲剧中汲取方方面面的教训。

【原文】 老聃之役有庚桑楚者①，偏得老聃之道②，以北居畏垒之山③。其臣之画然知者去之，其妾之挈然仁者远之④。拥肿之与居⑤，鞅掌之为使⑥。居三年，畏垒大壤⑦。畏垒之民相与言曰："庚桑子之始来，吾洒然异之⑧。今吾日计之而不足，岁计之而有馀。庶几其圣人乎！子胡不相与尸而祝之，社而稷之乎⑨？"

庚桑子闻之，南面而不释然⑩。弟子异之，庚桑子曰："弟子何异于予？夫春气发而百草生，正得秋而万宝成⑪。夫春与秋，岂无得而然哉⑫？天道已行矣。吾闻至人，尸居环堵之室⑬，而百姓猖狂不知所如往⑭。今以畏垒之细民，而窃窃焉欲俎豆予于贤人之间⑮，我其杓之人邪⑯？吾是以不释于老聃之言。"

弟子曰："不然。夫寻常之沟⑰，巨鱼无所还其体，而鲵鳅为之制⑱；步仞之丘陵⑲，巨兽无所隐其躯，而孽狐为之祥⑳。且夫尊贤授能，先善与利，自古尧、舜以然，而况畏垒之民乎！夫子亦听矣！"

庚桑子曰："小子来！夫函车之兽㉑，介而离山㉒，则不免于网罟之患；吞舟之鱼，砀而失水㉓，则蚁能苦之。故鸟兽不厌高，鱼鳖不厌深。夫全其形生之人㉔，藏其身也，不厌深眇而已矣㉕。且夫二子者，又何足以称扬哉！是其于辩也㉖，将妄凿垣墙而殖蓬蒿也，简发而栉㉗，数米而炊，窃窃乎又何足以济世哉㉘！举贤则民相轧，任知则民相盗。之数物者㉙，不足以厚民。民之于利甚勤，子有杀父，臣有杀君，正昼为盗，日中穴阫㉚。吾语女㉛：大乱之本，必生于尧、舜之间，其末存乎千世之后。千世之后，其必有人与人相食者也。"

【注释】 ①役：门徒。古代做门徒的要为师父服杂役，故称役。庚桑楚：老子弟子，姓庚桑，名楚。②偏得：独得。③畏垒：虚拟山名。④"其臣"二句：臣、妾，指随从。画然，明察的样子。知，同"智"。挈然，显示，标举。⑤拥肿：指呆笨无知的人。⑥鞅掌：指不修仪容的人。⑦壤：通"穰"，丰收。⑧洒然：惊异的样子。⑨"子胡"二句：尸、祝、社、稷皆作为动词用。尸，主，牌位。祝，祝祷，赞颂。为他设立牌位而祝颂。社，土神。稷，谷神。为他建立社稷。⑩释：通"怿"，悦，高兴。⑪万宝：各种果实。宝，指果实，唐写本正作"实"。⑫得：德。⑬尸居：像尸主一样静寂而居。环堵：一方丈大的小屋。堵，一丈。⑭猖狂：任性放纵。如：往。⑮窃窃：私下议论的样子。俎、豆：皆为祭祀所用的器皿。这里作动词，奉祀的意思。⑯其：岂。杓之人：即"人之杓"的倒装句，谓人们的榜样。杓，标准，榜样。⑰寻常：八尺为寻，两寻为常。⑱鲵鳅：小鱼。鳅，泥鳅。制：折，曲折。⑲步仞：六尺为步，七尺或八尺为仞。⑳孽：妖，妖孽。祥：善。㉑函：通"含"，吞。㉒介：独。㉓砀：流荡，流出。㉔生：通"性"，本性。㉕眇：远。㉖辩：通"辨"，辨别，分别。㉗简：择，

选择。栉：梳理头发。㉘窃窃乎：小心计较的样子。㉙数物：数事，指尊贤授能等事。㉚穴阫：挖墙。穴，挖。阫，墙。㉛女：同"汝"，你。

【译文】 老聃的弟子中，有一个叫庚桑楚的，独得老聃之道，往北去住在畏垒山中。在他左右服役的徒仆，凡是要小聪明和标举仁义的都让他们远离自己。却与朴拙的住在一起，留下不修饰外表的使用。住了三年，畏垒大丰收。畏垒的百姓相互说："庚桑子初来时，我对他的行为颇感惊异。现在我按天来计算收益虽感不足，但按一年下来计算，却富富有裕。他大概就是个圣人吧！我们为什么不为他设立神位，来祝颂他的德政，为他建立社稷，把他当作国君来敬奉呢？"

庚桑子听说要面南为君，很不高兴。弟子们对庚桑子的反应感到诧异，庚桑子说："弟子们对我的态度有什么可诧异的呢？春气勃发而百草繁盛，时逢秋天而百果收成。那春与秋，难道就没有功德可言吗？这一切不过是大道自然运行的结果罢了。我听说得道的人，像木头人一样住在方丈大的陋室之中，而百姓任性放纵，随心所欲，不知所往。如今畏垒的小民私下议论，想把我当作贤人来侍奉，我难道是人们推崇的榜样吗？想起老聃的教诲，所以我不痛快。"

弟子说："不是这样的。那小水沟里，大鱼不能转身，而小鱼可以曲折回旋；那小丘陵上，巨兽没有地方隐蔽身体，而对于妖狐却是藏匿的好地方。再说尊重贤人，重用能人，赏善施利，自古尧、舜就是这样，何况畏垒的百姓呢！先生还是听任他们的做法吧！"

庚桑子说："小子们过来！你们没有听说过，那吞车的野兽，一旦独个出山，就难免遭到网罗的灾患；吞舟的大鱼，一旦流荡出水，连蚂蚁都能伤害它。所以说鸟兽不厌山高，鱼鳖不厌水深。为了保存自己的身体和本性的人，要敛藏自己，也不厌深远幽邃罢了。至于像尧和舜两人，又有什么好称颂的呢！像他们那样的分别善恶贤愚，就像妄想凿开垣墙来种蓬蒿那样愚昧；像他们那样，挑着一根根头发来梳理，数着一粒粒米来下锅，斤斤计较着又怎么能够救世呢！推举贤能之人，就会使百姓相互倾轧；任用智能之人，就会使百姓相互欺诈。这些方法，不足以使百姓淳厚。百姓对于私利一旦过于勤勉用心，就难免有子杀父，臣杀君，白天抢劫，晌午挖墙打洞的现象发生。我告诉你们：天下大乱的根源，必定生于尧、舜之间，而流弊将会存留于千载之后。千载之后，其社会必有人吃人的现象发生。"

徐无鬼

【题解】

本篇取其篇首人名为篇名，全篇由十四则寓言故事和一段议论所组成，内容虽稍嫌庞杂，然大体还是宣扬道家自然无为的思想，只是少了些玄虚的阔论，多了些现实生活的体验。在艺术表现上，除了以往的犀利潇洒的风格外，更增添了讽刺的笔触。

本书录了三个段落。其一，"知士无思虑之变则不乐"，此段文字历数十九种人，皆因执着于才能、个性、爱好、事业、功名、利禄，而追逐竞争，终生不能自拔。正如宣颖所

评："一笔写出十九种人情，溺于所向，各不自禁，披靡一生，无由拔脚，真觉可咍可涕！"（《南华经解》）其二，"庄子送葬"，这则寓言故事表现了庄子对亡友的深情追念，说明了辩论的对手观点上的对立，并不妨碍真挚的友情。其三，"管仲有病"，这则寓言故事否定了为政廉洁而斤斤计较的鲍叔牙，肯定了有所不闻、有所不见而上不逆君、下不违民的隰朋，其个中的消息，无非在于鲍叔牙离自然之道太远，而隰朋离自然之道稍近而已。

一

【原文】 知士无思虑之变则不乐①，辩士无谈说之序则不乐②，察士无凌谇之事则不乐③，皆圃于物者也④。

招世之士兴朝，中民之士荣官，筋力之士矜难，勇敢之士奋患，兵革之士乐战，枯槁之士宿名⑤，法律之士广治，礼教之士敬容，仁义之士贵际。

农夫无草莱之事则不比⑥，商贾无市井之事则不比，庶人有旦暮之业则劝，百工有器械之巧则壮。

钱财不积则贪者忧，权势不尤则夸者悲⑦。势物之徒乐变⑧，遭时有所用，不能无为也。此皆顺比于岁⑨，不物于易者也⑩。驰其形性，潜之万物，终身不反，悲夫！

【注释】 ①知：同"智"。变：指机变之事。②序：条理，逻辑。③凌谇：凌辱和责问。④圃：拘限。⑤宿：守。⑥草莱：杂草，指耕耘等农事。比：和乐。⑦尤：出众。⑧势物：权利。⑨顺比：随顺。⑩不物于易：即"不易于物"的倒装句，谓各自拘守一物而不能变通。

【译文】 智谋之士如果没有提供思虑的机变之事是不快乐的，口辩之士如果没有谈论的话题与程序是不快乐的，好察之士如果没有欺凌与责难事情的发生是不快乐的，他们都是被外物所局限的人。

招摇于世的人好在朝廷中炫耀自己，中等资质的人以做官为荣，体格强健的人以排险解难自夸，勇敢无畏的人喜欢奋身地排除祸患，披甲戴盔的人以参战为快乐，隐居清修的人留意自己的名声，注重法律的人大力推广法治，讲究礼教的人重视外表的修饰，崇尚仁义的人看重人与人之间的交际。

农夫如果没有耕田除草的事情就不会和乐，商人如果没有商业买卖的事情就不会和乐，百姓如果早晚都有事做就会很勤勉，工匠如果有了灵巧的工具就会气壮。

钱财积累不多而好贪图的人就会忧愁，权势不够强大而好夸耀的人就会悲哀。追逐权力的人们喜欢变乱，遇到时机来临，就要铤而走险，不能清静无为。这些人都是随时竞逐，局限于一事一物而不能脱身的人。他们身心驰骛，沉溺外物，终生不能自拔，岂不悲哀！

二

【原文】 庄子送葬，过惠子之墓，顾谓从者曰："郢人垩慢其鼻端若蝇翼①，使匠石斫之②。匠石运斤成风③，听而斫之④，尽垩而鼻不伤，郢人立不失容。宋元君闻之⑤，召匠石

曰：'尝试为寡人为之。'匠石曰：'臣则尝能斫之，虽然，臣之质死久矣⑥！'自夫子之死也⑦，吾无以为质矣，吾无与言之矣！"

【注释】　①郢：楚国都城，今湖北江陵。垩：白土，可用于涂饰。慢：通"墁"，涂。②匠石：名叫石的工匠。斫：砍削。③运：挥动。斤：斧。④听：任，听任。⑤宋元君：即宋元公，宋平公之子。⑥质：对手，指施展技艺的对象。⑦夫子：指惠施。

【译文】　庄子送葬，经过惠施的坟墓，回头对随从说道："郢都有一个人，不小心让一星点白灰粘在鼻子上，这点白灰就像苍蝇的翅膀那样又薄又小，他让匠石替他削掉。匠石挥起斧子，随斧而起的风声呼呼作响，任凭斧子向白灰点削去，泥点尽除而鼻子安然不伤，郢都人站立不动，神色不变。宋元君听说此事后，把匠石召去，说道：'试着替我再做一遍。'匠石说道：'臣下确实曾经砍削过鼻尖上的泥点，不过现在我的对手已经死了很久了！'自从先生去世，我也没有对手了，我再也找不到辩论的对象了！"

三

【原文】　管仲有病①，桓公问之曰"仲父之病病矣②，可不讳云③，至于大病，则寡人恶乎属国而可④？"

管仲曰："公谁欲与⑤？"

公曰："鲍叔牙⑥。"

曰："不可。其为人洁廉，善士也；其于不己若者不比之⑦；又一闻人之过，终身不忘。使之治国，上且钩乎君⑧，下且逆乎民。其得罪于君也，将弗久矣！"

公曰："然则孰可？"

对曰："勿已，则隰朋可⑨。其为人也，上忘而下不畔⑩，愧不若黄帝，而哀不己若者。以德分人谓之圣，以财分人谓之贤。以贤临人，未有得人者也；以贤下人，未有不得人者也。其于国有不闻也，其于家有不见也。勿已，则隰朋可。"

【注释】　①管仲：管子，姓管，名仲，字夷吾，曾任齐相，齐桓公尊之为仲父。②病矣：病危了。③讳：原误作"谓"，江南古藏本作"讳"，《列子·力命篇》亦作"讳"，据以改正。④恶：何。属：嘱托，托付。⑤公谁欲与：读作"公欲与谁"。⑥鲍叔牙：姓鲍，字叔牙，齐国大夫。⑦不己若：即"不若己"。不比：不亲近。⑧钩：逆，触犯。⑨隰朋：姓隰，名朋，齐国贤人。⑩不：原脱，据《列子·力命篇》补。畔：界岸。

【译文】　管仲生了病，齐桓公问他说："仲父的病已经很危险了，还可以忌讳不说吗？一旦病危，我将把国家托付给谁才好呢？"

管仲说："你想托付给谁呢？"

齐桓公说："鲍叔牙。"

管仲说："不可以。他为人处事廉洁，是个好人。但是他对于不如自己的人不够亲近，又听说了人家的过错就终身不忘。如果让他治理国家，对上会触犯君威，对下会违背民意。他将得罪于国君，不会太久了。"

齐桓公说:"那么谁可以呢?"

管仲回答说:"不得已的话,隰朋还可以。他为人处事,对上能够忘记权贵的荣位,对下能够不区分地位的卑贱,自愧不如黄帝,而又怜悯不如自己的人。以道德来感化人,称得上是个圣人;以钱财来分给人,称得上是个贤人。以贤人的身份凌驾于众人之上,没有能够获得人心的;以贤人的身份礼遇众人,没有不能够获得人心的。他对于国事有所不闻,他对于家事有所不见。如果不得已的话,隰朋还可以。"

则　阳

【题解】

　　本篇取首句人名为篇名,全篇由十几则寓言故事汇编而成,内容较杂,大体还是说明道体的特征及其作用。本篇值得关注的是,有些并非直接谈道或侧重谈道的寓言故事写得极为深刻,极为精彩,给人耳目一新的感觉。如下面所选的"魏莹与田侯牟约"一段,写魏惠王因田侯牟背约,一怒之下就要派人去刺杀他。起笔就勾勒出一个鲜活人物。以下就此事分别描绘了作为好战将军的态度、反对挑起战争而危害百姓的人物的态度、把主张攻打与反对攻打的争论都视为兴乱的人物的态度,直至引出悟道者戴晋人,通过戴晋人之口叙述蜗角之战,才渐近主题,开始阐述主旨,层层递进,如剥竹笋,层层深入,极有说服力。又如"柏矩学于老聃"一段,老聃弟子出游齐国,看见街上一具受刑示众的死尸,由此感慨一通。所感何事,是哀其不幸,还是怒其犯罪?是痛恨刑法严酷,还是责备立法不公?然而都不是。作者锐利的眼光,扫过常人常理的层面,触及案件的本源,揭示了社会的根源。作者通过柏矩之口,历数上层统治者种种盘剥欺诈百姓的招数后,道出了案件的因果关系,即"民知力竭。则以伪继之","力不足则伪,知不足则欺,财不足则盗",并挺身为民请命,说:"盗窃之行,于谁责而可乎?"这一责问,于千载之后,今天读来,仍令人震撼。

一

【原文】　魏莹与田侯牟约①,田侯牟背之。魏莹怒,将使人刺之。

　　犀首公孙衍闻而耻之②,曰:"君为万乘之君也,而以匹夫从仇③。衍请受甲二十万,为君攻之,虏其人民,系其牛马,使其君内热发于背,然后拔其国。忌也出走④,然后抶其背⑤,折其脊。"

　　季子闻而耻之⑥,曰:"筑十仞之城⑦,城者既十仞矣,则又坏之,此胥靡之所苦也⑧。今兵不起七年矣,此王之基也。衍,乱人也,不可听也。"

　　华子闻而丑之⑨,曰:"善言伐齐者,乱人也;善言勿伐者,亦乱人也;谓伐之与不伐乱人也者,又乱人也。"

　　君曰:"然则若何?"

　　曰:"君求其道而已矣。"

　　惠子闻之,而见戴晋人⑩。戴晋人曰:"有所谓蜗者,君知之乎?"

曰:"然"。

"有国于蜗之左角者,曰触氏;有国于蜗之右角者,曰蛮氏⑪。时相与争地而战,伏尸数万,逐北旬有五日而后反⑫。"

君曰:"噫!其虚言与?"

曰:"臣请为君实之⑬。君以意在四方上下有穷乎⑭?"

君曰:"无穷。"

曰:"知游心于无穷,而反在通达之国⑮,若存若亡乎?"

君曰:"然。"

曰:"通达之中有魏,于魏中有梁⑯,于梁中有王,王与蛮氏有辩乎⑰?"

君曰:"无辩。"

客出而君惝然若有亡也⑱。

客出,惠子见⑲。君曰:"客,大人也,圣人不足以当之。"

惠子曰:"夫吹管也,犹有嗃也⑳;吹剑首者㉑,吷而已矣㉒。尧、舜,人之所誉也。道尧、舜于戴晋人之前,譬犹一吷也。"

【注释】 ①魏莹:魏惠王,名莹。按,《史记·六国年表》载魏惠王名罃。田侯牟:疑指齐桓公。齐桓公名午,"牟"为"午"之讹。然齐桓公与魏惠王又不同时。此类当作寓言看待,不必究其所指。②犀首:官名,相当于后世的虎牙将军。③匹夫:无官职的一般百姓。从仇:报仇。④忌:齐将田忌。一说"忌"为"亡"字之讹。⑤抶:鞭打。⑥季子:魏国贤臣。⑦仞:七尺或八尺为一仞。⑧胥靡:服役的犯人。⑨华子:魏国贤臣。⑩见:引见。戴晋人:得道者。⑪蛮氏:与前"触氏",皆为虚拟国名。"触氏"喻争,"蛮氏"喻蠢。⑫逐北:追逐败逃之人。逐,追逐。北,败北,败逃。⑬实之:证实此话。⑭在:察。⑮反在:反察,反观。通达之国:指人马舟车所能到达的地方。⑯梁:魏国都城,今河南开封。⑰辩:通"辨",区别。⑱惝然:恍惚不定的样子。⑲见:指拜见魏君。⑳嗃:洪亮而悠长的声音。㉑剑首:指剑鼻环的小孔。㉒吷:细微的声音。

【译文】 魏莹与田侯牟订有盟约,而田侯牟却违背了盟约。魏莹十分愤怒,准备派人去刺杀他。

公孙衍将军听说后,感到这种做法很可耻,便对魏莹说:"君主您是万乘大国的国君,却用老百姓的方法去报仇。我恳请受命率领二十万披甲士兵,为您攻打齐国,俘虏他的人民,牵走他的牛马,让他焦热烧心,疽疮发背,然后占领他的国家。等齐将田忌出逃,然后抓住他,鞭打他的后背,折断他的脊梁。这才是大国的风度,光明正大的做法。"

季子听了公孙衍的议论感到可耻,他说:"譬如要修筑十仞高的城池,已经修筑了十仞之高,却又去把它毁掉,这可是服役之人的辛苦劳动啊!现在不用兵打仗已经七年了,这是王业的基础啊。公孙衍,是个挑起战乱的人,他的话不能听。"

华子听了这些议论后,感到这些观点都很丑陋,便说:"鼓动攻打齐国的人,是好乱之人;鼓动不要攻打齐国的人,也是好乱之人;讨论攻打与不攻打来搅乱人心的,又是一个好乱之人。"

君主说:"那么怎么办呢?"

华子回答说:"君主但求自然之道就是了。"

惠子听说了这件事,把戴晋人引荐给了魏莹。戴晋人说:"有一种小动物叫蜗牛的,君主知道吗?"

魏莹说:"知道。"

戴晋人接着说:"有个国家建在蜗牛的左角上,人称触氏;还有一个国家建在蜗牛的右角上,人称蛮氏。它们时常为争夺地盘而挑起战争,战斗中倒伏在地上的尸首就有数万之多,战胜者追逐战败者往往十天半月才返回。"

魏莹说:"唉!这不是虚话吗?"

戴晋人说:"我请求为君主把话说实。君主以意推测宇宙的四方上下有穷尽吗?"

魏莹说:"没有穷尽。"

戴晋人接着说:"知道自己游心于无穷的境地,再返回人烟存在的地方,是不是感到若有若无呢?"

魏莹说:"是的。"

戴晋人又说:"在这人烟存在的地方中有个魏国,在魏国之中有个梁都,在梁都之中有个君王,这君王和蛮氏有分别吗?"

魏莹说:"没有分别。"

戴晋人离开后,魏莹心中恍惚,若有所失。

客人走后,惠子进见。魏莹说:"这个客人,真是个伟大的得道者,像尧、舜这样的圣人也比不上他。"

惠子说:"吹那管箫,尚能发出宏大的声音;吹那剑鼻孔,只能发出细微的声音罢了。尧、舜,是人们所赞誉的圣人。但在戴晋人面前提起他,犹如吹一下剑鼻孔而已。"

二

【原文】 柏矩学于老聃①,曰:"请之天下游②。"

老聃曰:"已矣!天下犹是也。"

又请之,老聃曰:"汝将何始?"

曰:"始于齐。"

至齐,见辜人焉③,推而强之④,解朝服而幕之⑤,号天而哭之,曰:"子乎!子乎!天下有大菑⑥,子独先离之⑦。曰'莫为盗,莫为杀人'。荣辱立,然后睹所病;货财聚,然后睹所争。今立人之所病,聚人之所争,穷困人之身⑧,使无休时。欲无至此得乎?古之君人者,以得为在民,以失为在己;以正为在民,以枉为在己⑨。故一形有失其形者⑩,退而自责。今则不然,匿为物而愚不识⑪,大为难而罪不敢,重为任而罚不胜,远其涂而诛不至。民知力竭,则以伪继之。日出多伪,士民安取不伪。夫力不足则伪,知不足则欺,财不足

则盗。盗窃之行,于谁责而可乎?"

【注释】 ①柏矩:姓柏,名矩,老子门徒。②之:往。游:游说。③辜人:受刑后被丢在街上的死尸。④强:借为"僵",僵卧。⑤幕:覆盖。⑥菑:通"灾",患害,灾祸。⑦离:通"罹",遭难。⑧穷困:困扰。⑨枉:错误。⑩一形:一人。失其形:失掉生存条件。⑪匿:藏匿。愚:愚弄。

【译文】 柏矩在老聃那里学道,说:"请求到各诸侯国去游说。"

老聃说:"算了吧,天下的地方和这里一个样。"

柏矩再次请求,老聃说:"你先要去哪里?"

柏矩说:"从齐国开始。"

柏矩到了齐国,看见了受刑后示众的死尸,把僵化的死尸摆正,解下朝服盖上,仰天哭号,说:"先生啊!先生啊!天下将有大祸降临,你却先遭遇上了。说'不去偷盗,不去杀人,为什么又去做了呢?荣耀和屈辱的观念确立,然后才发现它所带来的弊病;钱财和货物的过分集中,然后才发现它所带来的竞争。现在正是树立了人们所诟病的,积聚了人们所竞争的,困扰着人们的身心,使人们永远不能安于本分。要想不让人们遭受刑戮,这能做得到吗?古代的君主都是把功劳归于人民,把过失归于自己;以为正道在人民一边,以为错误在自己一边。所以一旦有人遭受了伤害,就会辞职退让,自责其过。现在却不是这样,他们隐藏事物的真相而愚弄不懂的人,增加事情的难度而把不敢去做的人定为罪犯,加重任务的分量而处罚不能胜任的人,增加路程的距离而责罚限期不到的人。这样一来,百姓的智慧和气力就都用尽了,接下来只好用虚假来对付。上层的统治者们天天做出弄虚作假的事情来,不能不让下层的士民不利用虚伪来应付。能力不足而被逼无奈就会做假,智力不足而被逼无奈就会欺骗,财力不足而被逼无奈就会去偷盗。请问盗窃的风行,要责备谁更合理呢?"

外　　物

【题解】

本篇取篇首二字为篇名,全篇由十来段文字组成,多是反映社会生活及其处世养性经验,尤其对外来的没有定准的,防不胜防的祸端患害给予了特别的关注。本篇中有些讽刺性的寓言小品写得极为精彩,我们选录了三则予以介绍。如"庄周家贫"一段,有人从道的角度去体会,认为此篇说明了"道不可离,犹鱼之于水"(刘凤苞《南华雪心编》);而我们从直观体验上,更多地感到了世间人情的虚伪,以及庄子文笔的锋利辛辣。又如"儒以《诗》《礼》发冢"一段,不足百字的短文,却对打着儒者旗号、拖着饱学腔调而干着盗墓劣行的大小贼,做出了惟妙惟肖、活灵活现的描述,堪称寓言小品的典范。正如宣颖所评,此则寓言摹写师徒两人相为谋利,"以贪鄙行残忍,以残忍成贪鄙,读之使人喷饭"(《南华经解》)。又如刘凤苞所评:"诗礼是儒者所务,发冢乃盗贼之所为。托名诗礼而济其盗贼之行,奇事奇文,读之使人失笑!"(《南华雪心编》)再如"宋元君夜半而梦"一段,通过神龟虽神,却遭遇网捕和剖肠的遭遇,说明"知有所困,神有所不及",只有保持天性,顺应自然,才有可能避免意外祸害。

一

【原文】 庄周家贫,故往贷粟于监河侯①。监河侯曰:"诺。我将得邑金②,将贷子三百金,可乎?"

庄周忿然作色曰:"周昨来,有中道而呼者③。周顾视车辙,中有鲋鱼焉④。周问之曰:'鲋鱼来⑤,子何为者耶?'对曰:'我,东海之波臣也⑥。君岂有斗升之水而活我哉!'周曰:'诺,我且南游吴越之王,激西江之水而迎子⑦,可乎?'鲋鱼忿然作色曰:'吾失我常与⑧,我无所处。我得斗升之水然活耳⑨,君乃言此,曾不如早索我于枯鱼之肆⑩。'"

【注释】 ①监河侯:监管河工之官。②邑金:封地的赋税。③中道:半路。④鲋鱼:鲫鱼。⑤来:语助词,无义。⑥波臣:水波中的臣子,即水族中的一员。⑦激:引发。⑧常与:经常相依存的,指水。⑨然:则。⑩曾:竟,还。肆:市场。

【译文】 庄周家境贫穷,所以前往向监河侯借贷粮食。监河侯说:"好吧。等我收到封地的赋税,我就借给你三百金,可以吗?"

庄周气得脸色都变了,说:"我昨天来时,半路上听到呼叫声。我回头看了看车辙沟,里面有只鲫鱼。我向它问道:'小鲫鱼啊,你在这里做什么?'他回答说:'我是东海水族中的一个臣子,你能用斗升之水来救我吗?'我说:'好的。等我去南方游说吴、越两国的国王,再引出西江的水流来迎接你,可以吗?'鲫鱼气得脸色大变,生气地说:'我丧失了时常伴随我的水,已经无处存身。我只要有斗升多的水就可以存活,你却如此说话,还不如早点到干鱼市场里找我。'"

二

【原文】 儒以《诗》《礼》发冢①,大儒胪传曰②:"东方作矣③,事之何若?"

小儒曰:"未解裙襦④,口中有珠。《诗》固有之曰:'青青之麦,生于陵陂。生不布施,死何含珠为⑤?'"

"接其鬓⑥,压其颥⑦,而以金椎控其颐⑧,徐别其颊,无伤口中珠。"

【注释】 ①发冢:盗发坟墓。②大儒:有声望的儒者,或指带头的儒者。胪传:传话。③作:指太阳将要升起,东方将要发亮。④襦:短衣。⑤"青青"四句:《诗》中文字,不见今本《诗经》,或为逸诗,或为作者自撰。⑥接:揪。⑦压其颥:按住死人的胡须。颥,胡须。⑧而:原误作"儒",据王念孙说及文义改。控:敲。颐:下巴。

【译文】 儒士用《诗》《礼》中的话来盗掘坟墓。大儒传话说:"太阳快出来了,事情做得怎么样?"

小儒说:"衣裙没有脱下,发现口中含珠。《诗》中原本就有这样的话:'青青的麦穗,长在山坡上。生来不施舍,死去含珠做什么?'"

大儒说:"揪住他的鬓发,按住他的胡须,再用金椎敲打他的下巴,慢慢地分开他的两颊,千万不要弄坏他口中的珠子。"

三

【原文】 宋元君夜半而梦人被发窥阿门①,曰:"予自宰路之渊②,予为清江使河伯之所③,渔者余且得予④。"

元君觉,使人占之⑤,曰"此神龟也"。

君曰:"渔者有余且乎?"

左右曰:"有。"

君曰:"令余且会朝。"

明日,余且朝。君曰:"渔何得?"

对曰:"且之网得白龟焉,其圆五尺。"

君曰:"献若之龟⑥。"

龟至,君再欲杀之,再欲活之,心疑,卜之。曰:"杀龟以卜吉。"乃刳龟⑦,七十二钻而无遗筴⑧。

仲尼曰:"神龟能见梦于元君⑨,而不能避余且之网;知能七十二钻而无遗筴⑩,不能避刳肠之患。如是则知有所困,神有所不及也。虽有至知,万人谋之。鱼不畏网而畏鹈鹕⑪。去小知而大知明,去善而自善矣。婴儿生,无硕师而能言,与能言者处也。"

【注释】 ①宋元君:即宋元公,宋平公之子。阿门:旁门。②宰路:渊名。③使:出使。河伯:黄河水神。④余且:渔夫名。⑤占:占卜,占梦。⑥若:你。⑦刳:挖空。⑧钻:每次占卜时需让占卜者以所卜之事来灼龟背。遗筴:失策,失算。筴,同"策"。⑨见梦:托梦。见,"现"的古字。⑩知:同"智",智慧,智力。下四"知"字同。⑪鹈鹕:捕鱼吃的水鸟。

【译文】 宋元君半夜里梦见有个披头散发的人在侧门窥视,还说:"我来自宰路之渊,为清江出使河伯那里,被渔夫余且捕获。"

宋元君醒来,让人占卜,占卜结果说是"神龟托梦"。

宋元君说:"渔夫中有叫余且的吗?"

左右随从说:"有。"

宋元君说:"叫余且来朝见我。"

第二天,余且来朝。宋元君说:"你捕到什么?"

余且回答说:"我用网捕获一只白龟,周边有五尺多长。"

宋元君说:"把你的白龟献出来。"

白龟送来,宋元君又想杀掉它,又想放掉它,心里犹豫不定,于是让人占卜测问,结果是:"杀龟,用此龟占卜,大吉。"于是把龟剖开挖空,用它占卜了七十二次,没有一次不灵验的。

孔子像

孔子说:"神龟能够给宋元君托梦,却不能逃避余且的渔网;它的智力能够占卜七十二次而不失算,却不能逃避剖肠的患害。如此看来,智者也有困惑的时候,神灵也有考虑不到的地方。虽然有极高的智慧,也敌不过万人的谋算。鱼不知道畏惧渔网,却知道畏惧鹈鹕。只有抛弃小智慧,才能发挥大智慧;只有去掉自以为善的心理,才能体现真正自善的本性。婴儿生来没有大师的教导便能说话,这是他与会说话的人在一起。"

寓　言

【题解】

本篇取篇首二字为篇名,全篇由六段文字组成。其中第一段说明《庄子》一书的写作手法和语言特色,申明了"寓言""重言""卮言"的各自含义,及其在文章中所起的作用,相当于全书的序例,对了解该书的风格特色,具有重要的作用。正如刘凤苞所指出的,"此篇是庄子揭明立言之意。寓言、重言、卮言,括尽一部《南华》,读者急须着眼,方不致刻舟求剑,买椟还珠"(《南华雪心编》)。我们予以选录,请读者务必了明。

其余则为五则寓言故事,委婉而曲折地反映了学道中的问题。如下面所选的"曾子再仕而心再化"一则寓言故事,指出像曾子那样虽然已经淡漠了俸禄,但尚未做到哀乐不入于胸次,距离真正脱离世俗之念的体道之人还差得很远。又如所选"众罔两问于景"一则寓言故事,通过罔两有待影子,影子有待形体,形体势必也要有待什么的思考,说明只有领悟大道,才能无所依赖,逍遥于绝对自由的境界。

一

【原文】　寓言十九①,重言十七②,卮言日出③,和以天倪④。

寓言十九,藉外论之,亲父不为其子媒。亲父誉之,不若非其父者也。非吾罪也,人之罪也⑤。与己同则应,不与己同则反。同于己为是之,异于己为非之。

重言十七,所以已言也⑥,是为耆艾⑦。年先矣,而无经纬本末以期来者⑧,是非先也。人而无以先人,无人道也⑨。人而无人道,是之谓陈人⑩。

卮言日出,和以天倪,因以曼衍⑪,所以穷年⑫。不言则齐⑬,齐与言不齐,言与齐不齐也,故曰:"言无言⑭。"言无言,终身言,未尝言;终身不言,未尝不言。有自也而可⑮,有自也而不可;有自也而然⑯,有自也而不然。恶乎然? 然于然;恶乎不然? 不然于不然。恶乎可? 可于可;恶乎不可? 不可于不可。物固有所然,物固有所可。无物不然,无物不可。非卮言日出,和以天倪,孰得其久! 万物皆种也,以不同形相禅⑰,始卒若环⑱,莫得其伦⑲,是谓天均⑳。天均者,天倪也。

【注释】　①寓:寄托。"意在此而言寄于彼。"(王先谦《庄子集解》)十九:十分之九。②重言:"借古人之名以自重,如黄帝、神农、孔子是也。"(林希逸《南华真经口义》)一说庄重之言。按:寓言占全书的十分之九,与重言占全书的十分之七并不矛盾,因《庄子》书中许多文字既属寓言,又属重言,二言往往并用。③卮言:"卮满则倾,卮空则仰,空满任

187

物,倾仰随人,无心之言,即卮言也。"(成玄英《庄子疏》)"指事类情,如卮泻水,谓来则应之,不豫先拟议。"(刘凤苞《南华雪心编》)一说,支离之言。卮,酒器。日出:日新。④和:合。天倪:自然的分际,自然。⑤"非吾"二句:谓不是父亲称誉儿子有过错,而是听者往往怀疑不实,致使不信的过错。⑥已言:止人争辩之言(王夫子《庄子解》)。已,止。⑦耆艾:长老,对老人的尊称。⑧经纬本末:指真才实学。期:待。⑨人道:为人之道。⑩陈人:老朽无用之人。⑪曼衍:随事物引申发挥。⑫穷年:尽年,指消磨岁月而穷尽天年。⑬齐:齐同。⑭言无言:原作"无言",脱一"言"字,据高山寺本补。⑮自:根由,缘故。⑯然:是,正确。⑰禅:传续,传承。⑱始卒:始终。⑲伦:端绪,结果。⑳天均:自然均衡。

【译文】 寓言占了十分之九,重言占了十分之七,卮言日新,合于自然的变化。

寓言所占的十分之九,借外人外物来说明,就像父亲不为亲生儿子做媒一样。父亲称赞亲生儿子,不如外人称赞更好。这并非我的过错,这是人家怀疑不信的过错。与自己看法相同的便响应,不与自己相同的便反对。同于自己看法的便认为是正确的,异于自己看法的便认为是错误的。

重言占的十分之七,为的是止住别人的争辩之言,这些都是长老的话,可师可信还有什么可争辩呢?如果仅是年岁大于别人,而没有道德才智令后来人期待,这算不上是先辈长老。这样的人在道德才智上不能居人之先,也就丧失了为人之道。人若是没有为人之道,只能称为老朽之人。

卮言日新,合乎自然的变化,随着事物变化而不断引申生发,所以可以消磨岁月而享尽天年。不说话而事理自然是齐同的,齐同的事理与分辩事理的言论是不齐同的,由于分辩之言与齐同的事理不是齐同的,所以:"要说没有分辩的话"。说些没有分辩的话,虽然终身在说,实际上从来也没有说;虽然终身不曾说,但是未尝没有说。有理由可以认可,有理由也可以不认可;有理由可以说是,有理由也可以不说是。什么叫是?是就是是;什么叫不是?不是就是不是。什么叫可以?可以就是可以;什么叫不可以?不可以就是不可以。万物本来就有可称为是的,万物本来就有可以认可的。没有事物不可以称是的,也没有事物不可以认可的。不是卮言日新,符合自然的分际,什么言论可以传之久远呢!万物都是种类的延续,以不同的形体相继承,开始和终端如同圆环那样循环往复,永远看不到端绪,这就叫作自然的均衡。自然的均衡,也就是自然的分际。

二

【原文】 曾子再仕而心再化①,曰:"吾及亲仕,三釜而心乐②;后仕,三千钟而不洎③,吾心悲。"

弟子问于仲尼曰:"若参者,可谓无所县其罪乎④?"

曰:"既已县矣!夫无所县者,可以有哀乎?彼视三釜、三千钟⑤,如观雀蚊虻相过乎前也。"

【注释】 ①曾子:曾参,孔子弟子。化:指心境的变化。②釜:古代量器,六斗四升为一釜。③钟:古代量器,六斛四斗为一钟。泊:及。④县:同"悬",系。⑤彼:指无所悬挂的人。

【译文】 曾子再次做官时,他的心境又有了变化,说:"我当双亲在世时做官,俸禄只有三釜而心里非常快乐;后来做官,俸禄虽有三千钟,却不及奉养双亲,我心里非常悲伤。"

弟子问孔子说:"像曾参这样的人,可以说没有利禄的牵累之罪了吧?"

孔子说:"他已经受到牵累了!要是心中没有牵累,能够心怀悲哀吗?对于那心无所系的人来说,他们看到三釜或三千钟的俸禄,就像看到鸟雀、蚊虻从眼前飞过一样。"

三

【原文】 众罔两问于景曰①:"若向也俯而今也仰②,向也括撮而今也被发③,向也坐而今也起,向也行而今也止,何也?"

景曰:"搜搜也④,奚稍问也⑤!予有而不知其所以⑥。予,蜩甲也⑦,蛇蜕也,似之而非也。火与日,吾屯也;阴与夜,吾代也⑧。彼⑨,吾所以有待邪?而况乎以无有待者乎!彼来则我与之来,彼往则我与之往,彼强阳则我与之强阳⑩。强阳者,又何以有问乎?"

【注释】 ①罔两:影外微阴。景:同"影"。②若:你。向:从前。③括撮:束结头发。被:同"披"。④搜搜:犹言"区区"。⑤奚稍问:何足问。奚,何。稍,读作"屑"。⑥有:指俯仰行止等行为。⑦蜩甲:蝉蜕的皮壳。⑧代:谢,消失。⑨彼:指形体。⑩强阳:徜徉,运动的样子。

【译文】 影外微阴们问影子说:"刚才你俯身而现在又仰头,刚才你还束结着头发而现在又披起发来,刚才你还坐着而现在站了起来,刚才你还走路而现在又止步不动,这是什么原因呢?"

影子说:"区区小事,何须问呢!我是有那些举止,但不知道其中的缘故。我,像那蝉壳,像那蛇皮,有点像却又不是。火光和太阳一旦出现,我就聚起显现;阴天和夜晚一旦到来,我就被取代而消亡。那有形的东西真是我所依赖的吗?何况那没有任何可依赖的事物呢!它来我就随之而来,它去我就随之而去,它活动我就随之而活动。我不过是个活动的影子,你们有什么好问的呢?"

让 王

【题解】

本篇由十五则寓言故事组成,主要表现了轻物重生的思想。篇中多有借辞让王位以体现"存身全生"的可贵,因取"让王"为篇名,属于"以事名篇"。本篇有多段文字复见于《吕氏春秋》,又主旨境界与《庄子》内篇的主旨精神差异较大,浅白通俗了很多,因此苏轼等人认为《让王》《说剑》等篇"浅陋不入于道",疑为赝品。因无实证,仅供参考。

所选"鲁君闻颜阖得道之人"一段,借鲁君礼聘颜阖,而颜阖厌恶富贵伤生而逃匿的故事,批评了"今世俗之君子,多危身弃生以殉物",并把舍命求财的做法,形象地喻为"以随侯之珠,弹千仞之雀",令人警醒。所选"楚昭王失国"一段,作者绘声绘色地塑造出一个安分守己、安贫乐道的小人物而高见识的人物形象。读之令人倍感真实亲切,教益良多。

一

【原文】 鲁君闻颜阖得道之人也①,使人以币先焉②。颜阖守陋闾,苴布之衣③,而自饭牛。鲁君之使者至,颜阖自对之。使者曰:"此颜阖之家与?"颜阖对曰:"此阖之家也。"使者致币。颜阖对曰:"恐听谬而遗使者罪,不若审之。"使者还,反审之,复来求之,则不得已! 故若颜阖者,真恶富贵也。

故曰:道之真以治身④,其绪余以为国家⑤,其土苴以治天下⑥。由此观之,帝王之功,圣人之馀事也,非所以完身养生也。今世俗之君子,多危身弃生以殉物,岂不悲哉! 凡圣人之动作也,必察其所以之与其所以为⑦。今且有人于此,以随侯之珠⑧,弹千仞之雀,世必笑之。是何也? 则其所用者重而所要者轻也。夫生者岂特随侯之重哉⑨!

【注释】 ①颜阖:鲁国隐者。②币:币帛。先:先表明敬意。③苴布:麻布,粗布。④道之真:道的精华。⑤绪余:残余。⑥土:粪。苴:草。⑦所以之:所追求的目的。之,往。所以为:所以这样做的原因。⑧随侯之珠:古代名珠,随侯得于濮水。⑨随侯之重:即指"随侯之珠重",脱一"珠"字。

【译文】 鲁君听说颜阖是个得道的人,便派人带着币帛先去致意。颜阖居住在陋巷里,穿着粗布衣服,亲自在喂牛。鲁君的使者来到这里,颜阖亲自出来招待他。使者说:"这是颜阖家吗?"颜阖回答说:"这正是我的家。"使者送上礼物币帛,颜阖回答说:"恐怕误听而给使者造成过错,不如回去再审核一遍。"使者返回,反复审核无误,又来找颜阖,这时却找不到他了! 所以说,像颜阖这样的人,真正是厌恶富贵的人。

所以说:道的精华可以修身养性,它的残余可以治理国家,它的粪草可以用来治理天下。由此看来,帝王的功业,只不过是圣人多余的小事,不能用来保存性命、修养心性的。现在世俗中的君子,多是危害身体、舍弃生命去追逐外物的享受,岂不是可悲的事情! 凡是圣人的一举一动,必定要查明所以这样做的原因和目的。现在如果有这样的人,他用随侯之珠去弹射在高空飞翔的麻雀,世人恐怕都会耻笑他。这是什么原因呢? 这是因为他所用的东西贵重,而所要得到的东西轻贱。说到生命,岂止像随侯之珠那般贵重呢!

二

【原文】 楚昭王失国①,屠羊说走而从于昭王②。昭王反国,将赏从者。及屠羊说③。屠羊说曰:"大王失国,说失屠羊。大王反国,说亦反屠羊。臣之爵禄已复矣,又何赏之有。"

王曰:"强之。"

屠羊说曰:"大王失国,非臣之罪,故不敢伏其诛;大王反国,非臣之功,故不敢当其赏。"

王曰:"见之④。"

屠羊说曰:"楚国之法,必有重赏大功而后得见。今臣之知不足以存国,而勇不足以死寇。吴军入郢,说畏难而避寇,非故随大王也⑤。今大王欲废法毁约而见说,此非臣之所以闻于天下也。"

王谓司马子綦曰⑥:"屠羊说居处卑贱而陈义甚高,子其为我延之以三旌之位⑦。"

屠羊说曰:"夫三旌之位,吾知其贵于屠羊之肆也⑧;万钟之禄,吾知其富于屠羊之利也。然岂可以贪爵禄而使吾君有妄施之名乎?说不敢当,愿复反吾屠羊之肆。"遂不受也。

【注释】 ①楚昭王:名轸,楚平王之子。失国:丧失国家。②屠羊说:屠羊者名说,因从事屠羊之业,故名。走:逃。③及:赏到。④见之:召见他。⑤故:有心。⑥司马:官名。子綦:人名。⑦其:原误作"綦",据《道藏》本《南华真经章句音义》诸本改。延:请。三旌:三公。⑧肆:店铺。引申为屠羊之业。

【译文】 楚昭王丧失了国土,屠羊说跟着楚昭王逃亡。后来楚昭王返回国家,准备奖赏随从逃亡的人。赏到屠羊说时,屠羊说说:"大王丧失国土,我丧失了屠羊之业。大王返回国家,我也恢复了屠羊之业。我的爵禄已经恢复了,又有什么好赏的呢?"

楚昭王说:"强迫他接受。"

屠羊说说:"大王丧失国土,不是我的罪过,所以不敢接受惩处;大王返回国家,不是我的功劳,所以不敢接受奖赏。"

楚昭王说:"召见他。"

屠羊说说:"按楚国的法令,必须有重赏大功的人而后才能得见。现在我的智慧不足以保存国家,而我的勇力不足以杀死敌寇。吴军攻入郢都时,我害怕灾难才躲避敌寇,并非有意追随大王的。如今大王想废弃法令、毁掉约定来召见我,这不是我愿意传闻天下的事。"

楚昭王对司马子綦说:"屠羊说身处卑微的职位而陈述道义却非常深刻,你替我把他请来,担任三公的职位。"

屠羊说说:"要说三公之位,我知道它比屠羊的事业高贵多了;要说万钟的俸禄,我知道它比屠羊的利益丰厚多了。然而怎么能贪求爵禄而让我的国君得到滥施恩惠的骂名呢?我不敢担当此职,愿意重新回到我屠羊的场所。"终于没有接受爵禄。

盗 跖

【题解】

本篇由三个篇幅较长的寓言体故事所组成,其主旨在于抨击儒家所推崇的尧、舜以至汤、武等古圣贤的作为,批评儒家提倡的礼教规范,讽刺世俗儒士对荣华富贵的追逐,主张尊重人的自然本性,提倡顺天之理,轻利全生。本篇第一个故事是写盗跖的,便以盗跖这个人名作为篇名。跖是起义军的领袖,因反对当时的政权,劫富济贫,所以冠之"盗"字。跖为何时人,各家说法不一,一说黄帝时人,一说秦时人,作为小说家言,不必当作信

史去读。盗跖的故事，是以盗跖与孔子的对话为纲目的，然而就在这几个回合的对话中，盗跖慷慨陈词，痛斥孔子的虚伪和尧、舜、汤、武的罪行，可谓酣畅淋漓。而至圣孔子却在盗跖的强辩之下，只能心灰意冷地溜走，"出门上车，执辔三失"，"色若死灰"，"不能出气"。可以说，这段大盗与至圣的对话，是一篇杰出的古代文言小说，它的艺术特色及其成功之处，开启了后代小说的先河。特别是小说中蕴含的"愤俗之情"，成了后代小说反映现实生活的积极要素。我们选录了故事的开篇部分，予以介绍，以见一斑。

【原文】　孔子与柳下季为友①，柳下季之弟名曰盗跖。盗跖从卒九千人，横行天下，侵暴诸侯。穴室枢户②，驱人牛马，取人妇女。贪得忘亲，不顾父母兄弟，不祭先祖。所过之邑，大国守城，小国入保③，万民苦之。

孔子谓柳下季曰："夫为人父者，必能诏其子④；为人兄者，必能教其弟。若父不能诏其子，兄不能教其弟，则无贵父子兄弟之亲矣。今先生，世之才士也，弟为盗跖，为天下害，而弗能教也，丘窃为先生羞之。丘请为先生往说之。"

柳下季曰："先生言为人父者必能诏其子，为人兄者必能教其弟，若子不听父之诏，弟不受兄之教，虽今先生之辩，将奈之何哉？且跖之为人也，心如涌泉，意如飘风，强足以距敌，辩足以饰非⑤。顺其心则喜，逆其心则怒，易辱人以言⑥。先生必无往。"

孔子不听，颜回为驭，子贡为右⑦，往见盗跖。

盗跖乃方休卒徒大山之阳⑧，脍人肝而餔之⑨。孔子下车而前，见谒者曰⑩："鲁人孔丘，闻将军高义，敬再拜谒者。"

谒者入通⑪。盗跖闻之大怒，目如明星，发上指冠，曰："此夫鲁国之巧伪人孔丘非邪？为我告之：尔作言造语，妄称文、武，冠枝木之冠⑫，带死牛之胁⑬，多辞缪说，不耕而食，不织而衣，摇唇鼓舌，擅生是非⑭，以迷天下之主，使天下学士不反其本⑮，妄作孝弟⑯，而侥幸于封侯富贵者也。子之罪大极重，疾走归⑰！不然，我将以子肝益昼餔之膳。"

孔子复通曰："丘得幸于季，愿望履幕下⑱。"

谒者复通。盗跖曰："使来前！"

孔子趋而进，避席反走⑲，再拜盗跖。盗跖大怒，两展其足，案剑瞋目，声如乳虎⑳，曰："丘来前！若所言顺吾意则生，逆吾心则死。"

【注释】　①柳下季：姓展，名获，字季禽，鲁国人。他年长孔子八十多岁，不可能与孔子为友，当作虚构故事来读。②枢：当作"抠"，挖。③保："堡"的古字。小城。④诏：教，教育。⑤饰非：掩饰错误。⑥易辱人以言：即"易以言辱人"。易，轻易。⑦右：指在车右边陪乘的人。⑧大山：即泰山。阳：山南水北谓阳。⑨餔：食。⑩谒者：指接待人员。⑪入通：进去通报。⑫冠：戴。枝木之冠：谓修饰华丽繁多如枝叶的帽子。⑬带：系。死牛之胁：死牛皮做的大革带。⑭擅：专。⑮反：同"返"。本：自然本性。⑯弟：同"悌"。⑰走：快速行走，犹"跑"。⑱履：登。⑲避席：让开所到席位。反走：退行几步。⑳乳虎：哺乳的母虎。

【译文】　孔子和柳下季交为朋友，柳下季的弟弟就是盗跖。盗跖手下的士卒有九千

人,横行天下,侵犯诸侯,穿墙入室,牵走牛马,抢人妇女,无所不为。贪求财物,不顾亲戚,丢下父母兄弟不管,不祭祀祖先。他们经过的地方,大的国家死守城池,小的国家就躲进城堡,成千上万的人饱受着盗跖掠夺的痛苦。

孔子对柳下季说:"做父亲的,必定能教育他的儿子;做兄长的,必定能教导他的弟弟。如果做父亲的不能教育好自己的儿子,做兄长的不能教导好自己的兄弟,那么父子兄弟之间的亲情就无珍贵可言了。现在先生你,是当世的贤能之人,而弟弟盗跖正为害天下,你却不能教导他,我私下为先生感到羞耻。我希望为先生去说服他。"

柳下季说:"先生说为人父亲必能教育其子,为人兄长必能教导其弟,倘若儿子不听父亲的教育,弟弟不接受兄长的教导,尽管先生能言善辩,又能怎么样呢?而且跖的为人处事,往往心如涌泉,意如飘风,强悍足以抗拒敌人,巧辩足以掩饰错误。别人顺着他心意去做,他就高兴;别人逆着他的心意去做,他就发怒,轻易地用言语去侮辱人。先生一定不要去。"

孔子不听柳下季的劝告,颜回驾车,子贡在车右边陪着孔子,一起去见盗跖。

盗跖带着士卒正在泰山南边休息,把人肝切细而食用。孔子下了车,向前走,对接待传达的人说:"鲁国人孔丘,听说将军道义高尚,恭敬地来拜见。"

管接待传达的人进去通报。盗跖听了大怒,双目闪烁犹如明星,头发竖立向上冲冠,说:"这个人莫非就是鲁国的巧伪之人孔丘吗?替我转告他:你花言巧语,假托文、武,戴着树枝般的哗众取宠的帽子,系着用死牛皮做的带子,满口废话歪理,不耕而食,不织而衣,摇唇鼓舌,无端制造是非,以此迷惑天下的君主,使得天下的读书人不能返归自然的本性,虚伪地宣传孝悌理念,妄想侥幸地得到封侯富贵。你的罪行极为严重,还是快点回去吧!否则,我将用你的心肝添补我们的午餐。"

孔子再次请求通报,说:"我有幸结识了柳下季,希望能亲到你的帐幕之下。"

管接待通报的人于是再次通报。盗跖说:"让他进来!"

孔子快步走进去,让开座席,又退了几步,再拜盗跖。盗跖大怒,叉开两脚,按剑瞪眼,声如母虎,说:"孔丘过来!你的话我听着顺耳就让你活着出去,如若违逆我的心意就让你死在脚下。"

说　剑

【题解】

这是一篇结构完整、情节曲折、故事性较强的文言小说,描述赵文王沉溺剑术而荒废国事,而庄子作为说客挺身而出,进行游说,予以化解。从内容到风格酷似纵横家游说的写照,与《庄子》书的思想与文风大异。正如罗根泽《诸子考索》所论,"这明是纵横家托之庄子而造出故事,编《庄子》书的只见是庄子的故事,遂拉来了"。下面节略选录,以观庄子在好纵横之术的作者心中的形象。

【原文】　昔赵文王喜剑①,剑士夹门而客三千馀人②。日夜相击于前,死伤者岁百馀人。好之不厌。如是三年,国衰,诸侯谋之③。

太子悝患之④,募左右曰:"孰能说王之意止剑士者,赐之千金。"

左右曰:"庄子当能。"

太子乃使人以千金奉庄子。庄子弗受,与使者俱往见太子,曰:"太子何以教周,赐周千金?"

太子曰:"闻夫子明圣,谨奉千金以币从者⑤。夫子弗受,悝尚何敢言。"

庄子曰:"闻太子所欲用周者,欲绝王之喜好也。使臣上说大王而逆王意,下不当太子⑥,则身刑而死,周尚安所事金乎⑦?使臣上说大王,下当太子,赵国何求而不得也!"

太子曰:"然。吾王所见,唯剑士也。"

庄子曰:"诺。周善为剑。"

太子曰:"然吾王所见剑士,皆蓬头突鬓⑧,垂冠,曼胡之缨⑨,短后之衣,瞋目而语难,王乃说之⑩。今夫子必儒服而见王,事必大逆。"

庄子曰:"请治剑服。"治剑服三日,乃见太子。太子乃与见王。王脱白刃待之⑪。

庄子入殿门不趋,见王不拜。王曰:"子欲何以教寡人,使太子先⑫?"

曰:"臣闻大王喜剑,故以剑见王。"

王曰:"子之剑何能禁制?"

曰:"臣之剑十步一人,千里不留行⑬。"

王大悦之,曰:"天下无敌矣。"

庄子曰:"夫为剑者,示之以虚,开之以利,后之以发,先之以至。愿得试之。"

王曰:"夫子休,就舍等命,令设戏⑭,请夫子。"

王乃校剑士七日⑮,死伤者六十馀人,得五六人,使奉剑于殿下,乃召庄子。王曰:"今日试使士敦剑⑯。"

庄子曰:"望之久矣!"

王曰:"夫子所御杖⑰,长短何如?"

曰:"臣之所奉皆可。然臣有三剑,唯王所用。请先言而后试。"

王曰:"愿闻三剑。"

曰:"有天子剑,有诸侯剑,有庶人剑。"

(中略"天子剑"与"诸侯剑"之问答)王曰:"庶人之剑何如?"

曰:"庶人之剑,蓬头突鬓,垂冠,曼胡之缨,短后之衣,瞋目而语难,相击于前,上斩颈领,下决肝肺。此庶人之剑,无异于斗鸡,一旦命已绝矣,无所用于国事。今大王有天子之位而好庶人之剑,臣窃为大王薄之⑱。"

王乃牵而上殿,宰人上食⑲,王三环之。庄子曰:"大王安坐定气,剑事已毕奏矣!"

于是文王不出宫三月,剑士皆服毙其处也⑳。

【注释】 ①赵文王:即赵惠文王,赵武灵王之子。②夹门:拥门,聚于门。③谋之:图谋攻打它。④太子悝:虚构的赵文王之子。⑤币从者:犒劳随从。⑥不当:不符合。⑦事:使用。⑧突鬓:鬓毛突出。⑨曼胡之缨:粗实的帽缨。曼,通"缦",粗布无纹理。胡,粗。⑩说:同"悦"。⑪脱白刃:把雪白的利剑拔出来。⑫先:指先做介绍。⑬千里不留行:指所向无敌,行千里而不被阻留。⑭设戏:安排比剑活动。⑮校:较量。⑯敦:借为"对",比。⑰御:用。杖:指剑。⑱薄:鄙视。⑲宰人:负责国君膳食的官。⑳服毙:自杀。服,借为"伏",高山寺本作"伏"。

【译文】 从前赵文王喜好剑术,剑士们聚在门下为客人的就有三千多人。这些剑士们日夜不停地斗剑,一年就有一百多人死伤,但是赵文王仍是酷爱不厌。如此过了三年,国家衰落,其他诸侯国就想攻占赵国。

太子悝对此事很是担忧,便招募左右的随从说:"谁能说服国王让他抛弃让剑士不断比剑这一嗜好的,我赐给他千金。"

左右随从说;"庄子应当能行。"

太子便派人带着千金奉送庄子。庄子不接受,和使者一起前去见太子,说:"太子有什么指教,为什么要送我千金之重的礼物呢?"

太子说:"听说先生圣明,谨奉送千金给先生犒劳随从。先生不接受,我哪里还敢多言呢?"

庄子说:"听说太子想使用我,为的是想杜绝君王的喜好。倘若我向上说服大王而违逆了大王的心意,下面又不符合太子的旨意,就会遭刑戮而死亡,我还要千金有什么用呢?假使我能够向上说服大王,向下合乎太子的旨意,那么我向赵国要什么会得不到呀!"

太子说:"好吧。我的父王所接见的,只有剑士。"

庄子说:"是的。我善于用剑。"

太子说:"不过我父王所见的剑士,都是蓬头垢面,鬓毛突出,帽檐低垂,粗实的帽缨,短后的上衣,瞪着眼珠子,说话很不流利,这样子父王才高兴。现在先生如果穿着儒服去见父王,事情就必然不能成功。"

庄子说:"那么就准备剑士服装吧。"三天后剑士服装备齐,这才去见太子。太子和庄子一起去见赵文王。赵文王亮出雪白的剑锋来接见庄子。

庄子进殿并不按着礼节快步上去,见着赵文王也不跪拜。赵文王说:"你打算说些什么来指教寡人,让太子先行推荐呢?"

庄子说:"我听说大王喜欢剑术,所以用剑术来拜见大王。"

赵文王说:"你的剑术怎样阻遏和战胜对手呢?"

庄子说:"我的剑术可以十步之内取人首级,千里之途无人敢挡。"

赵文王大悦,说:"我找到天下无敌之剑了。"

庄子说:"用剑之道,先示人以玄妙,开剑展现锋利,后发制人,剑光先至。希望能够让我比试比试。"

赵文王说:"先生先去休息,返回馆舍中待命,等我安排好击剑比赛,再去请先生。"

赵文王让剑士们较量了七天,死伤者有六十多人,选出了五六个人,让他们捧着剑侍立在殿下。于是召庄子过来,说:"今天请尝试与剑士们对剑。"

庄子说:"盼望很久了!"

赵文王说:"先生所用之剑,长短如何?"

庄子说:"我所用的剑长短皆可。不过我有三剑,任凭君王选用。请先让我说明一下,然后再试。"

赵文王说:"愿听三剑之说。"

庄子说:"有天子之剑,有诸侯之剑,有庶人之剑。"

(中略"天子剑"与"诸侯剑"的有关问答文字。)赵文王说:"庶人之剑怎么样?"

庄子说:"庶人之剑,蓬头垢面,鬓毛突出,帽檐低垂,粗实的帽缨,短后的上衣,瞪着眼珠子,说话不流利,彼此上前相击,上斩脖颈,下穿肝肺。这就是庶人之剑,与斗鸡没有区别,一旦小命呜呼,对于国事毫无补益。现在大王拥有天子之位,却喜好庶人之剑,我私下替大王鄙视这种做法。"

赵文王于是拉着他上殿,厨师端上饭菜,赵文王围着餐桌绕了三圈,还没有坐下。庄子说:"请大王安定地就座,平心静气,我的剑术已经呈奏完毕。"

于是赵文王三个月不出宫殿,剑士们在原先居所里,都气愤地自杀了。

渔　父

【题解】

这也是一篇结构完整的小说,通篇塑造了一个须眉交白的得道隐士的渔父形象,通过他的视角,指出孔子"苦心劳形,以危其真",教导孔子要"谨修而身,慎守其真",把身外之物归还社会,这样才可能免除祸害,鲜明地表现了道家"法天贵真"、崇尚自然的主张。这种观点与《逍遥游》等篇中"真人"的精神境界相比,虽然显得层次不高,但正是它的世俗气息,给予普通人更多的裨益。下面节略本文,予以介绍。

【原文】　孔子游乎缁帷之林①,休坐乎杏坛之上②。弟子读书,孔子弦歌鼓琴。奏曲未半,有渔父者,下船而来,须眉交白③,被发揄袂④,行原以上,距陆而止,左手据膝,右手持颐以听。曲终而招子贡、子路,二人俱对。

客指孔子曰:"彼何为者也?"

子路对曰:"鲁之君子也。"

客问其族。子路对曰:"族孔氏。"

客曰:"孔氏者何治也?"

子路未应,子贡对曰:"孔氏者,性服忠信,身行仁义,饰礼乐,选人伦⑤。上以忠于世主,下以化于齐民⑥,将以利天下。此孔氏之所治也。"

又问曰:"有土之君与?"

子贡曰:"非也。"

"侯王之佐与?"

子贡曰:"非也。"

客乃笑而还行,言曰:"仁则仁矣,恐不免其身。苦心劳形,以危其真⑦。呜呼！远哉,其分于道也。"

子贡还,报孔子。孔子推琴而起,曰:"其圣人与?"乃下求之,至于泽畔,方将杖拏而引其船⑧,顾见孔子,还乡而立⑨。孔子反走⑩,再拜而进。

客曰:"子将何求?"

孔子曰:"曩者先生有绪言而去⑪,丘不肖,未知所谓,窃待于下风⑫,幸闻咳唾之音,以卒相丘也。"

客曰:"嘻！甚矣,子之好学也！"（下略）

孔子愀然曰:"请问何谓真?"

客曰:"真者,精诚之至也。不精不诚,不能动人。故强哭者,虽悲不哀;强怒者,虽严不威;强亲者,虽笑不和。真悲无声而哀,真怒未发而威,真亲未笑而和。真在内者,神动于外,是所以贵真也。其用于人理也⑬,事亲则慈孝,事君则忠贞,饮酒则欢乐,处丧则悲哀。忠贞以功为主,饮酒以乐为主,处丧以哀为主,事亲以适为主。功成之美,无一其迹矣⑭;事亲以适,不论所以矣;饮酒以乐,不选其具矣;处丧以哀,无问其礼矣。礼者,世俗之所为也;真者,所以受于天也,自然不可易也。故圣人法天贵真,不拘于俗。愚者反此,不能法天而恤于人⑮,不知贵真,禄禄而受变于俗⑯,故不足。惜哉,子之蚤湛于人伪而晚闻大道也⑰！"

孔子又再拜而起曰:"今者丘得遇也,若天幸然⑱。先生不羞而比之服役⑲,而身教之。敢问舍所在,请因受业而卒学大道。"

客曰:"吾闻之,可与往者与之⑳,至于妙道;不可与往者,不知其道,慎勿与之,身乃无咎。子勉之,吾去子矣,吾去子矣！"乃刺船而去㉑,延缘苇间㉒。（下略）

【注释】 ①缁帷:虚拟地名。缁,黑色。②杏坛:传说孔子聚徒讲学处。坛,高台。③交:皆。④揄袂:挥袖。⑤选:序。⑥齐民:齐等之民,平民。⑦真:天然的本性。⑧杖拏:持篙。引:撑。⑨乡:通"向"。⑩反走:后退。⑪曩者:刚才。绪言:不尽之言。⑫下风:风的下方,表示谦卑。⑬人理:人伦。⑭迹:形迹,指形式、方法。⑮恤于人:忧心于人事。恤,忧。⑯禄禄:读作"碌碌"。⑰蚤:通"早"。湛:沉溺。⑱幸:宠孝。⑲服役:仆役,指弟子。⑳往:指能够迷途知返的人。与:交往。㉑刺:撑、划。㉒延:缓、慢行。缘:顺、沿。

【译文】 孔子在缁帷之林游玩,坐在杏坛之上休息。弟子读书,孔子弹琴吟唱。曲子还没有弹到一半,有一个渔父从船上下来,胡须眉毛都是白的,披着头发,挥着袖子,沿着河岸上来,到了陆地便停住了,左手按着膝盖,右手托着下巴,听着那曲子。曲子奏完,渔父便招子贡、子路过去,子贡两人便回答了渔父的问话。

渔父指着孔子说:"他是干什么的?"

子路回答说:"他是鲁国的君子。"

渔父问他的姓氏。子路说:"他姓孔。"

渔父说:"姓孔的做什么事呢?"

子路没有回应。子贡回答说："孔氏这人，思想上信守忠信，行为上推行仁义，修治礼乐，确定人伦关系。对上效忠于世主，对下教化平民，将会给天下带来利益。这就是孔氏所做的事业。"

渔父又问道："他是据有土地的君主吗？"

子贡说："不是。"

"那么他是侯王的辅佐吗？"

子贡说："不是。"

于是渔父笑着往回走，边走边说："说他是仁吗？还算是仁，不过恐怕难以避免自身的祸害了。他内心愁苦，形体劳累，因此就要危害他的真性了。唉！他离开大道，实在太远了！"

子贡回来，报告了孔子。孔子忙放下琴，起身说："这不是个圣人吗？"于是下了杏坛去寻找，到了河岸，渔父正拿着船篙撑船，回头看见孔子，便转过身来面向孔子站着。孔子退了几步，拜了又拜，这才向前靠近。

渔父说："你有什么事相求吗？"

孔子说："刚才先生说话，没有说完就走了，我很愚笨，不知什么意思，我私下在此恭候先生，希望有幸听到先生的高论，以便终能有助于我。"

渔父说："好哇，你谦虚好学竟然到了这样的程度！"（下略）

孔子惶恐惭愧地问道："请问什么叫真？"

渔父说："所谓的真，就是精诚到了极高境界。如果不精纯、不诚实，就不能感化人。所以勉强哭泣的人，虽然悲啼却不哀伤；勉强发怒的人，虽然严厉却没有威力；勉强亲爱的人，虽然笑容满面却不和美。真的伤悲，就是不出声也让人哀恸；真的愤怒，就在没有发作前已经令人畏惧；真的亲爱，用不着笑就已经和美。真性存于内心，精神就会显露在外，这就是贵真的原因。把真运用到人伦关系上，侍养双亲就会孝慈，侍奉君主就会忠贞，饮酒时便会欢乐，处理丧事时就会悲哀。对君主的忠贞以建立功绩为主，饮酒时以欢乐为主，处丧时以悲哀为主，侍奉双亲以安适为主。功业的完满建立，没有一定途径；侍奉双亲使他们安适，不讲究用什么方法；饮酒达到快乐，不在于选择什么器具；处理丧事体现悲哀，不管使用什么礼节。礼节是世俗之人设计出来的，真性是禀受于自然的，是自然而然而不可改变的。所以圣人取法于自然，贵重纯真，不受世俗的拘束。愚昧的人却与此相反，不能取法自然而体恤人，不明白贵真的道理，匆匆碌碌随着世俗而变化，所以永远感觉不到满足。可惜啊，你早就沉溺于世俗的虚伪之中，听到大道太晚了！"

孔子又拜了两次而起身说："现在我能够遇见先生，好像天赐良机。先生不以为羞辱，把我当作门徒，亲自教导我。敢问居所何处，让我跟着受业而最终能够学到大道。"

渔父说："我听说，可以和迷途知返的人交往，直至传授他玄妙之道。不能迷途知返的人，不会懂得大道，慎勿与他交往，这样自己才可以免于祸害。你好自为之吧，我要离你而去了，我要离你而去了！"于是撑船而走，慢慢地顺着芦苇丛划向远处。（下略）

列御寇

【题解】

本篇以篇首人名为篇名,全篇由十来段文字编纂而成,其中多为寓言故事。大抵阐述去智养神,葆光存真,安贫乐道,纯任自然。

本篇为《庄子》书的倒数第二篇,由于列于最后一篇的《天下》篇实为全书的"序例",或称之为"总结",颇有独立于全书结构之外的意味,因此可以把本篇视为《庄子》书的末篇。而末篇中的末段"庄子将死"一段又恰恰为我们提供了曲终言尽的联想与信息,正如陆西星所指出的,"此篇的为庄子著述将、毕之语,观末段自见"(《南华经副墨》)。

"庄子将死"一段,表面看似是反对厚葬,其实根本精神是张扬庄子超脱生死而顺应自然的旷达思想。这种顶天立地的旷达思想,并非是夜郎自大的张狂,也非泯灭个性丧失自我的无奈,而是"我"对自然母亲的认可。我伟大是因之自然母亲伟大而伟大,我愉悦是因之自然母亲的仁慈胸怀而愉悦,我回归自然母亲的怀抱犹如从自然母亲怀抱中出来旅行一样自然而然。明白了这个道理,也就明白了庄子旷达思想的真谛。这段寓言故事还阐明了"以不平平,其平也不平;以不征征,其征也不征"这一深刻的哲理,从自然本性的角度即自然均衡的规律,揭示了人类社会频仍的战争、动乱、对立的根源。

与庄子有关的故事,我们还选了"宋人有曹商者""人有见宋王者"两则寓言故事。这两段写的内容都是属于得宠获利的小人恬不知耻地在庄子面前炫耀,却让庄子不冷不热地捅破了这层虚伪的功利网,揭示了内在的本质,给迷途者敲起了警钟。此外,还选录了"孔子曰"一段,此段作者借孔子之口表达了对当时社会人际关系的复杂,"人心险于山川,难于知天"的感慨和痛心,为此还提出了"九征",即九种考察人心的方法。这种关于如何鉴别和分辨人的问题研究,在先秦时代相当发达,如在《六韬》中,姜太公在回答周武王关于如何解决人的"外貌不与中情相应"的问题,提出了"八征"的考察方法(内容与本段大同小异);又如《吕氏春秋·论人》提出了根据当事人的处境、行止、情绪等方面进行"八观六验"的考察方法。而纵横家书《鬼谷子》更是专就谋略诸方面问题进行了论述。可见,如何识别人的问题,在先秦时代是普遍受到关注的问题,这种现象在《庄子》书中有所反映,也是可以理解的。

一

【原文】 宋人有曹商者,为宋王使秦①。其往也,得车数乘。王说之,益车百乘。反于宋,见庄子曰:"夫处穷闾厄巷②,困窘织屦,槁项黄馘者③,商之所短也;一悟万乘之主而从车百乘者,商之所长也。"

庄子曰:"秦王有病召医,破痈溃痤者得车一乘④,舐痔者得车五乘⑤,所治愈下,得车愈多。子岂治其痔邪?何得车之多也?子行矣!"

【注释】 ①使秦:出使秦国。②厄:通"隘"。狭窄。③槁项:脖颈瘦细无肉。黄馘:

面孔黄瘦。④痈、痤：皆为脓疮、毒疮一类病。⑤舐：舔，用舌舔物。

【译文】 宋国有个叫曹商的人，为宋王出使秦国。他出发时，得到了好几辆车。秦王喜欢他，又赠送他一百辆车。曹商回到宋国，见了庄子，说道："像有人那样，住在穷街窄巷，窘困地编织草鞋度日，一副面黄肌瘦的样子，这是我所不及的；一夜之间说服万乘君主，从而获取一百辆车的恩赐，这是我的特长啊。"

庄子说道："秦王得了病召集大夫来医治，凡是能破除毒疮的人就可以获得一辆车，愿意用舌舔治痔疮的就可以获得五辆车，所治疗的病越是卑污，获得的车辆就越多，莫非你给秦王治疗痔疮了吗？为什么获得这么多的车辆呢？你还是走远点吧！"

二

【原文】 孔子曰："凡人心险于山川，难于知天。天犹有春秋冬夏旦暮之期，人者厚貌深情①。故有貌愿而益②，有长若不肖③，有顺懁而达④，有坚而缦⑤，有缓而钎⑥。故其就义若渴者⑦，其去义若热。故君子远使之而观其忠，近使之而观其敬，烦使之而观其能，卒然问焉而观其知⑧，急与之期而观其信，委之以财而观其仁，告之以危而观其节，醉之以酒而观其侧⑨，杂之以处而观其色⑩。九征至⑪，不肖人得矣。"

【注释】 ①厚貌：指貌相多样难识。深情：情性深藏不露。②愿：谨慎。益：通"溢"，骄溢。③长：长者，尊长。不肖：不才，不贤。④懁：急。⑤缦：绵弱。⑥钎：通"悍"，强悍。⑦就义：追求仁义。⑧卒：同"猝"，突然。知：同"智"，智慧。⑨侧：当作"则"，仪则。按，《释文》云："侧，不正也。"又云："侧，或作则。"⑩杂之以处：指男女混杂在一起。⑪九征：九种验证方法。

【译文】 孔子说："人心比山川还要险恶，比了解天气变化还要困难。天象犹有春夏秋冬日夜周期的变化规律，而人却面貌多样难测，情性深藏不露。所以有外貌谨慎而行为骄横，有貌似长者而品行不端，有表面急躁而内心通情达理，有貌似坚强而内心绵弱，有貌似和缓而内心强悍。所以有追求仁义如饥似渴的，一旦抛弃仁义就像逃避热火一样急速。所以考察君子，把他派到远方去来观察他是否忠诚，把他安排在眼前工作来观察他是否恭敬，给他繁难的工作考察他是否有能力，突然间让他回答问题来观察他的智慧高低，给他急促的期限来观察他是否讲信用，把钱财委托他来保管观察他是否廉洁，告诉他所面临的危险观察他是否有节操，让他喝醉酒来观察他是否有仪则，把他安排在男女杂处的地方来观察他是否好色。这九种征验都能得到，那么不肖之人就可以大白于天下了。"

三

【原文】 人有见宋王者，锡车十乘①。以其十乘骄稚庄子②。庄子曰："河上有家贫恃纬萧而食者③，其子没于渊④，得千金之珠。其父谓其子曰：'取石来锻之⑤！夫千金之珠，必在九重之渊而骊龙颔下⑥。子能得珠者，必遭其睡也。使骊龙而寤，子尚奚微之有哉！'今宋国之深，非直九重之渊也⑦；宋王之猛，非直骊龙也。子能得车者，必遭其睡也；

使宋王而寤,子为齑粉夫⑧。"

【注释】 ①锡:通"赐",赠送。②稚:骄。③恃:依靠。纬萧:编织芦苇。萧,芦苇。④没:潜入。⑤锻:砸碎。⑥骊龙:黑龙。颔:下巴。⑦直:但,止。⑧齑:捣碎。

【译文】 有个人因拜见宋王而得到赏车十辆。这个人便用这十辆车向庄子炫耀。庄子说:"河边有户贫穷的人家,依靠编织芦苇来生活。他的儿子潜入深渊之中,获得了一枚价值千金的宝珠。他的父亲对这个儿子说:'把石头拿来,砸碎它!这个千金之价的宝珠,必定在极深的九重之渊中的骊龙颔下。你所以能够得到它,必定是遇到骊龙在睡觉。假使骊龙醒着,你哪里有些微的机会呢!'现在宋国之水深,不止于九重的深渊;宋王之凶猛,不止于骊龙。你能得到车子,必定是在宋王的昏睡中,假使他一旦醒过来,你就要粉身碎骨了。"

四

【原文】 庄子将死,弟子欲厚葬之。庄子曰:"吾以天地为棺椁,以日月为连璧①,星辰为珠玑②,万物为赍送③。吾葬具岂不备邪?何以加此!"

弟子曰:"吾恐乌鸢之食夫子也④。"

庄子曰:"在上为乌鸢食,在下为蝼蚁食,夺彼与此,何其偏也。"

以不平平⑤,其平也不平;以不征征⑥,其征也不征。明者唯为之使⑦,神者征之⑧。夫明之不胜神也久矣,而愚者恃其所见入于人⑨,其功外也⑩,不亦悲乎!

【注释】 ①连璧:并连双璧。②玑:不圆之珠。③赍送:指送葬品。④乌:乌鸦。鸢:老鹰。⑤以不平平:以不公平使之公平。谓不顺从自然本性的公平使它公平,而是根据一己私念的不公平使它公平。⑥征:征验。⑦明者唯为之使:自以为聪明的人被外物役使。⑧神者:指精神健全者,保持自然天性的人。⑨入于人:指沉溺于人为之事中。⑩功外:指耗精费神所费的功力都是被外物所役使,对自身毫无益处。

【译文】 庄子快要死的时候,弟子们打算厚葬他。庄子说:"我把天地作为棺木,把日月作为双璧,把星辰作为珠宝,把万物当作送葬礼物,我的送葬的器物难道还不够齐备吗?还有什么能够超过这些呢?"

弟子们说:"我们恐怕乌鸦老鹰吃你的身体。"

庄子说:"在上面被乌鸦老鹰吃,在下面被蝼蛄蚂蚁吃,夺了那一个的食物给了这一个吃,多么偏心眼啊。"

用不公平的办法来达到公平,这种公平还是不公平;用不能够征验的东西来做征验,这种征验的结果还是未能征验。自以为聪明的人只会被外物所役使,精神健全的人才能顺其自然而得到征验。自以为聪明的人早就不如精神健全的人了,而愚昧的人还凭恃着自己的偏见陷入人为的事情中,他的功力耗费在身外之物上,不也是很可悲嘛!

中华传世藏书 国学经典文库 庄子 图文珍藏版

天　下

【题解】

本篇以篇首二字作为篇名，全文分七段，介绍和评判先秦各家学派的论著，可说是论述中国学术概况的最早的一篇专著。

首段为总论，阐明道术的根源。作者指出，古代的道术是完美的，它是由不离于自然之宗本、精神、纯真的"天人""神人""至人"以及"圣人""君子"所体现的，集中体现在"内圣外王"之道上。由于后世学者各执己见，偏于一说，把一方之术、一管之见标榜为最高学问，因而古人的道术开始被割裂破坏了。虽然如此，百家之说中，仍有不少的学派在不同程度上反映了道术的某些特征和内容，于是作者在下文分别对墨翟、禽滑釐、宋钘、尹文、彭蒙、田骈、慎到、关尹、老聃、庄周、惠施等各家观点，一一予以评述。我们除选录了总论外，在分论中选择了有关关尹、老聃、庄周、惠施的三段予以介绍。

本篇是《庄子》书中唯一的纯属议论性的文章，先论道术的起源，次论各家之说与道术的关系，并根据时间先后，依次对具有代表性的学派学说予以评介，既肯定反映道术的一面，又批评谬误的一面。在先后批评了墨子的学说太刻薄，宋钘、尹文的主张遭人厌弃，田骈、慎到不通晓大道后，而论到关尹、老聃时，则已称为"古之博大真人"了。当最后论到自家时，那么庄周学派的学术渊源及对上述各学派的批判继承与发展也就明了了。所以，有些学者把本文视为《庄子》书的后序，不是没有道理的。

一

【原文】　天下之治方术者多矣①，皆以其有为不可加矣。古之所谓道术者②，果恶乎在？曰："无乎不在。"曰："神何由降③？明何由出④？""圣有所生，王有所成，皆原于一⑤。"

不离于宗，谓之天人；不离于精，谓之神人；不离于真，谓之至人⑥。以天为宗，以德为本，以道为门，兆于变化，谓之圣人⑦；以仁为恩，以义为理，以礼为行，以乐为和，薰然慈仁，谓之君子⑧；以法为分，以名为表，以参为验，以稽为决，其数一二三四是也，百官以此相齿⑨；以事为常，以衣食为主，蕃息畜藏，老弱孤寡为意，皆有以养，民之理也⑩。

古之人其备乎？配神明，醇天地⑪，育万物，和天下，泽及百姓，明于本数，系于末度⑫，六通四辟，小大精粗，其运无乎不在。其明而在数度者⑬，旧法、世传之史尚多有之；其在于《诗》《书》《礼》《乐》者，邹鲁之士、搢绅先生多能明之⑭。《诗》以道志，《书》以道事，《礼》以道行⑮，《乐》以道和，《易》以道阴阳，《春秋》以道名分。其数散于天下而设于中国者，百家之学时或称而道之。

天下大乱，贤圣不明，道德不一。天下多得一察焉以自好。譬如耳目鼻口，皆有所明，不能相通；犹百家众技也，皆有所长，时有所用。虽然，不该不遍⑯，一曲之士也。判天地之美，析万物之理，察古人之全⑰，寡能备于天地之美，称神明之容。是故内圣外王之道⑱，暗而不明，郁而不发，天下之人各为其所欲焉以自为方。悲夫，百家往而不反，必不合矣！后世之学者,不幸不见天地之纯,古人之大体。道术将为天下裂。

【注释】　①治:研究。方术:道术中的一个方面。②道术:反映天道之术。③神:神圣,圣人。④明:明王。⑤一:指道。⑥"不离于宗"六句:宗、精、真,皆指道体而言。宗,从大道的本质方面说;精,从大道的精纯不杂方面说;真,从大道的真实不诬方面说。天人、神人、圣人,皆指体道者而言,体道的方面不同,其本质是相同的,即同归于一个"道"。⑦"以天为宗"五句:天,指天然。宗,主宰。德,指本性。道,即大道。门,门径、途径。兆,征兆、预兆。⑧"以仁为恩"六句:讲君子的作为,主要指的是儒家。薰然,温和的样子。⑨"以法为分"六句:主要讲法家的作为。分,名分。表,标识。参,比较、参考。稽,考察。齿,序列、排序。⑩"以事为常"六句:讲百姓的作为。事,指耕作等劳动。常,常业。蕃息畜藏,繁衍、生殖、积蓄、储藏。畜,通"蓄"。⑪醇:借为"准"。⑫末度:指礼法的末节。⑬数度:指礼乐制度。⑭士:士人,即学者。搢绅:仕人,即官吏。⑮行:行为规范。⑯该:完备。遍:全面。⑰"判天地之美"三句:判,割裂。析,离析。察,读为"杀",减损、破坏。⑱内圣外王之道:梁启超认为此语"包举中国学术之全部,其旨归在于内足以资修养而外足以经世"。

【译文】　天下研究方术的人很多,都认为自己所获得的成就无以复加了。古代所谓的道术,到底在哪里呢?回答是:"无所不在。"若问:"圣人从哪里诞生?明王从何处出现?"回答是:"圣人有他诞生的原因,明王有他成就的根由,都是源于大道。"

不背离大道本质的,称为天人;不背离大道精纯的,称为神人;不背离大道本真的,称为至人。以自然为主宰,以德性为根本,以大道为门径,预知变化的征兆,称为圣人;以仁爱来施行恩惠,以义来分别事理,以礼来规范行动,以音乐来调和性情,充溢着温和仁慈的言行,称为君子;以法度分别各自不同的名分,以名号标明各自不同的实际,用比较的方法来验证事物,用考察的方法来决断事物,就像一二三四数列那样分明,百官的序列就是如此确定的;把耕作劳动作为常业,把衣食作为关注的主要问题,用心于繁衍生息和积蓄储存,关注老弱孤寡的生活,让他们都能得到抚养,这是民生的道理。

古代的得道者不是很完备吗?他们具备了圣人和明王的道德,取法于天地,而能哺育万物,调和天下,恩泽施于百姓,通晓大道的根本,掌握末端的具体法度,六合通达而四时顺畅,大小精粗,应时变化,无所不发挥作用。古代道术明显表现在礼法度数方面的,在旧的法规法令中和世传的史书中多有记载;那些记载在《诗》《书》《礼》《乐》书中的,邹、鲁之地的学者和官吏大多还能明白其中的道理。《诗经》是用来表达思想感情的,《尚书》是记载政事的,《礼》是讲述行为规范的,《乐记》是讲述调和情绪的,《易经》是讲述阴阳变化规律的,《春秋》是讲述名位职守的。这些学问散布于天下而施行在中原的,百家之学中时有称引和讲述。

天下大乱之后,圣贤的学说不再显明于世,道德标准也出现了分歧。天下的人各以一己之偏见自以为是。譬如耳目鼻口各有功用,却不能相互替代;犹如百家的各种技艺,都有自己的特长,适时方有所用。虽然如此,对于不能兼备众说,不能周遍物理的,只能是一孔之见的曲士。他们割裂了天地的和美,离析了万物的常理,破坏了古人完美的道

德,很难具备天地的自然纯美,相称于神明的形容。所以内圣外王之道,暗淡而不光明,抑郁而不勃发,天下之人各为自己的喜好,偏执一己的方术。可悲啊,百家的学术走向一偏而不知道回归,势必与古人的道术不能相合了! 后世的学者,最为不幸的是,再也见不到天地的纯美和古人完美的道德风貌。古人的道术将被这一代的天下人所割裂毁掉了。

二

【原文】 以本为精①,以物为粗,以有积为不足②,淡然独与神明居③。古之道术有在于是者,关尹、老聃闻其风而悦之④。建之以常无有⑤,主之以太一⑥,以濡弱谦下为表⑦,以空虚不毁万物为实⑧。

关尹曰:"在己无居⑨,形物自著⑩。"其动若水,其静若镜,其应若响⑪。芴乎若亡⑫,寂乎若清。同焉者和⑬,得焉者失。未尝先人⑭,而常随人。

老聃曰:"知其雄,守其雌,为天下谿⑮;知其白,守其辱,为天下谷⑯。"人皆取先,己独取后,曰受天下之垢⑰。人皆取实,己独取虚,无藏也故有馀,岿然而有馀。其行身也,徐而不费⑱,无为也而笑巧⑲。人皆求福,己独曲全⑳,曰苟免于咎㉑。以深为根,以约为纪,曰:"坚则毁矣,锐则挫矣㉒。"常宽容于物,不削于人㉓,可谓至极。

关尹、老聃乎,古之博大真人哉!

【注释】 ①本:指大道之本。②以有积为不足:老子主张,"圣人不积。既以为人己愈有,既以与人己愈多"。③神明:指自然。④关尹:姓严,名喜,字公度,为函谷关令,学于老子。老聃:即老子,姓李,名耳,字聃。春秋时期楚国苦县人,早于孔子,传说孔子曾学礼于老子。⑤建:建立,树立。常无有:即"常无"与"常有"。《老子》第一章:"故常无,欲以观其妙;常有,欲以观其徼。"解释自然规律的两个哲学概念。⑥太一:即道。《老子》第三十九章:"天得一以清,地得一以宁,神得一以灵,谷得一以盈,万物得一以生,侯王得一以为天下贞。"⑦濡弱:柔弱。表:外表。⑧毁:伤。实:里,与"表"对言。⑨在己无居:自己不存私见。居,止。⑩形物自著:有形之物自然昭著。⑪响:回声。⑫芴:通"惚",恍惚。亡:无。⑬同:指混同万物。和:和谐。《老子》第五十章:"和其光,同其尘。"⑭未尝先人:即《老子》"不敢为天下先"之意。⑮"知其雄"三句:见《老子》第二十八章。谿,与下文"谷"同义,指虚而大,能容纳一切。⑯"知其白"三句:见《老子》第二十八章。⑰受天下之垢:句意见《老子》第七十八章:"受国之垢,是谓社稷主;受国不祥,是为天下王。"垢,辱垢。⑱徐:从容不迫,安舒。费:耗神。⑲巧:机巧,智谋。⑳曲全:委曲求全。㉑苟:但。咎:祸。㉒"坚则毁矣"二句:语意出于《老子》第七十六章:"坚强者,死之徒。"㉓削:侵削。

【译文】 把根本的大道视为精妙的,把派生的万物视为粗疏的,把外物的积累视为不足的,恬淡无为而独与自然融为一体。古代的道术有这方面的内容,关尹、老聃听到这种风尚就十分喜悦。他们树立"常无""常有"的学说,把大道视为自己学说的基础,把柔弱和谦下视为外在的表现,把内心虚空、不毁伤万物视为内在的实质。

关尹说:"自己没有主观偏见,有形之物各自彰显。"他活动时像流水一样自然,静止

时像镜子一样清明,动静无心,犹如空谷回声。恍惚之中像是空洞无物,寂寞之中像是清虚无有。与万物混同的人和谐,一心想获得的人丧失。未尝跑在别人前头,而常常随在人们的后面。

老聃说:"知道雄的坚强,却持守雌的柔弱,便能成为容纳万物的豁谷;知道明亮,却安于暗昧,便能成为容纳天下的山谷。"人人都争先,我自甘落后,这就是说愿意承受天下人的垢辱。人人都追求实惠,我独索取虚无,正因为没有积蓄,所以感到富足,富足得如高山般的堆积。他的立身行事,从容不迫,不损精神,恬淡无为而耻笑耍弄智巧的人。人人都在追求福禄,自己却独委曲求全,说这样做姑且免于祸端。以精深为根本,以俭约为纲纪,说:"坚强的容易毁坏,锐利的容易挫折。"常常宽容待物,不侵削别人,可以说已经达到了最高境界。

关尹、老聃,可谓是古来博大的真人啊!

三

【原文】 寂漠无形^①,变化无常,死与生与,天地并与,神明往与^②!芒乎何之^③,忽乎何适^④。万物毕罗,莫足以归。古之道术有在于是者,庄周闻其风而悦之。以谬悠之说^⑤,荒唐之言,无端崖之辞^⑥,时恣纵而不傥^⑦,不以觭见之也^⑧。以天下为沉浊,不可与庄语,以卮言为曼衍^⑨,以重言为真^⑩,以寓言为广^⑪。独与天地精神往来^⑫,而不敖倪于万物^⑬。不谴是非,以与世俗处。其书虽瑰玮^⑭,而连犿无伤也^⑮。其辞虽参差,而諔诡可观^⑯。彼其充实,不可以已。上与造物者游^⑰,而下与外死生、无终始者为友。其于本也^⑱,弘大而辟,深闳而肆;其于宗也^⑲,可谓稠适而上遂矣^⑳。虽然,其应于化而解于物也^㉑,其理不竭,其来不蜕^㉒,芒乎昧乎,未之尽者。

【注释】 ①寂:原本作"芴",据《续古逸丛书》本改。②神明:自然。③芒:通"茫",茫然。④忽:恍惚。⑤谬悠:虚远不可捉摸。谬,虚。⑥端崖:边际。⑦恣纵:恣肆,放纵。不傥:无所偏党。⑧觭:通"奇",一面。⑨卮言:无心之言。卮,酒器,随人俯仰。曼衍:即"漫衍",散漫泛流,不受拘限之意。⑩重言:借重先哲先贤之言。⑪寓言:有所寄托寓意的言论。⑫精神:自然。⑬敖倪:即"傲睨",傲视。⑭瑰玮:奇特,宏大。⑮连犿:婉转随和的样子。无伤:不伤道理。⑯諔诡:奇异。⑰造物者:指自然。⑱本:本源,指道。⑲宗:宗旨,指道的宗旨。⑳稠:通"调",调和。遂:达。㉑解于物:解脱外物的牵累。㉒不蜕:不脱离大道的宗本。

【译文】 寂寞虚静而不落形迹,应物变化而没有常规,死亡啊出生啊,皆与天地同体并存,与大自然一起变化来往!茫茫然不知从何处来,恍恍惚惚又不知往何处去,包罗万事万物,却不知归于何处。古来有道术属于这一方面的,庄周听到这种风尚就十分喜悦。他用虚远不可捉摸的论说,广大不可测度的言辞,以及不着边际的语言,时常放任发挥而不囿于成说,不持一端之见。认为天下之人沉迷不悟,不能使用庄重的语言与他们交流,于是使用无心的"卮言"来叙述事情,随时更新,符合自然的分际;引用先哲先贤的"重言"来说话,让人感到真实可信;运用有所寄托的"寓言"来讲故事,推广深刻的道理。独

自和天地自然相往来，却从不傲视万事万物。不责问谁是谁非，而混迹于世俗之中。他的著作虽然奇特宏伟，却是婉转连绵，不损伤为文的道理。他的文辞虽然笔法变化多样，却都奇趣盎然，引人入胜。他的精神世界，无比充实，没有止境。上与天地自然一同遨游，而下与超脱生死、不知终始的得道之人结为朋友。他对大道的阐述，宏大而透辟，深广而畅达；他对于道的宗旨，可以说把握得已经达到最高的境界。虽然这样，关于顺应自然变化和解脱外物牵累的学说，他还有无穷的道理，这些道理始终不离大道的宗本，在茫昧恍惚之中，人们永远无法穷尽它的奥妙。

四

【原文】　惠施多方[①]，其书五车，其道舛驳[②]，其言也不中[③]。历物之意[④]，曰：“至大无外，谓之大一；至小无内，谓之小一。无厚，不可积也，其大千里。天与地卑，山与泽平。日方中方睨[⑤]，物方生方死。大同而与小同异，此之谓‘小同异[⑥]’；万物毕同毕异，此之谓‘大同异[⑦]’。南方无穷而有穷[⑧]。今日适越而昔来[⑨]。连环可解也[⑩]。我知天之中央，燕之北、越之南是也[⑪]。泛爱万物，天地一体也。”

惠施以此为大，观于天下而晓辩者[⑫]，天下之辩者相与乐之。卵有毛[⑬]；鸡三足[⑭]；郢有天下[⑮]；犬可以为羊；马有卵[⑯]；丁子有尾[⑰]；火不热[⑱]；山出口[⑲]；轮不蹍地[⑳]；目不见[㉑]；指不至，至不绝[㉒]；龟长于蛇[㉓]；矩不方，规不可以为圆[㉔]；凿不围枘[㉕]；飞鸟之景未尝动也[㉖]；镞矢之疾，而有不行、不止之时[㉗]；狗非犬[㉘]；黄马骊牛三[㉙]；白狗黑[㉚]；孤驹未尝有母[㉛]；一尺之捶，日取其半，万世不竭[㉜]。辩者以此与惠施相应[㉝]，终身无穷。

桓团、公孙龙辩者之徒[㉞]，饰人之心[㉟]，易人之意，能胜人之口，不能服人之心，辩者之囿也。惠施日以其知与之辩，特与天下之辩者为怪[㊱]，此其柢也[㊲]。

然惠施之口谈，自以为最贤，曰：“天地其壮乎！”施存雄而无术。南方有倚人焉[㊳]，曰黄缭[㊴]，问天地所以不坠不陷，风雨雷霆之故。惠施不辞而应，不虑而对，遍为万物说。说而不休，多而无已，犹以为寡，益之以怪。以反人为实，而欲以胜人为名，是以与众不适也。弱于德，强于物，其涂隩矣[㊵]。由天地之道观惠施之能，其犹一蚊一虻之劳者也，其于物也何庸[㊶]！夫充一尚可[㊷]，曰愈贵道[㊸]，几矣！惠施不能以此自宁，散于万物而不厌，卒以善辩为名。惜乎！惠施之才，骀荡而不得[㊹]，逐万物而不反，是穷响以声[㊺]，形与影竞走也，悲夫！

【注释】　①惠施：姓惠，名施，宋人，曾为梁惠王相，先秦名家的代表人物。方：术。②舛驳：驳杂不纯。③中：合，当。④历物之意：观察分析万物之理。⑤睨：斜视，取其偏斜之意。⑥“大同”二句：从事物局部的性质来讲，有大同、小同或小异、大异之分，所以称为“小同异”。⑦“万物”二句：从事物的整体来说，又从“同”的角度来看，万物都是相同的；从“异”的角度看，万物无不是相异的，所以称为“大同异”。⑧南方无穷而有穷：这是从空间的相对性而言的。因为“南方”这个概念本身就是相对的。⑨今日适越而昔来：这是从时间的相对性提出的命题。我们讲的“今天”“昨天”都是有条件的、相对产生的时间概念，而客观存在的时间却是无限流动的。当我们指出这一个“今日”时，已经成为“昔来”了。⑩连环可

解:封闭的连环本是不可解开的,所以提出"连环可解"的命题,正是体现任何认识(结论)的条件性,突破认识(结论)的条件限制,这认识的结论也就相应被推翻了。就像平常讲的"连环不可解"的背后有"现在"的时间限定和"用手"的工具性限定,一旦否定它,原来的命题不成立了,新的命题又应时而成立了。⑪"我知天"三句:意在说明天体本无方位,或称空间有无数的方位相对存在,因此你把中央定在哪里皆无不可。⑫观:显示。晓:晓谕。⑬卵有毛:命题体现了对生物进化及生物生长过程阶段性和连续性的观察与认识。就像鸡蛋可以孵化成带毛的小鸡,所以说"卵有毛"。⑭鸡三足:《公孙龙子·通变》是这样论证的:"谓鸡足,一;数足,二;二而一,故三。"这种命题,纯属数字游戏。⑮郢有天下:谓郢都包括整个楚国。这个命题是从万物"毕同"的观点出发的。⑯马有卵:谓马是卵生的。⑰丁子有尾:谓蛤蟆有尾巴。丁子,蛙。蛙的幼子是蝌蚪,蝌蚪有尾所以提出这个命题。⑱火不热:这个命题从本体论方面说,火的共相只是火,热的共相只是热,二者绝对非一。从认识论来说,火的热出于人的感觉,热是主观的,在我不在火。⑲山出口:旧说似皆不确,疑谓"山"字出于"口"字,属文字游戏类命题。("口"字上面一横拿开,竖放在中间,即是"山"字。)⑳轮不蹍地:此命题含有一定的科学认识,因为它强调了车轮蹍地的过程中,并非是整个车轮接触地面,而是极小的部位轮番地接触地面进行的。㉑目不见:这个命题也有合理的成分。因为眼睛能看东西虽属眼睛的功能,但这功能的实现却有着许多的条件。如精神作用,又如无光无物或眼有病等都不能视见。㉒指不至,至不绝:指事不能反映事物的实质,即使有所反映也不能绝对的穷尽。指,指所指事物的概念。㉓龟长于蛇:此命题可以从两个方面来解,一是旨在说明长短大小的相对性而无绝对性;二是从事物的普遍性与特殊性来看问题,作为特殊性的存在,"龟长于蛇"即可成立。㉔矩不方,规不可以为圆:谓矩不能画出绝对的方,规也不能画出绝对的圆。绝对的方是方的共相,绝对的圆是圆的共相,事实上的个体的矩、规和方、圆都不是绝对的方、圆,所以提出这个命题。㉕凿不围枘:谓榫眼与榫头是不会完全相合的。凿,榫眼。围,合。枘,榫头。㉖飞鸟之景未尝动:这一命题反映了古人把运动过程视为连续性位移的过程,即把运动所经过的空间及时间分割为许多的点,把某一时间与其相配的空间抽出来看,就可以见到某一时间的飞鸟之影停留在某一空间点上,也可以说是"未尝动"。景,古"影"字。㉗"镞矢之疾"三句:这是关于静与动的相对性的命题,意在说明动静不是绝对的,动的可以视为静止,静止的可以视为动。镞矢,箭头。㉘狗非犬:古人称大犬为犬,小犬为狗,从一般性讲狗与犬同为一类,从个别性讲狗与犬有大小之别。这个命题说明了一般与个别的区别。㉙黄马骊牛三:谓黄马与骊牛为二,加上"黄马骊牛"这一概念,就是三。此与"鸡三足"为同一类的命题。㉚白狗黑:谓白狗是黑的。一说从颜色上来命名,白狗黑目,既可说是白狗,也可以说是黑狗,取其部位不同而已。一说从命名的主观性来说,既然可以称白色的狗为"白狗",也可以称黑色的狗为"白狗",所以有"白狗黑"的命题。㉛孤驹未尝有母:死了生母的小马称为孤驹,脱离具体之"驹"的"孤"却与"未尝有母"的含义相同,但"孤驹"却与"未尝有母"之义相背,这是偷换概念的命题。㉜"一尺之捶"三句:这个命题反映了"其小无内"的思想,即再小的物质也可以无限的分割,亦即物

质是由无限小的单位组成。捶，木杖。㉝相应：相互辩论。㉞桓团：姓桓，名团，战国时赵国人。公孙龙：姓公孙，名龙，赵国人，名家重要人物，著有《公孙龙子》十四篇。㉟饰：掩饰，蒙蔽。㊱特：独。为怪：创立怪异之论。㊲柢：大略。㊳倚人：偏邪之人。㊴黄缭：姓黄，名缭，楚国人，辩士。㊵涂：同"途"。隩：深曲。㊶庸：功，用。㊷充一：充当一家之言。㊸曰愈贵道：说更贵于道。道，自然之道。㊹骀荡：放荡。㊺穷响：堵住回声。

【译文】 惠施的学问广博多面，他的藏书有五车之多，他的学说驳杂不纯，他的言论也往往不合道理。他观察分析事物的道理，说："极大的东西没有外围，可以叫作'大一'；极小的东西没有内存，可以叫作'小一'。薄到没有厚度时，不可以累积，但其广大可以延伸千里之远。天空与地面一样的低下，高山与水泽一样的低平。太阳刚处于正中位置的同时也就是偏斜的开始，万物刚刚生出就开始走向死亡。'大同'与'小同'是相异的，这个称为'小同异'；万物都是相同的也都是相异的，这个称为'大同异'。南方是无限远的也是有限远的。今天方去越国而昨天已经到达。封闭的连环是可以解开的。我知道天下的中央，在燕地的北边也在越地的南边。要普遍地热爱万物，因为天地万物都是一样的。"

惠施以此诸多命题当作伟大的发现，显示于天下，并让那些善辩者知晓，而天下的善辩者都喜欢和他谈论这些问题。他们论辩的课题很多，诸如，卵中有毛；鸡有三只脚；郢都包括楚国；犬可以是羊；马为卵生；蛤蟆有尾巴；火不是热的；山从口里出来；轮子不着地；眼睛看不见东西；所指事物的概念不能达到实质上，即使对实质有所反映，也不能穷尽；用矩尺画出的并不方，圆规画出的也不圆；凿出的榫眼与榫头不可能完全吻合；飞鸟的身影不曾移动；疾飞的箭头，却存在着静止和不静止的时候；狗不是犬；黄马黑牛合起来为三；白狗是黑的；孤驹未曾有母亲；一尺长的杖，每天截取一半，一万年都截取不完。好辩的人们用这些论题和惠施辩论，终生没有了结。

桓团和公孙龙都是善辩之人，他们蒙蔽人心，改变人的意向，能够胜过人的口舌，却不能折服人的心志，这是辩论者的局限。惠施天天运用自己的心智与别人辩论，独与天下的辩者提出许多怪异的论题，以上所述就是他们辩论的大略情况。

然而惠施的口辩，自以为是最出色的，说："天地是多么伟大啊！"惠施心存壮志而无道术。南方有个名叫黄缭的异人，询问天地为什么不坠不陷，以及产生风雨雷霆的原因。惠施毫不推辞而予以接应，不假便即刻回答，说遍了万物生灭的所有原因。如此说个不停，多得难以住口，还是觉得没有说够，更加上一些奇谈怪论。他把违反人之常情的东西当作真实，想在辩论中胜过别人而获取名声，因此他与众人不合。他轻视道德的修养，重视对外物的研究，走了一条曲折的道路。从自然之道来看惠施的才能，他就像一只蚊虻那样徒劳无济，对于万物有何作用！他充当一家之说还可以，要说比大道还珍贵，那就太危险了！惠施不能以一家之说而止息，把精力耗散在万物的分析上而不厌倦，最终只落个善辩的名声。可惜啊！惠施的才能，放荡而无所收获，追逐万物而永不回头，这是用声音阻止回声，形体和影子竞走，是很悲哀的呀！

列子

【导语】

《列子》一书,《汉书·艺文志》道家类著录《列子》八篇,班固自注曰:"名圄寇,先庄子,庄子称之。"到唐天宝元年(公元742年),唐玄宗下旨设"玄学博士",把《列子》等四部道家著作并列为经典,作为学子应试科举的必读书。《列子》当时被尊奉为《冲虚至德真经》。

列子是郑国人,生活在战国时代,先于庄子。《庄子》中有二十二处提到列子,此外,《战国策》《尸子》《吕氏春秋》等书也提到过列子。《尸子》《吕氏春秋》中都讲"列子贵虚"。《吕氏春秋·观世篇》说:"子列子穷,容貌有饥色。"高诱注:"子列子,御寇,体道人也。著书八篇,在庄子前,庄子称之。"与班固的说法相同。列子是一位隐者,有他的老师、学友、弟子,虽穷却不肯出仕而"为有国者所羁"。他崇尚清静无为,养性体道,"心凝形释,内外尽矣",呈现出"在德机""衡气机""太冲莫脱"的形象,当为辟谷、导引、入定功夫的先行者,

列子像

因此,后来道教奉《列子》为圭臬,不认为《列子》"迂诞恢诡",而认为它默察造化消息之运,发扬黄老之幽隐,简劲宏妙,辞旨纵横,因此,撰作道书,多所融摄,成为道教义理不可分之部分。不仅道教吸纳《列子》思想体系,而且《列子》在中国哲学发展史上也做出了重要贡献。

天瑞篇

【题解】

瑞,指符瑞,是古代用为信物的标记。天瑞,指自然界阴阳变化,四时循环无不与道的规律相合,如符瑞之有信,故名。本篇十四个自然段,共分三大部分,都是围绕世界本原展开的,其中阐述的自然观和人生观是《列子》全书的总纲。第一部分共四个自然段,总述宇宙形成过程,提出"不生不化者"为万物的本原,就是宇宙形成过程的第一阶段,从太易开始直至"天地含精,万物化生"的生成过程为第二阶段,以"万物皆出于机,皆入于机"说明生物与非生物在物质基础上的演变发展,是第三阶段。这三个阶段分别从物质本体、宇宙生成和生物进化的角度阐明了"道"的本质,揭示了《列子》的自然天道观,基本上反映了先秦道家哲学思想的特点。第二部分由中间五个自然段组成,总述道的本质,进一步揭示"道"与具体事物亦即"生者"与"生生者"的关系,揭示"道"与运动的关

系,从有限和无限、普遍和特殊的关系上显示"道"的本质。在此基础上又提出了自然生死问题,进一步形成《列子》的社会人生观。通过"孔子游泰山""林类拾遗穗""子贡倦于学"三则故事说明"道"的运动终始相继,因而生与死,不过是一个往返循环,"死也者,德之徽也",不必戚戚于死期,而应在人间以平常心对待生死,直到终年。第三部分由最后五个自然段组成,其主旨在于强调"道"之本质是虚默无为,而人也应以笃守虚静的态度对待人生,进一步丰富了《列子》人生观的内容。"物损于彼者盈于此",又何必斤斤计较人生中的得失予取?"生不知死,死不知生",又何必特意计较生死?"杞人忧天""宋人求富"两个寓言告诫人应遵循自然规律就相安无事。前一个寓言反映了先秦自然科学在宇宙形成理论上的水平,后一个寓言的"盗天"表现了人类利用自然的进步思想。

【原文】 子列子居郑圃①,四十年人无识者。国君卿大夫视之②,犹众庶也。

国不足,将嫁于卫③。弟子曰:"先生往无反期,弟子敢有所谒,先生将何以教?先生不闻壶丘子林之言乎④?"子列子笑曰:"壶子何言哉?虽然,夫子尝语伯昏瞀人⑤,吾侧闻之,试以告女⑥。其言曰:有生不生⑦,有化不化⑧。不生者能生生⑨,不化者能化化⑩。生者不能不生,化者不能不化,故常生常化。常生常化者,无时不生,无时不化。阴阳尔⑪,四时尔,不生者疑独⑫,不化者往复。往复,其际不可终;疑独,其道不可穷。《黄帝书》曰⑬:'谷神不死⑭,是谓玄牝⑮。玄牝之门⑯,是谓天地之根⑰。绵绵若存,用之不勤。'故生物者不生,化物者不化。自生自化,自形自色⑱,自智自力,自消自息。谓之生化、形色、智力、消息者,非也。"

【注释】 ①子列子:子,古代学生称呼师长时,在名字前加一"子"字,以表示敬重。列子,相传战国时期的道家,名御寇,一作圄寇或圉寇,郑人。《列子》八篇是否他作,历来说法不一。从思想内容和语言使用上看,当属先秦子书。郑圃:古地名,在今河南中牟西。②视:看待,对待。③嫁:往,到。④壶丘子林:人名,列子的老师,复姓壶丘,名林,春秋时期郑国人。一说壶丘子林是假托,并非实有其人。⑤伯昏瞀人:伯昏,复姓。瞀人,愚昧无知的人。此指伯昏大智若愚。前人认为伯昏是列子之友,同学于壶子。⑥女:通"汝",你。⑦生:有形体的具体事物。不生:派生万物而不被他物所生的,实指道。⑧有化:有存亡变化的具体事物。不化:不被他物所化的,亦指世界的本原。⑨生生:第一个"生"为动词,指产生。第二个"生"是名词,指被产生的事物。⑩化化:使事物变化。词意结构同"生生"。⑪阴阳:中国古代哲学的一对范畴。指由物质本原的运动所产生的阴阳两气,阴阳两气结合然后产生万事万物。《老子》的"道生一,一生二,三生万物"中的"二"就是阴阳。⑫疑:固定不变。传:疑,定也。文中的"疑独",实指派生万物独立永存的本原。⑬《黄帝书》:战国中期阐发老子学说的古代道家著作。《汉书·艺文志》载有《黄帝四经》四篇、《黄帝铭》六篇、《黄帝君臣》十篇、《杂黄帝》五十八篇及《力牧》二十二篇,久佚。1973年在长沙马王堆三号汉墓出土了《老子》甲、乙本,在乙本前有《经法》《十大经》《称》《道原》四篇佚著,被认为是著于公元前4世纪的《黄帝四经》。⑭谷神:即虚空无形而变幻莫测、永恒的神妙作用。⑮玄牝:指宇宙产生万物之根。玄,幽深,奥妙。

牝,雌性鸟兽。⑯门:宇宙产生万物的门户。⑰根:本原。⑱形:用作动词,赋予形体。色:品类。

【译文】　列子住在郑圃,四十年无人赏识他。国君和公卿大夫看待他就像普通老百姓一样。

郑国遭遇饥荒,列子想前往卫国。他的弟子说:"先生此去无归期,学生冒昧请教,先生用什么教导我们呢? 先生没有听过壶丘子林的言论吗?"列子笑道:"壶子说过什么呢? 虽然这样,但老师曾经对伯昏瞀人讲过一番话,我在一旁听到了,现在就试着对你们说说。他说:有被他物所生的具体事物,有不被他物所生的道;有被他物所化的,有不被他物所化的。不被他物产生的能够产生万物,不被他物变化的能够使万物变化。被产生的事物不得不被产生,被变化的事物不得不发生变化,所以事物经常产生,经常变化。所谓经常产生经常变化,便是无时无刻不产生,无时无刻不变化。阴阳是这样,四时也是这样。那不被他物所生的就是独立永存的世界本原,那不被他物所化的就是周而复始的运动。周而复始,它的边际没有终结;独立永存,它的规律不可穷尽。《黄帝书》上说:'空虚永恒存在的,这就叫作玄牝。玄牝的门户,就是天地万物产生的根源。它连绵不断似有似无,无穷无尽地发挥作用又不费气力。'所以产生万物的不被他物所生,使万物变化而本身不发生变化。万物都是它制约下自然产生、自然变化,自然出现形态和种类,自然发挥智慧和能力,自然衰灭,自然生长。但若说它有心于产生变化、形态和种类、智慧和能力、生长和衰灭,那就错啦!"

【原文】　子列子曰:"昔者,圣人因阴阳以统天地①。夫有形者生于无形,则天地安从生? 故曰:有太易②,有太初③,有太始④,有太素⑤。太易者,未见气也;太初者,气之始也;太始者,形之始也;太素者,质之始也。气形质具而未相离,故曰浑沦⑥。浑沦者,言万物相浑沦而未相离也。视之不见,听之不闻,循之不得,故曰易也。易无形埒⑦,易变而为一,一变而为七,七变而为九⑧。九变者⑨,究也,乃复变而为一。一者,形变之始。清轻者上为天,浊重者下为地,冲和气者为人⑩;故天地含精⑪,万物化生。"

【注释】　①圣人:具有极高道德和智能的人。②太易:指宇宙万物的最终本原。易,变化之意。《易·系辞上》:"生生之谓易。"③太初:指天地形成之前元气产生的时期。④太始:指天地形成前气有了一定状态的时期。⑤太素:指形成天地的素质。此时有形态的气又有了固定的性质。⑥浑沦:形容天地开辟前浑然一体的状态。⑦易无形埒:"易"的运动是没有形象和边界的。形,形象。埒,界域。⑧"易变"三句:指"易"形成天地的数交过程。据《易纬·乾凿度》:"易始于太极,太极分而为二,故生天地。"则此处"易变而为一"的"一"当指天地开辟前元气形变的开始;"一"变而为"七、九"和"八、六",分别代表少阳、老阳、少阴、老阴,以构成阴阳两仪,并由此形成天地。这里全举阳数,所以说"一变而为七,七变而为九",而略去了"八、六"的阴数。⑨九变:古人把"九"看作"阳变"之数,认为"九变"为数变之极,已包括了天下一切变化。⑩冲和气者为人:冲,冲荡。和,合和、统一。冲和气,指阴、阳两气在相互冲荡中形成统一,因而产生人。

"冲"亦作"中",意为中和之气。⑪精:指阴阳精灵之气。

【译文】 列子说:"从前,圣人用阴阳两气来说明天地万物的产生和变化。有形之物生于无形之中,那么天地是从哪里产生的呢?所以说:有太易,有太初,有太始,有太素。太易,还不见气从混沌状态中分离出来;太初,元气出现;太始,气开始有形状;太素,有形之气又有了性质。这时候,元气、形状、性质都已具备,但相互之间尚未分离,所以把它叫作浑沦。所谓浑沦,是表明万物浑然一体,不可剖析。它看不见,听不到,摸不着,所以叫作易。易不具形状,没有迹象,变而为'一';再由'一'分而为阴阳两气,其中的少阳'七'又变而为老阳'九',由此产生天地。'九'变已到终极,于是重新变而为'一'。一是元气形变之始。变化之中,清轻之气上升成为天,浊重之气下沉变为地,而阴阳两气在相互交会的和气中便产生人;所以天地之间包含阴阳精气,万事万物得以化生。"

【原文】 子列子曰:"天地无全功,圣人无全能,万物无全用。故天职生覆①,地职形载②,圣职教化③,物职所宜。然则天有所短,地有所长,圣有所否④,物有所通⑤。何则?生覆者不能形载,形载者不能教化,教化者不能违所宜,宜定者不出所位。故天地之道,非阴则阳;圣人之教,非仁则义;万物之宜,非柔则刚:此皆随所宜而不能出所位者也。故有生者,有生生者;有形者,有形形者;有声者,有声声者;有色者,有色色者;有味者,有味味者⑥。生之所生者死矣,而生生者未尝终;形之所形者实矣,而形形者未尝有;声之所声者闻矣,而声声者未尝发;色之所色者彰矣,而色色者未尝显;味之所味者尝矣,而味味者未尝呈:皆无为之职也⑦。能阴能阳,能柔能刚,能短能长,能员能方⑧,能生能死,能暑能凉,能浮能沉,能宫能商⑨,能出能没,能玄能黄,能甘能苦,能膻能香⑩。无知也,无能也;而无不知也,而无不能也。"

【注释】 ①生覆:覆育众生。②形载:承载万物。③教化:政教风化。④否:原为《周易·否卦》中的"否",指"天地不交而万物不通",引申为滞困、闭塞。⑤通:顺通。《周易·泰卦》说:"天地交而万物通。"⑥"故有生者"几句:生生者,形形者,声声者,色色者,味味者,这五者指的都是不具有任何一种具体的质的规定性,但同时又具有所有事物质的规定性的世界物质本原。第一个生、形、声、色、味字都作动词用,包含"产生"的意思。第二字用作名词。⑦无为:道家的哲学思想,即顺应自然变化的客观规律,不强行自为之意。⑧员:同"圆"。⑨宫:古代音乐术语,即宫、商、角、徵、羽五声音阶中的第一音级。商:五声音阶中的第二音级。⑩膻:羊臊气。

【译文】 列子说:"天地没有完备的功效,圣人没有完备的本领,事物没有完备的用处。所以天的使命是覆育众生,地的职责是承载万物,圣人的责任是掌管政教风化,事物各自承担适宜的任务。这样,天有所短,地有所长,圣人有时闭塞,事物有时顺通。为什么呢?因为天覆育众生但不能承载万物,地承载万物但不能施行教化,圣人施行教化但不能违背事物的本性,事物的本性被规定后就不能超越各自的地位。所以天地自然的规律,不是阴气就是阳气;圣人的教化,不是仁爱就是正义;事物的性质,不是柔弱就是刚强:这些都是依据各自固有的本质而不超越各自应该所处的地位。所以有被产生的事

物,就有产生事物的母体;有形状,就有产生这形状的母体;有声音,就有产生这声音的母体;有色彩,就有产生这色彩的母体;有滋味,就有产生这滋味的母体。生命所造就的生物死亡了,但产生这生命的母体却未曾终结;物体所表现的形状是充实的,但产生这物体的东西却没有形状;声音所造成的音响能听见了,但产生这声音的东西却未曾发声;色彩所描绘的画面是显著的,但产生这色彩的东西却未曾显现;滋味所调制的食物被品尝了,但产生这滋味的东西却未曾显露。这些,都是无为之道所发挥的作用。它能阴能阳,能柔能刚,能短能长,能圆能方,能生能死,能暑能凉,能浮能沉,能宫能商,能出能没,能玄能黄,能甘能苦,能膻能香。它没有知觉,没有能力;但又无所不知,无所不能。"

【原文】 子列子适卫,食于道,从者见百岁髑髅①,攓蓬而指②,顾谓弟子百丰曰:"唯予与彼知而未尝生未尝死也。此过养乎③?此过欢乎?种有几:若蛙为鹑④,得水为㡭⑤,得水土之际,则为蛙蟆之衣⑥。生于陵屯,则为陵舃⑦。陵舃得郁栖⑧,则为乌足。乌足之根为蛴螬,其叶为蝴蝶。蝴蝶胥也⑨,化而为虫,生灶下,其状若脱,其名曰鸲掇⑩,鸲掇千日,化而为鸟,其名曰乾馀骨。乾馀骨之沫为斯弥。斯弥为食醯颐辂⑪。食醯颐辂生乎食醯黄轵⑫,食醯黄轵生乎九猷⑬。九猷生乎瞀芮⑭,瞀芮生乎腐蠸⑮,羊肝化为地皋⑯,马血之为转邻也,人血之为野火也。鹞之为鹯,鹯之为布谷,布谷久复为鹞也。燕之为蛤也,田鼠之为鹑也,朽瓜之为鱼也,老韭之为苋也,老羭之为猿也⑰,鱼卵之为虫。亶爰之兽自孕而生曰类⑱。河泽之鸟视而生曰鶂⑲。纯雌其名大腰,纯雄其名稚蜂。思士不妻而感,思女不夫而孕。后稷生乎巨迹⑳,伊尹生乎空桑㉑。厥昭生乎湿,醯鸡生乎酒㉒。羊奚比乎不笋,久竹生青宁,青宁生程㉓,程生马,马生人。人久入于机㉔。万物皆出于机,皆入于机。"

【注释】 ①髑髅:干枯的死人头骨或骨骼。②攓:拔取。蓬:草名。③过:"果"的假借字,果真。养:即"养养",忧虑貌。④鹑:即鹌鹑,一种体形似鸡而小的鸟类。⑤㡭:"继"的古字。即"蕝",泽泻,多年沼生草本植物,可入药。⑥蛙蟆之衣:蛙蟆衣,俗谓之虾蟆衣,指水生的苔类植物。⑦陵舃:即车前草,一种喜生于道旁的多年草本植物。一说"陵舃"是泽泻的另一品种。⑧郁栖:指粪壤,也即肥土。郁,腐臭。栖,表示所在之处。⑨胥:顷刻,一会儿。⑩鸲掇:昆虫名。⑪食醯颐辂:蠛蠓一类的小昆虫。醯,即醋。⑫食醯黄轵:亦为蠛蠓一类的小昆虫。⑬九猷:昆虫名。一说"猷"即"蝤",也称"蜉蝣",一种成虫期寿命很短的小昆虫。⑭瞀芮:蚊属昆虫。芮,即"蜹",同"蚋"。体形似蝇而小,褐或黑色,雌虫刺吸人和牲畜的血液。瞀,目眩,以蜹群飞舞貌为义。⑮腐蠸:一种小甲虫,亦称"舆父"。腐,谓其长于腐瓜之中。⑯地皋:草名,即"茜草",也称"茹蘆",其根可作绛红色染料。亦谓"地血",古人认为这是动物膏血所化,故名。"皋"为"膏"之通假。⑰羭:母羊。⑱亶爰:传说中的山名。自孕:指一体兼有两性,能自行怀孕。类:兽名。传说如狸有长毛,自为雌雄相生,其名曰类。⑲鶂:亦称白,古人认为这种鸟不需雌雄交配,只要眼睛对视,便能卵育。⑳后稷生乎巨迹:后稷,古代周族的始祖,善于种植五谷,曾在尧、舜时代做农官,教民耕种。相传他是有邰氏之女姜嫄踏了巨人的脚印怀孕而生。㉑

伊尹生乎空桑：伊尹，商初大臣。名伊，尹是官名。相传伊尹母亲怀孕时身体化为一株中空的桑树。有莘氏女子采桑，在桑树中拾到一个婴儿，就是伊尹。㉒醯鸡：小虫名，即蠛蠓。古人误以为蠛蠓是酒醋上的白霉变成，故称之为"醯鸡"。㉓程：豹。《尸子》云："程，中国谓之豹，越人谓之貘。"㉔久：当为"又"之误。机：通"几"，几微、细微物。

【译文】 列子前往卫国，在路旁吃饭休息，随行的人发现一具百年骷髅。列子拔去蓬草，指着骷髅，回头对一位名叫百丰的弟子说："只有我和他知道人是不曾有生也不曾有死的。他死了果真值得悲伤吗？我活着果真值得高兴嘛？世上的物种变化有多少啊：比如青蛙变为鹌鹑，得水时变为泽泻，生于水土之际，变为青苔，长在高冈上，变为车前草。车前草生在粪土中，就成为乌足草。乌足草的根变为蛴螬，叶子变为蝴蝶。蝴蝶一下都化为昆虫，生于灶下，形状像蜕皮更新，名叫鸲掇。鸲掇千日而死，又变成飞鸟，名叫乾馀骨。乾馀骨的唾沫变为斯弥虫。斯弥虫变成吃醋的颐辂虫。吃醋的颐辂虫生吃醋的黄轵虫，吃醋的黄轵虫生于九猷。九猷生于乱飞的蚊蚋，蚊蚋生于腐瓜之中的罐虫，羊的肝脏变成红色的茜草根，马血变为磷，人血变成野地的鬼火。鹞鹰变为鹯风，鹯风变为布谷鸟，布谷鸟过了很久又重新变成鹞鹰。燕子变为蛤蜊，田鼠变为鹌鹑，烂瓜变为鱼，老韭菜变成苋草，老母羊变成猿猴，鱼卵变成昆虫。亶爰山的兽雌雄一体，自孕而生，叫作类。河泽边的鸟两性相视，便能生育，叫做鹢。纯粹都是雌性的龟类叫作大腰，完全都是雄性的蜂类叫作稚蜂。相思的男子不结婚便能感应；女人怀春没有丈夫也可以怀孕。古周始祖后稷由于母亲踏上巨人脚印而出生，商初大臣伊尹生于中空的桑树内。蜻蛉生于潮气，蠛蠓生于酒酿。羊奚草同不发笋的老竹长合在一起，老竹又生出青宁虫。青宁虫生豹，豹生马，马生人。人死了便散为细微物。万物都产生于这种细微物，又返回于这种细微物。

【原文】 《黄帝书》曰："形动不生形而生影，声动不生声而生响①，无动不生无而生有。"形，必终者也；天地终乎？与我偕终。终进乎？不知也。道终乎本无始，进乎本不久②。有生则复于不生，有形则复于无形。不生者，非本不生者也；无形者，非本无形者也。生者，理之必终者也③。终者不得不终，亦如生者之不得不生。而欲恒其生，画其终④，惑于数也⑤。精神者，天之分⑥；骨骸者，地之分。属天清而散，属地浊而聚。精神离形，各归其真⑦，故谓之鬼⑧。鬼，归也，归其真宅⑨。黄帝曰：精神入其门⑩，骨骸反其根⑪，我尚何存⑫？"

【注释】 ①响：回声。②久：当为"有"，为"又"字之形误，古多以"又"借代"有"。③理：自然的法则。④画：截止。⑤数：指客观的必然性、定数。⑥天之分：此"分"为"有"，意即属有。⑦真：指本源。⑧鬼：世俗谓人死后精灵不灭的名称。《列子》书把"鬼"看作不过是"归"的另一种说法，以此否认鬼的存在。⑨真宅：人死后的真正归宿。张湛云："真宅，太虚之域。"⑩门：天门，道家谓众妙之门。王弼注《老子》云："天门，谓天下之所由从也。"故"门"当指元气变化万物之所出。⑪根：此处指物质的本原。⑫我：指个人的包括身体和精神的本体。

【译文】 《黄帝书》说："形体运动不产生形体而产生影子；声音运动不产生声音而

产生回响；虚无运动不产生虚无而产生实有。"有形的物体必然要终结，那么天地会终结吗？天地与我一同终结。是否这种终结也会穷尽呢？不知道。"道"本来就无开始所以无所谓终结，本来就无形态所以无所谓穷尽。事物的存在将返回不存在，有形体将转化为虚无。先有存在而后消灭的事物，并不等于永恒不灭的实体；先有形体而后死亡的事物，并不等于无形无象的道。存在的，按道理必定要消亡。消亡的不得不消亡，正如存在的不得不存在一样。如果想让存在永恒，消亡停止，这是不懂得自然的理数。精神，属天所有；骨骸，属地所有。属天的性质清轻便离散；属地的性质浊重便聚合。精神离开形体，各自返归它们的来处，所以称之为"鬼"。鬼，就是归，归返元气之本。黄帝说："精神归入天门，骨骸返回地根，我还存在什么呢？"

【原文】　人自生至终，大化有四：婴孩也，少壮也，老耄也①，死亡也。其在婴孩，气专志一②，和之至也③，物不伤焉，德莫加焉④。其在少壮，则血气飘溢，欲虑充起，物所攻焉⑤，德故衰焉。其在老耄，则欲虑柔焉，体将休焉，物莫先焉；虽未及婴孩之全，方于少壮⑥，间矣⑦。其在死亡也，则之于息焉，反其极矣。

【注释】　①耄：老。古以八十、九十曰耄。②气：指人的精神状态。志：心意所向。③和：醇和。④德：指具体事物从"道"所得到的性质，是"道"的特征和体现。⑤攻：此处为侵蚀、扰乱的意思。⑥方：比较。⑦间：这里可理解为"有差别"。

【译文】　人从生到死，经四大变化：婴孩、少壮、老年、死亡。在婴孩时期，气志专一，元气最为醇和，外物不能伤害他，没有谁的德比这更高了。在少壮时期，血气飘荡，欲虑充盈，外物便可侵蚀他，所以德就减退了。在老年时期，欲虑减弱，身体即将安息，外物便不能占先；虽然不及婴孩德性的完备，但比起少壮时期要好些。到了死亡时候，人已走向安息，便返回他的归宿。

【原文】　孔子游于太山，见荣启期行乎郕之野①，鹿裘带索②，鼓琴而歌。孔子问曰："先生所以乐，何也？"对曰："吾乐甚多。天生万物，唯人为贵。而吾得为人，是一乐也。男女之别，男尊女卑，故以男为贵，吾既得为男矣，是二乐也。人生有不见日月，不免襁褓者③，吾既已行年九十矣，是三乐也。贫者士之常也④，死者人之终也，处常得终⑤，当何忧哉？"孔子曰："善乎！能自宽者也。"

【注释】　①荣启期：《庄子》《淮南子》等书皆提到此人，盖为春秋时的隐者。郕：古邑名，春秋时鲁国孟氏邑，在今山东宁阳东北。②鹿裘：鹿皮衣，也泛指一般比较粗劣的皮衣。带索：用绳索做腰带。③不见日月、不免襁褓者：谓尚未出生就死的胎儿和死在襁褓中的婴孩。④常：常情。⑤得：应为"待"。

【译文】　孔子出游到泰山，看见荣启期在郕地野外行走，身穿鹿皮袄，腰系一条绳，一边弹琴，一边唱歌。孔子问他："先生为什么这么快乐呢？"荣启期回答："我快乐的原因很多。天生万物，只有人最高贵，而我作为人，这是第一值得快乐的。男女的差别，在于男尊女卑，所以男人最可贵，我既然作为男人，这是第二值得快乐的。人的寿命有的短得死在娘肚里，死在襁褓中，而我已活到九十岁了，这是第三值得快乐的。贫困是读书人的

寻常事情,死亡是人生的最终归宿,我安于贫困,等待死亡,还有什么可忧虑的呢?"孔子说:"好啊!真是能自我宽慰的人啊!"

【原文】　林类年且百岁①,底春被裘②,拾遗穗于故畦③,并歌并进。孔子适卫,望之于野。顾谓弟子曰:"彼叟可与言者,试往讯之!"子贡请行④。逆之垄端⑤,面之而叹曰:"先生曾不悔乎,而行歌拾穗?"林类行不留,歌不辍。子贡叩之不已⑥,乃仰而应曰:"吾何悔邪?"子贡曰:"先生少不勤行,长不竞时,老无妻子,死期将至,亦有何乐而拾穗行歌乎?"林类笑曰:"吾之所以为乐,人皆有之,而反以为忧。少不勤行,长不竞时,故能寿若此。老无妻子,死期将至,故能乐若此。"子贡曰:"寿者人之情⑦,死者人之恶。子以死为乐,何也?"林类曰:"死之与生,一往一反。故死于是者,安知不生于彼?故吾知其不相若矣⑧?吾又安知营营而求生非惑乎?亦又安知吾今之死不愈昔之生乎?"子贡闻之,不喻其意,还以告夫子。夫子曰:"吾知其可与言,果然;然彼得之而不尽者也。"

【注释】　①林类:春秋时代的隐士。且:将。②底:通"抵",达到。被:披。③故畦:庄稼收割后的田垄。④子贡:春秋时卫国人。姓端木,名赐。孔子的学生。⑤逆:迎,接。⑥叩:询问。⑦情:此处指人的欲念、向往。⑧吾知其不相若矣:据俞樾《诸子平议》,"吾"下脱"安"字,应为"吾安知其不相若矣",即我又如何知道生与死不是相等的呢?意谓生与死是一致的。不相若,不相等。

【译文】　林类年近百岁,时逢春末,披着皮袄,在收割后的田垄上拣拾别人遗下的麦穗,一边唱歌,一边前走。孔子去卫国,在田野上看见他,就回头对弟子们说:"那个老头儿是可以一谈的人,谁去问问他!"子贡请求前往。子贡在田头迎住林类,对他叹口气说:"先生难道不觉得懊恼吗?还这样边走边唱地拾麦穗?"林类脚不停,歌不止。子贡问个不停,他才抬头回答说:"我有什么可懊恼的?"子贡说:"先生年少时不肯努力,长大后又不竞争时运,老来没有妻子儿女,眼看死期将至,还有什么快乐值得边走边唱地拾麦穗呢?"林类笑道:"我快乐的原因,人人都有,但别人反而以此为忧虑。正因为我年少时不肯努力奋斗,长大后又不竞争时运,所以才能如此长寿。正因为我老来没有妻子儿女,眼看死期将至,所以才这样高兴。"子贡说:"长寿,是人人都希望的;死亡,是个个都讨厌的。您却以死亡为快乐,这是什么道理?"林类回答:"死相对于生,一来一往,所以死在这里,又怎知不在别处生?因此我又怎么知道生与死不是一回事呢?我又怎么知道苦苦谋求生存不是一种迷惑的表现呢?我又怎么知道现在死亡不胜过活着呢?"子贡听了,不明白他的意思,回告孔子。孔子说:"我知道这人是可以一谈的,果然如此;但是他是掌握道理还没有达到尽善的程度的人。"

【原文】　子贡倦于学,告仲尼曰:"愿有所息。"仲尼曰:"生无所息。"子贡曰:"然则赐息无所乎①?"仲尼曰:"有焉耳,望其圹②,睪如也③,宰如也④,坟如也,鬲如也⑤,则知所息矣。"子贡曰:"大哉死乎!君子息焉,小人伏焉⑥。"仲尼曰:"赐!汝知之矣。人胥知生之乐,未知生之苦;知老之惫,未知老之佚;知死之恶,未知死之息。晏子曰⑦:'善哉,古之有死也!仁者息焉,不仁者伏焉。'

"死也者，德之徼也⑧。古者谓死人为归人。夫言死人为归人，则生人为行人矣。行而不知归，失家者也。一人失家，一世非之；天下失家，莫知非焉。有人去乡土、离六亲、废家业、游于四方而不归者，何人哉？世必谓之为狂荡之人矣。又有人钟贤世⑨，矜巧能，修名誉，夸张于世而不知已者，亦何人哉？世必以为智谋之士。此二者，胥失者也。而世与一不与一⑩，唯圣人知所与，知所去。"

【注释】 ①赐：子贡之名。息无所：休息没有地方。②圹：墓穴。③睪：近水处的高地，形容高高的外貌。④宰：亦即"冢"，大的意思。⑤鬲：古代炊器，有陶制或青铜制，圆口，三足，形如鼎。这里取它中空和上小下大外貌如坟墓的样子。一音gé，通"隔"，谓坟墓与外界隔绝的样子。⑥伏：随便地躺下。和上文君子"息"相对，含有轻蔑的意味。⑦晏子：晏婴，字平仲。春秋时齐国人。历任齐灵公、庄公、景公时的卿相。有《晏子春秋》传世。⑧徼：循，即巡回之意。此处引申为循环、复归。⑨钟贤世：此句意为，热衷于世事。钟，专重。⑩与：赞许。一：前"一"指所谓智谋之士，后"一"指所谓狂荡之人。

【译文】 子贡对学习感到厌倦了，便告诉孔子说："我希望找一个地方休息一下。"孔子说："人生没有什么休息的地方。"子贡说："那么我就无处休息了吗？"孔子说："有的呀！你看那个墓穴。那高耸的样子，那宽大的样子，那岸然隆起的样子，那与外界隔绝而中空的样子，就知道休息的地方该在哪里了！"子贡说："死亡真了不起呀！君子在此安息，小人在此匍匐。"孔子说："赐，你算明白了。大家都知道人生的快乐，不知道人生的痛苦；都知道老年的疲惫，不知道老年的安逸；都知道死亡的讨厌，不知道死亡是休息。晏子说：'美妙啊，古人对于死亡的态度！仁德的君子在此安息，不仁的小人在此匍匐。'

子贡像

"所谓死亡，便是本性的回归。因此古人把死人叫作归人。把死人叫作归人，那么活人就该是行人了。出行在外而不知归返，便是抛弃家庭。一个人抛弃家庭，世上所有人都会责备他；但天下人都抛弃家庭，却没有人知道去责备了。有人离开家乡，辞别亲友，荒废业务，四方浪游而不知归返，这是什么人呢？世人必定把他叫作轻狂放荡的人。又有人热衷世事，自恃巧能，沽名钓誉，夸耀自己而不知休止，这又是什么人呢？世人必定认为他是足智多谋之士。这两种人，都错啦！但世人却赞许后一种人责怪前一种人，只有圣人才知道什么应该赞许，什么应该抛弃。"

【原文】 或谓子列子曰①："子奚贵虚②？"

列子曰："虚者无贵也③。"

子列子曰："非其名也④，莫如静，莫如虚。静也虚也，得其居矣；取也与也，失其所矣。事之破砧而后有舞仁义者⑤，弗能复也。"

【注释】 ①或：犹言"有人"。②奚：何，为什么。③虚者无贵：虚本身是无所谓贵贱

的。④非其名也:不靠人为的名称概念而存在的,指道。意即摒除名义概念,才合道的本性。⑤破:印毁坏,

【译文】 有人对列子说:"您为什么要以虚为贵呢?"

列子回答:"既是虚,就无所谓贵贱。"

列子又说:"要排除人为的名义,莫如清静,莫如虚默。保持清静虚默,就掌握了道的所在;追求得失于取,就丧失了人的本性。待人的本性破毁以后,再去舞弄仁义的说教,是不能使人的本性复元的。"

【原文】 粥熊曰①:"运转亡已②,天地密移③,畴觉之哉?故物损于彼者盈于此,成于此者亏于彼。损盈成亏,随世随死④。往来相接,间不可省⑤,畴觉之哉?凡一气不顿进⑥,一形不顿亏⑦;亦不觉其成,亦不觉其亏。亦如人自世至老,貌色智态,亡日不异;皮肤爪发,随世随落,非婴孩时有停而不易也。间不可觉,俟至后知。"

【注释】 ①粥熊:人名,即"鬻熊",周代楚的祖先。曾为周文王之师,封于楚。《汉书·艺文志》道家载《鬻子说》二十二篇。今有《鬻子》一卷,实为后人伪托。《列子》书中《天瑞篇》《黄帝篇》和《力命篇》中各存有一段鬻熊的言论,当出自《鬻子》原本。②亡:无。③密移:静悄悄地迁移变化。④世:生,生长。⑤间:指每一变化的间隙。⑥气:气化,即阴阳之气化生万物的过程。不顿进:不突然地进化,即渐变;而顿进则为突变。⑦形:形化,即气化而生万物后,各种物种一代一代遗传下去的过程。

【译文】 鬻熊说:"万物变化不停,天地暗暗迁移,谁能感觉到呢?所以事物在那边亏损就在这里盈余,在这里成就在那边败。损盈成败,随生随死。变化相接,让人看不出丝毫间隙,谁能感觉到呢?凡是一种元气不是顿进,一种形体不是顿亏;就不感到它的成功,也不觉得它的欠缺。正如人从生到老,面貌、神色、智力、体态,没有一天不在变化;皮肤、指甲、头发也一面生长,一面脱落,并非从婴孩时代就固定不改变了。变化的转接不可察觉,只有等到已经变化之后,人们才能知道。"

【原文】 杞国有人忧天地崩坠①,身亡所寄,废寝食者;又有忧彼之所忧者,因往晓之②,曰:"天,积气耳,亡处亡气。若屈伸呼吸③,终日在天中行止,奈何忧崩坠乎?"其人曰:"天果积气,日月星宿,不当坠耶?"晓之者曰:"日月星宿,亦积气中之有光耀者;只使坠,亦不能有所中伤。"其人曰:"奈地坏何?"晓者曰:"地积块耳④,充塞四虚,亡处亡块。若躇步跐蹈⑤,终日在地上行止,奈何忧其坏?"其人舍然大喜⑥,晓之者亦舍然大喜。

长庐子闻而笑之曰⑦:"虹霓也⑧,云雾也,风雨也,四时也,此积气之成乎天者也。山岳也,河海也,金石也,火木也,此积形之成乎地者也⑨。知积气也,知积块也,奚谓不坏?夫天地,空中之一细物,有中之最巨者。难终难穷,此固然矣;难测难识,此固然矣。忧其坏者,诚为大远⑩;言其不坏者,亦为未是。天地不得不坏,则会归于坏。遇其坏时,奚为不忧哉?"

子列子闻而笑曰:"言天地坏者亦谬,言天地不坏者亦谬。坏与不坏,吾所不能知也。虽然,彼一也,此一也。故生不知死,死不知生;来不知去,去不知来。坏与不坏,吾何容心哉?"

【注释】 ①杞国:古国名。公元前11世纪周分封的诸侯国,都城在雍丘,即今河南

杞县。②晓:解释,开导。③屈伸:指身体四肢的弯曲伸展。④块:土块。⑤蹂步跐蹈:泛指人的站立行走。蹂步,踩踏貌。跐,踩。蹈,顿足踏地。⑥舍然:疑虑消除的样子。舍,通"释"。⑦长庐子:战国时楚国人。《史记》:"楚有尸子、长庐。"《汉书·艺文志》:"长庐子九篇,楚人。"属道家流派。⑧霓:也称副虹。有时两道彩虹同时出现,位于内侧的色鲜为虹,位于外侧的色淡为霓。⑨积形:指具有一定体积的形体,如山岳河海、金石火木等。⑩大:同"太"。

【译文】 杞国有一个人担忧会天崩地陷,自己无处安身,因而愁得茶饭不进,睡眠不安的人;又有一个人替他的担忧而担忧,就前去开导他,说:"天,不过是积聚的气体,没有一处没有气。你一屈一伸,一呼一吸,整天在天空里活动。为什么还担心天会崩塌呢?"杞国人说:"天果然是积气,但日月星辰不会掉下来吗?"开导他的人说:"日月星辰不过是积气当中会发光的;即使掉下来,也不会有什么伤害。"杞国人又问:"那么地陷下去怎么办呢?"开导他的人说:"地,不过是堆积起来的土块罢了,它充满四处,没有一处没有土块。你行走踩踏,整天在地上活动,为什么要怕它陷落呢?"杞国人听罢,疑团消失了,非常高兴,而开导他的人也十分欣喜。

长庐子听说这件事,笑他们说:"虹霓、云雾、风雨、四时,这些都是由天所形成的积聚的气体。山岳、河海、金石、火木,这些都是由地所产生的堆积的形体。既然知道它们是积聚的气体,是堆积的土块,怎么说它们不会坏呢?天地在无限空间只是一个细微的物体,而在有万物的地方却是最为巨大的东西。它们难以消亡,难以穷尽,这是肯定的;人们难以揣测它们,难以认识它们,这也是肯定的。担忧天地会坏,那实在担忧得太远;但断言它们不会坏,也是不对的。天地不能不坏,结果总是要坏的。如果遇到天塌地陷,怎么不使人担忧呢?"

列子听说,笑道:"说天地会坏的是错误的,说天地不会坏的也是错误的。天地坏与不坏,不是我们所能知道的事情。既然如此,那么天地不会坏是这么一回事,天地会坏也是这么一回事。因此人活着不知道死后的事情,死了不知道生前的情形;未来不知道过去的事情,过去不知道未来的事情。那么天地会不会崩陷,我又何必要挂在心上呢?"

【原文】 舜问乎丞曰①:"道可得而有乎?"曰:"汝身非汝有也,汝何得有夫道?"舜曰:"吾身非吾有,孰有之哉?"曰:"是天地之委形也。生非汝有,是天地之委和也②。性命非汝有,是天地之委顺也③。孙子非汝有④,是天地之委蜕也⑤。故行不知所往,处不知所持,食不知所以。天地强阳,气也;又胡可得而有邪?"

【注释】 ①舜:传说中我国原始时代部落联盟的领袖。姚姓。有虞氏,简称虞舜。丞:帝王的辅佐之一。②委和:即人的生存是自然所赋予的和气。道家认为,人是由阴阳两气激荡调和而产生的和气所形成的。③委顺:性命是自然所赋予的顺化。顺,调和,和顺。指性命是顺从自然的规律,自然而然产生的。④孙子:当为"子孙"。⑤天地之委蜕:子孙是自然所赋予的躯壳。即谓子孙由阴阳二气化生以后的形体遗传而生,有如昆虫的蜕化。蜕,蝉的脱壳。

【译文】 舜问身边的丞道："道可以获得并且占有吗?"丞回答说："你的身体都不属于你所有,又怎能占有道呢?"舜又问："我的身体不是我的,那么是谁的呢?"丞答道："它是天地所赋予的形体。生存也不是属你所有的,它是天地所赋予的和气形成的。性命也不是属你所有的,它是天地所赋予的顺化而自然形成的。你的子孙后代也不是属你所有的,他们是天地所赋予的蜕变所产生的。因此人们行走时不知道要去什么地方,居住时不知道该停留在什么地方,吃喝时不知道吃的是什么东西。天地运动,全都是气凝聚形成的;又怎么能够获得并占有它呢?"

【原文】 齐之国氏大富,宋之向氏大贫;自宋之齐,请其术①。

国氏告之曰:"吾善为盗。始吾为盗也,一年而给,二年而足,三年大穰②。自此以往,施及州闾。"

向氏大喜,喻其为盗之言,而不喻其为盗之道,遂逾垣凿室③,手目所及,亡不探也。未及时,以赃获罪,没其先居之财。向氏以国氏之谬己也④,往而怨之。

国氏曰:"若为盗若何?"

向氏言其状。国氏曰:"嘻!若失为盗之道至此乎?今将告若矣。吾闻天有时,地有利。吾盗天地之时利,云雨之滂润⑤,山泽之产育,以生吾禾,殖吾稼,筑吾垣,建吾舍,陆盗禽兽,水盗鱼鳖,亡非盗也。夫禾稼、土木、禽兽、鱼鳖,皆天之所生,岂吾之所有?然吾盗天而亡殃。夫金玉珍宝,谷帛财货,人之所聚,岂天之所与?若盗之而获罪,孰怨哉?"

向氏大惑,以为国氏之重罔己也⑥,过东郭先生问焉⑦。

东郭先生曰:"若一身庸非盗乎⑧?盗阴阳之和以成若生,载若形⑨;况外物而非盗哉?诚然,天地万物不相离也,仞而有之⑩,皆惑也。国氏之盗,公道也,故亡殃;若之盗,私心也,故得罪。有公私者,亦盗也;亡公私者,亦盗也。公公私私,天地之德⑪。知天地之德者,孰为盗邪?孰为不盗邪?"

【注释】 ①术:这里指致富方法。②穰:庄稼丰熟。③垣:矮墙。④谬:此处意为欺骗。⑤滂润:灌溉滋润。⑥重罔己:又一次欺骗自己。罔,虚妄。⑦过:访问,探望。东郭先生:复姓东郭,名重,春秋时齐国人,传说为隐士。⑧庸非:岂非。⑨载若形:造就你的形体。载,成,完成。⑩仞:同"认"。有:据有。⑪公公私私,天地之德:意即公也好,私也好,都是天地的德行。德,即作为物质本原的"道"的具体表现。

【译文】 齐国有一个姓国的人非常富有,宋国有个姓向的人非常贫穷;向某从宋国跑到齐国,向国某请教致富的方法。

国某告诉他:"我擅长偷盗。我开始偷盗的时候,一年就能自给,二年便很富足,三年已经大丰收。从此以后,还可接济乡里街坊。"

向某听罢很高兴,但只听见他介绍偷盗的话,却不领悟他说的偷盗的道理,于是翻墙挖壁,凡是眼看见、手摸着的东西,无不捞回家里。没过多久,就因盗窃而受到惩罚,连他以前积蓄的财物一并被没收。向某以为国某欺骗自己,便前去责怪他。

国某问:"你是怎样偷盗的?"

向某诉说了自己的情况。国某说："唉！你误解偷盗的含意到了这种地步吗？现在我可以告诉你了。我听说天有四季节令，地有资源物利。我偷的是天时地利，云雨的滋润，山泽的物产，用来生长我的禾苗，种植我的庄稼，建筑我的院墙，建造我的房舍，在陆上偷禽鸟野兽，在水里偷鱼虾龟鳖，没有一样不是偷来的。庄稼、土木、禽兽、鱼鳖，都是自然所生，难道是属于我的吗？可是我偷自然的物产就不会有灾祸。而金玉珍宝、谷帛财货，都是别人所积聚的财产，难道是天赐予你的吗？你偷了别人的财产而被判罪，这该怨谁呢？"

向某听罢，更加疑惑，以为姓国的又在欺骗自己，便去找东郭先生问个究竟。

东郭先生说："你的身体难道不都是偷来的吗？偷阴阳和气来形成你的生命，造就你的形体；更何况那些身外之物哪一件不是偷来的呢？诚然，天地万物都不相分离，想把它们当作自己的而占有，都是心性迷惑的表现。国某偷盗，符合公道，所以无祸；你的偷盗，是私心，所以获罪。但不管为公还是为私，都是偷盗；不为公，不为私，也是偷盗。公也好，私也好，都是天地的德性。懂得德性的人怎会去区分谁是偷盗，谁不是偷盗呢？"

黄帝篇

【题解】

黄帝是传说中中华民族的祖先，至战国和汉初与老子共同被尊为道家学派的鼻祖，视"清静无为"的思想为黄帝首创的道家学说的精髓。本篇十九个神话和寓言故事，就是以黄帝的"清静无为"为主旨，论述修养身心同认识和掌握自然之道的关系，并把它概括为"养生""体道"。十九个故事可以归纳为五个部分。

第一部分包括"黄帝梦游华胥氏之国""列姑射神人""列子师老商""列子问关尹""列子为伯昏无人射""范氏子华"六个故事。通过黄帝梦游的彻悟，揭示"至道不可以情求"的道理，指出"娱耳目、供鼻口""竭聪明、进智力"，只能"昏然五情爽惑"，不可能把握"至道"，只有"不知乐生，不知恶死""不知亲己，不知疏物""不知悖逆，不知向顺"地修德养性，才能"通乎物之所造"，达于"至道"。其他五个故事旨在强调顺乎自然而天容私，至诚至信可以感物。第二部分由"梁鸯饲虎""津人操舟""吕梁济水""痀偻承蜩"四个故事组成。故事描写的都是终日从事生产实践的劳动者，他们处身行事都自然而然地与道相合，从而进一步说明通过长期实践，不懈修养身心，才能获得对"至道"的直觉体验。第三部分由"海上沤鸟""赵襄子狩猎""神巫季咸"三个故事组成。三个故事旨在申明养生之道，在于"刳心去智""雕琢复朴"，不可有机心，应含藏己意，和同于物，做到"至言去言，至为无为"。第四部分包括"列子之齐""杨朱之沛""杨朱过宋"三个故事和一篇"常胜之道"的说理文，主旨在说明保持个人的虚心态度是养生之道的重要内容，指出靠张扬的外表、自以为是不能服众，反而招来"小言""毒语"，强调"盛德若不足""积于柔必刚，积于弱必强"的处世哲学。第五部分由"人兽之志同异"的论文和最后三个故事组成，旨在论述智力与教化在养生体道中的作用。赞扬智力虽然表面上与先秦道家"绝圣弃智"有区别，然而仔细分析三个故事的本意，不难发现狙公智笼群猴、纪渻子善驯斗鸡，惠盎有让天下人"皆得其利"的智慧以及圣知兽语、聚招群兽驯导的智慧，都不是悖智逞能、追求私利，而是用智慧认识自然规律，掌握物性，使自己融于自然，与禽兽、万物皆合于道。这种体顺民心、彰显万物本性，使"四境之内，皆得其利"，从而形成以智行教化，以教化含养万物德性的智慧，就是立德养生之道的旨趣。

【原文】 黄帝即位十有五年，喜天下戴己，养正命①，娱耳目，供鼻口，焦然肌色皯黣②，昏然五情爽惑③。又十有五年，忧天下之不治，竭聪明，进智力④，营百姓，焦然肌色皯黣，昏然五情爽惑。黄帝乃喟然赞曰⑤："朕之过淫矣⑥。养一己其患如此，治万物其患如此。"于是放万机，舍宫寝，去直侍⑦，彻钟悬，减厨膳，退而间居大庭之馆⑧，斋心服形⑨，三月不亲政事。

昼寝而梦，游于华胥氏之国⑩。华胥氏之国在弇州之西⑪，台州之北⑫，不知斯齐国几千万里⑬；盖非舟车足力之所及，神游而已。其国无师长，自然而已。其民无嗜欲，自然而已。不知乐生，不知恶死，故无夭殇⑭；不知亲己，不知疏物，故无爱憎；不知背逆，不知向顺，故无利害：都无所爱惜，都无所畏忌。入水不溺，入火不热。斫挞无伤痛，指擿无痟痒⑮。乘空如履实，寝虚若处床。云雾不硋其视⑯，雷霆不乱其听，美恶不滑其心⑰，山谷不踬其步⑱，神行而已。

黄帝既寤，怡然自得，召天老、力牧、太山稽⑲，告之曰："朕闲居三月，斋心服形，思有以养身治物之道，弗获其术。疲而睡，所梦若此。今知至道不可以情求矣。朕知之矣！朕得之矣！而不能以告若矣。"又二十有八年，天下大治，几若华胥氏之国，而帝登假⑳，百姓号之，二百余年不辍。

【注释】 ①正命：泛指寿终而死，称为正命。这里指性命。②焦然：形容面色憔悴。皯黣：面色枯焦黝黑。③五情：喜、怒、哀、乐、怨，亦泛指人的情感。爽惑：错乱。④进：通"尽"。⑤喟然：大声叹气的样子。⑥朕：古人称我之词。从秦始皇起，才专用为皇帝的自称。⑦直侍：贴身的侍从。⑧间居：即"闲居"，独居。⑨斋心：古人在祭祀前清心洁身以示庄敬。这里指洗心反省。服形：通过修养，消除欲念，使身心顺服于道。⑩华胥氏之国：神话中的国名。后人常用此作为梦境的代称。⑪弇州：古地名。据《淮南子·地形训》："正西弇州曰并土"，则此地应在中原的西面。⑫台州：古地名。据《淮南子·地形训》："西北台州曰肥土"，则此地应在中原的西北方向。⑬斯：距离。齐：通"脐"，引申为中央。⑭殇：未成年而死。⑮擿：搔爬。痟：酸痛。⑯硋：阻碍。⑰滑：搅乱，扰乱。⑱踬：被绊倒。⑲天老、力牧、太山稽：传说中黄帝的三位辅弼之臣。⑳登假：犹言成仙而远去，为古代帝王死亡的讳称。假，通"遐"。

【译文】 黄帝即位十五年了，因受到普天下爱戴而沾沾自喜，就一心调养身体，娱乐耳目，满足口鼻欲望，结果弄得面色焦黄，憔悴不堪，头昏眼花，情志迷乱。又过了十五年，他因社会的动乱而忧心忡忡，就竭尽聪明才智，管理百姓，结果还是弄得面色焦黄，憔悴不堪,头昏眼花,情志迷乱。黄帝便高声叹气说:"我的过错太严重啦!只顾调养自己祸害是这样;用心治理天下祸害也是这样。"于是,抛弃纷繁的政务,舍弃华丽的宫殿,裁去贴身的侍从,取消娱乐的钟鼓,减少美味的膳食,隐退到外庭的简陋房舍里独自居住,清心反省,消除肉体的欲念,三个月都不亲自过问政事。

有一天,他白日睡觉时,做了一个梦,梦见自己在华胥氏之国漫游。华胥氏之国在弇州的西面、台州的北面,不知道距离中国有几千万里路;不是身车脚力所能到达的,只是神游罢了。这个国家没有君主官长,一切听其自然;人民没有嗜好欲望,一切听其自然。他们不知迷恋生存,不知讨厌死亡,所以没有夭亡;不知偏爱自己,不知疏远外物,所以没有爱憎情感;不知违背,不知顺从,所以没有利害;他们没有什么偏爱,没有什么畏惧。投入水里不会淹死,跳进火中不感灼热。刀砍鞭打无伤痛,指甲骚扰无痛痒。升到天上如同脚踏实地,睡在虚空好似躺在床榻。云雾不能妨碍他们的视线,雷霆不能扰乱他们的听觉,美恶不能迷惑他们的心境,山谷不能绊倒他们的脚步,这都是神游而已。

黄帝梦醒,洋洋自得,把他的辅佐大臣天老、力牧和太山稽招来,告诉他们说:"我闲居了三个月,清心反省,消除欲念,潜心思考调养身心治理天下的道理,但没有想出好方法。后来我疲倦而入睡,就做了这样一个梦。现在我明白了,最高深的道是不能根据常理求得的。我知道它啦!我取得它啦!但是我无法把它告诉你们啊!"又过了二十八年,天下大治,几乎像华胥氏之国,黄帝却逝世了,黎民百姓为怀念他痛哭,二百多年都没有停止。

【原文】 列姑射山在海河洲中①,山上有神人焉。吸风饮露,不食五谷;心如渊泉②,形如处女;不偎不爱,仙圣为之臣;不畏不怒,愿悫为之使③;不施不惠,而物自足;不聚不敛,而己无愆④。阴阳常调,日月常明,四时常若⑤,风雨常均,字育常时⑥,年谷常丰;而土无札伤⑦,人无夭恶⑧,物无疵厉⑨,鬼无灵响焉⑩。

【注释】 ①列姑射山:古代传说中的山名。海河洲:黄河入海口的河洲。②渊泉:深泉。此处用以比喻心境的沉静深邃。③愿悫:忠厚诚实。④愆:困难,缺乏。⑤若:顺从。⑥字育:养育。字,养育,乳哺。⑦札伤:因遭瘟疫而早死。⑧夭恶:夭折,短命。⑨疵厉:灾害,疾病。厉,疫病。⑩鬼无灵响:鬼神就无法显灵。

【译文】 列姑射山在北海的河洲之中,山上居住着神人。他吸风饮露,不食五谷;心境像深泉一样清澈,形体似年轻处女一样柔美;他不偏亲不偏爱,神仙圣人都愿做他的臣下;他不威不怒,忠厚之人都愿做他的仆役;他不施舍不惠赠,但人们的财物都自然丰裕;他不聚积不征敛,但自己从不困乏。那里的阴阳常年调和,日月常年明亮,四季常年合节,风雨常年均匀,养育常年适时,五谷常年丰收;而且土地没有瘟疫,人们没有夭折,万物没有灾害,鬼神也没有了灵验。

【原文】 列子师老商氏①,友伯高子②,进二子之道③,乘风而归。尹生闻之,从列子居,数月不省舍。因间请蕲其术者④,十反而十不告。尹生怼而请辞⑤,列子又不命⑥。尹生退,数月,意不已,又往从之。列子曰:"汝何去来之频?"尹生曰:"曩章戴有请于子⑦,

子不我告,固有憾于子。今复脱然⑧,是以又来。"

列子曰:"曩吾以汝为达,今汝之鄙至此乎?姬⑨!将告汝所学于夫子者矣。自吾之事夫子友若人也⑩,三年之后,心不敢念是非,口不敢言利害,始得夫子一眄而已⑪。五年之后,心庚念是非⑫,口庚言利害,夫子始一解颜而笑。七年之后,从心之所念,庚无是非;从口之所言,庚无利害,夫子始一引吾并席而坐。九年之后,横心之所念,横口之所言,亦不知我之是非利害欤,亦不知彼之是非利害欤;亦不知夫子之为我师,若人之为我友:内外进矣。而后眼如耳,耳如鼻,鼻如口,无不同也。心凝形释⑬,骨肉都融;不觉形之所倚,足之所履,随风东西,犹木叶干壳。竟不知风乘我邪?我乘风乎?今女居先生之门,曾未浃时⑭,而怼憾者再三。女之片体将气所不受,汝之一节将地所不载。履虚乘风,其可几乎⑮?"尹生甚怍,屏息良久,不敢复言。

【注释】 ①老商氏:当为列子之师壶丘子林。②伯高子:当为列子之友伯昏瞀人。③进:通"尽"。这里有完全掌握的意思。道:即道术,指关于"道"的整体观念,也指按"道"来修行的方法。④因间:趁机。蕲,通"祈",祈求。⑤怼:怨恨。⑥不命:不表示意见。⑦曩:从前。⑧脱然:霍然,轻快。形容怨气顿消的样子。⑨姬:同"居"。这里意为坐下。⑩若人:此人,指伯高子。⑪眄:斜着眼睛看。⑫庚:通"更"。⑬心凝形释:心意凝聚达到忘我之境。⑭未浃时:指时间短暂。⑮几:通"冀",盼望。

【译文】 列子拜老商氏为师,与伯高子交友,学得了二位先生的道术,乘风返回。尹生听说了,便去跟列子居住在一处,好几个月都不回家看一看。他趁机向列子请教道术,跑了十回,十回都没有得到列子的传授。尹生满腹怨气,请求辞去,列子又没有什么表示。尹生返回家中,过了好几个月,他想学道的念头难以打消,又前去跟从列子。列子说:"你为什么这样频繁地来来去去?"尹生回答:"以前我向先生请教,您不肯相告,我当然对您一肚子怨气。现在我的怨气已消,因此又回来啦。"

列子说:"从前我还以为你明白事理,现在你竟浅薄到这种地步了吗?坐下!我要告诉你从先生那儿学来的东西。自从我事奉先生,与伯高子交友,三年之后,心中不敢想是非,口里不敢言利害,才得到先生斜看了一眼而已。五年之后,心中反而转念思考是非,口里反而有意言说利害,先生才对我开颜一笑。七年之后,任从心中所想,更加没有是非;任从口里所说,更不涉及利害,先生才开始让我和他并席而坐。九年之后,放纵心思去想,放开嘴去说,不知我的是非利害是什么,也不知道别人的是非利害是什么;也不知道先生是我的老师,伯高子是我的朋友:内心的存想和外界的事物的界限就茫然无存了。这以后,我眼睛的作用像耳朵一样,耳朵的作用像鼻子一样,鼻子的作用像嘴巴一样,全身各部位的作用没有什么不同的。于是精神凝聚,形体消散,骨骸血肉全与自然融为一体;感觉不到身体所倚靠的地方,脚下所踩踏的地方,任随风吹而东西飘荡,犹如枯叶干壳。竟然不知道是风乘着我呢?还是我驾着风呢?而你现在在我的门下当学生,还没有多少时间,就再三地怨恨遗憾。这样的话,你小小一片身躯,灵气也不能接受,你短短一节骨头,土地也不肯负载。想要凌空乘风,怎么办得到呢?"尹生听罢,十分羞愧,好久连

气也不敢出,不敢再多说话了。

【原文】 列子问关尹^①:"至人潜行不空^②,蹈火不热,行乎万物之上而不慄。请问何以至于此?"关尹曰:"是纯气之守也^③,非智巧果敢之列。姬!鱼语女^④。凡有貌像声色者,皆物也。物与物何以相远也?夫奚足以至乎先?是色而已^⑤。则物之造乎不形^⑥,而止乎无所化^⑦。夫得是而穷之者,焉得而正焉^⑧?彼将处乎不深之度^⑨,而藏乎无端之纪,游乎万物之所终始。壹其性,养其气,含其德,以通乎物之所造。夫若是者,其天守全,其神无郤^⑩,物奚自入焉^⑪?夫醉者之坠于车也,虽疾不死。骨节与人同,而犯害与人异,其神全也。乘亦弗知也,坠亦弗知也。死生惊惧不入乎其胸,是故遻物而不慑^⑫。彼得全于酒而犹若是,而况得全于天乎?圣人藏于天^⑬,故物莫之能伤也。"

【注释】 ①关尹:战国时期的道家人物,姓尹,曾为函谷关尹,故称关尹。他的基本思想同老子一致。②至人:道家用以称谓道德最高的人。空:通"窒",即窒碍。③纯气:纯和之气,指由阴阳两气变化所产生的、构成人的自然质性的纯净和气。守:保持。④鱼:通"吾",即"我"。⑤色:当为"形色",指有形貌声色的物体。⑥不形:无形无象的东西,指万物本原的"道"。⑦无所化:不被他物所化的变化,亦指"道"。⑧正:阻止。⑨深:即过度,超过节制。⑩神:指心神,神气。郤:通"隙",空隙。⑪奚:哪里。表诘问副词。⑫遻:遇到。慑:恐惧,害怕。⑬圣人藏于天:谓圣人把心神隐匿于自然天道之中,亦即达到德性与天道自然冥合的境界。

【译文】 列子问关尹:"道德修养达到最高境界的人潜行水里不会窒息,踏入火中不会觉得灼热,行走在万物上而不恐惧。请问他们依靠什么能达到这种地步?"关尹回答说:"靠的是保持纯正之元气,而绝非靠智巧果敢之类。坐下!我告诉你。凡是有面貌、形象、声音、色彩的,都是物。物与物的性质为什么相差很远呢?有什么物能够超越在他物的前面呢?都是有形色的物。而物产生于无形无象的道,又消失在不被他物所化的道。掌握这条自然之道并能穷理尽性的人,外物怎能阻碍和左右他呢?他将把身体处于永远适宜的有限度的环境中,而把心神隐匿在循环无已的变化里,并畅游在万物的本原之中。纯化他的本性,涵养他的精气,保持他的德性,依据这些来通向自然。像这样的人,保持天性完善,心神凝聚无间,外物又从哪里侵入呢?酒醉的人从车上摔下来,虽然受伤但不会死亡。他的骨骼筋节与别人都一样,但损害却与别人不同,原因在于他的心神凝聚无间。乘在车上不知道,摔下车子也无感觉。死生惊惧的念头一点儿也不侵入他的心胸,由于这个缘故,所以遇到危险而不感到害怕。他得到酒的保全都可以这样,更何况得到自然之道的保全呢?圣人把心神隐匿并融合在自然之道中,所以没有什么外物能够伤害他。"

【原文】 列御寇为伯昏无人射^①,引之盈贯^②,措杯水其肘上,发之,镝矢复沓^③,方矢复寓^④。当是时也,犹象人也^⑤。

伯昏无人曰:"是射之射,非不射之射也。当与汝登高山^⑥,履危石,临百仞之渊,若能射乎?"于是无人遂登高山,履危石,临百仞之渊,背逡巡^⑦。足二分垂在外。揖御寇而进

之⑧。御寇伏地，汗流至踵。伯昏无人曰："夫至人者，上窥青天，下潜黄泉，挥斥八极⑨，神气不变。今汝怵然有恂目之志⑩，尔于中也殆矣夫！"

【注释】 ①伯昏无人：列子的朋友，与《天瑞篇》中的伯昏瞀人同为一人。②引：拉弓。盈贯：射箭时，拉足弓弦达到箭头与弓背相齐的限度。③镝矢：即指箭。沓：会合。④矢：作动词用，指箭射出。寓：寄托。此处指箭搭在弦上。⑤象人：泥塑木雕之人。⑥当：相当于"傥"，倘若，假如。⑦背逡巡：背对深渊，向后退步。逡巡，却退，欲进不进的样子。⑧揖：拱手相请。⑨挥斥：奔放。八极：八方极远的地方。⑩怵然：恐惧貌。恂目：眨眼。这里指表情、神色等外部表现。

【译文】 列御寇为伯昏无人表演射箭术。他拉满弓，并放一杯水在肘上，然后开始发射，一支支箭飞速射出，后面的箭镞紧追着前头的箭尾，前一支箭刚刚射出，后一支箭又搭上弓弦。射箭时，列子形神凝聚，就像泥塑木雕一般端正不动。

伯昏无人说："你这样还属于存心为射箭而射箭，并没有达到无心射箭而射箭的地步。假如我同你一起攀登高山，脚踏危崖，身临几十丈的深渊，你还能这样射箭吗？"于是，伯昏无人就带他攀登高山，脚踏危崖，身临几十丈的深渊。伯昏无人背对深渊向后退步，脚跟悬在崖外。然后对列子拱手作礼，请他上山来。列子却吓得卧在地下，冷汗一直流到脚跟。伯昏无人说："那些道德最高的人，上可窥探于青天，下可潜没于黄泉，自由遨游于四面八方，而神色丝毫不变。但现在你却恐惧得直眨眼睛，你对于射箭的奥妙还差得很远啊！"

【原文】 范氏有子曰子华①，善养私名②，举国服之；有宠于晋君，不仕而居三卿之右③。目所偏视，晋国爵之；口所偏肥④，晋国黜之。游其庭者侔于朝⑤。子华使其侠客以智鄙相攻，强弱相凌。虽伤破于前，不用介意。终日夜以此为戏乐，国殆成俗。

禾生、子伯，范氏之上客。出行，经坰外⑥，宿于田更商丘开之舍⑦。中夜，禾生、子伯二人相与言子华之名势，能使存者亡，亡者存；富者贫，贫者富。商丘开先窭于饥寒，潜于牖北听之⑧。因假粮荷畚之子华之门⑨。

子华之门徒皆世族也，缟衣乘轩⑩，缓步阔视。顾见商丘开年老力弱，面目黎黑，衣冠不检，莫不眲之⑪。既而狎侮欺诒⑫，攩挨挨扰⑬，亡所不为。商丘开常无愠容，而诸客之技单⑭，愈于戏笑。遂与商丘开俱乘高台，于众中漫言曰："有能自投下者赏百金。"众皆竞应。商丘开以为信然，遂先投下，形若飞鸟，扬于地⑮，骸骨无砀⑯。范氏之党以为偶然，未讵怪也⑰。因复指河曲之淫隈曰⑱："彼中有宝珠，泳可得也⑲。"商丘开复从而泳之，既出，果得珠焉。众眆同疑⑳。子华眆令豫肉食衣帛之次㉑。俄而范氏之藏大火。子华曰："若能入火取绵者，从所得多少赏若。"商丘开往无难色，入火往还，埃不漫，身不焦。范氏之党以为有道，乃共谢之曰："吾不知子之有道而诞子㉒，吾不知子之神人而辱子。子其愚我也，子其聋我也，子其盲我也，敢问其道。"

商丘开曰："吾亡道。虽吾之心，亦不知所以。虽然，有一于此，试与子言之。曩子二客之宿吾舍也，闻誉范氏之势，能使存者亡，亡者存；富者贫，贫者富。吾诚之无二心，故

不远而来。及来，以子党之言皆实也，唯恐诚之之不至，行之之不及，不知形体之所措，利害之所存也。心一而已。物亡迕者，如斯而已。今昉知子党之诞我，我内藏猜虑，外矜观听，追幸昔日之不焦溺也，怛然内热㉓，惕然震悸矣㉔。水火岂复可近哉？"自此之后，范氏门徒路遇乞儿马医，弗敢辱也，必下车而揖之。

宰我闻之㉕，以告仲尼。仲尼曰："汝弗知乎？夫至信之人，可以感物也。动天地，感鬼神，横六合㉖，而无逆者，岂但履危险，入水火而已哉？商丘开信伪物犹不逆，况彼我皆诚哉？小子识之！"

【注释】　①范氏：春秋后期晋国的六大贵族之一。②私名：即私客。③三卿：卿，西周、春秋时国王及诸侯所分封的臣属和执掌国家政事的长官，其地位在国君之下而高于大夫和士。此三卿指当时晋国势力强大的韩、赵、魏三卿。右：古代以右为贵，故以"右"指较高贵和重要的地位。④偏肥：特别地鄙薄。肥，意为轻视、鄙薄。⑤侔：相等。⑥坰：遥远的郊野。⑦田更：老农。⑧牖北：朝北面的窗户。牖，窗。⑨假：借。畚：古代用草绳做的盛器。这里指用来装行李的草筐。⑩缟衣：白色的绢衣。轩：古代一种前顶较高而有帷幕的车子，比较华丽，供高官乘坐。⑪眣：轻视。⑫诒：欺骗。⑬搅：捶打。扺：正面推击。挨：用体侧撞击。扰：击背。⑭单：通"殚"，竭尽。⑮扬于地：飘飘摇摇地落到地上。⑯肌：同"肌"。砏：败坏。⑰讵：通"巨"，大，特别地。⑱淫隈：水特别深的角落。⑲泳：潜行水中。⑳昉：曙光初现，引申为开始、方才。㉑豫：通"与"，参与。次：位次，行列。㉒诞：欺骗。㉓怛然：痛苦悲伤的样子。㉔惕然：战兢恐惧的样子。㉕宰我：一名宰予，春秋时鲁国人，字子我，孔子的学生。㉖六合：指天地四方，即上、下、东、南、西、北。

【译文】　范家有个儿子叫子华，喜欢收养游士侠客，举国的百姓都屈服于他的势力；他得到晋侯的宠爱，虽不做官，但地位在当时的三卿之上。只要他多看几眼的人，晋国立刻赐官赏爵；只要被他多说几句坏话的人，晋国马上罢其官爵。往来他厅堂里的人像在朝廷上的人一样多。子华让他的侠客们凭智力的高下来相互攻击，靠体力的强弱来相互欺凌，就是在他面前打得头破血流，他丝毫不在意。通宵达旦以此游戏取乐，使这种残杀几乎在全国形成一种风气。

禾生和子伯是范家的上等门客。有一天外出，途经远郊，借宿在老农商丘的茅舍里。半夜时候，禾生、子伯两人一齐谈论子华的名气和势力，说他能使生者灭亡、亡者复活，富者变穷，穷者变富。商丘开正困于饥寒，躲在朝北的窗口下听到了这番谈话。于是，他就借了粮食，挑着装行李的草筐，来到子华门下。

子华的门徒都是达官豪门的子弟，穿着白色绢衣，乘坐华丽的轩车，走起路来不及不忙，两眼朝天。他们瞧见商丘开年老体弱，面目黧黑，衣冠不整，都看不起他。接着又围上来戏弄侮辱，推搡捶打，无所不为。商丘开却没有一点怨恼的样子，倒是门客们智穷技尽，嬉笑也闹够了，才作罢。于是，他们又带商丘开一同登上高台，众人中有人随意说："有谁愿跳下去，赏他百金！"大家都假装争着往下跳。商丘开信以为真，就抢先跳下高台，只见他身体好像飞鸟，轻轻飘落着地，毫无损伤。范家门客以为这是偶然的，并不感

到特别奇怪，便又指着河湾边的深水潭说："那里面有宝珠，潜入水底就可得到。"商丘开又受他们的怂恿，潜入水底，等他游出水面，果然找到了宝珠。这时候，众人才开始感到惊疑。子华这才让他加入了食肉衣绸的食客行列。不久，范家的贮藏库发生火灾。子华对商丘开说："你如果能入火抢救锦缎，根据取出的多少奖赏给你。"商丘开面无难色，冲往大火，多次出入火海，尘灰不沾染，身体不烧焦。这一来，范家门客都认为他是有道术之人，一齐向他道歉说："我们不知道您有道术而欺骗了您，我们不知道您是神人而侮辱了您。您大概把我们看作是傻瓜，看作是聋子，看作是瞎子了吧。我们冒昧向您请教您的道术。"

商丘开说："我没有道术。即便我自己也不知道其中的奥妙。尽管这样，还是有一点可以对你们讲讲。前些日，你们的两位门客住在我家，我听见他们夸耀范家的势力，说他能使生者灭亡，亡者复活；能使富者变穷，穷者变富。对此，我信以为真，毫无二心，所以就不怕路远，来到这儿。来到以后，我又以为你们的话都是真的，唯恐相信它还相信得不真诚，实行它还实行得不及时，所以就不考虑身体放在哪里才合适，不知道利害应从哪里抓起，只是心意专一罢了。这样，外物就不能损害我，如此而已。现在我才知道你们欺骗我，我便内心满怀疑虑，外面还要小心地察言观色，庆幸往日没有被烧焦、溺死，想起来就痛苦得五内俱焚，恐惧得心惊肉跳，难道还可以再接近水火吗？"从此以后，范家的门客在路上遇见乞丐马医之类的贫贱人，也不敢侮辱了，还一定要下车向他们拱手施礼。

宰我听说这件事，就来告诉孔子。孔子说："你不知道吗？最诚实的人是可以感化外物的。他们惊动天地，感化鬼神，纵横宇内，而没有阻碍他们的东西。难道仅仅只是身临险境脚踩危崖，出入水火而已吗？商丘开相信那些虚假的事物尚且能无所阻碍，何况我们都是坚守诚信的人呢？这点你们要牢牢记住！"

【原文】　周宣王之牧正有役人梁鸯者①，能养野禽兽，委食于园庭之内②，虽虎狼雕鹗之类③，无不柔驯者。雄雌在前，孳尾成群④，异类杂居，不相搏噬也。王虑其术终于其身，令毛丘园传之。

梁鸯曰："鸯，贱役也，何术以告尔？惧王之谓隐于尔也，且一言我养虎之法。凡顺之则喜，逆之则怒，此有血气者之性也。然喜怒岂妄发哉？皆逆之所犯也。夫食虎者，不敢以生物与之，为其杀之之怒也；不敢以全物与之，为其碎之之怒也。时其饥饱，达其怒心⑤。虎之与人异类，而媚养己者，顺也；故其杀之⑥，逆也。然则吾岂敢逆之使怒哉？亦不顺之使喜也。夫喜之复也必怒，怒之复也常喜，皆不中也。今吾心无逆顺者也，则鸟兽之视吾，犹其侪也⑦。故游吾园者，不思高林旷泽；寝吾庭者，不愿深山幽谷⑧，理使然也。"

【注释】　①周宣王：西周国王，周厉王之子。公元前828～前782年在位。牧正：古官名。牧官之长，主管畜牧。②委：托付，此处引申为致送。食：喂食。③雕：鹰科，大型食肉猛禽。鹗：一种外形较凶猛的候鸟，属鹗科，与家养捕鱼的"鸬"（鸬鹚）不属一类。④孳尾：动物生育繁殖。⑤达：这里有疏导的意思。⑥故：则。杀：指伤害生物。疑"故其

杀之"后脱一"者"字。⑦侪:同辈,同类。⑧愿:贪恋。

【译文】 周宣王的牧正有一个名叫梁鸯的役夫,能够饲养野生的禽兽,他在园庭里送食物喂饲它们,即使像虎、狼、雕、鹗一类的凶猛动物,也无不对他温柔驯顺。这些禽兽,雌雄交配繁殖,生下成群的后代,不同种类的,混杂居处,从不搏斗咬群。周宣王恐怕梁鸯的技术失传,便命令毛丘园来学习梁鸯的驯养技术。

梁鸯说:"我,一个下贱的役夫,有什么技术可告诉你呢? 只怕国王认为我对你隐瞒,姑且说说我饲养老虎的方法。一般说,顺着它就高兴,违逆它就发怒,这是有血气动物的天性。但是欢喜或恼怒难道是没有任何原因随便发作的吗? 这都是由违逆所触发的。给虎喂食,我不敢拿活动物给它吃,怕它在咬杀活物时诱发天性即发怒;我也不敢拿整个的动物给它吃,怕它因使劲撕碎食物会诱发它残杀的天性而发怒。要知道它饥饱的时刻,在什么条件下易发怒。虎与人不同类,却能使它喜爱饲养它的人,是由于依顺了虎的性情;至于它会伤害人,是因为人们违逆了它的性情。既然这样,我难道敢于违逆它而使它发怒吗? 但我也不一味依顺它让它欢喜。因为欢喜过度反过来一定会发怒,而恼怒太过反过来又常常会欢喜,这两种做法都不适中。现在我心里不想违逆它,也不想顺着它,于是鸟兽看待我,就如它们的同类一样。所以在我的园庭里游玩的动物,不思念高林旷泽;安睡在我的园庭里的鸟兽,不贪恋深山幽谷,这正是上述道理造成的必然结果。"

【原文】 颜回问乎仲尼曰①:"吾尝济乎觞深之渊矣②,津人操舟若神。吾问焉,曰:'操舟可学邪?'曰:'可;能游者可教,善游者数能③。乃若夫没人④,则未尝见舟而谡操之者也⑤。'吾问焉,而不告。敢问何谓也?"仲尼曰:"嘻⑥! 吾与若玩其文也久矣,而未达其实,而固且道与? 能游者可教也,轻水也;善游者之数能也,忘水也;乃若夫没人之未尝见舟也而谡操之也,彼视渊若陵,视舟之覆犹其车却也。覆却万物方陈乎前而不得入其舍⑦。恶往而不暇⑧? 以瓦抠者巧,以钩抠者惮⑨,以黄金抠者惛。巧一也,而有所矜⑩,则重外也。凡重外者拙内。"

【注释】 ①颜回:春秋时鲁国人。名回,字子渊。孔子的学生。以德行著称,早卒。后世尊为"复圣"。②觞深:深潭之名,因其状如酒杯而得名,地在宋国。③数能:很快能学会。数,通"速",迅速。④没人:善潜水的人。⑤谡:立刻。⑥嘻:感叹声,同"噫",犹"唉"。⑦方:并列。舍:这里指心胸。⑧恶:何,怎么。暇:悠闲自如。⑨抠:古代的一种博戏,即一方将物品藏起,另一方伸手摸取,相当于"藏钩"。这里"抠"作动词,表示进行这种博戏。⑩矜:顾忌。

【译文】 颜回问孔子说:"我曾经渡一个叫作觞深的深潭,摆渡的船夫划船的技术简直出神入化。我问他:'驾船的技术可以学吗?'他说:'可以。能游水的人可以教,游得好的人很快就能学会。至于能潜泳的人,即使从来没有见过船也会立即就能驾驭它。'我再追问,他就不吭气了。请问他说的是什么意思呢?"孔子回答:"唉! 我教你研习那些书本知识已经很久啦,但是没有掌握实践经验,又何况掌握道的本身呢? 能游水的人可以教,是因为他不怕水;善于游水的人很快就学会,是因为他熟悉水性;至于能潜水的人从未见

中华传世藏书

国学经典文库 列子

图文珍藏版

229

过船只但能立即驾驭它,是因为他把深潭看作像土山,把渡船的倾覆看作车子倒退。万物倾覆倒退同时呈现在他面前,也丝毫不能动摇他的内心。像这样的人,遇到什么情况不从容呢?用瓦块做赌注,技术发挥得一定巧妙;用银铜带钩做赌注,心里就害怕;用黄金做赌注,头脑会昏昧糊涂。赌博的技巧本来一样,但有所顾惜时就把外物看得很重,凡是看重外物的。内心就会笨拙。"

【原文】 孔子观于吕梁^①,悬水三十仞,流沫三十里,鼋鼍鱼鳖之所不能游也^②。见一丈夫游之,以为有苦而欲死者也,使弟子并流而承之^③。数百步而出,被发行歌,而游于棠行^④。孔子从而问之,曰:"吕梁悬水三十仞,流沫三十里,鼋鼍鱼鳖所不能游,向吾见子道之^⑤,以为有苦而欲死者,使弟子并流将承子。子出而被发行歌,吾以子为鬼也。察子,则人也。请问蹈水有道乎?"曰:"亡,吾无道。吾始乎故,长乎性,成乎命,与齐俱入^⑥,与汩偕出^⑦。从水之道而不为私焉^⑧,此吾所以道之也。"孔子曰:"何谓始乎故,长乎性,成乎命也?"曰:"吾生于陵而安于陵,故也;长于水而安于水,性也;不知吾所以然而然,命也。"

【注释】 ①吕梁:此处吕梁应在鲁、卫之间的泗水之上。梁,高山上河床中的石坎断绝水流,形成瀑布的地方。②鼋:爬行动物,形似鳖而大。鼍:爬行动物,亦称"扬子鳄",短吻,体长约两米。③承:通"拯",救。④棠行:即塘下、堤岸下面。张湛注:"棠当作塘,行当作下。"⑤道:张湛认为"道当为蹈",意即"踩水"。⑥齐:携着,带着。⑦汩:疾涌而出的水流。⑧私:指个人的好恶。

【译文】 孔子在吕梁观望,只见飞瀑直下二十多丈,流沫冲出三十里,即便是鼋鼍和鱼鳖也不能游渡。他看见一个汉子在水里漂游,孔子以为是一个痛不欲生的人,连忙派学生沿着河岸跑去救他。这汉子游了几百步远又从波涛中钻出来上了岸,披头散发边走边唱着歌,在河堤下游荡。孔子追上去问道:"吕梁飞瀑二十丈,流沫三十里,连鼋鼍鱼鳖也不能游渡。方才我看见你跳到水里,以为你心中痛苦想要自杀,派学生沿河来救你。不料你出水以后又披着头发,边走边唱,我又以为你是鬼呢。再一细看,却是人。请问,踩水有道术吗?"那汉子回答:"没有,我没有道术。我不过是'始乎故'、'长乎性'、'成乎命'罢了,和漩涡一同卷进水底,又随涌流一齐冲出水面。我顺从河水的规律而不凭个人的意愿,这就是我能出没水中的原因。"孔子问:"那么,什么叫作'始乎故','长乎性'、'成乎命'呢?"汉子回答:"我出生在山陵而习惯于山陵,这就是从天生的素质开始,所以叫作'故';我长在水边而习惯于水边,这是自身的本性,所以叫作'性';我不知道为什么会游水却自然而然地能游水,所以叫作'命'。"

【原文】 仲尼适楚,出于林中,见痀偻者承蜩^①,犹掇之也^②。仲尼曰:"子巧乎!有道邪?"曰:"我有道也。五六月,累垸二而不坠^③,则失者锱铢^④;累三而不坠,则失者十一^⑤;累五而不坠,犹掇之也。吾处也,若厥株驹^⑥;吾执臂若槁木之枝^⑦。虽天地之大、万物之多,而唯蜩翼之知。吾不反不侧,不以万物易蜩之翼,何为而不得?"

孔子顾谓弟子曰:"用志不分,乃凝于神。其痀偻丈人之谓乎^⑧!"丈人曰:"汝逢衣徒

也⑨,亦何知问是乎？修汝所以⑩,而后载言其上⑪。"

【注释】　①疴偻者：弯腰驼背的人。承蜩：用顶端涂着树脂的竹竿粘捉蝉。蜩,即蝉。②掇：拾取。③垸：通"丸",小圆球形的物体。④锱铢：锱、铢都是古代很小的重量单位,有说一锱为四分之一两,而六铢为一锱。比喻极微小的数量。⑤十一：十分之一。⑥厥株驹：竖起的残断树桩。厥,通"橛",竖。株驹,即株拘,树根。⑦执臂：举起手臂。⑧丈人：古时对老年人的尊称。⑨逢衣：同"逢掖",古代读书人所穿的一种袖子宽大的衣服。后作为儒生的代称。⑩修：通"滫",淘洗。这里可理解为修除、放弃。⑪载：通"再"。

【译文】　孔子前往楚国,经过树林中,看见一位驼背的老汉正在粘蝉,竟像随手拾取一般容易。孔子叹道："太巧妙啦! 您有道术吗?"老汉回答："我有道术。经过五六个月,我练到在竹竿梢上叠放两颗小球而不坠落,那么逃走的蝉就很少了;叠放三颗小球而不坠落,那么十只里面只能逃走一只;叠放五颗小球而不坠落,捉蝉就像随手拾取一样了。我身体站着,如同直立的木桩;我举着竿子的手,好像枯树上的树枝。虽然天地广大,万物繁多,但我只看见蝉的翅膀;我不回头不四顾,不容任何事物来分散我对蝉翼的注意力。为什么会捉不到蝉呢?"

孔子回头对学生们说："用心不分散,精神凝聚专一。这就是驼背老翁所说的道理啊!"老汉说："你们是穿着儒服的读书人,也知道过问这些事吗? 抛弃你们那套仁义礼乐说教,然后再谈论上面这些道理吧!"

【原文】　海上之人有好沤鸟者①,每旦之海上,从沤鸟游,沤鸟之至者百住而不止。其父曰："吾闻沤鸟皆从汝游,汝取来,吾玩之。"明日之海上,沤鸟舞而不下也。故曰：至言去言,至为无为②;齐智之所知,则浅矣。

【注释】　①沤：通"鸥"。②至为：最卓绝的行为。

【译文】　海边有一位喜欢海鸥的人,每天早晨去海上,同海鸥一起玩耍,飞来的海鸥常数以百计。一天,他父亲说："我听说海鸥都爱跟你一块儿玩耍,你捉几只来,我要玩玩。"第二天他来到海上,海鸥都在空中飞舞不肯飞下来。所以说,最高深的言论要摈弃语言,最卓绝的行为要无所作为;只限于一个人的智巧所知,那就失之浅薄啦!

【原文】　赵襄子率徒十万狩于中山①,藉苏燔林②,扇赫百里③。有一人从石壁中出,随烟烬上下,众谓鬼物。

火过,徐行而出,若无所经涉者。襄子怪而留之。徐而察之：形色七窍,人也;气息音声,人也。问奚道而处石? 奚道而入火? 其人曰："奚物而谓石? 奚物而谓火?"襄子曰："而向之所出者④,石也;而向之所涉者,火也。"其人曰："不知也。"

魏文侯闻之⑤,问子夏曰⑥："彼何人哉?"子夏曰："以商所闻夫子之言,和者大同于物,物无得伤阂者⑦,游金石,蹈水火,皆可也。"文侯曰："吾子奚不为之?"子夏曰："刳心去智⑧,商未之能。虽然,试语之有暇矣。"文侯曰："夫子奚不为之?"子夏曰："夫子能之而能不为者也。"文侯大说。

【注释】　①赵襄子：即赵无恤。春秋末年晋国大夫。赵鞅之子。曾联合晋国韩、魏

二卿击败智伯,三家分晋。狩:冬天打猎。一般用放火烧草树的办法来驱逐野兽。中山:古国名。春秋末年鲜虞人所建。战国时,其活动中心在今河北定县。②藉芿:践踏乱草。芿,乱草。③扇:煽动,播扬,引申为炽盛。赫:显耀,形容气势很盛。④向:方才。⑤魏文侯:战国时魏国的建立者,公元前446~前396年在位。曾因改革政治,奖励耕战,使魏成为战国初期的强国。⑥子夏:春秋时晋国人,一说卫国人。卜氏,名商。孔子学生。魏文侯尊为老师。⑦伤阂:伤害,阻碍。⑧刓心去智:剔除思虑,摈弃智巧。刓,剔净。

【译文】 赵襄子率领十万人马在中山国狩猎,践踏乱草,焚烧树林,炽烈的火势百里。忽然有一个人从悬崖的石壁中钻出来,随着烟火灰烬上下飘浮,大家见了都以为是鬼怪。

大火烧过,那个人徐徐地走了出来,好像方才没有经历钻石入火一样。赵襄子十分奇怪,将他留住。细细察看,见他形貌颜色和七窍是人,再听他气息声音也是人。问他凭什么道术能居住在石壁里面? 又凭什么道术能出入烈火? 那人却反问道:"什么东西叫作石壁? 什么东西叫作火?"襄子说:"刚才你所出来的地方,就叫石壁;刚才你所出入的东西,就是火。"那人说:"不知道。"

魏文侯听了这件事,问子夏:"他究竟是什么人?"子夏回答:"根据我听孔夫子所说,保全纯和元气的人,身心同外物融合一体,没有什么东西能伤害和阻碍他,在金石里走动,在水火中跳跃,都可以做到的。"文侯问:"那么你为什么不这样做呢?"子夏回答:"剔净思欲,摈除智慧,我还不能办到。尽管如此,但试着谈谈这些道理还是可以的。"魏文侯又问:"那么孔夫子为什么不这样做呢?"子夏回答:"孔夫子能这样做,但是他更能不去这样做。"魏文侯听罢,非常高兴。

【原文】 有神巫自齐来处于郑①,命曰季咸②,知人死生、存亡、祸福、寿夭,期以岁、月、旬、日,如神。郑人见之,皆避而走。列子见之而心醉,而归以告壶丘子,曰:"始吾以夫子之道为至矣,则又有至焉者矣。"

壶子曰:"吾与汝无其文③,未既其实,而固得道与? 众雌而无雄,而又奚卵焉? 而以道与世抗,必信矣④,夫故使人得而相汝。尝试与来,以予示之。"

明日,列子与之见壶子。出而谓列子曰:"嘻! 子之先生死矣,弗活矣,不可以旬数矣。吾见怪焉,见湿灰焉⑤。"列子入,涕泣沾衿⑥,以告壶子。壶子曰:"向吾示之以地文⑦,罪乎不诤不止⑧,是殆见吾杜德几也⑨。尝又与来!"

明日,又与之见壶子,出而谓列子曰:"幸矣,子之先生遇我也,有瘳矣⑩。灰然有生矣⑪,吾见杜权矣⑫。"列子入告壶子。壶子曰:"向吾示之以天壤⑬,名实不入⑭,而机发于踵⑮,此为杜权。是殆见吾善者几也⑯。尝又与来!"

明日,又与之见壶子,出而谓列子曰:"子之先生坐不齐⑰,吾无得而相焉。试齐,将且复相之。"列子入告壶子。壶子曰:"向吾示之以太冲莫眹⑱,是殆见吾衡气几也⑲。鲵旋之潘为渊⑳,止水之潘为渊,流水之潘为渊,滥水之潘为渊,沃水之潘为渊㉑,氿水之潘为渊㉒,雍水之潘为渊㉓,汧水之潘为渊㉔,肥水之潘为渊㉕,是为九渊焉㉖。尝又与来!"

明日，又与之见壶子。立未定，自失而走。壶子曰："追之！"列子追之而不及，反以报壶子，曰："已灭矣，已失矣，吾不及也。"壶子曰："向吾示之以未始出吾宗。吾与之虚而猗移㉗，不知其谁何，因以为茅靡，因以为波流，故逃也。"

然后列子自以为未始学而归，三年不出，为其妻爨㉘，食豨如食人㉙，于事无亲，雕琢复朴㉚，块然独以其形立㉛；纷然而封戎㉜，壹以是终。

【注释】 ①神巫：古代自称能以舞蹈降神的人，主职奉祀天帝鬼神及为人祈福禳灾，并兼事占卜、星历之术。一般女巫称"巫"，男巫称"觋"。②命：命名。季咸：姓季名咸，巫师。传说为春秋时郑国人。③无：应为"贯"。④信：通"伸"，表白呈露。⑤湿灰：被水浸湿的灰不能复燃。喻壶子不能复生。⑥衿：同"襟"，古代衣服的交领，引申为胸襟。⑦地文：土地的纹理，亦即土地的外貌。⑧罪：当为"萌"字之误。张湛认为："罪或作萌。"即萌动。这里用草木在萌动之际生机未露，来形容壶子堵塞生机后的状态。眹：通"震"，动。⑨殆：仅，只。杜：堵塞。德几：指生机。几，通"机"，枢机，比喻生命运动的关键。⑩瘳：病愈。⑪灰然有生：张湛注："灰或作全。"本句当作"全然有生"理解，即整个都含有生气了。⑫杜权：杜闭中有权变，即在生气的闭塞不通之中开始有了转机。⑬天壤：形容天的柔和之貌。此处用以形容壶子神气调谐，犹如天那样和美。壤，柔土，这里取柔和之义。⑭名实不入：名誉和实利都不能侵入。⑮机发于踵：生机从脚跟开始发动，喻阳和之气的上升。⑯善者几：发动生气的枢机。⑰不齐：不端庄整齐。指形体神气随意而动，没有确定的样子。⑱太冲：极度虚静。冲，空虚。莫眹：没有任何固定的迹象。眹，通"朕"，征兆，迹象。⑲衡气几：平衡神气的枢机。⑳鲵旋之潘：鲵鲵翻转而形成的回旋水流。鲵，雌鲸。潘，漩涡，回旋的水流。㉑沃水：从上浇注而下的水流。㉒氿水：从侧面涌出的水流。㉓雍水：泛滥又被壅塞的水流。㉔汧水：从地下冒出而后积止的水。㉕肥水：不同源而后合流的水。㉖九渊：此处遍数九渊，旨在说明虽成因各异，但归于静默却是一致的。㉗与：应酬，对待。猗移：同"委蛇"，委曲顺从貌。㉘爨：烧火煮饭。㉙食豨如食人：饲养猪如同喂养人。形容列子泯灭了贵贱的差别。豨，大猪。㉚璪：玉器上隆起的雕纹。朴：未经加工的木材，引申为质朴。㉛块然：安然无动于心貌。㉜纷然：混淆、杂乱的样子。指外部世界万象纷呈。封戎：意为"散乱"，指外形不加任何修饰。封，界域，引申为限定于一定的范围。

【译文】 有一个神巫从齐国来到郑国，名叫季咸，能推算人的死生、存亡、祸福、寿夭，所预言的岁、月、旬、日，无不准确如神。郑国人看见他，都吓得赶紧避开。列子见了他，却美慕得心醉神迷，回来告诉老师壶子，说："原先我以为先生的道术是最深的了，可是现在却有比您还要高深的。"

壶子说："我教你的只是通习了道的名相，还没有经过事实的验证，你就认为掌握道的根本了吗？这正像只有很多雌性而无雄性，又怎能产卵繁殖呢？你既然拿道去同世俗的东西相较量，必定会显露内心的真情，这就是巫师能拿你来算命的原因。你试着带他一道来，让他给我相相面。"

第二天,列子带他来见壶子。他走出屋对列子说:"唉呀!你的先生要死啦,没救啦,过不了十多天啦!我看到他神色异常,面色如灰。"列子走进屋,悲伤哭泣,泪水沾襟,把这番话告诉壶子。壶子说:"刚才我向他显示了像大地那凝寂沉静的外貌,气息萌发在既不振动也不止息之间,他这是只看见我堵塞了生机,因此说我要死了。你再试着同他来一次。"

第二天,列子又带他来见壶子。他走出屋对列子说:"幸运呀!你的先生多亏碰上了我,他的病好啦。整个都有生气啦,我看见他的神气在闭塞之中死灰复燃,有了转机啦!"列子进屋告诉壶子,壶子说:"刚才我向他显示了像天壤那样柔和自然的外貌,名利不能侵入,而生机从脚跟开始向上发动,这便是闭塞之中气机发动。他只看见我发动了生机。再试着与他一道来。"

第二天,列子又同他见了壶子。他出来对列子说:"你的先生坐在那儿,形神恍惚不定,我无法拿他来相面。等他精神安定了,我再来给他看。"列子进去告诉壶子。壶子说:"刚才我向他显示的是没有任何迹象的极度虚静,他这是看见我平衡神气的枢机了。鲸鲵翻腾形成的回旋水流为深渊,静止的水形成的回旋水流为深渊,流动的水形成的回旋水流为深渊,漫溢的水形成的回旋水流为深渊,从上泻下的水形成的回旋水流为深渊,从侧面涌出的水形成的回旋水流为深渊,泛滥后又被壅塞的水形成的回旋水流为深渊,从地下冒出而汇集的水形成的回旋水流为深渊,不同源而合流的水形成的回旋水流也为深渊,波流虽然变化多端,但都不离静默的深渊,这些就是九渊。你再试着带他一同来。"

第二天,列子又带他来见壶子。他站立未定,就惊慌失色而逃。壶子说:"追他!"列子追去,没有赶上,回来报告壶子说:"已经没影啦。已经跑掉啦,我追不上他。"壶子说:"刚才我向他显示了我还不曾从道的本原中产生出来的样子。我虚心忘怀顺自然地应付他,以至于他不知道我究竟是什么东西,以为我是茅草随风而倒,以为我是波浪顺水而流,所以就吓得逃走啦!"

这以后,列子认为自己还不曾学到什么,就返回家中,三年不出门,为他的妻子烧火做饭,饲养猪如同侍候人。对任何事物都不分亲疏远近,去除雕琢,返璞归真,安然无动于衷,独以形体存在;在万物纷呈的大千世界里,保持真朴,专心守一,以此终生。

【原文】 子列子之齐,中道而反,遇伯昏瞀人。伯昏瞀人曰:"奚方而反①?"曰:"吾惊焉。""恶乎惊?""吾食于十浆②,而五浆先馈。"伯昏瞀人曰:"若是,则汝何为惊己③?"曰:"夫内诚不解④,形谍成光⑤,以外镇人心⑥,使人轻乎贵老,而齑其所患⑦。夫浆人特为食羹之货,多余之赢;其为利也薄,其为权也轻,而犹若是。而况万乘之主⑧,身劳于国,而智尽于事。彼将任我以事,而效我以功,吾是以惊。"伯昏瞀人曰:"善哉观乎⑨!汝处己,人将保汝矣⑩。"

无几何而往,则户外之屦满矣⑪。伯昏瞀人北面而立,敦杖蹙之乎颐⑫,立有间,不言而出。宾者以告列子⑬。列子提屦徒跣而走⑭,暨乎门,问曰:"先生既来,曾不废药乎⑮?"曰:"已矣。吾固告汝曰,人将保汝,果保汝矣。非汝能使人保汝,而汝不能使人无汝保

也,而焉用之感也?感豫出异⑯。且必有感也,摇而本身⑰,又无谓也。与汝游者,莫汝告也。彼所小言⑱,尽人毒也⑲。莫觉莫悟,何相孰也⑳。"

【注释】　①方:事,原因。②十浆:十家卖酒浆的店铺。浆,泛指液体,特指酒。③惊己:受惊而失去自控。④内诚:内心的情欲。诚,情。解:排解。⑤形谍成光:指用仪貌谄媚,举止逢迎来造成光彩荣耀。形,形体容貌。谍,察伺,引申为逢迎。⑥以外镇人心:靠外表来镇服人心。⑦整其所患:意为靠外表来感动外物就会招致灾患。整,乱。⑧万乘之主:古时一车四马为一乘。按周制,王畿方千里,能出兵车万乘,故战国时的大国也"万乘",万乘之主即指大国的国君。⑨观:反观。指对自身的反省。⑩保:依附。⑪屦:用麻、葛等制成的单底鞋。⑫敦:竖起。蹙:原意为迫促,此处用为"抵住"。颐:下颏。⑬宾者:即候者,替主人迎接宾客的人。⑭徒跣:赤脚步行。⑮废:通"发",发放。药:药石。用以比喻规劝别人改过的话。⑯感豫:讨别人的欢心,别人被自己感化。⑰而:你。身:通"性"。⑱小言:不合大道的言论。⑲人毒:毒害人心的东西。⑳相孰:犹相善,相互得益。孰,这里训作"善"。

【译文】　列子前往齐国,中途返回,遇见伯昏瞀人。伯昏瞀人问他:"为什么事情回来?"列子答道:"我感到吃惊!"伯昏瞀人问:"你为什么吃惊呢?"列子回答:"我在十家卖酒浆的店铺里喝酒,就有五家争着不收钱白送给我喝。"伯昏瞀人说:"原来如此,这有什么值得你吃惊的呢。"列子答道:"内心情欲不能排除,便会举止媚俗,外表光鲜照人,靠这仪表来震慑人心,就会使人轻视尊敬老者,而招来自己的祸患。卖酒浆的人只不过做点羹食之类的买卖,赚些盈余下来的小利;他们获得的利益十分菲薄,掌握的权力极为轻微,还这样对待我。更何况拥有兵车万乘的大国君主,他们为国家劳碌奔波,为政事耗尽智力。一定会委任我以国事,考核我治理国事的功效,我所以感到吃惊!"伯昏瞀人说:"你观察得太深入啦!你等着吧,人们将会来归附你了。"

没过多久,伯昏瞀人去看望列子,只见厅堂的门外摆满了鞋子。伯昏瞀人朝北站着,竖起拐杖抵着下巴,站了一会儿,不说一句话就往外走。迎候宾客的人去告诉列子。列子慌忙提着鞋子,赤脚追到大门口,问道:"先生既然来了,就不留下点规劝的话给我当改过的药石吗?"伯昏瞀人说:"罢了。我本来就告诉你说,人们要来归附你,果然来归附你啦。并非你能使别人来归附你。而是你不能够使别人不来归附你,那么你究竟用了什么办法能感化别人到这种地步呢?一定是靠讨取别人的欢心而表现得与众不同。而你一定要感化别人,就会动摇自己的本性,这又是没有什么意义的事。同你来往的人,不能告诉你什么有益的东西。他们所说的那些细巧媚惑不合大道的言论,尽是毒害人心的货色。和他们在一起,不能相互启发,又怎么互相获得教益呢?"

【原文】　杨朱南之沛①,老聃西游于秦②。邀于郊,至梁而遇老子③。老子中道仰天而叹曰:"始以汝为可教,今不可教也。"杨朱不答。至舍,进涫漱巾栉④,脱履户外,膝行而前,曰:"向者夫子仰天而叹曰:'始以汝为可教,今不可教。'弟子欲请夫子辞,行不间,是以不敢。今夫子间矣,请问其过。"老子曰:"而睢睢而盱盱⑤,而谁与居?大白若辱,盛德若不足。"

杨朱蹴然变容曰⑥:"敬闻命矣!"其往也,舍迎将家⑦,公执席⑧,妻执巾栉,舍者避席⑨,炀者避灶⑩。其反也,舍者与之争席矣。

【注释】 ①杨朱:战国初期哲学家。又称杨子、阳子居或阳生。魏国人。主张"贵生重己","全性葆真,不以物累形"。没有留下著作。关于他的片段史料,散见于先秦诸子书中。沛:沛邑,地在今江苏沛县东。②老聃:相传即老子。春秋时期思想家,道家的创始人。姓李名耳,字伯阳,楚国苦县(今河南鹿邑东)人。老子学说的内容主要见于《老子》(又名《道德经》)一书,对中国哲学发展很有影响。秦:古国名,春秋时建都于雍(今陕西凤翔),战国时迁都咸阳(今陕西咸阳)。③梁:即大梁,战国时魏国首都,今河南开封。④湢漱:盥漱。湢,通"盥",盥洗。这里指洗脸洗手的水。栉:梳篦。⑤睢睢、盱盱:张目仰视的样子,形容骄矜自负。⑥蹴然:肃然起敬的样子。⑦舍:旅店主人。将:送。家:即旅舍。张湛注:"客舍家也。"⑧执席:谓恭候于座席旁。⑨舍者:这里指坐着休息的人。避席:古人席地而坐,离座起立,表示敬畏。⑩炀者:烤火的人。炀,烘干,引申为烤火。

《道德经》书影

【译文】 杨朱往南去沛邑,正值老子西游去秦国。在郊野迎候,到大梁遇见了老子。老子半路上仰天叹道:"原先我还以为你是可以教诲的,现在看来是不可教诲的。"杨朱默语不答话。来到旅舍,杨朱给老子送进洗手漱口的水和面巾梳篦,然后把鞋子脱在门外,双膝跪地前行,说:"方才老先生仰天叹道:'开始还以为你是可以教诲的,现在看来是不可教诲的。'学生想请教老先生这句话的含义,但路上不得空闲,所以不敢动问。现在老先生得闲啦,请问我有什么过错?"老子回答:"你那一副颐指气使了不起的样子,谁能同你在一块相处呢? 记住,最洁白的东西好像污浊,道德高深的人看上去好像很不足。"

杨朱肃然起敬,变了脸色说:"敬听您的教诲了!"他去沛邑的时候,旅店主人对他迎进送出;吃饭时,旅店主人恭候于座席旁;洗漱时,旅店主人的妻子为他送面巾梳篦;坐着休息时,人见了他慌忙离座起立;向着灶口烤火取暖时,人见了他马上让出灶头。等他从沛邑返回的时候,旅客就敢同他争抢座席啦。

【原文】 杨朱过宋①,东之于逆旅②。逆旅人有妾二人,其一人美,其一人恶;恶者贵而美者贱。杨子问其故。逆旅小子对曰:"其美者自美,吾不知其美也;其恶者自恶,吾不知其恶也。"杨子曰:"弟子记之! 行贤而去自贤之行,安往而不爱哉!"

【注释】 ①宋:古国名。有今河南东部和山东、江苏、安徽等地。初建都商丘,战国初期迁至彭城(今江苏徐州)。②逆旅:旅馆。

【译文】 杨朱路经宋国,向东到一家旅店求宿。旅店主人有两个妾,一个容貌美丽,一个面目丑陋。可是丑女地位尊贵而美女却地位低贱。杨朱向店主打听其中的原因。

店主回答说:"那个美的自以为很美,我倒不知道她美在哪里;那个丑的自以为很丑,可我也不知道她丑在哪里。"杨子说:"学生们记住! 做了好事但不自以为做了好事,这样的人,到什么地方会不被人爱戴呢?"

【原文】 天下有常胜之道,有不常胜之道。常胜之道曰柔,常不胜之道曰强。二者亦知①。而人未之知。故上古之言:强,先不己若者②;柔,先出于己者。先不己若者,至于若己,则殆矣。先出于己者,亡所殆矣。以此胜一身若徒③,以此任天下若徒,谓不胜而自胜,不任而自任也。粥子曰④:"欲刚,必以柔守之;欲强,必以弱保之。积于柔必刚,积于弱必强。观其所积,以知祸福之乡⑤。强胜不若己⑥,至于若己者刚⑦;柔胜出于己者,其力不可量。"

老聃曰:"兵强则灭,木强则折。柔弱者生之徒,坚强者死之徒。"

【注释】 ①亦:张湛注:"亦当作易。"即容易。②先:指外界的事物。③徒:通"途",道路。这里是有道理的意思。④粥子:即鬻熊。⑤乡:通"向",趋向。⑥强胜:靠刚强取胜。⑦刚:应为"戕"。残害。张湛注:"必有折也。"此意与"戕"吻合。

【译文】 天下有常胜的道,有不常胜的道。常胜之道叫作柔弱,不常胜之道叫作刚强。这二者显而易见,但人们多不知道。所以上古有句话说:依靠刚强,只能战胜不如自己的人;依靠柔弱,却能战胜超过自己的人。如果只能战胜不如自己的人,待到它同自己相当了,那就危险啦。如果能战胜超过自己的人,便没有什么危险了。用来战胜个人身心的是这个道理,用来应付天下事情的也是这个道理,这叫作不是有意战胜而自然就已战胜,不是有意应付而自然就已应付。鬻子说:"要想刚,必须靠柔来护养;要想强,必须靠弱来维护。柔积蓄起来必定刚,弱积蓄起来必定强。观察它们所积蓄的东西,便可知道祸福的趋向。靠刚强战胜不如自己的人,待到他与自己相当,就会遭殃;以柔弱战胜超过自己的人,那力量便不可估量。"

老子说:"兵器坚硬就会被毁灭,木材坚硬就会被折断。柔弱是生存的道路,刚强是死亡的途径。"

【原文】 状不必童而智童①;智不必童而状童。圣人取童智而遗童状,众人近童状而疏童智。状与我童者,近而爱之;状与我异者,疏而畏之。有七尺之骸,手足之异,戴发含齿,倚而趣者,谓之人;而人未必无兽心。虽有兽心,以状而见亲矣。傅翼戴角②,分牙布爪,仰飞伏走,谓之禽兽;而禽兽未必无人心。虽有人心,以状而见疏矣。庖牺氏、女娲氏、神农氏、夏后氏③,蛇身人面,牛首虎鼻:此有非人之状,而有大圣之德。夏桀、殷纣、鲁桓、楚穆④,状貌七窍,皆同于人,而有禽兽之心。而众人守一状以求至智,未可几也⑤。

黄帝与炎帝战于阪泉之野⑥,帅熊、罴、狼、豹、䝙、虎为前驱⑦,雕、鹖、鹰、鸢为旗帜⑧,此以力使禽兽者也。尧使夔典乐⑨,击石拊石⑩,百兽率舞;箫韶九成⑪,凤凰来仪,此以声致禽兽者也。然则禽兽之心,奚为异人?形音与人异,而不知接之之道焉。圣人无所不知,无所不通,故得引而使之焉。

禽兽之智有自然与人童者,其齐欲摄生⑫,亦不假智于人也⑬:牝牡相偶,母子相亲;避平依险,违寒就温;居则有群,行则有列;小者居内,壮者居外;饮则相携,食则鸣群。太古

之时,则与人同处,与人并行。帝王之时,始惊骇散乱矣。逮于末世,隐伏逃窜,以避患害。今东方介氏之国^⑭,其国人数数解六畜之语者^⑮,盖偏知之所得^⑯。

太古神圣之人,备知万物情态,悉解异类音声。会而聚之,训而受之,同于人民。故先会鬼神魑魅,次达八方人民,末聚禽兽虫蛾。言血气之类心智不殊远也。神圣知其如此,故其所教训者无所遗逸焉。

【注释】 ①童:为"同"的同声假借字。下文"童"字皆同此义。②傅:附。③庖牺氏:亦称伏牺氏或牺皇。中国神话中人类的始祖。传说人类由他和女娲氏兄妹相婚而产生。《史记·五帝本纪》说他首先蓄养牲畜。女娲氏:中国神话中人类的始祖。传说她曾用黄土造人,炼石补天。神农氏:传说中农业和医药的发明者,曾尝百草,教人治病。夏后氏:古代部落名,禹乃其酋长。后由他的儿子启建立我国历史上第一个朝代,国号"夏"。一般便以夏后氏称禹。④夏桀:夏朝末代王。名履癸。残酷暴虐,后被商汤所灭。他出奔南方而死。殷纣:亦称"帝辛"。商朝末代王。晚年沉湎酒色,横征暴敛,终被周武王所灭,兵败自焚而死。鲁桓:即鲁桓公,春秋时鲁国国君。名允。曾谋杀其父鲁隐公。后其夫人私通齐襄公,齐襄公将桓公灌醉杀死。楚穆:即楚穆王,春秋时楚国国君,名商臣,生性残忍,曾逼死其父楚成王。⑤几:通"冀",希望,期待。⑥炎帝:传说中上古姜姓部族首领。号烈山氏。相传少典娶有蹻氏所生。曾与黄帝在阪泉发生冲突,被打败。阪泉:古地名。其今地一说在今河北涿鹿东南;一说在今山西运城盐池附近。⑦罴:熊的一种,似熊而大,俗称人熊。貔:兽名。似狸。⑧鹖:鸟名。雉类,羽毛黄黑色,性好斗。⑨尧:传说中我国原始时代部落联盟的领袖,曾设官掌管时令,制定历法。他去世后,即由舜即位。夔:人名,尧、舜时的乐官。典乐:掌管乐律。⑩石:古代八音之一,指石制的磬,悬挂于架上,以物击之而鸣。拊:拍击。⑪箫韶:虞舜乐曲名。九成:乐曲一终为一成。九成犹九章、九阕。⑫摄生:保养身体,养生。⑬假:通"遐",远。⑭介氏之国:虚构的国名。⑮数数:犹汲汲,急迫的样子,含有勉勉强强的意思。六畜:指马、牛、羊、豕、犬、鸡。⑯偏知:专门的知识。

【译文】 状貌不一定相同,智力相同;智力不一定相同,状貌相同。有最高道德的人看重相同的智力,忽略相同的状貌;世人却亲近相同的状貌,疏远相同的智力。状貌与我相同的,就亲近并喜爱他;状貌与我相异的,就疏远而畏惧他。有七尺高的身躯,手脚功能不同,头上长发,口中长着牙齿,能直立行走的,称做人;但人未必没有兽心。即使有兽心,可是因为状貌相同就互相亲近。身上长翅,头上生角,张牙舞爪,高飞或俯身奔跑,叫作禽兽;但禽兽未必没有人心。虽然有人心,因为状貌与人相异就遭到疏远。庖牺氏、女娲氏、神农氏、夏后氏,蛇身人面,牛头虎鼻:他们都长着不是人的状貌。却有着最高尚的德性。夏桀、殷纣、鲁桓公、楚穆王,状貌七窍,都与人相同,但他们却怀着禽兽之心。世人只凭着同一的状貌来寻求最高的智慧,这是很难办到的。

黄帝与炎帝在阪泉的原野上打仗,率领熊、罴、狼、豹、躯、虎担任前驱,鹛、鹖、鹰、鸢作为旗帜,这是用力量来驱使禽兽。尧帝派夔掌管乐律,击拍石磬,百兽相率起舞;他演奏了九阕韶乐,凤凰飞来朝见,这是以音乐来召集禽兽。既然如此,禽兽之心为什么与人

中华传世藏书 国学经典文库 道学经典 图文珍藏版

不同呢？只是它们的形貌声音与人相异，因而人们不懂得和它们交往的办法。道德最高的人没有不知道的，没有不通晓的，所以能够招引并驱使它们。

禽兽的智力天生有与人相同的地方，它们都要维持生命，在这方面的智力也绝不比人低：雌雄结为伴侣，母子相亲；避川依险，躲寒趋暖；居则成群，游走时成行；弱小的住在里面，强壮的守在外围；饮水就相互帮助，吃食就呼唤伙伴。在太古时代，禽兽就与人一同居处，与人并排行走。当帝王统治的时代，它们才开始见人就东奔西跑。到了天下衰亡的时候，它们更是隐伏逃窜到深山老林里，躲避灾祸。现在东方的介氏之国，那里的人民还能听懂马、牛、羊、猪、狗、鸡这六种家畜的语言，那是专门知识十分丰富的结果。

远古时代的圣人，完全知道万物的情态，全部懂得异类的语言。他们把禽兽聚集到一起，接受训导，把它们当作人民看待。因而，先招会鬼神魑魅，然后才喊来八方人民，最后再聚集禽兽昆虫。这说明有血气的种类本性智力都相差不远。神圣的人懂得这个道理，所以被他们所教化训练的对象就无所不包的。

【原文】 宋有狙公者①，爱狙，养之成群。能解狙之意，狙亦得公之心。损其家口②，充狙之欲。俄而匮焉，将限其食。恐众狙之不驯于己也，先诳之曰："与若芧③，朝三而暮四，足乎？"众狙皆起而怒。俄而曰："与若芧，朝四而暮三，足乎？"众狙皆伏而喜。物之以能鄙相笼，皆犹此也。圣人以智笼群愚，亦犹狙公之以智笼众狙也。名实不亏，使其喜怒哉。

【注释】 ①狙公：饲养猴子的老头。狙，猕猴。②家口：家人的口粮。③芧：橡栗。

【译文】 宋国有一个饲养猴子的老人，很喜爱猴子，在家里养了一群。他能了解猴子之意，猴子也懂得老人的心。他减少家人的口粮，来满足猴子的食欲。不久家里的粮食不多了，他打算限制猴子的食量，又恐怕猴子们不肯驯服，就先欺骗它们说："给你们吃橡栗，早上三颗，晚上四颗，够了吗？"猴子们一听，都气得乱蹦乱跳。过一会儿老人又说："给你们吃橡栗，早上四颗，晚上三颗，总够了吧？"猴子们听了，都高兴地趴在地上。事物所以能用智巧笼络鄙陋，都像这个故事讲的道理。圣人以智慧驾驭愚昧的凡民，也如同养猴老人用智巧来笼络猴子们一样。名义和实际都没有变化，但能使猴子们产生高兴或是恼怒两种不同的反应啊！

【原文】 纪渻子为周宣王养斗鸡①，十日而问："鸡可斗已乎？"曰："未也，方虚骄而恃气②。"十日又问。曰："未也，犹应影响。"十日又问。曰："未也，犹疾视而盛气③。"十日又问。曰："几矣④。鸡虽有鸣者，已无变矣。望之似木鸡矣，其德全矣。异鸡无敢应者，反走耳。"

【注释】 ①纪渻子：虚构的人物。②虚骄：虚浮而骄矜。恃气：自负意气。③疾视：怒目而视。④几矣：差不多可以了。

【译文】 纪渻子为周宣王驯养斗鸡，过了十天，周宣王问他："鸡可以斗了吗？"他回答道："不行，它无本事却骄傲自负。"过了十天再问他，回答："不行，对其他鸡的反应还像影子和回声一样迅速。"过了十天再问他，回答："还不行，它对别的鸡还是怒目而视。"又过了十天问他，回答："差不多啦。别的鸡虽然鸣叫，但它已经无动于衷啦。看上去呆若木鸡,它的德性已经完备啦。别的鸡没有敢应战的,看到它就掉头逃跑啦!"

【原文】 惠盎见宋康王①。康王蹀足謦欬②,疾言曰:"寡人之所说者,勇有力也,不说为仁义者也。客将何以教寡人?"惠盎对曰:"臣有道于此,使人虽勇,刺之不入;虽有力,击之弗中。大王独无意邪?"宋王曰:"善;此寡人之所欲闻也。"惠盎曰:"夫刺之不入,击之不中,此犹辱也。臣有道于此,使人虽有勇,弗敢刺;虽有力,弗敢击。夫弗敢,非无其志也。臣有道于此,使人本无其志也。夫无其志也,未有爱利之心也。臣有道于此,使天下丈夫女子莫不驩然皆欲爱利之。此其贤于勇有力也,四累之上也。大王独无意邪?"宋王曰:"此寡人之所欲得也。"

惠盎对曰:"孔、墨是已③。孔丘、墨翟无地而为君,无官而为长;天下丈夫女子莫不延颈举踵而愿安利之。今大王,万乘之主也,诚有其志,则四竟之内皆得其利矣④。其贤于孔、墨也远矣。"宋王无以应。惠盎趋而出。宋王谓左右曰:"辩矣,客之以说服寡人也!"

【注释】 ①惠盎:人名。亦作惠孟,与战国时期哲学家惠施同族,宋国人。宋康王:战国时宋国君。他弑杀其兄而自立。后被齐国攻灭,遂死于魏国。②蹀足:顿足。謦欬:咳嗽。謦,咳嗽声。③墨:墨子,名翟。春秋战国之际的思想家、政治家,墨家学派的创始人。原为宋人,后长期居住鲁国。④竟:通"境",边界。

【译文】 惠盎拜见宋康王。宋康王顿足咳嗽,粗暴地说:"寡人所喜欢的是勇武有力,不喜欢搞什么仁义那一套。你想拿什么来教寡人呢?"惠盎回答:"我有一种道术,使人虽然勇武,想刺我却刺不进;虽然有力,想打我却打不中。大王难道无意于此吗?"宋王说:"好!这正是寡人所想领教的。"惠盎又说:"想刺我却刺不进,想打我却打不中,这对我来说还是一种耻辱。我这还有道术,能使人虽然有勇,但不敢刺我;虽然有力,但不敢打我。不敢刺不敢打,但并非本来没有这样的意图。我这还有道术,可以使他根本就不存刺人打人的念头。不存这种念头,还未尝有爱护和有利他人之心。我还有道术,管教天下的男男女女无不欢欢喜喜地爱护和施利于他人。这种道术比勇武有力高明,远在刚才说的四种办法之上。大王难道无意于此吗?"宋王说道:"这正是寡人所希望学到的。"

惠盎应道:"孔丘和墨翟就是这样!孔丘、墨翟没有土地,但被视为君王;没有官爵,但被视为尊长;天下的男男女女无不伸长脖子踮起脚跟,希望安宁,获得利益。现在大王是拥有兵车万乘的大国之主,如果有此抱负,那么四境之内的人民都能得到它的好处。这比孔丘、墨翟高明多了!"宋王无言以应。惠盎快步走了出去。宋康王对身边的人说:"真算得上雄辩了,他用这来说服寡人呀!"

周穆王篇

【题解】

本篇通过八个故事和"如梦如幻"的论说文字说明世界万物是虚妄不实的。"穆王西游"讲化人所展现的皆幻景,是暂时的虚无的东西,"变化之极,徐疾之间",用普通智力和

形象不可捉摸;穆王"穷当身之乐",不过是一场梦幻而已。役夫白日劳累得筋疲力尽,夜晚梦做人君,极尽人间之乐;尹氏位足荣身,远胜他人,然夜梦为仆,趋走作役,辛苦之极,说明贫富、主仆皆虚幻。"梦争鹿"说明觉梦难辨,"华子病忘"讲失忆状态为返真,"顿识既往","扰扰万绪起矣",不如再回到"病忘"状态。"逢氏有子"患迷罔之疾,视白为黑,行非以为是,列子指出这是天下人的通病,"皆惑于是非,昏于利害",天下人无不生活在虚幻之中。

列子的"梦幻说"是以世界物质本体为前提而提出的,指出"有生之气,有形之状,尽幻也"。"穷数达变,因形移易者,谓之化,谓之幻。造物者其巧妙,其功深,固难穷难终。因形者其巧显,其功浅,故随起随灭",是谓幻化。列子认为觉醒与幻变既有相同之处,又有区别。觉醒时的一切认识都真实,而变幻时的一切都是虚妄的;觉醒时有幻梦,幻梦时有觉醒。并告诫人们不要为表面的幻化所迷惑,不要被颠倒黑白、混淆是非的病态行为所干扰,牢牢把握不变的道的本质。同时,也不要把不符合常理的返真状态视为病态。列子还对变因作了唯物论的解释,指出"神遇为变,形接为事",梦是精神活动,事是形体与外物的接触。"昼想夜梦,神形所遇",事是梦的根源,是人的生理与心理综合活动的产物。

【原文】 周穆王时,西极之国有化人来①。入水火,贯金石;反山川,移城邑;乘虚不坠,触实不硋②。千变万化,不可穷极。既已变物之形,又且易人之虑。穆王敬之若神,事之若君。推路寝以居之③,引三牲以进之,选女乐以娱之。化人以为王之宫室卑陋而不可处,王之厨馔腥蝼而不可飨④,王之嫔御膻恶而不可亲。穆王乃为之改筑。土木之功,赭垩之色⑤,无遗巧焉。五府为虚⑥,而台始成。其高千仞,临终南之上⑦,号曰中天之台。简郑、卫之处子娥姤媌靡曼者⑧,施芳泽⑨,正蛾眉,设笄珥⑩,衣阿锡⑪,曳齐纨⑫。粉白黛黑,佩玉环。杂芷若以满之⑬,奏《承云》《六莹》《九韶》《晨露》以乐之⑭。月月献玉衣,旦旦荐玉食。化人犹不舍然,不得已而临之。

居亡几何,谒王同游。王执化人之袪⑮,腾而上者,中天乃止,暨及化人之宫。化人之宫构以金银,络以珠玉;出云雨之上,而不知下之据,望之若屯云焉。耳目所观听,鼻口所纳尝,皆非人间之有。王实以为清都、紫微、钧天、广乐⑯,帝之所居。王俯而视之,其宫榭若累块积苏焉⑰。王自以居数十年不思其国也。化人复谒王同游,所及之处,仰不见日月,俯不见河海。光影所照,王目眩不能得视;音响所来,王耳乱不能得听。百骸六藏⑱,悸而不凝⑲。意迷精丧,请化人求还。化人移之,王若殒虚焉⑳。

既寤,所坐犹向者之处,侍御犹向者之人。视其前,则酒未清,肴未昲㉑。王问所从来。左右曰:"王默存耳。"由此穆王自失者三月而复。

更问化人。化人曰:"吾与王神游也,形奚动哉?且曩之所居,奚异王之宫?曩之所游,奚异王之圃?王闲恒有,疑暂亡㉒。变化之极,徐疾之间,可尽模哉㉓?"

王大悦。不恤国事,不乐臣妾,肆意远游。命驾八骏之乘㉔,右服骅骝而左绿耳㉕,右骖赤骥而左白㸸㉖,主车则造父为御㉗,离朱为右㉘;次车之乘,右服渠黄而左逾轮,左骖盗

骊而右山子,柏夭主车,参百为御,奔戎为右。驰驱千里,至于巨蒐氏之国^㉙。巨蒐氏乃献白鹄之血以饮王^㉚,具牛马之湩以洗王之足^㉛,及二乘之人。已饮而行,遂宿于昆仑之阿^㉜,赤水之阳^㉝。别日升昆仑之丘,以观黄帝之宫,而封之以诒后世^㉞。遂宾于西王母^㉟,觞于瑶池之上^㊱。西王母为王谣,王和之,其辞哀焉。西观日之所入。一日行万里。王乃叹曰:"於乎!予一人不盈于德而谐于乐^㊲,后世其追数吾过乎^㊳!"

穆王几神人哉^㊴!能穷当身之乐,犹百年乃徂^㊵,世以为登假焉。

【注释】 ①西极之国:古代对于玉门关(今甘肃敦煌西北)以西地区的总称,包括亚洲中西部、印度半岛、欧洲东部和非洲北部。化人:有幻术的人,亦称"眩人"或"幻人",犹今之魔术师。②硋:阻碍。③路寝:古代君主处理政事的宫室。④厨馔:食物。蝼:类似蝼蛄的臭气。飨:通"享",享用。⑤赭:红土,引申为赤褐色。垩:白色土,引申为白色。⑥五府:国家收藏财货的五个府库。《周礼》有太府、玉府、内府、外府、膳府,合称五府。⑦终南:即终南山,在今陕西西安西南。⑧简:选择。郑:古国名,在今河南新郑一带。卫:古国名,在今河南沁阳一带。娥媌:仪态美好貌。媌,古方言谓女子的妖美。靡曼:柔弱。⑨芳泽:化妆用的脂膏。⑩笄:簪子,用来插住挽起的头发。珥:珠玉耳饰。⑪阿锡:古代一种轻细的丝织物名。一说"阿锡"应为当时齐地东阿(即今山东东阿)所产的细布。⑫齐纨:齐地出产的白细绢。⑬芷:香草名,即白芷。若:香草名,即杜若。⑭《承云》《六莹》《九韶》《晨露》:皆为传说中的古曲名。⑮祛:衣袖。⑯清都、紫微:神话传说中天帝居住的地方。钧天、广乐:神话传说中天上的音乐。钧天,原指天之中央。⑰苏:打柴草,引申为柴草。⑱骸:原指胫骨。这里泛指人身所有的骨节。六藏:即六脏。"藏"与"脏"通。⑲悸而不凝:因为心悸而不能专注。⑳殒虚:从虚空里坠落。殒,通"陨",坠落。㉑晞:原意为曝晒,引申为晒干。㉒暂亡:暂时的虚无的东西,指化人向周穆王展示的幻景。㉓模:指用普通的智力和形象去捉摸。㉔八骏:指下面所说的周穆王的八匹名马。传说中八骏名称的说法不一,这里取《穆天子传》的说法。即"赤骥、盗骊、白义、逾轮、山子、渠黄、骅骝、绿耳"。㉕服:古代一车驾四马,居中的两匹叫服。㉖骖:一车四马中的两旁两匹马。白䴏:周穆王八骏之一。有的古书作"白牺""白义"。㉗主车:主坐车辆的人,在中位,应为穆王本人。造父:人名。古代善于驾驭马车的人。为周穆王驾车西游巡狩。㉘高奔:人名,也为周穆王之善御者。㉙巨蒐氏之国:即"渠蒐",西戎国名。《书·禹贡》所指古西北戎族织皮、昆仑、析支、渠搜,原分布在黄河上游及甘肃西北部,后逐渐东迁,春秋时分属秦、晋等国。㉚白鹄:白天鹅。㉛湩:乳汁。㉜昆仑:山名。在今新疆、西藏间,西接帕米尔高原,东延入青海境内。阿:曲隅。此处指山脚下曲折处。㉝赤水:源于昆仑山的水流。㉞封:堆土。诒:遗留。㉟西王母:神话人物,民间称之为"王母娘娘"。一般将她作为长生不老的象征。㊱觞:指饮酒。㊲盈:积累。谐于乐:沉醉于逸乐。㊳其:揣测之词,表示大概或可能。数:责备。㊴几:通"岂",难道。㊵徂:死亡。

【译文】 周穆王的时候,从遥远的西方的某个国家来了一个玩幻术的人。他能入水火,穿金石;移山倒海,搬移城邑;脚踏虚空不会坠落,碰到实物不被阻碍。千变万变,不

可穷尽。既能改变物体的外形，又可控制他人的想法。穆王敬重他如同敬事神灵，侍奉他好像侍奉君主。把自己最豪华的宫殿让给他居住，拿祭祀用的三牲给他享用，挑选能歌善舞的美女供他娱乐。但幻术师却认为周穆王的宫室卑陋不可居住，周穆王的膳食腥臭不能食用，周穆王的妃嫔膻恶不能亲近。穆王便为他筑新宫。土木工程的精善，色彩装饰的华丽，可以说是尽善尽美了。国库耗尽，楼台才建成。它高耸千仞，俯临终南山顶，命名为"中天之台"。又挑选郑国、卫国的妖冶柔媚的处女，浓施脂粉，淡描蛾眉，头插金簪，耳佩珠饰，身穿东阿丝裙，腰曳齐国的白绢带。粉白黛黑，佩玉环，缀香草，布满楼馆；又演奏《承云》《六莹》《九韶》《晨露》等优美的乐曲，来供享乐。月月奉锦衣，天天献玉食。但幻术师仍然不大满意，不得已住进了"中天之台"。

住了没有多久，他请周穆王一同去游玩。穆王拉着幻术师的衣袖，腾空而起，到半空中才停下，来到幻术师的宫殿。幻术师的宫殿用金银建造，用珠玉装饰；高耸在云雨之上，却不知下面有什么支撑，看去犹如聚集的云霞那样。耳听目见的，鼻嗅口尝的，都不是人间所有。穆王认定这里就是清都、紫微宫，这声音就是钧天、广乐曲，是天帝居住的地方。低头俯视，只见自己的宫殿楼阁宛如层叠的土块、堆积的柴草。穆王觉得即便在这儿住上几十年也不会思念自己的国家了。幻术师又请穆王继续同游，所到之处，抬头不见日月，低头不见河海。光影照耀之处，使人眼花缭乱不能正视；各种音响传来，使人音杂耳乱不能倾听。百骸和五脏六腑，都惊吓得不能凝神专注。穆王心意迷乱，丧魂落魄，请幻术师让他返回。幻术师一推，穆王就好像从虚空中落了下来。

惊醒之后，他所坐的还是先前的地方，两旁侍候的还是原来的人。再看面前，酒浆还未澄清，菜肴尚有热气。穆王问刚才从哪里来，侍从告诉他："这不过是大王内心的默念罢了。"从此以后，穆王精神恍惚，三个月才复原。

穆王又去问幻术师。幻术师回答："我同大王只是神游，身体怎么会动呢？况且先前神游居住的宫殿，与大王自己的宫殿有什么两样呢？先前神游所游玩的花园，同大王自己的花园有什么不同呢？大王习惯于那些经常实有的东西，因而对这些暂时的虚无的东西感到疑惑。神气变化奥妙的终极，转瞬之间，怎能凭人之常情去捉摸它呢？"

周穆王大为高兴。他不再关心国事，不再迷恋臣妾，而随心肆意去远方遨游。他命人驾驶由八匹骏马拉曳的两乘车辆。第一乘服马两匹，右为骅骝，左为绿耳；骖马两匹，右为赤骥，左为白牺；穆王主车，造父驾驭，离嵩右坐。第二乘服马两匹，右为渠黄，左为逾轮；骖马两匹，左为盗骊，右为山子；柏夭主车，参百驾驭，奔戎右坐。驰驱千里，来到巨蒐氏之国。巨蒐氏人献白天鹅的鲜血供穆王饮用，备牛马的乳汁给穆王洗脚，还招待了两乘车上的其他客人。饮血完毕再上行程，于是夜宿昆仑山麓，赤水北岸。第二天登上昆仑山顶，观看昔日黄帝的宫殿，在此堆起大土堆作为标记，以传留后世。然后他们又访问了西王母，饮酒于瑶池之上。西王母为穆王吟诵歌谣，穆王赋诗唱和，诗句哀婉。他又西去观看了太阳落山的地方。一日行程万里。于是穆王叹道："啊呀！我个人修德不完备，反而享尽了安乐，后代人大概会责备我的过错了！"

周穆王难道是神人吗？他在世时能够享尽逸乐，还活了一百岁才死亡，世人都以为他登天成仙了呢。

【原文】 老成子学幻于尹文先生①，三年不告。老成子请其过而求退。

尹文先生揖而进之于室，屏左右而与之言曰："昔老聃之徂西也②，顾而告予曰：有生之气，有形之状，尽幻也。造化之所始，阴阳之所变者，谓之生，谓之死。穷数达变③，因形移易者，谓之化，谓之幻。造物者其巧妙，其功深，固难穷难终。因形者其巧显，其功浅，故随起随灭。知幻化之不异生死也，始可与学幻矣。吾与汝亦幻也，奚须学哉？"

老成子归，用尹文先生之言深思三月，遂能存亡自在，幡校四时④；冬起雷，夏造冰。飞者走，走者飞。终身不箸其术⑤，故世莫传焉。

子列子曰："善为化者，其道密庸⑥，其功同人。五帝之德⑦，三王之功⑧，未必尽智勇之力，或由化而成。孰测之哉？"

【注释】 ①老成子：人名。战国时宋国人。尹文：战国时哲学家。其学说与黄老刑名之学相近。②徂西：前往西方。徂，往，去。③数：原指定数，即不可违抗的必然性。此处指规律而言。④幡校：意即变乱交错。幡，通"翻"，翻转，颠倒。校，亦作交，交错。⑤箸：显明。⑥密庸：暗暗地发生作用。⑦五帝：中国传说中的上古五位帝王。《史记·五帝本纪》指黄帝、颛顼、帝喾、唐尧、虞舜。⑧三王：指夏禹、商汤、周文王、周武王。

【译文】 老成子向尹文先生求学幻术，但过了三年尹文先生也没有传授。老成子向他请问自己的过失，并求退学。

尹文先生拱手施礼请他走进内室，屏退左右的人，对他说："当年老聃去西方游历的时候，回头对我说：有生命的气息，有形状的事物，都是变幻不定的。天地造化初生的，阴阳所变化形成的，叫作生，叫作死。穷究自然之道，通达变化之本，根据事物形状的不同而随之变化的，叫作化，叫作幻。大自然的机巧微妙，功效深厚，所以难以穷尽，难以探究。而根据形体来变化的东西，机巧显著，功效浅薄，所以随生随灭。只有知道幻化的道理同生死的道理原是一样的，才可以向我学习幻术。进一步说，我和你的存在也是幻化的产物，还需要学什么幻术呢？"

老成子回家后，把尹文先生的话深思了整整三个月，于是能自在地掌握存亡命运，随心地变动四季节令；冬起雷霆，夏天能造冰；能使飞禽变走兽，走兽变飞禽。他终生不露自己的道术，因此世上就没有流传。

列子说："善于幻化的人，他的道术暗暗地发生作用，他的功绩看上去也如同一般的人。五帝的德行，三王的功业，不一定都靠智慧和勇力，或许也是凭借幻化的作用而成就的。谁能搞清这些呢？"

【原文】 觉有八征①，梦有六候②。奚谓八征？一曰故，二曰为，三曰得，四曰丧，五曰哀，六曰乐，七曰生，八曰死。此者八征，形所接也。奚谓六候？一曰正梦③，二曰蘁梦④，三曰思梦，四曰寤梦⑤，五曰喜梦，六曰惧梦。此六者，神所交也。不识感变之所起者，事至则惑其所由然；识感变之所起者，事至则知其所由然。知其所由然，则无所怛。

一体之盈虚消息，皆通于天地，应于物类。故阴气壮，则梦涉大水而恐惧；阳气壮，则梦涉大火而燔焫⑥；阴阳俱壮，则梦生杀。甚饱则梦与，甚饥则梦取。是以以浮虚为疾者，则梦扬；以沉实为疾者，则梦溺。藉带而寝则梦蛇⑦，飞鸟衔发则梦飞。将阴梦火，将疾梦食。饮酒者忧⑧，歌舞者哭⑨。

子列子曰："神遇为梦，形接为事。故昼想夜梦，神形所遇。故神凝者想梦自消。信觉不语⑩，信梦不达⑪，物化之往来者也⑫。古之真人⑬，其觉自忘，其寝不梦，几虚语哉？"

【注释】　①觉：睡醒。指人清醒的状态。征：迹象。②候：占验，即对事物预测后的应验。③正梦：指在一般正常精神状态下做的梦。④蘁梦：谓困惊愕而梦。蘁，惊愕。⑤寤梦：指人在清醒对由于某种影响而处于一种出神的状态所出现的梦境。⑥燔：烧。焫：同"爇"，烧。⑦藉带：睡在衣带上。藉，坐卧其上。⑧饮酒者忧：据陶鸿庆说，句首当有"梦"字。此句意即：梦见饮酒，醒来就会忧虑。⑨歌舞者哭：句首也应有"梦"字，意即梦见歌舞，醒来就会哭泣。⑩信觉：最真实的觉醒。⑪信梦：最真实的梦境。达：靠常情去理解。⑫物化：事物的彼此同化。⑬真人：道家称修真得道的人。

【译文】　觉醒有八征，做梦有六候。什么叫八征？一是往事，二是新为，三是获得，四是丧失，五是悲哀，六是欢乐，七是生存，八是死亡。这八种迹象，是形体与外界相接触而产生的。什么是六候？一是正梦，二是蘁梦，三是思梦，四是寤梦，五是喜梦，六是惧梦。这六种占验，是精神与外界相沟通而产生的。不认识事物变化的根据，事情来了就会对所有变化的原因不解；认识事物变化的根据，事情来了就会知道它所以变化的原因。知道事情所以变的原因，就没有什么可惊恐的了。

人体的盈虚消长，都与天地相通，与外物相感应。所以阴气壮，就会梦见徒涉大水而感到恐惧；阳气亢盛，就会梦见穿过烈火而被焚烧；阴阳两气俱壮，就会梦见生死厮杀。吃得太饱了就梦见送别人东西，肚子太饿就梦见向别人要东西。所以，因脉象虚浮而得病的人，就梦见上升；因血气沉实而得病的人，就梦见沉溺。压住衣带睡觉就梦见蛇，飞鸟来衔头发就梦见飞。气血将转为阴证会梦见火烧，身体将要得病会梦见食物。梦见饮酒的人，醒来就会忧愁；梦见歌舞的人，醒来就会哭泣。

列子说："精神与外界相沟通为做梦，形体与外物相接触为实事。所以白天有思虑，夜晚会做梦，是因为身体有所接触，精神有所沟通。因此，精神凝静的人，白天的思虑，夜晚的梦魇都会自然消失。最真实的觉醒不能用语言表达，最真实的梦境无法完全明白，它们是事物往来同化的结果。古代那些修真得道的人，觉醒时忘怀自己，睡眠时不会做梦，这难道是假话吗？"

【原文】　西极之南隅有国焉，不知境界之所接，名古莽之国①。阴阳之气所不交，故寒暑亡辨；日月之光所不照，故昼夜亡辨。其民不食不衣而多眠。五旬一觉，以梦中所为者实，觉之所见者妄。

四海之齐谓中央之国②，跨河南北，越岱东西，万有余里。其阴阳之审度，故一寒一暑；昏明之分察③，故一昼一夜。其民有智有愚。万物滋殖，才艺多方。有君臣相临，礼法

相持。其所云为不可称计④。一觉一寐，以为觉之所为者实，梦之所见者妄。

东极之北隅有国曰阜落之国⑤。其土气常燠⑥，日月余光之照。其土不生嘉苗。其民食草根木实，不知火食，性刚悍，强弱相藉，贵胜而不尚义；多驰步，少休息，常觉而不眠。

【注释】 ①古莽之国：虚构的国名。②齐：通"脐"，正中。③昏明：早晚。分：分界。察：昭著，明显。④云为：作为，言论和行事。称：例举。⑤阜落之国：虚构的国名。⑥燠：闷热。

【译文】 在遥远的西方的南部有一个国家，广阔得不知道边界在什么地方，名叫"古莽之国"。那里，阴阳两气不交合，所以没有寒暑差别；日月光芒照不到，所以没有昼夜区分。人民不吃饭不穿衣却总是睡觉。五十天一觉，把睡梦里干的事情当作真实，把觉醒时看见的东西认为虚妄。

四海之中叫"中央之国"，地跨黄河南北，横越泰山东西，有一万多里之广。在那里，阴阳的界限分明，所以有寒暑；昏明的界限清楚，所以有昼夜。人有智慧和愚笨的区别。万物滋生繁殖，人们有各方面的技艺。有君主和大臣来治理，有礼节法制来维持。他们的言论和作为多得难以记载。每天有觉醒有睡眠，把觉醒时干的事情看作是真实，睡梦中见的东西看作是虚妄。

在遥远东方的北部有一个国家叫作"阜落之国"。那里气候闷热，昼夜都有日月光芒的照耀。土地长不出好庄稼。人民吃草根树果，不知用火烧熟食物，性情很刚悍，强弱相践踏，以胜者为贵而不崇尚仁义；多奔跑而少休息，经常清醒而不睡觉。

【原文】 周之尹氏大治产①，其下趣役者侵晨昏而弗息②。有老役夫筋力竭矣，而使之弥勤。昼则呻呼而即事，夜则昏惫而熟寐。精神荒散，昔昔梦为国君③。居人民之上，总一国之事。游燕宫观④，恣意所欲，其乐无比。觉则复役。人有慰喻其勤者⑤，役夫曰："人生百年，昼夜各分⑥。吾昼为仆虏⑦，苦则苦矣；夜为人君，其乐无比。何所怨哉？"

尹氏心营世事，虑钟家业，心形俱疲，夜亦昏惫而寐。昔昔梦为人仆，趋走作役，无不为也；数骂杖挞，无不至也。眠中啽呓呻呼⑧，彻旦息焉。尹氏病之，以访其友。友曰："若位足荣身，资财有余，胜人远矣。夜梦为仆，苦逸之复，数之常也。若欲觉梦兼之，岂可得邪？"

尹氏闻其友言，宽其役夫之程，减己思虑之事，疾并少间⑨。

【注释】 ①周：古地名，即今陕西岐山一带。治产：经营产业。②趣役者：奔走服役的人。侵晨昏：犹言从早到晚。侵，迫近。③昔：通"夕"，夜。④燕：通"宴"，宴饮。⑤勤：同"勤"，愁苦。⑥分：一半。⑦仆虏：对仆人的贱称。⑧啽呓：说梦话。⑨间：指病好转。

【译文】 周国有姓尹的富人大治家业，手下那些奔走干活的仆人忙得早起晚睡不停息。有一个老仆人已经累得精疲力竭，反而被更频繁地呼来唤去做苦工。白天，他一边呻吟一边干活；夜晚，他就昏沉疲倦而熟睡。精神恍惚迷乱，夜夜梦见自己当了国王。位居万人之上，主掌一国之事。在宫殿楼台之中游览宴饮，恣意寻欢作乐，无比快活。早上

醒来便又去干苦工。有人同情他勤苦表示安慰,他回答说:"人生百年,昼夜各占一半。我白天做仆人,苦是苦啦;可是一到夜里我就做国王,却是其乐无比。还有什么好抱怨的呢?"

那个姓尹的富人整天思考世事,考虑着家业,弄得身劳神疲,到晚上也昏沉疲惫不堪地睡觉。夜夜梦见给别人当奴仆,奔走干活,没有什么苦事累活不做的;责骂棍打,没有什么侮辱不受的。睡眠梦呓呻吟,通宵达旦。姓尹的十分痛苦不堪,便去拜访他的朋友。朋友说:"你的地位足以荣耀,财富也很充裕,远胜别人啦! 你夜里梦见当仆人,劳苦和安逸相交替,这是符合自然法则的常情。你想拥有觉醒时和睡梦中的两种快乐,怎么可能呢?"

姓尹的听了朋友的一席话,就放宽了仆人们干活的强度,减少自己思虑的事情,果然他的痛苦就稍微好了一些。

【原文】 郑人有薪于野者①,遇骇鹿②,御而击之③,毙之。恐人见之也,遽而藏诸隍中④,覆之以蕉⑤,不胜其喜。俄而遗其所藏之处,遂以为梦焉。顺途而咏其事⑥。傍人有闻者,用其言而取之。既归,告其室人曰⑦:"向薪者梦得鹿而不知其处;吾今得之,彼直真梦者矣⑧。"室人曰:"若将是梦见薪者之得鹿邪⑨? 讵有薪者邪⑩? 今真得鹿,是若之梦真邪?"夫曰:"吾据得鹿,何用知彼梦我梦邪?"薪者之归,不厌失鹿⑪。其夜真梦藏之之处,又梦得之之主。爽旦⑫,案所梦而寻之⑬。遂讼而争之,归之士师⑭。

士师曰:"若初真得鹿,妄谓之梦;真梦得鹿,妄谓之实。彼真取若鹿,而与若争鹿⑮。室人又谓梦仞人鹿⑯,无人得鹿。今据有此鹿,请二分之。"以闻郑君。郑君曰:"嘻! 士师将复梦分人鹿乎?"访之国相。国相曰:"梦与不梦,臣所不能辨也。欲辨觉梦,唯黄帝、孔丘。今亡黄帝、孔丘,孰辨之哉? 且恂士师之言可也⑰。"

【注释】 ①薪:砍柴草。②骇鹿:受惊的鹿。③御:迎。④隍:无水的护城壕。此处指干涸的水沟。⑤蕉:通"樵",柴草。⑥涂:同"途",道路。咏:原指曼声长吟。此处当为喋喋不休地说话。⑦室人:指妻子。⑧直:就是。⑨将:抑或,说不定。⑩讵:难道。⑪厌:通"恹",安静貌。⑫爽旦:天明。爽,明。⑬案:通"按",根据。⑭士师:古官名,掌禁令、狱讼、刑罚。为法官之通称。⑮而与若争鹿:当作"而若与争鹿",此话对失鹿者而言。⑯仞:同"认",认取。⑰恂:相信。

【译文】 郑国有个樵夫在野外打柴,遇到一头受惊的鹿,他连忙迎上去把鹿打死了。因怕被别人瞧见,就慌慌张张地把鹿藏在一条干涸的河沟里,又用柴草遮盖起来,心里高兴无比。过了一会儿竟忘记了藏鹿的地方,于是以为刚才做了一场梦。沿途向人讲述这件事。旁边有人听见,就依照他的话找到了那头鹿。回到家里,告诉老婆说:"刚才有个樵夫梦里打死一头鹿,却忘记了收藏的地方;现在被我找到了,他果真是做了个好梦呀!"他老婆说:"恐怕是你梦见什么樵夫得到鹿吧? 那里有那个樵夫呢? 现在你真的得到了鹿,是你真的做梦吧?"汉子说:"反正我得到了这头鹿,用得着知道他做梦还是我做梦呢?"樵夫回到家里,总是不甘心丢掉了鹿。他夜里真的梦见了藏鹿的地方,还梦见了得

到鹿的那个人。第二天清早，樵夫就根据所梦见的路径，找到了得到鹿的人。于是两个人为争鹿而吵起来，最后找法官来裁决。

法官对樵夫说："你起初真的得鹿，又瞎说是梦；后来真的做梦看见了鹿，又瞎说是事实。他的确取走了你的鹿，他又同你争鹿。他老婆又说他是做梦认取了别人的鹿，本来没有人真的得到过鹿。现在确有这头鹿，就一家分一半吧。"这件案子上报给郑国的君主。君主说："哈哈！法官怕也在做梦给别人分鹿吧？"他又去询问国相。国相说："梦与非梦，我也不能辨别。想辨别觉醒或做梦，只有黄帝、孔丘才能够做到。如今黄帝、孔丘都死了，谁还能分辨呢？姑且依法官的判决就可以啦！"

【原文】 宋阳里华子中年病忘①，朝取而夕忘，夕与而朝忘；在涂则忘行，在室而忘坐；今不识先，后不识今。阖室毒之②。谒史而卜之③，弗占；谒巫而祷之，弗禁；谒医而攻之，弗已。鲁有儒生自媒能治之④，华子之妻子以居产之半请其方⑤。儒生曰："此固非卦兆之所占，非祈请之所祷，非药石之所攻。吾试化其心，变其虑，庶几其瘳乎！"

于是试露之⑥，而求衣；饥之，而求食；幽之，而求明。儒生欣然告其子曰："疾可已也。然吾之方密，传世不以告人。试屏左右，独与居室七日。"从之。莫知其所施为也，而积年之疾一朝都除。

华子既悟，乃大怒，黜妻罚子，操戈逐儒生。宋人执而问其以。华子曰："曩吾忘也，荡荡然不觉天地之有无⑦。今顿识既往，数十年来存亡、得失、哀乐、好恶，扰扰万绪起矣⑧。吾恐将来之存亡、得失、哀乐、好恶之乱吾心如此也，须臾之忘，可复得乎？"

子贡闻而怪之，以告孔子。孔子曰："此非汝所及乎！"顾谓颜回纪之。

【注释】 ①阳里华子：虚构的人物。病忘：患了健忘症。②毒：以为苦。③史：史官，掌管祭祀和记事等。卜：占卜。古人用火灼龟甲，视裂纹以推测吉凶祸福。④自媒：自我推荐。⑤居产：积蓄的财产。⑥露之：把他放在露天受冻。⑦荡荡然：渺渺茫茫、空旷高远的样子。⑧扰扰：纷乱貌。

【译文】 宋国的阳里华子中年得了健忘症，早晨拿了东西晚上忘记，晚上给了东西早晨忘记；在路上忘记行走，在屋里忘记坐下；现在记不起从前，以后又记不得现在。全家都为他的病而苦恼。请史为他占卜，不应验；请巫师为他祈祷，也不灵；请医生为他治疗，不见效。鲁国有个儒生自荐能治他的病，华子的老婆儿女情愿拿出一半的家产来求取他的方术。儒生说："这种病本来就不是卦兆所能占验的，也不是祈祷所能免除的，更不是医药所能治愈的。我试着感化他的心神，改变他的思虑，也许可以使他痊愈吧！"

于是，把他放在露天，他冷了就要衣服；不给送饭，他饿了就要求吃饭；关闭在暗处，他受不了就要求光亮。儒生高兴地告诉那人的儿子说："你父亲的疾病可以治好啦！但我的方法是保密的，祖孙相传，不告诉外人。请让在旁侍候的人回避一下，我单独同他在内屋住七天。"家人听从了他。都不知道他在里面用了什么办法，竟使多年的疾病一下子都根除了。

华子清醒了过来，就大发雷霆，斥责老婆。惩罚儿子，拿起戈来驱逐儒生。邻居们捉住他,问他这样做的缘故。华子说道:"从前我健忘,渺渺茫茫地不觉得天地是有是无。现在突然记起了往事,几十年的存亡、得失、哀乐、好恶,纷纷乱乱,千头万绪地涌上心头。我恐怕将来的存亡、得失、哀乐、好恶还会像这样扰乱我的心境,再想忘记哪怕短短一刻,难道还办得到吗?"

子贡听说后感到很奇怪,把这件事告诉了孔子。孔子说:"这道理并非你所能明白的啊!"他回头吩咐颜回记住这件事。

【原文】 秦人逢氏有子①,少而惠,及壮而有迷罔之疾②。闻歌以为哭,视白以为黑,飨香以为朽③,尝甘以为苦,行非以为是:意之所之,天地、四方、水火、寒暑,无不倒错者焉。杨氏告其父曰:"鲁之君子多术艺,将能已乎? 汝奚不访焉?"

其父之鲁,过陈④,遇老聃,因告其子之证⑤。老聃曰:"汝庸知汝子之迷乎⑥? 今天下之人皆惑于是非,昏于利害。同疾者多,固莫有觉者。且一身之迷不足倾一家,一家之迷不足倾一乡,一乡之迷不足倾一国,一国之迷不足倾天下。天下尽迷,孰倾之哉? 向使天下之人其心尽如汝,汝则反迷矣。哀乐、声色、臭味、是非⑦,孰能正之? 且吾之此言未必非迷,而况鲁之君子迷之邮者⑧,焉能解人之迷哉? 荣汝之粮⑨,不若遄归也⑩。"

【注释】 ①逢:古姓氏。②迷罔之疾:精神失常的病。③朽:腐臭气味。④陈:古国名,地有今河南东部和安徽一部分。公元前478年为楚所灭。⑤证:同"症",疾病的症候。⑥庸:即"庸讵",何以,怎么。⑦臭:气味。⑧邮:通"尤",最。⑨荣:虚费。⑩遄:急速。

【译文】 秦国人逢氏有个儿子,小时候很聪明,壮年却患了精神失常的病。听唱歌以为哭,见白的以为黑,闻香的以为臭,尝甜的以为苦,干错事以为对:在他的意识里,天地、四方、水火、寒暑,都是颠倒错乱的。有个姓杨的人对逢氏说:"鲁国的读书人很有才能,或许能治好你儿子的病吧? 你为什么不去拜访他们呢?"

他的父亲便前往鲁国,经过陈国时,遇到老子,他就把儿子的病情告诉了老子。老子说:"你怎么知道你儿子是精神迷乱呢? 现在天下人都分不清是非,辨不清利害。同病的人多了,本来就没有什么清醒的。况且一个人迷乱不足以败坏一家,一家子迷乱不足以倾覆一乡,一乡人迷乱不足以灭亡一国,一国人迷乱不足以颠覆天下。但天下人全都迷乱了,还有什么可颠覆的呢? 假使当初天下人的心神都像你儿子一般,那你就反而是精神失常的人。哀乐、声色、气味、是非,有谁能来正确的区分呢? 而且我的这番言论也未必不是精神失常的表现,更何况鲁国那些君子都是最为迷乱的人,怎么能解开别人的迷乱呢? 白费粮食,还不如趁早回家去吧!"

【原文】 燕人生于燕①,长于楚②,及老而还本国。过晋国③,同行者诳之,指城曰:"此燕国之城。"其人愀然变容。指社曰④:"此若里之社。"乃喟然而叹。指舍曰:"此若先人之庐。"乃涓然而泣⑤。指垄曰⑥:"此若先人之冢。"其人哭不自禁。

同行者哑然大笑⑦,曰:"予昔绐若,此晋国耳。"其人大惭。及至燕,真见燕国之城社,真见先人之庐冢,悲心更微⑧。

【注释】　①燕：姬姓，古国名。相当于今河北北部和辽宁西端一带。公元前222年为秦所灭。②楚：芈姓，古国名。战国时疆域西北到今陕西商县东，东南至今江苏、浙江。公元前223年为秦所灭。③晋：姬姓，古国名。地有今山西大部，河北、河南和陕西各一部。公元前376年分为韩、赵、魏三国。④社：祭祀土地神的庙。⑤涓然：慢慢流泪的样子。涓，细小的水流。⑥垄：坟墓。⑦哑然：形容笑声。⑧更：改变。

【译文】　有个燕国人生在燕国，长在楚国，到了年老便归返本国。经过晋国的时候，同路的人欺骗他，指着一座城墙说："这就是燕国的城墙。"那个人听了，凄怆地改变了脸色。同路的人又指着一座社庙说："这是你乡里的社庙。"于是他又深深地悲叹起来。同路的人指着房屋说："这是你家祖先住的房子。"他听了不禁涓然落泪。同路的人又指着一座坟墓说："这是你家祖先的坟墓。"他情不自禁地大哭不止。

同路的人哈哈大笑，说："刚才是我骗你的，这里是晋国。"那个人大为羞愧。回到燕国以后。当他真的见到了燕国的城墙和社庙，真的见到了祖先的房舍和坟墓时，反而不像以前那样悲哀了。

仲尼篇

【题解】

本篇由三段议论和十二个故事组合而成，旨在论述如何循道的本性来认识世界，其中仍然兼述养生体道方面的内容。这十五个自然段虽然难以截然划分各部分的中心思想，但大体上还是能看出各部分的主旨。

前三个自然段为第一个层次，这里提出了"无乐无知，是真乐真知；故无所不乐，无所不知，无所不忧，无所不为"。怎样才能达到这种境界呢？这就是亢仓子所说的："体合于心，心合于气，气合于神，神合于无。"用这种"自知"来认识世界。孔子在回答什么样才算圣人时说："不治而不乱，不言而自信，不化而自行"，只有这种顺物之情才能体现无为无不为。孔子在回答子夏提问时说，拿四贤的仁、智、勇、庄来换他，他也不答应。可见四贤的品德加起来也不如一圣。本篇的第二个层次由第五至第八个自然段组成。其中的南郭子的"貌充心虚、耳无闻、目无视、口无言、心无知、形无惕"，列子的"心凝形释，骨肉都融"，"物物皆游，物物皆观"，龙叔的"方寸之地虚矣，几圣人也"等等言行，都体现了养生体道的内修功夫。第三层次由两段议论和一个故事组成，论述了生与死有幸运不幸运之别、物极必反、无知主宰有知，分别从不同角度说明道与常理无处不在。第四层次从公仪伯所讲善于使用气力胜过以力气自负，公子牟与乐正子舆争论公孙龙的言论是谬论，还是"至言"，至尧治天下"不识不乱，顺帝之则"，都是讲处事、治国论理要遵循道，不能任意逞志。最后一部分是关尹喜论道，对上述四个层次的故事、议论加以概括和总结，提出"物自违道，道不违物"，因为道存在于万事万物之中，道体现了万事万物的本性，所以"道不违物"，而"物自违道"者，必为道所抛弃。人的有为，逞强就是违道，只有无为才是体道，人们体道就必须破除主观成见。

"在已无居,形物其著。其动若水,其静若镜,其应若响",就是顺应自然规律,反映客观世界。当然,它强调不用感官、不用力、不用心,也存在一定的局限性。

【原文】 仲尼闲居,子贡入待,而有忧色。子贡不敢问,出告颜回。颜回援琴而歌。孔子闻之,果召回入,问曰:"若奚独乐?"回曰:"夫子奚独忧?"孔子曰:"先言尔志。"曰:"吾昔闻之夫子曰:'乐天知命故不忧'①,回所以乐也。"孔子愀然有间曰②:"有是言哉?汝之意失矣。此吾昔日之言尔,请以今言为正也。汝徒知乐天知命之无忧,未知乐天知命有忧之大也。今告若其实:修一身,任穷达③,知去来之非我,亡变乱于心虑,尔之所谓乐天知命之无忧也。曩吾修《诗》《书》④,正《礼》《乐》⑤,将以治天下,遗来世;非但修一身,治鲁国而已。而鲁之君臣日失其序⑥,仁义益衰,情性益薄。此道不行一国与当年,其如天下与来世矣?吾始知《诗》《书》《礼》《乐》无救于治乱,而未知所以革之之方。此乐天知命者之所忧。虽然,吾得之矣。夫乐而知者,非古人之所谓乐知也。无乐无知,是真乐真知;故无所不乐,无所不知,无所不忧,无所不为。《诗》《书》《礼》《乐》,何弃之有?革之何为?"颜回北面拜手曰⑦:"回亦得之矣。"出告子贡。子贡茫然自失,归家淫思七日,不寝不食,以至骨立⑧。颜回重往喻之,乃反丘门,弦歌诵书,终身不辍。

【注释】 ①乐天知命:乐从天道的安排,知守性命的分限。原出于《易·系辞上》:"乐天知命,故不忧。"这是一种宿命论的人生观。②愀然:忧愁的样子。有间:一会儿。③任穷达:任随处世的穷困或者显达。④《诗》:《诗经》的简称。中国最早的诗歌总集,编于春秋时代,共三百零五篇。儒家经典之一。旧说系孔子所删定。《书》:《尚书》的简称。儒家经典之一。是中国上古历史文献和部分追述古代事迹著作的汇编。相传由孔子编选而成。⑤《礼》:《周礼》的简称。儒家经典之一。由周公制作。据传孔子曾予以订正。旨在维护等级秩序和宗法关系,建立社会规范和道德规范。《乐》:是《乐经》的简称。是关于乐理的著作,是儒家经典之一。失传。儒家认为音乐具有移风易俗、教育感化人民的作用。⑥序:这里指君臣、长幼之间应有的等级秩序。⑦北面拜手:古代学生敬师之礼。师坐北朝南,学生向北叩拜。拜手,两膝跪地,两手拱合,俯头至手与心平,而不至地。也叫"空首",为古代男子跪拜礼的一种。⑧骨立:形容人消瘦到极点。

【译文】 孔子独自坐在屋里,子贡进去陪侍他,看见他面带愁容。子贡没敢问。出来告诉了颜回。颜回便取过琴,一边弹,一边唱起歌来。孔子听见了,果然把颜回叫进屋去,问道:"你为什么一人快乐?"颜回说:"先生为什么独自忧愁?"孔子说:"先说说你的意思。"颜回答道:"我过去听先生说:'乐天知命所以不忧愁',这就是我快乐的原因。"孔子凄然变色,过了一会儿,说:"有这样的话吗? 你的理解太狭隘啦! 这不过是我从前的说法罢了,让我用现在的话来补正吧。你只知道乐天知命没有忧愁的一方面,不知道另一方面乐天知命还有着很大的忧愁呢。现在我告诉你问题的实质:修养个人的身心,不管是困厄还是显达,知道人生过去和未来的变迁不由自己决定,忘掉心中的一切纷扰,这就是你所谓的乐天知命就没有忧愁。从前我修订《诗》《书》,订正《礼》《乐》,准备用它来治理天下,遗留后世;不仅仅是为了修养个人的身心,治理鲁国一个国家而已。但鲁国的君臣一天一天地破坏他们应有的等级秩序,仁义日益衰落,人情愈发淡薄。这种政治主张在我活着的时候都无法在一个国家施行,更何况施于天下和后世呢?于是,我才明白《诗》《书》《礼》《乐》无助于治理乱世,但又不知道改变它的方法。这就是乐天知命还会有忧虑的原因。尽管如此,我现在已经得到方法啦。如今的乐天知命,并非古人所说的乐与知。无乐无知,才是真乐真知;因此便能无所不乐,无所不知,无所不忧,无所不为。做到这一步,那么《诗》《书》《礼》《乐》,还有什么必要抛弃呢?为什么还要改变它呢?"颜回面北拱手施礼道:"我也懂得啦!"他出来告诉子贡。子贡茫然不解,回家深思七天,废寝忘食,以至于骨瘦如柴。颜回又去向他重新说明,他才返回孔子门下,从此弹琴唱歌,诵读诗书,终生不辍。

【原文】 陈大夫聘鲁①,私见叔孙氏②。叔孙氏曰:"吾国有圣人。"曰:"非孔丘邪?"曰:"是也。""何以知其圣乎?"叔孙氏曰:"吾常闻之颜回曰:'孔丘能废心而用形。'"陈大夫曰:"吾国亦有圣人,子弗知乎?"曰:"圣人孰谓?"曰:"老聃之弟子有亢仓子者③,得聃之道,能以耳视而目听。"鲁侯闻之大惊,使上卿厚礼而致之。亢仓子应聘而至。鲁侯卑辞请问之。亢仓子曰:"传之者妄。我能视听不用耳目,不能易耳目之用。"鲁侯曰:"此增异矣。其道奈何④?寡人终愿闻之⑤。"亢仓子曰:"我体合于心,心合于气,气合于神,神合于无。其有介然之有⑥,唯然之音⑦,虽远在八荒之外,近在眉睫之内,来干我者,我必知之。乃不知是我七孔四支之所觉,心腹六藏之知⑧,其自知而已矣。"

鲁侯大悦。他日以告仲尼,仲尼笑而不答。

【注释】 ①聘:古代国与国之间的遣使访问。②叔孙氏:鲁国的贵族。春秋后期,鲁国政权落在季孙氏之手,公室为季孙氏、孟孙氏和叔孙氏三家所分。③亢仓子:人名。也作"庚桑楚""亢桑子"。相传为老子的得意门徒。一说亢仓子为楚国人,一说为吴国人。至今在江苏宜兴东南尚有庚桑洞,传为亢仓子所居。今有《亢桑子》两卷,旧本题周庚桑楚撰,实为后人伪托,该书基本思想属道家。④道:指亢仓子视听不用耳目的奥妙。⑤终愿:意即极其希望。⑥介:通"芥",微小的样子。⑦唯:原指应答之声。这里当指轻微声音。⑧六藏:即六脏。藏,同"脏"。

【译文】 陈国的大夫出使访问鲁国,私下去拜见了叔孙氏。叔孙氏说:"我们国家有圣人。"陈国大夫说:"不就是孔丘吗?"叔孙氏说:"是呀!"陈国大夫问:"凭什么知道他是圣贤呢?"叔孙氏回答:"我经常听颜回说:'孔丘处世接物能够不用思虑而只用形迹。'"陈国大夫说:"我们国家也有圣人,您不知道吗?"叔孙氏问:"圣人是谁?"陈国大夫回答:"老聃有一个弟子叫亢仓子,他掌握了老聃的道术,能够用耳朵看,用眼睛听。"鲁侯听说这件事,大为惊奇,派了上卿带着厚礼去邀请亢仓子。亢仓子应邀来到鲁国。鲁侯谦恭地向他请教。亢仓子说:"那些传话的人都是瞎说。我可以视听不用耳目,却不能互换耳目的功能。"鲁侯说:"这就更加神奇啦!这种道术是怎么一回事?寡人还是想听听。"亢仓子回答:"我的形体合于心智,心智合于元气,元气合于精神,精神又合于虚静。如果有像蓿籽一样细小的东西,有轻轻地细微的应答声音,即便远在八荒之外,或是迫在眉睫之

间,只要是冲我来的,我必定能够察觉。竟不知是我七窍四肢所感觉到的,还是心腹六脏知觉到的,不过是它自然而然地知道罢了。"

鲁侯十分高兴。过些日子,他把这件事告诉了孔子,孔子听了,笑而不答。

【原文】 商太宰见孔子曰①:"丘圣者欤?"孔子曰:"圣则丘何敢,然则丘博学多识者也。"商太宰曰:"三王圣者欤②?"孔子曰:"三王善任智勇者,圣则丘弗知。"曰:"五帝圣者欤?"孔子曰:"五帝善任仁义者,圣则丘弗知。"曰:"三皇圣者欤③?"孔子曰:"三皇善任因时者④,圣则丘弗知。"商太宰大骇,曰:"然则孰者为圣?"孔子动容有间,曰:"西方之人,有圣者焉,不治而不乱,不言而自信,不化而自行,荡荡乎民无能名焉⑤。丘疑其为圣。弗知真为圣欤?真不圣欤?"

商太宰嘿然心计曰⑥:"孔丘欺我哉!"

【注释】 ①商:即宋国。宋人为商人后裔,相传商人始祖契居于商丘,而周朝时,商丘为宋国都城。故有将宋称为商的。太宰:古官名,职责为辅助国君处理政事。此"商太宰"为何人,已不可考。②三王:指夏禹、商汤、周文王、周武王。③三皇:传说中的古代帝王。说法颇多,有做天皇、地皇、泰皇的,有做伏羲、女娲、神农的,有作伏羲、神农、共工的,有做燧人、伏羲、神农的。后者与原始社会相近。④因时:随顺时势。⑤名:指称,称呼。⑥嘿然心计:内心默默地思忖。嘿,同"默"。

【译文】 宋国太宰看见孔子说:"你是圣人吗?"孔子回答:"圣人我怎么敢当?然而我是博学多识的人。"太宰问:"三王是圣人吗?"孔子回答:"三王是善于运用智勇的人,是不是圣人我不知道。"太宰问:"五帝是圣人吗?"孔子回答:"五帝是善于推行仁义的人,是不是圣人我不知道。"太宰又问:"三皇是圣人吗?"孔子回答:"三皇是善于顺应时势的人,是不是圣人我也不知道。"太宰听了大惊,说:"那么谁是圣人呢?"孔子听了这话,脸色陡变,过了一阵,才回答道:"西方有个圣人,不实行治理而国家就自然安定,用不着表白而自然得到人民的信任,不施行教化而政教自然地流行,多么伟大啊!百姓无法用语言称颂他。我怀疑他就是圣人。但不知道他真是圣人呢?真不是圣人呢?"

颜回像

宋国太宰听了,心中暗想:"孔丘在欺骗我!"

【原文】 子夏问孔子曰:"颜回之为人奚若①?"子曰:"回之仁贤于丘也②。"曰:"子贡之为人奚若?"子曰:"赐之辨贤于丘也③。"曰:"子路之为人奚若④?"子曰:"由之勇贤于丘也。"曰:"子张之为人奚若⑤?"子曰:"师之庄贤于丘也。"子夏避席而问曰:"然则四子者何为事夫子?"曰:"居⑥!吾语汝。夫回能仁而不能反⑦,赐能辨而不能讷,由能勇而不能怯⑧,师能庄而不能同⑨。兼四子之有以易吾,吾弗许也。此其所以事吾而不贰也。"

【注释】 ①颜回:鲁国人。字子渊。孔子的学生。好学有仁德。②贤:胜过,超过。

③辨:同"辩",能言善辩。指口才好。④子路:鲁国人。仲氏,名由,字子路。孔子的学生。性格直爽勇敢。曾任季孙氏的宰,后任卫大夫孔悝的宰。在贵族内讧中被杀。⑤子张:春秋时陈国人。颛孙氏,名师。孔子学生。⑥居:坐。⑦反:变通。⑧怯:胆小,畏缩。这里指在必要时的退让。⑨同:谦逊随和,与人合群。

【译文】 子夏问孔子说:"颜回的为人怎样?"孔子回答:"颜回的仁爱超过我。"子夏问:"子贡的为人怎样?"孔子回答:"子贡的论辩能力超过我。"子夏问:"子路的为人怎样?"孔子回答:"子路的勇敢超过我。"子夏又问:"子张的为人怎样?"孔子回答:"子张的严肃庄重超过我。"子夏站起来问道:"既然如此,那么这四个人为什么要拜您为师呢?"孔子说:"坐下! 我告诉你。颜回能以仁爱待人但不懂得严厉;子贡能言善辩,但不懂得在必要时保持沉默;子路为人勇敢但不知适时退让;子张为人严肃庄重但不能谦同随和。即使谁兼有这四个人的特长来交换我,我也不会答应。这就是他们拜我为师而从不三心二意的原因。"

【原文】 子列子既师壶丘子林,友伯昏瞀人,乃居南郭①。从之处者,日数而不及。虽然,子列子亦微焉②,朝朝相与辩,无不闻。而与南郭子连墙二十年③,不相谒请;相遇于道,目若不相见者。门之徒役以为子列子与南郭子有敌不疑④。有自楚来者,问子列子曰:"先生与南郭子奚敌?"子列子曰:"南郭子貌充心虚,耳无闻,目无见,口无言,心无知,形无惕⑤。往将奚为? 虽然,试与汝偕往。"

阅弟子四十人同行⑥。见南郭子,果若欺魄焉⑦,而不可与接。顾视子列子,形神不相偶,而不可与群。南郭子俄而指子列子之弟子末行者与言⑧,衎衎然若专直而在雄者⑨。

子列子之徒骇之。反舍,咸有疑色。子列子曰:"得意者无言⑩,进知者亦无言。用无言为言亦言,无知为知亦知。无言与不言,无知与不知,亦言亦知。亦无所不言,亦无所不知;亦无所言,亦无所知。如斯而已。汝奚妄骇哉?"

【注释】 ①南郭:南面的外城。②微:精微。③南郭子:南郭复姓,隐者。④徒役:门徒弟子。⑤惕:变易。⑥阅:检查挑选。⑦欺魄:即"颠丑",古代求雨时所用的泥人。一说为"颠头",或作"魌头",即古时打鬼驱疫时用的面具。⑧末行者:古代讲究长幼有序,排在末行的,当为初入门的弟子。⑨衎衎然:刚直的样子。专直:专意辨明事实。在雄:意即争雄求胜。一本作"存雄"。在,存问,据有。雄,胜利。⑩得意者:领会旨意的人。

【译文】 列子拜壶丘子林为师,与伯昏瞀人为友以后,就居住在城南外。跟他相处的人多得难以计数。尽管这样,但列子的道术精微,仍能从容应付,天天和来人在一起谈讲论辩,远近闻名。可是,他与南郭子隔墙而居二十年,却从来不相交往;在路上碰见,眼睛都好像不曾看见对方。弟子们都以为列子同南郭子一定有仇隙。有个楚国来的人问列子道:"先生与南郭子有什么仇?"列子回答:"南郭子容貌丰满,内心虚静,耳无所闻,眼无所见,口无所言,心无所知,形体无所变易。我去探望他又有什么可干的呢? 虽然这样,我还是试着同你一起去看看吧。"

于是,列子挑选了四十名弟子同行。见到南郭子,果然如同泥塑木雕,旁人无法同他接触交际。他回头看看列子,形体和神智似乎是分离的,而别人根本不可能与他相处。

过了一会儿，南郭子指着列子弟子中站在末行的一位，同他说话，侃侃而谈，露出一副追求真理、无往不胜的样子。

列子的弟子为之惊骇。回到住所，脸上都有大惑不解的神色，以为南郭子还未忘怀胜负之心。列子对他们说道："领会真谛的人无须言说，穷理尽性的人也无须言说。以无言作为表示也是言说，以无知作为知道也是有知；而以无言作为不加表示，以无知作为不知道，也是一种言说和有知。于是，也就无所不言，无所不知；也就无所言，无所知。道理如此而已，你们何必要大惊小怪呢？"

【原文】 子列子学也，三年之后，心不敢念是非，口不敢言利害，始得老商一眄而已①。五年之后，心更念是非，口更言利害，老商始一解颜而笑。七年之后，从心之所念②，更无是非；从口之所言，更无利害。夫子始一引吾并席而坐③。九年之后，横心之所念④，横口之所言，亦不知我之是非利害欤，亦不知彼之是非利害欤，外内进矣。而后眼如耳，耳如鼻，鼻如口，口无不同⑤。心凝形释，骨肉都融；不觉形之所倚，足之所履，心之所念，言之所藏。如斯而已。则理无所隐矣。

【注释】 ①眄：斜视。②从：同"纵"，任从，任凭。③引吾并席而坐："吾"字当为衍文。④横：这里作"放纵"解。⑤口无不同："口"字当为衍文。

【译文】 列子学习道术，三年之后，内心不敢思考是非，口里不敢谈论利害，才得到老商氏斜眼看一下。五年之后，心中反而思考是非，口里反而谈论利害，老商氏方才开颜一笑。七年之后，任凭心去想，再也没有是非；任凭口里说，再也不论利害。先生才让列子同他并席而坐。九年之后，放纵心里去想，放纵口里去说，也不知道自己的利害是什么，也不知道别人的利害是什么，内心了无思虑，外物也好像不复存在了。这之后，他眼睛的作用像耳朵一样，耳朵的作用像鼻子一样，鼻子的作用像嘴巴一样，所有五官没有什么不同。于是心神凝聚，形体好像不复存在，骨骸血肉全与自然融为一体；感觉不到身体所倚靠的，脚下所踩踏的，心中所思念的，言语里所包含的。如此而已。这样，任何道理无可隐藏的了。

【原文】 初，子列子好游。壶丘子曰："御寇好游，游何所好？"列子曰："游之乐所玩无故①。人之游也，观其所见；我之游也，观其所变。游乎游乎！未有能辨其游者。"壶丘子曰："御寇之游固与人同欤，而曰固与人异欤②？凡所见，亦恒见其变。玩彼物之无故，不知我亦无故。务外游，不知务内观③。外游者，求备于物；内观者，取足于身。取足于身，游之至也；求备于物，游之不至也。"

于是列子终身不出，自以为不知游。壶丘子曰："游其至乎！至游者，不知所适；至观者，不知所视，物物皆游矣，物物皆观矣，是我之所谓游，是我之所谓观也。故曰：游其至矣乎！游其至矣乎！"

【注释】 ①故：旧。这里指熟悉的景物。②而：语助词，表转折。③内观：对自身的观察。

【译文】 列子初学道术的时候，很喜欢游览。壶丘子便问他说："你喜欢游览，游览中爱好的是什么呢？"列子回答："游览的快乐，在于所玩赏的事物没有旧景物。别人游

览，只欣赏事物的表面；我游览时却观察事物的变化。游览啊！游览啊！没有人能辨别这两种游览的不同。"壶丘子说："你的游览本来就与别人相同嘛，怎么说与别人不同呢？凡是从表面看到的，同样也能从中看出内在的变化。你只知玩赏事物的时时变化，却不知自身也是时时变化的。只顾一心观赏外物的变化，不知自身在变化。观赏外物，追求得只是外物的完备；观察自身，才能取足于自身的完备。取足于自身的完备，是最完美的游览；而有求于外物的完备，是不完美的游览。"

列子听了这番话，于是终身不再外出游览，自以为还不懂什么是最完美的游览。壶丘子说："这就是最完美的游览啊！懂得什么是最完美游览的人，不知道要去的地方；懂得什么是最深刻的观赏的人，不知道要观赏什么东西。万事万物都游览了，万事万物都观赏了，这就是我所谓的游览，我所谓的观赏。所以说：这就是最完美的游览啊！这就是最完美的游览啊！"

【原文】 龙叔谓文挚曰①："子之术微矣。吾有疾，子能已乎？"文挚曰："唯命所听。然先言子所病之证②。"龙叔曰："吾乡誉不以为荣，国毁不以为辱；得而不喜，失而弗忧；视生如死，视富如贫；视人如豕，视吾如人。处吾之家，如逆旅之舍；观吾之乡，如戎蛮之国。凡此众疾，爵赏不能劝，刑罚不能威，盛衰、利害不能易，哀乐不能移。固不可事国君，交亲友，御妻子，制仆隶。此奚疾哉？奚方能已之乎？"文挚乃命龙叔背明而立，文挚自后向明而望之。既而曰："嘻！吾见子之心矣，方寸之地虚矣③。几圣人也！子心六孔流通，一孔不达。今以圣智为疾者，或由此乎！非吾浅术所能已也。"

【注释】 ①龙叔：当为春秋时宋国人。事迹无考。文挚：相传为春秋时宋的良医。一说为战国时人，曾为齐威王治病。②证：同"症"，症候。③方寸之地：指人心。虚：世俗的名誉实利和情欲思虑都已消除。这是即将得"道"的表现。

【译文】 龙叔对文挚说："您的医术很高超。我有疾病，您能治好吗？"文挚回答："一切听从您的吩咐。但是要请先谈谈您患病的症状。"龙叔说："我的家乡有了荣誉，我不以为荣；国家遭到毁灭，我不以为辱；获得东西而不欢喜，丧失东西而不忧虑；视生如死，视富如贫；视人如猪，视己如他人。住在自己家里，好像是在旅舍；看我自己家乡，好像是僻远蛮荒之国。这种种病症，爵赏不能劝止，刑罚不能威服，盛衰利害不能改变，喜怒哀乐不能移易。因此就不能服侍国君，交结亲友，管教妻儿，役使奴仆。这是什么病呢？什么药方能治好它呢？"文挚便吩咐龙叔背朝光亮站着，他在后面顺着光线仔细观察。过了一会儿，他叫道："呀！我看见您的心啦！心已经空虚了。几乎要成为圣人啦！您的心中，六孔已经流通，只有一孔没有畅通。现在你把这种圣人的智慧当作疾病，或许就是由于这一孔尚未畅通的原因啊！这绝非我浅陋的医术所能治愈的。"

【原文】 无所由而常生者①，道也。由生而生，故虽终而不亡，常也②。由生而亡，不幸也。有所由而常死者，亦道也。由死而死，故虽未终而自亡者，亦常也。由死而生，幸也③。

故无用而生谓之道④，用道得终谓之常；有所用而死者亦谓之道，用道而得死者亦谓

之常。季梁之死⑤,杨朱望其门而歌;随梧之死⑥,杨朱抚其尸而哭。隶人之生⑦,隶人之死,众人且歌⑧,众人日哭。

【注释】 ①由:相当于"因",即凭借、根据。②常:常理,亦即必然之理。③幸:意即那些无德之人虽然还能苟活长命,不过是幸运罢了。④无用而生谓之道:无所凭借而生存的叫作道。⑤季梁:战国初期魏国人,生年当在梁惠王、魏襄王之时,为杨朱的好友。⑥随梧:与杨朱同时代的人。⑦隶人:古代称因罪被官家没为奴隶、从事劳役的人。这里用作为对凡俗世人的贬称。张湛注:"隶,犹群辈也。"⑧且:作副词,或者。

【译文】 无所凭借而永远生存的,是道。根据这一生存规律而生存,所以生命虽然结束,但为生之道不会灭亡,这是道的常理。根据这条生存规律应该生存却死亡的,这是不幸。有所凭借而经常死亡的,也是道。根据这一死亡之道而死亡,所以生命虽未结束,但为生之理已经灭亡,这也是道的常理。根据这一死亡之道应该死亡,却得以生存的,这是幸运。

所以无所凭借而生存的叫作道,依从道的规律而结束的叫作常理;有所凭借而死亡的也叫作道,依从道的规律而死亡的也叫作常理。季梁死了,杨朱望着他家的门口唱歌;随梧死了,杨朱抚着他的尸体痛哭。老百姓出生了,死亡了,众人或是唱歌,或是号哭。

【原文】 目将眇者①,先睹秋毫;耳将聋者,先闻蚋飞;口将爽者②,先辨淄渑③;鼻将窒者,先觉焦朽;体将僵者,先亟犇佚④;心将迷者,先识是非:故物不至者则不反。

【注释】 ①眇:一只眼睛瞎了。这里泛指眼瞎。②爽:伤败。③淄:水名,即今山东境内的淄河。渑:水名。一作绳水,源出今山东临淄东北,久湮。④亟:急,迫切。犇佚:也作"奔佚"或"奔逸",疾驰。

【译文】 眼睛即将失明的人,先能察见秋毫;耳朵即将聋掉的人,先能听到蚊子飞的声音;口味即将伤败的人,先能辨别淄水和渑水的差异;鼻子即将窒塞的人,先能嗅到火焦物朽的气息;身体即将僵仆的人,先急着要奔跑;心神即将迷乱的人,先能明辨是非:所以事物不发展到极端,就不会走向反面。

【原文】 郑之圃泽多贤①,东里多才②。圃泽之役有伯丰子者③,行过东里,遇邓析④。邓析顾其徒而笑曰:"为若舞⑤,彼来者奚若?"其徒曰:"所愿知也。"邓析谓伯丰子曰:"汝知养养之义乎⑥? 受人养而不能自养者,犬豕之类也;养物而物为我用者,人之力也。使汝之徒食而饱,衣而息,执政之功也。长幼群聚而为牢藉庖厨之物⑦,奚异犬豕之类乎?"

伯丰子不应。伯丰子之从者越次而进曰:"大夫不闻齐、鲁之多机乎?有善治土木者,有善治金革者⑧,有善治声乐者,有善治书数者⑨,有善治军旅者,有善治宗庙者⑩,群才备也。而无相位者⑪,无能相使者⑫。而位之者无知⑬,使之者无能⑭,而知之与能为之使焉⑮。执政者,乃吾之所使;子奚矜焉?"

邓析无以应,目其徒而退。

【注释】 ①圃泽:古泽名。即《天瑞篇》中的"郑圃"。也作"圃田泽""甫田"。旧址

在今河南中牟西。贤：有德行的人。这里指崇奉清静无为道家学说的隐者。②东里：古地名。在今河南新郑城内。曾是春秋时郑国大夫子产住地。③伯丰子：亦叫百丰，列子的学生。④邓析：春秋时法家、名家。郑国人。做过郑国大夫。曾著《竹刑》，主张法治。⑤舞：舞弄、嘲弄。⑥养养：受供养与自力谋生。前一"养"为被养，后一"养"为自养。⑦牢：牲畜的栏圈。藉：原指以物衬垫。这里引申为铺垫栏圈的草。⑧金革：犹言兵革。兵器铠甲的总称。⑨书数：即六艺中的"书""数"，书法和算术。⑩宗庙：古代帝王、诸侯或大天、士祭祀祖宗的祠庙。⑪位：通"莅"，莅临。⑫相使：使用或操纵别人。⑬位之者：位居他人之上的人。无知：意思近于"无为"即有知但却韬光晦迹，在世俗眼里显得无知。这是伯丰子等人的自谓。下文"无能"同此义。⑭使之者：即"能相使者"，使用他人的人。⑮知：有知识的人。之与：犹连同。能：有才能的人。"知"与"能"指的是邓析一类的执政者。

【译文】 郑国的圃泽居住着很多潜心学道的隐士。东里聚集着很多济世治国的人才。圃泽的弟子中有一个名叫伯丰子的，外出从东里经过，遇见了邓析。邓析回头对同伴笑道："我为你们去戏弄戏弄那个走来的人怎么样？"同伙说："这正是我们所想的呀！"邓析便对伯丰子说："你知道受人供养和自己养活自己的含义吗？受人供养而不能自己养活自己，便是猪狗之类的畜生；供养他物使之为我所用，这便是人的能力。让你们这些家伙吃得饱，穿得暖，睡得好，这都是我们这些治理国事人的功劳。而你们只会老老小小群居终日，搞一些睡觉用的栏圈垫草，料理些填肚皮用的食物，这同猪狗之类的畜生有什么不同？"

伯丰子不予理睬。跟在他后面的一个随从走上前来回答道："大夫您没有听说齐、鲁两国多有巧能之人吗？他们有的精通土木建筑，有的擅长制造兵器铠甲，有的精通音乐舞蹈，有的擅长书法术算，有的精通指挥军队作战，有的擅长主持宗庙祭祀，真是人才济济。但是他们相互之间却没有谁能主宰谁，没有谁能役使谁的。相反，能主宰他们的人倒没有知识，能役使他们的人倒没有才能，有知识同有才能的人都被他所使用。你们这些自命有知识有才能的执政者，也正是被我们所使用的奴仆呀；你还有什么值得骄傲自争的呢？"

邓析无言以对，只好羞愧地瞅着自己的同伙退了回去。

【原文】 公仪伯以力闻诸侯①，堂谿公言之于周宣王②，王备礼以聘之。公仪伯至。观形，懦夫也。宣王心惑而疑曰："女之力何如？"公仪伯曰："臣之力能折春螽之股③，堪秋蝉之翼。"王作色曰："吾之力能裂犀兕之革④，曳九牛之尾，犹憾其弱。女折春螽之股，堪秋蝉之翼，而力闻天下，何也？"

公仪伯长息退席⑤，曰："善哉王之问也！臣敢以实对。臣之师有商丘子者⑥，力无敌于天下，而六亲不知，以未尝用其力故也。臣以死事之，乃告臣曰：'人欲见其所不见，视人所不窥；欲得其所不得，修人所不为。故学视者先见舆薪⑦，学听者先闻撞钟。夫有易于内者无难于外。于外无难，故名不出其一家。'今臣之名闻于诸侯，是臣违师之教，显臣之能者也。然则臣之名不以负其力者也，以能用其力者也，不犹愈于负其力者乎？"

【注释】　①公仪伯：周朝时的隐者。②堂谿公：周朝时的隐者。③春蟊：蟊斯。一种样子像蚱蜢，身体草绿或褐色的昆虫，以翅摩擦发音。股：大腿。④兕：古代犀牛一类的兽名，皮厚，可以制革。⑤长息：深深叹息。退席：犹避席，离座。古人常用"避席"来表示尊敬或郑重。⑥商丘子：与《黄帝篇》中的老商氏当为一人，是虚构的有道术之人。⑦视：看，观察。舆薪：满车子的柴草，比喻大而易见的事物。

【译文】　公仪伯因力气大而闻名诸侯，堂谿公告诉了周宣王。周宣王就备下厚礼去聘请他。公仪伯来后，看他的外貌，是个懦弱无力的人。周宣王满心疑惑，问道："你的力气怎么样？"公仪伯回答："我的力气能够折断春蟊的大腿，举起秋蝉的翅膀。"周宣王变了脸色说："我的力气能够撕裂犀牛的皮，拖住九头牛的尾巴，我还恨自己的力气太小。而你只能折断春蟊的大腿，举起秋蝉的翅膀，却以力大而闻名天下，这是为什么？"

公仪伯长叹一声，离席而起说："大王问得好啊！让我把实情告诉您。我有一位老师名叫商丘子，力气无敌于天下，但他的父母兄弟妻子都不知道，这是由于从不使用他力气的缘故。我死心塌地地侍奉他，他才告诉我说：'一个人想看见人们所看不见的东西，就应该去观察别人所不看的东西；想得到人们所得不到的东西，就应该去从事别人所不干的事情。所以练习看东西的人应该先看满车子的柴薪，学习听声音的人应该先听敲钟的巨响。如果修养自己的身心，容易把握自己，把握外面就不会困难。在外面做到不困难了，因此名声就传不出自己的家庭。'如今我的名声传闻于诸侯，原因是我违背了老师的教导，显露了我的能力。但是我的名声不是靠力气获得的，而是以善于使用自己的力气而获得的，这不是远胜过以力气自负吗？"

【原文】　中山公子牟者①，魏国之贤公子也。好与贤人游，不恤国事，而悦赵人公孙龙②。乐正子舆之徒笑之③。公子牟曰："子何笑牟之悦公孙龙也？"子舆曰："公孙龙之为人也，行无师，学无友，佞给而不中④，漫衍而无家⑤，好怪而妄言。欲惑人之心，屈人之口，与韩檀等肄之⑥。"公子牟变容曰："何子状公孙龙之过欤⑦？请闻其实。"子舆曰："吾笑龙之绐孔穿⑧，言'善射者，能令后镞中前括⑨，发发相及，矢矢相属⑩；前矢造准而无绝落⑪，后矢之括犹衔弦⑫，视之若一焉'。孔穿骇之。龙曰：'此未其妙者。逢蒙之弟子曰鸿超⑬，怒其妻而怖之。引乌号之弓⑭，綦卫之箭⑮，射其目。矢来注眸子而眶不睫⑯，矢隧地而尘不扬⑰。'是岂智者之言与？"公子牟曰："智者之言固非愚者之所晓。后镞中前括，钧后于前。矢注眸子而眶不睫，尽矢之势也。子何疑焉？"

乐正子舆曰："子，龙之徒，焉得不饰其阙？吾又言其尤者。龙诳魏王曰⑱：'有意不心。有指不至。有物不尽⑲。有影不移。发引千钧。白马非马⑳。孤犊未尝有母。'其负类反伦㉑，不可胜言也。"

公子牟曰："子不谕至言而以为尤也㉒，尤其在子矣。夫无意则心同。无指则皆至。尽物者常有。影不移者，说在改也。发引千钧，势至等也。白马非马，形名离也。孤犊未尝有母，非孤犊也㉓。"

中华传世藏书——国学经典文库 列子——图文珍藏版

乐正子舆曰:"子以公孙龙之鸣皆条也㉔。设令发于余窍,子亦将承之。"公子牟默然良久,告退,曰:"请待余日,更谒子论。"

【注释】 ①中山公子牟:战国时期人。即魏牟,魏国公子,因封于中山,故名中山公子牟。与公孙龙交好。②公孙龙:战国时期名家的代表人物,赵国人,大约生活在公元前325~前250年之间。曾做过平原君赵胜的门客。他的名辩论题有"离坚白""白马非马"等,着重分析了概念的规定性和差别性。③乐正子舆:乐正为复姓。其人无考。④佞:有口才。给:敏捷。⑤漫衍:指思想散漫不受拘束。⑥韩檀:人名,也作"桓团"。战国时赵人。与公孙龙笨一起做过平原君的门客,同以善辩著称。肆:研习。⑦状:陈述,申诉。这里有列数罪过的含义。⑧孔穿:孔子的六世孙,字子高。因不同意公孙龙的名辩学说,曾往辩论,后成为公孙龙的弟子。⑨括:通"栝",箭的末端。⑩相属:相连接。⑪造准:射中箭靶。绝落:断落。⑫犹衔弦:箭的尾端正好搭在弓弦上。⑬逢蒙:人名。夏代善于射箭的人。鸿超:逢蒙的学生,也善射箭。⑭乌号:古代良弓名。⑮綦卫:古代的一种良箭。出产于綦地,故名。⑯矢来:当为"矢末"之误。矢末,即箭的尖端。注:射。一说"注"义同"至",即达到。眸:眼珠。睫:眨眼。⑰隧:通"坠",掉落。⑱魏王:当指魏襄王,公元前318~前296年在位。⑲有物不尽:物体永远分割不尽。名家学派的又一个名辩命题。⑳白马非马:也是公孙龙学派的名辩命题。即"白"是命"色"的,"马"是命"形"的,形、色各不相干,因此"白马"就是"白马",不能说"白马"是"马"。"马"是各种形色马的统称,是一般的马。"白马"是各种形色马中的一种。所以说"白马"非一般的马。这里,他们看到了属概念和种概念之间的区别,发现了一般和个别的差异。㉑负类:即指无类比附,违反逻辑。类,个体事物集合而形成共同的属性为类。㉒尤:过失,错误。㉓"孤犊"二句:意即孤犊未曾有母亲,要是有母亲,那它就不叫孤犊了。此句"有母"下脱漏"有母"两字。㉔鸣:对公孙龙言论的贬语,将它当作叫唤。条:条理。

【译文】 中山公子牟,是魏国一个贤能的公子。喜欢同有才学的士人交游,而不关心国家大事。他特别喜欢赵国人公孙龙。乐正子舆一伙人却嘲笑他。公子牟问道:"你们为什么要笑我喜欢公孙龙呢?"子舆回答:"公孙龙为人,办事情不拜老师,做学问没有朋友,善于诡辩而不合情理,思想散漫而不成学派,标新立异而言辞荒诞。总想迷惑别人的心,折服人口,与韩檀等人在一起专门研习这一套玩意儿。"公子牟变了脸色说:"你为什么把公孙龙描绘得这么过分?请讲出你的理由来。"乐正子舆道:"我笑的是公孙龙欺骗孔穿呀,他说'善于射箭的人,能让后面的箭头射中前面的箭尾,一发接一发,一箭接一箭;前面的箭射中靶心,中间没有坠落的,最后一支箭尾正好搭在弓弦上,看去好像一根相连的直线'。孔穿听了,大为惊骇。公孙龙却说:'这还不算最奇妙的。夏朝神箭手逢蒙有个弟子名叫鸿超,对老婆发怒,就恐吓她。拉开黄帝的乌号之弓,搭上卫国的綦卫箭,直射老婆的眼睛。箭飞到眼珠前,眼皮都不眨一眨;落到地面上,灰尘一点都不扬起。'这难道是智慧的人说的话吗?"公子牟回答:"智慧人说的话本来就不是蠢人所能懂的。我告诉你,后面的箭头能射中前面的箭尾,是因为每一发箭的力度和瞄准点都保持

不变。箭飞到眼珠前而眼皮不眨,是因为箭到达眼睛前,箭的冲力刚好使尽了。你有什么可疑惑的呢?"

乐正子舆道:"你是公孙龙的门徒,怎能不帮他掩盖错误呢?我还要说说他更加荒谬的地方。公孙龙诳骗魏王说:'意念不是本心;从事物的共相得不到事物的实际;物体永远分割不尽;影子从来就不移动;头发丝能悬千钧重物;白马不是马;孤牛犊未曾有母亲。'他种种背离事物类别,违反世人常识的言论,真是举不胜举啊!"

公子牟说:"你不懂这些最高深的道理,以为它们是荒谬的,真正荒谬的是你吧!我告诉你,意念泯灭,就和本心相同;取消事物的共相,就能得到事物的实际;物体分割到最后,剩下的也还是客观存在的物体;影子不动,是由于它们在不断改换;发悬千钧,在于它们的受力均衡;白马非马,因为实体和名称不相同;孤牛犊未曾有母亲,要是有母亲,那它就不叫孤牛犊啦。"

乐正子舆说道:"你把公孙龙的喊叫也都奉为真理。假如他放个屁,你也会去奉承的。"公子牟默然不语好一阵,然后告辞说:"请你等几天,我再找你辩论。"

【原文】 尧治天下五十年,不知天下治欤,不治欤?不知亿兆之愿戴己欤①?不愿戴己欤?顾问左右,左右不知。问外朝,外朝不知。问在野,在野不知。尧乃微服游于康衢②,闻儿童谣曰:"立我蒸民③,莫匪尔极④。不识不知⑤,顺帝之则⑥。"尧喜问曰:"谁教尔为此言?"童儿曰:"我闻之大夫。"问大夫,大夫曰:"古诗也。"尧还宫,召舜,因禅以天下⑦。舜不辞而受之。

【注释】 ①亿兆:指黎民百姓。②康衢:四通八达的大路。《尔雅·释宫》:"四达谓之衢,五达谓之康。"③立:通"粒",指米食。此处谓有谷米可食,作动词用。烝:通"蒸",众。④莫匪:莫非。匪,同"非"。极:中正的准则。⑤知:同"智",智谋。⑥帝:原指天帝,古人想象中的宇宙万物的主宰。这里译作"自然"。则:榜样,准则。⑦禅:禅让。尧为部落联盟首领时,四方部落酋长推举舜为继承人。尧对舜进行三年考核后,即让舜协理国事。尧死后,舜继任。舜后来又以同样方式把首领位让给禹。这种原始的民主制度,历史上称为"禅让"。

【译文】 尧治理天下五十年,不知道社会是安定了呢,还是不安定?不知道百姓是愿意拥护自己呢,还是不愿拥护自己?他询问左右近臣,左右近臣说不知道。询问外朝官员,外朝官员说不知道。又询问在野的贤人,在野的贤人也说不知道。于是,尧就去四通八达的大路上微服私访,他听见儿童在唱歌谣:"使我百姓丰衣足食,无非是那中正的德操。除去智巧,就是顺从自然之道。"尧高兴地问他们:"谁教你们唱这支歌的?"儿童回答:"我们从大夫那儿听来的。"尧又去问大夫。大夫回答:"这是古诗。"尧回到宫廷,便把舜招来,将王位禅让给他。舜没有推辞就接受了。

【原文】 关尹喜曰:"在己无居①,形物其箸②,其动若水,其静若镜,其应若响。故其道若物者也③。物自违道,道不违物。善若道者,亦不用耳,亦不用目,亦不用力,亦不用心。欲若道而用视听形智以求之,弗当矣。

"瞻之在前,忽焉在后;用之弥满六虚④,废之莫知其所。亦非有心者所能得远,亦非无心者所能得近。唯默而得之而性成之者得之。

"知而忘情,能而不为,真知真能也。发无知,何能情?发不能,何能为?聚块也,积尘也,虽无为而非理也。"

【注释】　①居:固定,偏执。②形物:此处指事物之理。其:当作"自"。《庄子·天下篇》即作"形物自著"。箸:显明。③若:体悟。④用:指道发生作用。六虚:同"六合",指上下四方。

【译文】　关尹喜说:"自己能做到不偏执一端,外界事物之理就自然显明。行动时像流水一样自然,像镜子一样安静,反映外物时像回音一样不变原貌。所以说,道是顺从事物的。只有事物自己去违反道,而道是不会违反事物的。善于体悟道的人,不用耳朵,不用眼睛,不用力气,也不用心智。体悟道想用视觉、听力、形象、智慧去求得,那是不恰当的。

"刚刚看见道在前面,倏忽之间它又跑到了后面;发生作用时,它充满天地四方;不起作用时,它又不知跑到哪去了。也并非有心求道能同它疏远;也并非无心求道能同它亲近。唯有虚心体会和穷尽本性的人能够获得它。

"知道事理泯灭情感,十分能干不去干,才是真正的知道,真正的能干。启发那些无知之物,又怎能产生情感?发动那些无能之物,又怎能有所作为?堆土块呀,积灰尘呀,虽然都是没有作为的,但这并不是无为的真谛。"

说符篇

【题解】

《列子》以《天瑞》始,以《说符》终,终始相应,相得益彰。"天瑞"讲天道,"说符"讲人道。天道、人道自有其规律,天道主宰人道,人道受天道约束,天道无所不在,存在于万事万物之中,也存在于人道之中。人道就是人的心要合于天道,违背天道自然规律的主观意志必然失败、灭亡。符就是讲人的主观意志要符合自然界的客观规律。本篇的中心思想就是讲"心合于道",这也是《列子》全书的指导思想。

本篇提出"心合于道"就是在纷纭的万事万象中做到见微知著。知其变化之由,明善恶之归宿,察祸福之所倚,才能做到"心合于道",遇事应对自如。这就是"不察存亡而察其所以然"。"关尹谓列子""问道者富""列子学射""鲁施氏有二子""列子不受粟""晋文公伐卫""晋国苦盗""赵襄子攻翟"等十多个寓言皆寓此理。

关于"心合于道"与"智巧"的关系,本篇也有明确的说明。首先提出用智必须避免骄盛,不必"处先",而应"持后",以退让求平安。"河梁济水""詹何政治""寝丘之封""腐鼠之祸"讲的就是不逞私、不骄盛、持退让的道理。对于心术不正的智巧,《列子》持否定态度,"郄雍视盗""白公问孔""齐人盗舍""人有枯梧树者"等故事,表明了对智巧的

排斥。这里并不一概反对用智,而是主张用智必须符合规律、把握机会。"施氏二子与孟氏二子""宋国子兰""牛缺"等故事讲的就是用智机会恰当就成功,违反客观规律就招来灾难。此外如"爰旌目拒食""不死之道""疑人窃斧"等故事讲述了名实关系,强调求诚务实,反对贪求虚名,反对主观主义,从另一个侧面说明"心合于道"的必要性。

【原文】 子列子学于壶丘子林。壶丘子林曰:"子知持后①,则可言持身矣。"列子曰:"愿闻持后。"曰:"顾若影,则知之。"列子顾而观影:形枉则影曲②,形直则影正。然则枉直随形而不在影,屈申任物而不在我,此之谓持后而处先。

【注释】 ①持后:保持谦退,不与人争先。②枉:弯曲。

【译文】 列子向壶丘子林学道。壶丘子林说:"你懂得保持谦让,才谈得上立身处地。"列子说:"愿听您说说保持谦让的道理。"壶丘子林说:"看看你的影子,就知道了。"列子回头察看自己的身影:身体弯曲,影子就随着弯曲;身体挺直,影子也随着挺直。由此可见,影子或弯或直依赖于身体的动作,而由不得影子;处世的窘困或顺利听凭于外物的制约,而不在于个人的主观意志,这就是保持谦让才能使自己处身领先的道理。

【原文】 关尹谓子列子曰:"言美则响美,言恶则响恶;身长则影长,身短则影短。名也者,响也;身也者①,影也。故曰:慎尔言,将有和之;慎尔行,将有随之。是故圣人见出以知入,观往以知来,此其所以先知之理也。

"度在身②,稽在人。人爱我,我必爱之;人恶我,我必恶之。汤、武爱天下,故王;桀、纣恶天下,故亡,此所稽也。稽度皆明而不道也,譬之出不由门,行不从径也。以是求利,不亦难乎? 尝观之神农、有炎之德③,稽之虞、夏、商、周之书,度诸法士贤人之言④,所以存亡废兴而非由此道者,未之有也。"

【注释】 ①身:指报应。即行为所造成的与之对应的结果。②度:礼度、法度或度量标准。③神农:古代传说中农业和医药的发明者。有炎:炎帝。传说中上古姜姓部族首领。号烈山氏,一作厉山氏。一说,神农氏即为炎帝。④度:推测,估量。法士:推崇法治的人士。

【译文】 关尹对列子说:"发出的言辞美好,回音就美好;发出的言辞丑恶,回音就丑恶;身体修长,影子就修长;身体短小,影子就短小。个人的名声,就等于回音;一生的报应,就等于身影。所以说:谨慎你的言辞,将有应和它的回声;检点你的行为,将有跟从它的影子。因此,圣人听到一个人的言辞就知道别人对他的看法,观察过去的行为便可预料将来的命运,这正是他们能够先知先觉的道理。

"掌握行为的礼度在于自身,而考察它的客观效却在于他人。别人敬爱我,我必定敬爱他;别人憎恶我,我必定憎恶他。成汤、周武因为爱惜天下百姓,所以君临一国;复桀、商纣因为厌恶天下百姓,所以身死国亡,这就是客观检验的结果。客观的检验和自身行为的礼度都已明确而又不遵守它,正如离家不通过门口,行走不顺着道路一般。依靠这种违反常理的方法去谋求利益,不是很困难的吗? 我曾经考查了神农、炎帝的德行,检核了虞舜、夏禹、商汤、周武的书籍,思量了那些坚持法治和推崇德化之人的言论,发现存亡

兴废不遵循这条规律的朝代,在历史上是从来没有的。"

【原文】 严恢曰①:"所为问道者为富②,今得珠亦富矣,安用道?"子列子曰:"桀、纣唯重利而轻道,是以亡。幸哉余未汝语也!人而无义,唯食而已,是鸡狗也。强食靡角③,胜者为制,是禽兽也。为鸡狗禽兽矣,而欲人之尊己,不可得也。人不尊己,则危辱及之矣。"

【注释】 ①严恢:人名。②问:通"闻"。③强食靡角:为争食而相互角斗。强,使用强力。靡,读为摩。这里的"靡角",当指以角相摩,即角斗。

【译文】 严恢说:"那些学道的人为的是想富有,现在我获得金珠财宝也能富有,还要用什么道呢?"列子回答:"夏桀、商纣只重财利而轻视道,所以灭亡了。幸好我还没有对你说呢!作为一个人却不懂道义,只知吃喝而已,不过是鸡狗罢了!逞强争食,相互角斗,胜者为王,这不过是禽兽罢了。干出鸡狗禽兽一般的行为,却希望别人尊重自己,这是不可能办到的。待到别人都不尊重自己的时候,灾祸耻辱就临身了。"

【原文】 列子学射中矣①,请于关尹子②。尹子曰:"子知子之所以中者乎?"对曰:"弗知也。"关尹子曰:"未可。"退而习之。三年,又以报关尹子。尹子曰:"子知子之所以中乎?"列子曰:"知之矣。"关尹子曰:"可矣;守而勿失也。非独射也,为国与身亦皆如之。"故圣人不察存亡而察其所以然。

【注释】 ①中:指射箭已能射中箭靶。②请:告诉。

【译文】 列子练习射箭已能射中靶心,便去告诉关尹子。关尹子说:"你知道你能射中的原因吗?"列子回答:"不知道。"关尹子说:"那你的箭术还不行。"列子便回家再作苦练。三年过后,又去告诉关尹子。关尹子问:"现在你知道射中的原因了吗?"列子回答:"知道了。"关尹子说:"行啦!牢牢记住其中的道理不要违背它。不仅射箭,治理国家和修养身心也都是这样。"因此圣人不局限于事物存亡成败的表面现象,而要察看所以存亡成败的内在原因。

【原文】 列子曰:"色盛者骄①,力盛者奋②,未可以语道也。故不班白语道③,失,而况行之乎?故自奋则人莫之告。人莫之告,则孤而无辅矣。贤者任人,故年老而不衰,智尽而不乱。故治国之难在于知贤而不在自贤④。"

【注释】 ①色:指气色、血气。②奋:此处谓恃力强干。③班白:即"斑白"。指老年头发花白。班,通"斑"。④自贤:自以为贤。意即恃仗一己的聪明和才能。

【译文】 列子说:"气血旺盛的人容易骄傲,体力充沛的人容易激愤,都不可以同他们论道。因此头发没有花白的人谈道,往往丧失道的本意,更何况去施行它呢?所以骄傲激愤的人,就不会有谁来劝告。而没有人来相告,他就孤立无援了。贤明的人善于任用他人,所以自己虽然年老,但治事的能力并不衰退,智力虽已耗尽,但心神并不迷乱。因此,治理国家难就难在能否知人善任,而不在于倚仗个人的贤能。"

【原文】 宋人有为其君以玉为楮叶者①,三年而成。锋杀茎柯②,毫芒繁泽③,乱之楮叶中而不可别也。此人遂以巧食宋国④。

264

子列子闻之,曰:"使天地之生物,三年而成一叶,则物之有叶者寡矣。故圣人恃道化而不恃智巧。"

【注释】 ①楮叶:即构树叶,似桑叶,多有涩毛。②锋杀茎柯:谓楮叶上茎脉和叶柄的肥瘦得体,十分逼真。锋杀,亦作。"丰杀",意即"增减",引申为肥瘦、大小。③毫芒繁泽:谓楮叶上的细毛繁密而有光泽。④食:指俸禄。这里有取得俸禄的意思。

【译文】 宋国有人为国君用玉来雕刻楮树叶片,三年方才完成。叶脉和叶柄肥瘦得体,叶毛繁密而有光泽,即使掺在真的楮叶中也难以辨别。这个人便赖此雕刻技巧得到了宋国的俸禄。

列子听闻这件事,说:"假如天地生育万物,要三年才长出一片叶子,那么有叶子的树木就极少了。所以圣人依靠自然规律来施行教化,而不是依赖个人的智巧。"

【原文】 子列子穷,容貌有饥色。客有言之郑子阳者①,曰:"列御寇盖有道之士也,居君之国而穷。君无乃为不好士乎②?"郑子阳即令官遗之粟③。子列子出见使者,再拜而辞。使者去。子列子入,其妻望之而拊心曰④:"妾闻为有道者之妻子皆得佚乐。今有饥色,君过而遗:先生食⑤。先生不受,岂不命也哉?"

子列子笑谓之曰:"君非自知我也。以人之言而遗我粟,至其罪我也,又且以人之言,此吾所以不受也。"其卒⑥,民果作难而杀子阳。

【注释】 ①子阳:人名,郑国之相。②无乃:岂非。③遗:赠送。④望:埋怨,责怪。拊心:拍打胸口,表示气恼的样子。⑤过:意为探望。《释文》作"遇",意为对待、款待。⑥其卒:后来,终于。

【译文】 列子过着穷困的日子,面有饥色。有门客对郑国国相子阳说:"列御寇原是有道之士,居住在您的国家却贫困不堪,恐怕您是不喜爱有才能的人吧?"子阳听了,立即派官员给列子送去粮食。列子出来见使者,再三拜谢推辞不受。使者去后,列子走进内室,妻子怨恨他,捶着胸口说:"我听说作为有道之士的妻子儿女都能过上舒适的生活。现在我们穷得面有饥色,国相以礼相待,给你送来粮食。你却不接受,这不是我的命很苦吗!"

列子笑着对她说:"国相并不是自己赏识我。现在他可以听信别人的话而送我粮食,将来也可能听信别人的话而加罪于我。这就是我不接受粮食的原因。"到后来,郑国的百姓果然发难而杀掉了子阳。

【原文】 鲁施氏有二子,其一好学,其一好兵。好学者以术干齐侯①;齐侯纳之,以为诸公子之傅②。好兵者之楚,以法干楚王③;王悦之,以为军正④。禄富其家,爵荣其亲。

施氏之邻人孟氏,同有二子,所业亦同,而窘于贫。羡施氏之有,因从请进趋之方。二子以实告孟氏。孟氏之一子之秦,以术干秦王。秦王曰:"当今诸侯力争,所务兵食而已。若用仁义治吾国,是灭亡之道。"遂宫而放之⑤。

其一子之卫,以法干卫侯。卫侯曰:"吾弱国也,而摄乎大国之间⑥。大国吾事之,小国吾抚之,是求安之道。若赖兵权⑦,灭亡可待矣。若全而归之,适于他国,为吾之患不轻

矣。"遂刖之⑧,而还诸鲁。

　　既反,施氏之父子叩胸而让施氏⑨。施氏曰:"凡得时者昌,失时者亡。子道与吾同,而功与吾异,失时者也,非行之谬也。且天下理无常是,事无常非。先日所用,今或弃之;今之所弃,后或用之。此用与不用,无定是非也。投隙抵时⑩,应事无方,属乎智。智苟不足,使若博如孔丘,术如吕尚⑪,焉往而不穷哉?"

　　孟氏父子舍然无愠容⑫,曰:"吾知之矣,子勿重言!"

　　【注释】　①干:求取。②傅:指老师。③法:指兵法。④军正:军队的官长。⑤宫:宫刑,也称腐刑,是使人丧失生育能力的一种刑罚。⑥摄:迫近,夹迫。⑦兵权:用兵的权谋,策略。⑧刖:断足,古代的一种酷刑。⑨叩胸:即拊心,拍打胸部,表示恼恨。让:责备。⑩投隙抵时:迎合机会,行动及时。投,犹迎合。隙,机会。抵,到达。时,适时。⑪吕尚:即姜太公,周代齐国的始祖。传说他智勇双全,精通兵法,曾辅助周武王灭商有功。⑫愠容:含怒、怨恨的表情。

　　【译文】　鲁国姓施的人家有两个儿子,一个爱好学问,一个喜欢军事。爱好学问的以学术谋求齐侯任用;齐侯录用了他,叫他担任公子们的老师。喜爱军事的儿子到楚国,以兵法向楚王求取官职;楚王很喜欢他,委他担任军正。于是这两个儿子的俸禄使家庭富有,官爵让亲戚们感到荣耀。

　　施家的邻居孟家也有两个儿子,从事的学业也与施家两个儿子相同,却陷于贫困之中。他们十分羡慕施家的富有,便前去请教谋取功名的方法。施家二子将情况告诉了他们。孟家的一个儿子去了秦国,以学术向秦王谋求官职。秦王说:"当今诸侯用武力争夺天下,当务之急在于扩充军队,广积军需。如果用仁义来治理我的国家,那是灭亡的道路。"于是就对他施以宫刑才释放了他。

　　另一个儿子去了卫国,以兵法向卫侯谋求官职。卫侯说:"我们是弱国,却夹在强国中间。对于大国,我们侍奉它;对于小国,我们安抚它,这才是求得国家安全办法。如果依赖兵法权谋,那灭亡之日就不远啦。假使放你好好地回去,你到了别的国家,定会成为我国的不小祸害。"于是就砍断他的双脚才放回鲁国。

　　返回家后,孟氏父子捶胸顿足地责怪施家。施氏说:"凡是把握时机的就昌盛,丧失时机的就灭亡。你们求取官职的方法和我们的一样,但是功效和我们不同,原因是错过了时机,并不是你们的做法有什么不对。再说,天下没有永远正确的道理,也没有永远错误的事情。过去所使用的,现在也许被抛弃;现在被抛弃的,将来也许还要使用。这里或使用或不用是不存在固定的是与非的。迎合机会,行动及时,应付事变,没有固定方法,这种能力属于智谋。智谋如果不足,即使你博学多才有如孔夫子,善用兵法有如姜太公,到哪里去不会碰壁呢?"

　　孟家父子满脸怒色顿时消失,说:"我们懂啦,你不要再说了!"

　　【原文】　晋文公出会①,欲伐卫,公子锄仰天而笑。公问何笑。曰:"臣笑邻之人有送其妻适私家者②,道见桑妇,悦而与言。然顾视其妻,亦有招之者矣。臣窃笑此也。"

公寤其言③,乃止。引师而还,未至,而有伐其北鄙者矣。

【注释】 ①晋文公:春秋时晋国君。名重耳。公元前636~前628年在位,曾在践土(今河南荥阳东北)大会诸侯,成为霸主。出会:即与诸侯会师出兵。②私家:娘家。也指姊妹夫家。③寤:醒悟。

【译文】 晋文公率兵出国,会合诸侯,准备攻打卫国。公子锄在一旁仰天大笑。晋文公问他笑什么。他说:"我笑我的邻人,他送妻子回娘家,半路上看见一个采桑的妇人,不觉产生好感,就同她谈笑起来。可是回头看自己的妻子,也正有别的男人在招引她。我暗自笑这件事呢。"

晋文公领悟他话中的意思,于是放弃了出兵的计划。当他率领军队回国,还没有回到晋国,果然有别的国家正举兵进犯晋国北部的边境。

【原文】 晋国苦盗,有郗雍者①,能视盗之貌,察其眉睫之间,而得其情。晋侯使视盗,千百无遗一焉。晋侯大喜,告赵文子曰:"吾得一人,而一国盗为尽矣,奚用多为?"文子曰:"吾君恃伺察而得盗,盗不尽矣,且郗雍必不得其死焉。"俄而群盗谋曰:"吾所穷者郗雍也。"遂共盗而残之②。

晋侯闻而大骇,立召文子而告之曰:"果如子言,郗雍死矣!然取盗何方?"文子曰:"周谚有言:察见渊鱼者不祥,智料隐匿者有殃③。且君欲无盗,莫若举贤而任之;使教明于上,化行于下,民有耻心,则何盗之为?"于是用随会知政④,而群盗奔秦焉。

【注释】 ①郗雍:人名。②残:杀害。③智料:以智慧来料算。④随会:人名。知政:主持政事。

【译文】 晋国苦于强盗为害,有个名叫郗雍的人,能够审视强盗的相貌,察看他们的神色而获得真情。晋侯派他去辨认强盗,千百个当中没有一个漏网的。晋侯大喜,告诉赵文子说:"我得到一个人,差不多一国的强盗都被捉干净了,还要用那么多人干什么呢?"文子说:"主上依靠伺察来捕捉强盗,强盗是捉不完的,而且郗雍必将不得好死。"过了不久,强盗们聚集商议说:"把我们逼得走投无路的人就是郗雍。"于是他们一同绑架郗雍并把他杀害了。

晋侯听到消息大为惊骇,立刻召见赵文子,对他说:"果然像你说的那样,郗雍死啦!可是究竟用什么方法来捕捉强盗呢?"文子说:"周人的谚语说:能够看见深潭中游鱼的人定不吉祥,以智巧算出隐藏者的人必有灾殃。您要想消除盗贼之害,不如选拔有才德的人加以任用;使政教昌明于上,良好风气形成于下,人民有了羞耻之心,还会去傲什么强盗呢?"于是晋侯便任用随会主持政事,强盗就成群地逃往秦国去了。

【原文】 孔子自卫反鲁,息驾乎河梁而观焉①。有悬水三十仞②,圆流九十里③,鱼鳖弗能游,鼋鼍弗能居,有一丈夫方将厉之④。孔子使人并涯止之⑤,曰:"此悬水三十仞,圆流九十里,鱼鳖弗能游,鼋鼍弗能居也。意者难可以济乎?"丈夫不以错意⑥,遂度而出。孔子问之曰:"巧乎?有道术乎?所以能入而出者,何也?"丈夫对曰:"始吾之入也,先以忠信;及吾之出也,又从以忠信。忠信错吾躯于波流⑦,而吾不敢用私,所以能入而复出

者,以此也。"

孔子谓弟子曰:"二三子识之⑧!水且犹可以忠信诚身亲之,而况人乎?"

【注释】 ①河梁:同《黄帝篇》中的"吕梁"为同一处。②悬水:即瀑布。仞:古代长度单位。八尺为一仞。③圜流:有漩涡的水流。④厉:原谓河水深及腰部,可以涉过之处。引申为涉渡。⑤并涯:顺着河岸。⑥错意:留意,注意。⑦错:通"措",安置。⑧二三子:犹"你们",长者对小辈或上对下之称。

【译文】 孔子从卫国返回鲁国,在河堤上停下马车观望。只见瀑布飞泻而下二十丈,激流环绕九十里,鱼鳖不能游渡,鼋鼍无法停留,有一个汉子正要涉水。孔子连忙派人顺岸边跑去阻止他,说:"这瀑布二十丈,漩流九十里,鱼鳖不能游渡,鼋鼍无法停留。只怕你很难渡过的吧?"那汉子听了毫不在意,就渡过湍急的河水上了岸。孔子问他:"凭技巧呢?还是道术呢?你能够入水又能出水的道理是什么呢?"汉子回答:"我刚潜入水的时候,依靠忠心和信心;待我出水的时候。又依靠忠心和信心。这忠和信使我的躯体安处波涛激流之中,而我不敢任从个人的心智和技巧,我能入水又能出水的道理,就是这样的。"

孔子对学生说:"你们记住!水,尚且可以凭忠和信来亲近,何况对于人呢?"

【原文】 白公问孔子曰①:"人可与微言乎②?"孔子不应。白公问曰:"若以石投水,何如?"孔子曰:"吴之善没者能取之。"曰:"若以水投水何如?"孔子曰:"淄渑之合③,易牙尝而知之④。"白公曰:"人固不可与微言乎?"

孔子曰:"何为不可?唯知言之谓者乎⑤!夫知言之谓者,不以言言也⑥。争鱼者濡⑦,逐兽者趋,非乐之也。故至言去言,至为无为。夫浅知之所争者末矣。"白公不得已,遂死于浴室。

【注释】 ①白公:白公胜,春秋时楚国大夫,楚平王之孙。楚惠王十年(前479年),白公胜发动政变,杀死令尹子西、司马子期,控制楚都。后被叶公子高击败,自缢死。②微言:指密谋。微,隐匿。③淄:水名,即今山东境内的淄河。渑:水名,一作"绳水"。源出今山东临淄东北,久湮。④易牙:一作"狄牙"。春秋时齐桓公宠幸的近臣,长于烹调。⑤谓:指发言的内在含义。⑥言言:用言辞来表达。⑦濡:沾湿。

【译文】 白公胜问孔子:"可以与别人一起密谋吗?"孔子不回答。白公胜再问:"如果石块投入水里,怎样呢?"孔子回答:"吴国擅长潜水的人能够从水底取出来。"白公胜又问:"如果用水倒进水里,怎样呢?"孔子回答:"淄水和渑水混合在一起,易牙用舌头一尝就能分辨出淄水和渑水的味道。"白公胜说:"那么,就绝对不能同别人密谋了吗?"

孔子回答:"为什么不可以?只要心领神会就可以呀!所谓心领神会,就是不依靠语言来表达。捕鱼的人会把衣服弄湿,追赶野兽的人要奔跑,这是势必如此,并非喜欢这样做。因此最高明的言论不用言辞表达,最崇高的行为无所动作。那些浅薄的人所争执的只是事物的细枝末节。"白公胜没有领会到孔子说话的意思,仍然密谋叛乱,最后政变失败,他被迫上吊死在浴室里。

【原文】 赵襄子使新稚穆子攻翟①,胜之,取左人、中人②;使遽人来谒之③。襄子方食而有忧色。左右曰:"一朝而两城下,此人之所喜也;今君有忧色,何也?"襄子曰:"夫江河之大也,不过三日;飘风暴雨不终朝④,日中不须臾。今赵氏之德行无所施于积⑤,一朝而两城下,亡其及我哉⑥!"孔子闻之曰:"赵氏其昌乎!"

夫忧者所以为昌也,喜者所以为亡也。胜非其难者也,持之,其难者也。贤主以此持胜,故其福及后世。齐、楚、吴、越皆尝胜矣,然卒取亡焉,不达乎持胜也。唯有道之主为能持胜。

孔子之劲能拓国门之关⑦,而不肯以力闻。墨子为守攻,公输般服,而不肯以兵知。故善持胜者以强为弱。

【注释】 ①赵襄子:赵无恤,春秋末年晋国大夫,赵鞅之子。新稚穆子:也叫新稚狗,是赵襄子的家臣。翟:同"狄",古族名。春秋前,长期活动于齐、鲁、晋、卫、邢、宋等国之间。②左人、中人:古城名。两城皆在今河北唐县西北。③遽人:传递公文的人。④飘风:旋风,暴风。⑤施:当为衍文。⑥其:恐怕要,表揣测。⑦拓:亦作"招",举起。关:门闩。此句意为,孔子的力气可以举起城门上的闩闸。"拓国门之关"的应是孔子之父,后人误传为孔子。

【译文】 赵襄子派家臣新稚穆子攻打狄族人,大获全胜,夺取了左人、中人两座城池;新稚穆子派传令兵向赵襄子告捷。赵襄子正在吃饭,脸上显出忧虑的神色。身边侍候他的人说:"一天就攻克两座城池,这是应该高兴的事情;而现在您却露出忧虑的神色,为什么呢?"赵襄子回答:"江河涨潮不过三天,狂风暴雨不能超过一个早晨,正午的太阳停留不了片刻。如今我们赵家没有积下多少德行,一天就攻下两座城市,恐怕灭亡的命运要降临到我头上啦!"孔子听了这件事,说:"赵家将要昌盛起来了!"

忧患是成为昌盛的原因,而喜悦忘形便是导致灭亡的祸根。夺得胜利并非困难,保持胜利才是困难的。贤明的君主根据这条道理来保持胜利,所以他们的福气能够延及后世。齐、楚、吴、越等国都经常夺得胜利,可是终于得到灭亡的下场,就是不能通晓这个保持胜利的道理。只有掌握这条规律的君主才是能保持胜利的人。

孔子的力气可以举起城门上的闩闸,但他不愿以力气来夸耀于世。墨子制订防守策略以挫败进攻,使公输般折服,但他不愿以善于用兵来扬名四海。所以善于保持胜利的人把自己的强大当作弱小。

【原文】 宋人有好行仁义者,三世不懈。家无故黑牛生白犊,以问孔子。孔子曰:"此吉祥也,以荐上帝①。"居一年,其父无故而盲,其牛又复生白犊。其父又复令其子问孔子。其子曰:"前问之而失明,又何问乎?"父曰:"圣人之言先迕后合②。其事未究③,姑复问之。"其子又复问孔子。孔子曰:"吉祥也。"复教以祭。其子归致命。其父曰:"行孔子之言也。"居一年,其子又无故而盲。

其后楚攻宋④,围其城。民易子而食之,析骸而炊之;丁壮者皆乘城而战⑤,死者大半。此人以父子有疾皆免。及围解而疾俱复。

【注释】　①荐:祭献。古代以纯色牛羊做牺牲,故孔子说此白犊可祭上帝。②迕:违背。这里是不相符的意思。③未究:未见结果。④楚攻宋:指楚庄王二十年(公元前594年),楚军围宋之事。⑤乘:升,登。

【译文】　宋国有个喜爱施行仁义的人,连续三代毫不懈怠。他家的黑牛无缘无故地生下一头白色的牛犊,他就去请教孔子。孔子说:"这是吉祥的事呀,用它来祭献天帝吧。"过了一年,他家父亲无缘无故瞎了双眼。那黑牛又生了一头白色的牛犊,父亲又要儿子去请教孔子。他儿子说:"前次问了孔子,你就瞎了眼睛,还要问什么呢?"父亲说:"圣人的预言同事实先是相背然后才吻合。这件事还没有完结,还是再去请教一下吧。"他儿子便又去问孔子。孔子说:"吉祥啊!"又教他们用小牛来祭献天帝。儿子回家转达孔子的意思。父亲说:"按孔子的话去办。"过了一年,儿子的眼睛也无缘无故地瞎了。

后来楚国攻打宋国,包围了京城。宋国百姓饿得换子来充饥,劈开骨头生火做饭;成年男子都登上城墙作战,死亡的人超过一半。这家人因为父子有眼疾而得以幸免。待到京城解围,他俩的眼疾就复愈了。

【原文】　宋有兰子者①,以技干宋元②。宋元召而使见其技③,以双枝长倍其身④,属其胫⑤,并趋并驰,弄七剑迭而跃之,五剑常在空中。元君大惊,立赐金帛。

又有兰子又能燕戏者闻之⑥,复以干元君。元君大怒曰:"昔有异技干寡人者,技无庸⑦,适值寡人有欢心,故赐金帛。彼必闻此而进,复望吾赏。"拘而拟戮之⑧,经月乃放。

【注释】　①兰子:以技妄游者,即指走江湖的人。兰,通"阑",妄。②宋元:即宋元君,亦作宋元王。③见:同"现"。④双枝:两根木杆。⑤属:联接。胫:同"胫",小腿。⑥燕戏:古代戏技,因动作轻疾如燕,故名。⑦庸:用。⑧戮:羞辱。

【译文】　宋国有个流浪汉,想以技艺表演让宋元君赏识。宋元君召他进来表演技巧,只见他用两根比身体长一倍的长杆绑在小腿上,踩着高跷疾走快跑,手上还轮流抛接七把剑,同时有五把剑飞在空中。宋元君大为惊讶,立刻赏给他许多金钱财物。

又有一个能耍杂技的流浪汉,听说这件事,也想表演杂技来求得宋元君的赏识。宋元君大怒说:"前次有人表演杂技来求我欢心,那技巧毫无用处,正好碰上我高兴,所以赏给金帛。这个人一定是听说那件事才来的,也希望我能奖赏他。"于是,宋元君命人把他关押起来打算羞辱他,一个月后才释放了他。

【原文】　秦穆公谓伯乐曰①:"子之年长矣,子姓有可使求马者乎②?"伯乐对曰:"良马可形容筋骨相也。天下之马者,若灭若没③,若亡若失④,若此者绝尘弭辙⑤。臣之子皆下才也,可告以良马,不可告以天下之马也。臣有所与共担纆薪菜者⑥,有九方皋⑦,此其于马非臣之下也。请见之。"

穆公见之,使行求马。三月而反,报曰:"已得之矣,在沙丘⑧。"穆公曰:"何马也?"对曰:"牝而黄。"使人往取之,牡而骊⑨。穆公不说,召伯乐而谓

秦穆公像

之曰:"败矣,子所使求马者!色物、牝牡尚弗能知,又何马之能知也?"伯乐喟然太息曰:"一至于此乎!是乃其所以千万臣而无数者也⑩!若皋之所观天机也⑪,得其精而忘其粗,在其内而忘其外;见其所见,不见其所不见;视其所视,而遗其所不视。若皋之相者,乃有贵乎马者也。"马至,果天下之马也。

【注释】 ①秦穆公:春秋时秦国国君,公元前 660~前 621 年在位。伯乐:相传为秦穆公时的孙阳,以善相马著称。②子姓:子孙。③若灭若没:恍惚迷离的样子。指"天下之马"的内在神气在外表的透露,很难把握。④若亡若失:似有似无的样子。这两句意即,鉴别"天下之马",不在它的筋骨毛色,而要洞察本质。⑤绝尘弭辙:谓马奔驰极快,四足落地不沾尘土,车轮过后不见辙印。弭,消。辙,车轮碾过的痕迹。⑥担缠:挑担子。缠,绳索。薪菜:砍柴。薪,柴。菜,通"采"。也是拾取柴草的意思。⑦九方皋:一作"九方堙",春秋时善于相马者。⑧沙丘:古地名。在今河北广宗北。⑨骊:黑色。⑩千万臣而无数:超过我千万倍而不可计数。千万,用作动词。⑪天机:此处指天赋的灵性或内在奥秘。

【译文】 秦穆公对伯乐说:"您的年纪老啦,您的子孙中有没有可以派去访求良马的人呢?"伯乐回答:"良马可以凭形体外貌和筋骨来鉴别。但天下无与伦比的骏马,其神气却在若有若无、恍恍惚惚之间,像这样的马,奔驰起来足不沾尘土,车不留轮迹,极为迅速。我的子孙都是下等人,可以教他们识别良马,但无法教他们识别天下无与伦比的骏马。有一个同我一起挑担子拾柴草的朋友,名叫九方皋,他相马的本领不在我之下。请让我引他来见您。"

穆公召见了九方皋,派他外出去找好马。过了三个月他回来报告说:"已经得到一匹好马啦,在沙丘那边。"穆公问:"是什么样的马?"他回答:"是一匹黄色的母马。"穆公派人去沙丘取马,却是一匹黑色的公马。穆公很不高兴,把伯乐招来,对他说:"坏事啦!你介绍的那位找马人,连马的颜色、雌雄部分辨不清,又怎能鉴别马的优劣呢?"伯乐大声叹了一口气,说:"竟到了这种境界啦!这正是他比我高明不止千万倍的地方呵!像九方皋所看到的是马的内在素质,观察它内在的精粹而忽略它的表面现象,洞察它的实质而忘记它的外表;只看他所应看的东西,不看他所不必看的东西;只注意他所应注意的内容,而忽略他所不必注意的形式。像九方皋这样的相马,有比鉴别马还要宝贵得多的意义。"后来马送到了,果然是一匹天下无与伦比的骏马。

【原文】 楚庄王问詹何曰①:"治国奈何?"詹何对曰:"臣明于治身而不明于治国也。"楚庄王曰:"寡人得奉宗庙社稷,愿学所以守之。"詹何对曰:"臣未尝闻身治而国乱者也,又未尝闻身乱而国治者也。故本在身,不敢对以末②。"楚王曰:"善。"

【注释】 ①楚庄王:春秋时楚国国君,公元前 614~前 591 年在位。他励精图治,成为春秋五霸之一。詹何:战国时期哲学家。②末:末节,次要的事情。

【译文】 楚庄王问詹何道:"治理国家该怎么办呀?"詹何回答:"我只明白修养自身的道理,不明白治理国家的道理。"楚庄王说:"寡人得以侍奉宗庙和掌管国家,希望学的是怎样保住它的办法。"詹何回答说:"我从来没有听说过自身修养很好而国家却混乱的,

也从来没有听说过自身管不好而国家可以治理好的。所以治国的根本在于自身的修养，像治理国家这样次要的事情我就不敢对您讲了。"楚王说："说得好。"

【原文】 狐丘丈人谓孙叔敖曰①："人有三怨,子之知乎?"孙叔敖曰："何谓也?"

对曰："爵高者,人妒之;官大者,主恶之;禄厚者,怨逮之②。"孙叔敖曰："吾爵益高,吾志益下;吾官益大,吾心益小;吾禄益厚,吾施益博。以是免于三怨,可乎?"

【注释】 ①狐丘丈人:据旧注,狐丘是邑名,丈人指地方上的长老。孙叔敖:春秋时楚国人,楚庄王时任令尹,辅助楚庄王成霸业。②逮:及,到。

【译文】 狐丘丈人对孙叔敖说："人们有三件事最容易招怨,您知道吗?"孙叔敖问："是什么呢?"

狐丘丈人回答："爵位高的,人家会嫉妒;官职大的,君主会猜忌;俸禄厚的,会招来怨仇。"孙叔敖说："我的爵位愈高,志向就愈低下;官职愈大,心里就愈谨慎;俸禄愈厚,施舍就愈广泛。依靠这样来避免人们的三种怨恨,行吗?"

【原文】 孙叔敖疾,将死,戒其子曰："王亟封我矣①,吾不受也。为我死,王则封汝。汝必无受利地! 楚越之间有寝丘者②,此地不利而名甚恶。楚人鬼而越人礼③,可长有者唯此也。"

孙叔敖死,王果以美地封其子。子辞而不受,请寝丘,与之,至今不失。

【注释】 ①亟:屡次。②寝丘:古邑名,春秋楚地,在今河南固始东。寝,容貌丑恶。有本认为"寝丘"之名和"陵寝""葬地"相似,故下文说"此地不利而名甚恶"。③楚人鬼:即谓楚人崇拜鬼神。礼:祥,祈福禳灾之事。

【译文】 孙叔敖病重,即将死去,告诫他的儿子说："楚王屡次要封给我土地,我不接受。如果我死了,楚王就会封给你。你一定不要接受肥沃的土地! 楚国和越国之间有一片土地叫寝丘,这块土地不仅贫瘠而且名字也很不好听。楚人信鬼,越人信神,大家都对它不感兴趣。你可以长久拥有的只能是这块土地。"

孙叔敖死后,楚王果然拿肥美的土地封给他儿子。孙叔敖的儿子推辞不受,请求要寝丘,楚王就给了他,一直保持到现在都没有丧失。

【原文】 牛缺者①,上地之大儒也②,下之邯郸③,遇盗于耦沙之中④,尽取其衣装车,牛步而去。视之欢然无忧吝之色⑤。盗追而问其故。曰："君子不以所养害其所养。"盗曰："嘻! 贤矣夫!"既而相谓曰："以彼之贤,往见赵君。使以我为⑥,必困我。不如杀之。"乃相与追而杀之。

燕人闻之,聚族相戒,曰："遇盗,莫如上地之牛缺也!"皆受教。俄而其弟适秦,至关下⑦,果遇盗。忆其兄之戒,因与盗力争;既而不如,又追而以卑辞请物。盗怒曰："吾活汝弘矣⑧,而追吾不已,迹将箸焉⑨。既为盗矣,仁将焉在?"遂杀之,又傍害其党四五人焉。

【注释】 ①牛缺:人名。②上地:当为秦国的地名。③邯郸:古都邑名,战国时为赵国都城,故址在今河北邯郸西南。④耦沙:水名。现称沙河,在河北南部。⑤忧吝:忧伤吝惜之色。吝,古"怜"字,同"吝"。⑥为:下当脱"事"字。⑦关:此处指函谷关,在今河

南灵宝东北。⑧弘：意即度量宽宏。⑨箸：显明。

【译文】　牛缺，是上地的一位大学者，他到邯郸去，在耦沙这个地方遇上了强盗，强盗抢光他的衣物车马，牛缺便步行而去。看上去高高兴兴毫无忧伤吝惜的神色。强盗追上来问他原因。他说："君子不因为这些身外之物而损害自己的身心道德。"强盗说："哈，真高尚啊！"接着相互商量："像他这样的贤人，去拜见了赵国的君王，被任用来对付我们，必定会使我们遭殃，不如把他杀了。"于是就一齐追上去把牛缺杀害了。

燕国人听说了这件事，就聚集全家族的人相互告诫说："遇见强盗，不要像上地的牛缺那样迂腐！"大家都因此接受了教训。不久，他的弟弟去秦国，来到函谷关下，果然又遇上了强盗。他想起哥哥的告诫，便同强盗奋力争夺；争不过，又追上去低声下气地哀求强盗把抢去的东西留下。强盗发怒说："我们饶你活命已经够宽宏大量了，你还要追个不停，我们的行踪都要让你给暴露了。既然当了强盗，还讲什么仁义？"于是就把他杀了，还连累四五个同伴一起被杀害。

【原文】　虞氏者，梁之富人也，家充殷盛，钱帛无量，财货无訾①。登高楼，临大路，设乐陈酒，击博楼上②，侠客相随而行。楼上博者射③，明琼张中④，反两檐鱼而笑⑤。飞鸢适坠其腐鼠而中之⑥。侠客相与言曰："虞氏富乐之日久矣，而常有轻易人之志。吾不侵犯之，而乃辱我以腐鼠。此而不报，无以立懦于天下⑦。请与若等戮力一志⑧，率徒属必灭其家为等伦⑨。"皆许诺。至期日之夜，聚众积兵以攻虞氏，大灭其家。

【注释】　①訾：估量，限度。②击博：古代博戏。共十二棋，六黑六白，两人相博，每人六棋。③射：此处指投琼，即掷骰子。④琼：古代游戏用具，与后来的骰子相似。⑤檐：同"㯘""檐""鳎""鲽"，都是指比目鱼。这里指博局中的博具。⑥鸢：老鹰。⑦懦：勇。这里含有勇武的名声。⑧戮力一志：努力同心。⑨等伦：原指同列的人。这里指亲戚朋辈。

【译文】　虞氏，是梁国的富人，家境充裕殷实，金钱财物无法计数。虞家的人登上高楼，俯临大路，奏着音乐，摆上美酒，打六博棋取乐，碰巧有一群侠客经过楼下。楼上的赌客掷骰子，中了头彩，因连胜两招而高兴得放声大笑。恰好天上飞过的老鹰丢下一只腐烂的老鼠，正好打中了侠客。侠客们相互说道："姓虞的富贵淫乐的日子已经太久啦！常常有轻蔑别人的意思。我们不侵犯他，但他竟用烂老鼠来侮辱我们。此仇不报，就无法在天下树立我们的勇武之名。请与你们协力同心，率领手下人，一定要灭绝他一家和亲属。"大家都同意了。到了约定的那夜晚，他们合伙拿着武器来攻打虞氏，彻底毁灭了虞氏一家。

【原文】　东方有人焉曰爰旌目①，将有适也，而饿于道。狐父之盗曰丘②，见而下壶餐以铺之③。爰旌目三哺而后能视，曰："子何为者也？"曰："我狐父之人丘也。"爰旌目曰："憙！汝非盗耶？胡为而食我？吾义不食子之食也。"两手据地而欧之④，不出，喀喀然遂伏而死⑤。狐父之人则盗矣，而食非盗也。以人之盗因谓食为盗而不敢食，是失名实者也。

【注释】　①爰旌目：人名。《后汉书·张衡传》作"旌瞀"。②狐父：地名。在今安徽

砀山附近。③壶餐：即一壶水泡饭。餐，通"飧"，用水泡饭。铺：以食与人。④欧："呕"的本字，吐。⑤喀喀然：形容呕吐不出的痛苦样子。喀喀，呕吐声。

【译文】 东方有个人名叫爰旌目，将要到某地去，却饿倒在半路上。一个狐父地方的强盗名叫丘的，看见了就用一壶水泡饭喂给他吃。爰旌目吃了三口，然后才能睁开眼睛看，说："你是干什么的？"强盗回答："我是狐父地方的人，名叫丘。"爰旌目说："啊！你不强盗吗？为什么给我吃东西？我是有节操的君子，强盗的食物我是绝不该吃的。"说罢，就两手撑地呕吐起来，呕不出，胸口喀喀作响，终于卧在地上死去。狐父的这个人是强盗，但食物却不是强盗。因为人是强盗就认为食物也是强盗而不敢吃，这是把名称和实在的关系弄错了呀。

【原文】 柱厉叔事莒敖公①，自为不知己，去，居海上。夏日则食菱芰②，冬日则食橡栗。莒敖公有难，柱厉公辞其友而往死之。其友曰："子自以为不知己，故去。今往死之，是知与不知无辨也。"柱厉叔曰："不然；自以为不知，故去；今死，是果不知我也。吾将死之，以丑后世之人主不知其臣者也。"

凡知则死之，不知则弗死，此直道而行者也③。柱厉叔可谓怼以忘其身者也④。

【注释】 ①柱厉叔：人名。莒敖公：莒国的国君。《说苑·立节篇》作"莒穆公"。莒，春秋时古国名，在今山东莒县一带，公元前431年为楚国所灭。②菱芰：俗称菱角。"芰"一本作"茨"。③直道：此处指以德报德、以怨报怨的人之常情。④怼：怨恨。

【译文】 柱厉叔侍奉莒敖公，认为自己不被赏识，便离开莒敖公，隐居在海边上，夏天吃菱角，冬天就食橡栗。后来，莒敖公遭到了危难，柱厉叔就辞别朋友，前去为他拼死效劳。他的朋友说："你自己认为不受赏识，所以才离开莒敖公的。现在又要去为他而死，这样，受赏识和不受赏识就没有区别了。"柱厉叔说："不是这样；我正因为自己不受赏识，所以才离开莒敖公；现在能够为莒敖公而战死，这正表明他是果真不了解我。我将为他而死，以此来羞辱后世那些不了解自己臣下的君主。"

凡是知己的就为他而死，不知己的就不为他而死，这才是循正道而行的人。柱厉叔可以说是因为怨恨而不顾自己生命的人了。

【原文】 杨朱曰："利出者实及①，怨往者害来。发于此而应于外者唯请②，是故贤者慎所出。"

【注释】 ①及：意为得到。②请：通"情"，作情实、情感解。

【译文】 杨朱说："给了别人利益，就会收到实惠；给了别人怨恨，就会招来祸害。从这里发出而在外面得到反应的，唯有内心的情感；由于这个缘故，有道德和才能的人十分谨慎自己的言行举止。"

【原文】 杨子之邻人亡羊，既率其党，又请杨子之竖追之①。杨子曰："嘻！亡一羊何追者之众？"邻人曰："多歧路。"既反，问："获羊乎？"曰："亡之矣。"曰："奚亡之？"曰："歧路之中又有歧焉。吾不知所之，所以反也。"杨子戚然变容②，不言者移时，不笑者竟日。门人怪之，请曰："羊，贱畜，又非夫子之有，而损言笑者，何哉？"杨子不答。门人不获

所命。弟子孟孙阳出以告心都子③。

心都子他日与孟孙阳偕入，而问曰："昔有昆弟三人，游齐、鲁之间，同师而学，进仁义之道而归④。其父曰：'仁义之道若何？'伯曰⑤：'仁义使我爱身而后名。'仲曰⑥：'仁义使我杀身以成名。'叔曰⑦：'仁义使我身名并全。'彼三术相反，而同出于儒。孰是孰非邪？"

杨子曰："人有滨河而居者，习于水，勇于泅，操舟鬻渡⑧，利供百口。裹粮就学者成徒⑨，而溺死者几半。本学泅，不学溺，而利害如此。若以为孰是孰非？"心都子嘿然而出⑩。孟孙阳让之曰："何吾子问之迂，夫子答之僻？吾惑愈甚。"

心都子曰："大道以多歧亡羊，学者以多方丧生⑪。学非本不同，非本不一，而末异若是。唯归同反一，为亡得丧。子长先生之门，习先生之道，而不达先生之况也⑫，哀哉！"

【注释】 ①竖：童仆。②戚然：忧伤的样子。③孟孙阳：人名。当为杨朱门下的大弟子。心都子：人名。当为与杨朱同时的学者。④进：借为"尽"，有全部掌握的意思。⑤伯：老大。⑥仲：老二。⑦叔：老三。⑧鬻渡：摆渡营生。鬻，卖。这里指经营。⑨裹粮：携带粮食。⑩嘿：同"默"。⑪方：指方术，古代关于治道的方法。丧生：指丧失方向，丧生乃极言其危。⑫况：比拟，譬喻。

【译文】 杨朱的邻人丢失了一只羊，他率领全家老小，又请杨朱派童仆帮助一齐追寻。杨朱说："哈！丢失一只羊，为什么要这么多人去追呢？"邻人回答："岔路太多了。"追得人返回后，杨子问："羊找到了吗？"邻人回答："跑掉啦！"杨子问："怎么会跑掉呢？"回答："岔路上又有岔路，我不知道该往哪条路去找，所以只好回来了。"杨朱听了，脸色变得很忧伤，很长时间不说话，从早到晚没有笑容。他的学生很奇怪，问道："羊，是不值钱的畜生，再说又不是先生自己的财产，但您却为丢了一只羊不说不笑，为什么呢？"杨子不回答。学生们不知道他的意思。有个学生孟孙阳走出来把事情告诉了心都子。

有一天，心都子和孟孙阳一同走进杨朱的房间，问道："从前有兄弟三人，在齐国和鲁国之间游历，向同一位老师学习，掌握了仁义的道理后就返回家。他们的父亲问：'仁义的道理是怎样的？'老大说：'仁义使我爱惜自己的生命而把名誉摆在后面。'老二说：'仁义使我为了名誉不惜牺牲性命。'老三说：'仁义使我同时保全生命和名誉。'他们三人的结论相反，但同样出自儒家。您说谁对谁错呢？"

杨朱回答："有一个人在河边上居住，熟悉水性，勇于泅渡，以撑船摆渡为生，收入可以供养一百口人。自带粮食来向他学习泅水的人成群结队，但下水淹死的几乎一半。他们本来是来学泅渡的，而不是学淹死的，但得利或受害的差别这样悬殊。你认为谁对谁错呢？"心都子听了，默默地走了出来。孟孙阳责备他说："为什么你问得那么曲折，先生又回答得那么古怪呢？我更加迷惑不解了。"

心都子说："大道因为岔路太多而找不回山羊，求学问的人也因为治道的方法太多而丧失方向。学习的内容并不是根源不相同，所依据的不一样，但学习的结局却有这样大的差异。只有归于相同，返回到统一的本质上，才能不迷失方向。你是先生的大弟子，熟悉先生的思想，却不懂先生的比喻，可悲呀！"

【原文】 杨朱之弟曰布，衣素衣而出。天雨，解素衣，衣缁衣而反①。其狗不知，迎而吠之。杨布怒，将扑之②。杨朱曰："子无扑矣！子亦犹是也。向者使汝狗白而往，黑而来，岂能无怪哉？"

【注释】 ①缁衣：黑色的衣服。②扑：打。

【译文】 杨朱的弟弟名叫杨布，穿着白布衣服外出。天忽然下雨，他就脱下白布衫，穿着里面的黑布衫回家来。他的狗不认识主人了，冲着他汪汪吠叫。杨布发怒了，就要狠狠地打狗。杨朱说："你不要打啦！你也会这样做的。先前假如你的狗白的出去，黑的回来，你难道能不感到奇怪吗？"

【原文】 杨朱曰："行善不以为名，而名从之；名不与利期，而利归之；利不与争期，而争及之：故君子必慎为善。"

【译文】 杨朱说："做善事不是为了得到名誉，但名誉会随之而来；有了名誉并不企望利益，但利益就会自然而来；有了利益并不希望争夺，但争夺就会跟着到来：所以有德行的人做善事必定要谨慎。"

【原文】 昔人言有知不死之道者①，燕君使人受之②，不捷③，而言者死。燕君甚怒，其使者将加诛焉。幸臣谏曰④："人所忧者莫急乎死，己所重者莫过乎生。彼自丧其生，安能令君不死也？"乃不诛。

有齐子亦欲学其道，闻言者之死，乃抚膺而恨。富子闻而笑之曰："夫所欲学不死，其人已死而犹恨之，是不知所以为学。"

胡子曰："富子之言非也。凡人有术不能行者有矣，能行而无其术者亦有矣。卫人有善数者⑤，临死，以决喻其子⑥。其子志其言而不能行也。他人问之，以其父所言告之。问者用其言而行其术，与其父无差焉。若然，死者奚为不能言生术哉⑦？"

【注释】 ①言有：当为"有言"。②受：意即"受师"，从师学习。③不捷：犹言"不克"，指没有成功。④幸臣：为君主所宠爱的臣子。⑤数：算术。古代六艺"礼、乐、射、御、书、数"之一。⑥决：通"诀"，诀窍。⑦生术：指长生不死之术。

【译文】 从前有一个自称通晓长生不死之术的人，燕国君主派人向他学习，未学成，而自称通晓不死之道的人就死了。燕王十分生气，要把那个派去学习的人处死。燕王的宠臣规劝说："人们所忧虑的事情，没有比怕死更急切的；人们所重视的东西，没有比自己的生命更重要的了。他连自己的生命都丧失了，又怎能让您长生不死呢？"燕王听罢，就不再把使者处死了。

还有一个人名叫齐子，也想学习那个人的不死之术；听说他已死的消息，便悔恨得直拍胸脯。富子听见，讪笑他说："你想学的是长生不死，而那个人已经死了，你却还要感到遗憾，这正说明你不知道所学究竟是为了什么。"

又有一个人叫胡子，说："富子的话错啦！大凡掌握道术但不能实行的人是有的，能够实行但不懂道术的人也是有的。卫国有个擅长算术的人，临死前把诀窍告诉给他的儿子。儿子牢记父亲的口诀但不会使用。别人来请教他，他就用父亲所说的话告诉别人。

来请教的人凭着他的话使用他的这门技术,结果同他父亲的本领不相上下。要是这样,那个死去的人为什么不可以懂得长生不死的方术呢?"

【原文】 邯郸之民以正月之旦献鸠于简子①,简子大悦,厚赏之。客问其故。简子曰:"正旦放生,示有恩也。"客曰:"民知君之欲放之,故竞而捕之,死者众矣。君如欲生之,不若禁民勿捕。捕而放之,恩过不相补矣。"简子曰:"然!"

【注释】 ①正月之旦:犹言"正旦",即正月初一。鸠:斑鸠。简子:赵简子,即赵鞅,春秋末年晋国的卿。

【译文】 邯郸地方的老百姓在正月初一把斑鸠献给赵简子,赵简子十分高兴,重赏他们。有个门客见了,问他这是什么缘故。赵简子说:"正月初一放生,用来表示我对小生命的恩德。"门客说:"老百姓知道你想放生,所以争先恐后地去捕捉,被弄死的斑鸠就多啦!你如果想让斑鸠活命,不如制止百姓,不准捕捉。像这样捉来又放走,你的恩德还抵不上罪过呢。"赵简子说:"对!"

【原文】 齐田氏祖于庭①,食客千人。中坐有献鱼雁者②,田氏视之,乃叹曰:"天之于民厚矣!殖五谷,生鱼鸟以为之用。"众客和之如响③。

鲍氏之子年十二,预于次④,进曰:"不如君言。天地万物与我并生,类也⑤。类无贵贱,徒以大小智力而相制,迭相食⑥;非相为而生之。人取可食者而食之,岂天本为人生之?且蚊蚋噆肤⑦,虎狼食肉,非天本为蚊蚋生人、虎狼生肉者哉?"

【注释】 ①祖:古代祭祀祖先以及出行时祭祀路神称为"祖"。②雁:即鹅。此与鸿雁异。③和:随声附和。响:回声。④预于次:指参加祭祀。次,位次。⑤类:种类。这里含有各成其类的意思。⑥迭相食:一个吃一个。犹生物学所说的食物链。⑦噆:叮咬。

【译文】 齐国的贵族田氏在大堂上祭祀祖先,前来祭祀的客人有上千个。酒席中,有献上鲜鱼和肥鹅作为礼物的,田氏看了,感慨地说:"上天对百姓的恩德深厚啊!它繁殖五谷、生育鱼鸟来供我们吃喝享受。"众位宾客听了,像回声一样附和。

鲍家的孩子只有十二岁,也参加了祭祀,站起来说:"我不同意您这种说法。天地万物和人共同生存,同属生物一类。同是生物并没有什么贵贱之分,只是根据体力大小和智力的不同而相互制约,弱肉强食,形成一种天然的食物链;并不是这类生物是为那类生物而生存的。人取可吃的东西吃,难道是上天特地为人类而创造的吗?正如蚊虫吸人的血,虎狼吃人的肉,也不是上天特意让蚊虫吸人血,虎狼吃人肉的吧?"

【原文】 齐有贫者,常乞于城市。城市患其亟也①,众莫之与。遂适田氏之厩,从马医作役而假食②。郭中人戏之曰③:"从马医而食,不以辱乎?"乞儿曰:"天下之辱莫过于乞。乞犹不辱,岂辱马医哉?"

【注释】 ①亟:急迫地。这里指频繁行乞。②假食:寄食。③郭:外城。这里泛指城市。

【译文】 齐国有一个贫穷的人,经常在城里的集市上乞讨。人们讨厌他一次又一次来乞讨,就没有谁再肯施舍给他了。他只好到田氏的马厩里,跟着马医做苦力,借此混饭

吃。城里的人戏弄他说："跟着马医混饭吃,你不感到耻辱吗?"讨饭的人说:"天下没有比乞讨更加耻辱的事情了,我过去讨饭都不觉得耻辱,难道还会以跟马医干活为耻辱吗?"

【原文】 宋人有游于道,得人遗契者①,归而藏之,密数其齿②。告邻人曰:"吾富可待矣。"

【注释】 ①契:契据。②密:精细,周到。齿:古代刻木为契,木契上刻出的齿痕,须与符相合,以辨别契约的真伪。《易林》:"符左契右,相与合齿。"

【译文】 宋国有个人在路上游逛,拾到一件别人废弃的契据,他连忙拿回家藏起来,仔仔细细地清点着契据上的刻齿。然后告诉邻居说:"我富起来的日子不远啦!"

【原文】 人有枯梧树者①,其邻父言枯梧之树不祥,其邻人遽而伐之②。邻人父因请以为薪。其人乃不悦,曰:"邻人之父徒欲为薪而教吾伐之也③。与我邻,若此其险,岂可哉?"

【注释】 ①枯:凋枯。树死为枯。②遽:惶恐,窘急。③徒:只。

【译文】 有个人家里的梧桐树凋枯了,邻人的父亲告诉他枯梧桐树是不祥之物,吓得他慌忙把枯树砍倒。邻人的父亲于是请求把枯树送给他做柴火。这个人听了就很不高兴,说:"邻人的父亲只是想要柴火才叫我把梧桐树砍掉的。同我比邻而居,却这样阴险,做人难道可以这样的吗?"

【原文】 人有亡铁者①,意其邻之子,视其行步,窃铁也;颜色,窃铁也;言语,窃铁也;动作态度,无为而不窃铁也。俄而抇其谷而得其铁②,他日复见其邻人之子,动作态度无似窃铁者。

【注释】 ①铁:通"斧"。②抇:本作"捐",作"掘"解。

【译文】 有一个人丢失一把斧子,他怀疑是邻家的儿子偷走了,看他邻居儿子走路的姿势,像是偷斧子的;面部表情,像是偷斧子的;言谈话语,像是偷斧子的;所有的动作态度,无不像是一个偷斧子的人。不久,这个人在山谷里掘土,找到了自己丢失的斧子,第二天,他又看见邻家的儿子,动动和态度再也没有一点像偷斧子的人了。

【原文】 白公胜虑乱①,罢朝而立,倒杖策②,镦上贯颐③,血流至地而弗知也。郑人闻之曰:"颐之忘,将何不忘哉?"意之所属著④,其行足踬株垏⑤,头抵植木,而不自知也。

【注释】 ①虑乱:谋划作乱。②杖策:马棰。古代用以鞭马的杖,杖头有尖锐的铁刺。③镦上贯颐:马棰端的铁针向上刺穿了下巴。镦,马棰头上的铁刺。④属著:高度专注的意思。属,专注。著,依着。附着。⑤踬:被绊倒。株:露出地面的树桩。垏:同"坎",凹坑。

【译文】 楚国大夫白公胜整天思考着叛乱的阴谋,朝见结束后还呆呆站着不动,倒拿着马棰,棰端的铁针刺破了他的下巴,鲜血一直流到地下,他还不知道。郑国的老百姓听说这件事,说:"自己的下巴都忘了,还有什么不会忘记呢?"意念高度集中,走路时脚绊在树桩上,走到土坑里,头撞到直立的树干上,自己都不知道。

【原文】 昔齐人有欲金者,清旦衣冠而之市①,适鬻金者之所,因攫其金而去②。吏捕得之,问曰:"人皆在焉,子攫人之金何?"对曰:"取金之时,不见人,徒见金。"

【注释】 ①衣冠:古代士以上戴冠,衣冠连称,是士以上的人的服装。这里"衣冠"

用作动词,即穿戴齐整的意思。②攫:夺取。

【译文】 从前齐国有一个渴望得到金子的人,清早穿戴整齐来到市场上,走进一家卖金子的店铺,抓起一块金子就跑。官吏捉住了他,责问道:"这么多人都在那里,你为什么还偷人家的金子?"他回答:"我拿金子的时候,没有看见人,只看见金子。"

淮南子

【导语】

《淮南子》一书取材宏富,广大深远,天文地理、兵略治术、草木鸟兽、风俗道德等无不言及,可谓融天道人事于一炉。明代许国说:"考其书,原道德则依《庄》《列》,推阴阳则准星官,辨方舆则賅《山海》,纪四时则征《月令》,综政术则杂申、韩,以至《离骚》之奇,《尔雅》之正,文、邓之辩博,仪、秦之短长,隽绝瑰琦,无所不有。"(明汪一鸾刻本《淮南鸿烈解》序)由此言,一方面可见《淮南子》之丰富多彩、雄奇博大,另一方面也可以看出它的驳杂多方。《淮南子》一书由西汉淮南王刘安组织门客所集体编撰,成书大约在平定吴楚七国之乱到汉武帝登基之间,正是汉家奠定大一统王朝的关键时期。《淮南子》"牢笼天地,博极古今"(《史通·自叙》)的叙述方式或许正是汉初思想宏大而驳杂的反映。

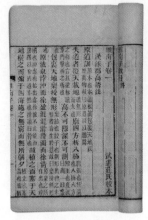

《淮南子》书影

卷一　原道

【题解】

解题原注说:"原,本也。本道根真,包裹天地,以历万物,故曰原道,因以题篇。""道"是《淮南子》一书反复阐述、描摹的思想精髓,它超越时空、无声无形,而又无所不在,是万事万物的母体。在自然之道的滋润引导下,人类要秉持"清静""无为"的信念,保养精神、守护形气,达到恬淡自足的境界。这是本篇也是《淮南子》全书的宗旨。

原书二十一卷,每卷皆称"某某训",本篇旧多作"原道训",清儒姚范认为"训"字乃"高诱自名其注解,非《淮南》篇名所有,即诱《序》中所云'深思先师之训'也",这个理解是正确的。《淮南子》全书篇名中"训"字都是后人加上的,高诱注释、称述本书篇题时也并无"训"字,今皆予以删去。

【原文】 夫道者,覆天载地,廓四方①,柝八极②,高不可际③,深不可测,包裹天地,禀授无形④。原流泉浡⑤,冲而徐盈⑥,混混滑滑⑦,浊而徐清。故植之而塞于天地⑧,横之而弥于四海,施之无穷而无所朝夕⑨,舒之幠于六合⑩,卷之不盈于一握。约而能张⑪,幽而能明,弱而能强,柔而能刚。横四维而含阴阳⑫,纮宇宙而章三光⑬。甚淖而漘⑭,甚纤而微,山以之高,渊以之深,兽以之走,鸟以之飞,日月以之明,星历以之行,麟以之游,凤以之翔。

【注释】 ①廓:扩张。②柝:通"拓",开。③际:达到。④禀授:给予。⑤原:同

"源"。浡:涌。⑥冲:虚。⑦混混:水奔腾急速的样子。滑滑:水流急疾的样子。滑,通
"汩"。⑧植:立。⑨施:延,引。此马宗霍说。⑩舒:散。帱:帐幔,引申为覆盖。六合:指
天地之间。⑪约:收束。⑫四维:指天区的东南、东北、西南、西北四角。⑬纮:维系。章:
明。三光:即下文的日、月、星(历)。⑭淖:柔弱的样子。洉:粥多汁,这里与"淖"同义,
都是形容道的柔和。

【译文】 道,覆盖苍天,承载大地,延及四面八方,高到无法触及,深至不能测量,包
裹天地,在无形无兆中化成万物。它如泉水涌出源头般,开始虚缓,渐渐盈满,进而滚滚
奔流,由浑浊变为清澈。它立着能充塞天地,躺下又广斥四方,延长下来及于永恒,根本
不能用早晚来衡量,它舒散下来能覆盖天地四方,蜷缩起来却又不满一把。它既能收缩
还可舒展,既能幽暗又可明亮,既能柔弱也能刚强。它横贯四维,蕴涵阴阳二气,维系宇
宙,彰显日月星辰。它既柔靡又纤微,凭借它,山才能高耸,渊才会深邃,鸟兽才能飞翔、
奔走,日月星辰才可以明亮、运转,麒麟、凤凰等祥瑞才能出游翱翔。

【原文】 泰古二皇①,得道之柄,立于中央,神与化游,以抚四方。是故能天运地滞②,
轮转而无废③,水流而不止,与万物终始。风兴云蒸,事无不应;雷声雨降,并应无穷;鬼出电
入④,龙兴鸾集;钧旋毂转⑤,周而复匝⑥。已雕已琢,还反于朴⑦。无为为之而合于道,无为
言之而通乎德;恬愉无矜而得于和⑧,有万不同而便于性⑨;神托于秋豪之末,而大与宇宙之
总⑩。其德优天地而和阴阳⑪,节四时而调五行;呴谕覆育⑫,万物群生,润于草木,浸于金
石;禽兽硕大,豪毛润泽;羽翼奋也⑬,角觡生也⑭;兽胎不膊⑮,鸟卵不毈⑯;父无丧子之忧,兄
无哭弟之哀;童子不孤,妇人不孀⑰;虹蜺不出⑱,贼星不行⑲。含德之所致也。

【注释】 ①泰古:远古。二皇:原注说:"伏羲、神农也。"②运:行。滞:止。③轮转:像
轮子转动。废:休止。何宁说:"轮自绕轴而转,无轴之止,则轮不可转,犹地滞而天运也,故
以为喻。"④鬼出电入:原注说:"鬼出,言无踪迹也。电入,言其疾也。"⑤钧:制作陶器的转
轮。毂:车轮中心插轴的部分。⑥匝:合。⑦反:同"返"。⑧恬愉:原注说:"无所好憎也。"
矜:自大。⑨有:包容。便:顺。⑩与:于,如。此字旧本多脱,今据何宁说补。总:合。⑪优:
柔。和:调。⑫呴谕:通"煦妪",体恤培养。⑬奋:壮。⑭角觡:麋鹿等的角。⑮膊:原注说:
"胎不成兽曰膊。"⑯毈:原注说:"卵不成鸟曰毈。"⑰孀:寡妇。⑱虹蜺:古人虹蜺与彗星常
常并称,认为都是灾异反常的现象。⑲贼星:古代指阴星、彗星等"逆行"之星。

【译文】 远古伏羲、神农两位圣皇,掌握了大道的根本,挺立在天地的中央,精神和
造化相融,安抚着天下四方。因此能使天行地止,如车轮绕轴、水流低处般永不停息,和
天地万物相始终。就像风起和云涌、雷鸣和雨降般相互感应;又像鬼神、闪电稍纵即逝,
又如神龙、鸾凤飞临集合;还像钧器和车毂旋转无穷、周而复始。已经被雕琢修饰的,让
它们返回质朴。顺应自然所做的事自动契合着道,朴实无华的言论也与德相合;恬静愉
悦不躁不骄,求得广泛的和谐,包容万物不强求统一,来保持、顺应各自的天性;精神既能
依托在毫末之上,又能扩展到广大的宇宙。两位圣皇的德行使天地柔顺、阴阳调和,四季
有节而五行有序;他们关怀培育万物繁衍生长;滋润着草木,浸润着金石;飞禽走兽长得

又肥又壮,羽毛润泽光亮;翅翼坚硬有力,兽的骨角生长正常;走兽不怀死胎,飞禽孵蛋成鸟;老父没有丧子的悲痛,兄长没有失弟的哀伤;孩童不会成孤儿,女子不会当寡妇;异常的虹霓不会出现,妖星不在天空运行。这些都是二位圣皇广怀德泽所致。

【原文】 昔者冯夷、大丙之御也[1],乘雷车[2],六云霓[3],游微雾,骛怳忽[4],历远弥高以极往[5]。经霜雪而无迹,照日光而无景[6],扶摇拎抱羊角而上[7],经纪山川[8],蹈腾昆仑[9],排阊阖[10],沦天门[11]。末世之御,虽有轻车良马,劲策利锲[12],不能与之争先。

【注释】 ①冯夷、大丙:神话中两位能驾驭阴阳的天神。②雷车:原作"云车",从王念孙说改。③六:原作"入",从王念孙说改。王氏谓:"以雷为车,以云霓为六马。"④骛:驰骋。怳忽:虚无荒远之地。⑤极:极远之地。⑥景:同"影"。⑦扶摇:盘旋直上的旋风。拎抱:旋转缠绕。羊角:转曲萦行的旋风。⑧经:行。纪:通。⑨蹈腾:踏上。昆仑:神话中的神山。⑩排:开。阊阖:厚注说:"始升天之门也。"⑪沦:进入。天门:原注说:"上帝所居紫微宫门也。"⑫策:马鞭。锲:马鞭末端的尖刺。原作"锻",据王念孙说改。

【译文】 从前冯夷、大丙二位得道神人驾驭,乘坐雷公之车,以六条彩虹作马,遨游在微茫的雾气中,驰骋在虚无迷茫的境界里。经过极其高远之处。经过霜雪不留下痕迹,日光也映照不出阴影,如同旋风盘旋而上,越过高山大川,登上昆仑之巅,开天门,入帝宫。近世的车夫,即使车轻马健、鞭子强劲,鞭刺锐利,也没有办法和冯夷、大丙一争高低。

【原文】 是故大丈夫恬然无思[1],澹然无虑[2];以天为盖,以地为舆,四时为马,阴阳为御;乘云凌霄,与造化者俱;纵志舒节,以驰大区[3];可以步而步,可以骤而骤;令雨师洒道,使风伯扫尘,电以为鞭策,雷以为车轮;上游于霄霓之野[4],下出于无垠之门。刘览遍照[5],复守以全[6];经营四隅[7],还反于枢。故以天为盖,则无不覆也;以地为舆,则无不载也;四时为马,则无不使也;阴阳为御,则无不备也。是故疾而不摇,远而不劳,四支不动[8],聪明不损,而知八纮九野之形埒者[9],何也?执道要之柄,而游于无穷之地。

【注释】 ①大丈夫:比喻体道之人。②澹:杨树达说通"憺",安定。③大区:天地之间。④霄霓:虚无深幽。王念孙说:"虚无寂漠之意。"⑤刘:同"浏"。遍:原作"偏",据杨树达、张双棣之说改。⑥全:纯粹。⑦经营:周游往来。⑧支:同"肢"。⑨八纮:指九州大地之外极远之处。九野:天区的九个部分。形埒:界限。

【译文】 所以修道之人恬淡坦荡,无所思虑;他们以天穹为车盖,以大地为车厢,以四季作良马,以阴阳为车夫;乘着白云冲上九霄,与自然造化同行;放开思绪,随心遂性地驰骋在天宇中;想慢就慢,想快就快。喝令雨师清洒道路,呼唤风伯扫除想慢就慢,想快就快;喝令雨师清洒道路,呼唤风伯埃;用闪电作鞭子,借风雷为车轮;向上遨游在幽远的地方,往下穿越那无边的门户。虽然俯视关照着无穷之境,却始终保守精纯;虽然遨游四面八方,却仍然不离道体。所以,用天穹做车盖就没有什么不能覆盖的;用大地做车厢就没有什么不能承载的;用四季做良马就没有什么不可驱使的;用阴阳二气做车夫就没有什么不完备的。所以疾行而不摇晃,远行却不疲倦,四肢不疲劳,耳目不损伤,而能知道整个宇宙的界域,这是为什么呢?是因为掌握了道体的根本,而畅游于无穷无尽当中了。

【原文】 **是故天下之事不可为也，因其自然而推之；万物之变不可究也，秉其要归之趣[1]。夫镜、水之与形接也，不设智故[2]，而方、圆、曲、直弗能逃也。是故响不肆应[3]，而景不一设[4]，叫呼仿佛[5]，�然自得[6]。**

【注释】 ①要归：发展。趣：通"趋"，趋势，方向。②智故：原注说："巧饰也。"③响：回音。肆：这里指刻意。④景：同"影"。一：专一，特意。⑤叫呼：回声。仿佛：影子晃动。⑥黭：原作"默"，依王念孙、杨树达说改。

【译文】 所以天下的事不能刻意去办，只能随顺事物的自然之性去推动；万物的变化不能凭人的智慧去探究，而只能按其发展趋势来把握。镜子和水能映照物形，没有任何巧妙的设置，却使方、圆、曲、直等形状如实反映。回音也不是声音特意要它回应，影子也不是物体有意安排，回声呼响、影子恍惚，都是自然而然出现的。

【原文】 **人生而静，天之性也；感而后动，性之容也[1]；物至而神应，知之动也[2]。知与物接，而好憎生焉。好憎成形，而知诱于外，不能反己，而天理灭矣。故达于道者，不以人易天。外与物化，而内不失其情。至无而供其求[3]，时骋而要其宿[4]。大小修短，各有其具[5]，万物之至，腾踊肴乱而不失其数[6]。是以处上而民弗重，居前而众弗害。天下归之，奸邪畏之，以其无争于万物也，故莫敢与之争。**

【注释】 ①容：外貌，表象。此字原作"害"，依俞樾、何宁说改。②知：同"智"。③至无：虚无至极。④时骋：随时变化。⑤具：备。⑥肴：同"淆"，杂乱。数：法度。

【译文】 天生喜欢恬静，这是人的本性；人与外物相接身体有感而动，这只是本性的表象；如果精神与外物能感应一致，那就是智虑造成的，是内在的心动。智虑和外物接触后，好恶之情随之产生。而好恶之情一旦形成，表明智虑已经受到外物迷惑，不能返回本性，导致天理也泯灭了。所以，通达大道的人不因人欲而改变天性，即使外与物化，但内心却不会丧失本性。大道虽然虚无至极，但却能满足万物所需；它时时变化，却使万物最终返回自身。道体能大能小，能长能短，有应付万事万状的准备，万物纷至沓来、杂乱跃动时，它都能处置有度。所以，得道的人身居高位，民众不会感到重压，身处前列，民众也不会感到有害。这样一来。天下的人能归附他，奸邪都畏惧他，正因为他不和万物相争，所以也没有什么敢和他争。

【原文】 **夫临江而钓，旷日而不能盈罗，虽有钩箴芒距[1]，微纶芳饵[2]，加之以詹何、娟嬛之数[3]，犹不能与网罟争得也[4]。射者扜乌号之弓[5]，弯棋卫之箭[6]，重之羿、逢蒙子之巧[7]，以要飞鸟[8]，犹不能与罗者竞多，何则？以所持之小也。张天下以为之笼，因江海以为之罟[9]，又何亡鱼失鸟之有乎？故矢不若缴[10]，缴不若无形之像[11]。夫释大道而任小数，无以异于使蟹捕鼠、蟾蜍捕蚤，不足以禁奸塞邪，乱乃逾滋。**

【注释】 ①钩箴：钓鱼钩。箴，同"针"。芒距：钓钩上锋利的倒刺。②纶：钓丝。③詹何、娟嬛：古代传说中的术士，善钓。④罟：捕鱼网。⑤扜：拉，原作"扞"，依王引之说改。乌号之弓：用桑柘树枝制作的弓。⑥弯：拉开。棋：孙志祖说通"淇"，向宗鲁说当从宋本作"綦"，俱是地名，生产好箭。卫：利。何宁释作"羽"，引《释名》说："箭，其旁曰羽，

齐人曰卫,所以导卫矢也。"恐非。⑦羿、逢蒙:传说中的神射手。⑧要:猎取。⑨之:此字原无,依刘文典说补。⑩缴:带有丝绳的箭。⑪缴不若无形之像:王念孙说当作"缴不若网,网不若无形之像",可从,下译文即依此。无形之像,指天地、江海。

【译文】 到江边钓鱼,一整天也装不满一篓。虽有锋利的钓钩、细丝的钓线、芳香的鱼饵,再加上詹何、娟嬛那样的钓技,也无法和大网捕捞相比。射手拉开乌号之弓,搭上淇地的利箭,再加上后羿、逢蒙那样的射技来猎取飞鸟,还是无法和罗网捕鸟相比。这是为什么呢?因为所用的器具太小。假如张开天穹做笼子、用江海做大网,哪还会有漏网的鱼、逃逸的鸟?所以说光箭不如带有丝绳的箭,带丝绳的箭又不如罗网,罗网又不如那无形的天地之笼、江海之网。放弃大道而用小技来治理天下,无异于用螃蟹捉老鼠、蛤蟆捉跳蚤,不但不能禁止奸邪堵塞罪恶,反而会更混乱。

【原文】 昔者夏鲧作九仞之城①,诸侯背之,海外有狡心。禹知天下之叛也,乃坏城平池,散财物,焚甲兵,施之以德,海外宾伏,四夷纳职,合诸侯于涂山②,执玉帛者万国。故机械之心藏于胸中,则纯白不粹,神德不全,在身者不知,何远之所能怀?是故革坚则兵利,城成则冲生③,若以汤沃沸,乱乃逾甚。是故鞭噬狗④,策蹄马⑤,而欲教之,虽伊尹、造父弗能化⑥。欲害之心亡于中,则饥虎可尾,何况狗马之类乎?

【注释】 ①夏鲧:传说是大禹的父亲。九仞:原作"三仞",依王念孙、何宁说改。程瑶田《通艺录》考定古七尺为一仞。②涂山:或说在会稽,原注说在九江当涂,今不详其地。③冲:攻城的冲车。④噬:咬。⑤蹄马:踢人的马。⑥伊尹、造父:古代善御之人。俞樾说"伊尹"当作"伊儒",何宁非之,而说:"伊尹言御天下,造父言御狗马。"

【译文】 过去夏鲧修建九仞高城来防范,结果诸侯叛乱,海外各国都产生狡诈之心。禹看到这些,就拆毁城墙,填平护城河,广散财物,焚烧盔甲、兵器,广施仁德,结果使得天下臣服,四夷进贡,禹在涂山大会诸侯,成千上万的诸侯带着玉器币帛赶来。所以胸中一旦藏有奸诈之心,这纯白的道就不精粹了,专一的德就不完美了,处理自身都不行,哪还能感化怀柔远方的人呢?所以,皮革铠甲坚硬了,兵器也随之更锋利,城墙一旦筑起,这攻城的冲车也随之应运而生,就像用开水浇进滚沸的水中一样,不但不能止住沸腾,反而沸得更厉害。所以鞭打咬人的狗、踢人的马,还想调教它们,即使是伊尹、造父这样的人也办不到。如果心中没有害人的念头,就是饿虎也可以尾随,何况对付狗、马之类呢?

【原文】 故体道者逸而不穷,任数者劳而无功。夫峭法刻诛者,非霸王之业也;箠策繁用者①,非致远之御也②。离朱之明③,察箴末于百步之外,不能见渊中之鱼;师旷之聪④,合八风之调⑤,而不能听十里之外。故任一人之能,不足以治三亩之宅也;修道里之数,因天地之自然,则六合不足均也⑥。是故禹之决渎也⑦,因水以为师;神农之播谷也,因苗以为教。

【注释】 ①箠:鞭子。②御:原作"术",依王念孙说改。③离朱:传说黄帝时视力特别好的人。④师旷:晋平公时的盲乐师,善鼓琴。⑤合:应和。八风:不同季节来自八方的风。⑥均:平治。⑦决渎:疏通河道。

【译文】 所以领悟大道的人安安逸逸,但没有办不到的事,玩弄诈术的人辛辛苦苦,但却一事无成。用严刑峻法来治理国家,不是成就霸业的人应该做的;不停地鞭打坐骑,不是赶远路的方法。离朱的眼力,能看见百步之外的针尖,却看不到深渊里的鱼;师旷的耳力很灵,能听辨各种声调,却听不到十里之外的响动。所以单凭一己之力不足治理家务;遵循道的规律,顺应自然,那么整个天下也不够他治理。所以夏禹疏通江河,正是顺着水流低处的自然特性;神农氏播种五谷,也正是顺着禾苗的生长趋势来培养的。

【原文】 夫萍树根于水,木树根于土,鸟排虚而飞,兽蹍实而走①,蛟龙水居,虎豹山处:天地之性也。两木相摩而然②,金火相守而流,员者常转③,窾者主浮④:自然之势也。是故春风至则甘雨降,生育万物,羽者妪伏⑤,毛者孕育,草木荣华,鸟兽卵胎,莫见其为者,而功既成矣;秋风下霜,倒生挫伤⑥,鹰雕搏鸷⑦,昆虫蛰藏⑧,草木注根,鱼鳖凑渊,莫见其为者,灭而无形。木处榛巢⑨,水居窟穴;禽兽有芄⑩,人民有室;陆处宜牛马,舟行宜多水。匈奴出秽裘,干、越生葛绤⑪,各生所急以备燥湿,各因所处以御寒暑,并得其宜,物便其所。由此观之,万物固以自然,圣人又何事焉?

【注释】 ①蹍:踏。②然:同“燃”。③员:同“圆”。④窾:空。⑤妪伏:鸟孵卵。⑥倒生:指草木。挫伤:凋落。⑦搏鸷:猛击。⑧蛰藏:昆虫蛰伏。⑨榛巢:筑巢。榛,王引之说通“橧”,巢。⑩禽兽:于鬯说:“木处者鸟类也,水居者鱼类也。然则禽兽当统言兽,不言鸟兽,若及鸟,与木处之义复矣。”芄:野兽巢穴中的草垫。原作“芄”,依王念孙说改。⑪干、越:即吴、越。原作“于越”,依王念孙说改。葛绤:细葛布。

【译文】 浮萍在水面生根,树木在土里扎根,鸟凌空而飞,兽蹑地而跑,蛟龙生在水中,虎豹生在山里:这些都是造化赋予的本性。两根木头互相摩擦就会燃烧,金与火一起就形成熔液,圆的东西容易转动,空的器皿容易飘浮:这也都是自然之势。所以春风吹来,雨水降临,万物因此而生长,长羽翼的开始孵卵,长毛发的开始怀胎,草木开花,鸟类孵卵,兽类胎生,我们并没有发现春季具体在干什么,而它却在无形中化育了万物。同样,秋风乍起,霜降大地,草木因此而凋零,鹰雕搏击取猎,昆虫蛰伏躲藏,草木忙着往根部储存营养,鱼鳖往深水里钻凑,我们并没有发现秋季到底在干什么,而它也恰恰在无声无息中摧灭了万物。住在树上的筑巢,生活在水里的靠洞窟;野兽睡在草上,人类住在屋里;陆地行走适合用牛马,水深适宜用船;匈奴特产粗糙的皮衣,吴越地产透风的细葛布,各自生产急需的东西来防备燥湿,各自顺应所处的环境来抵御寒暑,并各得其所。由此看来,万物本来都是按照自然本性在生存发展,圣人又何必去干预它们呢?

【原文】 九疑之南①,陆事寡而水事众。于是民人剸发文身②,以象鳞虫;短绻不裤③,以便涉游;短袂攘卷④,以便刺舟,因之也。雁门之北⑤,狄不谷食⑥;贱长贵壮,俗尚气力;人不弛弓,马不解勒,便之也。故禹之裸国⑦,解衣而入,衣带而出,因之也。今夫徙树者,失其阴阳之性,则莫不枯槁。故橘树之江北则化而为枳,鸲鹆不过济⑧,貈渡汶而死⑨,形性不可易,势居不可移也。

【注释】 ①九疑:即九嶷山,在今湖南。②剸:同“剪”,原作“被”,依王引之说改。

文:同"纹"。③绻:通"裈",即犊鼻裈。裤:穿裤子。④袂:袖子。攘:捋起来。⑤雁门:在今山西西北部。⑥狄:泛指北方少数民族。⑦裸国:古代传说中南方国名,人民皆裸体。⑧鸲鹆:鸟名,即八哥。⑨貈:同"貉",《说文》:"貉,似狐,善睡兽。"汶:汶水,源出今山东莱芜东北。

【译文】 九嶷山以南,从事陆地的活少而水中的活多,所以那里的百姓剪发纹身,模仿鱼龙形象;只围短兜不穿长裤,以便于游水;穿着短袖衫或捋起袖子,好方便撑船,这些都是适应水上生活的。雁门以北的少数民族不以谷类为主食,轻视老年人而看重青壮年,崇尚力气,一般不放下弓箭,不解下带嚼子的马笼头,这是游牧生活所决定的。所以禹到裸国去,脱掉衣服入境,出来后又再穿上衣服,这是入乡随俗。移植树木的人,如果不顾树木对阴阳寒暖的适应性,只会让树木死掉。所以橘树移到长江以北就变成了枳,八哥鸟不能过济水,狗獾一过汶水就会死去,它们的生活习性是改变不了的,生活环境不可转移。

【原文】 是故达于道者,反于清静①;究于物者,终于无为。以恬养性,以漠处神,则入于天门②。所谓天者,纯粹朴素,质直皓白,未始有与杂糅者也;所谓人者,偶𥉂智故③,曲巧伪诈,所以俯仰于世人而与俗交者也。故牛岐蹄而戴角④,马被髦而全足者,天也;络马之口、穿牛之鼻者,人也。循天者,与道游者也;随人者,与俗交者也。夫井鱼不可与语大,拘于隘也;夏虫不可与语寒,笃于时也⑤;曲士不可与语至道,拘于俗、束于教也。故圣人不以人滑天⑥,不以欲乱情;不谋而当,不言而信,不虑而得,不为而成;精通于灵府⑦,与造化者为人⑧。

【注释】 ①清静:原作"清净",据何宁说改。②天门:指天然、自然之境。③偶𥉂:马宗霍说犹云"隅差",斜角,这里指邪而不正。智故:巧诈之心。④岐蹄:足分趾,趾上生蹄。⑤笃:专一,局限。⑥滑:通"汩",乱。⑦灵府:心。⑧人:偶,伴。王引之说:"人者,偶也,言与造化者为偶也。"

【译文】 所以通达大道的人,返回清静的天性;探究事物本性的人,归依到自然无为。恬静地保养性命,淡漠地修炼精神,就能进入天然的境界。所谓"天然",是指纯粹朴素,质直洁白,没有一点杂质。所谓"人为",是指邪曲不正,虚伪奸诈,曲意阿世,沦于世俗。牛蹄上分趾、头上长角,马蹄完整而颈上生鬃毛,这便是天然;用马笼头络住马嘴,用绳子穿过牛鼻,这就是人为。遵循天然,就是和大道相遨游;顺从人为,就必须和世俗打交道。井里面的小鱼,无法和它谈论大海,是由于它受狭隘环境的局限;生活在夏季的虫,无法和它谈论寒冬,是因为它受季节的限制;孤陋寡闻的书生,无法和他谈论大道,是由于他受习俗、教育的束缚。所以圣人不用人为的事干扰天然,不因为欲念而扰乱本性;不用谋划就能将事办理妥当,不必信誓旦旦就能显现出诚信,不加深思就能得心应手,不必大动干戈也能大功告成;这是因为他的精神贯通着心灵,伴随着大道。

【原文】 夫善游者溺,善骑者堕,各以其所好,反自为祸。是故好事者未尝不中①,争利者未尝不穷也。昔共工之力②,触不周之山,使地东南倾。与高辛争为帝③,遂潜于渊,宗族残灭,继嗣绝祀。越王翳逃山穴④,越人熏而出之,遂不得已。由此观之,得在时,不在争;治在道,不在圣。土处下,不争高,故安而不危;水下流,不争先,故疾而不迟。

【注释】 ①好事:喜欢情欲之事。中:伤。②共工:古代神话中人物。③高辛:即帝喾,相传为黄帝的曾孙。④越王翳:战国时越国君主。

【译文】 善于游泳的人最容易淹死,善于骑马的人常会摔伤,他们各因自己的爱好特长而招来灾祸。所以放纵情欲的人没有不损伤自身的,争名夺利的人没有不走上绝路的。以前共工氏力大无比,一怒之下头撞不周山,使大地往东南方倾斜下去。他因为和高辛氏争夺帝位,结果躲到了深渊中,宗族灭绝,后继无人了。越王翳做太子时,不愿意继承王位而躲到山洞里,被越国人用火熏出来,终于被迫当了王。由此看来,有所得取决于时势,而不取决于争斗;治理天下取决于合乎大道,而不取决于圣明。土在低处,不争往高处,所以没有崩塌的危险;水往下流,不争高位,所以迅疾不滞。

【原文】 昔舜耕于历山①,期年而田者争处垮垺②,以封畔肥饶相让③;钓于河滨,期年而渔者争处湍濑④,以曲隈深潭相予⑤。当此之时,口不设言,手不指麾⑥,执玄德于心⑦,而化驰若神⑧。使舜无其志,虽口辩而户说之,不能化一人。是故不道之道,莽乎大哉!夫能理三苗⑨,朝羽民⑩,徙裸国⑪,纳肃慎⑫,未发号施令而移风易俗者,其唯心行者乎!法度刑罚何足以致之也?

【注释】 ①历山:在今山东历城南。②期年:满一年。垮垺:土地贫瘠。③封畔:原作"封壤",依王念孙说改。王氏说:"封、畔皆谓田界也。"④湍濑:水流浅急之处,少鱼。⑤曲隈:水湾,多鱼。⑥指麾:即指挥。麾,古代指挥用的旗子。⑦玄德:无为之道。⑧驰:快。⑨三苗:古代民族之名,与尧、舜都有过抗争。⑩羽民:传说一国之人长头羽身。⑪徙:改变旧俗(以从仁义之化)。⑫肃慎:古代民族之名。

【译文】 以前舜在历山亲自耕作。一年后,那里的农民都争着去耕贫瘠的土地,而把肥沃的土地让给别人;舜在江边钓鱼,一年后,渔民都争着要在水浅流急的地方打鱼,而将河湾、深潭让给他人。那时,舜既不喋喋不休地说教,也不指手画脚地干预,他只是保持自然无为的信念,而民众受到感化却无比神速。假如舜没有这种信念,即使能言善辩,挨家挨户去劝说,也不能感化一个人。因此,不言之道,广大无边啊!舜帝能治理三苗之乱,使羽国民众来朝见,改变裸国的习俗使习仁义,接纳肃慎人,都没有发号施令就移风易俗了,大概就是凭着这种自然无为的信念吧!靠法度刑罚,哪能收到这样的效果?

【原文】 是故圣人内修其本,而不外饰其末,保其精神,偃其智故,漠然无为而无不为也,澹然无治也而无不治也。所谓无为者,不先物为也;所谓无不为者,因物之所为。所谓无治也,不易自然也;所谓无不治者,因物之相然也①。万物有所生,而独知守其根;百事有所出,而独知守其门。故穷无穷,极无极;照物而不眩②,响应而不乏,此之谓天解③。

【注释】 ①然:宜。②眩:祸乱。③天解:知晓天然。

【译文】 所以圣人注重内在本性的修养,而不修饰外表的小节,保全精神,去除奸

巧,淡漠地顺着自然办事,因而没有事办不成,安逸地不想刻意干什么但什么都治理好了。所谓无为之道,是说不超越事物的本性刻意地去做;所谓没什么事办不成,是说顺应了事物的本性。所谓不去治理,是说不改变事物的本来属性;所谓没什么治理不好的,是指顺应万物各适其情。万事万物都有其各自产生的要素,圣人只管掌握其中的根本和关键。所以遍究万事万物,关照而不眩惑,顺应但不困乏,这就叫洞悉天然了。

卷二 俶真

【题解】

"俶"就是开始、初始,同时又有"善"的意思,所以"俶真"可以理解为宇宙自然初始纯粹质朴的美好。本篇其实仍然延续《原道》的论题,描述道的流衍,即"道散而为德,德溢而为仁义,仁义立而道德废"的全过程,作者认为应当回归远古至德之世。怎么样做到呢?作者提出了返璞归真、无为而治的理想。其中对"真人"体道无为、"圣人"秉德而治加以称颂,对儒墨两家"缘饰诗书"、沽名钓誉作了讽刺,强调个人的养性存神。所以,《俶真》和《原道》可以称作姊妹篇,是《淮南子》一书的思想总纲。

【原文】 夫鱼相忘于江湖,人相忘于道术①。

【注释】 ①"夫鱼"二句:典出《庄子·大宗师》,意谓鱼儿同处江海中就会自由自在而无须互相照应,人如果能与道同在,彼此间也不必多事。

【译文】 鱼类生活在江海之中可以互相遗忘,人如能和大道相往来,彼此也无须交往。

【原文】 古之真人,立于天地之本,中至优游①,抱德炀和②,而万物杂累焉③,孰肯解构人间之事④,以物烦其性命乎?

【注释】 ①中至:中和之气和至高之德。②炀:烤。这里指熏陶。③杂累:孙诒让说当作"炊累",动升之意,而蒋礼鸿非之,引王念孙说谓"杂累"与"叶累""揲贯"同为积累之义。④解构:即"邂逅",不期而遇。

【译文】 古时候的真人,立足于天地的根本,秉受着中和之气和至高的大德,优游自在,拥抱至德,熏陶和气,而万物自省积聚,谁肯去干预人间之事,让外物扰乱自己的性命呢?

【原文】 夫道有经纪条贯①,得一之道,连千枝万叶。是故贵有以行令,贱有以忘卑,贫有以乐业,困有以处危。夫大寒至,霜雪降,然后知松柏之茂也;据难履危,利害陈于前,然后知圣人之不失道也。是故能戴大员者履大方②,镜太清者视大明③,立太平者处大堂④,能游冥冥者与日月同光⑤。是故以道为竿,以德为纶⑥,礼乐为钩,仁义为饵,投之于江,浮之于海,万物纷纷,孰非其有?

【注释】 ①经纪:条理。②大员:指天。员,同"圆"。大方:地。③太清:天,也指天道。④大堂:明堂。⑤冥冥:指道。⑥纶:丝线。

288

【译文】 道是有条理脉络的,把握这浑然一体的道,就能贯通所有枝节。所以只要得了道,尊贵的据以发号施令,低贱的可以忘掉自卑,贫穷的也会安于本行,困境中的人也有勇气处理危难。严寒来临,霜雪铺地,才能看出松柏的常盛不凋;处境艰难,面临危险,利害摆在眼前,才能看出圣人永远不放弃大道。因此,头顶青天的人脚踏大地,以天道作明镜的人明察秋毫,创造太平盛世的人稳坐明堂,与大道同游的人和日月一样光芒万丈。所以用道作钓竿,用德当丝线,用礼乐作钓钩,以仁义为钓饵,投放到江海之上。各种鱼鳖之类就会赶来吞食,哪个不归他所有呢?

【原文】 夫挟依于跂跃之术①,提挈人间之际②,撢掞挺捅世之风俗③,以摸苏牵连物之微妙④,犹得肆其志,充其欲,何况怀瑰玮之道⑤,忘肝胆,遗耳目,独浮游无方之外,不与物相弊挠⑥,中徙倚无形之域⑦,而和以天倪者乎⑧?

【注释】 ①挟:倚仗。跂跃:矜躁不正之道。②提挈:拉扯纠缠。③撢掞挺捅:形容小人钻营的丑态。吴承仕说:"挥掞叠韵,挺捅双声,皆为连语,不得别义释之。"撢掞,引取之貌。挺捅,投掷之貌。④摸苏:印"摸索"。牵连:牵扯。微妙:微小。⑤瑰玮:美玉,引申为珍贵。⑥弊挠:杂糅。⑦徙倚:依靠。⑧天倪:虚无坐忘的境界,原作"天地",依俞樾、陈观楼说改。

【译文】 倚仗着歪门邪道,牵扯纠缠在人世间,钻营庸俗的关系和利益,这些人尚且能如愿以偿、满足欲望,更何况那些心怀大道、绝弃欲念,神游凭依在无限广远之地,不和万物相杂,而徘徊流连在虚无坐忘的境界之中的至德之人呢?

【原文】 若然者,偃其聪明,而抱其太素①,以利害为尘垢,以死生为昼夜。是故目观玉辂琬象之状②,耳听《白雪》清角之声③,不能以乱其神;登千仞之溪,临媛眩之岸,不足以滑其和。譬若钟山之玉④,炊以炉炭,三日三夜而色泽不变。则至德天地之精也。

【注释】 ①太素:质朴。②辂:通"璐",玉名。琬:美玉名。象:象牙。③白雪:乐曲名。清角:角是古代五音之一,古人以为角音清,故曰清角。④钟山:北方产美玉的地方,一说即昆仑山。

【译文】 这种人抛弃聪明,怀抱质朴,视利害如尘土,视死生如昼夜变化。所以他眼见美玉象牙,耳听《白雪》雅乐,也不会扰乱恬静的精神;登上千仞深的溪谷的悬崖,临近猿猴都眩晕的峭壁,也不会扰乱平和的心志。就好比钟山出产的美玉,投入炉火中,三天三夜色泽都不会变化。这是因为这种人获得了天地的精华。

【原文】 是故生不足以使之,利何足以动之;死不足以禁之,害何足以恐之!明于死生之分①,达于利害之变,虽以天下之大,易骭之一毛②,无所概于志也③。

【注释】 ①分:关系。②骭:小腿。③概:关心。

【译文】 所以生存不足以诱惑他,利益也不能触动他;死亡不足以禁锢他,灾害更无法吓住他!他是明白了生死、利害的关系,即使拿整个天下来换他小腿上的一根毫毛,他都不会心动一下。

【原文】 今夫积惠重厚,累爱袭恩①,以声华呕符姁掩万民百姓②,使知之欣欣然入

乐其性者③,仁也;举大功,立显名,体君臣④,正上下,明亲疏,等贵贱,存危国,继绝世,决掣治烦⑤,兴毁宗,立无后者,义也;闭九窍⑥,藏心志,弃聪明,反无识,芒然仿佯于尘埃之外⑦,而消摇于无事之业⑧,含阴吐阳,而万物和同者,德也。是故道散而为德,德溢而为仁义,仁义立而道德废矣。

【注释】 ①袭:重叠。②声华:声誉荣耀。呕苻:抚育。妪掩:爱抚。③知:王念孙说乃衍文,当删。④体:亲近。⑤掣:杂乱。⑥九窍:口、鼻、耳、眼及前后阴。⑦芒:同"茫"。仿佯:通"徜徉"。⑧消摇:即"逍遥"。

【译文】 积累宽厚的恩惠,慈爱惠及民众,用声誉和荣耀去爱抚百姓,使他们快乐安生,这就叫作"仁";建立丰功伟绩,树立显赫的名望,使君臣相得,上下有序,亲疏有别,贵贱有等,挽救危难的国家,恢复灭绝的朝代,决断办理复杂的事务,振兴被毁的宗庙,选择绝后者的继承人,这就叫作"义";禁绝情欲,隐匿心机,抛弃智慧,返璞归真,茫然徘徊在尘世以外,逍遥在无为的初始境界,呼吸着阴阳之气,和万物融成一体,这就叫作"德"。所以,道一旦散佚就只能依靠德,德流失了就只能施行仁义,仁义观念树立起来就意味着道、德的废弃。

【原文】 至德之世,甘瞑于溷澜之域①,而徙倚于汗漫之宇②,提挈天地而委万物③,以鸿濛为景柱④,而浮扬乎无畛崖之际⑤。是故圣人呼吸阴阳之气,而群生莫不颙颙然仰其德以和顺⑥。当此之时,莫之领理决离⑦,隐密而自成。浑浑苍苍,纯朴未散,旁薄为一⑧,而万物大优⑨。是故虽有羿之知而无所用之。

【注释】 ①甘瞑:即"酣眠"。溷澜:无边无际的样子。②汗漫:无边无际。③提挈:掌握。委:弃。④鸿漾:日出处。景柱:即影表,测日影用的圭表。⑤浮扬:翱翔。畛:界限。⑥颙颙:通"喁喁",仰慕的样子。⑦领理:治理。决离:疏导。⑧旁薄:即"磅礴"。⑨优:优游,悠闲自得。

【译文】 在道德最纯的年代,人们沉睡在虚无混沌的境界里,遨游在浩瀚渺茫的环境中,掌握天地运行而舍弃万物,以日出处的鸿濛作为圭表,飘浮在没有边际的地方。因此圣人只需吞吐阴阳二气,众生自然就仰慕归依。那时候,没有人有意治理,人和万物都悄悄地自然形成、生长。混沌而无形,纯粹质朴的道德没有失散,磅礴一体而万物悠游。因此,即使有后羿的智慧也使用不上。

【原文】 及世之衰也,至伏羲氏,其道昧昧芒芒然①,吟德怀和②,被施颇烈③,而知乃始昧昧睞睞④,皆欲离其童蒙之心,而觉视于天地之间,是故其德烦而不能一。及至神农、黄帝⑤,剖判大宗⑥,窍领天地⑦,袭九窾⑧,重九整⑨,提挈阴阳,嬥挠刚柔⑩,枝解叶贯万物百族⑪,使各有经纪条贯。于此万民睢睢盱盱然⑫,莫不竦身而载听视⑬。是故治而不能和。下栖迟至于昆吾、夏后之世⑭,嗜欲连于物,聪明诱于外,而性命失其得⑮。

【注释】 ①昧昧:淳厚的样子。芒芒:同"茫茫",广大的样子。②吟:王念孙说是"含"的古体字。③烈:广大。④睞睞:王念孙说"睞"当作"䀛",通"矇",欲有所知的样子。⑤及:原作"乃",据王念孙说改。⑥宗:道。⑦窍:通。⑧袭:依循。窾:法则。⑨整:

同"垠",形。此字原作"熟",依王念孙说改，⑩娉挽：调和。娉，同"抟"。挽，刮磨，抟弄。⑪枝解：分解。贯：连贯。⑫睢睢盱盱：张目直视的样子。⑬载：接受。⑭栖迟：渐渐发展。昆吾：夏部落名。后：君主。⑮得：通"德"。

【译文】 世道衰落，到了伏羲氏的时候，治理天下的道术仍然浑厚茫然，蕴涵深厚的道德与中和之气，布施德泽极为广大，但人们的智慧已经开始萌发，似乎若有所知，渐渐开始失去童蒙之心，观察起天地间的万物，所以伏羲氏的治术烦多而不专一。到了神农、黄帝的时候，他们开始分离大道的根本，通理天地，顺循自然法则形制，掌握阴阳变化，调和阴阳刚柔，仔细分解、紧密连贯万事万物，使各具备条理。这样，百姓无不张目直视，踮脚仰视君主的命令，仰头察看君王的脸色。所以神农、黄帝虽能治理好天下，但却不能使百姓和谐。接着到了昆吾、夏后的时代，人们的嗜好欲望受外界所牵扰，聪明被外界引诱，因而失去了天性和赖以存在的道德。

【原文】 施及周室之衰①，浇淳散朴②，离道以伪③，俭德以行④，而巧故萌生。周室衰而王道废，儒、墨乃始列道而议，分徒而讼。于是博学以疑圣⑤，华诬以胁众⑥，弦歌鼓舞，缘饰《诗》《书》，以买名誉于天下。繁登降之礼⑦，饰绂冕之服⑧，聚众不足以极其变⑨，积财不足以赡其费。于是万民乃始慉鲑离跂⑩，各欲行其知伪，以求凿枘于世而错择名利⑪。是故百姓曼衍于淫荒之陂⑫，而失其大宗之本。夫世之所以丧性命，其衰渐以然⑬，所由来者久矣。

【注释】 ①施：延续。之衰：王引之说此二字为后人所加。②浇：变薄。③离：原作"杂"，依王念孙说改。伪：同"为"。④俭：王念孙说通"险"，偏离。⑤疑：王引之说通"拟"。⑥诬：欺骗。⑦登降之礼：宾主相见的礼节，升降各由东西之阶。⑧绂：古代系官印的丝绳。冕：古代王、诸侯、卿、未夫戴的帽子。⑨聚众：征集百姓服劳役。交：宫室、建筑等花样。⑩慉：通"颠"，不明事理。鲑：通"儶"，背离。离跂：自以为不同于他人。⑪凿枘：榫卯和榫头，二者必须契合，这里比喻迎合。⑫曼衍：连绵，这里指追求。陂：山坡，指邪道。⑬衰：按等级递减。

【译文】 到了周室衰亡时期，淳朴的风气被冲淡散失，办事背离道统，行为偏离德性，奸巧狡诈也随之产生。周王室的衰败使王道废弛，儒、墨两家也开始标榜自己的学说，招聚门徒争论是非。于是各家各派学说靠着博学妄自比拟圣人，实际上是用华而不实的言辞来欺骗民众。他们施行礼乐歌舞，拿《诗》《书》来文饰门面，以便沽名钓誉于天下。同时他们还实行繁文缛节，装饰绂冕礼服，等级森严，广征民众大兴建造，搞起无穷无尽的花样，积聚财富来满足奢侈的消费。在这种风气下，老百姓也开始糊里糊涂，不明事理，却又自以高明，施展智巧，人们都想玩弄手段，迎合世俗，捞取名利。所以这时人们都奔波在外门邪道上，丧失了道的根本。世人之所以丧失掉纯朴的天性，渐渐沦落下去，那是由来已久啊。

【原文】 是故圣人之学也，欲以返性于初而游心于虚也。达人之学也①，欲以通性于辽廓而觉于寂漠也。若夫俗世之学也则不然，擢德搴性②，内愁五藏③，外劳耳目，乃始招

蛲振缱物之豪芒④,摇消掉捎仁义礼乐⑤,暴行越智于天下⑥,以招号名声于世,此我所羞而不为也。

【注释】 ①达人:通达的人。②擢:拔去。撢:同"搴",拔取。③五藏:即"五脏"。④招蛲:纠缠的样子。蛲,虫子动。振缱:缠绵的样子。⑤摇消掉捎:形容奔走忙碌的样子。掉,摇,振。捎,动。⑥暴:暴露。

【译文】 因此圣人学习,是要将心性回归到最初的质朴状态,让心神遨游在虚无的境界中。达人学习,是要让心性通向无边的广大,在寂静淡漠中觉醒。如果是世俗之人的学习,就不是这样了,他们除掉德性,混乱心胸,劳损耳目,老是纠缠着事物的小小利益,为推行仁义礼乐而奔走忙碌,在世间自我表现以求获得声誉,这种事情是我感到羞耻而不屑于去干的。

【原文】 是故与其有天下也,不若有说也①;与其有说也,不若尚羊物之终始也②,而条达有无之际③。是故举世而誉之不加劝④,举世而非之不加沮。定于死生之境,而通于荣辱之理,虽有炎火洪水弥靡于天下⑤,神无亏缺于胸臆之中矣。若然者,视天下之间犹飞羽浮芥也⑥,孰肯分分然以物为事也⑦?

【注释】 ①说:同"悦",指和大家一起快乐。②尚羊:同"徜徉"。也:俞樾说是衍文,何宁从之。③条达:通达。④加:更。劝:勉励。⑤弥靡:弥漫。⑥之间:何宁疑二字乃传写误入。⑦分分:同"纷纷"。

【译文】 所以与其一个人独占天下,还不如让大家一起享有;与其一起享有,还不如彻底抛弃天下而逍遥快活在万物初始状态,通达在事物的有无之间。因此,全天下的人赞扬自己,也不会感到激励;全天下的人非议自己,也不会觉得沮丧。泰然于生死,看透了荣辱;即使天下大火蔓延、洪水泛滥,我内心中的精神也不会亏缺。能够做到这样,就会视天下为羽毛、芥草,哪个还肯忙忙碌碌地把外物当回事呢?

【原文】 故古之治天下也,必达乎性命之情,其举错未必同也①,其合于道一也。夫夏日之不被裘者,非爱之也,暖有余于身也②;冬日之不用翣者③,非简之也,清有余于适也。夫圣人量腹而食,度形而衣,节于己而已,贪污之心奚由生哉④?故能有天下者,必无以天下为也;能有名誉者,必无以趋行求者也⑤。圣人有所于达,达则嗜欲之心外矣。孔、墨之弟子,皆以仁义之术教导于世,然而不免于僻⑥。身犹不能行也,又况所教乎?是何则?其道外也。夫以末求返于本,许由不能行也⑦,又况齐民乎⑧?诚达于性命之情。而仁义固附矣,趋舍何足以滑心⑨?

【注释】 ①错:通"措"。②暖:原作"燠",据何宁说改。③翣:扇子。④贪污:贪婪低下。⑤趋行:奔走追逐。⑥僻:通"羸",疲惫。⑦许由:传说中古代的高士。⑧齐民:凡民,指老百姓。⑨滑:通"汩",乱。

【译文】 所以古代圣王治理天下,一定通达于性命的情理,它们治国的具体举措不一定相同,但都符合大道。人们夏天不穿皮衣,并不是爱惜它,而是因为温度对身体已经足够了;冬天不用扇子,并不是因为瞧不起它,而是寒冷已经超过人体适应了。圣人估摸

自己的饭量吃饭,度量自己的体形而裁衣穿衣,对自己的物欲有所节制,恰如其分就好了,这样哪会产生贪婪之心呢? 所以,能够保有天下的,一定不是以天下为追求的目标;能享有名誉的,一定不是靠奔波追逐得到的。圣人能够与道相通,所以嗜欲之心被排斥在外。孔子、墨子的弟子们都拿仁义的道理来教导世人,可是却免不了失失败。他们自身都不能做到仁义,更何况被教导的人呢? 这是为什么? 因为他们的学说只注重外物的末节。用皮毛末节去归返根本,许由那样的高士都办不到,何况一般老百姓呢? 如果真能通达性命之情,那么仁义自然会依附于身,举止行为哪能扰乱得了人心呢?

【原文】 若夫神无所掩①,心无所载,通洞条达,恬漠无事,无所凝滞,虚寂以待,势利不能诱也,辩者不能说也,声色不能淫也,美者不能滥也,智者不能动也,勇者不能恐也,此真人之道也。若然者,陶冶万物,与造化者为人②,天地之间,宇宙之内,莫能夭遏③。

【注释】 ①掩:遮弊。②人:偶。③夭遏:阻止断绝。

【译文】 假如精神不受侵害,心中没有压力,舒畅恬静,无所郁结,虚寂静漠地对待外物,那么,权势利禄就不会使他动心,巧辩之士也不能说服他,声色之欢也不能使他淫乱,美妙之物也不会使他放纵,聪明的人也不会使他动摇,勇武的人也不能使他恐惧,这就是"真人"的品格。这样,他就能陶融万物,和自然造化为伴,天地之间、宇宙之内,也就没有什么能阻止他了。

【原文】 夫化生者不死,而化物者不化。神经于骊山、太行而不能难①,入于四海、九江而不能濡②,处小隘而不塞,横扃天地之间而不窕③。不通此者,虽目数千羊之群,耳分八风之调,足蹀《阳阿》之舞④,而手会《绿水》之趋⑤,智络天地⑥,明照日月,辩解连环,辞润玉石⑦,犹无益于治天下也。

【注释】 ①骊山:山名。太行:山名,在今山西、河北、河南三省交界处。②四海:泛指海水。九江:泛指江水。③扃:门闩。引申为"横贯"。窕:间隙。④蹀:蹈,踏。阳阿:古代名倡,亦为曲名。⑤会:合。绿水:古代舞曲名。趋:节奏,节拍。⑥络:联结。原作"终",依刘文典之说改。⑦辞:言词。原作"泽",据王念孙说改。

【译文】 洞悉生命意义的人不死,熟悉万物变化的人不变。他的精神经过骊山、太行山不受阻拦,飞入四海、九江也不会沾湿,处在狭窄的地方不感到拥挤,横贯天地之间可以不留一点空隙。不能通达天道的人,即使眼睛能数清一群上千只的羊,耳朵能分辨八风之调,脚踩着《阳阿》的舞步。手合着《绿水》的节拍,智谋能穷究天地,目光像日月般明亮,口才可以讲清最复杂的难题,言辞像玉石般润泽动听,还是对治理天下没有裨益。

【原文】 古者至德之世,贾便其肆①,农乐其业,大夫安其职,而处士循其道②。当此之时,风雨不毁折,草木不夭死③;九鼎重④,珠玉润⑤;洛出《丹书》⑥,河出《绿图》⑦。故许由、方回、善卷、披衣得达其道⑧。何则? 世之主有欲利天下之心,是以人得自乐其间。四子之才,非能尽善盖今之世也,然莫能与之同光者,遇唐、虞之时⑨。

【注释】 ①肆:店铺。②处士:没有做官的士人。循:顺。原作"修",据何宁说改。

③死：原脱，依王念孙说补。④九鼎重：原作"九鼎重味"，依王念孙说删"味"字。⑤珠玉润：原作"珠玉润泽"，依何宁说删"泽"字。⑥洛：洛水。丹书：即《洛书》。⑦河：黄河。绿图：即《河图》。⑧许由、方回、善卷、披衣：传说中的四个隐逸的高士。⑨唐、虞：上古贤帝王唐尧、虞舜。

【译文】 古时候至德之世，商人买卖顺利，农夫耕种愉快，士人安心职守，处士谨守志向。那时，没有风雨摧毁庄稼，草木也不会夭折；九鼎特别厚重，珠玉格外润泽；洛水有神龟送上《洛书》，黄河里浮出《河图》。所以许由、方回、善卷、披衣这些高士能实现他们的理想。为什么呢？君主怀有让天下所有人得利的心愿，所以人们能够在他治理下各得其乐。许由等人的才德并不是尽善尽美超过了当世，但是今天没有谁能和他们相媲美，是因为他们碰上了尧舜的好世道。

【原文】 逮至夏桀、殷纣①，燔生人②，辜谏者③，为炮烙④，铸金柱⑤，剖贤人之心，析才士之胫⑥，醢鬼侯之女⑦，菹梅伯之骸⑧。当此之时，崤山崩⑨，三川涸⑩，飞鸟铩翼⑪，走兽挤脚⑫。当此之时，岂独无圣人哉？然而不能通其道者，不遇其世。夫鸟飞千仞之上，兽走丛薄之中，祸犹及之，又况编户齐民乎？由此观之，体道者，不专在于我，亦有系于世矣。

【注释】 ①夏桀：夏代最后一个君主。殷纣：商朝最后一个君主。②燔：烧。③辜：一种分裂肢体的刑罚。④炮烙：又作"炮格"，用火烧铜架，令人在架上行走，最后坠入火中烧死。⑤金柱：炮烙所用的铜柱。⑥析：解剖。胫：小腿。⑦醢：把人剁成肉酱。鬼侯：纣时诸侯。⑧菹：切碎。梅伯：纣时诸侯。⑨崤山：在今陕西蓝田。⑩三川：泾水、渭水、汭水（渭水支流）。⑪铩：残。⑫挤：折断。

【译文】 到了夏桀、殷纣王，他们火烧活人，肢裂劝谏的忠臣，建造炮烙、铜柱之类的刑具，挖出贤人的心脏，剖开才能之士的腿骨，将鬼侯奉献的女儿剁成肉酱，砍碎梅伯的骨骸。那时，崤山崩塌，泾水、渭水和汭水干涸，飞禽走兽都遭残杀。那时难道没有圣人吗？不，只是这些圣贤没有碰上好世道来实现理想。鸟高飞天空，兽奔走草丛，灾祸还会降临，更何况被管理得很严的平民百姓呢？由此看来，体察大道的人的理想能否实现，不完全取决于他本人，还和所处的世道好坏有关。

【原文】 夫历阳之都，一夕反而为湖①，勇力圣知与罢怯不肖者同命；巫山之上，顺风纵火，膏夏紫芝与萧艾俱死②。故河鱼不得明目，稚稼不得育时，其所生者然也。故世治则愚者不能独乱，世乱智者不能独治。身蹈于浊世之中，而责道之不行也，是犹两绊骐骥而求其致千里也③；置猿槛中，则与豚同，非不巧捷也，无所肆其能也。舜之耕陶也④，不能利其里，南面王，则德施乎四海，仁非能益也，处便而势利也。

【注释】 ①"夫历阳"二句：古代传说历阳在一夜之间由陆地变成湖。历阳，县名，在今安徽境内。②膏夏：原注说："大木也，其理密白如膏，故曰膏夏。"紫芝：一种贵重草木，不详所指。萧艾：两种杂草。③两：通"緉"，绞绊，捆扎。④陶：制作陶器。

【译文】 那历阳城，一夜之间就变成了湖泊，勇士、智者和胆怯、愚蠢之人一样都葬身湖底;在巫山上顺风放火,其中的大树、药草和杂草一同烧毁了。所以说黄河里的鱼眼睛无法明亮,嫩苗无法繁育后代,这都是由它们的生长条件决定的。所以,世道好,奸愚之辈不能一个人搞坏掉;世道坏了,聪明人也不能单独治理好。身处肮脏的世道,而责备他主张实行不了,这就像把千里马四腿绞扎起来,却又要它日行千里;猿猴被关在笼子里,就会像只笨猪一样,其实不是它不灵巧,而是无法施展。虞舜还是农夫、陶匠时,还不能造福于乡邻,但当他接受了尧的禅让当上王以后,就能广施德泽于四海,他的仁爱并没有增多,只是所处的地位便于实施仁义而已。

【原文】 古之圣人,其和愉宁静,性也;其志得道行,命也。是故性遭命而后能行,命得性而后能明。乌号之弓,溪子之弩①,不能无弦而射;越艓蜀艇②,不能无水而浮。今缯缴机而在上③,罝罘张而在下④,虽欲翱翔,其势焉得?故《诗》云:“采采卷耳,不盈倾筐。嗟我怀人,置彼周行⑤。”以言慕远世也!

【注释】 ①溪子:特产弓弩的国名。一说指郑国工匠溪子阳,他善制弓弩。②艓:小船。艇:小船。③机:发射。④罝罘:同“网罟”。⑤“采采”四句:引《诗》见《诗经·周南·卷耳》,一般认为此诗表达妇女对丈夫的思念。

【译文】 古时候的圣人,和愉宁静,是他的天性;但他志向能否实现却取决于他的命运。因此,天性碰上了好的命运才能实施,好的时事必须有宁静天性的人才能表现出清明。好比乌号弓、溪子弩需要有弦才能发射;也如同越国的小船和蜀地的小艇,非得有水才能漂浮一样。如果带有丝绳的利箭在空中乱射,网罟在大地川泽四处乱撒,鸟兽尽管想飞翔奔走,但这种险恶环境又怎能允许呢?所以《诗》里唱道:“采着卷耳,采来采去也不满一箩筐。怀念远方的人,就把箩筐放在大路旁。”这是在思慕远古的好世道啊!

卷三 天文

【题解】

本篇总结了西汉以前中国天文、历法、星象、音律等科学成果,在具体的记载论述中,将天道紧密结合人事,构建了一整套天人感应的模式。篇首解题说:“文者象也,天先垂文象,日月五星及慧孛,皆谓以谴告一人,故曰天文。”说出了本篇的创作要旨及思想内涵。文中对日月星辰的成因和运转规律做了描述,并确定了一年二十四节气的名称,对气候的变化也进行了探讨。音乐方面,涉及了“五音”“十二律”以及“旋宫”理论,可以和《吕氏春秋·季夏纪·音律》篇所载相互比照印证,实为中国音乐史上重要材料。限于篇幅,这里侧重节选其叙述天体的内容。

【原文】 天有九野①,九千九百九十九隅②,去地五亿万里;五星③、八风④、二十八宿⑤、五官⑥、六府⑦、紫宫、太微、轩辕、咸池、四守、天阿⑧。

【注释】 ①野:分野,区域。②隅:角落。③五星:岁星(木星)、荧惑(火星)、镇星(土星)、太白(金星)、辰星(水星)。④八风:不同季节来自八方的风,指条风、明庶风、清

中华传世藏书 国学经典文库 淮南子 图文珍藏版

明风、景风、凉风、阊阖风、不周风、广莫风。详见下文。⑤二十八宿：古人为了比较日、月、五星的运动，将黄道附近的恒星分成二十八个星座，作为观测时的标志。宿：停留，即日、月等运行中停留的星区。⑥五官：指田、司马、理、司空、都。详见下文。⑦六府：指子午、丑未、寅申、卯酉、辰戌、巳亥。详见下文。⑧紫宫，太微等：星名。

【译文】　天分成九大区域，共有九千九百九十九个小区，离大地五亿万里；天上有五星、八风、二十八宿、五官、六府，以及紫宫、太微、轩辕、咸池、四守和天阿等星座。

【原文】　何谓九野？中央曰钧天①，其星角、亢、氐②。东方曰苍天③，其星房、心、尾④。东北曰变天⑤，其星箕、斗、牵牛⑥。北方曰玄天⑦，其星须女、虚、危、营室⑧。西北方曰幽天⑨，其星东壁、奎、娄⑩。西方曰颢天⑪，其星胃、昴、毕⑫。西南方曰朱天⑬，其星觜嶲、参、东井⑭。南方曰炎天⑮，其星舆鬼、柳、七星⑯。东南方曰阳天⑰，其星张、翼、轸⑱。

【注释】　①钧天：《吕氏春秋·有始览·有始》篇高诱注说："钧，平也。为四方主，故曰钧天。"钧，同"均"。本节注释多用《吕氏春秋·有始览·有始》篇高诱注，下面省称作"高注"。②角、亢、氐：属东方七宿，清代洪颐煊说："二十八宿皆随斗杓所指而言。角、亢、氐离斗杓最近，故古法以此三星为中央天。"③苍天：高注说："木色青，故曰苍天。"④房、心、尾：属东方七宿。⑤变天：高注说："东北，水之季，阳气所尽，阴气所始，方物向生，故曰变天。"⑥箕、斗、牵牛：属北方七宿。⑦玄天：高注说："北方，十一月，建子，水之仲也，水色黑，故曰玄天。"⑧须女、虚、危、营室：属北方七宿。⑨幽天：高注说："幽，暗也。西方季秋，将及于阴，故曰幽天。"⑩东壁：属北方七宿。奎、娄：属西方七宿。⑪颢天：高注说："颢，白也。西方金，色白，故曰颢天。"⑫胃、昴、毕：属西方七宿。⑬朱天：高注说："朱，阳也。西南为少阳，故曰朱天。"⑭觜嶲、参：属西方七宿。东井：属南方七宿。⑮炎天：高注说："南方，五月，建午，火之中也，火曰炎上，故曰炎天。"⑯舆鬼、柳、七星：属南方七宿。⑰阳天：高注说："东南，木之季也，将及太阳，纯乾用事，故曰阳天。"⑱张、翼、轸：属南方七宿。

【译文】　什么是九大天区？中央区域叫钧天，分布着角、亢、氐三宿。东方区域叫苍天，分布着房、心、尾三宿。东北区域叫变天，分布着箕、斗、牵牛三宿。北方区域叫玄天，分布着须女、虚、危、营室四宿。西北区域叫幽天，分布着东壁、奎、娄三宿。西方区域叫颢天，分布着胃、昴、毕三宿。西南区域叫朱天，分布着觜嶲、参、东井三宿。南方区域叫炎天，分布着舆鬼、柳、七星三宿。东南区域叫阳天，分布着张、翼、轸三宿。

【原文】　何谓五星？东方，木也①，其帝太皞②，其佐句芒③，执规而治春④。其神为岁星，其兽苍龙⑤，其音角⑥，其日甲乙⑦。南方，火也，其帝炎帝⑧，其佐朱明⑨，执衡而治夏⑩。其神为荧惑，其兽朱鸟，其音徵，其日丙丁。中央，土也，其帝黄帝⑪，其佐后土⑫，执绳而制四方。其神为镇星，其兽黄龙，其音宫，其日戊己。西方，金也。其帝少昊⑬，其佐蓐收⑭，执矩而治秋⑮。其神为太白，其兽白虎，其音商，其日庚辛。北方，水也，其帝颛顼⑯，其佐玄冥⑰，执权而治冬⑱。其神为辰星，其兽玄武⑲，其音羽，其日壬癸。

【注释】　①木：和下面的火、土、金、水为五行，五行分别配东、南、中、西、北五方。

②太皞：即伏羲氏。③句芒：木官之神。句：同"勾"。④规：圆规。⑤苍龙：本篇原注说："木色苍，龙顺其色也。"⑥其音角：此处将五音分别与五行、五方相配，宫配土和中央，商配金和西方，角配木和东方，徵配火和南方，羽配水和北方。⑦日甲乙：古人用天干纪日，此处又将甲乙、丙丁、戊己、庚辛、壬癸与五行、五方相配。⑧炎帝：本篇原注说："少典子也。以火德王天下，号曰神农。死托祀于南方之帝。"⑨朱明：即火官祝融。⑩衡：秤。⑪黄帝：本篇原注说："少典之子也。以土德王天下，号曰轩辕氏。死托祀于中央之帝。"⑫后土：土神。⑬少昊：本篇原注说："黄帝之子青阳也，以金德王，号曰金天氏。死托祀于西方之帝。"⑭蓐收：相传为少昊氏裔子，为金神。⑮矩：测量方正的工具。⑯颛顼：本篇原注说："黄帝之孙，以水德王天下，号曰高阳氏。死托祀于北方之帝。"⑰玄冥：相传为少昊氏之子，为水神。⑱权：秤锤。⑲玄武：蛇龟相交缠的怪兽，为北方七宿之象。

【译文】 什么是五星？东方是木星，它的天帝是太皞，辅佐大臣是句芒，句芒执规尺管理春季。东方的守护神是岁星，它的代表兽是苍龙，代表音是角，日干用甲乙。南方是火星，它的天帝是炎帝，辅佐大臣是朱明，朱明持衡器管理夏季。南方的守护神是荧惑，它的代表兽是朱鸟，代表音是徵，日干用丙丁。中央是土星，它的天帝是黄帝，辅佐大臣是后土，后土掌握绳墨治理四方。中央的守护神是镇星，它的代表兽是黄龙，代表音是宫，日干用戊己。西方是金星，它的天帝是少昊，辅佐大臣是蓐收，蓐收执掌矩尺管理秋季。西方的守护神是太白，它的代表兽是白虎，代表音是商，日干用庚辛。北方是水星，它的天帝是颛顼，辅佐大臣是玄冥，玄冥掌握权器治理冬季。北方的守护神是辰星。它的代表兽是玄武，代表音是羽，日干用壬癸。

【原文】 太阴在四仲①，则岁星行三宿②；太阴在四钩，则岁星行二宿③。二八十六，三四十二，故十二岁而行二十八宿④。日行十二分度之一，岁行三十度十六分度之七，十二岁而周⑤。荧惑常以十月入太微，受制而出行列宿⑥，司无道之国，为乱为贼，为疾为丧，为饥为兵；出入无常，辩变其色，时见时匿⑦。镇星以甲寅元始建斗⑧，岁镇行一宿⑨。当居而弗居，其国亡土；未当居而居之，其国益地，岁熟。日行二十八分度之一，岁行十三度百一十二分度之五，二十八岁而周⑩。太白元始以甲寅正月⑪，与营室晨出东方⑫，二百四十日而入，入百二十日而夕出西方，二百四十日而入，入三十五日而复出东方。出以辰戌，入以丑未⑬。当出而不出，未当入而入，天下偃兵；当入而不入，未当出而出⑭，天下兴兵。辰星正四时⑮，常以二月春分效奎、娄⑯，以五月夏至效东井、舆鬼，以八月秋分效角、亢，以十一月冬至效斗、牵牛。出以辰戌，入以丑未，出二旬而入。晨候之东方，夕候之西方。一时不出⑰，其时不和；四时不出，天下大饥。

【注释】 ①太阴：又称"岁阴""太岁"，是古代天文学假设的和岁星相应的星名。古人观测岁星（木星）约十二年运行一周天，将周天又分为十二分，称十二次，岁星每年行经一次，就用所在星次纪年。另外还有十二辰的划分，用十二地支来命名，计算的方向和岁星运行的方向相反，即自东向西。古人又设想有个天体，它的运行速度也是十二年一周天，但运行方向是循十二辰的方向。这个假想天体就被称为"太岁"。当岁星和太岁的初

297

始位置关系规定后,就可以从岁星位置推出太岁所在辰位,这样就能用十二辰的顺序来纪年。四仲:十二辰的卯、酉、子、午四辰所代表的天区,分别处在正东、正西、正北、正南,因为是居中部位,所以叫"四仲"。仲,中。②岁星行三宿:指太阴在子、午、卯、酉四辰时,岁星在每辰(次)行经二十八宿中的三星宿。具体来说,太岁在卯,岁星经须女、虚、危三宿;在午,岁星经胃、昴、毕;在酉,岁星经柳、七星、张;在子,岁星经氐、房、心。③"太阴"两句:四钩即四角,和四仲相对。四仲以外的八辰按其部位分成四区:东北角丑寅,东南角辰巳,西南角未申,西北角戌亥。具体来讲,太岁在寅,岁星经斗、牵牛;在辰,岁星经营室、东壁;在巳,岁星经奎、娄;在未,岁星经觜巂、参。④"二八"三句:2(宿)乘以四钩所含8(辰)等于16宿,计用8年。3(宿)乘以四仲所含4(辰)等于12宿,计用4年。这样共用12年(实际上是11.86年)走完二十八宿,即一周天。⑤"日行"三句:一周天定为 $365\frac{1}{4}$ 度,岁星每天运行 $\frac{1}{12}$ 度,每年行 $\frac{1}{12}$ 乘以 $365\frac{1}{4}$ 等于 $30\frac{7}{16}$ 度,十二年正好行 $365\frac{1}{4}$ 度。所以"十二岁而周"。周,走完一周。⑥"荧惑"二句:古人以紫微、太微、天市"三垣"作为它们所在天区的主体,太微是三垣之一,又是天帝的南宫,荧惑火神经太微垣时受命出巡。受制:受命。行:巡查。列宿:众星。⑦"出入"三句:这是对火星运行特点的描述。辩:通"辨",改。⑧镇星:土星二十八年一周天,每年经过一宿,好像逐年镇巡二十八宿,故称。甲寅元始:以甲寅年作为纪年的开始。建斗:镇星运行始于斗宿。⑨行:王念孙说衍文。⑩"日行"四句:指土星每天、每年运行的距离和走完一周天的时间。与上面岁星运行算法基本相同。⑪太自元始以甲寅正月:原作"太白元始以正月建寅",据王引之说改。甲寅指甲寅年。太白指金星,因晨出东方,又称"启明",因夕出西方,又称"长庚"。⑫营室:原作"荧惑",据王引之说改。⑬出以辰戌,入以丑未:辰、戌、丑、未是十二辰中的四辰,代表四个方位。入:隐没在阳光之中,指行星在肉眼视线中消失。⑭未当出而出:原作"当出而不出",据王念孙说改。⑮辰星:水星。正:规定。四时:四季。⑯效:现。⑰一时:一季。

【译文】 太阴在"四仲"时,岁星行经每一"仲"的三宿;太阴在"四钩"时,岁星行经每一辰的二宿。二八一十六,三四一十二,所以十二年走完二十八宿。岁星每天运行距离是 $\frac{1}{12}$ 度,一年运行 $30\frac{7}{16}$ 度,十二年环绕一周天 $365\frac{1}{4}$ 度。荧惑星通常在十月进入太微垣,受天帝命令出巡众星,监察无道的国家,使之出现动乱、灾害、疾疫、丧亡、饥荒和战争;荧惑星的出入没有常规,不断改变亮度颜色,时而出现时而隐匿。镇星在甲寅年正月从斗宿位置开始运行,每年巡行一宿。如果它应该处在某一星宿时而没有在那,这一星宿所分野的国家就要丧失疆土;如果不该在某一星宿时而在那里,这一星宿所分野的国家就会扩大疆土,粮食丰收。镇星一天运行 $\frac{1}{28}$ 度,一年运行 $13\frac{5}{112}$ 度,二十八年环绕一周天。太白金星在甲寅年正月和营室宿一起在早晨出现在东方,经过240天后消失,消失120天后又在傍晚出现在西方,240天后它又消失,消失35天后再次出现在东方。它出

现时在辰位或戌位,消失时是在丑位或未位。如果它应该出现却没有出现、不该消失却消失了,天下兵戈止息;如果当它应该消失却没消失、不该出现却出现了,天下战事纷飞。辰星的运行能判定一年的四季。它通常在二月春分时出现在奎、娄二宿,五月夏至时出现在东井、舆鬼二宿,八月秋分时出现在角、亢二宿,十一月冬至时出现在斗、牵牛二宿。它出现时是在辰、戌二辰的方位,消失时在丑、未方位,出现20天后便消失了。清晨候望在东方,傍晚候望在西方。哪一季节它没按时出现,这一季就不调和;如果四季它都没有出现,天下就要闹饥荒了。

【原文】 何谓八风①?距日冬至四十五日,条风至②;条风至四十五日,明庶风至③;明庶风至四十五日,清明风至④;清明风至四十五日,景风至⑤;景风至四十五日,凉风至⑥;凉风至四十五日,阊阖风至⑦;阊阖风至四十五日,不周风至⑧;不周风至四十五日,广漠风至⑨。条风至则出轻系⑩,去稽留⑪;明庶风至则正封疆⑫,修田畴⑬;清明风至则出币帛⑭,使诸侯;景风至则爵有德⑮,赏有功;凉风至则报地德⑯,祀四郊⑰;阊阖风至则收县垂⑱,琴瑟不张;不周风至则修宫室,缮边城;广漠风至则闭关梁⑲,决刑罚。

【注释】 ①八风:不同季节来自八方的风。②条风:初春时来自东北方化生万物的春风。③明庶风:春分时节使万物萌芽的东风。④清明风:立夏时节温暖的东南风。⑤景风:夏至时来自南方的炎热大风。⑥凉风:立秋时来自西南方的清凉风。⑦阊阖风:秋分时的西风。⑧不周风:立冬时来自西北方的凛冽寒风。⑨广莫风:冬至时来自北方大漠的寒风。⑩轻系:轻罪犯人。⑪稽留:停留,引申为拘留、关押。⑫正:修整。封疆:田界。⑬田畴:田地。⑭币帛:古代的馈赠礼品。⑮德:原作"位",据俞樾说改。⑯地德:土地生长庄稼的恩德。⑰四郊:四方神灵。⑱县垂:指悬挂于架上的钟磬乐器。县,通"悬"。⑲关梁:关卡和桥梁。

【译文】 什么是八风?冬至以后四十五天立春时来到的是条风;条风到后四十五天春分时明庶风到;明庶风到后四十五天立夏时清明风到;清明风到后四十五天夏至时景风到;景风到后四十五天立秋时凉风到;凉风到后四十五天秋分时阊阖风到;阊阖风到后四十五天立冬时不周风到;不周风到后四十五天冬至时广莫风到。条风来临,就要释放关押的轻罪囚犯;明庶风来临,就要修整疆域田地;清明风来临,就要派使者拿币帛去慰问诸侯;景风来临,就要封赏有功德的人;凉风来临,就要报答大地的恩德,并祭祀四方神灵;阊阖风来临,就要收起悬挂的钟磬乐器,停止弹奏琴瑟;不周风来临,就要修缮宫室和边疆城池;广莫风来临,就要封闭关卡和桥梁,判决案件和执行刑罚。

【原文】 何谓五官①?东方为田②,南方为司马③,西方为理④,北方为司空⑤,中央为都⑥。

【注释】 ①五官:五星分别担任的官职。②田:农官,又叫司农。③司马:主管军事的官。④理:掌司法、刑法之官。⑤司空:主管土木营造的官。⑥都:总、统管四方之官。

【译文】 什么是五官?东方的木星是主持农事的田官,南方的火星是主持军事的司马,西方的金星是主持刑法的理官,北方的水星是主持土木建筑的司空,中央的土星是众

官的首长。

【原文】 何谓六府①？子午、丑未、寅申、卯酉、辰戌、巳亥是也。

【注释】 ①六府：六合，与一年十二辰互相配合的六组时令。

【译文】 什么是六府？是指十二辰中两两相配的子午、丑未、寅申、卯酉、辰戌和巳亥。

【原文】 太微者，太一之庭也①。紫宫者②，太一之居也。轩辕者③，帝妃之舍也。咸池者④，水衡之圉也⑤。天河者⑥，群神之阙也。四守者⑦，所以守司赏罚。太微者。主朱雀。紫宫执斗而左旋⑧，日行一度，以周于天。日冬至峻狼之山⑨，日移一度，凡行百八十二度八分度之五，而夏至牛首之山⑩，反覆三百六十五度四分度之一而成一岁⑪。

【注释】 ①太一：天帝。②紫宫：紫微垣，三垣中的中垣。③轩辕：星官名，属七星宿，有星17颗。④咸池：星官名，属毕宿，有星三颗。⑤水衡：水神。原作"水鱼"，据刘文典说改。⑥天河：日月五星所出的天门阙。原作"天阿"，据王引之说改。⑦四守：星名，原误作"四宫"，⑧紫宫：居紫微官的天神。斗：指北斗七星，由天枢、天璇、天机、天权、玉衡、开阳、摇光七颗亮星在北天排成斗形。左旋：从左向右旋。⑨日冬至：冬至之日。峻狼之山：原注说："南极之山"指冬至时北斗所在天区和地球上对应的方位。⑩牛首之山：原注说："北极之山。"⑪反覆三百六十五度四分度之一而成一岁：从上一年冬至返回到下一年冬至。北斗日行一度，半年运行 $182\frac{5}{8}$ 度，是上一年冬至到下一年夏至的时间，再从夏至到当年冬至，又是半年，此时北斗已运行一周天走完 $365\frac{1}{4}$ 度，用时一年。

【译文】 太微垣是天帝的居所。紫微垣是天帝的居室。轩辕是嫔妃的宫室。咸池是水神的管理区域。天河是日月五星众神出入的门阙。四守是主管赏罚的部门。太微主管朱雀。紫微垣的天神持北斗从左向右旋转，每天运行一度，环绕周天。冬至这天运行到峻狼山方位，每天运行一度，运行了 $182\frac{5}{8}$ 度时，正值夏至日走到牛首山方位，再返回到冬至日，走完 $365\frac{1}{4}$ 度，时间定为一年。

【原文】 天一元始①，正月建寅②，日月俱入营室五度③。天一以始建七十六岁④，日月复以正月入营室五度无余分⑤，名曰一纪⑥。凡二十纪，一千五百二十岁大终，日月星辰复始甲寅元⑦。日行一度，而岁有奇四分度之一⑧，故四岁而积千四百六十日，而复合故舍⑨；八十岁而复故日⑩。

【注释】 ①天一元始：指太岁纪年的元年。天一，即太阴、太岁。元始，开始。②正月建寅：以斗柄指向寅辰为元月。建，星宿指向某处或者处在某辰位叫"建"，常用于斗柄所指。③日月俱入营室五度：指太岁纪年的元年元月，日、月商时运行到营室宿内五度处，这时会出现出"日月如连璧、五星若编珠"的天象。④以：从。始建：开始建元。⑤以：在。馀分：日月运行时间的余数。⑤纪：这里即"部"。一部76年。本书说法暗合东汉章

帝时所制四分历,以 19 年为一"章",四章 76 年为一个循环,叫一"部",也叫"纪"。在每一章中,日月入营室时间的余数累积是 $5\frac{1}{4}$ 乘以 19 等于 $99\frac{3}{4}$(天)。四章 76 年余数累积是 $99\frac{3}{4}$ 乘以 4 等于 399(天),没有了分数部分的零头。⑦"凡二"三句:大终就是一个大的周期,王引之说"大终"下脱漏"三终"二字,极确。复始甲寅元:一终斗柄指"甲戌",二终指"甲午",三终再指"甲寅",又以甲寅年作为纪年的元年。三终合计 4560 年。⑧奇:零头数。四分度之一:即 $365\frac{1}{4}$ 中的 $\frac{1}{4}$。⑨复合故舍:指回复到起始的辰位。假如斗柄从子位开始运行,因为每年有 $\frac{1}{4}$ 零头,第二年、第三年不能回到子位,四年后才能回归子位开始。每年运行 $365\frac{1}{4}$,四年约 1461(天),无小数零头,所以叫"复合"。故舍:原来的宿位。⑩八十岁而复故日:每年 $365\frac{1}{4}$ 天,其中含有 6 整个花甲子,因为有 $5\frac{1}{4}$ 的余数,要等,八十年才能得到花甲的整数,即 $365\frac{1}{4}$ 乘以 80 除以 60 等于 487(甲子),即八十年才能回复到第一个始用的纪日干支。

【译文】 太岁纪年的元年,斗柄指寅的正月初一晨旦,即元年开始时,日月一起出现在营室宿五度的方位。从太岁纪年的元年算起,经过 76 年,日月又在正月初一晨旦时一同进入营室宿五度方位,而运行的时间没有余数,这段时间叫"一纪"。20 纪 1520 年是"一终",经历三终 4560 年,这时日月星辰又回复到开始的状态,以甲寅年作为纪年的元年。北斗日行一度,一年有零头 $\frac{1}{4}$,所以四年积累到 1461 天,北斗重又回复到原来的起点宿位;经过 80 年,同一天的记日干支重复相同。

【原文】 子午、卯酉为二绳①,丑寅、辰巳、未申、戌亥为四钩②。东北为报德之维也③,西南为背阴之维④,东南为常羊之维⑤,西北为号通之维⑥。日冬至则北斗中绳⑦,阴气极,阳气萌,故曰冬至为德⑧。日夏至则斗南中绳,阳气极,阴气萌,故曰夏至为刑⑨。阴气极,则北至北极,下至黄泉,故不可以凿池穿井⑩。万物闭藏,蛰虫首穴,故曰德在室⑪。阳气极,则南至南极,上至朱天,故不可以夷邱上屋。万物蕃息,五谷兆长,故曰德在野。日冬至则水从之,日夏至则火从之⑫,故五月火正而水漏,十一月水正而火胜⑬。阳气为火,阴气为水,水胜故夏至湿,火胜故冬至燥。燥故炭轻,湿故炭重。日冬至,井水盛,盆水溢;羊脱毛,麋角解,鹊始巢;八尺之修⑭,日中而景丈三尺⑮。日夏至而流黄泽⑯,石精出⑰;蝉始鸣,半夏生;蚊虻不食驹犊,鸷鸟不搏黄口。八尺之表,景修尺五寸⑱。景修则阴气胜⑲,景短则阳气胜。阴所胜则为水,阳气胜则为旱。

【注释】 ①子午、卯酉:即"四仲"。子辰在正北,午辰在正南;卯辰在正东,酉辰在

301

正西。子、午相连为经，卯、酉相连为纬。斗柄指子是冬至，指午是夏至，指卯是春分，指酉是秋分。二绳：指经纬二直线。②四钩：四钩即四角，和四仲相对而言。四仲以外的八辰按其部位分成四区：东北角丑寅，东南角辰巳，西南角未申，西北角戌亥。③报：恢复。原注说："阴气极于北方。阳气发于东方，自阴复阳，故曰报德之维。四角为维也。"④背阴之维：原注说："西南已过，阳将复阴。"⑤常羊之维：原注说："东南纯阳用事，不盛不衰。"常羊，即"徜徉"。⑥号通之维：原误作"蹄通之维"，钱塘说："西北，乾也，天门在焉，呼号则通，故曰号通。"⑦中绳：指向子午经线北端子辰部位。下"斗南中绳"指北斗斗柄指向南方的午辰部位。⑧冬至为德：冬至是阳气已经开始萌发，化育万物，故曰"为德"。⑨夏至为刑：夏至时阴气萌发，使万物凋残，故曰"为刑"。⑩凿池：原作"凿地"，依王念孙说改。⑪德在室：冬至后万物闭藏，这时阳气转入室内。⑫日冬至则水从之，日夏至则火从之：俞樾认为"水""火"二字当互易，冬至阴气至极，阳气萌动，故云"火从之"；夏至阳气至极，阴气萌发，故云"水从之"。从，随。⑬火胜：指火气上升。原误作"阴胜"。⑭八尺之修：指八尺长测量日影的圭表。修，长。⑮景：同"影"。⑯流黄泽：硫磺遇阴湿之气从地下渗出。⑰石精出：指玉石冒出水气。⑱八尺之表，景修尺五寸：原作"八尺之景修径尺五寸"，依刘文典说改。⑲景修则阴气胜：冬至时日南移，对北半球来说，离地远，正午测日影长一丈三尺，这时阴气居主宰地位，昼最短夜最长，故云。下面说"景短则阳气胜"，是因为夏至时日北移，离地近，昼最长夜最短。

【译文】 子辰和午辰，卯辰和酉辰，分别连成南北向、东西向的两条互相垂直的线。丑辰和寅辰、辰辰和巳辰、未辰和申辰、戌辰和亥辰，分别组成东北、东南、西南、西北四方，称"四钩"，每一方的中心叫"维"。东北是从阴复阳的方向，所以叫"报德之维"；西南由阳复阴，所以叫"背德之维"；东南阳气不盛不衰，徘徊其间，所以叫"徜徉之维"；西北纯阴，是天门所在，需要号呼才能大通，所以叫"号通之维"。冬至时，北斗柄指向子午经线北端子辰部位，这时阴气到了极限，阳气开始萌动，所以说冬至是给万物带来阳德的节气。夏至时，斗柄指向子午经线南端午辰部位，这时阳气达到极限，阴气开始萌动，所以说夏至是给万物带来刑杀的节气。阴气达到极限时，北至北极、下至黄泉都充满着阴气，这时不宜凿池打井。这时万物都隐藏蛰伏，虫类进入洞穴冬眠，阳德转入室内。阳气达到极限时，南至南极、上至朱天都充满着阳气，这时不宜平整山丘和上房顶做事。这时万物生殖繁衍，五谷开始生长，阳德转到野外。冬至时，阴气虽然旺盛，阳火也随之来临；夏至时，阳火虽然旺盛，但水汽也随之来临。所以五月火气旺盛而水气渗出，十一月水气旺盛而火气也上升。阳气为火，阴气为水。水汽上升，所以夏至时空气潮湿；火气上升，所以冬至时空气干燥。空气干燥则木炭吸湿少而显得轻，潮湿则木炭吸湿多而显得重。冬至时，井水上升，盆里的水也膨胀；羊脱毛，麋换角，鸟鹊开始筑巢；用八尺长的圭表测量，日中天时它影长一丈三尺。夏至时，硫磺渗出液体，玉石也冒水气；蝉开始鸣叫，半夏长成；蚊虫、牛虻不咬马驹牛犊，猛禽不抓雏鸟；用八尺长的圭表测量，正午的日影只成一尺五寸。日影长，说明太阳离地远，阴气强盛；日影短，则说明太阳离地近，阳气强大。阴气

过强就会多雨水,阳气过强则多干旱。

卷四　地形

【题解】　本篇是关于古代地理的文献,涉及山川薮泽、矿物特产、地形土质和自然气候以及海外民俗等多方面内容。虽然其中大部分是抄录自《尚书·禹贡》篇与《山海经》,但也作了一些改造和润饰,显示出汉人的宇宙观。本篇不取其转述内容,而选择其中有关风气水土与人类及其他生物进化的内容。本篇将地理与人文相联系,用水土、气候等因素来联系人的气质、种类,是承接《天文》篇"天人感应"的思路而进一步拓展到地人关系的。

【原文】　凡地形,东西为纬,南北为经。山为积德①,川为积刑②;高者为生,下者为死③。丘陵为牡④,溪谷为牝⑤。水圆折者有珠,方折者有玉;清水有黄金,龙渊有玉英。

【注释】　①山为积德:原注说:"山仁,万物生焉,故为积德。"②川为积刑:原注说:"川水智,智制断,故为积刑也。"③高者为生,下者为死:原注说:"高者阳,主生,下者阴,主死。"乃以五行说为据。④牡:雄的。⑤牝:雌的。

【译文】　凡地形位置,东西方向的叫纬,南北方向的叫经。山高大沉稳,象征着仁爱宽厚的美德,水流动不居,象征着奸巧伪诈;高而向阳处促使万物生长,低而阴暗处加速生物的衰亡。丘陵山峰因雄伟而透出阳刚之气,溪谷低洼因为幽深而显出阴柔之美。水波回转的区域孕育珍珠,水势方正曲折的区域产有玉石;清澈的水中含有黄金,混浊的龙潭中有玉中的精品。

【原文】　土地各以其类生人①。是故山气多男,泽气多女;障气多暗②,风气多聋;林气多癃③,木气多伛④,岸下气多尰⑤;石气多力,险阻气多瘿⑥,暑气多夭,寒气多寿;谷气多痹⑦,丘气多尪⑧;衍气多仁⑨,陵气多贪;轻土多利⑩,重土多迟⑪;清水音小,浊水音大;湍水人轻,迟水人重;中土多圣人。皆象其气,皆应其类。

【注释】　①人:原脱,据王念孙说补。②障气:即瘴气,南方热带森林中湿热之气,能致人生病。暗:哑。③癃:小便不通的病症,也指腿瘸。④伛:驼背。⑤尰:指脚肿。原作"肿",依王念孙说改。⑥瘿:即大脖子病。⑦痹:风湿麻痹。⑧尪:指肢体弯曲的病症。原作"狂",依王念孙说改。⑨衍:低洼。⑩轻土:松软土质。利:敏捷。⑪重土:板结土质。

【译文】　土地各自因为它们不同的品类而影响着人。因此,山中云气多而使人生男孩,沼泽雾气多而使人生女婴;湿热的瘴气多会使人喑哑,恶风邪气多则使人耳聋;森林之气会使人尿闭腿瘸,林木之气会使人驼背,河岸之气会使人脚肿;居岩石地区的人力气大,险阻地区的人易患粗脖子病;暑热之气使人短命,寒冷之气助人长生;山谷之气导致肢体麻痹,丘陵之气多使人骨骼弯曲;平衍之气教人仁爱,山陵之气诱人贪婪。松软沃土之地的人行动敏捷,板结贫瘠土地上的人行动迟钝;水流清澈之处的人声音细柔,水流浑

浊之处的人声音粗重;生活在水流湍急处的人身体轻飘,生活在水流迟缓处的人身体笨重;地处九州中心的人群中多出圣人。总之,人的身体心理特征都和生活地形、气候特征相类似呼应。

【原文】 故南方有不死之草,北方有不释之冰,东方有君子之国①,西方有形残之尸②。寝居直梦③,人死为鬼。磁石上飞④,云母来水⑤。土龙致雨⑥,燕雁代飞⑦。蛤、珧、珠、龟⑧,与月盛衰。

【注释】 ①东方有君子之国:原注说:"东方木德仁,故有君子之国。"②形残之尸:原注说:"形残之尸于是以两乳为目,腹脐为口,操干戚以舞,天神断其手,后天帝断其首也。"形残即"刑天",古音相通。③寝居直梦:做梦得到验证。直,同"值"。④磁石上飞:磁石在上,很多金属物被吸附。⑤云母:一种矿石。⑥土龙致雨:原注说:"云从龙,故致雨也。"⑦代:交替。⑧蛤、珧、珠、龟:原作"蛤蟹珠龟",据马宗霍说改。古人认为此四者皆属阴性,而月又称作太阴之精,可以感应。蛤珧,皆蜃蚌之类。

【译文】 所以南方有常绿不衰的草,北方有长年不化的冰,东方有长寿的君子国,西方有天残的尸体。睡觉时做梦会应验,人死后灵魂化为鬼。磁石能吸引金属物,云母可以引来露水。土龙可以使旱天降雨,燕子和大雁按节令南来北去。蚌蛤、螃蟹、珍珠、乌龟可以随月亮盈亏而盛衰变化。

【原文】 是故坚土人刚,弱土人脆①;垆土人大②,沙土人细;息土人美③,耗土人丑④。食水者善游能寒⑤,食土者无心而慧⑥,食木者多力而㸰⑦,食草者善走而愚⑧,食叶者有丝而蛾⑨,食肉者勇敢而焊⑩,食气者神明而寿⑪,食谷者知慧而夭⑫,不食者不死而神⑬。

【注释】 ①弱土:松软土质。脆:同"脆"。原作"肥",依俞樾说改。②垆土:黑刚土。③息土:沃土。④耗土:贫瘠土壤。耗,消耗。⑤能:通"耐"。⑥食土者:蚯蚓之类。⑦㸰:向宗鲁引《诗经·荡》篇毛传:"不醉而怒曰㸰。"即易怒。⑧食草者:麋鹿之类。⑨食肉者:蚕类。蛾:化成飞蛾。⑩食肉者:虎豹鹰雕之类。焊:通"悍"。⑪食气者:传说中的修道之士或者神龟。⑫食谷者:人类。知:通"智"。⑬不食者不死而神:神仙不食人间烟火而没有生死期限。

【译文】 在坚硬土地上生活的人性格刚强,在松软土地上生活的人性格脆弱;黑刚土上生活的人身材高大,沙土上生活的人体形矮小;肥沃土地上的人长得漂亮,贫瘠土地上的人生得丑陋。食水的鱼类善于游水而且耐寒,吃泥土的蚯蚓类没有内脏却聪明,啃木的熊罴类力气大、易发怒,食草的鹿类善于奔跑但愚蠢,吃桑叶的蚕类抽丝作茧最后化为飞蛾,食肉的虎豹鹰雕勇敢凶悍,食气的修道之人清明长寿,食用五谷的人类聪明但短命,什么都不吃的已经修炼成神了。

【原文】 凡人民禽兽万物贞虫①,各有以生。或奇或偶,或飞或走,莫知其情,唯知通道者能原本之。

【注释】 ①贞虫:昆虫。

【译文】　所以，凡人类、飞禽、走兽、虫豸，都各有适应环境的生存本领。或单或双、或飞或走，没有人能够知晓其中的奥秘，只有通达大道的人才能探寻到其中的本原。

【原文】　东方川谷之所注，日月之所出。其人兑形小头①，隆鼻大口，鸢肩企行②；窍通于目，筋气属焉③；苍色主肝④，长大早知而不寿⑤。其地宜麦，多虎豹。南方，阳气之所积，暑湿居之。其人修形兑上，大口决眦⑥，窍通于耳，血脉属焉；赤色主心，早壮而夭。其地宜稻，多兕象⑦。西方高土，川谷出焉，日月入焉。其人面末偻⑧，修颈印行⑨，窍通于鼻，皮革属焉；白色主肺，勇敢不仁。其地宜黍，多旄犀⑩。北方幽晦不明，天之所闭也，寒冰之所积也⑪，蛰虫之所伏也。其人翕形短颈⑫，大肩下尻⑬，窍通于阴，骨干属焉；黑色主肾，其人蠢愚禽兽而寿⑭。其地宜菽⑮，多犬马。中央四达，风气之所通，雨露之所会也。其人大面短颐⑯，美须恶肥⑰；窍通于口，肤肉属焉，黄色主胃；慧圣而好治⑱。其地宜禾，多牛羊及六畜。

【注释】　①兑：通"锐"，尖。②鸢：老鹰。企：跂起脚跟。③属：归属，连属。焉：指目。④苍色主肝：古人以五行配五方、五色、五脏，所说各有不同。⑤知：同"智"。⑥眦：眼眶。⑦兕：雌犀牛。⑧面：俞樾认为是衍文，向宗鲁认为"面"上脱一"毛"字。末偻：脊柱弯曲。⑨印：即"昂"，昂着头。⑩旄：旄牛。⑪冰：原作"水"，依王念孙说改。⑫翕：合，缩。⑬尻：臀部。⑭其人禽兽：王念孙说此四字是衍文。⑮菽：豆类。⑯颐：腮帮子。⑰恶：很。⑱好：善于。

【译文】　东方是河流溪水汇聚的地方，也是日月升起的方位。那里的人体形尖细，小头，高鼻子，大嘴，鹰肩，走路还跂着脚；身体各个孔窍和眼睛相通，筋络气血也连通着眼睛；东方属青色，主管肝脏。那里的人身材高大、智力早熟但活不长。那里的土质适宜种麦，但虎豹很多。南方是阳气聚集和湿热停留的地方。那里的人体形修长，上部尖细，嘴大，眼眶深陷，身体的各个孔窍和耳道相通，血脉也连通耳道；南方属赤色，主管心脏，人们早熟但也短命。那里的土质适宜种稻，但犀牛、大象很多。西方是高山高原，是河流发源处，也是日月落下的地方。那里的人脊背弯曲，脖子细长，走路昂着头，身体的孔窍和鼻腔相通，身上的皮肤也连通鼻腔；西方属白色，主管肺，那里的人勇敢但不仁慈。那里的土质适宜种黍子，旄牛犀牛很多。北方幽暗不明，是天地闭合之处，寒冰积聚，也是动物蛰藏的地方。那里的人体形萎缩，脖子短，肩膀宽而臀部下垂，身体的各个孔窍和阴部相通，骨骼的发育也与阴部功能相关；北方属黑色，主管肾脏，那里的人愚笨但长寿。那里的土质适宜种豆类，狗马很多。中部地区四通八达，是风云流通、雨露汇聚的好地方。那里的人脸大，腮帮短，胡须美丽但过于肥胖；身体的各个孔窍和口腔相通，肌肉和口的作用也相关联；中央属黄色，主管胃，那里的人聪明有才善于治理国事。那里适宜种五谷，并有很多牛羊及家畜。

【原文】　窾生海人①，海人生若菌，若菌生圣人，圣人生庶人②，凡窾者生于庶人③。

【注释】　①窾：原注说："窾，人之先人。"俞樾认为此及下"窾"字皆应作"肢"，且下有脱文。但何宁引《干禄字书》谓乃"突"之俗体字，认为两"窾"字不应妄改。今仍从俞

305

说。②庶:普通、众多。③生:演化。

【译文】 肢某生出海人,海人生出若菌,若菌生出圣人,圣人生出庶人;凡是人类都是经过以上几个阶段发展过来的。

【原文】 羽嘉生飞龙①,飞龙生风皇,凤皇生鸾鸟,鸾鸟生庶鸟:凡羽者生于庶鸟。

【注释】 ①羽嘉、飞龙:皆指早期鸟类。

【译文】 羽嘉生出飞龙,飞龙生出凤凰,凤凰生出鸾鸟,鸾鸟生出庶鸟:凡是鸟类都是经过以上几个阶段发展过来的。

【原文】 毛犊生应龙①,应龙生建马,建马生麒麟,麒麟生庶兽:凡毛者生于庶兽。

【注释】 ①毛犊:兽类祖先。应龙:神话中有翼的龙。

【译文】 毛犊生出应龙,应龙生出建马,建马生出麒麟,麒麟生出庶兽:凡是兽类都是经过以上几个阶段发展过来的。

【原文】 介鳞生蛟龙①,蛟龙生鲲鲠②,鲲鲠生建邪,建邪生庶鱼:凡鳞者生于庶鱼。

【注释】 ①介鳞:鱼类动物的最初形态。蛟龙:指有鳞甲的龙。②鲲鲠:与下文的"建邪"都是假想中的早期鱼类。

【译文】 介鳞生出蛟龙,蛟龙生出鲲鲠,鲲鲠生出建邪,建邪生出庶鱼:凡是鱼类都是经过以上几个阶段发展过来的。

【原文】 介潭生先龙①,先龙生玄鼋②,玄鼋生灵龟,灵龟生庶龟:凡介者生于庶龟。

【注释】 ①介潭、先龙:皆假想中的龟类动物的最初形态。②鼋:神鳖。

【译文】 介潭生出先龙,先龙生出玄鼋,玄鼋生出灵龟,灵龟生出庶龟:凡是龟类都是经过以上几个阶段发展过来的。

【原文】 暖湿生容①,暖湿生于毛风②,毛风生于湿玄③,湿玄生羽风④,羽风生暖介⑤,暖介生鳞薄⑥,鳞薄生介潭⑦。五类杂种兴乎外⑧,肖形而蕃。

【注释】 ①暖湿:温湿之气。容:一说为"肢"字之误,但何宁认为"文理错乱,无可据正"。②毛风:哺乳动物的生命之源。③湿玄:一种湿润水气,作者认为这是生命之源。④羽风:鸟类的生命之源。⑤暖介:龟鱼类动物的生命起源。⑥鳞薄:鳞类动物的生命起源。⑦介潭:大概是一种龟类。原作"暖介",据陈广忠说改。⑧杂种:复杂的物种。

【译文】 暖湿之气产生容某,而暖湿之气又从毛风中产生,毛风又是从湿玄中产生,湿玄又生出羽风,羽风生出暖介,暖介生出鳞薄,鳞薄生出介潭。以上五类动物及其繁多的小物种,在一定的外部条件之下,从各自的生命之源产生,通过遗传保留各自的生态特征而繁衍发展。

【原文】 日冯生阳阏①,阳阏生乔如,乔如生干木,干木生庶木:凡根拔木者生于庶木②。

【注释】 ①日冯、阳阏:和下面的乔如、干木都是各种木类植物的名称,代表进化中各不同阶段。②根拔:何宁疑当作"根枝",木类。

【译文】 日冯生出阳阏,阳阏生出乔如,乔如生出干木,干木生出庶木:凡是木类都是经过以上几个阶段发展过来的。

【原文】　根拔生程若①,程若生玄玉,玄玉生醴泉,醴泉生皇辜,皇辜生庶草:凡根芨草者生于庶草②。

【注释】　①程若:与下文的玄玉、醴泉、皇辜都是代表草类植物进化中的各个阶段、名称。②根芨:草类。芨,草根。草,何宁疑是衍文。

【译文】　招摇生出程若,程若生出玄玉,玄玉生出醴泉,醴泉生出皇辜,皇辜生出庶草:凡是有根的草类都是经过以上几个阶段发展过来的。

【原文】　海间生屈龙①,屈龙生容华②,容华生蕙③,蕙生萍藻④,萍藻生浮草:凡浮生不根芨者生于萍藻。

【注释】　①海间:原注说:"浮草之先也。"屈龙:浮草的一种。②容华:芙蓉。③蕙:一种无根的水草。④萍藻:王念孙认为此及以下两"萍"字皆是后人所加,当删。

【译文】　海间生出屈龙,屈龙生出容华,容华生出蕙,蕙生出藻,藻生出浮草:凡是浮生水面无根的植物都是经过以上几个阶段发展过来的。

【原文】　正土之气也御乎埃天①,埃天五百岁生砄②,砄五百岁生黄埃,黄埃五百岁生黄澒③,黄澒五百岁生黄金④,黄金千岁生黄龙,黄龙入藏生黄泉⑤。黄泉之埃上为黄云⑥,阴阳相薄为雷⑦,激扬为电,上者就下⑧,流水就通而合于黄海⑨。

【注释】　①正土:中央大地。御:到。埃天:即黄天,中央色配黄。②砄:石。原作"缺",《太平御览》所引作"玦",似皆为"砄"字之讹。下文的青曾、赤丹、白礜、玄砥都是矿物名。③砄五百岁生黄埃,黄埃五百岁生黄澒:王念孙说"生黄埃黄埃五百岁"八字是衍文。澒:水银,字又通"汞"。下文青、赤、白、玄四澒都是不同颜色的水银。④黄金:金子。下文"赤金"指黄铅,"青金"指铅,"白金"指银,"玄金"指铁。⑤黄泉:黄龙的体液所成。⑥埃:水中雾气。⑦薄:靠近,接触。⑧上者就下:指冷热气流相遇形成雨水。⑨黄海:指中央之海。以下的青、赤、白、玄分别指东海、南海、西海、北海。

【译文】　中央正土之气上升到天空形成黄天的云气,这种云气经五百年化育生出砄石,砄石经五百年化成黄汞,黄汞五百年变成黄金,黄金经一千年化成黄龙,黄龙潜藏地下形成黄泉,黄泉的雾气蒸发上升成为黄云,阴气和阳气接触相迫形成雷鸣,激烈撞击形成闪电,高处云气遇到低处云气、冷热气流相汇形成雨水,降落大地集中于大小河道,再汇集流入中央的黄海。

【原文】　偏土之气御乎青天①,青天八百岁生青曾,青曾八百岁生青澒,青澒八百岁生青金,青金千岁生青龙②,青龙入藏生青泉,青泉之埃上为青云,阴阳相薄为雷,激扬为电,上者就下,流水就通而合于青海。

【注释】　①青天:原作"清天",据王念孙说改,下句同。②千岁:原作"八百岁",据王念孙说改。

【译文】　东方偏土之气上升到天空形成青天的云气,这云气经八百年化成青曾石,青曾石经八百年化成青汞,青汞经八百年化成铅,铅经过一千年化成青龙,青龙潜藏地下

形成青泉,青泉的雾气蒸发上升成为青云,阴阳二气相接触形成雷鸣,激烈撞击形成闪电,高处云气遇到低处云气、冷热气流相汇形成雨水,降落大地集中于大小河道,再汇集流入东方的青海。

【原文】 牡土之气御于赤天^①,赤天七百岁生赤丹,赤丹七百岁生赤澒,赤澒七百岁生赤金,赤金千岁生赤龙,赤龙入藏生赤泉,赤泉之埃上为赤云。阴阳相薄为雷,激扬为电。上者就下,流水就通而合于赤海。

【注释】 ①牡土:原作"壮土",据说王念孙说改,与下文北方土为牝土对应。

【译文】 南方牡土之气上升到天空形成赤天的云气,这云气经七百年化成赤丹,赤丹经七百年化成赤澒,赤澒经七百年变成红铜,红铜经一千年化出赤龙,赤龙潜藏地下形成赤泉,赤泉的雾气蒸发上升成为赤云,阴气和阳气相接触形成雷鸣,激烈撞击形成闪电,高处云气遇到低处云气、冷热气流相汇形成雨水,降落大地集中于大小河道,再汇集流入南方的赤海。

【原文】 弱土之气御于白天,白天九百岁生白礜,白礜九百岁生白澒,白澒九百岁生白金,白金千岁生白龙,白龙入藏生白泉,白泉之埃上为白云,阴阳相薄为雷,激扬为电,上者就下,流水就通而合于白海。

【译文】 西方弱土之气上升到天空形成白天的云气,这种云气经九百年化成白礜,白礜经九百年化生白澒,白澒经九百年变成白银,白银经一千年生出白龙,白龙潜藏地下形成白泉,白泉的雾气蒸发上升成为白云,阴气和阳气接触形成雷鸣,激烈撞击形成闪电,高处云气遇到低处云气、冷热气流相汇形成雨水,降落大地集中于大小河道,再汇集到西方的白海。

【原文】 牝土之气御于玄天,玄天六百岁生玄砥,玄砥六百岁生玄澒,玄澒六百岁生玄金,玄金千岁生玄龙,玄龙入藏生玄泉,玄泉之埃上为玄云,阴阳相薄为雷,激扬为电,上者就下,流水就通而合于玄海。

【译文】 北方牝土之气上升到天空形成玄天的云气,这种云气经六百年化育出玄砥,玄砥六百年化成玄澒,玄澒六百年变成黑铁,黑铁经一千年生出玄龙,玄龙潜藏地下形成玄泉,玄泉的雾气蒸发上升形成黑云,阴气和阳气接触形成雷鸣,激烈撞击形成闪电,高处云气相遇低处云气、冷热气流相_汇形成雨水,降落大地集中于大小河道,再汇集流入北方的黑海。

卷五　时则

【题解】

本篇继续上文"天""地"的主题转而叙述"时",解题说:"则,法也,四时、寒暑、十二月之常法也,故曰时则。"其实就是按照一年四季、十二月来分别叙述其物候、天象、农作事宜,其中仍然贯彻了天人感应、五行相配的思想,认为天子依据天时来制定和实施法

令,出现了很多生硬附会之处。本篇主体部分主要根据《吕氏春秋·十二纪》,和《礼记·月令》也可以相互参照,但此处我们未予选入。我们选择其记述"五位""六合""六度"的内容,这一部分可以说是对"十二月令"部分的综合和升华。

【原文】 五位:东方之极,自碣石山过朝鲜①,贯大人之国②,东至日出之次③,榑木之地④,青丘树木之野⑤,太皞、句芒之所司者⑥,万二千里。其令曰:挺群禁⑦,开闭阖,通穷窒,达障塞,行优游;弃怨恶,解役罪,免忧患,体罚刑;开关梁,宣出财,和外怨,抚四方,行柔惠,止刚强。

【注释】 ①碣石山:山名,在河北昌黎县。朝鲜:今朝鲜半岛。汉武帝时在朝鲜设乐浪郡。②贯:穿。大人之国:传说中人民很高大的国家。③日出之次:太阳升起的地方。④榑木:即"扶桑",日出之地。木,桑。⑤青丘:原作"青土",据王引之说改。⑥太皞:伏羲氏。句芒:少昊氏之子,死后为木神。⑦挺:解除,放宽。

【译文】 东、南、西、北、中的五个方位是这样的:东方最远的地方,从碣石山起,经过朝鲜,穿过大人国,往东到太阳升起的地方,即扶桑和青丘树木之野,是太皞、句芒管辖的区域,共一万二千里。他们的政令是:松弛各种禁令,打开关闭的门户,疏通堵塞之处,打通障碍关塞,让万物悠游自在;抛弃怨恨和憎恶,解放役夫和罪犯,免除忧烦和祸患,停止惩处和刑法;开放关卡和津梁,散发府库的财物,缓和周边国家的仇怨,安抚好四方的关系,实施怀柔政策,禁止恃强凌弱。

【原文】 南方之极,自北户孙之外①,贯颛顼之国②,南至委火炎风之野③,赤帝、祝融之司者④,万二千里。其令曰:爵有德,赏有功,惠贤良;救饥渴,举力农,振贫穷⑤,惠孤寡,忧罢疾⑥;出大禄,行大赏,起毁宗,立无后,封建侯,立贤辅。

【注释】 ①北户孙:当作"北户","孙"是衍文。太阳在其北,所以都是北向户。②颛顼:传说中的南方国名。③委火:南方地名。④赤帝:炎帝。祝融:火神。⑤振:通"赈"。⑥忧:通"优"。罢:通"疲"。

【译文】 南方最远的地方,从北户以外起,穿过颛顼国,向南到委火炎风的旷野,那是赤帝、祝融所管辖的地方,共一万二千里。他们的政令是:赐爵位给有德之人,奖赏有功之臣,优待贤良之士;救助吃不饱的人,帮扶务农的人赈救贫穷百姓,关怀孤儿寡妇,优待照顾疲弱患病者;高俸禄聘请高官,执行重赏,振兴濒临毁灭的宗族,选定将绝后无嗣的国家的继承者,分封建立诸侯国,确定贤能的辅佐大臣。

【原文】 中央之极,自昆仑东绝两恒山①,日月之所道,江、汉之所出,众民之野,五谷之所宜。龙门、河、济相贯,以息壤埋洪水之州②。东至于碣石,黄帝、后土之所司者③,万二千里。其令曰:平而不阿,明而不苛,包裹覆露,无不囊怀。溥氾无私④,正静以和;行秾鬻⑤,养老衰,吊死问疾,以送万物之归。

【注释】 ①两:疑是衍文。②息壤:传说中一种生生不息的土壤。埋:堵塞。③后土:土神。④溥氾:广泛。⑤秾:谷壳,粗糠。鬻:同"粥"。

【译文】 中央广大的地区,从昆仑山以东起,越过恒山,到达日月普照的地带,这是长江和汉水的发源地和流域，又是人口稠密的地区，这里适宜五谷生长，龙门、黄河、济水从这里穿过，是大禹用息壤堵塞洪水的地方，它东到碣石山，是黄帝、后土管辖的地域，共一万二千里。他们的政令是：处事要公正不阿，明察秋毫而不苛刻，能够包容滋润万物，无有遗漏。博大无私，这样就能使政治公平温和；要施舍麸粥、赈济贫困，扶养老弱，哀悼死者慰问病者，使万物都有归宿。

【原文】　西方之极，自昆仑绝流沙、沉羽①，西至三危之国②，石城金室，饮气之民，不死之野，少皞、蓐收之所司者③，万二千里。其令曰：审用法，诛必辜④，备盗贼，禁奸邪，饰群牧⑤，谨著聚⑥，修城郭，补决窦，塞蹊径，遏沟渎，止流水，雝溪谷⑦，守门闾，陈兵甲，选百官，诛不法。

【注释】　①沉羽：即弱水，河水不能浮起羽毛。②三危之国：因三危山而得名。③少皞：黄帝之子青阳，死为西方之帝。蓐收：金天氏之子，死后为金神。④辜：罪。⑤饰：整治。牧：地方官员。⑥著聚：积聚，贮存。⑦雝：通“壅”。

【译文】　西方最远的地方，从昆仑山越过流沙河、弱水，向西到三危国，那里有宝石砌成的城堡，黄金装饰的房屋，居民以气为食，能长生不死，是少皞、蓐收所管辖的地方，共一万二千里。他们的政令是：谨慎使用刑法，诛杀者必是罪大恶极之人，防备盗贼，禁绝奸邪，整治地方官员，慎重积聚收藏，修建城郭，填补河道决口和堤防漏洞，堵塞田间小道，遏止泛滥的洪水，堵塞溪谷水流，守备城门里门，陈列兵器，挑选百官，严惩不法。

【原文】　北方之极，自九泽穷夏晦之极①，北至令正之谷②，有冻寒积冰、雪雹霜霰、漂润群水之野，颛顼、玄冥之所司者③，万二千里。其令曰：申群禁，固闭藏，修障塞，缮关梁，禁外徙，断罚刑，杀当罪，闭门闾④，大搜客，止交游，禁夜乐，蚤闭晏开⑤，以索奸人⑥，已德⑦，执之必固，天节已几⑧，刑杀无赦，虽有盛尊以亲，断以法度。毋行水，毋发藏，毋释罪。

【注释】　①九泽：北方之泽。夏晦：指北方广漠晦暗之地。夏，大。晦，暗。②令正：当从庄逵吉引《太平御览》作“令止”，谷名。③颛顼：黄帝之孙，号高阳氏，死为北方之帝。玄冥：水神。④门闾：原作“关闾”，据王念孙说改。⑤蚤：通“早”。⑥索：寻找。原作“塞”，据王念孙说改。⑦德：通“得”。⑧天节：节令。几：尽。

【译文】　北方最远的地方，从九泽一直到广漠的边际，北到令止山谷，那里冰天雪地，雪雹霜霰不断，是储存水源的地方，是颛顼、玄冥所管辖的区域，共一万二千里。他们的政令是：反复申述各种禁令，加强固定储藏，修筑关卡障碍，修葺关口桥梁，杜绝居民流徙，处理判定刑罚，处决死刑罪犯，关门闭户，全面搜捕外来歹徒，禁止交游，不准夜间寻欢作乐，门户要早关晚开，以便搜寻坏人，抓获之后，要严加看管拘押，这时一年的节令将结束，执行刑罚要严厉，对死刑不能宽赦，即使是势力庞大地位尊贵的亲族，犯了罪也要依法判决。不可搅动水源，不要动用封藏，不要释放罪犯。

【原文】　六合①：孟春与孟秋为合，仲春与仲秋为合，季春与季秋为合，孟夏与孟冬为合，仲夏与仲冬为合，季夏与季冬为合。

【注释】 ①合:对应。

【译文】 一年之中十二个月,相对应的两个月份互相影响制约并产生变化,叫作六合。这就是:孟春一月与孟秋七月对应,仲春二月与仲秋八月对应,季春三月与季秋九月对应,孟夏四月与孟冬十月对应,仲夏五月与仲冬十一月对应,季夏六月与季冬十二月对应。

【原文】 孟春始赢①,孟秋始缩②;仲春始出③,仲秋始内④;季春大出,季秋大内;孟夏始缓⑤,孟冬始急⑥;仲夏至修⑦,仲冬至短⑧;季夏德毕,季冬刑毕。

【注释】 ①赢:生长。②缩:萎缩。③出:二月始播种。④内:八月收敛。内,通"纳"。⑤缓:舒缓,宽松。⑥急:急迫。⑦修:夏至白天最长。⑧短:冬至白天最短。

【译文】 孟春万物开始生长,孟秋万物开始衰败;仲春开始播种,仲秋开始纳藏;季春是春耕大忙季节,季秋是全面收割时光;孟夏平和舒缓,孟冬肃杀急迫;仲夏日最长,仲冬日最短;季夏阳气将要穷尽,季冬阴气即将结束。

【原文】 故正月失政,七月凉风不至;二月失政,八月雷不藏;三月失政,九月不下霜;四月失政,十月不冻;五月失政,十一月蛰虫冬出其乡①;六月失政,十二月草木不脱;七月失政,正月大寒不解;八月失政,二月雷不发;九月失政,三月春风不济②;十月失政,四月草木不实;十一月失政,五月下雹霜;十二月失政,六月五谷疾狂③。

【注释】 ①乡:指居住的洞穴。②济:止。③疾狂:指五谷因气候反常而狂长,果实不饱满。

【译文】 所以,正月政令不当,七月凉风就不来;二月政令不当,八月就雷鸣不止;三月政令不当,九月就不下霜;四月政令不当,十月就无冰冻;五月政令不当,十一月冬眠动物就钻出洞穴;六月政令不当,十二月草木还不凋落。七月政令不当,正月就严寒不散;八月政令不当,二月就听不到雷声;九月政令不当,三月则春风不止;十月政令不当,四月则草木不结果实;十一月政令不当,五月就会降下雹霜;十二月政令不当,六月则五谷狂长子实于瘪。

【原文】 春行夏令,泄①;行秋令,水;行冬令,肃。夏行春令,风;行秋令,芜;行冬令,格②。秋行夏令,华③;行春令,荣④;行冬令,耗⑤。冬行春令,泄;行夏令,旱;行秋令,雾。

【注释】 ①泄:发散泄失。②格:王引之说通"落",零落。③华:木开花。④荣:草开花。⑤耗:零落。

【译文】 如果春季实施夏季的政令,春气就会失散;实施秋季的政令,就会多水灾;施行冬季的政令,就会充斥肃杀之气。如果夏季实施春季的政令,就会大风不止;实施秋季的政令,就会田野荒芜;实施冬季的政令,草木就会凋落。如果秋季实施夏季的政令,树木会继续繁茂;实施春季的政令,草类就茂盛生长;实施冬季的政令,草木将过早衰落。如果冬季实施春季的政令,阴气就会发散;实施夏季的政令,便会出现旱灾;实施秋季的政令,就会雾气弥漫。

【原文】 制度①:阴阳大制有六度②,天为绳③,地为准④,春为规,夏为衡,秋为矩,冬

为权。绳者,所以绳万物也;准者,所以准万物也;规者,所以员万物也⑤;衡者,所以平万物也;矩者,所以方万物也;权者,所以权万物也。

【注释】 ①制度:法令。②大制:基本的法则。③绳:本指木工用的墨线,这里比喻法则、标准。④准:水平仪。⑤员:同"圆"。

【译文】 法令制度有阴有阳,最基本的有六种:天是墨线,地是水准,春令为圆规,夏令为秤杆,秋令是矩尺,冬令是秤锤。墨线是用来度量万物曲直的,水准是用来衡量万物平正的,圆规是衡量万物圆曲的,秤杆是度量万物均衡的,矩尺是度量万物方正的,秤锤是衡量万物权变的。

【原文】 绳之为度也,直而不争①,修而不穷,久而不弊,远而不忘;与天合德,与神合明;所欲则得,所恶则亡;自古及今,不可移匡②;厥德孔密③,广大以容。是故上帝以为物宗④。

【注释】 ①争:俞樾说通"绗",弯曲。②移:俞樾说通"迆",歪斜。匡:于省吾说通"枉",移动歪曲。③厥:其。孔:很。④宗:本。

【译文】 墨线作为一种度量器具,正直而不弯曲,修长而没有尽头,经久而不破败,久远而不遗忘;它和天德相应,与神明相符;喜欢的它就拿取,厌恶的它就抛弃;从古到今,从来都不变动歪斜;它的德行十分周全细密,广大而宽容。所以上帝以它为万物根本。

【原文】 准之为度也,平而不险①,均而不阿;广大以容,宽裕以和;柔而不刚,锐而不挫;流而不滞,易而不秽②;发通而有纪③,周密而不泄,准平而不失。万物皆平,民无险谋,怨恶不生。是故上帝以为物平。

【注释】 ①险:高低不平。②易:简易。秽:芜杂。③发通:散发贯通。纪:法度,纲纪。

【译文】 水准仪作为一种测量器具,平整而不起伏,公平而不偏袒;广大包容,宽裕平和;柔顺而不刚强,锐利而不折损;流畅而不停滞,简易而不繁杂;开通而有节制,周密而不泄散,平稳而不偏失。它使得万物公平,人们没有险恶心计,怨恨无从滋生。所以上帝以它为万物的正宗。

【原文】 规之为度也,转而不复①,员而不垸②;优而不纵③,广大以宽;感动有理④,发通有纪;优优简简⑤,百怨不起;规度不失,生气乃理⑥。

【注释】 ①复:来回重复,引申为遏止。②垸:转动。③优:宽舒自在。④感动:受外物影响而动。⑤优优:宽缓的样子。简简:宽大的样子。⑥理:顺。

【译文】 圆规作为一种度量器具,转动而不受阻遏,圆转但不乱滚;自在而不放纵,广大而兼容;感物而动,秩序井然;宽容平和,使怨恨无从生起。有它存在,万物就能通畅顺达。

【原文】 衡之为度也,缓而不后,平而不怨;施而不德,吊而不责①;当平民禄,以继不足;勃勃阳阳②,唯德是行;养长化育,万物蕃昌;以成五谷,以实封疆。其政不失,天地

乃明。

【注释】 ①吊:恤问。责:责问。②勃勃:旺盛的样子。阳阳:清明和暖的样子。

【译文】 秤杆作为一种量具,舒缓而不落后,公平而不怨恨;给予而不图回报,恤问而不责备;它恰当地平衡人们的收入,接济收入不足的人们;它蓬勃清明,施行善德;促使万物生长,并繁荣昌盛;让五谷丰收,使国家强盛。它法度公正,天地万物得以明亮。

【原文】 矩之为度也,肃而不悖①,刚而不愦②;取而无怨,内而无害③;威厉而不慑,令行而不废;杀伐既得,仇敌乃克。矩正不失,百诛乃服④。

【注释】 ①悖:乱。②愦:何宁说当作“韄”,折。③内:通“纳”,收入。④百诛:众多受惩罚者。

【译文】 矩尺作为一种量器,庄重而不悖乱,刚正而不弯折;拿走它不生怨恨,收纳也不会有害;威严但不可怕,令行而不废弛;征伐无不成功,仇敌必定会被战胜。矩尺平正不失,诸多受惩罚者也信服认罪。

【原文】 权之为度也,急而不赢①,杀而不割②;充满以实,周密而不泄;败物而弗取,罪杀而不赦;诚信以必,坚悫以固③;粪除苛慝④,不可以曲。故冬正将行⑤,必弱以强,必柔以刚。权正而不失,万物乃藏。

【注释】 ①赢:增长。②割:割取,剥夺。③悫:诚实。④粪:扫除。慝:邪恶。⑤正:政。

【译文】 秤锤作为一种量器,急迫而不浮躁,杀伐但不剥夺;充满而诚实,周密而不疏散;毁物而不索取,诛杀罪犯而不宽赦;诚实守信说到做到,坚定谨慎决不动摇;清除奸邪暴虐,而不用歪门邪道。所以冬季的政令一旦实施,弱小必定逐渐变强,柔弱必定变得刚强。只要“权”的法度存在,万物将得以收敛隐藏。

【原文】 明堂之制,静而法准,动而法绳;春治以规,秋治以矩,冬治以权,夏治以衡。是故燥、湿、寒、暑以节至,甘、雨、膏、露以时降。

【译文】 明堂的制度,清静时取法水准,行动时效法墨线;春季用规度来治理,秋季用矩度来治理,冬季用权度来治理,夏季用衡度来治理。因此,干燥、潮湿、寒冷、暑热都会按季节适时出现,甘甜的雨露也会按时节降临。

卷六 览冥

【题解】

“览冥”的意思就是观察幽冥玄妙的自然变化。本篇解题说:“览观幽冥变化之端,至精感天,通达无极,故曰‘览冥’。”作者认为人要消除思虑巧诈,才能使精神不涣散,并得以上通于天,人性中“至精”的部分才能得以保存。同理,唯有“通于太和而持自然之应者”,才能拥有天下。作者要求人类的精神一定要回归天道,纯粹无为,才能全性保真,延年益寿,进而可以治国安邦,其论述依然围绕着气化感应的思路。

【原文】 昔者,王良、造父之御也①,上车摄辔,马为整齐而敏谐②,投足调均③,劳逸若一,心怡气和,体便轻毕④,安劳乐进,驰骛若灭⑤,左右若鞭⑥,周旋若环⑦。世皆以为巧,然未见其贵者也。

【注释】 ①王良:春秋时晋国赵简子的驭手。造父:周穆王的驭手。②敏谐:协调。③投足:举足。均:均匀。④毕:敏捷。⑤灭:飞速消逝。⑥左右若鞭:比喻往来奔跑、灵活敏捷的样子。鞭,被鞭打。⑦周旋:转圈。

【译文】 从前,王良、造父两位驭手驾车,上车后拉着缰绳,马就随着他们的控制整齐和谐地行进,步伐均匀,奔跑、慢走都不乱套,心平气和,动作敏捷,安于劳苦,乐于前进,跑起来瞬间消逝,左右冲突灵活敏捷。周旋绕圈巧如圆环。世人都以为他们驾车技术精巧,可人们还没见到过真正高明的御术呢。

【原文】 若夫钳且、大丙之御也①,除辔舍衔②,去鞭弃策,车莫动而自举,马莫使而自走也,日行月动,星耀而玄运③,电奔而鬼腾,进退屈伸,不见朕垠④。故不招指,不咄叱,过归雁于碣石,轶鹣鸡于姑余⑤,骋若飞,骛若绝⑥,纵矢蹑风⑦,追猋归忽⑧,朝发榑桑,入日落棠⑨。此假弗用而能以成其用者也,非虑思之察,手爪之巧也。嗜欲形于胸中,而精神逾于六马⑩,此以弗御御之者也。

【注释】 ①钳且、大丙:传说中两位得道的驭手。也:原脱,据刘文典说补。②除辔舍衔:原脱"舍"字,刘文典据《太平御览》增,与下"去鞭弃策"对文。③玄:天。④朕垠:形迹。⑤轶:超越。鹣鸡:又作"鶰鸡",鸟名。姑余:即姑苏,这里作为山名。⑥绝;比喻疾速。⑦纵:通"踪",踩。蹑:踏。⑧猋猋:又作"飙",盘旋的疾风。忽:通"飓",疾风。⑨入日:原作"日入",据王念孙说改。落棠:传说中日落之处。⑩逾:当作"喻",晓,使明白。六马:古代帝王驾车用六马。

【译文】 像那钳且、大丙的技艺才更高明,他们根本不用缰绳马衔,也不用马鞭,车子不用发动就自动运转,马匹不必使唤就奔驰向前,就像日月运行、星星闪耀、天体运行般自然,又如电光急闪、鬼神飞天、进退屈伸,无迹可寻。所以不用招呼指挥,不用吆喝使唤,一会儿就在碣石山处超过北归的大雁,转眼又在姑余山越过鹣鸡,驰骋如风,奔腾疾速,像踩着飞箭、踏着大风,可以赶上盘旋急速的骤风,清晨伴随旭日从扶桑出发。傍晚随着夕阳归宿于落棠。他们是凭着"不用"而成就"大用",不靠思虑精细、手脚灵活。他们将意念收敛深藏在心中,而用精神去感化六马,这是用无为的妙道来驾驭啊!

【原文】 昔者,黄帝治天下,而力牧、太山稽辅之①,以治日月之行律②,治阴阳之气,节四时之度,正律历之数,别男女,异雌雄,明上下,等贵贱,使强不掩弱,众不暴寡;人民保命而不夭,岁时孰而不凶③;百官正而无私,上下调而无尤,法令明而不暗,辅佐公而不阿;田者不侵畔,渔者不争隈;道不拾遗,市不豫贾④;城郭不关,邑无盗贼;鄙旅之人相让以财⑤,狗彘吐菽粟于路,而无忿争之心。于是日月精明,星辰不失其行;风雨时节,五谷登孰;虎狼不妄噬,鸷鸟不妄搏;凤凰翔于庭,麒麟游于郊;青龙进驾⑥,飞黄伏皂⑦,诸北、儋耳之国莫不献其贡职⑧。然犹未及虑戏氏之道也⑨。

【注释】　①力牧、太山稽：相传为黄帝的大臣。②律：度。此字有人认为当属下句，有人认为是误字，今仍属上解释。③孰：同"熟"。下文"孰"同。④豫贾：抬高物价。豫，伪，欺诈。贾，同"价"。⑤鄙：边远。⑥驾：皇帝的车乘。⑦飞黄：神兽名。皂：通"槽"，即马槽。⑧诸北：泛指北方各少数民族。儋耳：南方之国，在今海南。⑨虑戏氏：即伏羲氏、庖牺氏。

【译文】　以前，黄帝治理天下，有力牧、太山稽两位贤臣辅佐他，所以能顺应日月运行、阴阳变化的规律来调节四季的法度，修正律历的标准，区分男女雌雄，明确上下等级，使强不凌弱、众不欺寡；百姓能保全天年而不夭折，庄稼按时成熟丰收而不闹饥荒；百官公正无私，上下关系协调没有怨恨；法令严明不昏暗，辅政大臣公正不阿；耕田的不互相侵犯田界，打鱼的不争夺河湾鱼多之处；路不拾遗，市有定价；城门昼夜敞开，城镇没有盗贼；边远之人互相谦让财物，连猪狗都因粮食丰富而将豆谷吐弃路旁，毫无争抢之心。天下清平安定，日月明亮，星辰运行正常；风调雨顺，五谷丰登；虎狼不随意扑咬，猛禽不随便搏击；凤凰飞临庭院，麒麟闲游郊外；青龙进献车驾，神马安伏马槽，天南海北的边远国家无不奉献贡品。但是，黄帝这些治述还比不上伏羲氏的道术。

【原文】　往古之时，四极废，九州裂，天不兼复，地不周载，火爁焱而不灭①，水浩漾而不息②，猛兽食颛民③，鸷鸟攫老弱。于是女娲炼五色石以补苍天，断鳌足以立四极④，杀黑龙以济冀州⑤，积芦灰以止淫水。苍天补，四极正，淫水涸，冀州平，狡虫死⑥，颛民生。背方州，抱圆天，和春阳夏，杀秋约冬⑦，枕方寝绳⑧，阴阳之所壅沈不通者，窍理之⑨；逆气戾物、伤民厚积者，绝止之。当此之时，卧倨倨⑩，兴盰盰⑪，一自以为马，一自以为牛⑫；其行蹎蹎⑬，其视瞑瞑⑭；侗然皆得其和⑮，莫知所由生。浮游不知所求，魍魉不知所往⑯。当此之时，禽兽虫蛇⑰，无不匿其爪牙，藏其螫毒，无有攫噬之心。考其功烈，上际九天，下契黄垆⑱，名声被后世，光辉重万物⑲。乘雷车，服驾应龙⑳，骖青虬，援绝瑞，席萝图，黄云络，前白螭，后奔蛇，浮游消摇，道鬼神㉑，登九天，朝帝于灵门，宓穆休于太祖之下㉒。然而不彰其功，不扬其声，隐真人之道，以从天地之固然。何则？道德上通，而智故消灭也。

【注释】　①爁焱：火势蔓延。原作"爁炎"，据王念孙说改。②浩漾：水大的样子。原作"浩洋"，据王念孙说改。③颛：善。④鳌：大龟。⑤黑龙：传说中的水精。济：救助。冀州：古九州之一，这里代指四海之内。⑥狡虫：毒蛇猛兽。⑦约：使敛藏。⑧枕方寝绳：遵守自然规律来治理。方，矩尺。绳，准绳。⑨窍：贯通。理：疏理。⑩倨倨：无所思虑的样子。⑪盰盰：无知的样子。原作"盻盻"，据王念孙说改。⑫一：或者，⑬蹎蹎：舒缓迟重的样子。⑭瞑瞑：昏暗不明的样子。⑮侗然：幼稚无知的样子。⑯魍魉：飘忽不定、无所依靠的样子。⑰虫蛇：原作"蝮蛇"，据王念孙说改。⑱契：合。黄垆：黄泉下的垆土。⑲重：层加。⑳服：古代一车四马，居中两匹称服马，两旁叫骖马。应龙：传说中有翼的龙。㉑道：同"导"，引导。㉒宓：安宁。太祖：大道之本宗。

【译文】　远古时代，四根擎天大柱倒了，九州大地裂开了，天不能覆盖地，地也无法承载万物，大火蔓延不熄，泛滥的洪水泛滥不止，猛兽吞食良民，凶禽捕捉老弱。于是女

娲冶炼五色石来修补苍天,砍下鳖足当擎天柱,堆积芦灰制止洪水,斩杀黑龙来平息大地。苍天补好了,四柱擎立着,泛滥的洪水消退了,四海平定了,猛兽杀死了,善良的百姓有活路了。女娲背靠大地,怀抱青天,让春天温暖,夏天炽热,秋天肃杀,冬天寒冷,她头枕着矩尺、身躺着准绳,阴阳之气一旦阻塞不通,便给予疏通;当恶逆之气危害百姓积聚财物时,便予以消除。这时天清地定,人们睡时无所牵挂,醒时无知无虑,一会儿以为自己是牛,一会儿又自以为是马;行动舒缓沉稳,看东西者明若暗;天真幼稚,与自然万物相和谐,谁也不知道自己从哪里来;随意闲荡,也不知到底有什么所需;飘忽不定,没有目标。这时,野兽毒蛇全都收起爪牙、毒刺,没有捕捉吞食的欲念。考察女娲的功绩,上可以通九天,下可以契合到黄泉下的垆土,名声流传后世,光辉普照万物。她乘坐雷车,应龙居中驾辕,青虬配在两旁,手持稀世的瑞玉,铺着五彩垫席,上有黄云缭绕,前有白螭开道,后有腾蛇簇拥,逍遥遨游,鬼神为之引导,上登九天,在灵门朝见天帝,安详静穆地与大道休息。她并不标榜炫耀自己的功绩,不张扬自己的名声。她凭依真人之道,遵守着天地自然。为什么要这样呢?因为道德上通九天,智巧奸诈就自然灭绝了。

【原文】 逮至夏桀之时,主暗晦而不明,道澜漫而不修①,弃捐五帝之恩刑②,推蹶三王之法籍③,是以至德灭而不扬,帝道掩而不兴;举事戾苍天,发号逆四时;春秋缩其和,天地除其德,仁君处位而不安,大夫隐道而不言④;群臣准上意而怀当⑤,疏骨肉而自容;邪人参耦比周而阴谋⑥,居君臣父子之间而竞载⑦,骄主而像其意,乱人以成其事。是故君臣乖而不亲,骨肉疏而不附;植社槁而墟裂⑧,容台振而掩覆⑨;犬群嗥而入渊⑩,豕衔蓐而席澳;美人挐首墨面而不容⑪,曼声吞炭内闭而不歌⑫,丧不尽其哀,猎不听其乐⑬;西姥折胜⑭,黄神啸吟⑮;飞鸟铩翼,走兽废脚;山无峻干,泽无洼水,狐狸首穴⑯,马牛放失;田无立禾,路无莎薠⑰;金积折廉⑱,璧袭无理⑲;磬龟无腹⑳,蓍策日施。

【注释】 ①澜漫:杂乱分散的样子。②捐:弃。五帝:《史记》指黄帝、颛顼、帝喾、尧、舜。《周易》中指伏羲、神农、黄帝、尧、舜。总之是传说中的五位圣王。③推蹶:推翻。三王:夏禹、商汤、周文王。④隐道而不言:原注说:"隐仁义之道,不正谏直言也。"⑤准:揣度。怀:思。当:合。⑥参耦:叁偶,三三两两。比周:拉帮结派。⑦载:乘车。这里指奔走二者之间。⑧植社:即"置社",牌位。墟:同"罅",裂。原作"墇",据王念孙说改。⑨容台:古代行礼的高台。⑩犬群嗥而入渊:与下"豕衔蓐而席澳"皆指地震等反常气象引起的灾祸。⑪挐首:弄乱头发(以避祸)。容:修饰打扮。⑫曼声:舒展悠长的歌声,这里代指善歌者。⑬听:当作"德",通"得"。⑭西姥:西王母。原作"西老",据孙诒让说改。胜:头饰。⑮黄神:黄帝之神。啸吟:长啸叹息。⑯首穴:头朝巢穴。⑰莎薠:野草名。⑱积:堆积。廉:边角、棱角。⑲袭:积。理:纹理。⑳磬龟无腹:是说频繁地灼龟甲占人以致使龟甲空尽。磬,空。

【译文】 到了夏桀统治的时候,君主昏庸不明事理,治国之道散乱而不加修整,抛弃了五帝恩威并重的措施,推翻了三正的正确法规,因此,至高的道德被泯灭而无法弘扬,五帝的道统被掩盖而无法提倡;君主办事背离天意,号令违逆时令;春天秋天藏起和顺之

316

气,天地也不再布施恩泽;仁义的君主身处君位却心神不安,胸怀直道的大夫也不敢进谏直言;群臣只能靠揣测主上的意图,一心迎合,不惜背离骨肉亲情只求自保;奸佞之徒三三两两结党营私,谋取私利,奔走在君臣父子之间,竞相骄纵主子以邀宠爱,好在混乱中谋取私利。这样一来,君臣离心离德尖锐对立,骨肉疏离各奔东西;庙堂社主因无人祭祀以至于枯朽破败,礼仪之台受震而倒塌;丧家之犬成群哀号着跳入深渊,猪衔着垫草跑到水边;美女蓬头垢面不再打扮,歌手自吞火炭情愿致哑也不肯歌唱;办丧事的不尽情流露悲哀,田猎游玩也得不到欢乐;西王母折断珍贵的头饰,黄帝之神也长啸叹息;飞鸟翅翼折断,走兽摔断肢骨;山上大树被砍光,河水混浊得鱼儿无法生存;死了的狐狸头朝巢穴躺着,牛马四处走失无法寻找;田里看不见生长着的禾苗,路旁也没有茂盛的野草;仓库里堆积的金银器皿锈蚀得断了边角,玉璧上刻镂的花纹也磨掉了;昏君夏桀把占卜的龟壳钻得全空了也得不到吉兆,却还要每天拿着蓍草来求神问鬼。

【原文】 晚世之时,七国异族①,诸侯制法,各殊习俗,纵横间之②,举兵而相角。攻城滥杀,覆高危安;掘坟墓,扬人骸,大冲车,高重垒③。除战道,便死路④;犯严敌,残不义⑤。百往一反,名声苟盛也⑥!是故质壮轻足者,为甲卒千里之外;家老羸弱,凄怆于内。厮徒马圉⑦,辑车奉饷⑧,道路辽远,霜雪亟集,短褐不完⑨。人羸车獘⑩,泥涂至膝⑪,相携于道,奋首于路⑫,身枕格而死⑬。所谓兼国有地者,伏尸数十万,破车以千百数,伤弓弩、矛戟、矢石之创者,扶举于路。故世至于枕人头、食人肉、菹人肝⑭、饮人血,甘之于刍豢。

【注释】 ①七国:战国末期的齐、楚、燕、韩、赵、魏、秦。异族:不同氏族,指七国君主姓氏不同,齐姓田、楚姓芈、燕姓姚、赵姓赵、韩姓韩、魏姓魏、秦姓嬴。②纵横:即合纵连横,南与北合为纵,东与西合为横。③重垒:原作"重京",依王念孙说改。④便:使便利。死路:堵塞不通的路。⑤残不义:残害不宜杀害的人。义,通"宜"。⑥苟:姑且。⑦厮徒:服役的奴隶。马圉:马夫。⑧辑:推。⑨短褐:古代下层人民穿的粗麻上衣。短,通"裋"。⑩獘:破败。⑪涂:泥泞。⑫奋首:拉车时伸颈奋力振动挣扎的样子。⑬格:通"輅",挽车用的横木。⑭菹:肉酱。这里指食用。

【译文】 到了晚近战国时代,天下分裂成七个不同姓氏的国家。各诸侯国制定各自的法令制度,依据各自的风俗习惯。合纵和连横两派从中离间,因而各国互相兴兵争斗。他们攻略城市,滥杀无辜,高城夷为平地,平安化作危险;挖掘他人的坟墓,抛洒坟中的尸骨;攻城的冲车越造越大,防御的城墙越垒越高;清除战争通道,疏通阻塞的路径;进犯强大的敌军,残杀无辜平民百姓。百人出征,一人生还,换得所谓的盛名;体质强壮、行动敏捷的人被征为兵卒,在千里之外拼杀,老弱病残在家凄凉地哭泣。服役的奴隶马夫,拉着车子运送粮饷。道路遥远,风雪交加,破衣烂衫,疲乏不堪,车辆破损,泥泞深达膝盖,只能挽扶拉扯,挣扎向前,常常冻累而死,倒在挽车的横木上。所谓兼并别国领土的国家,总要横尸几十万、毁坏战车千百辆、被弓箭、矛戟、滚石伤残的,或被挽扶或被抬着,一路可见。战争残酷到枕骷髅、吃人肉、食人肝、喝人血都比吃牛肉猪肉还甜美的地步。

【原文】 故自三代以后者,天下未尝得安其情性,而乐其习俗,保其修命,天而不夭

317

于人虐也①。所以然者何也？诸侯力征，天下合而不为一家②。

【注释】 ①天：享尽天年。②天下合而不为一家："不"字原脱，据王念孙说补。

【译文】 所以从三代以后的那些岁月里，天下的人们再也不能安定他们的性情、享受纯朴风俗的快乐、保全生命、尽享天年而不夭折在战争人祸之中。造成这种惨状的原因是什么呢？就是因为诸侯间长年的征伐，天下不能成为大一统的国家。

【原文】 逮至当今之时，天子在上位①，持以道德，辅以仁义，近者献其智，远者怀其德，拱揖指麾而四海宾服②，春秋冬夏皆献其贡职，天下混而为一，子孙相代。此五帝之所以迎天德也③。

【注释】 ①天子：汉武帝。②拱揖指麾：形容轻松自如、从容指挥。拱揖，拱手合掌。指麾，即"指挥"。③迎：顺应。天德：上天的旨意，这里指无为而治的黄老之术。

【译文】 到了当今时代，天子处最高地位，以道德治理天下，并辅佐以仁义，所以身边的大臣奉献出他们的智慧，广大百姓感念天子的恩德，天子从容指挥，天下就已归服，春夏秋冬四季都会按时献上贡品，天下大一统，子孙代代相传。这就是五帝顺从天德的做法。

【原文】 夫圣人者，不能生时，时至而弗失也。辅佐有能，黜谗佞之端①，息巧辩之说，除刻削之法②，去烦苛之事，屏流言之迹，塞朋党之门；消知能，修太常③，隳肢体④，绌聪明；大通混冥，解意释神，漠然若无魂魄，使万物各复归其根。则是所修伏牺氏之迹，而反五帝之道也。

【注释】 ①黜：贬退。②刻削：严酷尖刻。③修：遵循。太常：国家重大的礼法规则。秦有"奉常"之职，汉景帝时改名"太常"，掌管礼乐祭祀等事。④隳：毁坏。

【译文】 其实圣人也无法创造时运，只不过时运来到之际，他能及时把握罢了。遇上贤能的人辅佐，就能抵制谗佞之徒的歪门邪道，平息巧辩之人的胡说八道，废除严酷刻薄的刑法，去掉烦琐杂乱的事务，堵住流言蜚语的传播，阻塞结党营私的门路；收敛智巧，遵循重大的礼法规则，禁绝各种贪念，抛弃小聪明；彻底通达于混沌之境，放松精神，淡泊茫然如同失魂落魄，让万事万物自然回归到它们的根本。这样就走上了伏羲氏所开辟的道路，返回到五帝所遵循的道统。

【原文】 夫钳且、大丙不施辔衔而以善御闻于天下，伏戏、女娲不设法度而以至德遗于后世，何则？至虚无纯一，而不喋喋苛事也①。

【注释】 ①喋喋：多言繁碎的样子。

【译文】 那钳且、大丙不用缰绳马衔却以善于驾驭闻名天下，伏羲、女娲不设法律制度却以至高德性流传后世，到底为什么呢？因为他们达到了虚静无为、纯粹专一的境界，而不是费尽心机在琐碎的事务上。

卷七　精神

【题解】

本篇可以说是汉初的养生论,在具体论述生命起源、要素等基础上,强调对"精神"的持守。作者认为人的精神从上天得来,而形体则秉承于大地,自然界风雨云气皆有征兆规律,人体各器官和自然中各要素相互配合感应,所以人的精神、形体必须受到节制,才能保持长久。文中提到要使耳目聪明畅达,就必须保养血气,克制欲望,做到"恬愉虚静"这样就可以使五脏安定、血气充盈,精神也随之稳固不散。这些其实还是在阐明清静无为的思想。作者反复强调神性的"真人"能做到精神恬淡,返璞归真。本篇的养生论可以说是汉初的阴阳五行思想和道家养生观的杂糅。

【原文】　古未有天地之时,惟像无形①,窈窈冥冥②,芒芰漠闵③,澒濛鸿洞④,莫知其门。有二神混生⑤,经天营地,孔乎莫知其所终极⑥,滔乎莫知其所止息⑦。于是乃别为阴阳,离为八极,刚柔相成,万物乃形。烦气为虫,精气为人。

【注释】　①惟:只。②窈窈冥冥:昏暗幽深的样子。③芒芰漠闵:混沌的样子。④澒濛鸿洞:混沌、未成形的样子。⑤二神:指阴阳二气。⑥孔:深。⑦滔:大。

【译文】　远古还没有形成天地的时候,只有模糊恍惚的状态,没有有形之物,昏暗幽深、混沌不清,无法知道它的情况。那时有阴阳二神同时出现,一起营造天地,天地原先深远得没有尽头,宽广得没有边缘。这时便分出天地,散成八方,阴阳二气互相作用,万物从中开始形成。杂乱的气产生鱼、兽、虫、鱼等动物,精纯的气就产生了人类。

【原文】　是故精神,天之有也;而骨骸者,地之有也。精神入其门,而骨骸反其根,我尚何存?是故圣人法天顺情①,不拘于俗,不诱于人,以天为父,以地为母。阴阳为纲,四时为纪。天静以清,地定以宁,万物失之者死,法之者生。夫静漠者,神明之宅也②;虚无者,道之所居也。是故或求之于外者,失之于内;有守之于内者,失之于外。譬犹本与末也,从本引之,千枝万叶莫不随也。

【注释】　①情:情理。②宅:原作"定",据何宁说改。居所。

【译文】　因此,人的精神归上天,形骸属大地。人死以后,精神回归上天、形骸归属大地,人还有什么剩下的呢?所以圣人遵循天地的运行规律,不为世俗拘束、不被人欲诱惑,以天为父,以地为母,以阴阳、四时运行为准则。天清澈明静,地平静安宁,万物离开它就死亡,依附它就生存。静漠,是神明所居之处;虚无,是大道所居之处。因此,只追求外形的人,会丧失内在精神的修养;专注于内心修养的人,又会失去外形的健康。好比大树本根与末梢的关系,抓住树根来牵拉,千技万叶都会随之而动的。

【原文】　是故血气者,人之华也;而五藏者,人之精也。夫血气能专于五藏而不外越,则胸腹充而嗜欲省矣。胸腹充而嗜欲省,则耳目清、听视达矣。耳目清、听视达,谓之明。五藏能属于心而无乖,则教志胜而行不僻矣①。教志胜而行之不僻,则精神盛而气不

散矣。精神盛而气不散则理，理则均，均则通，通则神，神则以视无不见，以听无不闻也，以为无不成也。是故忧患不能入也，而邪气不能袭。故事有求之于四海之外而不能遇②，或守之于形骸之内而不见也③。故所求多者所得少，所见大者所知小。

【注释】　①教：同"悖"，乱。僻：邪。②有：通"或"。③见：遇。

【译文】　所以说人的血气和五脏是人的精华。血气如果能聚集在五脏而不外溢，那么五脏就会充实而嗜欲也随之减少。五脏充实嗜欲减少，就能使耳目清明、视听畅达。耳清目明、视听畅达，叫作明。五脏能归属于心而不与心违逆，就能战胜悖乱之气，行为就不会乖僻，精神也旺盛而而且精气不散泄。精神旺盛、精气不泄则顺畅，顺畅就平和，平和就通达无阻，通达无阻就能产生出神奇的能力。这种能力能使人视无不见、听无不闻，没有什么事办不成。这样，忧愁祸害就不会降临，歪风邪气也无法侵扰。因此有些事情到四海之外去追求却不能得到，有时死守内心却不能见效。所以贪多反而所获很少，看见大的反而所知甚小。

【原文】　夫孔窍者，精神之户牖也；而气志者，五藏之使候也①。耳目淫于声色之乐，则五藏摇动而不定矣。五藏摇动而不定，则血气滔荡而不休矣。血气滔荡而不休，则精神驰骋于外而不守矣。精神驰骋于外而不守，则祸福之至虽如丘山，无由识之矣。使耳目精明玄达而无诱慕②，气志虚静恬愉而省嗜欲，五藏定宁充盈而不泄，精神内守形骸而不外越，则望于往世之前，而视于来事之后，犹未足为也③，岂直祸福之间哉？故曰："其出弥远者，其知弥少。"以言乎精神之不可使外淫也④。

【注释】　①气志：血气、气脉。使候：这里指沟通和保护作用。②玄达：通畅。③未足：不够。④外淫：外泄流散。

【译文】　人的五官七窍是精神的门窗，而气脉是五脏的联通和保护者。如果耳目沉溺在声色中，那么五脏就动荡不安。五脏动荡不安，血气就会激荡不休。血气激荡不休，精神就会驰骋在外不能内守。精神驰骋在外不能内守，灾祸就会来临，即使祸大如山丘，你也没法感觉到。如果让耳目精明通畅，不受外界诱惑，血脉虚静恬愉省去嗜欲，五脏安宁充盈，血气不外泄，精神持守内心而不外越，那么即使是遥远的往事和未来的事你也会轻易认识到，何况眼前一些祸福呢？所以说："精神逸出内心越远，知道的就越少。"这是说精神是不能外泄散佚的。

【原文】　是故五色乱目，使目不明；五声哗耳，使耳不聪；五味乱口，使口爽伤①；趣舍滑心②，使行飞扬③。此四者，天下之所养性也④，然皆人累也。故曰：嗜欲者使人之气越，而好憎者使人之心劳，弗疾去，则志气日耗。夫人之所以不能终其寿命而中道夭于刑戮者，何也？以其生生之厚。夫惟能无以生为者，则所以修得生也⑤。

【注释】　①爽伤：指口舌麻木败味。②趣舍：即"趋舍"，义在"趣"上，指追逐计较。滑：通"汩"，乱。③行飞扬：行为越轨。④性：生。⑤修得生：即长生。刘安父亲名刘长，此处避父讳，用"修"来代长。

【译文】　所以五色迷乱眼睛，使双目昏暗不明；五声哗乱耳朵，使双耳闭塞不聪；五

中华传世藏书——国学经典文库 道学经典——图文珍藏版

320

味扰乱口舌,使口舌麻木败味;追逐名利惑乱心性,使人胡作非为。这四样东西,世间一般人是用来养生的,但实际上全是人生的累赘。所以说,嗜欲使人精气散佚,而爱憎之情则使人心力劳顿,假如不赶快清除,就会使气血日益损耗。有些人不能享尽天年而中途死于刑杀,到底是为什么呢?因为这种人养生的条件太优厚了。只有不千方百计为了活命的人,才能够长生。

【原文】 夫悲乐者,德之邪也;而喜怒者,道之过也;好憎者,心之累也①。故曰:"其生也天行,其死也物化,静则与阴俱闭,动则与阳俱开②。"精神澹然无极,不与物散,而天下自服。故心者,形之主也;而神者,心之宝也。形劳而不休则蹶,精用而不已则竭。是故圣人贵而尊之,不敢越也。

【注释】 ①累:厚作"暴",据王念孙说改。②"其生"四句:语出《庄子·天道》《刻意》,后两句《庄子》作"静而与阴同德,动而与阳同波"。天行:自然之气运行。物化:物质自然变化。

【译文】 或悲或喜,是对德的偏离;喜怒无常,是对道的损坏;好恶分明,是心的负累。所以说:"人活着就像天地自然运行,死就像物质自然变化。静时和阴气一同闭藏,动时和阳气一起开启。"精神饱满无有穷尽,不随外物而散佚,这样天下人自然会归服。所以心是形体的主宰,而精神是心的宝贝。形体劳累不休息,心脏就会梗塞;精神使用过度,心力就会衰竭。因此,圣人很看重保护身体、修养精神,不敢超越它们的限度。

【原文】 夫有夏后氏之璜者①,匣匮而藏之,宝之至也。夫精神之可宝也,非直夏后氏之璜也。是故圣人以无应有,必究其理;以虚受实,必穷其节②;恬愉虚静,以终其命。是故无所甚疏,而无所甚亲,抱德炀和③,以顺于天;与道为际,与德为邻;不为福始,不为祸先;魂魄处其宅,而精神守其根,死生无变于己。故曰至神。

【注释】 ①夏后氏:上古部族名。璜:玉器,即半璧。②节:细节。③炀:熏陶。

【译文】 人们一旦得到夏后氏的璜玉,就会用匣子珍藏起来,因为璜玉是最珍贵的宝物。而精神的珍贵,远非夏后氏的璜玉所能相比。所以圣人用虚无的精神来应对有形的物质,必定能穷究其中的道理;以虚静来承受实体,必定能探明其中的细节;圣人恬愉虚静,安然以尽天年。他对外物没有什么特别的疏远或者亲近,他只是持守天德,熏陶中和之气以顺随天性;他和道合为一体,和德紧密相伴;不去做导致祸福的事;魂魄安处在形骸之内,精神固守着根本;死和生都无法扰乱他的精神。所以说他达到了最神妙的境界。

【原文】 所谓"真人"者,性合于道也。故有而若无,实而若虚;处其一不知其二,治其内不识其外;明白太素①,无为复朴,体本抱神,以游于天地之樊②,芒然仿佯于尘垢之外,而消摇于无事之业。浩浩荡荡乎,机械之巧弗载于心。是故死生亦大矣,而不为变;虽天地覆坠③,亦不与之抮抱矣④。审乎无瑕⑤,而不与物糅,见事之乱,而能守其宗。若然者,亡肝胆⑥,遗耳目,心志专于内,通达耦于一⑦。居不知所为,行不知所之,浑然而往,逯然而来⑧。形若槁木,心若死灰,忘其五藏,损其形骸。不学而知,不视而见,不为而成,不治而辩⑨。感而应，追而动，不得已而往，如光之耀，如景之放⑩。以道为纲⑪，有待而然⑫。抱其太清之本，而无所容与⑬，而物无能营。廓惝而虚⑭，清靖而无思虑⑮。大泽焚而不能热，河、汉涸而不能寒也⑯，大雷毁山而不能惊也，大风晦日而不能伤也。是故视珍宝珠玉犹砾石也⑰，视至尊穷宠犹行客也，视毛嫱、西施犹颠丑也⑱。以死生为一化，以万物为一方，同精于太清之本，而游于忽区之旁。有精而不使，有神而不行，契大浑之朴，而立至清之中。

【注释】　①明白：洁白。②樊：樊篱，界限。③覆坠：原作"覆育"，据杨树达说改。④抮抱：转移。⑤无暇：何宁说通"无假"，"生命具之于天，非有所假借而有也。"⑥亡：原作"正"，据王念孙说改。通"忘"，《庄子·大宗师》正作"忘"。⑦耦：合。一：指大道。⑧逯然：随意行走的样子。⑨辩：通"办"。⑩景：同"影"。放：仿效。⑪纲：于省吾说通"循"。⑫待：依凭。然：如此。⑬容与：放纵。⑭廓惝：宽大。⑮思虑：陈季皋说此二字为原注文字，何宁从之，当删。⑯涸：杨树达说通"冱"，冰冻。⑰砾石：原作"石砾"，据王引之说改。⑱颠丑：王引之说当作"俱魄"，用作请雨的土偶人，比喻心如死灰的样子。但何宁疑此二字不误。今姑依王说。

【译文】　所谓真人，是本性与大道完全融合的人。所以他好像有形，又好像无形，好像充实，又似乎空虚；他精神专一而不转移，注重内心修养，不受外物干扰；他洁白纯素，无所作为而返璞归真，谨守根本、保全精神，遨游在天地之间，茫然徘徊在尘世之外，逍遥在宇宙初始的混沌状态里。他心胸浩大，没有任何机巧奸诈。所以，生死都不能使他变化；就是天翻地覆，他也都不为所动。他清醒地明白生命受自上天，不与外物相杂糅，面对纷乱的世事而持守根本。就像这样，他忘掉肝胆，遗弃耳目，专意于内心修养，使自己的精神和道融为一体。他居住时不知自己在做什么，行动时不晓得要去哪，浑浑噩噩，恍恍惚惚。他形如槁木，心如死灰，忘却五脏，抛弃形骸。他不用学习就能懂，不用张眼就能看，不用做就能成功，不用管就能办好。他受感触才发出反应，受到逼迫才自然行动，不得已才前往，如光闪耀，如影随形。他以道为准绳。依靠道体才会如此。他拥抱天道这个根本，不放纵欲念，因而外物无法扰乱他的心神。他心胸开阔，清静无欲。大泽焚烧也不能使他感到热气，河水冰冻而不能使他感到寒冷，炸雷劈山也不能使他受惊，狂风刮得天昏地暗也不能使他受伤害。因此，他视珍宝珠玉如石子，把至尊帝王看得像过客，视毛嫱、西施如土偶人。他将死生看作一种自然变化，将万物看作一类，让自己的精神合于天道，遨游在恍惚无际的区域里。他有精气而不使用，有神功而不显露，和浑然质朴的大道相融，立足于清静太虚之境。

【原文】　是故其寝不梦，其智不萌，其魄不抑，其魂不腾。反复终始，不知其端绪。甘暝太宵之宅①，而觉视于昭昭之宇②，休息于无委曲之隅③，而游敖于无形埒之野④。居而无容，处而无所；其动无形，其静无体；存而若亡，生而若死；出入无间，役使鬼神；沦于不测，入于无间。以不同形相嬗也⑤，终始若环，莫得其伦⑥。此精神之所以能登假于道也⑦。是故真人之所游⑧。

【注释】　①甘暝:酣睡。暝,通"眠"。太宵:长夜。②昭昭:光明。③无委曲之隅:与下"无形埒之野"皆指看不出形状的巨大区域。④敖:通"遨"。⑤嬗:幻化。⑥伦:条理。⑦假:通"格",至。⑧是故真人之所游:俞樾说当作"是真人之游也"。

【译文】　所以,真人睡时不做梦,智巧不萌发,阴魄不受抑制,阳魂也不飞腾。他周而复始,没有所谓开端和终止。他安睡在漫漫长夜之中,却能清醒地看见光明的世界,他在没有边涯的区域里休息,在没有形状的界域里遨游。他居处时没有具体的形貌,也没有具体的住所;他行动不留痕迹,静止不见形体;他似乎存在又似乎灭亡,好像活着又好像死了;他能出入没有间隙的地方,能役使鬼神;他既能进入深不可测的地方,也能处身狭小的空隙当中。真人就是以这样不同的形态幻化着,从开始到结束像圆环转动,无法弄清其中的条理。这就是真人的精神能够通达大道的原因。以上就是真人的形状。

【原文】　贵势厚利①,人之所贪也;使之左据天下图,而右手刎其喉,愚夫不为。由此观之,生尊于天下也②。圣人食足以接气,衣足以盖形,适情不求馀。无天下不亏其性,有天下不羡其和③。有天下无天下一实也。今赣人敖仓④,予人河水,饥而餐之,渴而饮之,其入腹者不过箪食瓢浆⑤,则身饱而敖仓不为之减也,腹满而河水不为之竭也。有之不加饱,无之不为之饥,与守其篅筥⑥,有其井,一实也。

【注释】　①贵:原作"尊",据王念孙说改。②生:当作"身"。③羡:过。④赣:赐。敖仓:古代粮仓名,在河南荥阳北。⑤箪:古代盛饭用的竹器。浆:水。⑥篅:一种类似囷的储粮器具,用篾席围成,可随储量升降高度。筥:即囷。

【译文】　尊贵的权势和丰厚的利禄,是一般人所贪求的;假如让某人左手掌握着天下版图,而用右手刎颈自杀,即使是最愚蠢的人也不肯这么干。由此可见,身体生命在一般人心目中要比天下更重要。所以圣人进食只求维持生命,衣着只求遮蔽身体,满足基本需求而已,不求过多享受。不占有天下不会亏损他的天性,占有也不会扰乱他的本性,占不占有天下对圣人来说都一样。假如现在赐给某人一座粮仓、一条大河,使他在饿时能吃、渴时能喝,但是吃进肚中、喝入腹内的,只不过一竹篮饭和一瓢水罢了,粮仓和河水不会因为倒吃饱喝足而减少枯竭。有了粮仓与河水,他也不会硬撑猛灌,没了粮仓与河水,他也不会忍饥受渴,有没有粮仓、水井对他的食量来说都是一样的。

【原文】　人大怒破阴,大喜坠阳,大忧内崩①,大怖生狂。除秽去累②,莫若未始出其宗,乃为大通。清目而不以视,静耳而不以听,钳口而不以言,委心而不以虑,弃聪明而反太素,体精神而弃知故。觉而若眯③,以生而若死④。终则反本未生之时,而与化为一体。死之与生一体也。

【注释】　①内崩:内脏崩裂。②秽:杂草,引申为杂念。③眯:梦魇。原作"昧",据王引之说改。④以:衍文,可删。

【译文】　人大怒会破坏阴气,大喜会损伤阳气,大忧会摧残内脏,惊恐会导致发狂。要想消除杂念和精神负担,最好是守住道体这个根本,如果能做到这点,就是彻底的通达了。所以,要使双眼明亮最好别贪看五光十色,要使耳朵清静最好别听靡靡之音,紧闭嘴

323

巴最好别多嘴多舌，心里坦荡不要滋生邪念。抛弃聪明智巧，返回到纯洁清静的境界中去，休养精神抛开巧诈。醒着如在梦中，活着就像死去。这样，你最终会返回到自然当中，和造化融为一体。因为生与死原本就是相随相依、不可分离的啊。

【原文】　衰世凑学①，不知原心反本，直雕琢其性，矫拂其情②，以与世交。故目虽欲之，禁之以度，心虽乐之，节之以礼，趋翔周旋③，诎节卑拜④。肉凝而不食⑤，酒澄而不饮⑥。外束其形，内总其德⑦，错阴阳之和⑧，而迫性命之情，故终身为悲人。达至道者则不然，理情性，治心术；养以和，持以适；乐道而忘贱，安德而忘贫；性有不欲，无欲而不得。心有不乐，无乐而不为；无益情者不以累德，不便性者不以滑和⑨。故纵体肆意，而度制可以为天下仪⑩。

【注释】　①衰世：道德衰败之世。凑学：舍本逐末的学说。②矫拂：掩饰违逆。③趋翔：趋附游走。④诎：弯曲。节：关节。卑拜：卑躬屈膝。⑤肉凝而不食：肉熟了很久，凝固了都不吃。⑥酒澄而不饮：酒搁了很久，杂质澄清了都不喝。⑦总：束。⑧错：乱。原作"钳"，据何宁说改。⑨不便：原作"而便"，依义文改。滑：通"汩"，乱。⑩度制：法度。

【译文】　近代道德衰败，人们趋附那些舍本逐末的学说，不懂得返璞归真，只是刻意雕琢，掩饰违逆人的本性，以此来和世俗交往。所以，他们眼睛本想看五颜六色，却有法度的禁止；内心本来喜欢享乐，却有礼节的制约；使人们只能左右趋附、上下周旋，卑躬屈膝。肉凝冻了都不敢吃，酒摆得澄清了也不敢喝。束缚了正常的行为，压抑了内在的德性，混乱阴阳二气的调和，压制生命的真情，所以最终成为可怜可悲的人。通达道体的人就不这样，他们理顺性情，治理心术；用平和之气来调养性情，以恬淡安宁来持守心术。他们乐于大道而忘记自己的卑贱，安于大德而忘掉自己的贫穷；他们生性没有贪欲，因而没有什么不能实现。他们本心不追求快乐，因而没有什么事不快乐的；那些无益于本性的事他不拿来累及德性，不适宜纯洁天性的事他也不拿来扰乱内心。所以他身体放松、意念舒缓自由，这种修身养性的法则可以成为天下人的典范。

【原文】　今夫儒者，不本其所以欲，而禁其所欲，不原其所以乐，而闭其所乐，是犹决江河之源而障之以手也。夫牧民者①，犹畜禽兽也，不塞其圃垣，使有野心，系绊其足，以禁其动，而欲修生寿终，岂可得乎？

【注释】　①牧民：治理百姓。

【译文】　今天的儒家，不去探究人们产生欲望的原因，只是一味禁止，不考察人们追求享乐的根源，而只是一味加以阻止，这种做法就像挖开了江河的源头，却又用手掌去阻挡一样。管理百姓好比畜养禽兽，不好好堵塞墙垣的缺口，让它们产生逃走的野心，却又羁绊住它们的腿脚不让乱动，这样对待人民，还想使他们安享天年，哪能行呢？

【原文】　夫颜回、季路、子夏、冉伯牛，孔子之通学也①，然颜渊夭死②，季路菹于卫③，子夏失明④，冉伯牛为厉⑤，此皆迫性拂情而不得其和也。故子夏见曾子，一臞一肥⑥。曾子问其故，曰："出见富贵之乐而欲之，入见先王之道又说之⑦。两者心战，故臞；先王之道胜，故肥。"推其志，非能不贪富贵之位⑧，不便侈靡之乐，直宜迫性闭欲⑨，以义自防也。

虽情心郁殪⑩，形性屈竭，犹不得已自强也⑪，故莫能终其天年。若夫至人，量腹而食，度形而衣，容身而游，适情而行，馀天下而不贪，委万物而不利，处大廓之宇，游无极之野，登太皇⑫，冯太一⑬，玩天地于掌握之中，夫岂为贫富肥臞哉？

【注释】　①通学：通晓孔子学说。②颜渊夭死：颜回以德行见称孔门，三十二岁早死。③季路菹于卫：子路以勇武见称，仕于卫，在一场权利斗争中被剁成肉酱。菹，切碎。④子夏失明：子夏长于文学，晚年因丧子痛哭而失明。⑤冉伯牛为厉：冉有长于德行，得恶疾而死。厉：同"疠"，恶疮。⑥臞：瘦削。⑦说：同"悦"。⑧不：原脱，据王念孙说补。⑨宜：王念孙说是衍文。⑩殪：致死。⑪强：勉强。⑫太皇：指天地。⑬冯：同"凭"，凭借。太一：指道。

【译文】　尽管颜回、子路、子夏、冉有都是孔子的高足，通晓孔门学问，可颜回早死，子路在卫国被砍成肉酱，子夏丧子悲哭到失明，冉有生了恶疮，他们之所以这样不得善终，是因为强迫自己违逆性情而损伤了中和之气。子夏见曾子，一时瘦一时胖。曾子问子夏是什么原因，子夏回答说："我外出见到富贵人家那么快乐，所以也想富贵；回家后学习先王之道，又喜欢上了先王之道。这二者在内心世界里经常交锋，折腾得我瘦削不堪，最后还是先王之道取得胜利，所以我又胖了。"分析子夏的话，就可知道他并非不贪图富贵享受，只是在压抑自己的情感，用礼义来防范欲望。这样心情郁闷压抑，本性扭曲，还是不停地强制自我，所以不能享尽天年。通达大道的至德圣人就不是这样了，他们根据饭量来进食，衡量体形来穿衣，能容身的地方就去游玩，顺遂性情的事才去干，把天下丢给别人自己不贪得，抛弃万物而不求利，身处空旷无垠的天宇，遨游在无边无际的空间，登上天空，凭借天道，玩赏天地于手掌之中，哪里还会为贫富而伤神得一会儿瘦一会儿胖？

【原文】　故儒者非能使人弗欲，而能止之；非能使人勿乐，而能禁之。夫使天下畏刑而不敢盗，岂若能使无有盗心哉？

【译文】　所以儒家不能使人没有欲念，只会禁止欲念；不能使人不享乐，只会制止享乐。这种让天下人因畏惧刑罚才不敢偷盗的行为，哪里比得上教人从根本上不萌生偷盗念头的做法呢？

卷八　本经

【题解】

篇题原注说："本，始也；经，常也。本经造化出于道，治乱之由，得失之常，故曰'本经'。""本经"就是根本性、经常性的治国准则。作者认为和顺质朴的大道是天下长治久安的根本，能够通达道体，就不用提倡"德"，明白"德"可以净化人心，所谓的仁义、礼乐都可以抛弃了。在作者看来，道治才是根本，仁义只是"背本求末"的学说，不能够修养性情，回归自然。本篇可以说紧承上卷《精神》的大旨，将持守精神、洞然无为的理论引申到

治理国家上。作者对"太清"之世的赞美和对衰世刑杀的描述，隐含了对儒家礼乐文化的讽刺，认为都是末世产生的末学。

【原文】 太清之治也①，和顺以寂漠，质真而素朴；闲静而不躁，推移而无故②；在内而合乎道，出外而调于义；发动而成于文③，行快而便于物；其言略而循理，其行悦而顺情④；其心愉而不伪，其事素而不饰。是以不择时日，不占卦兆；不谋所始，不议所终；安则止，激则行；通体于天地，同精于阴阳，一和于四时，明照于日月，与造化者相雌雄⑤。是以天覆以德，地载以乐；四时不失其叙，风雨不降其虐；日月淑清而扬光，五星循轨而不失其行。当此之时，玄元至砀而运照⑥，凤鳞至，蓍龟兆，甘露下，竹实满⑦，流黄出而朱草生⑧，机械诈伪莫藏于心。

【注释】 ①治：原作"始"，据王念孙说改。②移：原脱去，据何宁说补。③发动：行动。文：文章，这里指道的规则。④悦：简易。⑤雌雄：陪伴。⑥玄元：原作"玄玄"，依何宁说改，指天道。砀：大。运照：普照。⑦竹实：竹子所结的子实。古人认为竹子开花结实为吉兆。⑧流黄：玉名。朱草：一种红色的草。皆为祥瑞之兆。

【译文】 远古时代圣人治理天下，随顺事物本性、寂静无为，保持它们的本真面目而不加雕饰；他恬静闲适而不浮躁，任凭事物自然发展而不用规矩去限制；他的内在精神与大道相符，外在行为和德义协调；他行为举动都合于法度，处事快捷施利万物；他言论简略合于事理，行为洒脱简易但随顺常情；他心胸开阔愉快而不虚伪，行事朴实简约不装模作样。因此，那时候干什么都用不着选择占卜吉日，不必考虑如何开头，也不必计较结果；事物安静不动，就让它们那样，事物激发变动，那就任由其发展；他形体和天地自然相通，精神和阴阳二气融合，中和之气一年四季相和谐，神明与日月相辉映，整个身心和自然造化相伴随交融。正因为这样，苍天将道德恩泽施予万物，大地提供乐土养育众生；四时不失其次序，风雨不逞暴虐；日月清朗放射光芒，五星循轨不偏正道。在这样的太平盛世，天道光辉浩荡普照，凤凰、麒麟也会翔临门庭，占蓍、卜龟都能显示吉兆，甘露遍降，竹实饱满，流黄宝玉出现，朱草生于庭院，机巧伪诈根本没法潜入纯洁透明的心中。

【原文】 逮至衰世，镌山石①，锲金玉②，擿蚌蜃③，消铜铁，而万物不滋。刳胎杀夭④，麒麟不游；覆巢毁卵，凤凰不翔；钻燧取火，构木为台；焚林而田⑤，竭泽而渔；人械不足，畜藏有馀；而万物不繁兆萌芽⑥，卵、胎而不成者，处之太半矣。积壤而丘处，粪田而种谷⑦，掘地而井饮，疏川而为利，筑城而为固，拘兽以为畜，则阴阳缪戾⑧，四时失叙，雷霆毁折，雹霰降虐⑨，氛雾霜雪不霁⑩，而万物燋夭⑪。菑榛秽⑫，聚埒亩⑬，芟野菼⑭，长苗秀⑮；草木之句萌、衔华、戴实而死者⑯，不可胜数。

【注释】 ①镌：凿。②锲：雕刻。③擿：挑开。④刳：剖空。⑤田：同"畋"，打猎。⑥兆：多。⑦粪：施肥。⑧缪戾：错乱。缪，通"谬"。⑨雹：原作"电"，据王念孙说改。⑩氛：雾气。霁：雨雪停止，天放晴。⑪燋：通"憔"，憔悴。夭：死。⑫菑：除草。榛：丛木。秽：杂草。⑬埒：田界。⑭芟：割、除。菼：出生的荻，似苇。⑮苗秀：谷类始生为苗，吐花为秀。这里泛指禾苗谷物。⑯句萌：草木出土弯者为句，直者为萌。这里泛指初生植物。

【译文】 到了道德衰落的时代,统治者驱使人民开凿山石采取金玉,雕刻金玉做成饰品。挑开蚌蛤摘取珍珠,熔铸铜铁制造器具,这样使自然资源大量消耗,万物不得正常繁衍。剖开兽胎,杀死幼兽,吓得麒麟不敢露面遨游;掀翻鸟巢,毁坏鸟巢,使得凤凰不愿飞翔来临;钻石取火,伐木造楼,焚毁树林猎杀禽兽,放尽池沼捕捞鱼虾;人民使用的器械缺乏原材料,而国库内的物资储存却聚敛有余;各种物类都不能繁衍萌芽;鸟雀下蛋、兽类怀胎,在新生命将诞生时却遭到扼杀,这种中途夭折的情况占了大半。人们同时积土造山,在山上居住,往田里施肥播种谷物,往地下掘井取水,疏通河道以求水利,修筑城墙以求屏障,捕捉野兽驯养成家畜,搞得自然界阴阳错乱,四季气候失去秩序,雷霆毁坏万物,雹霰降落造成灾害,大雾不散,霜雪不停,万物因此枯萎夭折。铲除丛木杂草开荒种地,割除野草栽种禾苗,萌了芽、结了果的草木因此被毁掉的不计其数。

【原文】 乃至夏屋宫架①,绵联房植②,橑檐榱题③,雕琢刻镂,乔枝菱阿④,夫容芰荷⑤,五采争胜,流漫陆离⑥,修掞曲挍⑦,夭矫曾桡⑧,芒繁纷挐⑨,以相交持,公输、王尔无所错其剞劂削锯⑩,然犹未能澹人主之欲也⑪。是以松柏箘露夏槁⑫;江河三川,绝而不流;夷羊在牧⑬,飞蛩满野⑭;天旱地坼,凤凰不下,句爪、居牙、戴角、出距之兽于是鹜矣⑮。民之专室蓬庐⑯,无所归宿,冻饿饥寒死者相枕席也⑰。

【注释】 ①架:原作"驾",据孙诒让说改。②绵联:指屋檐板。原作"县联",据王念孙说改。植:指门外直立在两扇门交合部位以加锁的直木。③橑:屋椽。榱题:屋檐的椽头。④乔枝菱阿:雕刻在建筑物上的花草图案。乔,高。菱,于省吾说通"陵",高。阿,通"柯"。⑤夫容:即"芙蓉",荷花。芰:菱和荷叶。⑥流漫:彩色错杂的样子。陆离:分散的样子。⑦掞:舒展。挍:纷杂。⑧夭矫:屈伸自如的样子。曾桡:层叠弯曲的样子。⑨挐:乱。⑩公输:鲁班。王尔:古代巧匠。错:通"措",处置。剞:雕刻用的刀。劂:雕刻用的曲凿。削:刮刀。⑪澹:通"赡",满足。⑫箘:竹名。露:通"簬",竹名。⑬夷羊:一种神兽。传说夷羊出现为凶兆。牧:古商郊牧野。⑭飞蛩:蝗虫。⑮句:同"勾"。居:同"倨",曲尺形。距:指鸡类足后突出像脚趾的部分。鹜:逞凶。⑯之:往。专室蓬庐:窄小的茅草房。专:独。⑰枕席:指死尸互相枕垫着。

【译文】 修建高楼广厦,重叠耸立,屋檐的边板、屋门的植木、屋檐的椽头,处处雕琢刻镂着各种草木图案,高枝长条,盘曲婉转,荷花菱角五彩争艳,绚丽夺目,各种装饰参差错落、屈伸自如,姿态万千,即使鲁班、王尔那样的能工巧匠,面对这样的绝作也会不知道如何再去使用凿锯,可是这样还是不能满足君王的贪欲。原本长青不衰的松柏美竹,竟在植物繁茂的夏季凋落枯死;浩荡的长江大河也竟会干涸断流;神兽夷羊出现在商郊牧野,蝗虫遮天盖地;天旱地裂,凤凰不来,生有勾爪、尖牙、长角、距趾的凶禽猛兽却到处肆虐,残害生灵。百姓们背井离乡,挤在狭窄的茅房里,无家可归,饥寒交迫,死者互相枕藉。

【原文】 及至分山川溪谷使有壤界,计人多少众寡使有分数①,筑城掘池,设机械险阻以为备,饰职事②,制服等③,异贵贱,差贤不肖④,经诽誉⑤,行赏罚,则兵革兴而分争生,

民之灭抑夭隐^⑥,虐杀不辜而刑诛无罪,于是生矣。

【注释】 ①分数:明确的人口数量。②饰:整治。职事:官吏制度。③服等:服饰等级。④不肖:不贤。⑤经:书写。⑥抑:冤屈。隐:隐痛。

【译文】 后来又分割出山河划分国界,计算人口多少,修建城池,设置机关险塞以作防备,整治官制,制订服饰等级,分别贵贱贤愚,著书立说品评善恶,实施赏罚,于是战祸迭起,百姓遭受无数的冤屈隐痛,掌权者滥杀无辜、惩治无罪的情况也发生了。

【原文】 天地之合和,阴阳之陶化万物,皆乘人气者也。是故上下离心,气乃上蒸;君臣不和,五谷不为。距日冬至四十六日^①,天含和而未降,地怀气而未扬;阴阳储与^②,呼吸浸潭^③,包裹风俗,斟酌万殊,旁薄众宜^④,以相呕咐酝酿^⑤,而成育群生。是故春肃秋荣,冬雷夏霜,皆贼气之所生。由此观之,天地宇宙,一人之身也^⑥;六合之内,一人之制也。是故明于性者,天地不能胁也;审于符者,怪物不能惑也。

【注释】 ①四十六日:指从立冬到冬至这四十六天。②储与:徘徊不定。③浸潭:浸润扩散。④旁薄:靠近。⑤呕咐:吹拂,这里指养育。酝酿:调和。⑥一人之身:犹云"与人之身一",下"一人之制"同。

【译文】 天地混合之气融汇而产生阴阳二气,阴阳二气陶冶生育万物,全凭那纯一之气。因此,在上位和在下位的如果离心离德,邪气就会上升;君臣不和,五谷就不能生长。从立冬到冬至四十六天,天含有的阳气还未下降,地怀有的阴气还未上扬;后来,阳气开始下降,阴气开始升腾,还没有融合,各自在天地间游荡,逐渐互相吸收并浸润扩散成中和之气,包裹着巨大区域,准备生成万物,遍及芸芸众生使各得其宜,和气抚养调和着,最终化育出众多生命。因此,如果春天像秋天一样肃杀,秋天像春天一样繁荣,冬天响雷,夏天降霜,这些反常气候都是由阴阳二气失调后产生的有害邪气所造成的。由此看来,宇宙天地的构成原理与运动法则,和人体结构与生命变化是一样的。所以,明白天性大道的人,自然界的变异不会威胁到他;明察天象征兆人事符验的人,怪异的事也不会迷惑到他。

【原文】 故圣人者,由近知远,而万殊为一。古之人,同气于天地,与一世而优游^①。当此之时,无庆赏之利^②、刑罚之威,礼义廉耻不设,毁誉仁鄙不立,而万民莫相侵欺暴虐,犹在于混冥之中。逮至衰世,人众财寡,事力劳而养不足,于是忿争生,是以贵仁。仁鄙不齐,比周朋党,设诈谞^③,怀机械巧故之心,而性失矣^④,是以贵义。阴阳之情,莫不有血气之感,男女群居杂处而无别,是以贵礼。性命之情,淫而相胁^⑤,以不得已则不和^⑥,是以贵乐。

【注释】 ①"故圣"至"优游"六句:俞樾据《文子·下德》篇校订文句,当作"故圣人者,由近而知远,与万殊为一同。气蒸于天地,与一世而优游",可从。②庆赏:原作"庆贺",据陈观楼说改,与下"刑罚"相对。③谞:机谋。④性:何宁《集释》作"信",误,据原注及别本改。⑤胁:威胁生命。⑥以:若。已:止。

【译文】 所以圣明的人能从身边的事推知遥远的事,把万物的千差万别视为没有差

别。古时候的人,正气贯通天地,与整个世界一起悠闲遨游。在这样一个圣人治理的年代,既没有庆功封赏的诱惑,也没有刑法惩处的威逼,更不必设置礼义廉耻来约束,也没有对仁义和鄙陋的毁誉,百姓们互不侵犯,就像处在混沌社会之中。到了社会道德衰败的时代,人多物少,人们付出很多,收获却少,心生怨恨,为了生活而你争我夺,这时便要借助于"仁"来制止纷争。但社会中有人讲仁,有人则不仁。不仁的人还结党营私、心怀奸诈,失去天性!这时便要借助"义"来制止私心。社会中男女都有情欲,异性相吸引起情感冲动本是自然的,但男女混杂不加分隔就会引起淫乱行为,这时便要借助"礼"来限制。人的性情如果过分宣泄就会威胁生命,心性不得调和之时,就必须借助"乐"来加以疏通。

【原文】 是故仁义礼乐者,可以救败,而非通治之至也。夫仁者,所以救争也;义者,所以救失也;礼者,所以救淫也;乐者,所以救忧也。神明定于天下而心反其初,心反其初而民性善,民性善而天地阴阳从而包之,则财足而人澹矣,贪鄙忿争不得生焉。由此观之,则仁义不用矣。道德定于天下而民纯朴,则目不营于色,耳不淫于声;坐俳而歌谣①,被发而浮游,虽有毛嫱、西施之色不知说也②,《掉羽》《武象》不知乐也③,淫泆无别不得生焉④。由此观之,礼乐不用也。

【注释】 ①坐俳:或坐着或起身来回走动。②说:同"悦"。③《掉羽》《武象》:周王朝乐舞名。④淫泆:荒淫放荡。

【译文】 所以说,仁、义、礼、乐这些东西,可以用来防范、制止某些方面的道德衰败,但不能说是修身养性的最彻底手段。提倡"仁",是用来防止纷争的;提倡"义",是用来纠正狡诈不讲信用的;提倡"礼",是用来规范淫乱的;提倡"乐",是用来疏通忧愁的。依靠大道来安定天下,人心就会返回清静无欲的初始质朴境界;人心一旦返回到这种境界,民性就会向善;民性善良后就会和天地自然融合一致,这样阴阳和谐有序、四季不乱、万物繁茂、财物充裕,人们的需求一旦满足,贪婪鄙陋、怨恨争斗也就不会滋生。由此看来,以道来治理天下,仁义就不用实施了。用德来安定天下,百姓就会纯朴,眼睛不易受美色迷惑,耳朵也不会被淫声搞乱;人们或安闲地坐着歌唱,或悠闲地走着吟唱,或披散着长发而游荡,眼前即使有毛嫱、西施这样的美女,也引不起他们的兴趣,演奏《掉羽》《武象》这样的乐舞,也引不起他们的快乐,这样,荒淫放荡、男女混杂的事情根本不可能发生。由此看来,用"德"来净化人心,礼乐就不需要了。

【原文】 是故德衰然后仁生,行沮然后义立①,和失然后声调,礼淫然后容饰②。是故知神明然后知道德之不足为也③,知道德然后知仁义之不足行也,知仁义然后知礼乐之不足修也。今背其本而求其末,释其要而索之于详,未可与言至也。

【注释】 ①沮:败坏。②淫:繁滥。容:法度。饰:整治。③道德:此处义偏作"德",下句同。

【译文】 所以"德"衰后才有"仁"产生,品行败坏后才有"义"出现,性情失和才会用音乐来调节,礼节繁滥同样也要有新法度的整治。因此,知道用"道"来治理天下,"德"

329

就不值得提倡,明白"德"能净化人心,"仁义"就不值得实施了,懂得"仁义"有补偏救弊的作用,"礼乐"就不值得制定了。但如今却背弃了道的根本而去追求仁义礼乐这些末节,放弃了简要的办法去而求烦琐的东西,这样的人不能跟他谈论最高深的道。

【原文】 故至人之治也,心与神处,形与性调;静而体德①,动而理通;随自然之性而缘不得已之化②;洞然无为而天下自和③;憺然无欲而民自朴④;无机祥而民不夭⑤,不忿争而养足;兼包海内,泽及后世,不知为之者谁何。是故生无号,死无谥;实不聚而名不立,施者不德,受者不让,德交归焉而莫之充忍也⑥。故德之所总⑦,道弗能害也,智之所不知,辩弗能解也。不言之辩,不道之道,若或通焉,谓之天府,取焉而不损,酌焉而不竭,莫知其所由出,是谓瑶光⑧。瑶光者,资粮万物者也⑨。

【注释】 ①体:依照。②缘:循。③洞然:混沌的样子。④憺:通"澹",淡。⑤机祥:求神祈福的活动。民:何宁说衍文当删,是。⑥充忍:充满。忍,通"牣",满。⑦总:聚集。⑧瑶光:原注说:"谓北斗杓第七星也,居中而历运。"⑨资粮:供给粮食,这里指养育。

【译文】 所以至德之人治理天下,心与神紧紧相依,形与性相谐调;静处依德,行动合理;顺随事物的自然本性、遵循事物的自身规律;他浑然无为,而天下却自然和顺;他恬淡无欲,而人们纯朴无华;百姓不用求神祈福,也不会夭折,不怨恨纷争,而养育充足;他的德泽遍及天下、延及后世,但人们却不知道施恩的是谁。所以,至德之人活着没有名号,死了没有谥号;他不聚敛财物,也不追求名誉,施恩的人不自以为有恩而求报答,受恩惠的也不故作姿态地谦让,美德聚集归附于他身上,却不显得盈满。所以,德行聚集在身的人,说三道四也伤害不了他;智慧不能理解的事,能言善辩也无法解释清楚。不说话的辩才、不能指说的道,如果有人能达到这种境界,那就叫作进了天府,里面无所不有,取之不尽,用之不竭,也不知道它产生的缘由,这就是瑶光。所谓瑶光,就是养育万物的意思。

西施像

卷九 主术

【题解】

本篇原注说:"主,君也。术,道也。君之宰国,统御臣下,五帝三王以来,无不用道而兴,故曰主术也。"本篇作者全面论述了君主的治国之道,其根本原则是"无为而治",所谓"人主之术,处无为之事,而行不言之教。清静而不动,一度而不摇;因循而任下,责成而不劳"。君主掌握着权力,更要最大限度地发挥百官的智慧,这就是文中所说的"君臣异道"。此外,还必须辅以仁、义、礼、乐的教化和宽缓、简约的法制,这样才能使国家安定、百姓安宁。这种手段,其实是一种以道家为主体、兼融儒法学说的治术。这种治术的核

心，还是以"神化"为上，强调君主要以"道""德"为修养的重点，清心寡欲，为民作则，用"至诚""至精"来感化群臣百姓，使返璞归真，国家大治。

【原文】　人主之术，处无为之事，而行不言之教；清静而不动，一度而不摇①；因循而任下②，责成而不劳③。是故心知规而师傅谕导④，口能言而行人称辞⑤，足能行而相者先导⑥，耳能听而执正进谏⑦。是故虑无失策，举无过事⑧；言为文章，行为仪表于天下⑨；进退应时，动静循理；不为丑美好憎，不为赏罚怒喜⑩；名自其名，类各自类；事犹自然，莫出于己。故古之王者，冕而前旒⑪，所以蔽明也；黈纩塞耳⑫，所以掩聪；天子外屏，所以自障。故所理者远，则所在者迩；所治者大，则所守者小。

【注释】　①一度：坚守自然法度。②因循：随顺食物的本性。③责成：督促完成。④规：谋略。师傅：太师、太傅等辅导国君或太子的老师。谕：晓谕。⑤行人：官名，掌管朝见、出使等事务。⑥相者：司仪、赞礼之官。⑦执正：即"执政"，执政官。⑧举：举动。原作"谋"，据王念孙说改。过：错误。⑨于天下：俞樾说为衍文，何宁从之，当删。⑩怒喜：原作"喜怒"，据杨树达说改，"喜"与上文"理"、下文"己"押韵。⑪旒：皇冠前后下垂的玉珠，前面的能遮目，表示目不妄视。⑫黈纩塞耳：古代帝王冠冕两边悬垂下来的黄色丝棉球，用以塞耳，表示耳不妄听。黈，土黄色。纩，丝棉。

【译文】　君主治理天下，应该实行无为而治，无须说教就能使人自然感知明白；君主自身应清静而不浮躁，坚持自然法度不动摇；顺循事物固有的特性不加干预，充分发挥群臣百官的作用，使他们各尽其责而自己不必费心。根据上述原则，君主心里藏有韬略，却让国师来晓谕开导，能说会道却让行人之官去陈说，脚腿灵便却让相者去引导宾客。耳朵聪灵却由执政官员来转达百官计谋。这样，君主考虑问题就不会失策，办事也不会出错；说话言论合理，行为可作天下的表率；进退适合时宜，动静遵循道理；不会因为事物的美丑而产生好恶之情，更不会因赏罚而喜怒无常；事物叫什么名称就随它叫什么名称，属什么类别就让它属什么类别，是什么样子都是自然而然的，并不是个人意志所决定的。所以古代的帝王，冠冕前面装饰的一串珠玉，是用来遮挡视线的；冠冕两侧垂悬的黄色丝棉球，是用来堵塞耳孔的；天子宫外设立屏风，是用来阻隔自己、远离小人的。因此君主管辖的范围越远，所要明察的地方却越近；治理的国政越大，他所专注操持的事情却越简约。

【原文】　昔者神农之治天下也①，神不驰于胸中，智不出于四域②，怀其仁诚之心。甘雨时降，五谷蕃植，春生夏长，秋收冬藏。月省时考，岁终献功，以时尝谷③，祀于明堂。明堂之制，有盖而无四方，风雨不能袭，寒暑不能伤。迁延而入之④，养民以公。其民朴重端悫⑤，不忿争而财足，不劳形而功成。因天地之资，而与之和同。是故威厉而不试⑥，刑错而不用，法省而不烦，故其化如神。其地南至交趾⑦，北至幽都，东至旸谷，西至三危，莫不听从。当此之时，法宽刑缓，囹圄空虚，而天下一俗，莫怀奸心。

【注释】　①神农：传说中的古代部落首领，他尝百草教民栽种，号神农氏。②四域：四方。③尝谷：原注说："谷，新谷也。荐之明堂，尝之也。"即尝食新收获的五谷，并祭祀祖先。④迁延：自由自在的样子。⑤端悫：正直诚实。⑥试：原作"杀"，据王念孙说改。

331

⑦交趾：古地名，泛指南方极远之地。

【译文】 过去神农氏治理天下，精神沉静而不躁动，智慧藏匿，不显露于外，只怀着一颗仁爱真诚之心。因而自然界甘雨及时降落，五谷茂盛生长，春生夏长，秋收冬藏。按月按季考察民情，到年底向祖宗神灵汇报丰收的喜讯，按季节尝吃新谷，在明堂祭祀祖宗。明堂的建筑式样，有天穹一样的圆形顶盖而无四面墙壁，但风雨却不能侵袭，寒暑也不能伤害。每当祭祀祖宗神灵时，神农氏率领百官随从从容坦荡地进入明堂，因为他怀着公心养育着人民。他的民众朴素稳重、正直诚实，不互相争夺，仍然财物富足，也不用过分劳累身体而能大功告成。他凭借大自然的资助，精神与天地相融会。所以，他尽管身处高位，却从不逞威逞凶；制定刑法政令，但却不必动用；法令简略而不繁杂，所以对民众的教化功效神奇。他的管辖范围南到交趾，北到幽都，东到旸谷，西到三危，没有一处不听从。这时，法律宽大，刑罚轻缓，监狱空虚，天下风俗纯一，谁也不怀奸诈之。

【原文】 末世之政则不然。上好取而无量，下贪狼而无让①；民贫苦而忿争，事力劳而无功；智诈萌兴，盗贼滋彰；上下相怨，号令不行；执政有司，不务反道，矫拂其本，而事修其末；削薄其德，曾累其刑；而欲以为治，无以异于执弹而来鸟，袖枻而狎犬也②，乱乃逾甚。

【注释】 ①贪狼：贪婪乖戾。狼，原文为"很"，据何宁说改。②袖：原作"捭"。据吴承仕引《太平御览》改。枻：短棍。

【译文】 但近世的政治就不是这样的了。君主喜欢索取而没有休止，官吏贪婪凶狠不懂谦让；民众贫困不堪而被迫怨恨争夺，费尽辛劳而得不到报酬；智巧奸诈从此兴起，盗贼开始滋生泛滥；上下互相怨恨，法令不能实施；政府各级官员不致力于归依天道，违背治国的根本，只注意修饰细枝末节；德政被破坏殆尽，刑罚却不断加强；想这样治理好天下，无异于手拿弹弓却想招引鸟雀，袖藏木棍却想与狗玩耍，这只会乱上加乱。

【原文】 夫水浊则鱼噞①，政苛则民乱。故夫养虎豹犀象者，为之圈槛②，供其嗜欲，适其饥饱，违其怒恚③，然而不能终其天年者，形有所劫也。是以上多故则下多诈④，上多事则下多态，上烦扰则下不定，上多求则下交争。不直之于本⑤而事之于末，譬犹扬堁而弭尘⑥、抱薪以救火也。

【注释】 ①噞：鱼因缺氧而浮出水面呼吸的样子。②圈槛：关养兽类的栅栏。③恚：怒。④故：巧诈。⑤直：通"植"，立。⑥堁：尘土。弭：止。

【译文】 水混浊了，鱼儿就会浮出水面呼吸喘气，政令烦琐苛刻，民众也会动乱不安。所以那些驯养虎、豹、犀牛、大象的人，给它们修了栅栏，供给它们爱吃的食物，适时投放不让它们挨饿，让它们驯驯服服，但就是不能使它们安享天年。这是因为动物的身体受到了强制的约束。因此，在上的君主狡诈多端，在下的臣民也会跟着奸诈；在上的君主没事找事，在下的臣民也会无事生非；在上的君主烦扰不宁，在下的臣民也会受干扰而不安定；在上的君主太多贪欲，在下的臣民也会喜欢争斗。不立足根本而去追求末节，就好像扬起尘土来制止飞尘、抱着薪柴去救火一样。

【原文】 故圣人事省而易治，求寡而易澹①；不施而仁，不言而信，不求而得，不为而

成;块然保真②,抱德推诚;天下从之,如响之应声,景之像形:其所修者本也。刑罚不足以移风,杀戮不足以禁奸,唯神化为贵,至精为神。

【注释】 ①澹:通"赡",满足。②块然:安然。

【译文】 所以,圣人简省事务而治理容易,欲望少而容易满足;不需布施而能显出仁爱,不须信誓旦旦反能表示诚实,不必索取就能获得,不用做什么反能收到成效;他安然不动保守纯真,怀抱道德以诚待人;天下人都归顺他,如回声应和,如物影随形:这些都是由于圣人修养根本的原因。刑罚不足以移风易俗,杀戮不足以禁绝奸邪,唯有从精神上感化才是根本,那最精纯的无为之道才有最神奇的作用。

【原文】 故民之化上①,不从其所言而从其所行。故齐庄公好勇,不使斗争,而国家多难,其渐至于崔杼之乱②。顷襄好色,不使风议,而民多昏乱,其积至昭奇之难③。

【注释】 ①民之化上:原作"民之化也",据王念孙说改。②崔杼之乱:崔杼为齐国大夫,乘灵公病危,拥其子即位,是为齐庄公。齐庄公好养勇士,频频发动对外战争,政见和崔杼不一,后又与崔杼妻私通,最后被崔氏射杀。崔杼另立杵臼为君(即齐景公)。事见《左传》。③昭奇之难:战国末期楚国国君顷襄王淫逸奢侈,不准大夫劝谏,不久楚国遭秦国进攻,大丧疆土,襄王逃到城阳避难。昭奇:楚国大夫。

【译文】 民众受到君王的教化,不是听他的言传,而是服从他的身教。所以,齐庄公好养武士、穷兵黩武,尽管他并没有要百姓互相争斗,但国家就是多灾多难,导致后来崔杼弑君作乱。楚襄王专淫好色,尽管他并没有公开宣传色情,但民众却淫乱成风,最后发展到国土沦丧、逃离京城的灾难。

【原文】 故至精之所动,若春气之生、秋气之杀也,虽驰传骛置①,不若此其亟。故君人者,其犹射者乎?于此豪末,于彼寻常矣。故慎所以感之也。夫荣启期一弹②,而孔子三日乐,感于和;邹忌一徽③,而成王终夕悲,感于忧。动诸琴瑟,形诸音声,而能使人为之哀乐。县法设赏,而不能移风易俗者,其诚心弗施也。宁戚商歌车下④,恒公喟然而寤⑤,至精入人深矣。

【注释】 ①驰传:驾上传车快跑。传,传车。骛置:放开跑。骛,快跑。②荣启期:春秋时隐士,《列子·天瑞》载其与孔子讨论"三乐"之事。③邹忌:战国时齐国大夫,《史记·田敬仲完世家》载其以鼓琴游说齐威王,被任为相。徽:通"挥",用手弹奏。④宁戚:春秋时卫国人,穷困潦倒,听说齐桓公称霸,赶着车去见齐桓公,敲击牛角唱起商调歌曲,桓公被他感动,拜为上卿。⑤寤:通"悟"。

【译文】 所以最精纯的精神感化作用,就像春天生长、秋天肃杀一样,哪怕是驾上传车放开奔跑,都不如它速度快。所以,治理国家的君主,就像射手一样,瞄准时的毫发之差,都会造成最后极大的误差。所以要慎重地对待精神的感化作用。荣启期弹了一支旷达的乐曲,孔子听了快活了三天,这是因为孔子受到了平和之情的感染;邹忌挥手弹拨一曲,齐威王听后悲伤了一整夜,这是因为齐威王受到了忧伤之情的感动。感情通过乐音表现出来,人听后就会引起悲哀或快乐。而颁布法令、设置奖赏,却不能移风易俗,这是

因为实施赏罚的人不是靠的诚心。宁戚在牛车下唱起商调悲歌，齐桓公听后就感悟了，明白了宁戚的苦衷，最终任他为官，可见最精粹的精神感化作用是多么大啊！

【原文】 故曰：乐听其音，则知其俗；见其俗，则知其化。孔子学鼓琴于师襄①，而谕文王之志②，见微以知明矣。延陵季子听鲁乐而知殷、夏之风③，论近以识远也。作之上古，施及千岁而文不灭④，况于并世化民乎？

【注释】 ①师襄：春秋时鲁国乐师，孔子曾从其学习鼓琴，事见《史记·孔子世家》。②谕：通"喻"，明白。文王之志：孔子向师襄子学琴，反复练习一支曲子，开始只学会曲调，接着掌握技巧，最后才领会了主题是表现文王的志向。这时师襄才说此曲正是歌颂周文王的《文王操》。③延陵季子：春秋吴国公子季札，曾封于延陵，故称。《左传·襄公·二十九年》载季札出使鲁国观赏周代古乐，并一一评论。④施：延及。

【译文】 所以说，能懂乐舞，也就能了解其中蕴涵的思想内容和风俗习惯，也就明白它所具有的感化作用。孔子向师襄学习弹琴，从中明白了周文王的志向，这是孔子通过隐微的音乐语言而领悟出的。延陵季子从欣赏鲁国的传统音乐中了解了殷、夏的风俗习惯。这是由近以知远。这些创作于上古的乐章，流传千年而不磨灭，还能给人以启迪，更不用说这些音乐在当时的感化作用了。

【原文】 汤之时，七年旱，以身祷于桑林之际，而四海之云凑，千里之雨至。抱质效诚，感动天地，神谕方外；令行禁止，岂足为哉？

【译文】 商汤的时候，连续七年干旱，汤王亲自到桑林祈祷上苍，以自责来感化天神，很快乌云密布，大雨降临。所以说，怀着质朴之心，就能感动天地，神奇地感化四面八方；靠行政命令来规定人们的行为，哪里有上述神奇的功效？

【原文】 古圣王至精形于内，而好憎忘于外；出言以副情①，发号以明旨；陈之以礼乐，风之以歌谣；叶贯万世而不壅②，横扃四方而不穷③；禽兽昆虫与之陶化，又况于执法施令乎？

【注释】 ①副：符合。②叶贯：积累。原作"业贯"，据王念孙说改。壅：堵塞。③横扃：横贯。扃，门栓。

【译文】 古代圣王最精纯的精神形成于内心，好憎之情就被抛到九霄云外了；他的言论符合真情，发布号令则阐明仁慈的旨意；他通过礼乐熏陶民心，用歌谣来讽喻风俗；他的这种精神感化持续万代也不会停止、横贯四方也不会穷尽；就连禽兽昆虫也受到陶育感化，更何况由这样的圣王执法施令，天下谁能不听从呢？

【原文】 故太上神化①，其次不得为非，其次赏贤而罚暴。

【注释】 ①太上：最重要。

【译文】 所以治理天下，最重要的是从精神上感化，其次是用仁义礼制来约束民众，使他们不做错事，而用奖赏贤才、惩罚暴虐的方法来治理是最下策的。

【原文】 衡之于左右，无私轻重，故可以为平；绳之于内外，无私曲直，故可以为正；人主之用法，无私好憎，故可以为命①。夫权轻重，不差蚊首②；扶拨枉桡③，不失针锋；直施矫邪④，不私辟险⑤；奸不能枉，谗不能乱；德无所立，怨无所藏：是任术而释人心者也⑥，故为治者不与焉⑦。

【注释】　①命：命令、政令。②蚊首：蚊子头。与下"针锋"皆比喻分量轻微。③扶拨：治理。枉桡：弯曲。这里指枉法导致的冤屈。④直：使直。施：歪邪。⑤辟：同"避"。⑥任：用。⑦与：用。

【译文】　秤对于所称之物来说，不会根据自己的私心来故变轻重，因此可以做到平衡；墨绳对于所量之物来说，也不会凭自己的私心来决定曲直，因此可以做到端正。君主用法也是如此，不能因为爱憎而改变执法标准、量刑尺度，所以他才能实施法制政令。权衡轻重，哪怕是蚊子头那么小的误差也不能发生；矫正枉屈，哪怕是针尖那么小的误差也不能发生；纠正歪邪，不以私心回避风险；奸诈小人不能使他枉法，谗言之人不能使他乱法；执法苛刻严明，结果必然是恩德无法树立，怨恨反而滋生：这种凭法术治国而失去人心的做法，治理天下的君主是不会采用的。

【原文】　君人之道，其犹零星之尸也①，俨然玄默，而吉祥受福。是故得道者不为丑饰，不伪善极②，一人被之而不褒，万人蒙之而不褊③。是故重为惠若重为暴④，则治道通矣。

【注释】　①零星：即"灵星"，主稼穑，古人在壬辰日祀于东南，以祈祷年成或报告事功。尸：古代祭祀时代神受祭的"尸主"。②不伪善极：原作"不为伪善"，据王念孙说改。伪，通"为"。极，隐藏。③褊：狭小。④重：慎重。

【译文】　治理民众的方法，就应该像祭祀灵星神时的尸主那样，庄重静默，不声不响，使祭祀的人在不知不觉中吉祥受福。所以，得道之君掩盖人民的丑陋，也不隐藏人民的美德。一个人承受君主的恩惠，不会觉得太大；万人分享，也不觉得太小。因此，君主十分慎重地对待恩惠和惩罚，他不轻易施予恩惠，就像他不轻易惩处别人一样。这样，治国之道就畅通无阻了。

【原文】　为惠者，尚布施也。无功而厚赏，无劳而高爵，则守职者懈于官，而游居者亟于进矣。为暴者，妄诛也。无罪者而死亡，行直而被刑，则修身者不劝善，而为邪者轻犯上矣。故为惠者生奸，而为暴者生乱；奸乱之俗，亡国之风。

【译文】　热衷施行恩惠的君主，崇尚奖赏施政。这样，就会致使无功者得到奖赏，无劳者得到爵位，这样一来，官员会玩忽职守、松懈失职，那些闲居游荡的士人也会竭力谋取官职。喜欢施行暴政的君主，动不动就实施惩罚。这也会导致无罪者屈死，品行端正的人受到刑罚，这样一来，那些注重自我修养的人不愿再努力向善，行为不轨的反倒敢于犯上作乱了。所以，轻施恩惠容易助长奸邪，乱行惩罚容易滋生动乱，奸邪、动乱正是亡国的祸根。

【原文】　是故明主之治，国有诛者而主无怒焉，朝有赏者而君无与焉。诛者不怨君，罪之所当矣；赏者不德上，功之所致也。民知诛赏之来，皆在于身也，故务功修业，不受赣于君①。是故朝廷芜而无迹，田野辟而无草。故太上下知有之②。

【注释】　①赣：赐予。②太上：远古无为而治的时代。

【译文】　因此，英明的君主治理天下，不会因为国家有诛罚之事而恼怒，也不会因朝廷有

奖赏活动而高兴。受诛罚者不怨恨君主，这是因为他们罪有应得；受奖赏者也不感谢国君，因为是他们功劳所致。人民一旦明白赏罚完全取决于自身表现，也就会努力建功立业，而不指望君主会恩赐什么，这样一来，政府机构反而人迹稀少，田野开辟出来没有荒草地。在最美好的无为而治的远古时代，人民只知道君主存在，而并不知道奖惩善恶的存在。

【原文】 夫人主之听治也，清明而不暗，虚心而弱志，是故群臣辐凑并进①，无愚智、贤不肖莫不尽其能。于是乃始陈其礼，建以为基，是乘众势以为车，御众智以为马，虽幽野险涂则无由惑矣。人主深居隐处以避燥湿，闱门重袭以避奸贼②。内不知闾里之情，外不知山泽之形，帷幕之外目不能见③，十里之前耳不能闻，百步之外④，天下之物无不通者，其灌输之者大⑤，而斟酌之者众也⑥。是故不出户而知天下，不窥牖而知天道⑦。乘众人之智，则天下之不足有也；专用其心，则独身不能保也。

【注释】 ①辐凑：车轮的辐条聚集于轴心。②闱门：内室的门。③帷幕：指居室。④百步之外：向宗鲁说衍文，何宁从之，当删。⑤灌输之者：传递信息的渠道。⑥斟酌：出谋献计。⑦"是故"二句：见《老子》第四十七章。

【译文】 君主治理政务，清明而不糊涂，心胸虚静而心志温和，这样群臣就会像车辐聚集到车轴一样辅佐君主，不管是笨的还是聪明的、贤能的还是不才的，无不各尽其力。达到了这种境界，才谈得上君臣礼节，建立和谐的君臣关系，作为治理天下的基础。如果君主善于充分利用众人的力量和智慧，并且驾驭自如，这样即使到了幽暗险要之地，也不会迷失。君主深居以避燥热寒湿，关闭室门以避奸佞。他没亲眼看过巷里民情，也没有亲自巡视过山川形势，他看不到居室以外，听不清十里开外，可是天下事物却无所不知，这是因为向他输送信息的渠道广阔畅通，替他出谋划策的人又很多。所以他足不出户而能知天下事，眼不窥窗而能知晓天象。充分聚集发挥众人的智慧才能，这天下就不够他治理了；只凭借个人的智力，可能连自身都难保全。

【原文】 是故人主覆之以德，不行其智，而因万人之所利，夫举踵而天下得所利①。故百姓载之上弗重也，错之前弗害也②，举之而弗高也，推之而弗猒③。

【注释】 ①举踵：抬脚。比喻轻易，不费力。而：原在"天下"二字之下，据杨树达说调整。②错：通"措"，放置。③猒：同"厌"。

【译文】 所以，君主用道德来治理天下，而不只运用个人的智慧，只是依顺万民的利益来办事，所以他抬脚就能让天下人获得利益。这样，百姓将君主顶在头上也不会感到压迫，放在眼前也不会感到碍事，举过头顶也不会感到他高高在上，推崇他也不会产生厌烦。

【原文】 主道员者，运转而无端，化育如神，虚无因循，常后而不先也。臣道员者运转而无方者①，论是而处当，为事先倡②，守职分明，以立成功也。是故君臣异道则治，同道则乱，各得其宜，处其当，则上下有以相使也③。夫人主之听治也，虚心而弱志，清明而不暗，是故群臣辐凑并进，无愚智贤不肖，莫不尽其能者，则君得所以制臣，臣得所以事君，治国之道明矣。

【注释】 ①臣道员者运转而无方者：王念孙说本句当作"臣道方者"，"员者运转而

无"六字乃因上文而误衍。②先倡:走在前面。③相使:互相促进。

【译文】　君主治国的方法灵活圆通,周而复始而运转不停,孕育万物神妙无比;虚无恬静,随着事务的本性,常居后而不争先。下属大臣办事方方正正,正确恰当,遇事抢先干,职责分明不推诿,以此来建立功绩。所以君行无为之道,臣行有为之道,君臣异道天下太平;反之君臣同道天下就会乱套,这是说君主要清静无为,臣子要恪守职位,各自处在恰当的位置上,这样上下才能默契合作、互相促进。君主治理政务,心胸虚静而心志温和,清明而不糊涂,这样群臣就会像车辐聚集到车轴一样辅佐君主,不管是笨的还是聪明的、贤能的还是不才的,无不各尽其力,这样君主能充分驾驭群臣,群臣能充分效力君主,治国之道就是这样清楚。

卷十　缪称

【题解】

本篇重点论述君主自身的修养,和上篇《主术》论统御之术相为表里,可以视作续篇。作者认为君主修养的最高境界依然是秉承清静无为的大道,同时必须要有仁爱之心。文中除了对道、德、性、命的阐述外,还引用了很多儒家学说,对仁、义、礼、乐等范畴作了充分的肯定,强调君主要从身边小事做起,持之以恒地"积小善成大德",更要注意独处时的"慎独"精神。所谓"缪称",即是"引用异说",具体指在坚持道家学说的前提下,将与道家相异("缪")的儒家学说引述称说("称"),这种杂糅兼用还是以道家思想为主体的,儒家学说只是处于辅助地位。

【原文】　主者,国之心。心治则百节皆安①,心扰则百节皆乱。故其心治者,支体相遗也②;其国治者,君臣相忘也③。黄帝曰④:"芒芒昧昧⑤,从天之威⑥,与元同气⑦。"故至德者,言同略⑧,事同指⑨,上下一心,无岐道旁见者,遏障之于邪,开道之于善,而民乡方矣⑩。故《易》曰:"同人于野,利涉大川⑪。"

【注释】　①节:关节脉络。②遗:忘。③君臣相忘:指君臣各安其位,互不干扰。④"黄帝曰"三句:出自《吕氏春秋·应同》篇。⑤芒芒昧昧:纯厚广大的样子。芒,通"茫"。⑥威:原作"道",据王念孙说改。⑦元:天。⑧略:谋略。⑨指:通"旨",意旨。⑩乡:通"向"。方:正道。⑪"同人"二句:《周易》"同人"卦卦辞。意思是说君臣同心同德,所以能无往不胜。

【译文】　君主是国家的心脏。心脏健全正常,全身的筋骨脉络就畅通,心脏功能紊乱,全身的血脉也随之紊乱。所以,一个人的心脏如果正常,肢体也就相安无事;一个国家治理得好,君臣之间就各守其位,各司其职。黄帝说:"至德之人纯厚广大,能承顺上天的道德,精气能与上天的元气相通。"所以,至德之人的谋略与臣民同心同德,没有意见上的分歧,也就能堵塞歪门邪道,开启行善之道,使人民都能朝正道上走。所以《易经》上说:"君主在郊外聚集民众准备出征,由于上下同心,就一定能跋涉山川渡过难关,最终取

得胜利。"

【原文】 道者,物之所导也;德者,性之所扶也;仁者,积恩之见证也;义者,比于人心而合于众适者也①。故道灭而德用,德衰而仁义生。故上世体道而不德,中世守德而弗怀也②,末世绳绳乎唯恐失仁义③。君子非仁义无以生,失仁义则失其所以生;小人非嗜欲无以活,失嗜欲则失其所以活。故君子惧失仁义,小人惧失利。观其所惧,知各殊矣。《易》曰:"即鹿无虞,惟入于林中。君子几不如舍,往吝④。"

【注释】 ①比:紧挨着。众适:合众人的心意。②怀:原作"坏",怀柔远方。据俞樾说改。③绳绳乎:小心的样子。④"即鹿"四句:《周易》"屯"卦"六三"的爻辞。大意是说君子处于险难之境,不可有所往。印,追逐。鹿,比喻利。虞,掌管山林的官员。几,追求。舍,弃。吝,难。

【译文】 道是万物的先导,德是对人本性的扶助,仁是恩惠厚重的表现,义是统合人心、合乎众人意愿。所以道被抛弃了就用德来取代,德衰微了就产生了仁义。因此,远古圣人之治依靠道而不靠德,中古圣王之治是谨守德而不知用仁义来怀柔远方,近代君王治国是小心谨守仁义而唯恐失去。君子没有了仁义就无法活下去,丧失了仁义就失去了生存的条件;小人没有了嗜欲就无法生存,丧失了嗜欲就等于要了他的命。所以君子害怕失掉仁义,小人则害怕失去利益。观察他们害怕什么,就知道君子和小人的不同了。《周易·屯卦》说:"追逐鹿而得不到守林官的帮助,就是追进深山老林也得不到。君子懂得追求不到还不如舍弃,因为继续追下去,危险就在前面等着。"

【原文】 其施厚者其报美,其怨大者其祸深。薄施而厚望,畜怨而无患者①,古今未之有也。是故圣人察其所以往,则知其所以来者。圣人之道,犹中衢而致尊邪②,过者斟酌,多少不同,各得其所宜。是故得一人,所以得百人也。人以其所愿于上以交其下,谁弗戴?以其所欲于下以事其上,谁弗喜?《诗》云:"媚兹一人,应侯慎德③。"慎德大矣,一人小矣;能善小,斯能善大矣。

【注释】 ①畜:通"蓄",积聚。②衢:四通八达的道路。致:杨树达说通"置",设置。尊:同"樽",装酒的器具。③"媚兹"二句:见《诗经·大雅·下武》。大意是说圣人能从小处表现出仁爱之心,积聚成大的美德,得到臣民的拥戴。媚,喜爱。兹,此。应,当。侯,乃。慎,顺。

【译文】 如果施予别人丰厚,那么得到别人的回报也丰厚;如果结怨大,招致的祸害也必然深。施予别人的非常浅薄而能得到厚报、积怨深厚却没有灾祸,从古到今还没碰上这种事。所以圣人知道自己怎样和人交往,也就知道别人将怎样回报自己。圣人为人处事的方法,就像在四通八达的道路中央设置酒樽款待行人,行人舀酒喝,量的多少都按自己的酒量来决定。所以能够赢得一个人的心,也就能影响上百人来拥戴。一个人能够用他希望上司对他的态度来对待自己的下属,那么他的下属谁不爱戴他? 一个人能够用他要求下属对待他的态度来对待自己的上司,那么他的上司又有哪个不喜欢他?《诗经》里说:"周武王能从爱护每个人做起,积聚起了崇高的功德。"功德是伟大的,关爱人的善行是微不足道的;但正因为能积累小善,最后才形成大的功德。

【原文】 君子见过忘罚,故能谏;见贤忘贱,故能让;见不足忘贫,故能施。情系于中,行形于外。凡行戴情①,虽过无怨;不戴其情,虽忠来恶。后稷广利天下,犹不自矜;禹无废功,无废财,自视犹觖如也②。满如陷③,实如虚,尽之者也。

【注释】 ①戴:通"载",含着。②觖:不满。③陷:缺少。

【译文】 君子看到他人的过失就忘掉了批评他人可能会招致责罚,所以他直言进谏;君子看到贤才便忘记举荐贤才可能会使别人地位超过自己,所以他乐意让贤;君子看到衣食不足的就忘记接济别人会穷了自己,所以他能慷慨解囊。内心维系着真情,就会在行动中表现出来。言行饱含真情,即使有过失,别人也不会怨恨;言不由衷,就是装出一副忠诚的样子,也会招人厌恶。后稷为天下人谋利,但却从来不自夸;夏禹治水没有白费民力民财,但他从不自满。他们都是在完满中看到缺陷,在充实中看到不足,因为他们要求自己尽善尽美。

【原文】 凡人各贤其所说①,而说其所快。世莫不举贤,或以治,或以乱,非自遁②,求同乎己者也。己未必得贤③,而求与己同者,而欲得贤,亦不几矣④。使尧度舜,则可;使桀度尧,是犹以升量石也⑤。今谓狐、狸⑥,则必不知狐,又不知狸。非未尝见狐者,必未尝见狸也。狐、狸非异,同类也。而谓狐、狸,则不知狐、狸。是故谓不肖者贤,则必不知贤;谓贤者不肖,则不知不肖者矣。

【注释】 ①说:同"悦"。②遁:欺骗。③得:王念孙说衍文。④几:近。⑤石:十升为一斗,十斗合一石。⑥狐、狸:两种动物。"狸"属猫科,指狸子、山猫,"狐"属犬科,即今天所说"狐狸"。狐、狸二者习性相似,故后人多混同之。

【译文】 一般来讲,人们都欣赏自己所喜欢的人,而所喜欢的又是自己感到愉快的。世上没有人不举荐他们所以为贤能的人,但所举荐的人有的能把事办好,有的却把事搞砸,这些并不是举荐人才时自己欺骗自己,而是所举荐的人只求合自己的口味。可是你自己的水平并不是很高,按你的水平去寻求人才时,所得的人就不一定是真正的贤才。好比让尧去鉴识舜,当然是可以的;但如果让桀去识别尧,就好像用升去量石一样,没法弄清楚。现在一般人都习惯说"狐狸",实际上他们既不知道"狐"是什么,也不知道"狸"是何物;他们不是没有见过狐,就一定是没有见过狸。狐和狸不是异类,但因为习性相近而属同一大类。可是人们混称"狐狸",可见他们根本不知道什么是狐、什么是狸。所以把不贤的人称为贤人,就足见他一定不明白什么叫贤;将贤才说成不贤,那他一定也不明白什么叫不贤。

【原文】 圣人在上,则民乐其治;在下,则民慕其意。小人在上位,如寝关曝纩①,不得须臾宁。故《易》曰:"乘马班如,泣血涟如②。"言小人处非其位,不可长也。

【注释】 ①关:机关。曝纩:曝晒蚕茧,蛹虫挣扎其内,至死方休。曝,晒。纩,蚕茧。②"乘马"二句:《易经》"屯"卦上六爻辞,大意说人处危亡之境,危在旦夕。班,通"盘",盘旋,徘徊。

【译文】 圣人处于上位,百姓乐意接受他的治理;圣人不在上位,百姓也会仰慕他的思想。如果小人占统治地位,那么百姓就像睡在机器的发动机上,或者像暴晒着的蚕茧里面的蛹,没有片刻的安定。所以《易经》说:"骑马徘徊不安,面临血泪淋淋的险境。"是说小人占着他不该占的位置,导致百姓日子难过,小人也不可能长久得位。

【原文】 物莫无所不用①。天雄乌喙②,药之凶毒也,良医以活人。侏儒瞽师③,人之困慰者也④,人主以备乐。是故圣人制其�材⑤,无所不用矣。

【注释】 ①莫:衍文。②天雄:药名,有剧毒,入药能治恶疾。乌喙:即乌头,有剧毒,入药能治恶疾。③瞽师:盲人乐师。④困慰:困窘愁郁。⑤制其剟材:即"制剟其材"。制,裁取。剟,砍削。

【译文】 物没有什么是无用的。天雄和乌头尽管是草药中的剧毒药,但良医却能用来救人性命。侏儒和盲人,是最困窘愁郁的人,但君主却用他们当优伶、乐师。所以君主圣人如同巧匠裁取砍削木材一样,没有什么材料可以被舍弃不用。

【原文】 心之精者,可以神化,而不可以导人;目之精者,可以消泽①,而不可以昭诟②。在混冥之中,不可以谕于人。故舜不降席而天下治,桀不下陛而天下乱,盖情甚乎叫呼也。无诸己,求诸人,古今未之闻也。同言而民信,信在言前也;同令而民化,诚在令外也。圣人在上,民迁而化,情以先之也。动于上,不应于下者,情与令殊也。故《易》曰:"亢龙有悔③。"三月婴儿,未知利害也,而慈母之爱谕焉者,情也。故言之用者,昭昭乎小哉! 不言之用者,旷旷乎大哉!

【注释】 ①消泽:比喻无形中感知事物。泽,通"释",解散。②昭诟:告诫。③亢龙有悔:《易经》"乾"卦"上九"尧辞,大意说居高位的君主骄傲横蛮,难以长久,由此产生悔意。

【译文】 精诚的心,可以用来神妙地感化他人,但不能用来说教;明亮的眼睛,可以在无形中明察秋毫,但无法用宫来告诫。心和眼的这种功能,是在无形中发挥作用的,不能使人知道其中的奥妙。所以舜不离座席而天下大治,桀不下台阶而天下大乱,这些都是由于感情的作用所致,远远要超过人的呼喊作用。自己办不到的事,却要别人做到,这在古今都是闻所未闻的事。百姓赞同你的言论并且说话诚实,是由于你教育百姓一向诚实;百姓服从你的命令并且被教化好,是由于你的发号施令也同样出于真诚。圣人处于上位,百姓归顺并被感化,同样是由于圣人对百姓动以真情。君王在上发布政令,而下面百姓不响应,这是由于君王的真情与政令不一致。所以《易经》说:"身处高位的君主为自己的骄傲蛮横带来的恶果而后悔。"三个月大的婴儿,还不懂得利害关系,但慈母的爱心却能明显感受到,这是由于母子间的真情相通。所以言教的作用真是小之又小,而不言之教的功效却是大之又大!

【原文】 身君子之言①,信也;中君子之意,忠也。忠信形于内,感动应于外。故禹执干戚舞于两阶之间,而三苗服。鹰翔川,鱼鳖沈,飞鸟扬,必远害也。子之死父也,臣之死君也,世有行之者矣,非出死以要名也②,恩心之藏于中,而不能违其难也③。故人之甘

甘④,非正为�也⑤,而�焉往⑥。君子之惨怛⑦,非正为伪形也⑧,谕乎人心,非从外入,自中出者也。义正乎君,仁亲乎父。故君之于臣也,能死生之,不能使为苟简易⑨。父之于子也,能发起之,不能使无忧寻⑩。故义胜君,仁胜父,则君尊而臣忠,父慈而子孝。

【注释】　①身:身体力行。②要:通"邀",取得。③违:避开。④甘甘:第一个"甘"作动词,乐意。第二个"甘"作名词,指乐意做的事。⑤正:仅。�:这里指愿望。⑥往:达到,实现。⑦惨怛:忧伤悲痛。⑧伪:刘文典说衍文。⑨简:王念孙说衍文。苟易:迎合君主意图而改变道义。⑩忧寻:子女对父母的忧虑挂念。寻,通"憛",思。

【译文】　能够亲身践履君子说的话,叫作信;能够符合君子的意志,叫作忠。忠和信在内心形成,就会对外界产生感化作用。所以禹手执盾牌、大斧在宫廷台阶前跳起古舞,表示要化武力征讨为德治,使作乱的三苗很快就臣服了。老鹰在江河上空盘旋,鱼鳖慌忙沉入水底,鸟儿也高飞远走,这些都因为它们能感知老鹰的伤害之心,所以远远地躲避起来。儿子能为父亲去死,大臣能为君主舍命,这些事情每个朝代都有,但是他们不是为了用死来邀取名利,而实在是他们内心有感恩之情,才不会躲避死难。所以,人们情愿去做一件自己乐意的事情,并非是为了实现某种目的,可是目的却常常实现;君子忧伤悲痛,也并非装样子,所以能够得到理解。他们的这些情感不是迫于外力,而是真的产生于内心世界。义比君主重要,仁比父亲更亲近。所以,君王对臣下,可以有权决定他们的生死,但不能让重义的臣下迎合他而改变道义;父亲对儿子,可以呼来唤去使唤他们,但不能让讲孝道的儿子不为父母忧虑挂念。所以,我们将仁义置于君父之上,那么就会君尊臣忠、父慈子孝了。

【原文】　圣人在上,化育如神。太上曰①:"我其性与②?"其次曰③:"微彼其如此乎④?"故《诗》曰:"执辔如组⑤。"《易》曰:"含章可贞⑥。"动于近,成文于远。夫察所夜行,周公不惭乎景⑦:故君子慎其独也,释近斯远,塞矣⑧!

【注释】　①太上:远古无为而治的时代。②我其性与:原注说:"我性自然也。"与,钦。③其次:五帝时代。④微:如果没有。彼:指百姓。⑤执辔如组:见《诗经·邶风·简兮》,大意是赞美一位舞师模拟驾驭马车的舞姿有条不紊。执辔,手执缰绳。组,丝帛。⑥含章可贞:见《易经》"坤"卦"六三"爻辞,高亨释云:"筮遇此爻,前途如武王克商,所占之事可行。或从王事,不能成功,但亦有好结果。"这里指怀有美好的情操,行为就能走上正道。含,戡,克。章,通"商"。可贞,所占之事可行。⑦斯:当作"期"。⑧塞:不通。

【译文】　圣人在上位,教化应验如神。远古无为而治的圣主说:"我只是顺其自然,无为而治。"后来德治社会中的五帝说:"没有百姓的拥护,天下哪能治理得如此太平?"所以《诗经》说:"手执缰绳。如同织帛。"《易经》说:"怀有高尚情操,行为就能走上正道。"能够注意自身修养,就能获得深远的美好结果。周公在黑夜里能省察自己的行为,做到身正影正毫无愧色。这就是君子的"慎独"。而放弃自身的修养,却指望实现远大目标,这是行不通的。

【原文】　积薄为厚,积卑为高,故君子日孳孳以成辉①,小人日怏怏以至辱②。其消息也③,离朱弗能见也。文王闻善如不及,宿不善如不祥④,非为日不足也,其忧寻推之也。

故《诗》曰:"周虽旧邦,其命维新⑤。"

【注释】　①孳孳:通"孜孜",勤勉的样子。②怏怏:郁郁不乐的样子。③消息:消长变化。④宿:止宿,这里指碰上。⑤"周虽"二句:见《诗经·大雅·文王》,大意说周虽是历史悠久的旧邦,但它受天命伐商建国,则是新兴的国家。

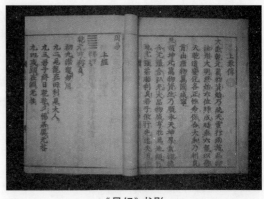
《易经》书影

【译文】　薄的积多了可以变厚,低的积多了可以变高。所以君子每天勤勉行善,以养成光辉的美德,而小人每天因贪心不足而怏怏不乐,以致品德败坏而受辱。这里面变化的道理,就是像离朱那样好眼力的人也看不清。周文王听到善事可行,唯恐自己赶不上,而对自己的不善之处,如果停一晚都会感到不安,这并不是只为偶然不足而不满意,而是深深忧虑长此以往会变得不可收拾。所以《诗经》说:"周国虽然是古老之邦,但它新受天命,却是新兴国家。"

【原文】　怀情抱质,天弗能杀,地弗能埋也,声扬天地之间,配日月之光,甘乐之者也。苟乡善,虽过无怨;苟不乡善,虽忠来患。故怨人不如自怨,求诸人不如求诸己得也。声自召也,貌自示也,名自命也,文自官也①,无非己者。操锐以刺,操刃以击,何怨乎人? 故管子文锦也②,虽丑登庙③;子产练染也④,美而不尊⑤。虚而能满,淡而有味,被褐怀玉者,故两心不可以得一人,一心可以得百人。男子树兰,美而不芳,继子得食,肥而不泽⑥。情不相与往来也。

【注释】　①文:文辞、言辞。官:效法。②管子:名夷吾,字仲,谥号"敬",又称管敬仲。文锦:形容生活奢侈。③虽丑登庙:未详其事,可能指管仲的不拘小节。黄以周说:"管仲如丝,于练染先不良,即成绘锦亦丑,故曰恶(丑);然其功已成,器虽小,而人乐用之,故曰登朝。"④子产:公孙侨,春秋郑简公执政大臣,实行改革,铸法律条文于鼎。练染:将生丝煮熟,使之柔白。⑤美而不尊:大概指有仁德但未成大业。黄以周说:"子产如丝,得练染法,故曰美;而未有成功,人遂卑视之。"⑥继子:前妻所生之子或者过继之子。泽:通"怿",高兴而充满神采的样子。

【译文】　怀着真情,拥抱质朴,上天不能扼杀,大地无法埋没,声威传于天地之间,可以和太阳、月亮的光辉相比,这是美好而又快乐的事啊。如果能向善,虽然做错事,别人也不会埋怨;如果不能向善,即使忠诚也会招致祸患。所以怨天尤人不如埋怨自己,要求别人不如要求自己。声音是自己发出来的,模样是自己显示的,名声好坏是自己确定的,文辞也是自己长久模仿学会的,没有什么不取决于自己的努力。拿着锐利的刀剑刺伤他人,闯下偌大的祸怎么可以怨别人不避让你的刀剑? 所以管仲虽然不拘小节,但他胸怀壮志,最终成就功业、锦衣玉食,政绩载在宗庙;子产尽管平时仁慈宽厚,但未能成就大业、享受尊贵。看上去空荡荡,实际上却很充实,咋一口清淡无味,细细品尝却回味无穷,

那些身着粗布短衣却怀揣宝玉的人就是这样,所以,情不专一的人连一个朋友都难以得到,感情专一的人却能得到上百人的喜欢。男人种出的兰草,看似艳丽却无芳香;后娘养育的小孩,看似健壮却没神采,这是因为双方都缺乏情感沟通。

【原文】 生,所假也;死,所归也。故宏演直仁而立死①,王子闾张掖而受刃②,不以所托害所归也。故世治则以义卫身,世乱则以身卫义。死之日,行之终也,故君子慎一用之。无勇者,非先慑也,难至而失其守也;贪婪者,非先欲也,见利而忘其害也。虞够见垂棘之璧,而不知虢祸之及己也。故至道之人,不可遏夺也。

【注释】 ①弘演直仁而立死:原注说:"弘演,卫懿公臣。狄人攻卫,食懿公,其肝在,弘演剖腹以盛之。"事载《吕氏春秋·仲冬纪·忠廉》。②王子闾张掖而受刃:原注说:"楚白公欲立王子闾为王,不可,劫之以兵,子闾不受。"事见《左传》哀公十六年。掖,通"腋"。

【译文】 生命只是暂时寄托在人世,死亡才是必然的归宿。所以弘演为了仁义毫不犹豫地牺牲,王子闾为匡助正义毫无惧色地蒙受刀剑,他们都不苟且偷生而妨害死得其所。所以处在好世道就用义来维护自己的洁白,处于乱世就用自身来维护正义,乃至不惜牺牲生命。这条原则要坚持到死的那天为止,君子在这问题上毫不含糊。没有勇气的人,并不是生来就胆怯,而是灾难来临才丧失了操守;贪婪的人,并不是生来就欲壑难填,只是看到了利益而忘掉了危害。虞国国君看到晋国送上的垂棘宝玉,就忘掉了虢亡的灾难将很快殃及自身。所以只有通达大道的人,才不会改变、遏制他的信念。

【原文】 人之欲荣也,以为己也,于彼何益?圣人之行义也,其忧寻出乎中也,于己何以利?故帝王者多矣,而三王独称;贫贱者多矣,而伯夷独举①。以贵为圣乎?则圣者众矣。以贱为仁乎?则贱者多矣②。何圣、仁之寡也?独专之意,乐哉忽乎,日滔滔以自新,忘老之及己也,始乎叔季③,归乎伯孟,必此积也。

【注释】 ①伯夷:商代末孤国君的长子,和弟弟叔齐互让君位,后投奔周武王,武王伐纣,二人耻食周粟,饿死于首阳山。②贱者:许匡一说当作"仁者",可从。③叔季:兄弟排行"伯仲(孟)叔季"中较小的。

【译文】 一般人想得到荣耀,也都是为了自己,对别人没有什么好处。圣人行义事,出自圣人的内心,对他本人有什么好处?所以自古以来帝王够多了,但只有夏禹、商汤、周文王受人称颂;社会上贫贱的人够多了,但只有伯夷被抬举得很高。如果说地位尊贵者都等于圣人,那么天下的圣人就多得不得了了;如果说地位贫贱者都等于仁者,那么天下的仁者就多得不得了了。实际上圣人、仁人很少,这是为什么呢?因为要想成为圣人、仁人,你就要全心全意、心甘情愿地行善,如滔滔奔流的江河,每天都要有长进,甚至忘记衰老将降临自身,开始时收获不大,最终会有很大收获,而这种过程是长期坚持不懈的积累。

卷十一 齐俗

【题解】

"齐俗",齐同风俗之意。作者认为不同时代和地区的人,有着不同的礼俗。它们都是对一定生活环境、社会关系的反映,不能以某一种标准去衡量其中的贵贱和是非,更不能用某一种礼法来统一天下。君主应该尊重不同礼俗,入乡随俗,各行所需,万万不能强迫人们接受烦琐而无实用的礼俗。标题"齐俗"乃是在这个意义上说的。此外,对大道的强调才是本篇的主旨。文中认为"以道论者,总而齐之",人们如能"体道返性",就会形成纯美质朴的风俗,社会也就达到了大治。在此基础上,作者对儒家礼法作了深刻的讽刺。

【原文】　广厦阔屋,连闼通房①,人之所安也,鸟入之而忧;高山险阻,深林丛薄,虎豹之所乐也,人入之而畏;川谷通原,积水重泉,鼋鼍之所便也,人入之而死;《咸池》《承云》②,《九韶》《六英》③,人之所乐也,鸟兽闻之而惊;深溪峭岸,峻木寻枝,猿狖之所乐也,人上之而栗。形殊性诡,所以为乐者,乃所以为哀;所以为安者,乃所以为危也。

【注释】　①闼:小门。②《咸池》《承云》:相传黄帝所用的乐曲。③《九韶》:相传舜所用的乐曲。《六英》:相传帝颛顼所用的乐曲。

【译文】　高楼大厦,重门相通,房房相连,这是人们安居的地方,但鸟儿飞进去只会感到忧虑;高山险阻、深林草丛是虎豹的乐园,人进去以后只会感到畏惧;深谷渊泉,是鼋鼍自由生长的地方,人一旦跌进去就会淹死;《咸池》《承云》《九韶》《六英》是人喜欢的古乐,但鸟兽听到就会被吓跑;深谷峭岸、大树长枝是猿猴喜欢的地方,但人攀上去就会心惊肉跳。这是因为形体不同,习性有差异,人类引以为快乐的,鸟兽以为悲哀,鸟兽鱼虫觉得安全的,人类会认为很危险。

【原文】　乃至天地之所覆载,日月之所照诣①,使各便其性,安其居,处其宜,为其能。故愚者有所修,智者有所不足;柱不可以摘齿②,筳不可以持屋③;马不可以服重,牛不可以追速;铅不可为刀,铜不可为弩;铁不可以为舟,木不可以为釜④。各用之于其所适,施之于其所宜,即万物一齐,而无由相过⑤。夫明镜便于照形,其予以承食⑥,不如竹箅⑦;牺牛骍毛⑧,宜于庙牲,其于以致雨,不若黑蜧⑨。由此观之,物无贵贱。因其所贵而贵之,物无不贵也;因其所贱而贱之,物无不贱也。

【注释】　①照诣:这里指照耀。②摘:剔。③筳:小箬。原作"筐",据王念孙说改。④釜:锅。⑤过:责备过错。⑥承:通"蒸"。原作"函",据王念孙说改。⑦竹箅:蒸物用的炊箅。原作"箪",据王念孙说改。⑧牺牛:祭祀用的毛色纯一的牛。骍:原作"粹",据刘文典说改。纯赤为骍。⑨黑蜧:传说是一种能兴风雨的神蛇。

【译文】　好在苍天覆盖、大地承载、日月照亮,才使万物各适其性,各安其居,发挥各自的才能。所以愚蠢的人有他的长处,聪明人也有不足之处;柱子不可以用来剔牙,发簪不可以用来支撑房屋;马不宜背负重物,牛难以快跑飞奔;铅不能用来铸刀,铜不能用来制弩;铁不能造船,木不能制锅。万物各有所适宜的范围,只有把它们放在适宜的地方,才能发挥各自的作用,在这一点上它们是一致的,所以不能说长道短、厚此薄彼。明镜用来照形最好,但将它放在甑里蒸食物,就不如竹箅了;牺牛毛色纯一,用来祭祀再合适不过,但用它来求雨,就不如灵蛇了。由此看来,物类无所谓贵贱,抓住它可贵的一点来断定它们贵重,那没有什么东西不是贵重的;抓住低贱方面来判断它们的低贱,那就没有什么不低贱了。

【原文】 夫玉璞不厌厚,角觡不厌薄①;漆不厌黑,粉不厌白。此四者相反也,所急则均,其用一也。今之裘与蓑孰急?见雨则裘不用,升堂则蓑不御。此代为帝者也②,譬若舟、车、楯、馲、穷庐③,故有所宜也。故《老子》曰"不上贤"者④,言不致鱼于水,沉鸟于渊。

【注释】 ①角觡:刀剑鞘外的角质装饰。②帝:主。原作"常",据陈观楼说改。③楯:泥泞路上的交通工具,又叫"樏"。馲:沙地行走的工具。原作"肆",据王念孙说改。穷庐:即"穹庐",轿子。④不上贤:见《老子》第三章。

【译文】 玉璞人们不会嫌它厚,角觡则希望越薄越好;漆越黑越好,粉越白越好。这四样东西,人们对它们的要求完全相反,但急需用时,它们的管用又是一样的。好比裘和蓑,哪一件更急需,要看情形而定,下雨了用不上裘衣,进屋了就用不到蓑衣。因为特殊的环境决定了它们的更替使用,也就像船、车、楯、馲、抬轿本来就有各自适宜的地方。所以《老子》说"不要崇尚贤能",是说不要将鱼赶到树上、把鸟沉到深渊。

【原文】 故尧之治天下也,舜为司徒,契为司马,禹为司空,后稷为大田师①,奚仲为工②。其导万民也,水处者渔,山处者木,谷处者牧,陆处者农。地宜其事,事宜其械,械宜其用,用宜其人。泽皋织网③,陵阪耕田,得以所有易所无,以所工易所拙。是故离叛者寡,而听从者众。譬若播棋丸于地,员者走泽,方者处高,各从其所安,夫有何上下焉?若风之过箫④,忽然感之,各以清浊应矣。夫猿狄得茂木,不舍而穴;狟貉得埵防⑤,弗去而缘。物莫避其所利而就其所害。

【注释】 ①大田:掌管农事的官员。师:刘文典说当在下句"工"字之下。工师乃官名,掌管百工。②奚仲:相传是车的发明者。③泽皋:沼泽地。④过:原作"遇",据陈观楼说改。箫:排箫。⑤狟:同"貆",幼貉,又指豪猪。貉:同"貉",栖息山林,昼伏夜出。埵防:堤防。

【译文】 所以尧帝治理天下,任命舜为司徒,主管教化;契为司马,主管军务;禹为司空,主管土木工程;后稷为大田,主管农业;奚仲为工师,掌管百工。尧帝领导万民,让住在水边的从事渔业,住山林的从事林业,住川谷的从事牧业,住平原的从事农业。各种地方均有适合的行业,各种行业又有适合的器械工具,各种器械工具又各有其适当用途,各种用途又有相应的人才。沼泽地区的人编织渔网,捕捉鱼虾,丘陵地带的人耕种田地,生产粮食布帛,这样就能用自己所有的物品去换没有的物品,用自己生产的物品去换不会生产的物品。因此,离叛的人少而听从的人多。好比将棋子和弹丸撒在地上,圆形的滚入低洼处,方形的停留在高处,各自有安稳的归宿,有什么高低贵贱之分呢?如同疾风吹过箫管,振动空气,使长短不一的竹管发出高低、清浊不同的乐音。猿猴找到茂密的树林,就不愿舍弃而去打洞;貉与豪猪有了堤坝上的洞穴,就不愿离开再去攀援树木筑巢。万物都不会避开对自己有利的、而去接受对自己有害的东西。

【原文】 是故邻国相望、鸡狗之音相闻,而足迹不接诸侯之境,车轨不接千里之外

者,皆各得其所安。故乱国若盛,治国若虚,亡国若不足,存国若有馀。虚者非无人也,皆守其职也;盛者非多人也,皆徼于末也①;有馀者非多财也,欲节事寡也;不足者非无货也,民躁而费多也。故先王之法籍,非所作也,其所因也;其禁诛,非所为也,其所守也。

【注释】 ①徼:同"邀",谋求。

【译文】 所以会有邻国居民互相张望、鸡犬之声相闻、足迹不相接触、车辆不越千里、人民各自生活的状况。所以混乱的国家好像很兴盛,安宁的国家好像很空荡,要灭亡的国家总感不足,长存的国家总觉得有余。空空荡荡,并不是人烟稀少,而是人们都各守本职;兴盛热闹,并不是人丁兴旺,而是人们离开本职追求末业。觉得有余,并不是财力雄厚,而是人们的欲望有节制,浪费的事很少发生;感到不足,并不是说财物匮乏,而是欲望太大、无法控制,浪费的事经常发生。所以先王的法典,并不是主观捏造的,而是因循万物的规律制定出来的;他们的刑律禁令,也不是任意编造的,而是严格遵守客观实际而设定的。

【原文】 凡以物治物者不以物①,以陆②;治陆者不以陆,以人;治人者不以人,以君;治君者不以君,以欲;治欲者不以欲,以性;治性者不于性,以德;治德者不以德,以道。原人之性,芜秽而不得清明者③,物或堁之也④。羌、氐、僰、翟⑤,婴儿生皆同声,及其长也,虽重象、狄鞮⑥,不能通其言,教俗殊也。今三月婴儿,生而徒国,则不能知其故俗。由此观之,衣服礼俗者,非人之性也,所受于外也。夫竹之性浮,残以为牒⑦,束而投之水则沉,失其体也⑧。金之性沉,托之于舟上则浮,势有所支也。夫素之质白,染之以涅则黑;缣之性黄⑨,染之以丹则赤;人之性无邪,久湛于俗则易⑩,易而忘本,合于若性⑪。故日月欲明,浮云盖之;河水欲清,沙石秽之;人性欲平,嗜欲害之。惟圣人能遗物而反己。夫乘舟而惑者不知东西,见斗极则寤矣⑫。夫性,亦人之斗极也。有以自见也,则不失物之情;无以自见,则动而惑营。譬若陇西之游⑬,愈躁愈沈。孔子谓颜回曰:"吾服汝也忘,而汝服于我也亦忘。虽然,汝虽忘乎,吾犹有不忘者存⑭。"孔子知其本也。

【注释】 ①凡以物治物者不以物:王念孙说前一个"以物"二字因下文而衍。②以:在于。陆:原作"睦",下句同。③秽:通"秽",污浊。④堁:尘土,这里指污染蒙蔽。⑤羌、氐:古代西部少数民族。僰:古代西南部族。翟:通"狄",古代北方部族。⑥重:反复多次。象、狄鞮:皆为古代的翻译官员。鞮,通"鞮"。《礼记·王制》说:"五方之民,言语不通,嗜欲不同。达其志,通其欲,东方曰寄,南方曰象,西方曰狄鞮,北方曰译。"⑦牒:竹简。⑧体:本性。⑨缣:黄色的细绢。⑩湛:浸泡。⑪若:他,别的。⑫斗极:指北斗星和北极星。寤:悟。⑬陇西:古郡名,在今甘肃省。⑭"孔子谓"六句:见《庄子·田子方》,这里,孔子已经被道家化了。不忘者,指天道。

【译文】 万物的生存发展,不在于万物本身,而取决于土地;治理土地又不在于土地本身,而取决于人;治理人民不在于人民,而在于君王;君王要调治的不在自身言行,而在于是欲念;摒弃欲念不在于消极压制,在于对性情的修养;修养性情不限于性情本身,而要达到"德"的要求;达到"德"还不是最高的境界,能与大道融合才是最高境界。追究一

下人性的发展变化,可以明白,人性变得污浊而不清净,是在于受到外界的蒙蔽。羌、氐、僰、翟,他们生出的婴儿哭声相同,但等到长大以后,只能通过翻译才能通话,离开翻译就不能沟通,这是由于从小受的教养和习俗的不同。由此看来,衣饰礼仪风俗,不是生而有之的,而是接受外界影响后才形成的。竹子的特性是能浮于水面,但一旦被削成竹简,捆成一束扔进水中,就会下沉,这是因为经过砍削破坏了竹子中空的本性。金属物入水便沉,但放在船上,就会随船飘浮,这是因为金属物有了船的依托。洁白的生绢,用涅染过就会变黑;黄色的细绢,用朱砂一染就变成红色;人的本性本来纯真无邪,长期处于坏的习俗中,就会濡染变质,一旦改变也就忘掉了本性,反而和他周围的人合拍了。所以说,日月总要发光的,但浮云遮盖了它;河水原是清澈的,但泥沙使它污浊;人的天性应是平和的,是欲念扰乱了它。正因为这样,圣人能抛开外物诱惑而回归到平和的本性。人们乘船夜航,迷失了方向,分不清东西南北,但看到了北斗星和北极星后就会醒悟。平和淡泊的本性就是人心中的北斗星和北极星。能够发现平和的本性,就不会丧失事物的常情;不能发现平和的本性,就会迷乱于外物的诱惑。好比去遥远的陇西游玩,越急躁就越累。孔子对颜回说:"我以前的那些言行,你可以忘掉;你向我学到的那些言行,我也要忘掉。虽然如此,你忘掉以前的我,我还有可值得记取的新精神在呢!"孔子是一个懂得返归大道根本的人。

【原文】 礼者实之文也,仁者恩之效也。故礼因人情而为之节文①,而仁发怃以见容②。礼不过实,仁不溢恩也,治世之道也。夫三年之丧,是强人所不及也,而以伪辅情也;三月之服③,是绝哀而迫切之性也。夫儒、墨不原人情之终始,而务以行相反之制,五缞之服④。悲哀抱于情,葬埋称于养,不强人之所不能为,不绝人之所不能已⑤,度量不失于适,诽誉无所由生。

【注释】 ①节:政验。②怃:发散。见:流露。③三月之服:相传夏禹时期推行的一种丧法。服,守丧。④五缞之服:古代丧礼以亲疏关系为等差,分为斩缞、齐缞、大功、小功、缌麻五种,称"五服"。缞,丧服的一种,用粗麻布制成,披在胸前。⑤不:原脱,据陈观楼说补。

【译文】 礼仪是生活中人际关系、感情的表现形式,仁慈的行为是内心恩德的真实验证。所以礼仪应该依据人的感情而制定,并和感情相契合,仁慈是仁爱之心在面容上的自然流露。礼仪形式不超出实际感情,仁慈的行为也不超越表达恩德的限度,这是治世的做法。规定子女为父母服三年之丧,是勉强人们做难以做到的事,而人们为了做到,只能虚情假意去应付;规定服丧三个月倒是比较切合人性,可以充分表达哀情。儒、墨两家不研究人类感情的规律,硬是造出违反常情的礼节,并硬性规定丧服等差和期限。悲哀的仪式要合乎实情,父母的葬礼要对得起养育之恩,不勉强人做不能做到的事,也不强行制止人们停止悲哀,所有礼仪的规定要恰如其分,就不太会受人非议。

【原文】 古者非不知繁升降槃还之礼也①,蹀《采齐》《肆夏》之容也②,以为旷日烦民而无所用,故制礼足以佐实喻意而已矣。古者非不能陈钟鼓、盛管箫、扬干戚、奋羽旄③，以为费财乱政，故制乐足以合欢宣意而已④，喜不羡于音⑤。非不能竭国靡民，虚府殚财，含珠鳞施⑥，纶组节束⑦，追送死也，以为穷民绝业而无益于槁骨腐肉也，故葬埋足以收敛盖藏而已。昔舜葬苍梧，市不变其肆⑧；禹葬会稽之山，农不易其亩。明乎生死之分，通乎侈俭之适者也。

【注释】　①槃还：同"盘旋"。②蹀：踏。《采齐》《肆夏》：古代乐舞名。③羽旄：乐舞时所执的雉羽和旄牛尾。④故：原脱，据刘文典说补。⑤羡：滥、乱。⑥含珠：古代贵族葬礼，将珠玉放在死者口中。死者所含之物也叫"含"，又叫"口实"，天子用珠，诸侯用玉，大夫用碧，士用贝。鳞施：用金丝玉片编织成衣，穿在死者身上。⑦纶组：丝绳纽带。节束：捆束。⑧肆：集市贸易处。

【译文】　古人并非不能制定烦琐的尊卑谒见礼仪，也并非不会表演《采齐》《肆夏》那样的乐舞，而是认识到这种繁文缛节旷日持久地扰乱民众，实在毫无意义，所以制定礼仪只要能表情达意就行。古人也并非不会陈设钟鼓、吹管奏箫、舞动干戚、挥动羽旄地去纵情欢乐，而是认识到这样太浪费财物、扰乱政事，所以制定音乐只要能抒发感情就行，而不至于沉溺其中、难以自拔。古人也并非不会消耗国力、劳民伤财地为贵族举行葬礼，让死者口含珠玉、覆裹玉衣来追念恩德，而是认识到这样做只能使百姓穷困、正业遭到破坏，而对枯骨腐肉毫无益处，所以安葬只求能收埋掩盖就行。过去舜帝南巡死在苍梧，就地埋葬，并无仪式，都市店家照样开门营业；禹王视察江南，死后埋在会稽山，农民照常在田间劳动。他们这些人真的懂得生死之分的道理，通晓奢侈和节俭的限度。

【原文】　乱国则不然：言与行相悖，情与貌相反；礼饰以烦，乐扰以淫①；崇死以害生，久丧以招行②。是以风俗浊于世，而诽誉萌于朝。是故圣人废而不用也。

【注释】　①扰：原作"优"，据王念孙说改。②招行：显示孝行。招，通"昭"。

【译文】　乱国就不是这样了：说的和做的不一样，想的和外表不一样；礼仪花样繁多，音乐乱而无节；重视死者而损害活人，服丧三年刻意表明自己的孝行。因此世风浑浊，诽谤朝政的事时有发生，英明的君主就废除那一套而不采用。

【原文】　义者循理而行宜也，礼者体情制文者也。义者宜也，礼者体也。昔有扈氏为义而亡①，知义而不知宜也；鲁治礼而削②，知礼而不知体也。有虞氏之礼③，其社用土④，祀中霤⑤，葬成亩⑥，其乐《咸池》《承云》《九韶》⑦，其服尚黄。夏后氏其社用松⑧，祀户，葬墙置翣⑨，其乐《夏籥》九成、《六佾》《六列》《六英》⑩，其服尚青。殷人之礼，其社用石，祀门，葬树松，其乐《大濩》《晨露》⑪，其服尚白。周人之礼，其社用栗⑫，祀灶，葬树柏，其乐《大武》《三象》《棘下》⑬，其服尚赤。礼乐相诡，服制相反，然而皆不失亲疏之恩、上下之伦。今握一君之法籍，以非传代之俗，譬由胶柱而调瑟也⑭。

【注释】　①有扈氏为义而亡：原注说："有扈，夏启之庶兄也。以尧、舜举贤，禹独与子，故伐启，启亡之。"②礼：指儒家礼乐。③有虞氏：古部落名。礼：原作"祀"，据王念孙说改。④社：社神的牌位。用土：堆土成社。⑤中霤：中室。这里指在室内祭祀，下文的"户""门""灶"同。⑥葬成亩：尸体埋葬在耕地下面，不影响生产。⑦《咸池》《承云》《九

韶》：皆上古乐舞名。⑧夏后氏：指夏朝。⑨墙：古代装饰灵柩的帐幔。翣：棺木的饰物，垂在棺的两旁，形似扇。⑩《夏籥》九成：九个或多个反复变化的《夏籥》舞蹈。成，变。《六佾》《六列》《六英》：都是古代乐舞名。⑪《大濩》《晨露》：古代乐舞名，相传商汤所作。⑫栗：栗树。⑬《大武》《三象》《棘下》：相传是周武王时乐舞名。⑭胶柱而调瑟：即今所云"胶柱鼓瑟"。

【译文】　所谓义，就是依循事理而又行为合宜；所谓礼，就是体现真情实感而制定的仪式。"义"本指适宜，"礼"要求得体。过去有扈氏拘泥于过时的义而被启杀害，因为他只知道义却不知道还要合时宜；鲁国是以孔孟之道来治国，但结果日益衰弱，这是因为鲁国国君不知道礼是要体现真情实意的。有虞氏的礼法是：堆土而成社神，季夏六月在室内祭祀后土神，人死后埋在耕地下面，乐舞有《咸池》《承云》和《九韶》，服饰崇尚黄色。夏后氏的礼法是：用松木做成社神，春天举行户祭，丧葬时在灵车棺柩周围挂上帐幔，并装饰着扇样的饰物，乐舞有《夏籥》九成、《六佾》《六列》和《六英》，服饰崇尚青色。殷人的礼法是：用石头做成社神，在秋季举行门祭，丧礼有在坟上种松树的习惯，乐舞则有《大濩》和《晨露》，服饰崇尚白色。周人的礼法是：用栗木做成社神，夏季祭祀灶神，葬礼有在墓上种松树的习惯。乐舞有《大武》《三象》和《棘下》，服饰崇尚赤色。以上四代的礼乐因为时代变迁而发生了很大变化，服饰也各不相同，但是他们的礼法都体现了亲疏的感情和上下的人伦关系。现在如果死抓住一个国君的法典仪式，用它来否定变化了的礼俗，这就好像胶住弦柱还想调瑟一样。

【原文】　故明主制礼义而为衣，分节行而为带。衣足以覆形，从《典》《坟》①，虚循挠②，便身体，适行步，不务于奇丽之容，隅眥之削③。带足以结纽收衽④，束牢连固，不亟于为文句疏矩之鞼⑤。故制礼义，行至德，而不拘于儒墨。

【注释】　①《典》《坟》：《典》指《尚书·舜典》，《坟》指上古的书籍，这里则泛指准则、常道。②虚循挠：大概指衣着宽松舒适。虚，闲。循挠，遵行。③隅眥之削：刻意裁剪变出花样。④衽：衣襟。⑤文句：圆曲花纹。疏矩：方形花纹。原作"疏短"，据孙诒让说改。鞼：原作"鞍"，据何宁说改。《说文》："鞼，韦绣也。"

【译文】　所以英明的君主制定礼仪就像做衣裳，规定礼节就像做衣带。衣能遮身就行，合乎常规即可，要宽松舒适、行走方便就好，不必去追求美丽奇异的样式和裁剪上的花巧。衣带能够打成纽结、束紧衣襟就行，不必讲究绣上什么别致的花纹图案。所以说，制定礼义的根本目的是帮助人们修养美德，不能受儒墨那一套伦理的拘泥。

卷十二　道应

【题解】
　　本书开篇《原道》已对大道做了全面深刻的阐发，本篇采用"讲故事"的形式继续讲述大道之特征。之所以称作"道应"，篇题原注说："道之所行，物动而应，考之祸福，以知

验符也，故曰'道应'。"清末曾国藩说："此篇杂征事实，而证之以老子《道德》之言，意以已验之事，皆与昔之言道者相应也，故题曰《道应》。"每则故事之末，作者都要引述《老子》片言只语，用来点明主旨，所引《老子》文句多达五十多条，涉及三十多章内容。本篇所讲述的历史故事和寓言故事，多出自《庄子》和《吕氏春秋》，其他出自《晏子春秋》《韩非子》和《荀子》等，大多故事都经过作者的重新加工和取舍。故事末尾缀以《老子》等古书语录，更可见《淮南子》作者的诠释意趣。

【原文】 惠子为惠王为国法①，已成而示诸先生②，先生皆善之。奏之惠王，惠王甚说之，以示翟煎③。曰："善！"惠王曰："善，可行乎？"翟煎曰："不可！"惠王曰："善而不可行，何也？"翟煎对曰："今夫举大木者，前呼邪许④，后亦应之。此举重劝力之歌也，岂无郑、卫激楚之音哉⑤？然而不用者，不若此其宜也。治国有礼，不在文辩。"故《老子》曰："法令滋彰，盗贼多有⑥。"此之谓也⑦。

【注释】 ①惠子：惠施，战国时宋人，名家代表人物。惠王：魏惠王。②先生：指年长而有德之人。③翟煎：魏臣。④邪许：号子声。⑤郑、卫：郑国和卫国，两地的民间音乐被认为是淫声。激楚：高亢凄清。⑥"法令"二句：见《老子》五十七章。滋，越。彰，详明。⑦本节故事出自《吕氏春秋·淫辞》篇。

【译文】 惠施为魏惠王制定国法，制定后拿给德高望重的儒生们征求意见，儒生们都称赞制定得好。惠施于是将法令上呈给魏惠王，惠王十分高兴，拿去给翟煎看。翟煎说："很好。"惠王说："很好的话，那能颁布实行吗？"翟煎说："不行。"惠王说："好却不能颁布实行，为什么呢？"翟煎说："现在那些抬大木头的人，前面的呼喊'嗨呀'，后面的也应和起来。这是人们在扛举重物时鼓劲唱喊的歌声。难道没有郑国、卫国那样的高亢激越的乐曲了吗？有，但不用它，是因为不如号子声适用。治理国家，在于礼法的实际内容，不在于这法令的文辞修饰得多漂亮。"《老子》说："法令越详明，盗贼越多。"说的就是这个意思。

【原文】 赵简子以襄子为后①，董阏于曰②："无恤贱，今以为后，何也？"简子曰："是为人也③，能为社稷忍羞。"异日，知伯与襄子饮④，而批襄子之首⑤。大夫请杀之。襄子曰："先君之立我也，曰能为社稷忍羞。岂曰能刺人哉！"处十月，知伯围襄子于晋阳，襄子疏队而击之，大败知伯，破其首以为饮器。故《老子》曰："知其雄，守其雌，其为天下溪⑥。"

【注释】 ①赵简子：春秋末晋国卿，名鞅。襄子：赵简子庶子，名无恤。后：继承者。②董阏于：赵简子臣。③是：他，指无恤。为人：这个人。④知伯：即智伯。⑤批：用手猛击。⑥"知其雄"三句：见《老子》二十八章。溪，沟谷，指卑下之处。

【译文】 赵简子选中庶子无恤，也就是后来的赵襄子为继承人，董阏于说："无恤出身低贱，现在选立他为继承人，这是为什么呢？"赵简子回答说："无恤这个人，以后一定能为国家忍辱负重。"后来有一次，智伯和赵襄子一起喝酒，智伯无缘无故往赵襄子头上猛击一掌。赵襄子手下的大夫请求杀了智伯，赵襄子却说："先君立我为继承人时，曾经说我可以为国家社稷忍辱负重，却未曾说过我能杀人啊！"过了十个月，智伯联合韩、魏将赵

襄子包围在晋阳,赵襄子分兵袭击智伯军队,大败智伯,襄子剖开智伯的头颅作为饮器。所以《老子》说:"虽然知道什么是刚强,却谨守着柔弱。甘心处在天下的低卑之处。"

【原文】　秦穆公谓伯乐曰:"子之年长矣,子姓有可使求马者乎?"对曰:"良马者,可以形容筋骨相也。相天下之马①,若灭若失②,若亡其一③。若此马者,绝尘弭辙④。臣之子皆下材也,可告以良马,而不可告以天下之马。臣有所与共儋、缠、采薪者九方堙⑤,此其于马,非臣之下也,请见之。"穆公见之,使之求马。三月而反报曰:"已得矣,在于沙丘⑥。"穆公问:"何马也?"对曰:"牡而黄。"使人往取之,牝而骊⑦。穆公不说,召伯乐而问之曰:"败矣!子之所使求马者⑧,毛物、牝牡弗能知,又何马之能知?"伯乐喟然大息曰⑨:"一至此乎⑩?是乃其所以千万臣而无数者也⑪。若堙之所观者,天机也⑫。得其精而忘其粗,在内而忘其外⑬。见其所见,而不见其所不见;视其所视,而遗其所不视。若彼之所相者,乃有贵乎马者!"马至,而果千里之马。故《老子》曰:"大直若屈,大巧若拙⑭。"

【注释】　①天下之马:超凡的千里马。②若灭若失:隐隐约约。③若亡其一:不拘泥于马的外形。一,形体。④绝尘弭辙:形容马奔跑如飞,足不沾地。⑤共:原作"供",据王念孙说改。儋:通"担",挑。缠:缠绕、捆束。九方堙:人名,复姓九方,古代善相马者。⑥沙丘:地名,传说纣王在此筑台,畜养禽兽。⑦牝:雌性禽兽。骊:黑色。⑧马:原脱,据王念孙说补。⑨大息:即"太息",叹息。⑩一:乃,竟然。⑪千万臣:超出千万倍。无数:无法估量。⑫天机:天赋的本性。⑬在:察。⑭"大直"二句:见《老子》第四十五章。本节又见于《列子·说符》。

【译文】　秦穆公对伯乐说:"你的年纪很大了,你同族的子弟中有可以派去相马的人吗?"伯乐回答说:"一般的良马,可以凭外貌骨架来识别。但真要识别天下难得的千里马,就得注意到马身上若隐若现的神韵,不能光注意形体和骨架。这样的马,超凡脱俗,奔跑如飞,不留痕迹。我的儿孙都是下等人才,可以相一般的良马,但没有相千里马的功夫。我有一位一起打过柴的朋友,叫九方堙,此人相马的本领不在我之下,让我来引见给君王。"秦穆公接见了九方堙,并让他外出选取千里马。三个月以后,九方堙回来禀报说:"找到了一匹千里马,在沙丘。"秦穆公问:"是怎么样的马呢?"九方堙说:"黄色的雄马。"秦穆公派人去牵马,却发现是一匹黑色的雌马。秦穆公很不高兴,叫来伯乐责备说:"败兴得很!你那个朋友相马连毛色和雌雄都分不清,怎么能相千里马?"伯乐听后深深叹息说:"九方堙的相马术竟然到这种神妙的地步了?他的本领要超出我不知多少倍,简直无法估量。九方堙观察到的,是马的内在灵性。他相中了马的精华而忘掉了马的外形,考察的是马的内在素质而不强调外形。九方堙只注意该注意的地方,不重要的地方,他根本不去管。这样的相马术,比千里马本身更加珍贵。"马赶回来后,果然是匹千里马。所以《老子》说:"最直的好像是弯曲的,最灵巧的好像是笨拙的。"

【原文】　齐王后死①,王欲置后而未定,使群臣议。薛公欲中王之意②,因献十珥而美其一③。旦日,因问美珥之所在,因劝立以为王后。齐王大说,遂尊重薛公④。故人主之意欲见于外⑤,则为人臣之所制。故《老子》曰:"塞其兑,闭其门,终身不勤⑥。"

351

【注释】　①齐王：战国齐威王。②薛公：威王之子，号靖郭君，封于薛，称薛公。③珥：用玉做成的耳饰。④尊：王念孙说衍文。⑤意欲：意图欲念。见：现。⑥"塞其兑"三句：见《老子》第五十二章。兑，孔穴，通道。勤，劳累。

【译文】　齐威王的王后死了，想立一个新的，但一直无法确定，就让群臣来商议。薛公很想迎合威王的心意，就献上十枚玉珥，并特意说明哪一枚最好。第二天，薛公打听到哪位妃嫔被赐予了那枚最好的玉珥，就认定她是威王最宠爱的，于是劝威王立她为王后。威王非常高兴，从此很看重薛公。所以君王的意图和欲望轻易流露在外，就会被大臣们掌握和挟制。所以《老子》说："堵住泄露欲念的通道，关闭接触外物的门户，终身不受劳苦。"

【原文】　魏文侯觞诸大夫于曲阳[1]。饮酒酣。文侯喟然叹曰："吾独无豫让以为臣乎[2]？"蹇重举白而进之曰[3]："请浮君[4]！"君曰："何也？"对曰："臣闻之，有命之父母不知孝子[5]，有道之君不知忠臣。夫豫让之君，亦何如哉？"文侯受觞饮醻不献[6]，曰："无管仲、鲍叔以为臣[7]，故有豫让之功。"故《老子》曰："国家昏乱，有忠臣[8]。"

【注释】　①魏文侯：战国时魏国国君，在位期间致力改革，任用贤才，富民强国。觞：饮酒器，这里指设酒招待。曲阳：地名。②豫让：春秋末晋国人，事智伯，智伯被杀，豫让为了报仇行刺赵襄子，没有成功，最终自刎而死。③蹇重：魏文侯臣。白：特指罚酒。④浮：罚酒一杯。⑤有命：父母生活好，运气好。⑥醻：干杯。献：主人敬客人酒。⑦管仲、鲍叔：春秋齐桓公大臣。⑧"国家"二句：见《老子》第十八章。

【译文】　魏文侯在曲阳设酒宴招待诸位大夫。酒兴正浓，文侯深深叹息道："我偏偏没有像豫让那样的忠烈之士来做大臣吗？"蹇重捧着罚酒的大杯敬给魏文侯，说："要罚君王一杯。"魏文侯问："为什么罚我？"蹇重回答说："我听说，命运好的父母不知道什么是孝子，有道的国君不知道什么是忠臣。那豫让的主子智伯又怎么样呢？"文侯接过罚酒一饮而尽，不再回劝对方饮酒，说："因为智伯没有管仲、鲍叔那样的贤才辅佐，这才成就了豫让誓死报仇的功烈。"所以《老子》说："国家黑暗动乱，才会有忠臣。"

【原文】　武王问太公曰："寡人伐纣天下，是臣伐其主而下伐其上也。吾恐后世之用兵不休，斗争不已，为之奈何？"太公曰："甚善，王之问也！夫未得兽者，唯恐其创之小也；已得之，唯恐伤肉之多也。王若欲久持之，则塞民于兑[1]，道令为无用之事[2]，烦扰之教，彼皆乐其业，佚其情[3]，昭昭而道冥冥。于是乃去其瞀而载之木[4]，解其剑而带之笏。为三年之丧，令类不蕃；高辞卑让，使民不争。酒肉以通之，竽瑟以娱之，鬼神以畏之，繁文滋礼以弇其质[5]，厚葬久丧以亶其家[6]，含珠、鳞施、纶组以贫其财[7]，深凿高垄以尽其力。家贫族少，虑患者贫[8]。以此移风，可以持天下弗失。"故《老子》曰："化而欲作，吾将镇之以无名之朴也[9]。"

【注释】　①兑：原注说："兑，耳目鼻口也。"②道：同"导"。令：原作"全"，据俞樾说改。③佚：安逸。原作"供"，据王念孙说改。④瞀：通"鍪"，头盔。载：通"戴"，使戴。术：原作"木"，据王念孙改。"术"通"鹬"，鹬鸟冠，古代掌管天文的官员所戴的帽子。⑤滋：多。弇：掩盖。⑥亶：通"殚"，耗尽。⑦含珠：将珠玉放死者口中。鳞施：用玉片编

成玉衣,穿在死者身上。纶组:丝绳纽带,这里指死者入殓时穿的华丽的衣服。⑧贫:当作"寡",少。⑨"化而"二句:见《老子》第三十七章。欲,欲望。作,兴起。无名之朴,指大道。

【译文】 周武王问姜太公说:"我兴兵讨伐夺取殷纣王的天下,这是臣杀君、下伐上的事情。我担心以后这类战争将会继续下去,斗争不能停止,你看怎么办?"太公说:"好!君王你提的问题很重要。没有获得猎物时,唯恐射杀野兽的伤口小;一旦获得猎物时,又唯恐射杀野兽伤得太厉害,影响猎物质量。君王如果想长久持有天下,唯一的办法是堵塞人民的眼耳口鼻。不使他们有任何欲望,引导他们做些无用的事情,再加以烦琐的说教,让他们乐守本业,安分守己,使他们由清醒明白转向糊涂愚昧。这样就可能摘掉他们的头盔,给他们戴上鹖冠,解下他们的宝剑,让他们插上笏板上朝。制定守丧三年的礼制,让他们不能繁衍后代;提倡尊卑谦让。互不争斗。用酒肉使他们心情舒畅,用音乐让他们快乐,用鬼神使他们敬畏天命,用繁文缛节掩盖他们的本色,用厚葬服丧耗尽他们的家财,用贵重的随葬物使他们贫穷,深挖墓穴、高筑坟地来耗尽他们的体力。这样家家贫穷、同族人少,图谋作乱的人就少了。用这些办法来改变风俗,就可以稳坐江山不至于丧失。"所以《老子》说:"万物在变化中萌发贪欲,我就用无名而质朴的大道来镇服。"

卷十三 汜论

【题解】

所谓"汜论",就是广泛论说之意。高诱解题说:"博说世间古今得失,以道为化,大归于一。"本篇所论圣人之道所谓"因时变而制适宜""随时而动静"等,包含着很强的辩证法,在此基础上,作者认为"常故不可循","法与时变,礼与俗化",既不厚古薄今,也不厚今薄古,强调"乘时应变"思想。圣人拥有上述"权变"的思想,所以能够治理好天下。作者认为没有绝对的是非对错,因为评判的标准也是随时空变化着的,所谓"于古为义,于今为笑。古之所以为荣者,今之所以为辱也。古之所以为治者,今之所以为乱矣"。在选拔任用人才方面,作者也主张"人有厚德,无问其小节",变现出了重大体、重发展的思想。

【原文】 古之制,婚礼不称主人①,舜不告而娶②,非礼也;立子以长,文王舍伯邑考而用武王③,非制也;礼三十而娶,文王十五而生武王④,非法。夏后氏殡于阼阶之上⑤,殷人殡于两楹之间⑥,周人殡于西阶之上⑦,此礼之不同者也;有虞氏用瓦棺⑧,夏后氏堲周⑨,殷人用椁⑩,周人墙置翣⑪,此葬之不同者也;夏后氏祭于暗⑫,殷人祭于阳⑬,周人祭于日出以朝⑭,此祭之不同者也;尧《大章》,舜《九韶》,禹《大夏》,汤《大濩》,周《武象》,此乐之不同者也。故五帝异道而德覆天下,三王殊事而名施后世,此皆因时变而制礼乐者,譬犹师旷之施瑟柱也,所推移上下者无寸尺之度⑮,而靡不中音,故通于礼乐之情者能作,言有本主于中⑯,而以知榘彟之所周者也⑰。

【注释】 ①不称主人:指不能由父母亲自出面提亲,必须由叔伯父、师长等为媒。主人,父母。②舜不告而娶:原注说:"尧知舜贤,以二女妻舜。不告父,父顽,常欲杀舜,舜知告则不得娶也。"其实舜时并不一定具备后代的礼法,这里是作者行文的附会。③伯邑考:武王之兄,被纣王杀害。原注说:"废长立圣,以庶代嫡,圣人之权尔。"④文王十五而生武王:古代礼制规定,国君十二岁可行冠礼,冠后可以娶妻,所以十五岁可生子。⑤殡:停放灵柩。阼阶:大堂前的两排台阶,东面称为"阼阶",是主人之位;西面称为"西阶",是宾客之位。原注说:"于阼阶,犹在主位,未忍以宾道远之。"⑥楹:堂前的柱子。原注说:"殷殡之于堂上两柱之间,宾主共。"⑦西阶:原注说:"盖以宾道远之。"⑧瓦棺:陶质棺。⑨墍周:土棺。墍,烧结的土块。周,覆盖。⑩椁:外棺。⑪墙置翣:原注说:"周人兼用棺椁,故墙设翣,状如今要扇,画文,插置棺车箱以为饰。多少之差,各从其爵命之数也。"墙,装饰灵柩的布帐。翣,一种扇状的装饰物。⑫祭于暗:在黄昏时郊祭。祭,郊外设坛而祭,即郊祭。下同。⑬阳:白天正午日中天时。⑭朝:日出时。⑮寸尺:指量长度的器具。度:量。⑯言:原作"音",据王念孙说改。⑰榘矱:规矩、法度。周:合。

【译文】 古代的礼制规定,儿女婚姻要由父母做主、媒人牵合,虞舜不禀报父母就娶了娥皇和女英,这是不合古礼的;确立嗣子要立长子,文王不立伯邑考而立伯邑考的弟弟武王为嗣子,这是不合古制的;古礼规定男子三十岁才能娶妻,但文王十五岁就生下了武王,这是不合古法的。夏后氏时代的人死后将灵柩停放在堂屋的东阶上,殷朝人死后将灵柩停放在厅堂的楹柱之间,周朝人死后则将灵柩停放在西阶上,这是三代殡礼不同的地方;有虞氏时用瓦棺,夏后氏时用土棺,殷朝人用椁。周朝人枢车上还要装饰扇状的饰物,这是葬礼不同的地方;夏后氏时郊祭在黄昏举行,殷朝人在中午举行,周朝人在早晨举行,这是三代祭礼不同之处;尧帝时用《大章》,舜帝时用《九韶》,夏禹时用《大夏》,商汤时用《大濩》,武王时用《武象》,这些都是乐舞的不同。所以五帝治理天下的方法、制度各异,但德泽都能遍及天下,三王治理政事的方法、制度各异,但都能名扬后世,这都是因为他们能根据时势变化来制定礼乐,好比师旷调整瑟柱、上下移动时并没有尺度来衡量。却无不符合音律。所以通达礼乐情理的人就能制礼作乐,这是说他内心有一个谱,因而知道怎样才能符合法度。

【原文】 鲁昭公有慈母而爱之①,死为之练冠②,故有慈母之服③;阳侯杀蓼侯而窃其夫人④,故大飨废夫人之礼⑤。先王之制,不宜则废之;末世之事,善则著之。是故礼乐未始有常也。故圣人制礼乐而不制于礼乐。

【注释】 ①鲁昭公:春秋末鲁国国君。慈母:乳母,奶妈。②练冠:古代丧服的一种,父母周年祭称"小祥",小祥所用丧服叫"练"。③服:守孝,服丧。④阳侯:古阳国之诸侯王。蓼侯:相传皋陶之后,古偃姓诸侯国国君。⑤大飨废夫人之礼:原注说:"古者大飨饮酒,君执爵,夫人执豆。阳侯见蓼侯夫人美艳,因杀蓼侯而娶夫人,由是废夫人(执豆)之礼。"大飨:古代一种祭礼,又叫"大祫",古代高祖以上的神主之庙要拆毁,迁其神祖入太祖庙中供奉,合祭已毁庙的神祖和未毁庙的神祖。

【译文】 鲁昭公有个奶妈,昭公很爱戴她,奶妈去世后,昭公破例为她守孝一年,从此就有了为奶妈服丧的礼法。阳国侯杀死了蓼侯,抢走了蓼侯的夫人,从此以后举行大褅祭典时废除了由夫人执豆的礼仪。由此看来,先王的制度,不适宜的就要废除;近代的治国方法,如果是好的,就继承发扬下去。礼乐从来就不是一成不变的。圣人制定礼乐,但不受礼乐的限制。

【原文】 治国有常而利民为本,政教有经而令行为上①。苟利于民不必法古②,苟周于事不必循旧。夫夏、商之衰也,不变法而亡;三代之起也,不相袭而王。故圣人法与时变,礼与俗化,衣服器械,各便其用,法度制令,各因其宜。故变古未可非,而循俗未足多也③。

【注释】 ①经:常。②苟:如果。③多:赞美。

【译文】 治国虽有常规,但必须以利民为根本;政教虽有常法,但必须以有效为最好。只要对民众有利,就不必定要效法古制;只要适合实际情况,就不一定要遵循旧法。夏朝、商朝到了末世,桀纣没有改变古制导致灭亡了;夏、商、周三代刚兴起时,夏禹、商汤、周武王不因袭旧法却兴旺发达了。所以圣人的法度随时势而变化,礼节随着习俗的不同而改变,衣服器械各自方便其实用,法令制度各自适合时宜。所以改变古法无可非议,因循守旧也不值得赞美。

【原文】 百川异源而皆归于海,百家殊业而皆务于治。王道缺而《诗》作,周室废、礼义坏而《春秋》作。《诗》《春秋》,学之美者也,皆衰世之造也,儒者循之以教导于世,岂若三代之盛哉?以《诗》《春秋》为古之道而贵之,又有未做《诗》《春秋》之时。夫道其缺也①,不若道其全也。诵先王之《诗》《书》,不若闻得其言②;闻得其言,不若得其所以言;得其所以言者,言弗能言也。故道可道者,非常道也。

【注释】 ①缺:王道。②闻得:“得”是衍文。下句“闻得”同。

【译文】 百川源头各不相同,但最后都汇归大海。百家学说事业各不一样,但都以治理天下为目的。“王道”残缺才产生了《诗》,周王室衰微、礼崩乐坏才有《春秋》产生。《诗》和《春秋》虽然是学问中的上等,但都是衰世的产物,儒家用它们来教导世人,哪里比得上用三代盛世的经验来教育世人?如果认为《诗》《春秋》讲述古代的道理而推崇它们,那么还有比没产生《诗》和《春秋》更早的远古时代呢!与其称颂王道残缺时代产生的《诗》和《春秋》,不如称颂更早的王道完整的时代。与其诵读先王的《诗》《书》,不如听他们的言论;听他们的言论,又不如知道他们言论的根据;而这些言论的根据,又是难以用言语表达的。所以说可以言传的道,不算是永恒的大道。

【原文】 夫圣人作法而万民制焉①,贤者立礼而不肖者拘焉。制法之民,不可与远举②;拘礼之人,不可使应变。耳不知清浊之分者,不可令调音;心不知治乱之源者,不可令制法。必有独闻之耳,独见不明,然后能擅道而行矣。夫殷变夏,周变殷,春秋变周,三代之礼不同,何古之从?大人作而弟子循。知法治所由生,则应时而变;不知法治之源,虽循古终乱。今世之法籍与时变,礼义与俗易③,为学者循先袭业,据籍守旧教,以为非此不治,是犹持方枘而周员凿也④,欲得宜适致固焉,则难矣。

【注释】　①万民：原作"万物"，据刘文典说改。②与：以。制：行走。③义：通"仪"。④枘：榫头。周：合。员：同"圆"。

【译文】　圣人制定法令制度，使愚民受到制约；贤人确立礼法，使不贤的人被约束。受法令制约的愚民不能有远大作为，被礼法约束的人是难以应变的。耳朵不能分辨清浊的人，不可以让他去调整音律；内心不明白国家治乱的人，不可以让他制定法令。只有听觉和视觉特别突出的人，才能随心所欲选择道路前进。殷朝改变了夏朝的礼法，周朝改变了殷朝的礼法，春秋各国又纷纷改变周朝的礼法。三代礼法各不相同，哪还有什么古法可遵呢？如果盲目遵从古法，不过就像长辈立法、晚辈照搬而已。如果懂得礼法产生的原因，那么就能应时而变法；不明白法治产生的根源，即使因循守旧、套用古法，最终也会大乱。现在的法典已经随时势而变化了，礼仪也已随习俗而更改了。而那些学者还是因袭旧业，死守教条，以为离开这些就没办法治理天下，实在就像拿着方榫头朝圆榫眼里装，还想牢固合适，那就难了。

【原文】　今儒、墨者称三代、文武而弗行，是言其所不行也[1]；非今时之世而弗改，是行其所非也。称其所是，行其所非，是以尽日极虑而无益于治，劳形竭智而无补于主也。今夫图工好画鬼魅而憎图狗马者，何也？鬼魅不世出，而狗马可日见也。夫存危治乱，非智不能；而道先称古[2]，虽愚有馀。故不用之法，圣王弗行；不验之言，圣王弗听。

【注释】　①是言其所不行：指儒、墨二家只称颂古法但不能实施于天下，最多说说而已。②而道：原作"道而"，据王念孙说改。

【译文】　现在的儒、墨两家，称颂三代、周文王和周武王的古法，可自己又不能实施，这等于在宣扬一套行不通的东西；非议眼前的社会现实，但又不去改造，实际上是听任自己反对的东西存在下去。称赞自己以为正确的，做的却是自己认为错误的，因此整天伤透脑筋却对治国毫无益处，劳损身体殚精竭虑，却对君主没有帮助。现在那些画工总喜欢画鬼怪而讨厌画狗马，这是什么道理呢？这是因为鬼怪不可能在世上出现，而狗马倒天天能见到，画鬼容易画狗马难啊！挽救危局、治理乱世，没有聪明才智是办不到的；但只是称颂古代，即使让笨蛋来干也绰绰有余。所以无用的法规，圣王不采用；不符合实际的言论，明君不听取。

卷十四　诠言

【题解】

　　"诠言"，指诠释阐明事理的言论。本篇所述大体还是"无为"之道，所谓"不为始，不专己，循天之理；不豫谋，不弃时，与天为期；不求得，不辞福，从天之则。不求所无，不失所得"，强调恬淡无欲地面对实际，一切随顺自然。而做到这样的关键又在于修养性情，持守道体，好返回虚静平和的天性，虚静才是大道所居住的地方。本篇所论述的内容，反映出老庄思想中较为消极的一面。

【原文】 自信者不可以诽誉迁也,知足者不可以势利诱也。故通性之情者不务性之所无以为,通命之情者不忧命之所无奈何①,通于道者物莫足滑其和②。詹何曰③:"未尝闻身治而国乱者也,未尝闻身乱而国治者也。"矩不正不可以为方,规不正不可以为员,身者事之规矩也,未闻枉己而能正人者也。

【注释】 ①无奈何:无可奈何,无法支配。②物莫足滑其和:原作"物莫不足滑其调",据王念孙说校改。滑,通"汩",乱。③詹何:古代传说中精于钓术的人。

【译文】 自信的人不能用诽谤赞誉来改变他的志向,知足的人不能用权势利益来诱发他的欲念。所以通达天性的人是不会追求天性做不到的事情,懂得命运的人不会担忧命运无法左右的事情,通晓大道的人没有外物能够搅乱他内心的和平。詹何说过:"还没听说过自身修养很好而国家治理得很差,也没听说过自身修养很差而国家治理得很好。"矩尺不正就不能划出方形,圆规不标准也无法画圆。自身的修养就相当于矩尺圆规,没听说过自身不正而能使别人端正的。

【原文】 原天命,治心术,理好憎,适情性,则治道通矣。原天命则不惑祸福,治心术则不妄喜怒,理好憎则不贪无用,适情性则欲不过节。不惑祸福则动静循理,不妄喜怒则赏罚不阿①,不贪无用则不以欲用害性②,欲不过节则养性知足。凡此四者,弗求于外,弗假于人,反己而得矣。

【注释】 ①阿:偏袒,这里指偏差。②用:王念孙认为第二个"用"是衍文。

【译文】 探本天性,端正心术,理顺好恶,调整性情,治国之道就通畅了。探本天性就不会被祸福迷惑,端正心术就不会喜怒无常,理顺好恶就不会贪求无用的东西,调整好性情欲念就不会没有节制。不被祸福所迷惑行为就能合于道理,不喜怒无常赏罚就不会出现偏差,不贪求无用的东西就不会因物欲而伤害本性,欲望有节制就可以知足常乐。这四个方面的修养,都不能从外界求得,也不必借助他人力量,立足自身才能得到。

【原文】 天下不可以智为也,不可以慧识也,不可以事治也,不可以仁附也,不可以强胜也。五者,皆人才也,德不盛,不能成一焉。德立则五无殆,五见则德无位矣。故得道则愚者有余,失道则智者不足。渡水而无游数①,虽强必沉;有游数,虽羸必遂②,又况托于舟航之上乎?

【注释】 ①游数:游泳技术。②羸:瘦弱。遂:成功。

【译文】 天下的事情是不能单靠智力就能办好,也不能单凭聪明就能认清,不能只靠人的本事办成,不能只用仁义就能使人归顺,单凭强力更不可能取胜。智力、聪明、本事、仁术、强力这五项都属于人的才能范畴,如果只有这些才能但德行不高,就不能做好每一件事。德行修养好了,这五项才能也就能发挥作用;如果只强调这五项才能,德行修养也就说不上了。所以只有得到大道,愚笨无能的人都会力量无穷;失去大道,聪明人都会感到力不从心。就好比泅渡江河深水却没有游泳技术,即使身强体壮也一定会沉下去;有了游泳技术,即使身体瘦弱也一定会成功渡过,更何况身在舟船之上呢?

【原文】 为治之本,务在于安民;安民之本,在于足用;足用之本,在于勿夺时①;勿夺

时之本,在于省事;省事之本,在于节欲;节欲之本,在于反性;反性之本,在于去载②;去载则虚;虚则平;平者道之素也,虚者道之舍也。

【注释】　①时:农时。②载:指精神负担。

【译文】　治国的根本,务必要使人民安定;安定人民的根本,在于衣食充足;衣食充足的根本,在于不违失农时;不违失农时的根本,在于减少徭役;减少徭役的根本,在于节制物欲,节制物欲的根本,在于回归虚静平和的天性;回归天性的根本,在于抛弃内心的精神压力;抛弃这些精神压力,心胸就会虚静;虚静就平和;平和是道的素质,虚静是道的宅舍。

【原文】　能有天下者必不失其国,能有其国者必不丧其家,能治其家者必不遗其身,能修其身者必不忘其心,能原其心者必不亏其性,能全其性者必不惑于道。故广成子曰①:"慎守而内②,周闭而外,多知为败;毋视毋听,抱神以静。形将自正。"不得之己而能知彼者,未之有也。故《易》曰:"括囊,无咎无誉③。"

【注释】　①广成子:神话传说中的人物。②而:于。③"括囊"二句:见《易经》坤卦"六四"爻辞。高亨解释说:"括,束结也。束结囊口,则内无所出,外无所入。此喻遇事缄口不言,塞耳不听,如此则无咎亦无誉。"

【译文】　能够享有天下的天子,必定不会失去诸侯国;能够享有诸侯国的诸侯王,必定不会失去大夫的采邑;能够治理好采邑的大夫。必定不会不注意自身修养;善于修养自身的人,必定不会忽略自己的心;能使自己心体回归本原的,必定不会损伤天性;不损伤天性的人,必定不会迷失大道。所以广成子说:"谨慎持守你的内心,周密地对外界封闭,知道太多不是好事;不要看不要听,拥抱着精神虚静平和,形体就会自然端正。"不能把握自身而能去通晓道体,这是不可能的事情。所以《易经》说:"收紧口袋,没有过错也没有赞誉。"

【原文】　能成霸王者,必得胜者也;能胜敌者,必强者也;能强者,必用人力者也;能用人力者,必得人心也;能得人心者,必自得者也;能自得者,必柔弱也。强胜不若己者,至于与同则格①;柔胜出于己者,其力不可度。故能以众不胜成大胜者,唯圣人能之。

【注释】　①与同:指势均力敌。格:阻隔。

【译文】　能够称霸成王的人,一定是获得胜利的人;能够战胜对手的人,一定是个强大的人;而力量强大,一定是利用了民众的力量;能利用民众力量,也必定能得人心;能得人心,也一定从自身有所收获;能从自身收获,一定是靠柔弱之术处世的。靠强力尽管能胜过不如自己的人,但碰上力量与自己相等的人就会有所阻隔而难以取胜。而凭柔弱可以胜过比自己强大的人,它的无形之力无法估量。所以能从多次失败中转为大胜利,只有圣人才能做到。

【原文】　圣人无思虑,无设储。来者弗迎,去者弗将①。人虽东西南北,独立中央。故处众枉之中,不失其直;天下皆流,独不离其坛域②。故不为好③,不避丑,遵天之道;不为始,不专己,循天之理;不豫谋,不弃时,与天为期;不求得,不辞福,从天之则。不求所

无,不失所得;内无旁祸④,外无旁福;祸福不生,安有人贼⑤?为善则观,为不善则议;观则生责⑥,议则生患。故道术不可以进而求名,而可以退而修身;不可以得利,而可以离害。故圣人不以行求名,不以智见誉。法修自然,己无所与。虑不胜数,行不胜德,事不胜道。为者不成,求者有不得。人有穷,而道无不通,与道争则凶。故《诗》曰:"弗识弗知,顺帝之则⑦。"有智而无为,与无智者同道;有能而无事,与无能者同德;其智也,告之者至⑧,然后觉其动也;其能也⑨,使之者至,然后觉其为也。有智若无智,有能若无能,道理为正也。故功盖天下,不施其美⑩;泽及后世,不有其名。道理通而人伪灭也。

【注释】 ①将:送。②坛域:范围。③好:原作"善",据王念孙说改。④旁:偏侧,意外。⑤贼:害。⑥责:原作"贵",据王引之说改。⑦"弗识"二句:见《诗经·大雅·皇矣》。则,法则。⑧告:通"嗥",大声呼喊。⑨其能也:此三字原无,据俞樾说补,和上"其智也"相对。⑩施:通"侈",夸耀。

【译文】 圣人没有思虑,没有储备。将来的他不迎接,离开的他也不送。人们东奔西跑、南来北往的,他却独自站在中央。所以他能在大家都弯腰屈膝的环境中也不丧失正直;天下人都随波逐流,他也不偏离立足点。所以不有意显露善,不有意掩避丑,只是遵循着自然之道;他不首先创造,也不独断专行,只是遵循自然之理;他不预先谋划,也不错失时机,而能与自然相约;不求获得利益,也不推让幸福,只是顺从自然法则。他不追求自己没有的,也不失去自己拥有的,内没有意外的祸害,外没有意外的福利。祸福都不发生,哪会有人为的伤害?行善事会引起人们注意,做坏事也引起大家非议;人们注意必定会有责备的言论,非议一多也必定产生祸患。所以道术不能用来进取求名,只可以用来隐退修身;不能用来获取利益,只能用来躲避灾害。所以圣人不用品行去求名,不靠智慧去获誉。法规产生于自然,圣人自己不加干预。思虑胜不过术数,品行胜不过"德",行事胜不过"道"。做事有不成功的,追求有得不到的。人有走投无路的时候,但大道却永远无处不通,与大道相抗争就会有凶险。所以《诗经》说:"无知无觉,顺从天的法则。"有智慧而无所作为,和无智慧的人"道"相同;有才能却无所事事,和没本事的人"德"一样。这样的"智者",呼喊他他才走过来,人家这才觉得他有动静;这样的"能人",使唤他他才来,人家这才觉得他在行动。有智慧就好像没有智慧,有能耐却好像没有能耐,道理才是正确的。所以尽管功盖天下,却从不夸耀自己的美德;泽被后世,却从不拥有名声。大道至理通达了,人为的事就灭绝了。

卷十五 兵略

【题解】
本篇集中阐述古代兵家的军事战争思想,以"道"为核心理论,从各个角度生动地开展叙述,有很多鲜明的创见。比如战争的产生,作者认为根源于财物不足和分配不均,圣人出于平定天下的目的,发动正义战争来"存亡继绝,平天下之乱,而除万民之害"。又

如，作者认为战争取得胜利的最根本的条件是战争要具有正义性，才能取得民众的支持，提高民众的士气，所谓"兵之胜败，本在于政。政胜其民，下附其上，则兵强矣"。如果能通过政治的清明而得到广大民众的拥护，做到"不战而止"，就是战争的最好结局了。本篇对战略战法、军务将官、兵力装备等要素都有精彩的论述，总结出了一些原则，比如以无为制有为、以静制躁、后发制人等，所谓"用兵如神"，可以从中感受一二。本篇和《孙子兵法》都是我国古代最重要的军事文献。

【原文】 夫兵之所以佐胜者众①，而所以必胜者寡。甲坚兵利，车固马良，畜积给足②，士卒殷轸③，此军之大资也，而胜亡焉④。明于星辰日月之运、刑德奇该之数⑤、背乡左右之便⑥，此战之助也，而全亡焉⑦。良将之所以必胜者，恒有不原之智⑧，不道之道，难以众同也。

【注释】 ①佐胜：取胜的辅助条件。②给：充足。③殷轸：众多。④亡：不在于此。⑤刑德：古人以刑德来说明阴阳二气在一年四季中的消长变化。冬至为"德"，因为是阴气之末、阳气之初；夏至为"刑"，因为是阳气之末、阴气之初。奇该：指阴阳术。⑥乡：通"向"，方向。⑦全：彻底取胜。⑧原：来源。

【译文】 战争取胜的辅助因素很多，但必胜的决定性因素却很少。铠甲坚固，兵器锋利；战车牢固，马匹精良；储备丰富，给养充足；士卒众多，年轻体壮：这些都是战争取胜的重要因素，但战争胜利并不取决于这些条件。了解日月星辰的运行规律、阴阳刑德的变化道理、列阵扎寨的方位选择等，这些对战争胜利都有帮助，但彻底的取胜仍然不决定于这些因素。良将打仗所以常常取胜，总是因为有些不可究明的智谋和不能言传的法术，很难和一般人相同。

铠甲

【原文】 夫论除谨①，动静时，吏卒辨②，兵甲治③，正行伍，连什佰④，明鼓旗，此尉之官也⑤。前后知险易，见敌知难易，发斥不忘遗⑥，此候之官也⑦。隧路亟⑧，行辎治⑨，赋丈均⑩，处军辑⑪，井灶通，此司空之官也⑫。收藏于后⑬，迁舍不

离，无淫舆⑭，无遗辎，此舆之官也⑮。凡此五官之于将也，犹身之有股肱手足也，必择其人，技能其才⑯，使官胜其任，人能其事。告之以政，申之以令，使之若虎豹之有爪牙，飞鸟之有六翮⑰，莫不为用。然皆佐胜之具也，非所以必胜也。

【注释】 ①论：通"抡"，选择。除：授予官职。②辨：通"办"，治理、整顿。③兵甲治：王引之说"兵甲治"下当补"此司马之官也"六字，方与尉、候、司空、舆合为"五官"。④什伯：即"什佰"，古代军队编制，五人为"伍"，十人为"什"，二十五人为"行"，百人为"佰"。⑤尉：古代武官名。⑥发：有所发现。斥：侦察。⑦候：军候，指侦察军官。⑧隧：道。亟：快速。⑨行辎：军队携带的军用物资。⑩赋丈均：原注说："赋治军垒，尺丈均平也。"⑪处军辑：营帐搭得安稳。军，古代用兵车围成营垒驻宿。⑫司空：负责工程营建的官员。⑬收藏：部队断后。⑭淫：过量。舆：装载。⑮舆：古代官名，负责运输看管军用辎

重。⑯技能：考察、检验。⑰翮：鸟类翅膀毛羽中间的硬管。

【译文】 选择任命军吏谨慎，行动适合时机。军吏士卒管理有方，兵器铠甲装备齐全，军队行伍、什佰编制齐整、组织严明战鼓军旗信号明确，这是尉官的职责。摸清行军前方是否安全，敌军是否难以对付，不忘侦察敌情，这是军候的职责。快速修整道路保持畅通，及时运输辎重，军垒大小均匀。营帐安扎安稳，军灶水源齐备，这是司空的职责。负责部队收容断后，转移驻扎时没有人员离散，装载不过量，没有遗失的辎重，这是军舆的职责。这五种官员对于将帅来说，就像身体和手足，一定要挑选恰当的人来担任，使能胜任其职，做好分内工作。告诉他们政务，向他们申述军令，使他们像有爪牙的虎豹、有健翅的飞鸟，都来为将帅效力。然而这些仍然还是取得胜利的辅助因素，不是必胜的决定因素。

【原文】 兵之胜败，本在于政。政胜其民，下附其上，则兵强矣；民胜其政，下畔其上①，则兵弱矣。故德义足以怀天下之民，事业足以当天下之急，选举足以得贤士之心，谋虑足以知强弱之势，此必胜之本也。

【注释】 ①畔：通"叛"。

【译文】 战争的胜负，根本在于政治。政治能够驾驭民众，民众亲附君主，那么军队就强大；民众反对政治，百姓背叛君主，军队必然弱小。所以德政、道义最足以感怀天下百姓，功业足以应对天下的紧急事件，选用的人才足以得到天下贤士的拥戴，计谋足以掌握敌我双方的强弱形势，这些才是必胜的根本要素。

【原文】 夫有形埒者①，天下讼见之②；有篇籍者，世人传学之：此皆以形相胜者也，善形者弗法也③。所贵道者，贵其无形也。无形则不可制迫也，不可量度也④，不可巧诈也，不可规虑也。智见者人为之谋，形见者人为之功，众见者人为之伏，器见者人为之备。动作周还⑤，倨句诎伸⑥，可巧诈者，皆非善者也。善者之动也，神出而鬼行，星耀而玄运⑦；进退诎伸，不见朕垠⑧；鸾举麟振，凤飞龙腾；发如猋风⑨，疾如骇电⑩；当以生击死⑪，以盛乘衰；以疾掩迟，以饱制饥；若以水灭火，若以汤沃雪，何往而不遂？何之而不用达⑫？在中虚神，在外漠志，运于无形，出于不意。与飘往，与忽来⑬，莫知其所之；与倏出⑭，与闇入⑮，莫知其所集。卒如雷霆⑯，疾如风雨；若从地出，若从天下；独出独入，莫能应围⑰。疾如锼矢⑱，何可胜偶⑲？一晦一明，孰知其端绪？未见其发，固已至矣⑳。故善用兵者，见敌之虚，乘而勿假也㉑，追而勿舍也，迫而勿去也；击其犹犹，陵其与与㉒；疾雷不及塞耳，疾霆不暇掩目㉓。善用兵，若声之与响，若镗之与鞈㉔；眣不给抚㉕，呼不给吸。当此之时，仰不见天，俯不见地；手不麾戈，兵不尽拔；击之若雷，薄之若风；炎之若火，凌之若波。敌人静不知所守，动不知所为㉖。故鼓鸣旗麾，当者莫不废滞崩阤㉗，天下孰敢厉威抗节而当其前者㉘？故凌人者胜，待人者败，为人杓者死㉙。

【注释】 ①形埒：形迹。埒，界限。②讼：公。③形：杨树达说衍文。④量度：原作"度量"，据刘家立说改。⑤周还：周旋。⑥倨：直。句：通"勾"，弯曲。诎：屈。⑦玄运：原作"玄逐"，据王念孙说改。玄，天。运，运行。⑧朕垠：形迹、征兆。垠，同"垠"。⑨猋风：原作"秋风"，据王念孙说改。⑩电：原作"龙"，据王念孙说改。⑪当：王念孙说衍文。

361

⑫用:刘绩说衍文。⑬与飘往，与忽来:原作"与飘飘往与忽忽来"，据何宁引古残卷校改。如此与下句文方相对。飘忽指飘忽的风。⑭倏:原作"条"，据顾广圻说改。⑮闇:窄狭之处。原作"间"，据顾广圻说改。⑯卒:通"猝"，突然。⑰圉:通"御"，抵挡。⑱镞矢:飞箭。原作"鏃矢"，据何宁引古残卷改。⑲偶:相匹敌。⑳固:早已。㉑假:放过。㉒击其犹犹，陵其与与:犹犹、与与即"犹与"，亦即犹豫。㉓霆:通"电"。㉔鞈:鼓声。㉕不给:顾不上。㉖敌人静不知所守，动不知所为:原作"敌之静不知其所守动不知其所为"，据何宁引古残卷校改。何宁说:"言善用兵者，神速猛厉，使敌人动静失常。"㉗废:覆灭。阤:溃败。㉘厉威:扬威。抗节:抗衡。㉙杓:目标、靶子。

【译文】 有形迹的东西，天下人都能看到;记载在典籍里的内容，世人都能学习并加以传播:这些都是以形来取胜的，高明的人是不会效仿的。人们之所以看重道，在于道的无形。因为无形，所以也就难以挟制、逼迫它，也难以估量，更不能用智巧来欺诈它，打它的主意。你的智慧暴露出来，人家就会用智谋来对付;你的形迹表现出来，人家也会以相应的行动来回敬;你的大部队稍有暴露，人家就会打埋伏;你的器械一亮出来，人家就做好了充分的防备。总之，动作周旋、伸直弯曲，使巧用诈，都不算高明的。高明的行为神出鬼没，如星辰闪烁、天体运行;进退屈伸，不留痕迹;像鸢鸟高飞、麒麟跳跃、凤凰飞翔、神龙腾空;出动时犹如飘风，迅猛好像闪电;以生动灵活的态势攻击呆滞死板，用旺盛的气势驾驭死气沉沉，凭借迅猛有力压倒迟缓，借着饱满精神制服饿着肚子的敌人，就像以水灭火、沸水浇雪，这样的神兵哪能不如愿以偿? 哪能不达成目的? 在内心使精神虚静，对外界使物欲淡漠，运动不露痕迹，攻击出其不意。像飘忽的风往来无声，谁也不知它要到哪里去;从缝隙中出入无迹，谁也不知道它在哪里停歇。像雷霆般突如其来，像风雨般说到就到;像从地下冒出，又像从天而降;独来独往，没有办法应付;快得像离弦飞箭，还有什么能和它匹敌? 忽暗忽明，谁知道它的头绪? 还没看到它出发，它却早就来到你跟前。所以善于用兵的人，发现敌方的弱点，就紧紧抓住不放，穷追猛打绝不舍弃，逼迫直到消灭干净，绝不让敌人逃走。攻打犹豫不决之敌，要有迅雷不及掩耳、闪电不及遮眼的气势。善于用兵，如同回音的应和，大小鼓声的前后相接;让敌人眼睛被灰尘迷着都来不及揉一下，上气不接下气。从天而降的神兵使敌人抬头看不见天，低头看不着地，完全失去方向;手不知道挥动长矛，刀剑来不及全拔出来;攻上去势如雷鸣，逼近前快如狂风;像烈火一样蔓延，如波涛般汹涌滔天。敌人不晓得怎样防守，也不知道如何去进攻。这样的部队一旦擂响战鼓，挥动军旗杀过来，抵挡上来的没有不土崩瓦解的，天下谁敢向这样的部队扬威抗衡、阻挡它前进? 所以能够驾驭敌方的部队必胜，消极应对的部队必败，成为别人攻击目标的部队只有死路一条。

【原文】 静以合躁①，治以待乱②，无形而制有形，无为而应变，虽未能得胜于敌，敌不可得胜之道也。敌先我动，则是见其形也;彼躁我静，则是罢其力也③。形见则胜可制也，力罢则威可立也。视其所为，因与之化;观其邪正，以制其命;饵之以所欲，以罢其足;彼若有间，急填其隙;极其变而束之，尽其节而仆之。敌若反静，为之出奇;彼不吾应，独

尽其调④;若动而应,有见所为⑤;彼持后节⑥,与之推移。彼有所积,必有所亏;精若转左⑦,陷其右陂⑧。敌溃而走,后必可移。敌迫而不动,名之日奄迟,击之如雷霆,斩之若草木,耀之若火电,欲疾以速,人不及步趋⑨,车不及转毂,兵如植木,弩如羊角,人虽众多,势莫敢格。诸有象者,莫不可胜也;诸有形者,莫不可应也。是以圣人藏形于无而游心于虚。风雨可障蔽,而寒暑不可关闭⑩,以其无形故也。夫能滑淖精微⑪,贯金石,穷至远,放乎九天之上,蟠乎黄卢之下⑫,唯无形者也。

【注释】 ①合:对付。②待:对付。原作"持",据王念孙说改。③罢:通"疲"。④调:平和。⑤有:通"又"。⑥彼持后节:原注说:"彼谓敌。持后节,敌在后,使先己。"节,节制。⑦精:敌军精锐部队。左:指东方。⑧陷:攻击。右:指西方。陂:边。⑨趋:原作"铕",据王引之说改。⑩关:原作"开",据王念孙说改。⑪淖:柔和。⑫黄卢:即"黄垆",黄泉。

【译文】 以安静来对付对方的急躁,凭着有条不紊来对付敌人的混乱,用无形来制约有形,用无为来应付变化,即使不能战胜,但也可使敌人不能取胜。敌方如果先于我方行动,就会暴露形迹;敌方如果急躁而我方宁静,就会使他们疲劳。敌方形迹暴露出来,我方就能取得战争的主动权;敌方精疲力尽了,我方的威力就可以显现了。针对敌方的行动,来同他们周旋,不断改变我方的策略;观察敌方的"奇正"形势,来控制他们的命运;用敌方想要得到的东西作为诱饵引诱他们上钩,调动牵制他们,使之疲于奔命;敌方如果露出了破绽,就要赶紧抓住机会、乘虚而入;等敌方的招数花样使尽了,再束缚住他们使之动弹不得,等敌方精疲力尽时想法子将他们打倒。如果敌人由运动返归宁静,那么就得出奇招调动他们;敌方如果对此不理睬,唯一的办法就是保持平和以等待时机。如果敌方有所反应,那么我们也就观察到他们的意图了;如果敌方后于我们行动,控制了我方的形势,我方就要想尽办法和他们周旋,好摆脱困境;敌方如果集中兵力尾随我方,后方必定空虚;敌方的精锐部队在左方,我军就可以攻他的右方。如果敌军溃败逃走,以后制先的有利形势就归我所有了。敌军受到我军的强大压力而龟缩不动,这就是所谓的滞留迟疑,我军要用雷霆之势猛攻猛打,像割草伐木一样消灭他们,我军的攻击务必要像火烧电闪一样神速,要使敌方都来不及迈步、战车来不及启动,兵器像插在地上的木头、弓弩像长在羊头上的角,来不及拿出来,这时即使敌人人多也没办法抵挡。只要有动向形迹的敌人,没有不能战胜的;只要暴露形迹,就有办法对付。正因为如此,圣人将自己隐藏在无形之中,让心神处在虚静当中。风雨可以遮挡,因为它们有形;寒暑冷热无法关闭,因为它们无形。能够稀薄柔和,精细隐微,贯穿金石,穷尽最遥远的区域,寄身于九天之上,盘曲在黄泉之下的,只有那无形的大道。

【原文】 善用兵者,当击其乱,不攻其治,是不袭堂堂之寇①,不击填填之旗②;容未可见,以数相持;彼有死形,因而制之。敌人执数,动则就阴③;以虚应实,必为之禽④。虎豹不动,不入陷阱;麋鹿不动,不离置罘⑤;飞鸟不动,不绁网罗⑥;鱼鳖不动,不摆唇喙⑦。物未有不以动而制者也。是故圣人贵静。静则能应躁,后者能应先;数则能胜疏⑧,持者能禽缺⑨。

【注释】　①堂堂:仪容威严的样子。②填填:牢固整齐的样子。③阴:凶险。④禽:同"擒"。⑤离:通"罹",碰上。罝罦:罗网。⑥绁:系绊。⑦擭:穿。唇:原作"蜃",据杨树达说改。喙:口。⑧数:密。⑨抟:完整。原作"博",据俞樾说改。禽:同"擒"。

【译文】　善于用兵的,定会攻击那些混乱的敌军,却不会去攻击整肃的敌军,也不会去袭击那些气势威严、阵容整齐的敌军;敌方的状况还没有摸清楚之前,就运用各种术数与之周旋;一旦发现对方露出致命的弱点,就趁机消灭他。敌方如果掌握各种术数,我方妄动那就是自寻凶险;敌方以"虚"来对付我方的"实",我军必定会被敌军制服。虎豹隐伏不乱跑,不会跌入陷阱;麋鹿安详不乱动,不会触上罗网;鸟儿不乱飞,不会被罗网系绊;鱼鳖不乱游,也难以被钓钩钩上嘴唇。万物无不因为妄动而受到制约。所以圣人贵静。因为安静可以制服躁动,后面的能对付抢先的;周密能战胜粗疏,完整能够制服残缺。

【原文】　故前后正齐,四方如绳,出入解赎①,不相越凌;翼轻边利②,或前或后,离合散聚,不失其伍:此善修行陈者也。明于奇赎、阴阳、刑德、五行、望气、候星、龟策、机祥③,此善为天道者也。设规虑,施蔚伏,见用水火④;出珍怪⑤,鼓噪军,所以营其耳也⑥;曳梢肆柴⑦,扬尘起堨⑧,所以营其目者:此善为诈佯者也。镎钺牢重⑨,固植而难恐⑩,势利不能诱,死亡不能动:此善为充干者也⑪。剽疾轻悍⑫,勇敢轻敌⑬,疾若灭没:此善用轻出奇者也。相地形,处次舍⑭,治壁垒,审烟斥⑮,居高陵,舍出处⑯:此善为地形者也。因其饥渴冻暍⑰、劳倦怠乱、恐惧窘步,乘之以选卒⑱,击之以宵夜:此善因时应变者也。易则用车,险则用骑;涉水多弓,隘则用弩;昼则多旌,夜则多火,晦冥多鼓:此善为设施者也。凡此八者,不可一无也,然而非兵之贵者也。

【注释】　①解赎:原作"解续",据孙诒让说改。解赎犹言"分合"。②翼:边:即侧翼部队。轻、利:轻装、便捷。③奇赎:原作"奇正赎",据陈观楼说删"正"字。奇赎指阴阳奇秘之术。望气:观望云气判定吉凶。候星:观望星象以定吉凶。龟策:龟甲和蓍草。机祥:祭祀鬼神以求消灾的活动。④见:吕传元说衍文。⑤珍怪:奇异吓人的行动。⑥营:惑乱。⑦曳:拉、拖。梢:树梢,小树枝。肆:放纵,滚动。⑧堨:尘埃。⑨镎:古代矛戟等兵器上的金属箍。钺:大斧。⑩固植:坚定不移。⑪充干:充实坚强。⑫剽:刚猛。⑬轻敌:藐视敌人。⑭次舍:行军宿营地。⑮烟:通"堙",堵塞。⑯出处:退路。⑰暍:热而中暑。⑱选卒:精锐干练之卒。

【译文】　所以队伍前后整齐,四面像墨线般笔直,进退有分有合、断而有联、互不凌越杂乱;侧翼轻兵锐卒,或作前锋,或作殿后,离合散聚,队形不乱:这是善于训练队列和阵势。明白奇赎、阴阳、刑德、五行、望气、占星、龟策、祭祀,这就是善手运用天道。制定计划,设下埋伏,运用水攻、火攻;制造奇异假象,鼓噪呐喊,以搅乱敌人的听觉;拖着树枝,扬起尘土来迷乱敌人的视觉:这是善于运用欺诈战术。意志像镎钺般坚定稳重,毫不动摇,难以吓倒,权势不能诱惑,死亡吓不退缩:这是善于鼓舞士气坚定信念。刚猛快速、英勇果断、藐视敌人、神速地一闪即逝:这是善于运用轻骑兵来出奇制胜。观察选择地形,安排驻营地址,修筑营垒,查明路障,驻扎在高地,营地有退路:这是善于利用有利地形。利用敌军饥渴冻热、疲劳

混乱、恐惧困窘之时，运用精锐干练的部队，在深夜对敌人实施偷袭：这是善于利用时机来应对变化。平坦的地方用兵车，险峻的地方用骑兵，渡水时用弓，险隘之处用弩；白天多用旌旗壮大声威，夜晚用篝火制造气氛，阴暗多雾时多用战鼓：这是善于利用兵械装备。以上总共八种战术，不能缺少一样，但这些都还不是用兵中最重要的。

【原文】　夫将者，必独见独知。独见者，见人所不见也；独知者，知人所不知也。见人所不见，谓之明；知人所不知，谓之神。神明者，先胜者也。先胜者，守不可攻，战不可胜，攻不可守，虚实是也。上下有隙，将吏不相得；所持不直，卒心积不服，所谓虚也。主明将良，上下同心，气意俱起，所谓实也。若以水投火，所当者陷，所薄者移[1]，牢柔不相通，而胜败相奇者[2]，虚实之谓也。故善战者不在少，善守者不在小；胜在得威，败在失气。夫实则斗，虚则走；盛则强，衰则北。吴王夫差地方二千里，带甲七十万，南与越战，栖之会稽[3]；北与齐战，破之艾陵[4]；西遇晋公[5]，禽之黄池[6]：此用民气之实也。其后骄溢纵欲，拒谏喜谀，憍悍遂过[7]，不可正喻[8]，大臣怨怼[9]，百姓不附。越王选卒三千人，禽之干遂[10]，因制其虚也。夫气之有虚实也，若明之必晦也。故胜兵者非常实也，败兵者非常虚也。善者能实其民气以待人之虚也，不能者虚其民气以待人之实也。故虚实之气，兵之贵者也。

【注释】　①薄：靠近。②而胜败相奇者：原脱"败"字，摅杨树达说补。③栖之：逼迫他们退守。④艾陵：春秋齐国地名，在今山东莱芜东北。⑤晋公：晋平侯。⑥黄池：地名，在今河南封丘。⑦憍：同"骄"，勇猛。遂过：酿成过错。⑧正喻：对正确的劝谏不能领悟。⑨怼：怨恨。⑩干遂：也作"干隧"，地名，在今江苏苏州。

【译文】　将帅一定要有独到的见解和胆识。所谓独到的见解，是指能观察到别人观察不到的；所谓独到的胆识，是指能知道别人不知道的。能观察到别人观察不到的，叫作"明"；知道别人不知道的，叫作"神"。这"神""明"就是取得胜利的先决条件。如果能这样，那么防守时别人攻不破，交战时敌人打不倒，进攻时就容易取胜，这就是虚和实的关系。上下级之间有矛盾隔阂，文官武将不融洽，处事不公正，士兵充满怨气，这就叫"虚"。君王贤明，将领优秀，上下同心，心往一处想，劲朝一处使，这就叫"实"。像泼水灭火，敢抵抗的就将他攻陷，敢逼近过来的就把他掀倒一边，刚柔显出差别，胜败也表现出来，这就是虚实的不同。所以善于作战的部队不怕人少，善于防守的不怕城池狭小；取胜在于是否有威势，失败在于丧失气势。实力强就打，实力弱就走；气势旺盛部队战斗力就强，气势低落肯定要败。过去吴王夫差拥有方圆两千里的土地，步卒七十万，向南和越国开战，逼迫越王勾践退守会稽山；向北又和齐国打，在艾陵击败齐军；向西又和晋国对阵，在黄池制服晋平侯：这样的战绩是充分利用了兵民士气这种实力。后来，夫差骄横纵欲、拒绝听谏、爱听奉承话，而且暴戾骁悍，从而铸成大错，还不能及时悔悟，大臣怨恨、百姓背叛。越王勾践只率精兵三千就在干遂消灭了夫差，这是利用了夫差虚弱的气势而制服他的。气势有虚有实，二者可以互相转化，好比光明转向黑暗一样。所以胜利之师并不总是士气高昂、斗志昂扬，败军也不总是士气低落。善于用兵的人能鼓舞民气等待敌军虚弱，不能用兵的常常挫伤自己的民气等着敌军气势旺盛。所以气势的"虚"与"实"，是决

定战争胜负的最值得重视的因素。

卷十六　说山

【题解】

篇题原注说："山为道本,仁者所处,委积若山,故曰说山。"本篇与下卷《说林》异曲同工,都是将大量的故事、道理用简明深刻的箴言形式来表述,这种独特的诠释方式虽稍嫌芜杂,缺乏系统,但正是《淮南子》文辞瑰丽的一个反映。两篇所述,林林总总,涉及的内容十分广泛,几乎涵盖了《淮南子》全书论印及的主题。

【原文】　人不小觉①,不大迷;不小慧,不大愚。

【注释】　①觉:原作"学",据王念孙说改,和"迷"相对。

【译文】　人如果不仅仅停留在小觉悟上,而能做到大彻大悟,就不至于有大的糊涂;人如果不满足于小聪明,而能拥有大智慧,就不会干出大的蠢事。

【原文】　人莫鉴于沫雨①,而鉴于澄水者②,以其休止不荡也。

【注释】　①鉴:照。沫雨:下雨后积成的浑水。②澄水:清澈的水。

【译文】　人们不用混浊起沫的雨水照形,而用清澈的河水当镜子,是因为清水静止而不动荡。

【原文】　詹公之钓①,千岁之鲤不能避;曾子攀枢车②,引辖者为之止也③;老母行歌而动申喜④,精之至也。瓠巴鼓瑟而淫鱼出听⑤,伯牙鼓琴驷马仰秣⑥,介子歌龙蛇而文君垂泣⑦。故玉在山而草木润⑧,渊生珠而岸不枯⑨。

【注释】　①詹公:即詹何,传说中善钓术的人。②曾子:春秋鲁国人,孔子弟子;枢车:载灵柩的车。③辖:即枢车。原注说:"曾子至孝,送亲丧悲哀,攀援枢车而挽者感之,为之止。"④老母行歌而动申喜:《吕氏春秋·季秋纪·精通》载:"周有申喜者,亡其母,闻乞人歌于门下而悲之,动于颜色,谓门者内乞人之歌者,自觉而问焉,曰:'何故而乞?'与之语,盖其母也。"⑤瓠巴鼓瑟而淫鱼出听:原注说:"瓠巴,楚人也。善鼓瑟。淫鱼喜音,出头于水而听之。"淫鱼,印鮂鱼。⑥伯牙:春秋时人,以善弹琴闻名。仰秣:原注说:"仰秣,仰头吹吐,谓马笑也。"即仰头嘶叫。"秣"通"沫",即口水。⑦介子歌龙蛇而文君垂泣:原注说:"介子,介推也,从晋文公重耳出奔翟,遭难绝粮,介子推割肌啗之。公子复国,赏从亡者,子推独不及,故歌曰:'有龙矫矫,而失其所,有蛇从之,而啖其口。龙既升云,蛇独泥处。'龙以喻文公,蛇以自喻。于是文公觉悟,求介子推,不得而号泣之。"⑧玉在山而草木润:原注说:"玉,阳中之阴也,故能润泽 草木。"⑨渊生珠而岸不枯:原注说:"珠,阴中之阳也,有光明,故岸不枯。"

【译文】　詹何垂钓的技术,使千年的鲤鱼精都没办法逃脱;曾子攀伏在亲人的枢车上,悲痛万状,使拉灵车的人都感动得停下来;行乞的老母亲在街上唱起悲歌,触动了离散多年的儿子申喜,母子得以相见,这都是精诚所至的缘故。瓠巴弹瑟,江中的游鱼探出头来倾听;伯牙鼓琴,驷马仰头不停地嘶叫;介子推唱起龙蛇之歌,晋文公重耳悔恨流泪。

所以产玉的山，草木肯定滋润茂盛，产珍珠的深渊，岸上的草木不容易枯萎。

【原文】 **蚓无筋骨之强，爪牙之利，上食晞堁[①]、下饮黄泉，用心一也。**

【注释】 ①晞：干。堁：尘土。

【译文】 蚯蚓虽然没有强健的筋骨和锋利的爪牙，但却能上食干土、下饮黄泉，因为它用心专一。

【原文】 **清之为明，杯水见眸子；浊之为暗，河水不见太山[①]。**

【注释】 ①河：黄河。太山：泰山。

【译文】 清水因为透明，只需一杯就能照见眼睛；浊水因为浑暗，就是有黄河那么大的水域也照映不出泰山来。

【原文】 **视日者眩，听雷者�[①]。人无为则治，有为则伤。无为而治者，载无也。为者不能无为也[②]，不能无为者不能有为也。人无言而神，有言者则伤，无言而神者载无，有言则伤其神。之神者[③]，鼻之所以息，耳之所以听，终以其无用者为用矣。物莫不因其所有而用其所无。以为不信，视籁与竽[④]。念虑者不得卧；止念虑则有为其所止矣[⑤]。两者俱忘，则至德纯矣。**

【注释】 ①�：耳鸣。原作“聋”，据王念孙说改。②不能无为也：原作“不能有也”，据王念孙说改。③之：此。④籁、竽：两种吹管乐器，作者用它们中空有孔，来证明虚空无为的作用。⑤止念虑则有为其所止：何宁说：‘有为’谓止也，盖止之即为也。‘其’，指止念虑者。止念虑，即有为于念虑，故曰‘止念虑则有为其所止’也。有为其所止，亦一念虑也，故下文目‘两者俱忘’。”

【译文】 望太阳使人眼花，听响雷使人耳鸣。人无为则太平无事，有为则易受伤害。无为而治的人，思想上信奉“无”，行动上实施“无为”。有为者就不能没有好憎情欲，有好憎情欲就不能恬澹静漠，有所作为。人闭口少言就能保全精神，爱说话者就容易损伤精神；人闭口少言保全精神而信奉“无”，爱说话会损伤精神而无法达到“道”的境界。鼻子之所以能呼吸，耳朵之所以能听音，是在于凭借着它们空空的又似乎无用的洞孔来发挥作用的。天下事物无不凭借着其中的空洞“无用”来发挥作用的，如果认为这种说法不真实，请看看籁和竽是怎样凭着管的中空洞孔来发音的吧！思前想后的人是难以入睡的；想抛弃忧虑，就又得想办法如何去抛弃。如果这两者都抛开，彻底去掉所有念头，那么就达到精神最纯粹的境界了。

【原文】 **圣人终身言治，所用者非其言也，用所以言也[①]。歌者有诗，然使人善人者，非其诗也[②]。鹦鹉能言，而不可使长言[③]，是何则？得其所言，而不得其所以言。故循迹者非能生迹者也。神蛇能断而复续，而不能使人勿断也；神龟能见梦元王[④]，而不能自出渔者之笼。**

【注释】 ①所以言：言论的根据和精神实质。②非其诗：原注说：“善之者，善其音之清和也。不善其诗，故曰‘非其诗’也。”③长言：教令法典方面的言语。原脱“言”字，据王念孙说补。④元王：春秋宋国君。原注说：“宋元王夜梦见得神龟而未获也。渔者豫且捕鱼得龟，以献元王，元王剥以卜。”

【译文】 圣人一辈子谈论修身治国平天下，但他实际上运用的并不是他说的那些言

论,而是言论背后的根据和思想实质。歌唱的人有诗句作歌诗,然而使人觉得动听的并不是这些诗句本身,而是那美妙的旋律。鹦鹉能学着说些简单的话语,但不能让它讲有关政教法令方面的话,这是为什么呢? 因为鹦鹉只能学舌效仿人说的话,它自己并不具备语言能力。所以只会踩着人家脚印走路的人。走不出自己的路来。神蛇能够在被砍断后重新再生复活,但是不能使人不砍断它。神龟能在宋元王的梦中显灵而不被抓获,但它却逃不出渔人的笼子。

【原文】 四方皆道之门户牖向也①,在所从窥之②。故钓可以教骑,骑可以教御,御可以教刺舟③。越人学远射,参天而发④,适在五步之内⑤,不易仪也⑥。世已变矣,而守其故,譬犹越人之射也。

【注释】 ①牖向:窗户。②所从窥:从哪个方面去看。③御:驾驭车马。刺舟:撑船。④参:朝着。⑤适:通"啻",仅仅,只是。⑥易:改变。仪:法则,这里指射箭技术。

【译文】 四面八方都有"道"的门和窗,就看你从哪儿找到通往大道的路径。所以善于垂钓的人可以指导人骑术,善于骑马的人可以启发人御术,善于驾驭的人可以教导人撑船。越人学习远射本领,仰头朝着天空发射,箭只落在五步之内的地方,因为他不懂射术的缘故。世道已经变化,还守着老一套,这就好比越人学射术。

【原文】 月望①,日夺其光②,阴不可以乘阳也③。日出,星不见,不能与之争光也。故末不可以强于本,指不可以大于臂。下轻上重,其覆必易。一渊不两鲛④。

【注释】 ①望:农历每月十五叫望。②日夺其光:指农历每月十五,月亮和太阳成直线,地球在中间,遮挡了目光,所以会发生月蚀现象。③乘:驾驭。④鲛:鲨鱼。

【译文】 月亮在每月十五时圆满,和太阳东西相望成直线,这时太阳无法给月亮光亮,本身不发光属阴的月亮驾驭不了这属阳的太阳。太阳一出来,星星就隐去,不能和太阳争光。所以末不可能强过本,手指不可以粗过臂膀。下轻上重,肯定要倾覆。一个深渊中不能同时有两条鲨鱼。

【原文】 水定则清正,动则失平。故唯不动,则所以无不动也。江河所以能长百谷者,能下之矣,夫惟能下之,是以能上之。

【译文】 水静止时就清澈平稳,流动起来就失去平和。所以唯有不动,才能无所不动。长江、黄河之所以能成为百谷之长,是因为它们能处低洼之处,唯有能处低处,才能高高在上。

【原文】 天下莫相憎于胶漆①,而莫相爱于冰炭②。胶漆相贼③,冰炭相息也④。墙之坏,愈其立也;冰之泮⑤,愈其凝也:以其反宗⑥。

【注释】 ①相憎于胶漆:原注引一说云:"胶入漆中则败,漆入胶亦败。"②相爱于冰炭:原注说:"冰得炭则解归水,复其性,炭得冰则保其炭,故曰'相爱'。"③贼:害。④患:生。⑤泮:融解。⑥宗:根本。

【译文】 天下没有比胶和漆更不能相容的了,没有比冰和炭更相爱的了。胶漆互相败坏,而冰炭互相生长。墙壁倒塌后,比它站着更自在;冰块溶化后,比它凝固时更自由,因为都返归本来面目了。

道教三字经

【导语】

《道教三字经》内容广泛,从道教的历史、宗派、经书、教义,乃至宗教制度、戒律以及宗教活动中的各种斋、醮、拜忏仪式,都有涉及。它是一部微型的道教百科全书,限于篇幅,对有关内容,只能作简要的评述。

易心莹是道门中人,道士眼中的道教,和世俗学者的看法不尽相同。许多世俗学者眼中道教的精华,由于时世迁移,道风转变,可能道士已不重视,而世俗学者素所忽略的道门制度、仪式、典故,道士都十分看重。在研究和介绍道教时,世俗学者多采用各类史书的记载,道士则直接用道教的经书。其实,道教是个多层次的复杂体系,要对它的经、箓、戒律和仪式有比较切近的了解,必须进入它固有的体系。易心莹的《道教三字经》,尽管在某些方面不及学者的研究那么深刻和准确,但提供了许多一般人忽略的材料,展现了一个道教徒独特的视角。

《道教三字经》书影

易心莹在介绍道教正一派的时候,从"正一派,汉天师。盟威箓,拜章仪"说起。汉顺帝年间,张道陵在四川的鹄鸣山(又名鹤鸣山,在今四川大邑县)创立正一盟威道教,这一派首领称天师,所以魏晋时又称为天师道。这一教派用授符箓的办法传徒,箓称正一盟威箓。初期的正一派崇拜天、地、水三官,用向三官拜送章奏的方式,倾诉自己的宗教感情和愿望,祈求神灵佑护。因为入道及酬谢道士时例出五斗米,所以外界称之为"五斗米道",统治者出于仇视,称之为"米巫""米贼",而现在不少道教史著作(包括笔者以前写的论著)仍把五斗米道作为汉末正一道的统称,显然不够准确。易心莹站在道门立场,当然绝不会徇俗乱用。

在道教理论中,世界的本源是大道,它"浑无物,杳冥精",即无形无象,无声无息。由道推动着宇宙演化(玄化流),使得浑沦的宇宙分化出天地(辟混濛)。宇宙演化的不同阶段,大道都有个化身,元始天尊等尊神就是这样出现的,蕴含着宇宙有起源、也有毁灭的思想。同时在道教的宇宙结构理论中,大地是浮于虚空的。这一设想的提出,早在一千五百年前的晋代,实属难能可贵。不少学者往往忽视了这些极富价值的理论,而易心莹将此作为道教的必备知识加以介绍,足证其见识不凡。

易心莹从道教内部来说明道教,与学术界的研究、介绍可以互相补充,也为人们了解道教历史和文化提供了一个简明读本。但不可否认其在教言教的局限性,一些见解未必正确,这是读者在阅读此著时必须注意鉴别的。

【原文】 至虚灵,至微妙。

【译文】 至：最，极。虚灵：虚，指空明洞达，没有形质；灵，指通灵，灵性。微妙：精微玄妙。

【原文】 强称名，为大道。

【译文】 强：勉强。为：是。这四句的意思是：最精微奇妙、神威无比却难于发现和触摸的东西，勉强称它是大道。

【原文】 道之体，本自然。

【译文】 体：实体。古代常将"体"与"用"对举。体指自身的实体，用指功能，和西方哲学中的本体与现象对举不同。

【原文】 兆于一，象帝先。

【译文】 兆：肇始，萌生。一：先秦道家认为"一"就是"道"，是天地万物产生形成和发展的普遍本质。因为道无双，所以"道"就是"一"。象：好像，似。帝先：在主宰万物、运御乾坤的天帝之前。象帝先，语出《道德经·第四章》："湛兮似或存，吾不知谁之子，象帝之先。"这四句的意思是，大道的实体是自然，它肇始于一，在天帝之前就主宰万物了。

【原文】 浑无物，杳冥精。

【译文】 浑：浑沌。无物：万物未生成。杳冥：遥远而幽暗。精：益之不能益，损之不得损，无毁无灭的精气。

【原文】 玄化流，光音生。

【译文】 玄：玄妙。化：教化，繁衍。流：传播。光音：光明和声音。宇宙在杳冥状态中，无光亦无声，幽暗静寂。这四句的意思是：在万物还没有生成的混沌时期，只有精微之气充塞着无边无垠的宇宙。精真之气开始奇妙地生化万物，尔后才有了光和声音，万事万物随之萌生。

【原文】 辟混濛，渐微明。

【译文】 辟：开辟。混濛：天地开辟之前的元气状态。《易·乾凿度》："太易者未见气也，太初者气之始也，太始者形习似也，太素者质之始也，气似质具而未相离，谓之混沌。"是混沌鸿濛的省称。

【原文】 太无变，三气分。

【译文】 太无：《文昌大洞仙经》："玄元始三气，生于太无之前，合虚而生气，气生于空，空生于始，始生于元，元生于玄，故曰祖气太无。"指"道"生化万物的起始阶段。三气：青、白、黄三气。这四句的意思是：混沌初开，天地始判，天空渐渐明朗，祖气随之变化，青、白、黄三气分而自成。

【原文】 龙汉劫，天景晖。

【译文】 始青气：即始气，其色为青。始气化成清微天玉清境，属大罗天。

【原文】 始青气，号清微。

【译文】 龙汉：天地未分之前所经历的五大劫名之一。五大劫依次为：龙汉、赤明、上皇、开皇、延康。道教认为每劫有41亿万年，天地一成一毁称一劫。景：指三景，谓日、月、星。晖：放出光芒。这四句的意思是：青气化出了清微玉清胜境，广漠的宇宙经过龙汉初劫，清气上升化育日月星辰并使它们在空中大放光明。

【原文】　元白气,号禹馀。

【译文】　元白气:即元气,其色白。由元气化生的上清胜境在禹馀天。《云笈七籤》卷三:"元气黄,在禹馀天。"又云:"灵宝君治在上清境,即禹馀天也,其气元黄。"

【原文】　显真文,焕太虚。

【译文】　真文:即道教所称的"赤书玉字""混洞赤文",是劫尽之时显现在空中的赤书玉字。它是道的自然化现。保镇劫运并由它化生诸天。现在泛指大洞经书。焕:照亮。太虚:即太空。这四句的意思是:元白气化生的上清胜境在禹馀天,灵宝真文在禹馀天映现,把广漠的太空照得通明透亮。

【原文】　玄黄气,号大赤。

【译文】　玄黄气:玄黄色之气。由它化生的太清胜境在大赤天。

【原文】　开上皇,万化孳。

【译文】　开:开启。上皇:即上皇劫。五大劫之一。这里指天地万物已俱化生时期。万化孳:万物生长发育。这四句的意思是:玄黄气化生的太清胜境在大赤天,上皇劫以后万物开始萌生。

【讲解】

这一章主要谈了大道以及在大道的支配下宇宙演化的过程。这个神秘莫测的过程用句简单的话来说,就是大道为主宰,历经五劫开辟混沌、三元始分化育诸天,天地始判,真文显现万物萌生。道以此体现了自身的神秘和神威。

"道"原是先秦道家思想的最高哲学范畴,它是先天地而生的宇宙本源。道教认为"道"是先天一炁,是至玄至妙的自然始祖。《道德经·二十五章》:"有物混成,先天地生。寂兮寥兮,独立而不改,周行而不殆,可以为天下母。吾不知其名,字之曰道。"《御制道德经讲义序》中康熙赞之曰:"伏惟大道,玄理幽深,神妙感通,觉世度人,超万有而独尊,历旷劫而不坏,先天地而不见其始,后天地而不见其终。"道是无形的,无法用言语来称呼描摹。它是一切玄虚的根本,它生成了万物又蕴涵于万物之中,道在物中,物在道中。道是有情有信的,可传而不可受,可得而不可见,它没有代谢,不会凋零,先天地生而不为久,长于上古而不为老,道是永存永恒的。

道教创始后把原本神秘莫测的"道"无限制地加以神化,成为道教的最高信仰,缺之则不成为道教。道教认为,散形为气,聚气为神,阴有阴之道、阳有阳之道。道存则物成,物无则道依然存。"道"不以人的意志为转移。

大道冲破了旷古悠悠的混沌,以它特有的神奇功能化生万物。这个化生过程是大道唯一,化生三元,三元化出玄、元、始三气,三气衍化成天地。其中始气为青色,形成清微天,亦称玉清境;元气为白色,化成禹馀天上清境;玄气为黄色,化成大赤天太清境。这三境道教称其是三清。三天、三宝、三清的意义是相同的。三清已备,万物因此而滋生。元始天尊居玉清,灵宝天尊居上清,道德天尊居太清,他们各居一处管辖着天、地、人及万事万物的更替轮换、消长、荣枯、贫富、刚柔、强弱、成败、得失等,正因为如此,道才成为人们顶礼膜拜的最高信仰。

【原文】　元始尊,说洞真。

【译文】　元始尊:即元始天尊,又称天宝君。住在三十六天的最上一层"大罗天"中,仙府称玄都玉京。据传每当新的天地形成,元始天尊就传授玄虚大道化成的经书,称为"开劫度人"。太上老君、天真皇人、五方帝君等都得度于元始天尊。神话中开天辟地的盘古,道书中又称梵或称大梵,是元始天尊的前身。西王母、人皇、神农等都是元始天尊的后裔。洞真:通真。后人将道教经书分类为三洞四辅,洞真为第一部,由元始天尊所出,为大乘上法。

【原文】　启大教,演三乘。

【译文】　启:开启。大教:指道教。演:阐演。三乘:即大、中、小三乘。大乘洞真,中乘洞玄,小乘洞神。也有称上、中、下三乘的。

【原文】　灵宝尊,说洞玄。

【译文】　灵宝尊:上清灵宝天尊,又名太上道君。据《洞玄本行经》和《上清大洞真经》描述,灵宝天尊原是"二晨精气""九庆紫烟",后脱胎洪氏,怀3700年,诞生在西那天郁察山浮罗之丘,位登高仙(天界中有九种不同品位的神仙。依次为:上仙、高仙、大仙、玄仙、天仙、真仙、神仙、民仙、至仙),治玄都玉京,金童玉女30万人侍卫,万神入拜。在道观中灵宝天尊在元始天尊左边,手持太极图或执如意。洞玄:道藏经书分类法三洞第二部。洞玄经以太平部为辅。

【原文】　金科立,宝箓传。

【译文】　金科:又称科范,是指道教斋醮仪式的规范定式。"金"是对科范的赞美。在道教史上斋法最完备的当推形成于东晋末的灵宝法。灵宝派尊元始天尊为最高神,玉宸大道君(灵宝天尊)则传元始之经,因此这里将金科说成是灵宝天尊所传。宝箓:指符箓。箓是道士入道和道阶升迁的凭信,常与符一起传授。以符箓为传法和施法依据的道派也称符箓派。符箓派道士又用符箓召神、劾鬼、驱邪镇魔,并以之为秘宝,故称宝箓。这四句的意思是:灵宝天尊由元始天尊处传得真经并以之阐演洞玄真经,确立了斋醮仪范的定式又将宝箓留传后人。

【原文】　道德尊,说洞神。

【译文】　道德尊:即道德天尊,又称太清道德天尊、太上老君,是由先秦时期的老子形象演变而来。道教创立后尊老子为教祖,所以老子是道教第一位人格神,亦称人神,被尊为三清中的第三位神。洞神:指道藏经书分类法三洞的第三部。道教认为此书出于太上老君,为小乘之法。洞神以太清部为辅。

【原文】　十二部,度天人。

【译文】　十二部:洞神部有十二类。度天人:济度天上的神仙和人间百姓。这四句的意思是:道德天尊演说了洞神十二部经书,用来济度天上的神仙和人间修道的平民。

【原文】　建法筵,宝珠中。

【译文】　法筵:讲经说法的道场。道教认为听法者皆得受用精神食粮,故称法筵。宝珠:元始天尊手中的一颗宝珠,可容纳天真大神于中听道闻法。

【原文】　传经蕴,义无穷。

【译文】 蕴：蕴含的内容。义无穷：道经经义深奥难以测尽。这四句的意思是：元始天尊开设讲经说法的道场，把诸神天真聚集到宝珠中，给诸圣传授经箓真谛。诸圣深感道经含义奥秘无穷。

【原文】 我皇人，集云书。

【译文】 皇人：道教称天神为皇人。云书：道教认为最初的道书是由云气自然结成，每字方一丈，有八个角，角上垂下光芒，由天真皇人仰观此书而摹写下来，然后在仙真中流传。因由云气结成故称云书。原先字数不多，经仙真阐释后形成庞大的经书体系。

【原文】 正天音，在劫初。

【译文】 天音：自然的音韵。一般人都读不出，只有天真皇人才理解其含义注出了正确的读音。《度人经》说，书中所载全是"大梵隐语，无量之音"，天真皇人书其文以为正音。这四句的意思是：我天真皇人在龙汉初劫时就逐一研读云书，注出读音以便弘教。

【原文】 译三洞，次四辅。

【译文】 译三洞：相传洞真、洞玄、洞神的经文全部用赤书玉字写成，凡人不能认读，只有天真皇人能注其字、正其音，所以要靠皇人译洞章。次四辅：再解释四辅经文。四辅属道书分类法，最初见于孟法师《玉纬七部经书目》。四辅是用来补充三洞的。太玄辅洞真，太平辅洞玄，太清辅洞神，正一总辅上述六部遍陈三乘。

【原文】 七十二，冠今古。

【译文】 七十二：指三洞四辅十二类经书。冠：列于首位。这四句的意思是：解释三洞四辅十二类经书，使之成为亘古不变的道教经书。

【讲解】

这一章主要讲了道经的来历及其价值，认为道经源于自然，由三清天尊演说，其文由天真皇人正音注述。道教把道经视为道的化身，一般是秘而不宣，宣而有成。道书神授，受者成仙。

"道"是道教信仰的核心，也是道教的最高信仰。道是没有具体的物质外壳，也没有固定的形态，它的抽象空虚并不影响人们对它的崇拜。但道的虚无性对扩大教化也有一定的局限性。晋代以前，玉清元始天尊、上清灵宝天尊、太清道德天尊的出现，使人们对道的崇拜更为具体化，弥补了原先的缺憾，三清尊神成了道的象征，接受膜拜，一气化了三清，三清成了人格神。

人们在信仰的形成过程中借助于丰富的想象，把洞真十二类上乘经籍看作是由元始天尊所敷文铺陈。其实三洞各有十二类，即：本文类，收经教的原本真文；神符类，收龙章凤篆之文、符书之字；玉诀类，收关于道经的注解疏义；灵图类收图像及以图像为主的著作；谱录类，收高真上圣应化事迹及功德名位的道书；戒律类，收戒规戒律；威仪类，收斋醮科仪制度的著作；方法类，收养生、祭炼方法之书；众术类，收外丹炉火、五行变化、数术等方术之书；记传类，收众仙传记、碑铭山渎宫观的志书；赞颂类，收歌颂唱赞的道书；章表类，收建斋设醮时的奏章、表文等。同样，把洞玄、洞神视为灵宝天尊、道德天尊担纲设教，把三洞四辅十二类的阐演之功记到三清名下，可见信徒对三清的尊崇和信赖。

其实,从三洞四辅到道藏,历代高道大德为之呕心沥血。魏晋时期,道书日增。东晋葛洪《抱朴子内篇·遐览》已著录道书 600 多卷。南北朝时的陆修静按三洞分类编成《三洞经书目录》,有个叫孟法师的,按三洞四辅分类,编定《玉纬七部经书目》。此后,陶弘景又撰《经目》《太上众经目》,这些书目为唐代《开元道藏》的编定提供了重要条件。《开元道藏》是中国历史上第一部道经的汇集,总计有 3744 卷。宋代开国后重修,有 4359 卷;金时期也编有 6455 卷,元代编有 7800 余卷,但均遭兵火和焚经之厄。

现在我们看到的《道藏》是在明正统十年(1445)刊行的《正统道藏》及万历三十五年(1607)由张国祥辑印的《万历续道藏》的版本上影印的,合计有 5485 卷、1476 种道书。《道藏》是一宗重要的文化遗产,涉及社会生活的各个领域,既有物质探索与化学实验的宝贵记录,又有仙道思想在宇宙观上的探索,又巧妙地收录道外典籍为道之用,内容十分广泛。

【原文】　自玉清,至西那。

【译文】　玉清:即位居玉清境的元始天尊。西那:西域的西那玉国。由西方七宝金门皓灵皇老君统治。属五老君之一。

【原文】　玄风及,同顺化。

【译文】　玄风:这里指道或道教。及:深入普及。这四句的意思是:从玉清仙境到西域玉国,道教影响所及,无论何处民众都崇敬大道,归顺大道,接受道的教化。

【原文】　玉皇尊,大有情。

【译文】　玉皇尊:即玉皇大帝。是道教四御中的第一位神。位在三清以下,享誉却在三清之上。玉皇主宰日、月、风、雨,掌握人间祸福、生死、升迁。其名称由皇天、昊天、天帝逐步演变为"昊天金阙至尊玉皇大帝"。道观中供奉的玉帝,一般是身穿九章法服头戴珠冠冕旒,手持玉笏,面容慈和。大有情:指悲天悯人的情怀。

【原文】　舍王位,苦修行。

【译文】　这四句的意思是玉皇天尊将爱民济生之情宏布天下,放弃王位而坚持修道。

【原文】　历多劫,志不灰。

【译文】　历多劫:经过很多劫的修炼仍无大成。志不灰:欲修成正果的意志不变。

【原文】　证金仙,号如来。

【译文】　证金仙:据传,妙乐国太子舍去王位入普明香严山中修道,经八百劫,行药医病,拯救众生,令其安乐;又经八百劫,广行方便,启诸道藏,演说灵章,又经八百劫,亡身殒命,行忍辱故舍己血肉,如是修行三千劫始证金仙,号清净自然觉王如来。他教化诸神顿悟大乘正宗,渐入虚无妙道,如是修行,又经亿劫,始证玉帝,即玉皇大帝。

【原文】　位玉京,镇萧台。

【译文】　位玉京:居住在仙都玉京山。镇:管辖。萧台:又作郁罗萧台。语出《度人经》,指三十六天最高处大罗天中的九层高台,为元始所居处。此借指玉帝居于天中心最高处。

【原文】　斡天帝,总三才。

【译文】　斡：掌管，指挥。总：统领。三才：天、地、人为三才。这四句的意思是：玉皇大帝居住在玉京仙都，坐镇郁罗萧台，统辖天上诸路神仙，总领着天、地、人。

【原文】　本行经，断障碍。

【译文】　本行经：指《高上玉皇本行集经》，有上中下三卷，简称"本行经"。主要叙述玉皇的来历和正告读经的善男信女要重视这部经。在叙述玉皇法力时指出，玉皇法力无边，能使日月潜行，五岳移位，上圣奉之以致神，高尊掌之以致真，五岳从之以得灵，天子得之以治国。还有不少的符咒及灵验事例。断障碍：消除影响修持的各种邪念。《高上玉皇本行集经》中断障碍之法有：当生大悲，无起疑惑，无起贪嗔，无起淫欲，无起嫉妒，无起杀害，无起凡情，无起凡思，无起昏垢，无起生色，无起是非，无起憎爱，无起分别，无起高慢，无起执着着。凝神澄虑，万神调伏，心若太虚，内外贞白，无所不容，无所不纳，无令外邪，乱其至道。

【原文】　告菩萨，无内外。

【译文】　无内外：不分内外，都应贞白。这四句的意思是：《高上玉皇本行集经》里记录了天尊教诲天人的各种断障碍的方法，忠告所有修道之人要心若太虚，神运万物，修道之人不分心内心外都应静心澄虑，洁白无瑕。

【原文】　静妙尊，大辩才。

【译文】　静妙尊：即虚无清静妙尊，是"道"的化身，因此有的书上把静妙尊视为老子。大辩才：口才很好，善于演说的神。

【原文】　广说法，九和台。

【译文】　广说法：随处设教，演说道义道法。九和：在古代，九为最高数。"和"是德之本。忠、信、敬、刚、柔、和、固、贞、顺合于一身为九和。九和台：是静妙天尊阐演经义的地方。这四句的意思是：静妙天尊是口才雄辩的大才，他在九和台设教，宣传三界之内唯道独尊。

【原文】　开始老，学修真。

【译文】　开：开劫度化；开导。始老：青灵始老帝君。相传始老君原名元庆，住无量玉国。上天因其先身好色，故使他转为女子。朱灵元年丙午诞于丹霍山下，改姓洪讳那台。那台好道，紫虚元君托做用人下世教化，发现那台贞洁好尚，便授那台灵宝赤书南方真文一篇。于是那台励志持戒修行。她的所作所为感动了元始天尊。元始下凡，在琅碧扶瑶的山丘枯桑下演道。那台见自己和枯桑隔山隔海，无法前往，只得合手祈愿："那台先缘不厚，改作女身，带望神仙相助转形为男。历年无感应，常恐生死不遂。今隔海慕仙，无由披陈，当投身碧海，望我形魄早得轮转。"说毕赴身下海。水帝神王以五色飞龙捧接女身，俄顷之间已于悬中得化为男子，乘龙飞至元始天尊前。元始天尊赐其青灵始老帝君。

【原文】　化国王，度臣民。

【译文】　化：教化，即指老子西行说教。国王：指夷蛮戎狄之邦的君子。度臣民：拯救臣民的心灵。这四句的意思是：清静妙尊以道教化始老帝君，鼓励世人学道修身，教化四

方之邦的君子、臣子、百姓,启发他们一心向道。

【原文】　宏教法,三千人。

【译文】　宏教法:弘扬道教的教义和法术。

【原文】　受此诀,白日升。

【译文】　此诀:宣扬修道成仙的秘笈和方法。白日升:白日飞升。指修道者修成正果,白日飞到天上,成了神仙。这四句的意思是:静妙天尊随方设教,许多人学到了修道真谛得以成仙升天。

【讲解】

运用丰富的想象和夸张手法编创大量的神话故事,是道教宣扬教法的主要方法之一。在中国,神多,传说也多;人与事,人与神,神与事有数不清的纠葛,张冠李戴、莫衷一是不足为奇。但这些十分荒诞不经的小故事里浸透着道教劝人从善、得道成仙的思想。就拿玉皇大帝来说,它位于三清之下,是道教的第四位尊神,由于道教文学作品的传播,它的名望实际上已胜过三清。《高上玉皇本行集经》描绘了玉皇的出身。据说,很久以前有个光严妙乐国,国王净德和王后宝月光年老无子,于是令道士举行祈子道场。后来,王后梦太上道君抱一婴儿赐予王后,梦醒而有孕。一年后,丙午岁正月初九午时诞生于王宫。长大后继王位。不久,舍国去普明香严山中修道,功成超度。历三千劫始证金仙,又经过亿劫,始证玉帝。还是太子的时候便放弃一切权力和摒弃物欲,把国中所有的库藏财产宝物散施于穷困、孤寡鳏夫以及伤残、多病、饥渴者,不畏艰难险阻,专心致志,修道不懈。道成,位居玉京贵都,权力比原先更大。塑造玉皇大帝这一运用丰富的想象和夸张手法编创大量的神话故事,是道教宣扬教法的主要方法之一。在中国,神多,传说也多;人与事,人与神,神与事有数不清的纠葛,张冠李戴、莫衷一是不足为奇。但这些十分荒诞不经的小故事里浸透着道教劝人从善、得道成仙的思想。就拿玉皇大帝来说,它位于三清之下,是道教的第四位尊神,由于道教文学作品的传播,它的名望实际上已胜过三清。《高上玉皇本行集经》描绘了玉皇的出身。据说,很久以前有个光严妙乐国,国王净德和王后宝月光年老无子,于是令道士举行祈子道场。后来,王后梦太上道君抱一婴儿赐予王后,梦醒而有孕。一年后,丙午岁正月初九午时诞生于王宫。长大后继王位。不久,舍国去普明香严山中修道,功成超度。历三千劫始证金仙,又经过亿劫,始证玉帝。还是太子的时候便放弃一切权力和摒弃物欲,把国中所有的库藏财产宝物散施于穷困、孤寡鳏夫以及伤残、多病、饥渴者,不畏艰难险阻,专心致志,修道不懈。道成,位居玉京贵都,权力比原先更大。塑造玉皇大帝这一形象主要说明只有像玉皇那样拒声色、香味、触等各种来自外部的刺激,去除各种影响修道的障碍,才能修成至道,才能同化绝大多数人。

再如老子历来被视为大道的化身,从本土到异域他乡,从天京玉阙到边陲神乡,到处都有老子的影响。道教认为,只要有人坚持修炼,道德天尊就会传授金诀秘笈。修道遇挫,道德天尊就会暗中点拨,指点迷津,不管哪世哪代,因为被尊为静妙尊的老子具有分身术,它无处不在,它能为历代帝王师,又能为芸芸众生师。如此写老子无非是为了普及

玄风教化俗人。西汉时，黄老之说的核心清静无为思想与方仙道的神仙信仰相结合，自此，老子被进一步神化，名号越来越多，多得让人记不清辨不明，杳杳冥冥，迷迷糊糊难下判断。本章中的静妙尊只是化身之一。仅《太上混元圣纪》中述说的名号就不少，现摘要如下：

天皇时，老君应运降迹与天皇为师，号通玄天师、玄中大法师。

人皇时，与人皇为师，号盘古。

伏羲时，号郁华子、广寿子、传豫子。

黄帝时，号广成子。

高阳氏时，号赤精子。

高辛氏时，号录图子。

陶唐氏时，号务成子。

有虞氏时，号尹寿子。

夏禹时，号真行子。商汤时，号锡则子。所有这些名号都出现在老子诞辰之前，这是后人为了神化而如此为之。

最早的关于老子诞生之迹的纪传明确指出：老子武丁九年二月十五日降生。周文王为西伯时召为守藏史，周武王时迁老君为柱下史。周康时老君从西极大秦竺乾等国回来号郭叔子，复为柱下史。就是这样一位有名有姓的人物，道教故意将他推向遥远的洪荒之际，变为来去无踪、随世立教的神。老子到处设教，传飞升之道。如果普天下的人都听从教诲，认真潜修，最后个个飞升，地球上将是怎样一副模样。

道教与神话传说有不解之缘，但阅读时千万不能将神话传说与道教史实相混淆。

【原文】 **溯源流，追上古。**

【译文】 溯：逆流而上。这里指往前搜寻考证。追：追寻，追溯。

【原文】 **证道者，书唯普。**

【译文】 证道：修道有成或称修成正果。唯：只。普：普遍。这里指详细记录。这四句的意思是：探求仙宗的根源要追溯到很古很古的时代。那些修炼得道者的名姓以及他们学修的派别，古书有全面的记载。

【原文】 **考真系，别宗祖。**

【译文】 考：查考，考察。真系：重视潜修的门派及其传承关系。

【原文】 **大小宗，从头数。**

【译文】 大小宗：大大小小的宗派。这四句的意思是：查考各门派的传承关系，明确各宗派的创始人。大大小小的派别很多，需要从头开始一一列举。

【原文】 **古仙宗，遗上世。**

【译文】 古仙宗：古老的追求得道长生的宗派。据说是以黄帝为代表的一宗。黄帝是华夏民族的象征，所以古仙宗是以后各宗风的源泉，包含的内容较为丰富。黄帝以天下既理，物用具备，乃寻真访隐，问道求仙，冀获长生久视。所以黄帝成了真正意义上的仙宗之祖。遗：从上代流传下来。

【原文】　极昌明,在黄帝。

【译文】　昌明:繁荣昌盛。指古仙宗在当时已形成气候。这四句的意思是:最古的追求长生不死的一派是从上世流传下来的,它最兴盛的时候是黄帝执柄,黄帝慕道修炼的时候。

【原文】　欲治国,慕广成。

【译文】　欲治国:黄帝战胜榆冈后想要谋求安邦定国的策略。幕:倾慕。广成:即神仙广成子,据说住崆峒山。

【原文】　访崆峒,论长生。

【译文】　长生:即长生之道。这四句的意思是:黄帝向神仙广成子讨教治国的策略,在崆峒山访问广成子时互相议论得道长生的事。

【原文】　来具茨,窥靖庐。

【译文】　具茨:山名,在荥阳密县东面,今名泰隗山。相传黄帝在具茨山求见大隗神。窥:探访。靖庐:道教建坛祭天礼神的场所。

【原文】　礼诸真,奉芝图。

【译文】　奉芝图:芝图就是灵芝图。道教把灵芝视为仙草。黄帝向大隗神学仙道,大隗神捧出芝图授予黄帝。这四句的意思是:黄帝到具茨山学道,探访群仙居住的地方,拜谒诸位神仙,大隗神授给黄帝芝图,即仙经。

【原文】　探九室,青城峰。

【译文】　九室:靖舍。喻指修真学道的最佳场所。《抱朴子·内篇·明本》:"夫入九室以精思,存真以招神者,既不喜喧哗合污秽,而合金丹之大药。"一说"九室"指四川省都江堰西南的青城山,因其有"宝仙九室洞天"的美名。

【原文】　获龙跻,有遗踪。

【译文】　龙跻:为道家所传的飞行术,有龙跻、虎跻、鹿卢跻三法。传为黄帝到四川蒙山(山东也有蒙山)学习《龙跻经》即神行术。这四句的意思是:黄帝到四川青城山寻访仙境,研修龙跻神行。现在那里有遗踪可寻。

【原文】　守一经,仙王授。

【译文】　守一经:养生方法类的经书,以"守一"为要,相传天真皇人有守一经,黄帝想修之,天真皇人不愿将此经传出。后因太清三仙王为黄帝求情,黄帝才从天真皇人处受得守一经。守一经书强调"一"为根本,子能守一,一亦守子,子能见一,一亦见子,一须身而立,身须一而生,念念思之,寤寐不释,长生可望。

【原文】　讲生理,除病垢。

【译文】　生理:修身养性之道。垢:污秽。这四句的意思是:天真皇人把守一经授给了黄帝。守一经是讲述养生之道的经书。习练守一,能使人消除病患和人体内污垢,有利于长生。

【原文】　无摇精,无劳神。

【译文】　无:通毋,不要。摇精:动摇或骚扰体内的元精。劳神:使精神疲劳。相传广

成子隐居在崆峒山石室中。黄帝为向广成子学道,特意前往崆峒山求见,问以至道之要。广成子说:"至道之精,窈窈冥冥;至道之极,昏昏默默。无视无听,抱神以静,形将自正,必静必清,无劳尔形,无摇尔精,乃可长生。"

【原文】 隳肢体,黜聪明。

【译文】 隳:毁坏。黜:废弃。聪明:耳灵为聪,眼快为明。语出《庄子·大宗师》:"隳肢体,黜聪明,离形去知,同于大道。"这四句的意思是:修炼守一时要求做到固守自己的元精而勿使泄,不要毁坏自己的身体,使自己的听觉视觉不受外界影响,做到清静自然,无所作为。

【原文】 神气和,结仙胎。

【译文】 神气和:神与气相合。这是守一内炼方法的基本要求。生命的本元是气,神由气生,神动过分,气便不断损耗;神住不动,气也不损,因此要求做到二者不离,调和神气,才有长生希望。仙胎:圣胎。这里指修炼达到一定的境界。

【原文】 千二百,身不衰。

【译文】 千二百:指黄帝修守一经法,活了一千二百岁。极言寿长。道教善用"千二百",如《抱朴子·对俗》云:"欲天仙,立千二百善。"极言其多。又用黄帝御千二百女,说明房中术之灵验。身不衰:身体未曾衰弱。这四句的意思是:只要神与气相融合,体内结成圣胎,即使活一千二百岁,身体也不会衰弱。

【原文】 净乐国,有王子。

【译文】 净乐国:传说中的国度。相传真武大帝即玄天上帝诞生于净乐国。《元始天尊说北方真武妙经》称真武原来是净乐国的太子,非常勇猛,曾以扫尽天下妖魔为誓愿,他不统王位。后来得真人传授无极上道,入太和山修道。功德圆满,玉帝敕镇北方并将太和山改称武当山。

【原文】 出尘埃,了生死。

【译文】 出:超离。尘埃:俗人世界。了生死:放弃生死轮回,一心向道。这四句的意思是:真武神君是净乐国的太子,他远离凡俗人间,了却生死轮回的愿望,专慕修仙之道。

【原文】 入太和,自勤苦。

【译文】 太和:太和山,即武当山。自勤苦:自己刻苦潜修四十二年。

【原文】 提慧剑,降二竖。

【译文】 提慧剑:原义为拿着智慧之剑,此指真武所持法器。降二竖:使二竖降服归顺。竖:童仆。这里指下属。《神仙通鉴》记述,商、周之际,玉皇大帝命真武统率天界神将助周武王伐纣除魔。助纣为虐的水、火二魔王拍马落荒而逃,变成苍龟、巨蛇。真武施展神威,降伏于足下,收为部属。二竖就是指龟、蛇二将。

【原文】 跃南崖,现真武。

【译文】 跃南崖:武当山南岩,四面棱虚,地势险峻,传说为真武飞升之处。现真武:太子飞升时现出披发跣足的真武神形象。

【原文】 大功成,报父母。

【译文】 报父母：父母因养育之恩得到回报，被封为"明真大帝"和"琼真上仙"。这四句的意思是：天帝派群仙接引真武回天庭。真武接玉旨后在武当山南岩峰飞升。因其苦心修炼，功德圆满，父母也因此受到加封。

【原文】 吴夫差，仰止切。

【译文】 吴夫差：春秋吴王阖闾之子，为报父仇，大败越国于夫椒，勾践求和。周元王三年，越灭吴，夫差自杀。仰止切：十分仰慕。

【原文】 求度人，之齐国。

【译文】 求度人：寻求济世度人的法术。之齐国：指夫差派人到齐国的崂山取出《灵宝五符经》。这四句的意思是：吴王夫差十分仰慕养生成仙的法术，他派人往齐国觅取《灵宝五符经》这部神书。

【原文】 空洞篇，不轻泄。

【译文】 空洞篇：泛指各种养性修身的经书。不轻泄：不能轻易泄漏养生的奥秘。

【原文】 传斯文，四万劫。

【译文】 斯：这，指空洞篇。四万劫：喻指很长的历史年代。这四句的意思是：道经是不能轻易获得，更不能随意公开。秘藏在仙宫的经书要有得道神仙开启才能传播，每隔四万劫方能一传下土。

【原文】 此一家，宗大洞。

【译文】 宗大洞：古仙宗这一家以大洞经为嫡传，即以无上大道为祖。

【原文】 研真理，苍胡重。

【译文】 研真理：探求得道成仙的真谛。苍胡：苍，指青阳正色；胡，大。苍胡原来喻指元始以其至刚、至柔、至大之气结成的宝珠。这里指修炼有成，丹如胎如珠，这四句的意思是：古仙宗以大洞经中的大道为祖，认真领悟经中真谛，坚持内丹修炼，直至出现圣胎。

【讲解】

这一章开头八句是以后各章的总说，是本章的第一部分。道家先于道教，历史悠久。仙宗派别甚多。虽然各派都有自己的信仰核心和崇拜的核心人物，但归结起来万宗都离不开"道"，离不开黄帝。各宗派的核心人物都有神奇诡秘的故事，这些故事说明的是同一个道理：摒弃杂念私情，从善如流不移，潜心修炼必能得道。

第二部分是讲述黄帝因慕道而访真受经，修成正果的故事。侧重于黄帝慕道的原因是为修身治国平天下。《云笈七籤》中的《轩辕本纪》记录得十分详尽，他营造五城十二楼以恭候神仙光临。他访崆峒山广成子时问如何获取天地精华，用以促使五谷丰登养育天下众人。尽管广成子没有回答黄帝，但黄帝的出发点还是想治国。黄帝遍访群真获得玄女的"九转之诀"，青城宁先生的"龙跻之经"，天台获"金液神丹之方"等大量修身养性的经典。这虽为后人假托，但毕竟属于文化遗产，为我们今天的健身养性提供了不少有益的借鉴。另一则是讲净乐国王子超离尘世到武当山刻苦修炼，降服龟、蛇二神将为己用，最后得道升仙荣宗耀祖的故事，说明天上神仙常脱胎化生服务人间。故事中的太子

是玄天上帝的化身。玄天上帝在上三皇时降为太初真人,中三皇时降为太始真人,下三皇时降为太素真人帮助荡涤尘氛、平妖安邦。魔在则道在,人在则神在,人尊神,人修神,神护人,人护道,道能贯三才,道是始终不变、永恒不灭的,所以人要笃信道。第三则是讲春秋时期吴王夫差的故事。历史上,他因扩张而兵败自殒。在道教看来,夫差是个不义之人,他为追求长生,派人去齐国崂山获得他不该拥有的灵宝五符,导演了神书不佑无德之人反遭灾灭的悲剧,说明神书不能轻泄也不能易得。秘而藏之,仙人开启,这样才能起到神书施益于修道之人的作用。

最后一部分强调了古仙宗尊奉的主要经典是"空洞篇",是上古流传下来的真经,绝不可轻泄于无道之人,表明对"空洞篇"的珍视。

【原文】 金液宗,始娲皇。

【译文】 金液宗:利用炉鼎烧炼丹砂矿石药物制成丹药,服之长生不死的一个养生宗派,亦称外丹派。金液宗是外丹的一种,在我国已有两千多年的历史。娲皇:指女娲,我国神话传说中创造人类的始祖。往古的时候天四边的四根柱子毁坏了,于是天不能周全地覆盖地面,地不能周全地容载万物,水浩洋不息,猛兽食人,在这种情况下女娲炼五色石以补苍天。因为她与炼石有关,所以外丹金液派认定女娲为金液宗始祖。

【原文】 明造化,法阴阳。

【译文】 明:了解,懂得。造化:自然变化的奥秘。法阴阳:效法阴阳变化的法则。这是我国历代炼丹家所遵循的根本指导思想,是宇宙间一切变化根源的一种概括,又是自然界两种对立的势力。如正反、刚柔、昼夜、男女、天地、南北,乃至人体脏腑气血皆分属阴阳。古人认为一切变化均由阴阳消长推荡而致,炼丹家认为可以在明白生化之理、效法阴阳消长的机制的条件下在炼丹中人为控制药物的变化,造出仙丹,被称为"夺造化"之权。这四句的意思是:金液宗以女娲皇为始祖,他们力求明了自然变化的奥秘,效法阴阳变化的法则用之于炼丹实践。

【原文】 逮轩辕,费专研。

【译文】 逮:到。轩辕:黄帝居轩辕之丘,后以地为名,称轩辕为黄帝。《轩辕本纪》:"轩辕黄帝姓公孙,有熊国君少典之次子也。"费:花费。专研:把精力集中在一个方面。这里指黄帝把精力花在丹鼎的烧炼的研究上。

【原文】 政教余,且学仙。

【译文】 政教:刑赏与教化。且:又。这四句的思是:被誉为丹鼎之祖的黄帝,他花了很大的精力研究鼎炉烧炼方法。他在施政教化之余又勤修金丹之道。

【原文】 合神药,炼金丹。

【译文】 合神药:不断修正各种矿石的比例,烧炼出理想的丹药。神药:指炼丹用的各种药料。金丹:即仙丹。

【原文】 龙车举,鼎湖间。

【译文】 龙车:龙驾的车乘。举:飞升。鼎湖间:黄帝采首山之铜在荆山下铸成九鼎,后又在此飞升。后人将黄帝铸鼎处称为鼎湖。

【原文】　得度者，多近臣。

【译文】　得度者：能够和黄帝一起飞升的人。多近臣：大多是黄帝身边的臣僚。据传神龙垂髯迎接黄帝时，他的友人无为子以及下属近臣七十二人同时飞升，其余只能暂留鼎湖。

【原文】　荆山下，旧迹存。

【译文】　荆山下：即黄帝铸鼎处。旧迹存：升仙时的遗迹尚存。这四句的意思是：和黄帝一同飞升的大多是近臣。荆山下还有黄帝铸鼎炼丹的遗迹，后人在那里还给黄帝立了庙宇。

【原文】　此一家，宗九鼎。

【译文】　宗九鼎：宗奉九鼎丹法。《抱朴子内篇·金丹》著录有《黄帝九鼎神丹经》，是汉至魏晋时期炼丹家宗奉的大经，影响深远。

【原文】　炼汞铅，穷根本。

【译文】　炼汞铅：炼，烧制。汞铅，外丹名词。汞铅是两种化学元素，是烧炼外丹的主要原料。道教炼丹士将汞铅放入鼎炉炼成仙丹，食之可以长生不死，因此丹家视汞铅为至宝。穷根本：穷，追究。根本："道"在炼丹过程中的作用及意义。

【原文】　聚玄宗，左真传。

【译文】　聚玄宗：以定观为要，以聚气凝神静守为修炼方法的一个宗派。左真：即玄元真人。《太上中道妙法莲华经》卷一："元始天尊昔于大罗天上广化天宫，会诸天仙真，说十极解脱，五无间罪。是时会中有一真人，名曰左玄，长跪直前。"后人将左真作为聚玄宗的祖师。

【原文】　授黄氏，在周宣。

【译文】　授黄氏：左玄传授给清河黄氏。周宣：周宣王在位的时期（前827~前782）。这四句的意思是：左玄真人所创的聚玄丹宗，在周宣王执政的时候便传给了清河黄氏。

【原文】　明内功，法最简。

【译文】　内功：内修炼养的功夫。元玄全子《真仙直指语录》卷上："人能常清静，天地悉皆归。盖清静则气和，气和则神主，神主则是修仙之本。本立而道生矣。此为内功。"法最简：修内功的方法最为简捷。

【原文】　但澄心，物欲遣。

【译文】　澄心：净虑而无杂念，心境坦然。物欲遣：排除物欲。这四句的意思是：要知道内功修炼方法最简最易掌握，只要求消除杂念，做到心静物灭无我、无所作为。

【原文】　空无寂，观三要。

【译文】　空无寂：即观空、观无、观寂。观三要：三项观法最重要。空：指世界虚幻不实，只有虚空不变。无：大道本体为无。寂：大道本无躁动，修道者应息心止虑，不因外界现象的干扰而起念。观：观法。道教修持的方法之一，相当于通常所说的观察问题的方法。观法有多种，此处是综合了唐代以来的"道体论""坐忘论"等思想。

【原文】　惟湛然，期至道。

【译文】　湛然：深深的样子，借指为很清楚、明白。这四句的意思是：内功修炼要达到空、无、寂的无我忘我境界，必须以炼精，调息和养心为定观，明白了这些，才有希望修成无上之道。

【原文】　此一家，宗清静。

【译文】　宗清静：遵奉清静的养生方法。

【原文】　持定观，圆珠映。

【译文】　定观：《大洞玉经疏要十二义》："摄心住一为安定，灰心忘一为灭定，悟心真一为泰定"，这三定为定观。安定破其粗心，灭定除其妄念，泰定以养其慧光。古人认为这是修炼的基础。圆珠映：圆珠泛光，谓修成内丹，这是形象的说法。这四句的意思是：聚玄这一派尊奉清静自然，坚持三个定观的修炼方法最后达到修成至道。

【讲解】

冠以道教养生的宗派有很多，《道教三字经》列出的十家是较具代表性的。这些派别互相影响，互相颉颃，互相渗透，因此发展至今天，便你中有我，我中有你。这正如当今的气功，流派甚多，且都说是源于佛道，究竟向佛学了多少，向道学了多少，很难诘寻其宗。即使是金液宗和聚玄宗，前者主张采石炼石，烧制外丹。后者强调清静内修，看来分野无疑。但由于外丹即长生之丹实际上是不可能存在的，最后也不得不修正，它吸取了内丹的某些修炼理论和方法，变异后继续存在，使得内外丹的理论在区分上显得十分贫乏无能。正如同一个名词，既是内丹名词又是外丹名词，两者兼而有之。例如："黑锡""鼎炉""小还丹"等等，这种两栖的概念在道书上比比皆是。时至今日，已无人热衷于外丹修炼，而内丹修炼，其理论经过不断的补充，也经过不断地简化，成为不少人愿意接受的养生方法，通俗地讲就是气功。当然这种气功并不指所谓发放外气为人治病的功。

应该肯定的是烧制外丹在化学史上有很大的贡献，用句时行的话，就是歪打正着。长生不老的仙丹没有炼成，而那些从事外丹烧炼的方士却成了化学工业方面有功而无名的真正的化学家。他们在炼丹过程中发明了火药，火药成了中世纪的重要发明之一，对人类文明做出很大贡献。可以毫无愧言地说，近代化学成熟于欧洲，但它的源头在于道教，古代的炼丹术孕育了近代的欧洲化学。炼丹家们的经验和教训在中国药物学中仍有参考价值。

聚玄宗是左玄真人首创而传后的，主张清静无为，隔绝外事，静坐内观。以天地为鼎炉，自身为药物，自然无为作火候，不须意念也不意守，唯以定观，称得上上乘功法。用今天的眼光来看聚玄宗，是最实际、最简单、最能普及的一种修持方法，最高的要求就是要做到百分之百的清静无杂念，百分之百的坚持不懈。

由采五色石补天得到启发，于是采石铸鼎炼丹；由铸鼎发展到以天地为鼎，这是道教养生术的必然发展。长期以来养生文化的不断积淀为我们今天的养生理论提供了有益的借鉴。古人的实践是值得我们参考的。

【原文】　长淮宗，开狟神。

【译文】　长淮：长江淮河一带。一说为淮河流域。狟神：神名。狟是像马一样的野兽,可供乘骑。据说黄帝乘狟貙而先驱。相传狟神为"人皇"时一位善于修炼的人物。

【原文】 居脽上,得其真。

【译文】 脽上:汾水边的小土山上。这四句的意思是:远在人皇的时代,有个名叫狟神的人居住在汾水旁的小山上修炼得道,人们称这一宗为长淮宗派。

【原文】 归根法,复命关。

【译文】 归根法:培补元气的方法。语出《道德经十六章》:"夫物芸芸,各复归其根,归根曰静,静曰复命。"意谓回归本原。内丹派用以比喻返回性命本根。复命关:静曰复命;关,指玄关窍。《海琼问道集·玄关显秘论》:"若要炼形炼神,须识归根复命。所以道归根,自有归根窍,复命还寻复命关。"这是强调返回先天的说法。

【原文】 一字诀,静中参。

【译文】 一字诀:"一"的真正意义。道教认为"一"是道之根,气之始,命之属,众心之主,是天、地、人、万物的根本,其奥义不可忽视。静中参:在入静中慢慢领悟一的真义。参:探究、领会。这四句的意思是:归根复命的成仙之法,归根结底是要领会"一"的含义,要在清静无我的境界中加深领悟。

【原文】 观云起,调无弦。

【译文】 观云起:云又称素云,实指三丹田的内气。修炼时要使五脏之气与三丹田素云合一。炼胎息要在半夜子时开始,这时天地之气上升为生气。丹田之气通于天地,此时也开始充盈,故称云起。调无弦:指调息。无弦则无声,调无弦之琴则不闻其声只悟其意。这里喻指调息达到无声无息、至虚至静的境界。

【原文】 穷妙有,括人天。

【译文】 穷:尽。妙有:指修炼过程中的一种感受,安神静虑,不烦不扰,气道通畅,肯节无阻,元和充溢,人在气中,气贯周身。括人天:总括人和自然运动之理。这四句的意思是:修炼者在清静的环境中体会自然之生气和丹田之气相融通时的奇妙感觉,尽情品味天人参通时那种无法言传的舒适,领会人天参同益于成仙的道理。

【原文】 此一家,宗胎息。

【译文】 宗胎息:尊奉胎息炼养方法。这派功法认为人在母腹中时靠脐带与母体相连,呼吸随母亲。一旦降生便受到后天的体质、环境的支配,只有返回到腹中状态归于婴儿才能合道,达于长生。因此力图呼吸不经过口鼻只在脐下丹田收纳,调匀气息。功夫深者可以闭气几千息,甚至可以终日睡在水底下,也许这是夸张之说。

【原文】 玄际通,复无极。

【译文】 玄际通:达到玄同际的境界。此处"玄"是对道的一种形容。际:指五脏充满,五神静正,五脏充则滋味足,五神睜则嗜欲除的静吸静养境界。复:返回。无极:即道。回复无极则为修仙得道。这四句的意思是:这一家尊奉胎息的养生方法,坚持修炼此法可以使人回归大道,成为得道的仙人。

【原文】 葆和宗,老容成。

【译文】 葆和宗:以吐纳为手段,保持情性平和以求成仙的宗派。基本方法是口吐

浊气,鼻子吸进新鲜空气。老容成:传说为老子之师,字子黄,道东人。又说是黄帝的老师,隐居太姥山修仙,后转徙崆峒山,保精炼气,呼吸导引,二百余岁,还是面有少年之容貌。

【原文】 服五芽,餐云英。

【译文】 五芽:天地中金、木、水、火、土五行所生发的真气。餐:吃。云英:指气之精华。这四句的意思是:以吐纳为主的葆和这一派是以容成公为代表的,他们服用五行真气,以求延年益寿。

【原文】 严固守,元神充。

【译文】 严固守:严密地加固防守真气走泄。若有所疏,及时补之。元神:与生俱来的先天灵明,是人的本性,元神充实才能长生。服气法认为人生命最基本的元素是神、气二者,神为气子,气为神母,气充则神旺,气败则神衰,所以要严固守而后元神充足。

【原文】 身不挠,夺天工。

【译文】 身不挠:身体不被搅动、削弱,即修不死之身,再不受阴阳五行规律的支配。夺天工:指掌握了造化的奥秘,使原来受造化支配的生命归修炼者自己主宰。这四句的意思是:严密地守住自己的元神,使元神充沛,身体可以一直保持健康,勿使元神散失而削弱自己的身体。只要坚持服气,健身效果可以自己掌握。

【原文】 此一家,宗服气。

【译文】 服气:即吐纳、食气。取天地之间的正阳之气,即服用日精月华。

【原文】 守玄牝,还妙谛。

【译文】 玄牝:口鼻。《道德经》云:"谷神不死,是谓玄牝;玄牝之门,是为天地根。"河上公注曰:"玄,天也,于人为鼻;牝,地也,于人为口。"还妙谛:还回其道,修成仙体。这四句的意思是:这一家尊奉服气养生。守住自己的口鼻,吸进天地之精华,呼出体内的秽浊之气,掌握得法,能使人返老还童,修成仙体。

【讲解】

这一章主要简介"胎息""服气"的养生方法,肯定胎息法及服气法的养生价值。两者的共同点是都离不开气,不同点是气源和采气的要求。胎息法是指调匀好自身体内之气,要求像婴儿在母腹中那样微吸微吐,力寡功多;内外气不相杂,开通关节气自来往,不假鼻口。服气法要求选择时间,服食天地精气以补元气之不足。

道教内修之术的指导思想就是经过有效的修炼以求长生不死。修炼时特别强调"重精爱气尊神",认为精来自地,气来自阴阳平和,神来自天。平和则气顺,气顺则可以长生。气,在道教看来是十分重要的。气绝则人亡,气衰则人衰,气盛则寿延。

那么,应该服哪些气呢?一般认为,春季要采取太阳刚升起时的朝霞之气,称为黄气;夏季要食南方日中之气,也称正阳之气;秋季要食夕阳西下时的气,也称沦阴之气;冬季要食北方夜半之气,亦称沉瀣之气。还有天玄气,地黄气,合称为"六气",总称为日精月华之气。现代人在修炼时一般都在早晨或傍晚,在道教看来这是在采黄气或赤黄之气。

这六气,有人归之为"精、气、津、液、血、脉"。不过《灵枢·决气篇》说:"予闻人有精、气、津、液、血、脉,予意以为一气耳,今乃辨为六名,予不知其所然。"马莳在做注时说:"精、气、津、液、血、脉分而言之则六,总而言之曰气,故之曰一气。"看来六气所指不同,但气顺则精津俱足,血脉自通,身体自理,当然有利于养生,所以将六气归为一气之说也是有它的道理的。

古人认为一天一夜有十二个时辰。从半夜至日中,六时为生气;日中至半夜,六时为死气,死气之时,行气无益。但生气、死气,内中也分阴阳,即阳中有阴,如黄昏之时;阴中有阳,如半夜至天明之时。人若服气要选择时辰,食生吐死,及时将自然界的精华摄入五脏六腑,从而达到"养志合真""气全则生""食气者神而寿"的修炼目的。

【原文】 调神宗,传素女。

【译文】 调神宗:以调神合气为主的道教早期流派,亦称房中派。肇始于战国,以秦国为最,宗容成、彭祖、玄女、素女。强调房中节欲,养生保气。有积极的养生意义。因推究男女合气之术,所以遭到不少的非议。素女:女神名,与黄帝同时,善房中之术。王充《论衡·命女》:"素女对黄帝陈五女之法,非徒伤父母之心,乃又贼男女之性。"

【原文】 保身法,有妙理。

【译文】 有妙理:调神宗的养生方法有神妙的原理。这四句的意思是:调神宗派是女神素女传授的。这一派的调神养生方法有许多优越之处。

【原文】 治众病,功奇巧。

【译文】 治众病:治愈各种疾病。功:房中养生法。奇巧:指功法新奇,收效大。

【原文】 补伤损,颜不老。

【译文】 补:补救。伤损:身体以亏损。这四句的意思:是调神养生法只要坚持便能治愈各种疾病。它的功法神奇,能补人体、精神之虚损,使人的面色红光焕发,青春永驻。

【原文】 摄精气,填血脑。

【译文】 摄:吸取,采撷。精气:万物赖以生存发展的精灵细微的物质。在房室养生中,精气可作精液解释。填血脑:指还精补脑。《释滞篇》中葛洪认为:"房中之术十余家,或以补救伤损,或以功治病,或以采阴益阳,或以增年延寿,其大要在于还精补脑之一事耳。"简言之,就是爱啬精气,以救补大脑。

【原文】 防邪伪,慎检讨。

【译文】 防:提防。邪伪:纵欲丧生。慎检讨:谨慎周密地检查、约束自己,不使性欲过纵而影响养生。过四句的意思是:要善于采撷精气、留住精气用以补脑,要防止酒色沉迷而纵欲无节以致丧生,要认真地按养生要领检查自己,约束私生活。

【原文】 此一家,宗内房。

【译文】 内房:房中术

【原文】 明气道,养阳方。

【译文】 气道:房中之道在于把握好气的聚敛和运用。养阳方:研究壮阳类的书,如《黄帝三王养阳方》。这四句的意思是:这一派尊奉房中术,认书男女合欢也要注意气的运用。他们还写有大量的宣传研究房中术的书籍,托名黄帝著的有《黄帝三王养阳方》。

【讲解】

房中术,又称"黄赤之道""男女合气术",是道教在继承前人研究的基础上发展而来的一种养生术。为能修炼成仙,所以前人把房中术的起源归功于素女等神仙人物,使之蒙上神秘色彩。

从科学的角度看房中术,古人提出的房中理论及其方术是有积极意义的。他们始终围绕着如何节制性欲,还精补脑,如何保气养生等课题进行研究,写下了大量的著作。《备急千金要方·养性》认为:"房中术者,其道甚近,而人莫能行。其法一夕御十人,闭固为谨,此房中之术毕矣。兼之药饵,四时勿绝,则气力百倍而智慧日新,然此方之作也,非欲务于淫佚,苟求快意,务存节欲以广养生。"强调研讨房中术的意义是养生。由于性欲是人的本能,禁欲是不合人道的,也是不符合炼养要求的,所以东晋葛洪提出"不行房中,虽服百药,犹不得长生"的看法。因为欲不能无,好色之徒盯住了"一夕御十人""一夕御百五十人"这样的字眼,久而久之,房中术成了"色情""下作"的代名词,遭到了贬斥。北魏寇谦之改革天师道时也力斥房中术,他宣称是太上老君亲临嵩山令其"清整道教,除去三张伪法、租米钱税及男女合气之术。"教外儒生也攻击合气之术。房中术的影响开始缩小,隋唐以后改称阴丹。

【原文】 南宫宗,师一真。

【译文】 南宫:仙宫,犹言火府。以南宫命名的这一派主礼南斗星君,因为南斗专掌生存。南斗被神格化后能度三界之难,拔九幽之苦,告下魔王,不敢败害,人有善功列于南斗名下。因此这一派也兼用符箓、咒语驱使鬼神为人谋福。师一真:以一真为师。据传一真是神农时的一位仙人。

【原文】 秘密咒,役鬼神。

【译文】 咒:咒语。道教常用的能驱鬼治病的口诀。役:策使。这四句的意思是:南宫这一派以神农氏时的仙人一真为师,运用秘密的符箓、咒语来差遣神仙,役使魔怪。

【原文】 挥灵剑,妖邪遁。

【译文】 灵剑:道士手中的长剑,用于镇服妖魔,也是传代的法器之一。遁:逃窜。

【原文】 隐形景,须体证。

【译文】 隐形景:景即影。隐去形体和身影,是古老的法术之一,道教称隐遁或隐沦。《抱朴子·内篇》称为隐沦之道。古有《上清丹景道精隐地八术经》记有此法术,说是可以藏形匿影飞上天界。须体证:必须亲自修炼证得其果。隐形术都含有佩符、念咒、步罡踏斗、存想等内容,故必亲证。这四句的意思是:挥舞斩邪之剑,驱跑各种妖邪之魔,潜心修炼隐影法术,运用符咒配以步罡踏斗,亲自修持不懈,认真体验修炼隐影法的感受和其中的神秘。

【原文】 此一家,宗符箓。

【译文】 符:驱鬼役神以至人神合一的秘文。箓:秘籍。符箓作为下达指令的凭证,在道教中作为一种方术,用来召神劾鬼或服之长生不死、佩之致位显达。

【原文】 运精神,合云物。

【译文】 运精神:法事进行中道士装模作样变神召将的神态。云物:符箓上所陈述或所求的事物。这四句的意思是:这一派尊奉符箓,道士运用自身的元气变神召将帅并遣神将猛帅按照符箓上所指定的任务去为之努力。

【原文】 苍益宗,系彭桐。

【译文】 苍益:疑为地名。苍益宗是指服食草药以求养身成仙的宗派。彭:传说远古时的巫医,又名巫彭。《山海经·海内西经》有载。桐:桐君。传说在黄帝时与巫咸在一起研讨"服食"。他因采药求道来到桐庐县东山,将一棵枝叶能盖几亩地的大桐树作为居室。人们问其姓氏,他指树为姓,世人称其桐君。浙江桐庐有桐君山。

【原文】 俄大隗,并神农。

【译文】 俄:远古岐伯医生的老师俄贷季。大隗:具茨山上赠黄帝"神芝图"的大隗神君。神农:即神农氏,曾遍尝百草以为药。这四句的意思是:苍益这一派是由巫彭、桐君、医圣岐伯的老师俄贷季以及神农氏共同开创的。这一派主张服食草药以求长生。

【原文】 炼丹砂,法乾纲。

【译文】 炼丹砂:把朱砂等矿物烧炼成仙药。法:效法。乾纲:乾为天,乾纲就是天纲;纲:运动规律。这里把天的规律喻指烧石炼丹的火候。

【原文】 采灵药,九加方。

【译文】 采灵药:采集各种能使人延年益寿的药草。九加方:九制以后使之成为上品仙药。这四句的意思是:把有用的矿石烧成仙丹,需要掌握一定的火候,要注意烧炼时炉中的变化规律。上山采集药草,反复加工,使之成为上乘仙药。

【原文】 茹石散,饵琼芝。

【译文】 茹:吃。石散:散指散药,本以粉末状态出现,与丸药相对举,属道教金石药的一种。现代中医药仍沿用其名。饵:服用。琼芝:琼草,又称灵芝,此处泛指植物类草药。

【原文】 易骨髓,返仙姿。

【译文】 易:改变。骨髓:骨头里面空腔中的胶样物质。此处喻指骨头最里面的地方,即最深处。返仙姿:使年长者返老还童,年轻的风韵常驻。这四句的意思是:服石散、灵芝后可以使原有毛发脱落,长出新的毛发,可以改变最里面的骨髓,使之长出新的骨髓,修炼服食者如同获得新的生命一样,仙姿永驻,仙体永存。

【原文】 此一家,宗服食。

【译文】 宗服食:以服食药物炼养身体立宗。

【原文】 延寿命,保原质。

【译文】 保原质:人刚出生朝气饱满,生命力强。通过服食,人能保持原有的生命力。在这里还是指长生不老,因为这是成仙的根本。这四句的意思是:这一家尊奉服食以达到延年益寿、保持长生不老的目的。

【原文】 健利宗,盛羲农。

【译文】 健利:行气、按摩及肢体运动相结合以利健康的一种炼养方法。盛:流行。羲农:伏羲与神农。

【原文】 **赤松后,数宁封。**

【译文】 赤松:赤松子,古代仙人。《列仙传》称赤松为神农时的雨师。他常去昆仑山,止于西王母石室中,随风雨上下。后因病入山炼导引之功,功成后得仙飞升,炎帝少女追之亦得仙同去。宁封:古代仙人,又名龙跻真人。他得遇神人,学会五色烟火法。后因给黄帝授《龙跻经》而被封为"五岳真人"。他头戴盖天冠,身服朱紫袍,总司五岳。

【原文】 **治虚邪,可延年。**

【译文】 虚邪:因体虚而邪气攻入,使人得病。

【原文】 **漱灵液,灾不干。**

【译文】 漱灵液:修炼时产生的津液。灾:病魔。干:冒犯、侵入。这四句的意思是:健利派养生法可以治愈因虚而导致的疾病,可以延长人的寿命。要不断叩齿漱津液,这样病灾不能轻易侵入体内。

【原文】 **畅关节,通泥丸。**

【译文】 关节:骨端相衔接处。泥丸:即泥丸宫,是人体头部的一个穴位。炼养家称上丹田为泥丸,在两眉之间。

【原文】 **壮体魄,筋骨坚。**

【译文】 筋骨:人体肌腱或骨头上的韧带。这里指身体素质。这四句的意思是健利养生法能使关节活络,气血通畅,精气神贯通上丹田,能使人体魄雄健,筋骨坚强。

【原文】 **伏虫蛇,除患害。**

【译文】 伏虫蛇:修炼导引术有成的人能以气降服蛇虫。患害:各种疾患病痛。

【原文】 **驱恶疾,百里外。**

【译文】 驱恶疾:赶走影响寿命的凶险顽症。这四句的意思是:修炼健利这一家的养生方法,能使人降伏各种大小不等的病痛,把直接危害生命的痛苦而难治的疾病赶到很远很远的地方。

【原文】 **此一家,宗导引。**

【译文】 宗导引:尊奉导引术。导引:原为中国古代一种以形体运动配合呼吸吐纳的炼养方法,用以达到强身健体、延年益寿的目的,后来被道教吸收改造和发展,将行气、按摩、漱咽、肢体运动配合一起,做到气和体柔。千百年来,导引术以不同的形式出现,为人们所重视。

【原文】 **致精微,入妙境。**

【译文】 致:达到。精微:精细而隐微。此指"道"。妙境:神奇而玄妙的境界。这四句的意思是:这一家奉行导引的养生方法。导引可以使修炼者达到至精至微、与道合真的状态,进入抱素返真缥缈欲仙的奇妙境界。

【讲解】

《度人经集注》称:"南宫者,长生之宫也。"又称南宫火府。火为光明之家,妖鬼为阴

邪之气。为驱妖邪,南宫宗尊礼南斗星君以期长生。

南斗星君是二十八宿之一。《星经》上说:"南斗六星主天子寿命,亦主宰相禄爵之位。"就是注定人生沉浮的大运。俗言:天上一颗星,地上一个人。人属于星,星属于斗。人若要修仙,先尊天上星。因此南斗崇拜在我国十分盛行。

南斗有六星,北斗有七星,六星主生,七星主亡,主亡多于主生,于是天下一片慌忙,两斗星合起来是十三,对半不平衡,这是不祥之兆。富于想象的人们将福禄寿视作三星,和南北斗星合为十六颗星,二八对判,刚巧平衡。心平则衡。据说我国老秤十六两制就源于此。可见前人为了健康长寿,从不同的方面做过假设和努力。为了将这种假设和努力传达给天帝神灵,在没有电话、传真的洪荒时代,他们便想到要用特殊的图文作为凭证和天帝神灵联络,沟通感情,以求护佑。符与箓便应运而生。最初符箓的功能应该是比较单一的。我们的前人在遇到凶险或动机与效果相悖时,借助符箓向天帝诸神求援,实际上是一种无可奈何的选择,是人生的挣扎。由于社会的局限性,南宫这一派尊奉符箓运精神,合云物也就在情理之中。

苍益宗是以服食药草求长生的,人的肌体除了需要各种营养外,还需要各种矿物质和微量元素。古人深知其理。他们便尝百草以求百益,由此发展到采百草炼百药取其精华,反复加工制取百草精粹。以此有病治病,无邪补身。这种尝试要比南宫宗进步得多,其意义也深远。《历代神仙通鉴》上有相应的神仙故事。明朝李时珍及他的《本草纲目》是采百草的最好例证,所不同的是李时珍已摆脱了宗教的影响。如何尊奉服食延长生命,至今还没有圆满的答案,尚有不断研究的价值。

健利宗是以导引吐纳为主的养生派别。从某种意义上讲是强调了生命在于运动。而这种运动形成于人体内,大吐大纳促进血液循环,体内的秽浊之气排出体外的速度加快,新鲜之气大量进入体内,使人活力增强,四肢松健,精力充沛。

最初的导引术从动物的各种动作中得到启发。有人模仿动物的某些动作,制之为舞,教人引舞以导之,最原始的舞蹈就是最初的导引。人们模仿这些动作后发现僵直的身体变得灵活;板结的皮肤变得光滑而柔软。这便是导引的客观效果。

我国东汉名医华佗创制了五禽戏,他认为"人体欲得劳动,但不当使极耳,动摇则谷气得销,血脉流通,病不得生,譬犹户枢,终不朽也。是以古之仙者为导引之事:熊经鸱顾,引挽腰体,动诸关节,以求难老,吾有一术名曰五禽之戏;一曰虎,二曰鹿,三曰熊,四曰猿,五曰鸟,亦以除疾,兼利蹄足,以当导引"。可见养生家、医学家历来十分重视导引。

运动,使气内动,随呼吸而动;按摩是靠外力而使活血、活气。所以导引当是行气、按摩、漱咽相结合的一种健身治病的方法。现在只是归其名为健利宗。

应该指出的是,不管哪一宗炼养方法,道书作者都将其源推向遥远的过去,而且都是由古代神仙为祖,此种做法的意义在于表明历史悠久,有神秘色彩,容易被人信服。

【原文】 科醮宗,降高辛。

【译文】 科醮:设坛请圣祈祷神灵、为国为民求福免灾或超度祭奠亡灵的宗教活动。科是动作,醮是祭的别名。科醮现在泛指道教的科仪。尊奉并从事于科醮活动的派别称科醮宗。降：自上而下。高辛：高辛氏帝喾。科醮这一家是从高辛氏帝喾那里传下来的。

【原文】 牧德台，宝符膺。

【译文】 牧德台：地名。《太上灵宝五符序》："其时有天人神真之官降之，乘宝盖玄车而御九龙，策云马而发天窗，自称九天真王、三天真皇。并执八光之节，佩景云之符到于牧德之台，授帝喾以九天真灵经，三天真宝符，九天真金文。"宝符：即三天真宝符。膺：受。指帝喾接受三天真宝符。

【原文】 资二仪，奠岳灵。

【译文】 资：凭借、依靠。二仪：指天地，亦指阴阳。奠岳灵：祭奠五岳山神。

【原文】 保国祚，免灾迍。

【译文】 国祚：君主的位置。灾迍：灾难和困顿。这四句的意思是：帝喾以后，灵宝五符真文显于人间，科醮派的道士利用真文中的阴阳之说进行祭奠五岳神灵的科醮活动，祈祷保佑君主之位、祈祷国运隆昌、百姓免遭灾厄不幸。

【原文】 得解脱，证玄宫。

【译文】 得解脱：指解除烦恼，了脱生死，复归自在。玄宫：原指北面的宫殿，这里借指修仙得道后的休养生息之处。

【原文】 藏金简，钟山封。

【译文】 金简：《皇经集注》卷五《神咒品三章》："何云金简，玄光妙象，倾劫不毁，故云金简。"喻指道永恒不毁。这里可以专指宝符。钟山：传为西北弱水之外的山名。帝喾将仙升时将宝符藏在钟山下以防流入不义之手。这四句的意思是：帝喾脱离尘世将要仙升时，他将宝符藏在钟山，不让泄漏。

【原文】 夏禹王，躬勤俭。

【译文】 夏禹：继舜帝之位的大禹。躬：亲自。勤俭：兢兢业业治理水患。大禹双脚陷于淤泥，拔左脚陷右脚，一步一艰难的动作被道士视为禹步。用在法事开坛高功出场时。

【原文】 疏九河，除时患。

【译文】 九河：黄河的几条主要支流。时患：洪水泛滥。这四句的意思是：夏禹亲自带领百姓治水，身先士卒，鞠躬尽瘁，他设法疏理了九河，排除了水患。

【原文】 凿峡门，多险阻。

【译文】 凿峡门：凿通龙门峡。

【原文】 祈神人，阴相辅。

【译文】 祈神人：祈求神仙相助。神人：从传说来看，这位神人就是云华夫人，名瑶姬，是王母第二十三个女儿，太真王夫人的妹妹。大禹治水时，至巫山下忽起大风，崖振欲陨。大禹拜见云华夫人求助。夫人敕禹策召鬼神之书，命狂章、虞余、黄魔、大翳、庚辰、童律等神将帮助大禹断石、疏波、决塞，使水循流而下，禹治水成功。阴：暗中。

【原文】 示玉印，并经符。

【译文】 玉印：神仙权威的凭证，即下令诸神帮助治水的号令。一说上清宝文。经

符：经文与符咒。

【原文】 斩世阨，遣童律。

【译文】 斩：劈开。阨：险隘。遣：调动、派遣。童律：神名。据传夏禹治水时遇到涡水神无支祈兴风作浪，禹擒服无支祈，将它交给童律看管。童律无法镇服无支祈。这四句的意思是云华夫人把玉印、经符咒语交给大禹用以劈开险隘，又派童律神协助治水。

【原文】 栖山咒，力伏魔。

【译文】 栖山咒：道书名。即《中山神咒》。大禹治水有功，感动仙人，受得《灵宝五符》《栖山咒》《八威龙文》等道书。力伏魔：使出全部力量制服水怪无支祈。

【原文】 禁岳渎，镭淮涡。

【译文】 禁：关押。岳渎：龟山、淮河。镭：锁。这四句的意思是：大禹停留山上，反复诵念云华夫人给他的咒语，依靠众神，降服了无支祈，并把无支祈交给庚辰神，庚辰将它拘禁在淮阴的龟山下，从此淮水安然入海。

【原文】 竟此身，水土平。

【译文】 竟此身：耗费毕生的精力。

【原文】 功绩就，入阳明。

【译文】 入阳明：进入浙江绍兴的会稽山。阳明：会稽山阳明洞，道教三十六小洞天之十。这四句的意思是：大禹用毕生的心血和精力平定洪水，为百姓带来安宁。治水成功后，他自己就到会稽山修道去了。

【原文】 吴会间，张隐者。

【译文】 吴会：东汉时，分会稽郡为吴、会稽二郡，合称"吴会"。这里指江苏、浙江一带。张隐者：姓张的隐修者，指张善动，《历代神仙通鉴》称其是黄帝之子挥的后代，其母梦吞珠粒而孕之，居吴会间。

【原文】 锄河滨，获元始。

【译文】 锄河滨：在河边锄草。获元始：得到元始天尊像。此像传为大禹治水时"治金为神物，用镇方岳"的神物。这四句的意思是：在江浙一带有位姓张的隐者，有一天在河边锄草，无意中得到一尊元始天尊的像。

【原文】 筑灵宫，勤供养。

【译文】 灵宫：供奉神像的殿堂或宫室。

【原文】 感天尊，授大洞。

【译文】 授大洞：把大洞经箓授给张隐者。这四句的意思是：张隐者获元始天尊神像后专为之筑殿堂，每天勤恳不懈地供奉元始天尊。张隐者的行为感动了天尊，天尊把大洞经箓法术授给隐者。

【原文】 经箓法，传心印。

【译文】 心印：《玉皇心印妙经》注："此玉帝传心，圣圣相承，以心印心，明悟了正，皆宗此旨，三教莫违，故云心印。"旧时道士拜度师时，把自己的生辰八字，经师、籍师的生辰八字放在一起测定分别属于何坛、何靖、何治、何炁，然后到《天坛玉格》中的品秩中查

出该道士的心印,如"一朵红云",相契合后方能与神盟誓共显威力。

【原文】 一句偈,元伯敬。

【译文】 偈:类似诗歌的文学体裁,是道诗的一种,有合乐与不合乐之分。能合乐的亦称道曲,是道教的一个专用名词。元伯:对张隐者的尊称。敬:敬佩经箓法的神奇。因为合了心印,所以只需念一句偈就有灵验。这四句的意思是:张隐者喜获大洞经箓法,押上了心印,他只念了一句偈子,就招来神兵神将,为此元伯十分敬佩经箓法术。

【原文】 祛瘟灾,除疫疠。

【译文】 祛:除去。瘟灾:威胁生命的急性传染病。疫疠:瘟疫和恶疮。

【原文】 本愿力,归上帝。

【译文】 本:依仗。愿力:济幽度人的宏愿之力。归上帝:归功于元始天尊。这四句的意思是:张隐者获得心印妙经,正在习诵经文的时候,吴会一带正流行着瘟疫和毒疮,严重威胁着人们的宝贵生命。张隐者凭借符箓的神力控制了瘟疫的蔓延。这种力量从根本上说是元始天尊的,因为是元始天尊授了大洞经箓、与隐者合了心印。

【原文】 阖闾王,登包墟。

【译文】 阖闾王:春秋时吴王阖闾。包墟:苏州市西南太湖中的西洞庭山。墟:大的土山。

【原文】 窥林屋,得禹书。

【译文】 林屋:即包墟。周围四百里,道教称其为左神幽墟之天,属十洞天之九。禹书:《灵宝五符真文》。传说禹将成仙飞升时将此书藏于包墟。这四句的意思是:吴王阖闾登包山遇到隐居在包山的龙威丈人,龙威丈人受阖闾王之托,去林屋山,不意在林屋山石室中发现了大禹留下的《灵宝五符真文》,把它交给了吴王。

【原文】 合一卷,赤玉字。

【译文】 赤玉字:又称赤书玉字,即五篇真文经。据说是诸天形成之前,梵气结成,字文广长一丈,色光赤焕,是难以辨认的符箓图文。

【原文】 百有七,又十四。

【译文】 赤书玉字共有174个字。这四句的意思是:吴王阖闾从包山隐居者手中拿到的一卷经文,共174个字,用赤书玉字写成。这是大禹飞升时藏在包山石室中的神书,字体无法辨认,神秘无比。

【原文】 太真科,法维谨。

【译文】 太真科:道教书名,主要介绍道教符箓经系的科仪。北周武帝宇文邕纂的《无上秘要》中说:"《太真科》有九品,品有十二条。"内容涉及斋仪戒品、众圣本迹、飞升等方面,所以不少道经都引用"太真科"的内容。法维谨:指《太真科》科法编排严谨。维:联系紧密。谨:细密。

【原文】 通典格,有七等。

【译文】 通典格:符合道教的规诫。七等:七个方面的内容。指符、箓、科、戒、律、斋、醮。这四句的意思是太真科这部道书编排谨严,各类内容都符合道教的规诫,其主要

内容有符箓等七个门类。

【原文】 箓与科，戒和律。

【译文】 箓与科：召神降鬼的秘文和斋醮道场的次序和科仪阐演的动作。戒：止恶防非的规矩。律：约束行为的条文。现在戒和律已同用。违者要受到神的谴责或为道门所不容。

【原文】 箓百二，科四六。

【译文】 箓百二：一百二十种箓。科四六：四十六种科仪。这四句的意思是《太真科》载有符箓一百二十种，科典四十六部。

【原文】 戒千二，律与齐。

【译文】 戒千二：一千二百条戒。律与齐：律与戒一样，也有一千二百条。

【原文】 大小章，并醮仪。

【译文】 醮仪：修斋建醮按一定程式仪规进行称醮仪。醮，原是古代的一种祭仪，一般指冠娶或祭祀。这四句的意思是：《太真科》里收有一千二百条戒律，祝祷存亡的各种文书表章应有尽有，醮仪程式罗列完备。

【原文】 此一家，宗灵宝。

【译文】 宗灵宝：以信奉和传承《灵宝经》而形成的道派，产生于东晋中叶的江南一带。《灵宝经》有古今之分，东汉出世的《灵宝五符真文》为古《灵宝经》，后由葛玄得到，在三国吴地传开。东晋末年葛巢甫等制作的《灵宝赤书五篇真文》《真诰·序录》等为今《灵宝经》。《岘泉集·玄问》："灵宝始于玉宸，本之度人经法，而玄一三真人阐之，次而太极徐君、朱阳郑君、简寂陆君，倡其宗者田紫元……杜光庭、寇谦之……是有东华、南昌之异焉。"灵宝派主要经典《元始无量度人经》，宣传仙道贵生，无量度人。以元始天尊为最高神。后又衍化出十方度人不死之神以及三界五帝、三十二天帝等神团系统，重视符箓科教和斋戒仪轨，注重劝善度人，宣称普度众生，受佛教影响较大。

【原文】 赞神明，至幽渺。

【译文】 幽渺：精微深妙。这四句的意思是：灵宝派尊奉《灵宝经》，善于礼赞神灵，在斋醮方面能达到精微深妙的程度。

【原文】 上十宗，是正传。

【译文】 正传：符合道教教理教义，道教史上有正确无误的记载。

【原文】 分宗派，别先后。

【译文】 宗派：同一宗中另有小的派别。这四句的意思是古仙、金液、聚玄、长淮、葆和、调神、南宫、苍益、健利、科醮等十家是正传，宗中有派各分先后。

【讲解】

道教历史悠久，传播广泛。由于信奉的主要经典不同、地区不同，派系之多也在情理之中。派别的形成和发展实际上就是道教本身的发展。派与派之间有的区别明显，有的大同小异或同中有异。这里前后共列出十家，是较有代表性的。在这十家的影响下衍化的派别肯定还有不少。这些派别形成发展的原因各不相同，但最主要的还是教理教义上

的差异。各派在发展过程中增而益之,兼收并蓄有余而扬弃不足,导致道教文化博大中寓庞杂,各派的特色逐渐淡化,共性的东西多而表现个性的内容少。迨至明朝,众多的帮派根据各自的情况,或归于正一派,或归于全真派。

正一派以符箓法术开展斋醮活动为主,道士大多居家且有家室,俗称火居道士。他们组织松散,戒律松弛,不注重个人修炼,而且越来越向职业性方面发展。全真派不太注重符箓法术而偏重于个人修持,平时道装、束发、独身、吃素,有丛林制特点。但不管正一还是全真,都把"道""太上老君"奉为最高信仰,尊奉同一位祖师,有共同信仰的经典和施行的道术,两派能和睦相处,是一根藤上的两个瓜。

本章提及的科醮宗在宗教活动中也运用符箓,但我们不能说科醮宗就是符箓派。严格地说符箓作为道派在历史上从未形成。现在说的符箓派是外界对道教以符箓斋醮修行济世的各道派的总称,并非实有的道教宗派。重视符箓神功能的龙虎山正一宗坛,江苏茅山上清宗坛,江西阁皂山的灵宝宗坛,自汉魏以来一直是道教主流,现统称为正一派,当然正一派不啻是这三个宗坛。《道门十规》指出:"符箓弥多,皆所以福国佑民、宁家保己。"现代陈撄宁先生的《道教与养生》也指出:"清净炼养,符箓科教皆是道教修养方法,本不能以此而分道教派别。"不过话得说回来,道教存有派别是客观事实,只是道教自称符箓派的尚未有之。

道教作为宗教,与其他宗教相比,形式上的最大区别就在于道教有符箓,以策符求得人神合一,达到驱鬼治病祈安的目的。道教的符可以服,可以常佩在身,可以张贴在门庭、窗户等处,能使灾不侵、邪不致、魔不能兴妖作怪。东汉五斗米道盛行时符箓已并用,史载张道陵用符箓为人驱鬼治病又亲自造作符书。

需要指出的是道教灵宝派的符箓远不止一百二十种,科醮也不止有四十六种,因为《太真科》只是灵宝经系中的一本经书,它所搜集的内容难免挂一漏万。道士为适应需要还在不断地丰富原有的符箓。

【原文】 尊柱史,号犹龙。

【译文】 柱史:柱下史。周代官名,因侍立殿柱下而名。老子曾为周的柱下史。这里指老子。犹龙:像是龙。相传孔子向老子问礼,回来,后对弟子说:"龙,吾不能知其乘风云而上天,吾今日见老子,其犹龙邪!"见《史记·老子列传》。

【原文】 越唐宋,至三丰。

【译文】 越:经历,经过。三丰:张三丰,或作张三峰,元明时期的道士。名通,又名全一,被奉为武当派祖师。这四句的意思是:尊奉老子的一派称为犹龙派,经历唐宋,直至元明时期的张三丰都是这一派的重要人物。

【原文】 关令尹,第一传。

【译文】 关令尹:春秋战国时期的道家人物,姓尹名喜,曾任函谷守关的官员。一日他在函谷关见紫气东来,预知有真人要经过这里,于是守候关下,遇见老子。老子应其所求,授以五千言。后来关令尹随老子西去流沙,莫知所终。因其第一个见到《道德经》,故

称他为第一传。

【原文】 著九篇,述渊源。

【译文】 九篇:《关尹子传》称,老子为关尹子著书,"喜既得老子书,亦自著书九篇,名《关尹子》"。关尹子后被赐号文始先生,所著书后称《文始真经》,《汉书·艺文志》有《关尹子》九篇。南宋时在永嘉孙定家发现此书,九篇篇目为:宇、柱、极、符、鉴、匕、釜、筹、药。这四句的意思是关令尹是犹龙派的第一位传人,他自己也著有九篇真文,讲述道家的起源、发展及主旨。

【原文】 希夷君,隐太华。

【译文】 希夷君:北宋道士陈抟,字图南,号扶摇子,亳州真源人。因考进士不第,于是绝意仕途,游历名山,求仙访道,长期隐居武当山,服气辟谷二十多年。后来移居华山云台观和少华山石室。曾作《无极图》刻于华山石壁,另作有《先天图》。后周世宗显德三年(956)应召入宫答对飞升之术。世宗命为谏议大夫,陈抟固辞不受。北宋太平兴国年间至京师建议宋太宗"远招贤士,近去佞臣,轻赋万民,重赏三君",深得太宗宏信,赐号"希夷先生"。陈抟著作颇丰,惜多已失传。

【原文】 木岩集,史文嘉。

【译文】 木岩集:陈抟隐居华山时,关中隐人李琪及吕洞宾常相聚一起赋诗论道。吕洞宾常以字谜隐其真名,此处借用其法,以木指李,岩是吕岩即吕洞宾。史文嘉:陈抟所著的文章及他赋的诗词受到普遍赞扬。嘉:夸奖,赞许。这四句的意思是:陈抟老祖隐居华山,李琪、吕洞宾常来相聚,赋诗论道,作文谈玄。陈抟的许多文章受到赞赏。

【原文】 六祖张,号隐仙。

【译文】 六祖张:指张三丰。老子、关尹子、陈抟、赵友钦、陈致虚、张三丰,按此排列,六祖为张三丰。号隐仙:被称为隐仙。张三丰功绩卓著,他开创了道教武当派,深化内、外丹修炼技术,编创了太极拳和内家拳。由于张三丰行踪飘忽,不知所终,神话色彩很浓。明成祖永乐年间大修武当山,专为张三丰修建"遇真宫",明英宗天顺三年张三丰被封为"通微显化真人"。

【原文】 会南北,玄要篇。

【译文】 会南北:融道教金丹南北两宗为一家之说。张三丰认为,儒、释、道三教为正教,创始人不同,但"修己利人,其趋一也"。玄要篇:《张三丰先生全集》中的一篇,属第四卷。主述三丰丹法的基本思想。这四句的意思是:被称为隐仙的第六代祖师张三丰,他将王重阳和张伯端开创的北宗丹法、南宗丹法融会贯通,著成《玄要篇》传于后世。

【原文】 希夷下,道学兴。

【译文】 希夷下:陈抟以后。道学:宋时理学,是儒佛道兼容的一个思想体系。代表人物是周敦颐、程灏、程颐,朱熹为集大成者。

【原文】 第三传,尧夫承。

【译文】 尧夫:邵雍,字尧夫,北宋人。精《易》学。陈抟将"数"学授穆修,穆修授李之才,之才传邵雍,故称三传。这里"三传"专指《易》学象数方面的传承关系。这四句的

中华传世藏书——国学经典文库 道学经典——图文珍藏版

意思是：陈抟以后，程朱理学兴起。陈抟的《易》学经穆修、李之才传给了邵尧夫。

【原文】　观物篇，经世书。

【译文】　观物篇：指邵雍所著的《观物外篇》《观物内篇》，收入《皇极经世》一书。

【原文】　大圆理，合虚无。

【译文】　大：全面。圆理：阐明太极生化万物的内在的必然联系。合虚无：研修诸子百家学说，取其核心来论证太极化生万物。这四句的意思是：邵雍的《观物篇》，全面阐明太极生化万物的道理，他的论述完全符合道家的学说。

【原文】　第六传，濂溪继。

【译文】　濂溪：北宋周敦颐，字茂叔。居濂溪之畔，称濂溪先生。系宋代道学的开山祖。其代表著作有《太极图说》，图传自陈抟，但"六传"有误。据南宋朱震说，陈抟以《太极图》传穆修，穆修传周敦颐，如是说该为二传。

【原文】　太极图，宗老易。

【译文】　太极图：指周敦颐所著《太极图说》。宗老易：源于《老子》《易》，即《太极图说》受到《老子》《易》多方面的影响。这四句的意思是：周敦颐继承了陈抟老祖的道学、易学思想，写出了像《太极图说》这样的有传世价值的文章，对道教的发展及理学的形成都有很大的推进作用。

【原文】　儒学派，孔仲尼。

【译文】　儒学派：原指以孔子为创始人的儒家学派。这里指持有儒释道三教同源但以"道"为本思想的学派。孔仲尼：孔丘，尊称"孔子"。

【原文】　法圣哲，志所期。

【译文】　圣哲：周公，周文王之子，曾辅佐武王伐纣，建周王朝。武王死，成王年幼，周公摄政。相传周代礼乐制度由他制订。孔子很欣赏周公，故有孔子梦周公之说。志所期：效法周公是孔子的愿望。这四句的意思是：儒家学派是孔子创立的，孔子效法周公，以周公制订的礼乐制度匡正时弊是孔子的愿望。

【原文】　去适周，景王间。

【译文】　景王间：周景王年间。

【原文】　问诸礼，师老聃。

【译文】　诸礼：前代的各种制度典章。师老聃：向老子请教。这四句的意思是：景王年间孔子前往东周向老子请教周代的礼乐制度，想以周礼来挽救礼崩乐坏的政治局面。

【原文】　子弓后，是荀卿。

【译文】　子弓：孔子学生冉雍，字仲弓，春秋时鲁人。孔子称冉雍德行最好。《荀子》书中常将子弓与仲尼并提，十分尊崇。但郭沫若等人认为荀子所尊子弓乃楚人，系其老师，不可能是春秋的仲弓。荀卿：荀况，战国时赵人，学人尊之为荀卿。著作数万言，其学以孔子为宗，认为人性皆恶，须以礼义矫正，与孟子性善说相反。其学被韩非、李斯继承。

【原文】　评诸子，甚分明。

【译文】 评:议论。诸子:春秋战国时期的各家学派。分明:议论翔实而得当。这四句的意思是:孔子的弟子冉雍以后应该是荀况了,他从依法治国的角度去评论诸子百家的理论,评判得十分精当。

【原文】 人心危,道心微。

【译文】 人心危:即人心惟危。人心:与私心杂念相联系的各种物欲。惟:语助词。危:危险。道心微:道德观念要纯一。

【原文】 十六字,道书辞。

【译文】 十六字:指"人心惟危,道心惟微。唯精唯一,允执厥中",语出《尚书》。这十六字可以译为:"物欲之心是危险的,道德之心要精一不杂。只有坚持精一,才能诚信,中庸之道已在其中了。"道书:此处指《尚书·大禹谟》。辞:文辞。

【原文】 第五传,乃韩非。

【译文】 韩非:战国末期杰出的思想家,韩国贵族,荀况的弟子。《史记·老子韩非列传》:"韩非者,韩之诸公子也。喜刑名法术之学,而其本于黄老。"

【原文】 解喻老,名法归。

【译文】 解喻老:指《韩非子》五十五篇中的《解老》《喻老》二篇,是最早研究《老子》的著作。名法归:韩非是荀况的学生,他的思想中有儒学的渊源,但他的刑名法家之学归于老学。这四句的意思是:第五传是韩非,他撰有《解老》和《喻老》两篇文章,内中染有黄老思想。虽然他是荀子的学生,但仍将他的刑名法家之说归于老学。

【原文】 至贾谊,踵前贤。

【译文】 贾谊:西汉政论家、文学家,洛阳人,世称贾生。著名政论有《治安策》《过秦论》等,另有《新书》十卷传世。踵:跟着,继承。前贤:前代思想家、经学家。

【原文】 明道术,修故篇。

【译文】 明道术:贾谊曾详述君子统治之术。修故篇:修,修治。故篇,指儒家经典。秦焚书坑儒,儒学不兴,贾谊则重新研究儒家学说,著《新书》以阐明自己的思想。这四句的意思是:贾谊继承前代思想家的观点和主张,结合社会政治,撰写了《道术》一书,阐明君子治世之术,又在《新书》中对前人的思想作了批判与继承。

【讲解】

道教中分有很多派。本章说的"犹龙派",是用了孔子给老子的誉词而命名的。老子西出函谷关遇尹喜,尹喜受老子五千言又自撰了《文始真经》,于是被尊为尹喜派,亦称楼观道派。其系谱为:"道德清上高,云程守炼丹。九重天外子,方知妙中玄。心静自然体,发白面童颜。袖吞乾坤大,阴阳造化先。"南方的尹喜派系谱下面还有:"悟本从正礼,冲和养太元。轻寂全木柄,一定龙虎盘。慧法祥光现,蓬开宝林宣。身应归根窍,气住复命关。三千功圆满,异姓合真仙。逍遥蓬莱路,今朝玉京贤。"陈抟笃信道学,又精研《易》,对宋明理学的发生发展影响极大,习惯上人们称其为"希夷派",或称"陈抟老祖派"。

元明时期的张三丰,至今可称家喻户晓。他融合北宗王重阳、南宗张伯端的炼丹功法,撰写《玄要篇》留世,他编出武当拳、内家拳,成为独树一帜的隐仙派,亦称三丰派。张

三丰派中有派,其自然派系谱为:"惟道然之宗,若守可以隆。功德归盛泰,万世礼仙真。本静从玄教,福寿永长兴。合清仁志点,秉义夏元登。"其日新派系谱为:"大道应永得,守教志常真。一阳来复本,同静德玄风。"其蓬莱派系谱为:"圆通智敏用,是清修觅真。丹体蓬莱会,保是炼成金。"三丰派系谱:"玄云通道居端静,白鹤乘虚向自清。师资月圆皈志礼,身中抱一管丹成。太上渊微入妙元,凌云星朗贮壶天。功候到日方许就,始悟真言信可传。"张三丰另有一支,系谱为:"大道英勇德,真正守常存。万疆共福寿,宗脉教芳春。"三丰派尚不能逐一介绍,其他派系就更难说清。

各种派系的出现,是道家道教自身蓬勃发展的标志,新派别层出不穷,是思想活跃的象征。道教文化极大地丰富了我们民族文化的宝库。

【原文】 治道派,本丈人。

【译文】 治道派:专事研究老子《道德经》的派别。本:起源。丈人:古代仙人河上公,因结草为庐河滨,自称河上公。精研《老子》。《史记·乐毅传赞》记载,乐氏之族有乐臣公,乐臣公学黄帝老子,其本师号曰河上丈人。据传河上丈人教安期生,安期生教毛翕公,毛翕公教乐瑕公,乐瑕公教乐臣公,乐臣公教盖公,盖公又教汉初宰相曹参。

【原文】 至安期,教乃分。

【译文】 安期:安期生,道教神仙,传为琅琊阜乡人,卖药于东海边,人称千岁翁。秦始皇东游与其会见,赠金璧万数。曾留书秦始皇:"后千岁求我于蓬莱山下。"始皇遣人入海求之,未到蓬莱山便遇风浪而还。安期生向河上丈人学黄老之学。教乃分:安期生将仙术传给马明生,将黄老术传给毛翕。从此治道派内部也开始有了新的派系。

【原文】 黄老术,善治民。

【译文】 黄老术:黄,指黄帝。老,指老子。黄帝与老子相结合产生黄老学,盛行于齐国,出现了百家言黄帝,世之所高,莫若黄帝的热潮。汉初曹参的老师盖公积极传播黄老之说。汉初文景之治得力于黄老清静之术。后来阴阳术数也作为黄老学中的一个内容,神仙思想也挤进了黄老学,医学及房中术都托于黄老术之麾下。

【原文】 传盖公,终汉臣。

【译文】 盖公:西汉胶西人,黄老道的代表人物,主张"治道贵清静而民自定"。其师乐臣公。终汉臣:终于传至汉臣。黄老术传至汉臣曹参等,使其治民之术得以实施。这四句的意思是:黄老之术有利于教化百姓,促进社会政局稳定。黄老术由盖公传给曹参。

【原文】 安期下,付马鸣。

【译文】 马鸣:即马明生,汉代仙人,相传为齐国临淄人,本姓和,字君贤。相传马鸣少为县吏,被强盗打伤,遇道人用神药救活,于是弃职拜道人为师。马鸣随师负笈周游天下,百折不挠研制神丹,他服用了自己研制的神药半剂而为地仙。《云笈七籤》言其于光和三年(180)服金丹飞升。

【原文】 宗内学,阴真君。

【译文】 宗内学:宗,尊奉。内学:道门中人称仙学为内学。阴真君:即阴长生,道教

仙人。传说为新野人,东汉和帝阴皇后的高祖。曾向马鸣学习神仙道术,执奴仆之役数十年之久。后来跟随马鸣到四川青城山受《太清神丹经》。继而到武当石室炼丹。他把炼出的大量黄金用来周济贫苦的百姓。

【原文】　得太清,入赤城。

【译文】　黄老术:黄,指黄帝。老,指老子。黄帝与老子相结合产生黄老学,盛行于齐国,出现了百家言黄帝,世之所高,莫若黄帝的热潮。汉初曹参的老师盖公积极传播黄老之说。汉初文景之治得力于黄老清静之术。后来阴阳术数也作为黄老学中的一个内容,神仙思想也挤进了黄老学,医学及房中术都托于黄老术之麾下。

【原文】　炼白金,惠时贫。

【译文】　白金:白银和黄金。炼金术又称黄、白术。这八句的意思是安期生以后,神仙术传给了马鸣。尊奉仙术的还有阴长生,他跟随老师四出云游,获得了《太清神丹经》。后来又到赤城山,他把练就的金、银布施给贫困的百姓。

【原文】　第三传,魏伯阳。

【译文】　魏伯阳:东汉炼丹士,名翱,号伯阳,自称云牙子。他把《周易》、黄老、炉火三事参三合一,写成《周易参同契》三卷,被尊为"丹经之祖""丹中王"。因袭马明生、阴长生,故称三传。

【原文】　参同契,丹经王。

【译文】　参同契:即魏伯阳所撰的《周易参同契》,成书于汉代顺帝、桓帝之际,是一部影响深远的丹经著作。该书传开后,注家蜂起,一般认为以五代彭晓《通真义》的注本为最佳。这四句的意思是:魏伯阳继承了马鸣、阴长生的炼丹经验,又将《周易》、黄老、炉火三者结合,写成了《周易参同契》,是丹经中相当重要的一部著作。

【原文】　神仙传,且直言。

【译文】　神仙传:晋葛洪著,是一部记录神仙事迹的书,全书共十卷,录有九十四位神仙。

【原文】　谓假易,论作丹。

【译文】　假易:假借《周易》。论作丹:议论作丹的内容。《神仙传·魏伯阳》:"伯阳作《参同契》五相类凡二卷,其说如似解释《周易》,其实假借爻象以论作丹之意,而儒者不知神仙事,多作阴阳注之,殊失其奥旨矣。"这四句的意思是:葛洪的《神仙传》上写得很清楚,说魏伯阳在《周易参同契》中假借爻象以论作丹之意而并非议论阴阳学说。

【原文】　唐彭晓,据元枢。

【译文】　唐:指后唐,五代十国之一。公元923年沙陀部人李存勖灭后梁称帝,建都洛阳,国号唐,史称后唐。936年为后晋所灭。彭晓:后唐人。自号真一子。曾在后蜀任朝散郎、守尚书祠部员外郎的官职,受赐紫金鱼袋。平时好道,善养生术。曾作《周易参同契分章通真义》。元枢:元,根本;枢,中心。据元枢:抓住最根本最重要的内容。

【原文】　释真义,明镜图。

【译文】　释真义:给《周易参同契》做注解。此处指撰写《周易参同契分章通真义》。

中华传世藏书 —— 国学经典文库 道学经典 —— 图文珍藏版

明镜图:彭晓注完《参同契》后又绘制了《明镜图》附在书后以供参考。这四句的意思是:后唐的彭晓精研《参同契》,他抓住最根本的关键性问题解释《参同契》,他的《周易参同契分章通真义》是不少注本中注得最好的一部,书后还有一幅关于炼制外丹的图画。

【原文】 茅山派,师鬼谷。

【译文】 鬼谷:鬼谷子,战国时的人物,生时说法不一。有的说他姓王,名诩或诩,居鬼谷,号鬼谷先生或玄微子。有的说他历经轩辕到商周几代,随老子西出函谷关,东周时重返中国,居汉滨鬼谷传道,因此自号鬼谷子,擅长于养身和纵横捭阖之术。

【原文】 授初成,隐华岳。

【译文】 授初成:据说鬼谷先生首先将道术授给茅盈,待茅盈学道有成时,鬼谷先生自己便进入华山隐居。这四句的意思是:道教茅山派是以鬼谷先生为宗师的。鬼谷把道术首先授给了茅盈,此后便隐居华山。

【原文】 叔申君,西城传。

【译文】 叔申君:大茅真君茅盈,字叔申。相传茅盈十八岁时舍家入恒山修道,遇西城王君,拜王君为师。后参访各地名山洞府,在龟山遇西王母,便向王母学习《太极玄真》之经。四十九岁时回到恒山继续修炼。后来,他带了弟弟茅固、茅衷一起修炼得道,被玉皇大帝赐为"九天司命三茅应化真君"。西城传:即西城王君传道给茅盈。

【原文】 得二景,归金坛。

【译文】 二景:日所行为黄道,月所行为赤道,号曰"二景"。这里指《太霄二景隐书》,主述食日月之法、炼五神之术。归金坛:回到茅山。茅山原名句曲山,在江苏金坛市内。这四句的意思是:茅盈四出参访,在西城遇到王君,便向王君学习道术,又从王君那里得到《太霄二景隐书》,然后回到金坛。

【原文】 第五传,清虚真。

【译文】 清虚真:汉代仙人,名王褒,字子登,号清虚真人。据魏华存《清虚真人王君内传》说:王褒是襄平人,安国侯七世孙。少年时就喜欢仙道,辞别父母入华山精思修道九年,遇太真人西梁子文,名录仙籍,后来隐居洛山,西城真人下降时授给王褒《太上宝文八素隐书》《高仙羽元经》等。王褒治王屋山洞天。魏华存是王褒的弟子。

【原文】 八隐书,高仙经。

【译文】 八隐书:即《太上宝文八素隐书》。高仙经:即《高仙羽元经》。这四句的意思是:自鬼谷先生传道至茅盈、茅固、茅衷、王褒,作为第五代传人王褒被赐为清虚真人,他从西城真人那里得到了《八素隐书》及《高仙羽经》。

【原文】 六传周,号紫阳。

【译文】 周:周义山,字季通,西汉汝阴人,号紫阳真人。据《云笈七籖》:周义山是汉代丞相周勃的七世孙。少时喜欢独自静坐,多思细想。后来得中岳仙人苏林授守三一之法,又寻天下名山,遍访仙人。义山道成后白日升天,在太微宫,受书为紫阳真人。

【原文】 灵晖箓,金玄章。

【译文】 灵晖箓:作用于修仙得道的吉祥之箓。金玄章:泛指一切有助于长生不死

的炼养经文。这四句的意思是:周义山是茅山派的第六代传人,号为紫阳真人,他从神仙那里获得很多有助于修仙得道、长生不死的炼养经文和教授道法的书籍。

【原文】 清虚下,魏夫人。

【译文】 清虚下:王褒以后的传人。魏夫人:魏华存,晋代女道士,字贤安,王褒的女弟子。王褒授给她"神真之道",景林真人授给她《黄庭经》。后来被尊奉为茅山道教上清派第一代宗师。

【原文】 退静室,谙黄庭。

【译文】 退静室:魏华存与丈夫、儿子分住,独处一室。静室,为道士修真之所。谙:熟悉、精于。黄庭:《黄庭内景经》。这四句的意思是:清虚真人以后是魏华存。魏华存离断夫妇之情、母子之情,独自在静室,精熟《黄庭经》的修炼方法。

【原文】 第九世,杨羲君。

【译文】 杨羲:名羲和,江苏吴县(今苏州)人,后来一直居住在句容。年轻时喜爱读经史文章。他和许迈、许谧年龄相差很大,却和他们结成忘年交。东晋永和六年(350)就魏华存长子刘璞受《灵宝五符经》,兴宁二年(364)受《上清真经》。杨羲是上清派较有名望的道士。

【原文】 授正法,曲素文。

【译文】 授正法:杨羲曾授许谧用隶文书写的《上清真经》。曲素文:即言《三天正法曲素凤文》。这四句的意思是:茅山派从鬼谷子开始,经三茅真君、王褒、周义山、魏华存及子刘璞到杨羲已经有九世。杨羲把《上清真经》用隶书体抄给许谧,又将《三天正法曲素凤文》传给了许谧父子。

【原文】 紫阳下,推许映。

【译文】 紫阳下:周义山以后。推:首推。许映:许迈,字叔玄。从周义山那里继承道法。

【原文】 服玉液,朝脑精。

【译文】 玉液:津液。上清派倡导服玉液可以长生。朝:聚。脑精:脑神。朝脑精即使脑神归位,上清派的修炼法是存想万神,使之归于身。这四句的意思是:周义山以后,上清派继承者要算许映了,他坚持服玉液存想诸神,使脑神归位。

【原文】 第二世,许侍郎。

【译文】 第二世:指许映的第五个弟弟许谧。许侍郎:许谧曾官至护军长史散骑侍郎。

【原文】 愈腹疾,服术方。

【译文】 愈:治愈。腹疾:小便不通畅。术:草名,根茎可以入药。早期道教以之为服食之药,有专门的服术方。这四句的意思是:上清派周义山以后的代表人物是许映,第二世是许谧。当初许谧患小便不利的疾病,靠紫微夫人留下的服术方治愈。

【原文】 简寂公,为第六。

【译文】 简寂公:南朝刘宋道士陆修静,字元德,谥号"简寂先生",浙江吴兴东迁

中华传世藏书—国学经典文库 道学经典—图文珍藏版

人。他曾修道庐山,与释人惠远陶潜等结莲社。陆修静主张修道应当用礼拜、诵经、思神三种方法,以洗心洁行达于至道。为第六:简寂公为上清第六代宗师。

【原文】 修道藏,纂经箓。

【译文】 修道藏:泰始三年,陆修静回到建康,在崇虚馆搜集并整理道教经书,按洞真、洞神、洞玄的分类法编纂最早的道藏书目《三洞经书目录》。纂经箓:陆修静编写了一百多卷斋戒仪范类道经,规范斋戒科仪。这四句的意思是:陆修静为上清派第六代宗师,他第一个编道藏,还纂写了统一科仪的经箓一百多卷,为上清派做出了贡献。

【原文】 八世陶,号贞白。

【译文】 八世陶:上清派第八世传人是陶弘景。《上清经箓圣师七传真系之谱》将陶弘景列为第九代宗师。陶弘景,南朝齐梁时的道士、炼丹家、医药家,字通明,谥号贞白先生,丹阳秣陵人。梁武帝常以朝廷大事询问他,故有"山中宰相"之称。他隐居江苏茅山,传上清大洞经箓,倡上清经说,成为上清派的实际创始人,开道教茅山宗。

【原文】 诠真诰,正隐诀。

【译文】 真诰:陶弘景曾编有《真诰》一书,主要讲述历代仙真授受真诀事宜及有关的炼养术,共二十卷。相传此书由神仙口授,由杨羲记录,传许诰、许翙、许黄民等,后陶弘景纂集、叙次、诠释而成。隐诀:神仙口授的炼养秘诀,只有虔诚修行者才能真正领会内中的意思。陶弘景撰有《登真隐诀》一书。

【原文】 十一世,称司马。

【译文】 十一世,称司马:第十一代传人是司马承祯。司马承祯,字子微,法号道隐,河内温人(今河南温县)。《旧唐书》上说:"(承祯)少好学,薄于为吏,遂为道士。事潘师正,传其符箓及辟谷导引服饵之术,潘师正特赏异之,谓曰:'我自陶隐居传正一之法,至汝四叶矣。'"按陶弘景、王远知、潘师正、司马承祯,适为四代。这里称司马承祯为十一世,即陆修静为第六,以下依次为:孙游岳、陶弘景、王远知、潘师正,第十一为司马承祯。

【原文】 坐忘理,极正大。

【译文】 坐忘:指司马承祯所著的《坐忘论》。主要讲述坐忘收心、主静去欲的修炼理论和方法,以及修道的七个层次,即敬信、断缘、收心、简事、真观、泰定、得道,是司马承祯的代表作之一。极正大:光明宏大。坐忘论在诸家中独树一帜,且深受重视,所以称为"极正大"。这四句的意思是:司马承祯是上清茅山宗的第十一世传人,他的《坐忘论》理论和修炼方法比其他诸家更系统,更简化,对道教修炼术和道教心性论都有很大影响,为后人推崇。

【原文】 论吾人,在贵生。

【译文】 论吾人:议论我们人类。在贵生:在于生命的可贵。即以生为贵。

【原文】 生道足,返天真。

【译文】 生道:重视现世生命的长久之道。追求的最高目标就是得道成仙。《太上老君内观经》:"道不可见,因生以明之;生不可常,用道以守之。若生亡,则道废,道废则生亡。生道合一,则长生不死。"为了能够达到贵生的目的,必须按一定的"生道"进行修

炼。司马承祯关于坐忘的七个层次，实则就是生道。返天真：回归到体合自然、内外纯净的境界。这四句的意思是：在谈及我们的人生时坐忘理论认为仙道把贵生作为最高的目标，要达到长生必须讲究使人长生的炼养方法，那就是坐忘。只有注重了坐忘的养生理论和方法，修炼者才能达到物我两忘、体无变灭、形与道同的理想境界。

【讲解】

这一章主要介绍了治道派和茅山派的发生发展情况。道教向来有各派归祖于"道"、万法归宗于"道"的说法，加之道教不管是派别创始抑或道书的编撰常附会于仙人、天尊、黄帝名下，所以要确切地界定派系形成的年代，不是一件轻而易举的事。由于神仙加入其中，在师徒传承的时空问题上也留下不少的疑难，各派理论及其修炼方法虽然千差万别，但混淆的现象也不在个别。因此我们只能立足《道教三字经》提供的基本线索做些简要介绍。

我们先看治道派的传承关系：

$$河上丈人 \rightarrow 安期生 \begin{cases} 毛翕公 \rightarrow 盖公 \rightarrow 曹参 \\ 马明生 \rightarrow 阴长生 \rightarrow 魏伯阳 \end{cases}$$

姑且把治道派的创始人视为河上丈人，首传安期生。河上丈人又名河上公，传说是汉初文帝时的神仙。安期生是秦始皇时的道教神仙。始皇东游时还会见了他。据传言之凿凿，有案可稽，但这都是传说，不足为凭。

安期后教乃分的说法较为合理，治道派分成两支流派，以毛翕为代表的一支是以黄老术为核心的经术政教。他们借治身喻治国，认为身与国相通，治身者爱气则身全，治国者爱民则国安，无为治身则有益精神，无为治国则有益于百姓。把养生之道和人主的统治之术有机地联系起来，因此受到封建统治阶级上层人物的支持。西汉相国曹参以盖公为师，运用黄老术治理国家，收效甚大。另一支是崇尚黄老学说中的养生思想，把探寻仙道之术放在首位，这一支是由马明生（即马鸣）传播开去的。他们强调自爱其身，以宝精气，深藏其气，固守其精，使之无泄漏而达到长生之目的。魏伯阳是这一支的重要人物，他总结前人的经验并结合自己的实践写出《参同契》，主要观点是将内外丹的修炼结合起来，炼神服丹以求长生。《参同契》对炼养术的发展有很大的影响，被称为"丹经之王"。后世为《参同契》作注的文章相当多，作注最好的要称五代时期后唐的彭晓。注文均收在《正统道藏》太玄部。

茅山宗应该属于上清派。其传承关系如下：

鬼谷子→三茅真君→王褒（清虚真人）→周义 山（紫阳真人）→魏华存→刘璞→杨羲→许迈、许穆→许翙→陆修静→孙游岳→陶弘景→王远知→潘师正→司马承祯。

上清派主要尊奉《上清大洞真经》，认为只要读通、读懂、坚持诵读真经，依之修炼，就能得道成仙，飞升至上清仙境。此外《黄庭内景经》也是上清派道士必修的经典。《黄庭经》的种类较多，传本也不少，《黄庭内景经》只是《黄庭经》之一。后来《黄庭经》也逐步成为道教茅山宗的主要典籍。

在长期的历史演进过程中，茅山宗生机勃勃，力量雄厚。尤其是陆修静和陶弘景两

位高道的出现,他们著书立说,弘扬上清派的教理教义,使茅山宗成为上清派的中心。

陆修静认为信徒要严格遵守规诫,并强调斋戒科仪的重要性。此外,他广搜道书,分类整理,在实践中形成三洞经书的分类法,为《道藏》的编纂提供了依据。

陶弘景是陆修静的再传弟子。他于永明初师事孙游岳受上清经法、符图。后来,他也广搜道书,成为上清派的主要传人之一。他有大量的著作,涉及的面也十分广泛,主要作品有《真诰》《真灵位业图》《养生延命录》《本草集注》《天文星算》《药总诀》等。陶弘景不但是位高道,还是位著名的医学家。他提倡修炼要从养神炼形入手,要少思寡欲,游心虚静,息虑无为,防止劳神伤心,生活要有规律,防止冲动,然后辅以服食修炼,长生有望。

司马承祯在茅山宗里占有重要的地位。武则天、唐玄宗几次召见他,使之名声远扬。他所著的《坐忘论》集中体现了他的思想,即以"生道"之法达长生之目的。茅山宗依靠了文化道士,使茅山派的道教文化立于不败之地。

【原文】 方仙派,西王母。

【译文】 方仙派:本是古代的一个以求"仙方"出名的流派,专指战国时期信奉"神仙"和"阴阳"学说的方士,兴于齐威王、齐宣王时期。是道教的前身。西王母:又称金母,俗称王母娘娘,道教神仙中最高的女神,亦名"九灵太妙龟山金母""太虚九光龟台金母元君"。西王母信仰在我国古代具有久远的历史,影响很大,至今不衰。

【原文】 降阆宫,授汉武。

【译文】 阆宫:原指帝喾正妃之母姜嫄的庙,后泛指祠堂。汉武:即汉武帝刘彻。他罢黜百家但迷信神仙,多次派人四处寻真访仙。在没有神仙灵验的情况下,汉武帝动摇了神仙信仰,据传,为坚定武帝对神的信仰,西王母降临汉宫,授给他八会之书,同时又传给他遣东西南北中五方五帝、六甲之神的符书。

【原文】 上清经,十二事。

【译文】 十二事:西王母授给汉武帝的符书上注名有十二方面的事,属道教养生类书。

【原文】 稽内传,详为志。

【译文】 稽:查考。内传:《汉武帝内传》。详为志:详细地记录。这八句的意思是:方仙派由方士和神仙组成,神仙信仰是这一派的主要信仰,西王母是他们崇拜的主要对象。西王母降临汉室宫殿,把上清经及安邦定国、养性成仙的十二条戒律传授给汉武帝。查阅《汉武帝内传》,这些事实和十二条内容,记录得十人分翔实。

【原文】 十三传,皆方技。

【译文】 十三传:道教创立之前,医、卜、星、相家数以千计,故这里的十三传并不是指嫡传十三代,而是指当时较有名望的十三个方士。

【原文】 五利徒,鲜真谛。

【译文】 五利徒:胶东宫人栾大,"为人长美,言多方略,而敢为大言,处之不疑",被拜为五利将军。因事不验而遭诛杀。后泛指花言巧语骗取钱财的方士。这四句的意思

是:十三位传人都身怀方术,像栾大这样的方士靠耍嘴皮子骗取个人利益,缺少能使俗人修道成仙的正确办法。

【原文】 汉淮南,重丹器。

【译文】 汉淮南:汉代淮南王刘安,系汉高祖之孙,袭父封淮南王。刘安喜欢神仙之道,海内方士愿集其门下。刘安招致宾客方术之士数千人,集体编写《淮南鸿烈》一书。重丹器:注重外丹烧炼。

【原文】 鸿宝书,惜久佚。

【译文】 鸿宝书:相传为西汉经学家刘向著《枕中鸿宝苑秘书》,主要讲述神仙使鬼物为金之术及邹衍重道延命方。此书已失传。这四句的意思是:汉代淮南王刘安是十分喜欢神仙方术的,他组织编写的书籍,有不少内容是讲述外丹烧制的。刘向编写的枕中书也讲述炼丹术和延命的方术,可惜已经失传。

【原文】 葛仙翁,左氏传。

【译文】 葛仙翁:即葛玄,三国时代的方士,江苏句容人。据《抱朴子》介绍,葛仙翁拜汉末方士左慈为师,左慈传给他《太清丹经》《九鼎丹经》《金液丹经》。葛仙翁曾在江西阁皂山修道,常辟谷、服食,奇术很多,被人称为"仙翁"。

【原文】 流珠歌,记生前。

【译文】 流珠:外丹名词,即真汞,又名姹女,实为阳精发生之气,被丹家称为元神。葛玄炼丹成功后以此名写的一首诗为《流珠歌》,记述其炼丹的艰辛。这四句的意思是:葛玄拜左慈为师。左慈把《九鼎丹经》等道书传给葛玄。他熟记名师教诲,坚持炼丹。丹成后写了一首名为《流珠歌》的诗,用来记叙炼丹的过程和经历的艰难困苦。

【原文】 修真一,入大定。

【译文】 修真一:修炼元神。入:进入。大定:又称泰定,指精神极端安寂的状态。葛玄精胎息,传说可睡在水中一天。

【原文】 经醮法,遗鲍郑。

【译文】 经醮法:诵经和斋醮之法。鲍:即鲍靓。郑:郑隐,字思远,喜欢收藏道书。这四句的意思是:葛玄在修炼时能守住自己的元神,容易进入大定状态。后来葛玄把仙人授给他的诵经斋醮之法以及修炼元神的方法都传给了鲍靓和郑思远。

【原文】 晋抱朴,得郑书。

【译文】 抱朴:即葛洪,字稚川,号抱朴子,丹阳句容人,著名的道教理论家、炼丹家、医学家。得郑书:葛洪拜郑隐为师,从老师那里得到关于炼养方面的典籍。

【原文】 述丹道,千有余。

【译文】 述丹道:讲述炼丹原理及烧炼方法。这四句的意思是:东晋的葛洪从老师郑隐那里获得专讲炼丹的书籍一千多卷。

【原文】 论仙方,识元意。

【译文】 论仙方:谈论炼丹、服丹的成仙之法。识:懂得,领会。元意:最根本的道理。元,即玄,亦即道,是万化之根本。《抱朴子·内篇》首为《畅玄》,中有《道意》。

【原文】 二十篇，称绝艺。

【译文】 二十篇：葛洪所著《抱朴子·内篇》是魏晋仙道的代表作，是集魏晋道教理论、方术之大成的重要典籍。全书二十篇。葛洪自称"内篇言神仙方药，鬼怪变化，养生延年，禳邪却祸之事，属道家"。称绝艺：称得上是杰作。这四句的意思是：葛洪在广泛阅读、反复实践的基础上写出了称得上杰作的《抱朴子·内篇》，对后世道教炼丹术的发展具有极大的影响。

【讲解】

这一章主要讲了方仙派流变过程中的几个主要人物和他们的主要著作，肯定了方仙派在道教形成发展过程中的地位和作用。

战国时期，燕国、齐国一带的方士将神仙说及方术与邹衍的阴阳五行说糅合在一起形成方仙道。汉初为方仙道鼎盛时期，其神仙长生之论为道教的形成创造了条件，并成为道教的基本信仰而传到今天。

方仙道在道教形成后称为方仙派，顾名思义，离不开神仙和方术。

汉武帝刘彻承文景之业，对内实行政治经济改革，对外用兵，开拓疆土。他尊儒术、倡仁义而罢黜百家，建太学，置五经博士。在他灵魂深处又崇信神仙，并为此花费了不少精力。上有所好，下必甚焉，因此从上到下，学仙者多如牛毛，方仙道一时甚嚣尘上，愈演愈烈，但大多是欺世盗名之徒。从方仙派的历史来看，徐福、卢生、李少翁、李少君、栾大、公孙卿虽是各个时期的代表人物，却无有价值的东西留下，真正对方仙派做出贡献的当推葛洪。

葛洪天资聪颖，博览群书，养生修道，著述不辍。他总结东汉以来的炼丹法，又在自己研制金丹的实践基础上写出《抱朴子》二十卷。葛洪认为，神仙是存在的，神是可学的，求仙不得，弊在"徒有好仙之名而无修道之实"。

葛洪一生著作颇丰，仅加工整理郑隐遗下的藏书就有一千二百卷，其中相当数量的著作是专述丹道的。葛洪自撰医学著作《玉函方》一百卷、《肘后备急方》三卷，内容包括各科医学，其中有治天花的世界最早记载。

葛洪像

【原文】 太平宗，师于吉。

【译文】 太平宗：早期道教派别，因尊奉《太平青领书》而得名。师于吉：太平宗的祖师是于吉。于吉：东汉末方士，亦称干吉、干室，琅琊(今山东胶南)人。

【原文】 青领书，百七十。

【译文】 《后汉书》说于吉曾在曲阳泉水上得到一百七十卷神书，一律白素、朱介、青首、朱目，称为《太平青领书》。后为张角所用。

【原文】 修此法,嗣息增。

【译文】 修此法:《太平青领书》内容较庞杂,故从修炼的角度讲,此法还是指用神咒使神、佩戴或吞神符禳灾治病求长生、卜吉凶求吉祥等方术。嗣息:泛指后代。

【原文】 论兴国,较铢分。

【译文】 兴国,古代劳动生产力低下,全仗人多,人多,创造的财富就多,这是国家兴旺的重要条件。较:计较。铢:原是汉代的计量单位,二十四铢为一两,十六两为一斤。这里喻指极轻微细小的东西。这八句的意思是:道教太平宗是以于吉为祖师的。于吉获得的《太平青领书》有一百七十卷,其中关于阴阳五行、符咒祈禳的方术能使天下人丁兴旺,国家昌盛。《太平青领书》所述的方方面面都十分明显而具体,剖析清楚。

【原文】 重经意,惟襄楷。

【译文】 襄楷:据《后汉书》记载,襄楷,字公矩,属于东汉平原隰阴人(今山东济南)好学博古,善天文阴阳之术,并极力欲将《太平经》推荐给皇上。

【原文】 累上疏,君不解。

【译文】 累:多次。上疏:襄楷上书皇上,说:"前者宫崇(于吉的弟子)所上神书,专以奉天地、顺五行为本,亦有兴国广嗣之术。其文易晓,参同经典,而顺帝不行,故国胤不兴。"希望皇上采纳。君不解:皇上没有采纳襄楷的意见,不接受《太平经》反而指责襄楷假借星宿,伪托神灵,造合私意,诬上罔事,治罪襄楷。

【原文】 正一派,汉天师。

【译文】 正一派:道教主要道派,始于汉末张陵的"正一盟威之道",时人谓之"五斗米道"。东晋南北朝时称"天师道",尊张陵为"正一平炁三天之师"。隋唐以来道士从受经箓皆始自正一经箓,再为升迁。正一派几乎受到历代皇朝的重视,唐天皇七年册增张陵为"太师";宋大中祥符年间敕改龙虎山真仙观为上清观,赐二十四代天师张正随"真静先生"号;宋理宗敕命三十五代天师张可大提举三山(龙虎山、阁皂山、茅山)符箓兼御前诸宫观教门公事。元成宗大德八年,三十八代天师张与材被封为"正一教主",主领三山符箓。正一之义取自"正以证道,真一不二"。奉持《正一经》。一切经教符箓、斋醮炼养都由正一之义生发开去。明清以来,正一派日趋衰微。

【原文】 盟威箓,拜章仪。

【译文】 盟威箓:即《正一盟威秘箓》,为正一法箓之代表。它是正一派道士入道的凭证,道阶升迁的依据,授过箓的才有做法师主持各科科仪的资格。盟:神前誓约为盟。拜章仪:章指正一道士在设坛斋醮时向仙界职司机构发出的各种表章文疏。拜章仪即发送章奏的仪式。这四句的意思是:正一道派是由汉代张陵即张天师创立的,他们尊奉盟威符箓,注重拜送奏章用以向神申告祈祷的要求。

【原文】 斩故气,消三业。

【译文】 斩:斩断,消除。故气:亦称六天故气,属早期道教的一个概念,指应当灭绝的邪气,与生气相对,是社会灾难不断的根源。三业:身业、口业、心业。三业之中只要有一业不善,死后必定会堕入地狱。另一说是由身、口、心孳生的杂欲为三业,只要有一业

存在便会影响修道。

【原文】 得大丹,辨正邪。

【译文】 得大丹:获得金丹。传说张陵也炼成金丹,功满而飞升。辨正邪:区辨出正的和邪的。据说张天师在青城山炼丹时,一伙修行极深的阴邪之神向他侵犯,被张天师识别并拒之于门外。这四句的意思是:要斩绝给社会带来灾难的六天故气,消除由三业滋生的邪欲。要想炼得长生不老之丹,必须分辨正邪,将阴神邪气抵御在外。

【原文】 奉斗经,度玉局。

【译文】 斗经:书名,原指《北斗经》,内容为崇拜北斗的理论和科仪。据说《北斗经》主述太上之旨,由张陵亲自所记,以后才演变成东、西、南、北、中《五斗星经》。玉局:即第七玉局治,在成都南门外。传说在汉永寿元年正月初七日太上老君乘白鹿、张天师乘白鹤来此演法度人。

【原文】 六十三,沿世袭。

【译文】 世袭:这里指天师的尊号世代相袭。这四句的意思是:正一派主要尊奉的是《北斗经》《正一经》,太上和天师常鹤驾玉局治演法度人。正一派从第一代天师张道陵到六十三代天师张恩溥,世代相袭天师尊号,从不离宗谱。

【原文】 玄学派,宗何王。

【译文】 玄学:一种哲学流派,形成于魏晋时期。玄是深远的意思,语出《老子》第一章。玄学主要渊源于老子和庄子的思想,以《老子》《庄子》和《易》为主要经典,称为"三玄"。何王:何指何晏,三国时的玄学家。曾随母亲为曹操收养。何晏小时候,以才秀知名,娶魏公主,累官尚书。后因附曹爽而为司马懿所杀。著有《道德论》《无名论》《无为论》《论语集解》等等。王指王弼,三国时魏国山阳人,字辅嗣。笃好老庄,主张"贵无"学说,王弼扬弃汉以来烦琐注疏的学风,专言义理,开魏晋玄学之先声。其《老子注》《周易注》为影响深远的权威注本。

【原文】 崇虚论,述老庄。

【译文】 崇虚论:崇尚虚无这一学说。述老庄:老庄,老子和庄子的学说。述,阐述,以老、庄为依据,加以发挥。

【原文】 至七贤,学无学。

【译文】 七贤:竹林七贤,指陈留阮籍、谯国嵇康、河内山涛、河南向秀、籍兄阮咸、琅琊王戎、沛人刘伶。七人相与友善,皆以文学见长,常宴集于竹林之下,时人称之为"竹林七贤"。学无学:研究无为之学。

【原文】 窥堂奥,推向郭。

【译文】 窥堂奥:仔细研究高深的无为之学。堂,高深。奥,奥妙,深奥。推向郭:当推向秀和郭象。向指向秀,字子期,魏晋之际的哲学家、文学家,竹林七贤之一。曾为《庄子》作注,《秋水》《至乐》二章注释未完而卒。他主张"名教"与"自然"统一。郭指郭象,字子玄,晋惠帝时洛阳人,集魏晋玄学之大成。向秀未完成的《庄子注》由他述而广之,另为一书。这八句的意思是:何晏、王弼创立了玄学派,他们崇尚虚无的理论,演述老子庄

中华传世藏书 国学经典文库 道教三字经 图文珍藏版

子的思想。到了竹林七贤的时候,这七位学人常聚在一起讨论"无"与"有"的关系,他们推崇虚无,纵论老庄,众说纷纭,莫衷一是,真正能获得老庄思想精华的,要属向秀和郭象两位了。

【原文】 豫章派,祖兰期。

【译文】 豫章派:即道教净明宗,又称净明忠孝道。起源于许逊崇拜。许逊拜豫章(今南昌)人吴猛为师,又因许逊举家由豫章西山飞升,故称为豫章派。祖兰期:兰期即古代仙人兰公,相传有斗中真人下降兰公之舍,自称"孝悌王",并将至道秘旨传给兰公。许逊辞官后从兰公、谌母得日月二宫孝道明王和孝悌仙王所传道法,故称祖兰期。

【原文】 孝悌王,是本师。

【译文】 孝悌王:即月宫孝悌仙王。是本师:孝悌王降兰公家授至道秘旨,成为净明道派的祖师。这四句的意思是:豫章派是以兰期仙人为祖师的,兰期是从上清仙境的孝悌王那里获得秘旨的,所以孝悌王是净明派的本师。

【原文】 亲点化,掘三墓。

【译文】 亲点化:孝悌王亲自指点教化兰期公。掘三墓:打开几座墓穴。

【原文】 见尸体,身忽合。

【译文】 身忽合:身体和尸体忽然相合。这四句的意思是:孝悌王指点兰期公打开几座墓穴,神秘地告诉兰公,墓中一具尸体是你的遗骸,说话间兰公身躯与尸体忽然合一。

【原文】 遥轻举,显神通。

【译文】 遥轻举:飘飘荡荡轻轻而起。显神通:指尸身复合,轻轻举起。

【原文】 铜符券,蕴神功。

【译文】 铜符券:孝悌王传给兰公《铜符铁券》道书。蕴神功:《铜符铁券》中含有许多神奇的功理功法。这四句的意思是:复活的兰公飘然而起,显示出玄学的神奇。孝悌王随即把《铜符铁券》符书传与兰期公,希望他把书中蕴藏的玄学真功传给后人。

【原文】 传谌母,守真膺。

【译文】 谌母:晋代女仙,字婴,也称婴母。西晋时居丹阳郡黄堂观潜修至道,从孝道明王、孝悌仙王处得修真至道。守真膺:守,保藏。真膺,即由孝悌王传下的各种经文。

【原文】 嘱度者,旌阳令。

【译文】 嘱度者:嘱咐谌母将经文传给许逊,即旌阳县令。这四句的意思是:兰期公把孝悌王留下的各种道书经箓传给谌母,请谌母细加保藏,日后传给求度者旌阳县令许逊。

【原文】 三祖许,号仙都。

【译文】 三祖许:许逊为豫章派第三传祖师。这里把兰期作为第一代,谌母盟而授许逊孝道孝悌之法,故称三祖。仙都:谌母曾对吴猛、许逊说:"吴猛昔为许逊之师,今玉皇玄谱中,猛为御史,而逊为高明大师,总领仙籍,许当居吴之上,以从仙阶等级。"故称都仙。原文误为仙都。

【原文】 石函记,法鼎炉。

【译文】 石函记:许逊所著的丹书。鼎炉:烧炼丹药的器皿。这四句的意思是:豫章派第三祖师是许逊,号都仙。他著的《石函记》详细记述了怎样学习、掌握在鼎炉中烧制丹药的方法。

【讲解】

这一章介绍了"太平""玄学""正一""豫章"四个道派。玄学派,从严格意义上讲它不是道教派别而是思想流派之一。它尊老庄,研究虚无理论,探索宇宙本源,讨论"有""无"关系,某些方面和道教教义有吻合和相通之处。但它没有教派的组织形式和活动内容,正如道教学者不一定是道士一样,研究推尚老庄,未必就是道教。玄学是被后人勉强拉入道教圈子的,它的创始人何晏、王弼至今还没有列入道教的宗谱。

说起太平道也很不太平。它肇始于东汉顺帝时期,当时还没有组织形式。太平道的创始人于吉将自己所获的神书《太平青领书》由弟子宫崇进献皇上,皇上因其内容五阳五行,间杂巫语,视为妖妄之作,不予理睬。

张角得到了《太平青领书》,利用书中的宗教内容,创立太平道,以"善道教化天下",实是组织农民起义,公开打出"苍天已死,黄天当立。岁在甲子,天下大吉"旗号,发动了我国历史上第一次带有宗教政治色彩的农民起义,即黄巾起义。因叛徒告密,起义仓促提前,虽声势浩大却难敌官军。

起义失败,余下信徒融入五斗米道。后来,张角又被民间秘密宗教——明教尊为教主,可见其影响之深远。

净明道就是豫章道派,它形成于何时,说法不一,有的说是南宋初年,有的说是元初。对于净明道的师承关系也有不同的说法,大致有三:①日月二君→兰公→谌母→许逊。②吴猛→许逊→刘玉→黄元吉。③许逊→刘玉→黄元吉。

净明两字的意思是不染物,不触物。净明道的基本宗旨是:以忠孝为本,以敬天崇道、济生度死为事。提倡孝道,不重祈祷仪式中的繁文缛节。黄元吉认为:"道由心悟,玄有密证,得其传者,初不拘在家出家……玉真先生遇都仙,亦以在俗之身焉。"看来豫章派的戒律也较松弛。

汉代正一盟威之道由张道陵所创,教外称五斗米道,盖因入道者例要出米五斗。其首领自称天师,故又称天师道。晋代,张陵三世孙张盛迁居江西贵溪龙虎山,该派便以江西龙虎山为中心。元代龙虎山天师世系三十八代天张与材被封为"正一教主,主领三山符箓",自此,天师道改称正一道,并和全真道并列为道教两大教派。

正一道派有以下几个特点:

1.天师名称虽为自封,但世代相袭,不传外姓,成为定例。天师道被统治阶级认可,表明正一派较自觉地适应了统治者的需要,换言之就是适应了社会。

2.正一道有大量的经籍斋典科仪。总领三山符箓后,有共同尊奉持诵的经典,如《正一经》。有共同的神学功能理论,如以法术驱鬼斩妖、画符念咒、消灾延寿、祈福迎祥等为信徒服务。

3.虽为总领,实际上组织十分松散,要做到真正的统一是不可能的。各宗各派时起时落,新的帮派不断萌生沉没,各有山头,但都认天师为宗。

4.闭正一道士可以住庙,也可以散居在家,可以有家室,这样,戒律相对较松弛。

5.闭正一派道士散居民间,有家累,故经济难以集中,各地几乎没有高耸巍峨的正一派道观。仅有的几座,规模远不及全真道观。正一派的自身特点决定了它的衰微趋势。

【原文】 南宗兴,祖伯端。

【译文】 南宗:道教炼养金丹(内丹)法派,起源于北宋张伯端。因全真道创始于北方,王重阳一系为北宗,张伯端在南方,故称南宗。主要代表人物有:张伯端、石泰、薛道光、陈楠、白玉蟾。南宗与北宗一样倡导性命双修,内炼成真。不过,南宗是"先命后性"即从炼养着手,循序炼化精气。南宗一般不提倡出家。伯端:张伯端,字平叔,号紫阳山人,浙江天台人。自幼好学,广涉儒释道经书,曾为府吏数十年,后来忽悟"一家温暖千家怨,半世功名百世愆",看破功名利禄,心向蓬莱仙路,便纵火把案上文书付之一炬,因火烧文书罪发配岭南。后被陆诜召置帐下,掌管机要。著有《悟真篇》一书,宣传内丹修炼理论。

【原文】 天回镇,师海蟾。

【译文】 天回镇:地名,今四川成都市北。海蟾:刘海蟾,五代道士,名操,字昭远,又字宗成。进士出身,官至丞相,尚黄老道术。据传,有一天一位自称正阳子的道士拜访海蟾,索取铜钱和鸡蛋各十枚,间隔高叠,海蟾惊呼:"危险!"道人笑着说:"相公地位比这更危险!"海蟾豁然醒悟,散家财,辞官职四出云游。后为北五祖之一。这四句的意思是:南宗的创始人是张伯端,他在四川成都遇见了刘海蟾,并拜海蟾为师。

【原文】 临行时,亲嘱咐。

【译文】 临行时:刘海蟾和张伯端分手时。

【原文】 脱汝法,当授度。

【译文】 脱汝法:帮你解脱困厄。当授度:应当把这些经诀授给他。这四句的意思是:刘海蟾和张伯端辞别时谆谆告诫张伯端,说:"道家秘法应当传给帮助你脱离困顿的人。"

【原文】 逢马氏,悟真行。

【译文】 逢马氏:遇到河东扶风的马处厚,张伯端说:"平生所学尽在是矣,子其流布之,他日必有因书而达道者。"悟真行:《悟真篇》得以流行。

【原文】 至荆湖,饵丹升。

【译文】 饵:服食。这四句的意思是:张伯端遇到了马处厚,把《悟真篇》传给他,希望《悟真篇》得以流播。张伯端在天回寺从刘海蟾处获得金丹,回故乡,途经荆湖时他服金丹而飞升。

【原文】 三祖薛,本僧衲。

【译文】 三祖薛:薛指薛道光,名道源,字太原,内丹南宗五祖之一。他原来出家为僧,法号紫贤,又号毗陵禅师。后在郡县青镇遇石泰,感兴趣于金丹之道而归玄门。

【原文】　参杏林，师环下。

【译文】　杏林：即石泰，又号杏林、翠玄子。今常州人，曾有恩于张伯端，所以得张伯端金丹秘诀。石泰苦心修志颇有成效，行医施药不受答谢，只求受治者植杏树一棵。后为薛道光老师。环下：长安开福寺僧人如环，薛道光曾向如环参禅，故称环下。这四句的意思是：三祖薛道光原先是个和尚，在开福寺向如环学禅。后来遇上石泰，稽首皈依，弃僧从道，潜心炼养，探赜金丹秘要。

【原文】　通宗说，复命篇。

【译文】　通宗说：贯通融洽各家炼养学说。复命篇：薛道光所著《复命篇》。

【原文】　得外护，道乃全。

【译文】　得外护：争取获得同道的支持爱护。道乃全：还丹之道才能完美无缺陷。这四句的意思是：薛道光善于融通各家之说，撰写了关于丹道的《复命篇》。为使丹道理论尽善尽美，石泰建议薛道光外出走访丹家，听取意见，使自己的内丹理论得到更多的支持和保护。

【原文】　四祖陈，号泥丸。

【译文】　四祖陈：指陈楠，宋代道士，南宗五祖之一，字南木，号翠虚，惠州博罗人，主张独身清修。常以土掺符水，捏成小丸治病救人，被敬称为"陈泥丸"。他从薛道光处得《太乙金丹诀》。

【原文】　习贱业，隐市廛。

【译文】　习贱业：操持木工，修桶为业。隐市廛：平时衣衫褴褛，尘垢满身，不修边幅，混迹都市。

【原文】　大雷书，黎母授。

【译文】　黎母授：相传陈楠在黎姆山遇神人，得《景霄大雷琅书》，是一本请雷神驱邪除妖的雷法秘书。

【原文】　诛邪魔，除灾咎。

【译文】　咎：灾难。

【原文】　壶中药，随布济。

【译文】　壶中药：符水。布济：救济。

【原文】　翠虚篇，遗散吏。

【译文】　翠虚篇：即陈楠著《翠虚妙悟全集》，是一部介绍修仙捷径、度世之道的书。此书又名《泥洹集》，收《正统道藏·太玄部》。散吏：即白玉蟾，其号为"神霄散吏"。这十二句的意思是：南宗第四祖是陈楠，号泥丸。他隐居都市民间，以做木工为业。他从黎姆山神那里获得《景霄大雷琅书》，这是一本请神协助诛邪斩魔、消除灾厄的道书。陈楠终日身佩符水，随处都可为百姓治病。他写的关于内丹炼养的书《翠虚篇》传给了白玉蟾。

【原文】　五祖白，居武夷。

【译文】　五祖白：指白玉蟾，南宋道士，内丹派南宗第五祖。原姓葛，名长庚，字如晦，又字白叟、武夷散人。自幼聪颖，十二岁举童子科，谙通诸经，兼擅诗画。因任侠杀

人,装扮成道士,逃亡至武夷,足迹遍江湖。后师事陈楠,得受金丹秘诀。

【原文】　海琼集,显秘密。

【译文】　海琼集:白玉蟾死后,他的弟子将其文章收编为《海琼问道集》。显秘密:白玉蟾广收弟子,建立名为"靖"的教区组织公开传播丹道,改变了过去师徒个别嫡传的传道方法。这四句的意思是:白玉蟾是南宗的第五位祖师,他居住在武夷山。《海琼集》记录了他的修炼思想和修炼方法,把丹道的所谓秘密公开传给后人,受到普遍的称赞。

【原文】　北宗师,号重阳。

【译文】　北宗:道教炼养派之一,是全真道王重阳一派。相对于南宗而言,北宗流行于长江以北地区,主张性命双修,性功在前。北宗尊东华帝居、钟离权、吕洞宾、刘海蟾、王重阳为五祖。王重阳的七大弟子为北七真。

【原文】　宗钟吕,祖少阳。

【译文】　少阳:即王玄甫,号东华帝君或紫府少阳君,属于传说中的人物。《历世真仙体道通鉴》谓其姓王,名玄甫,汉代山东人。曾传神符、秘法、金丹大道给钟离权,被全真道奉为北五祖的第一祖。这四句的意思是:炼养派北宗由王重阳创立,尊东华帝君、钟离权、吕洞宾、刘海蟾为祖师。

【原文】　五篇文,获甘镇。

【译文】　五篇文:王重阳遇神人得五篇秘文。甘镇:王重阳未出家前长期任征酒小吏,自恨不足,辞职隐居山林。1159 年,他弃家外游,在甘河镇遇神人,获修炼真诀。

【原文】　活死人,入墓寝。

【译文】　入墓寝:重阳出家后在南时村筑墓,住在墓中两年多,自称为"活死人墓"。这四句的意思是:王重阳在甘河镇遇神人,得到五篇关于炼丹的秘文。他在南时村筑墓穴,住在墓中两年多,自称为"活死人"。

【原文】　焚草庵,见真假。

【译文】　焚草庵:结束了两年多的墓穴生活后,王重阳在刘蒋村结草庐而居。为消除村人疑惑,他放火烧了自己的草屋。

【原文】　赴东溟,度烈马。

【译文】　东溟:山东沿海一带。烈马:指马钰,金代道士,北七真之一,原名从义,字宜甫,后更名为钰,号丹阳子。遇王重阳传道,他弃千金家产,皈依其道,是王重阳的直接继承人。这四句的意思是:刘蒋村人不理解王重阳的种种行为,因此,他放火烧了自己的草屋以表修道决心,然后到沿海一带传道,遇上了有修道之志的马钰。

【原文】　未生前,亲抉剖。

【译文】　未生前:指马丹阳悟道之前。

【原文】　九转丹,几人悟。

【译文】　九转丹:烧炼外丹时火候的强弱和烧炼的时间共九转,转数越大,药力越强。这里借用外丹名词用以说明反复提炼内丹。这四句的意思是:马丹阳俗气缠身时,王重阳为教化他,亲自选择并分浑梨,意在使丹阳领会与俗累分离是甜不是苦,并懂得毅

力在学道过程中的作用,这实际上就是内丹修炼的起步阶段,可惜能悟真谛的人不多。

【原文】 十五论,教化集。

【译文】 十五论:《重阳立教十五论》,分别为:住庵、云游、学书、合药、盖造、合道伴、打坐、降心、炼性、匹配五气、性命、圣道、超三界、养身之法、离凡世。教化集:《重阳教化集》,收有几百首诗,全是王重阳与马丹阳酬答之作

【原文】 揆诸经,括玄义。

【译文】 玄义:深奥的意义。这四句的意思是:王重阳的《立教十五论》和他的《教化集》以最通俗的形式总揽各种经书的经义,简洁地概括了道书中蕴含的深奥理论。

【原文】 邱刘谭,郝王孙。

【译文】 指王重阳的学生邱处机、刘处玄、谭处端、郝大通、王处一、孙不二。

【原文】 元中主,尊龙门。

【译文】 元中主:元代统治阶级入主中原。尊龙门:北七真各有山门,元代统治者独尊邱处机创立的龙门派。公元1214年成吉思汗的势力进入北京,元太祖派人持诏书寻找邱处机。邱处机奉诏西行拜见成吉思汗,答对圆满,深为赏识。这四句的意思是:王重阳的徒弟各创派系,元代统治者进入中原后特别尊重邱处机创立的龙门派。

【原文】 丹阳下,祖披云。

【译文】 披云:指宋德方,元代道士,字广道,号披云,今山东披县人,师承刘处玄、邱处机。曾随邱处机西游大雪山谒见元太祖。

【原文】 乌兔经,萃玄文。

【译文】 乌兔经:日乌月兔,谓之阴阳;阳中含阴,阴中含阳,阴阳互补谓之大要。道教经文都有阴阳之说,只是或隐或现,所以用乌兔经代指《玄都宝藏》。萃:汇合,聚集。玄文:经书。这四句的意思是:马丹阳以后由宋德方执掌门派,他遵照邱处机的遗志,广收道书,在山西平阳玄都观会同弟子秦志安等刻道藏《玄都宝藏》,共有七千八百余卷,几乎汇集了所有的道教经书。

【原文】 四祖赵,居南岳。

【译文】 四祖赵:马丹阳门派的第四代传人赵友钦,字缘督,饶郡人,精于天文经纬地理术数。从元代张紫琼处得金丹大道。善收群书,后居衡阳。金丹道传给陈致虚。

【原文】 同源论,诲后学。

【译文】 同源论:赵友钦力主三教一家论,著有《仙佛同源》等书。诲后学:用同源论启迪教育宋濂、刘基、王炜等后人。这四句的意思是:赵友钦定居衡阳,著有《仙佛同源》等道书并以此教育后人,影响很大,不少名人也向他学习,共同弘教。

【原文】 致虚翁,是嫡传。

【译文】 致虚:元代道士,姓陈,字观吾,号上阳子,江西人。曾向赵友钦学习北宗内丹术,后又向南宗学习双修之法,故称嫡传。

【原文】 抒大要,阐先天。

【译文】 抒大要:陈致虚融合南北宗丹法理论,撰成《金丹大要》十六卷。阐先天:表

明丹法归宗在修炼精、气、神,除此之外均为"趋邪之道"。这四句的意思是:陈致虚是赵友钦的正宗弟子,他撰有《金丹大要》等著作,融合南北宗修炼理论,强调修炼要在精气神三方面下功夫。

【原文】 长春下,祖志平。

【译文】 长春下:邱处机以后。志平:即尹志平,字大和,号清和子。先后拜马丹阳、邱处机、郝大通为师,兼学数家之长,道业精进。曾随邱处机赴西域大雪山谒见元太祖。

【原文】 承遗教,在燕京。

【译文】 承遗教:邱处机羽化后尹志平接掌道教龙门派。在燕京:在北京。尹志平执掌龙门派本该住北京白云观,但他认为自己无功无德,没有资格入主白云观,于是在北京别的宫观居住。故称"在燕京"。

【原文】 葆光集,及语录。

【译文】 葆光集:指尹志平所著《葆光集》,凡三卷。语录:指《清和真人北游语录》,凡四卷,编入《道藏·正乙部》。

【原文】 建道场,宏规模。

【译文】 建道场:建坛诵经及阐演科仪。这四句的意思是:尹志平著有《葆光集》三卷和《清和真人北游语录》四卷传世。他执掌龙门后在北京白云观举行规模庞大的诵经礼拜活动。

【原文】 四祖李,名浩然。

【译文】 四祖李:指李志常,字浩然,号真常子,为全真第四祖。李志常也随邱处机同往谒见成吉思汗。

【原文】 西游记,称遗篇。

【译文】 西游记:即《长春真人西游记》,李志常编撰,是我国十三世纪初的一部重要的中西交通文献,记录了金元时期,邱处机率十八高徒去西域谒见成吉思汗时的经过及所见所闻。不少评论者认为该书可与晋代法显《佛国记》、唐代玄奘《大唐西域记》媲美。称遗篇:是留给后人的重要篇章。

【原文】 五祖王,著信心。

【译文】 五祖王:即王志坦,号淳和,金元道士。自幼凤有道缘,长大后出家为道,受长春真人器重,得传秘诀,继李志常、张志敬后执教,为入元以后全真道第五代掌门人。信心:即《信心录》。

【原文】 赠光教,主白云。

【译文】 赠光教:张志敬羽化后,王志坦奉命袭位掌教,加赐"崇真光教醇和真人"之号。这四句的意思是:王志坦是全真道第五代教主,他写有《信心录》。奉命掌教后被加赐为崇真光教醇和真人,入主白云观,负责教务工作。

【原文】 又八传,至冲虚。

【译文】 又八传:又有第八代宗师。冲虚:即伍守阳,自号冲虚子,江西人。遇王常月,获三坛大戒,创伍柳丹派,为龙门第八代教主。

【原文】 撰正理,明玄机。

【译文】 正理:指伍守阳所著《天仙正理》。明玄机:表明炼丹要领。伍守阳丹法以修气脉与小周天功夫为主,辅以禅定工夫,虽然比较烦琐,但说理浅近,指点确切,还附有防危方法,帮助修炼者了悟入门。这四句的意思是:龙门第八代教主是伍守阳,他写有《天仙正理》一书,炼养方面很有特色,在龙门宗里自成体系,人称伍柳丹派。

【原文】 继此者,僧华阳。

【译文】 继此者:继承伍守阳《天仙正理》理论和丹法的是柳华阳,他初为僧人,后与伍守阳研修金丹,创伍柳派。

【原文】 著仙论,道法昌。

【译文】 仙论:指《金仙正论》,是柳华阳的第一部著作,撰于1799年,专言小周天功夫,共分二十章。道法昌:指伍柳两人创立的功法兴盛发达。这四句的意思是:原先为僧人的柳华阳继承了伍守阳的《天仙正理》功法,并结合自己的实践和认识,在兼容各家功法之长的基础上写出了《金仙正论》一书,详述了内丹小周天的修炼方法,深得习修者赞誉,因此龙门宗内伍柳派系的功法长盛不衰。

【讲解】

宋朝历时三百多年,几乎一直处于风雨飘摇之中。北方契丹、女真民族势力强盛,严重威胁着宋朝。在金的势力紧逼下,沦陷地区日益扩大,傀儡政权先后粉墨登场,百姓极端困苦,加之连年征战不息,血流无尽。在这种背景下,有的人辞官退隐,有的人想凭自己微薄的力量,拯救百姓于灾难之中,道教各种派别应运而生,动荡不安的宋朝成了道教创立新道派的活动期。当时比较有影响的道派是南方的净明道,北方金人统治区的太乙教、真大道教,而影响最大的则是全真道。

全真道由王重阳创立,真正形成气候是王重阳的七位弟子,即遇仙派创立者马丹阳,南无派创立者谭处端,龙门派创立者邱处机,嵛山派创立者王处一,华山派创立者郝大通,清净派创立者孙不二,随山派创立者刘处玄。王重阳生于1112年,卒于1170年。全真创教约在1161年至1189年。在王重阳出生以前,浙江天台的张伯端在内丹修炼方面已颇有建树,他的弟子传承关系脉络清楚,由于没有受到皇室重视,所以传至元代并入全真道,习惯上把张伯端这一支称为全真南宗。张伯端、石泰、薛道光、陈楠、白玉蟾被称为南五祖。东华帝君、汉钟离、吕洞宾、刘海蟾、王重阳为北五祖,称全真派北宗。南北两宗成为宋元时期重要的道派。

全真派也尊老庄,儒释道兼容,有严密的师承关系和不变的戒律,既受统治阶级扶持,又受下层人民欢迎,所以在这一段时间里,全真道的名声远胜于历史久远的天师道。以北七真为主的各派在开拓道教事业方面雄心勃勃,难怪一些小的道派,尤其非清修的小道派只能隐匿声迹。

社会大变动时期往往是出人才出作品的时期,宋代道教也不例外。道士们围绕着内外丹、性功、命功、道佛儒三家关系等方面展开了多方面的探讨,留下了不少至今仍有价值的经典著作,如王重阳的《重阳立教十五论》,张伯端的《悟真篇》,薛道光的《复命篇》,

白玉蟾的《海琼问道集》,李志常的《长春真人西游记》,伍守阳的《天仙正理》等等。

【原文】　律宗法,传最古。

【译文】　律宗:以戒律自约的派别。其实不管哪个教派都有自己一定的戒律以维持本派的特色和传承。

【原文】　虚皇尊,留青土。

【译文】　虚皇:元始天尊的称号之一。青土:原义为东方之地。汉代班固《白虎通·社稷》:"东方色青……故将封东方诸侯,青土苴以白茅,谨敬洁清也。"此处特指清微天大浮黎土,为元始说法之地。这四句的意思是:道教律宗派是最古老的,元始天尊在大浮黎土演道讲经时已经把有关的戒律留下了,希望大家守戒奉道。

【原文】　汉仙人,素行直。

【译文】　素:平素。行:品行。直:忠诚坦白。

【原文】　奉新科,百八十。

【译文】　新科:新的科律条文。这里指《老君说百八十戒》。这四句的意思是:汉代的道教徒向来品行耿直坦白,都能按二十七戒约束自己,但总有一部分教徒越戒而行,所以老君又演说了更为详尽的一百八十戒,用以约束道士,匡正修道、演道之风。正直之人都能奉持。

【原文】　晋阮基,齐张岊。

【译文】　阮基:东晋哀帝时河内人。据传太乙天尊授其《智慧十戒》,后又得《太上救苦经》。张岊:南朝齐明帝时广南封川人,辞官后过退隐生活,率全家斋诵《大洞真经》而得举家飞升。

【原文】　持大戒,礼宝偈。

【译文】　大戒:传说中张岊所持的三百大戒。宝偈:太乙天尊与阮基告别时赠言曰:"汝命绝之时,吾将度汝。"阮基遇难雁苦时口称"太乙救苦天尊",反复称念,太乙则来救难,此称礼宝偈。

【原文】　唐潘公,品戒目。

【译文】　唐潘公:唐代道士潘尊师。尊师是对道行高深者的尊称。传说潘公不慎破戒,自悔不已,愿建阴功,祈赎前过。后奉戒修持而成正果。品戒目:仔细研读各种戒律条目。

【原文】　重八一,轻州六。

【译文】　八一、州六:均为戒律名称。这八句的意思是:晋代的阮基、南北朝时的张岊都是律宗法派的代表人物。他们坚持以戒律己,为人师表,深得太乙天尊的护祐。唐代的潘尊师,经过品读各种戒律条文,他以八一戒为重,而以州六戒为轻。

【原文】　三真戒,师道一。

【译文】　三真戒:按上中下三品设立的不同的戒律。师道一:三真戒是以全真道士苗道一为师的。

【原文】　勤修纂,法始卒。

【译文】 勤修纂:认真勤苦地编辑修改。法:戒法。这四句的意思是:戒律是按照不同的守戒对象而制订的,开始时由苗道一负责传授,后来根据不同情况删繁就简、增益补充,才使戒律逐步完善。

【原文】 曰初真,曰中极。

【译文】 初真:即初真十戒。中极:即智慧戒,有三百条。

【原文】 曰玄都,并研习。

【译文】 玄都:即天仙大戒。

【原文】 初遵十,中三百。

【译文】 初遵十:为初入道门者制订的戒律,必须遵守。十戒可归纳为:不得害物利己;不杀生;不淫邪;不败人成功;不谮贤良;不饮酒食肉;不贪求无厌;不交非贤;不得不忠不孝;不得轻忽言笑。中三百:即中极戒有三百条。

【原文】 智慧戒,属妙德。

【译文】 属妙德:受过中极戒的道士可称妙道师,受了中极戒再受玄都戒者可称妙德师。这八句的意思是:初真、中极、玄都三大品戒要兼修兼习。初入道者首先要受初真十戒,然后方可受中极三百戒,只有按戒修行有功成者最后才能受玄都戒。这三大戒的受戒者分别称妙行、妙道、妙德师。

【原文】 女真戒,受此行。

【译文】 女真戒:专为女性教徒订立的规诫。

【原文】 勉过咎,律均衡。

【译文】 勉过咎:勉励道姑、信女接受女真戒。能按女真戒修行的道姑、信女可以免除对于前非的惩处。律均衡:戒律面前人人平等。这四句的意思是:女真戒是专为女信士、道姑设立的戒律,受这一戒律的人可以免除人生灾厄,不再追究前非曲直。戒律面前是平等的,不分贵贱,不咎前愆,受戒者应该一心修道。

【原文】 至明季,嗣昆阳。

【译文】 昆阳:王常月,号昆阳子,山西长治人,明末清初道士。曾在王屋山由龙门派六祖赵复阳授以戒律,后在九宫山受"天仙大戒"。曾传"三堂大戒"。著有《龙门心法》。

【原文】 说心法,律益彰。

【译文】 心法:指《龙门心法》,王常月著,凡二十二篇,强调悟道以修正心性为先,并阐发北宗"先性后命"的修炼思想。首次提出修道先要皈依道、经、师三宝,认为成道成仙要从皈依开始。律益彰:律宗法派的修炼思想更加具体地表现出来。《龙门心法》中提倡律宗公开传授戒法,改变过去的秘密单授的做法,使全真龙门派呈现新的生机。

【原文】 已上说,十三宗。

【译文】 十三宗:即犹龙、儒学、治道、茅山、方仙、太平、正一、玄学、豫章、南北宗、律宗以及治道派中的炼丹宗,共十三宗。

【原文】 斋忏法,箓相从。

【译文】 斋忏法:净身、净口、净心,恭对神灵为斋。忏:自陈懊悔或为人祈祷为忏。法:这里指斋忏的仪制。箓相从:不论何种斋忏,都依赖于符箓,使之相递不断。这四句的意思是:以上介绍了十三家大小不同、所处的时代也不尽相同的十三个宗派。下面接着介绍道教斋忏方面的一些知识。

【讲解】

道教徒奉戒是为了禁止恶心邪念,同时也为了有利于修性养心。对那些犯戒的行为者给予处罚,使大家有所畏惧而自行守戒,因此,戒和律不可少。戒律都带有强制性,迫使教徒积善立功、造福于人而不做坏事。

道教诞生之初,戒律就已初具,只是名称不同罢了。比如五斗米道,信徒除了要缴五斗米外,还要叩头思过,诵读《老子五千文》,春夏禁杀,若有小错修路百步,这就是最初的戒律。

道教的教派很多,每个教派都有自己的戒律,但大同小异。随着时间的推移,各个教派的戒律日趋完善,品阶名目都让人目眩,条款烦琐。现存《老君想尔戒》有二十七条。担心有人违戒,故意宣传"行二十七戒备者,神仙。持十八戒倍寿。九戒者,增年不横夭。"唐代道士张万福在《传授三洞经戒法箓略说》中仅仅列举的戒目有十六种,而《老君想尔戒》二十七条只是其中的一种,戒目之多可想而知。

"人生修道为自由,反被戒律重重囿。自古成仙有几人,玄纲日坠名难求"。面对这种坏教败宗的风气,明代道士,四十三代天师张宇初亲拟《道门十规》,可又能规住几个道士呢? 于是有了"戒无不戒,不戒乃戒。戒无所戒,乃为真戒"貌似有理实质是油滑的遁词。戒律废则教废,道教出现了无法摆脱的日臻衰落局面。令人奇怪的是,道门中很少有人为之惊叹。

历史上使道教戒律系统化的是陆修静,明代张宇初是最后一位撰述规诫的道士,以后正一道便没有人再提规诫之事。道教戒律虽多,但未能真正起到应有的作用。

戒律在道教早期是公开的,魏晋以后成为秘密的,秘密的戒律其约束力是有限的。到宋末元初时全真道士邱处机时戒律再度公开,于是出现了"律益彰"的转机,道教又略呈上升趋势,这是全真道的功劳。

【原文】 曰金玉,曰黄箓。

【译文】 金:金箓斋。持金箓斋可以保佑帝王,安人镇国。只有帝王才能修奉这一斋法。玉:玉箓斋。该斋能救度人民,请福谢过,只有后妃臣僚能用。黄箓:用以济生度亡,下拔地狱九幽之苦,该斋百姓通用。

【原文】 此三斋,资冥福。

【译文】 资:供给。冥福:保佑冥界之人。这四句的意思是:金箓、玉箓、黄箓这三斋是用来保佑冥界亡魂的,但修斋的层次是不相同的,普通百姓只能修黄箓斋。

【原文】 修金箓,僖宗皇。

【译文】 僖宗皇:唐僖宗李儇,常命道士设坛修金箓斋。

【原文】 躬祈祷,时雨将。

【译文】 躬：亲自。这四句的意思是：唐僖宗特别信仰金箓斋，他曾多次请道士设坛修金箓斋，甚至亲临斋坛祈雨，当时确有一场大雨，帮助缓解了旱灾。

【原文】 建鸿斋，道武君。

【译文】 鸿斋：大斋，亦称金箓斋。道武君：北魏道武帝拓跋珪。

【原文】 克寰宇，扫烟氛。

【译文】 寰宇：天下，指北方少数民族建立的小国。扫烟氛：吞并北方各小国。这四句的意思是：北魏道武君在征服北方各少数民族时先设大斋，祈求神灵保佑旗开得胜。果然他扫平北方，兼并了各个小国。

【原文】 曰明真，曰自然。

【译文】 明真：又称盟真。用于忏悔九幽地狱之罪，也可用于消除各种罪孽，解除各种冤结。自然：自然斋，用于修真学道，为众生请福谢罪，适用范围较大。

【原文】 曰三元，曰八节。

【译文】 三元：三元斋。《玄门大论》中提及的三元斋作用于学士自己悔罪；学道之士通过三元斋自我忏悔违反戒律之罪。八节：八节斋。谓八节之日是上天八会大庆之日。其日诸天大圣尊神上会灵宝玄都玉京上宫，朝庆天真，奉戒持斋游行诵经。修此斋能消除亿曾万祖及自身之罪。

【原文】 曰洞神，曰指教。

【译文】 洞神：洞神斋。用以绝尘期灵，祛除疫疠，扫荡邪气。指教：指教斋，七品斋法之一，作用于禳灾救疾求平安。

【原文】 曰涂炭，为七品。

【译文】 涂炭：涂炭斋，以勤苦为功，悔过请命，拔罪谢殃，请福度命，清斋烧香，是劳苦者习修之斋。这八句的意思是：道教以七品命名的斋法较多，这里的七品斋是指明真、自然、洞神、八节、指教、涂炭、三元等斋。

【原文】 入圣法，升虚仪。

【译文】 入圣：进入最高境界。升虚仪：若存若亡、亦人亦仙的清静境界。

【原文】 遇修崇，福寿益。

【译文】 遇：认真对待。修：时间长。崇：膜拜。益：增多，增长。这四句的意思是：七品斋法是学道者修炼成真的必然途径，只有持斋才能达到理想境界。要认真对待长期不懈地修持，才能多福长寿。

【原文】 救苦忏，启青玄。

【译文】 救苦忏：向救苦天尊祈祷、忏悔，恳求免除地狱执杖冥对之苦难。启青玄：升仙之路由青玄上帝主掌，所以要先启请青玄。青玄上帝又名太乙救苦天尊。

【原文】 宝幡动，礼妙严。

【译文】 宝幡：道场所布置的长条旗。由丝织成，也有纸质的，供装饰用，以烘托气氛。礼：瞻礼膜拜。妙严：太乙救苦天尊所居的东极妙严宫，这里代指救苦天尊。这四句的意思是：拜救苦忏为的是启请太乙救苦天尊广开忏悔之门，大启升仙之路。坛场里旗

幡飘拂,那是在瞻礼救苦天尊。

【原文】 恩光力,瓶中柳。

【译文】 恩光力:拯救苦难的功力,这种功力来自青玄上帝给世人的恩泽。瓶:道教法器,又称水盂。柳:柳枝,又称杨枝,用于洒净仙水。

【原文】 肉白骨,起枯朽。

【译文】 肉白骨:使白骨上重新长肉。起枯朽:使枯朽之躯重新充满生机。这四句的意思是:救苦天尊的恩泽德光,借着杨枝洒出的滴滴灵水,使大家感悟太乙的神威,白骨长肉、枯朽回生成为可能。

【原文】 万灵忏,何人集。

【译文】 万灵忏:祈求万神护佑生灵的忏法。集:收册成集。

【原文】 柳真君,弟子俱。

【译文】 柳真君:柳守元,曾与他的弟子一起搜集道书编忏法。这四句的意思是:万灵忏是由谁集成的呢? 据说是由柳真君和他的弟子一起搜集而成的。

【原文】 灭灾祸,法琼篇。

【译文】 法:方术之家,这里指道教。琼:美好。

【原文】 通玄妙,了根源。

【译文】 玄妙:这里指各方神灵。了:了然,明白。根源:本源,本质。这四句的意思是:万灵忏能灭除各种各样的灾难或不幸,它是道教经忏中最好的一种法忏,不但能沟通人与神灵,还能让人了悟人神沟通的道理。

【原文】 所南公,继诸家。

【译文】 所南公:郑所南,元初隐士,字所南,又字忆翁,宋亡后改名思肖,即思赵,意为不忘赵宋王朝。坐必南向,听到北方语音必掩耳跑开。曾著《施食》及《祭炼》二书。另有《太极祭炼内法》,收入《道藏·洞玄部》。继诸家:继承了各家祭炼的方法。

【原文】 哀茕独,祭炼夸。

【译文】 哀:哀思。茕独:处在无依无靠境地的幽魂。祭:存想为祭。炼:无想为炼。祭炼是指建斋醮超度亡魂,使之尽快脱离地狱之苦。夸:赞誉祭炼使幽魂得度的功力。这四句的意思是:郑公所南继承了诸家祭炼的方法、仪式,写出了《施食》《祭炼》这两本书,寄托了对亡灵的悲哀之情。他介绍用祭炼的方法使亡灵出离地狱,这一追悼方式得到好评。

【原文】 敕何乔,诣冥途。

【译文】 敕何乔:敕令何、乔两位将军。诣:前往。冥途:亡灵被解往地狱的途中。

【原文】 拯滞魄,出幽都。

【译文】 滞魄:亡灵要在十殿中被逐一询问、敲打,不能往生,故称滞魄。幽都:泛指地狱。这四句的意思是:在祭炼仪式进行过程中,高功法师通过念咒、捏诀、变真人、变为神以后差遣何、乔两位大将前往冥途拯救滞魄脱离地狱之城。

【讲解】

这一章主要介绍了三箓、七斋、二忏、一法。道教各宗派几乎都离不开箓、斋、忏、法,

作用也大致相同,只是数量多寡不同,内容稍有变化罢了。在道教科仪中,箓、斋、忏、法远不止上述几种,其数量多得难以统计。要了解道教就必须了解由箓、斋、忏、法构成的各种科仪。

道教斋忏法中提及的捉鬼降妖,虽是一种消极而浪漫的幻想,但它反映了我们的祖先对长生的希冀和对灵魂执着而大胆的探索。

【原文】 宗箓明,当知法。

【译文】 宗箓明:道教宗派和斋忏法的基本内容明白以后。法:教理教法。

【原文】 动与静,须了达。

【译文】 须:应当。了:明白。达:通晓。这四句的意思是:明白了道教宗派及斋忏之法的一般内容后,还应当了解"动"与"静"的辩证关系,力求做到通晓。

【原文】 曰水火,土木金。

【译文】 水火土木金:五种物质,古代思想家称之为五行,并试图以此解释世界万物的生成与发展。五行说在战国时期颇为流行,后被道教吸收并广泛运用。

【原文】 此五运,互为因。

【译文】 互为因:五行相生相克,如木生火,火生土,土生金,金生水,水生木;水克火,火克金,金克木,木克土,土克水。这四句的意思是金、木、水、火、土五种物质互为变化的依据。

【原文】 曰精神,魂魄意。

【译文】 精:人体元神,是生命的根本。元代王惟一《道法心传》:"夫精者,乃先天之精,为万物之母,得之则生,失之则死,故精住则气住,气住则神住,三者既住,我命在我不在天。"神:精神意识,依赖于形体而表现出来。魂魄:魂为阳,魄为阴。《性理大全》:"动者魄也;静者魂也。动静二字括尽魂魄,凡能运用作为,皆魂使之,魄则不能也。"《性命圭旨》认为:"圣人以魂运魄,众人以魄摄魂。"意:意念,由神支配的思维活动。

【原文】 此五神,随所御。

【译文】 随所御:随时随地都在互相抵御,影响思维入静。这四句的意思是:精、神、魂、魄、意都是在互相抵御中独立活动,在这种活动中相生相克求得阴阳平衡。

【原文】 曰命功,时物事。

【译文】 命功:命运和功名。时物事:指人所处的环境、对享受的追求和事情成败的关联。

【原文】 此五贼,不可执。

【译文】 五贼:五种有害于修炼的事物。《周易阐真》把喜怒哀乐愁视为五情之根,称为五贼。执:执意,执著。这四句的意思是:日常生活中对富贵贫贱、功名利禄、环境好坏、物用多少以及事物的成败要看得淡薄些,甚至可以全然不顾,这样才有利于修炼。

【原文】 内五神,外五贼。

【译文】 五神:指精、神、魂、魄、意。

【原文】 忽相感,生十业。

【译文】 感:感染,相交杂。十业:杀生、偷盗、邪淫、贪、嗔、痴、两舌、恶骂、绮语、妄言,泛指一切不良的后果。这四句的意思是:身内五神和身外五贼相互影响,利欲熏心,利令智昏,殚精竭虑,耗费心血,是非不分,俗雅不辨,那么各种各样的不利于身心健康的罪孽便会萌生。

【原文】 业识起,有六欲。

【译文】 业识:由十业所萌发的如何占有客观物质的心理活动。六欲:舌贪其味,眼观其色,耳听其声,鼻嗅其香,心意系其事欲,缘情逐物,乱其身心。

【原文】 十七乘,从此立。

【译文】 十七乘:十七种能够摆脱物欲之累的途径。立:制定。这四句的意思是:人有了非分的物欲,那是十分危险的。为了消除物累和物欲不达而造成的痛苦,十七种解脱的方法因此产生。

【原文】 眼鼻耳,舌身心。

【译文】 眼鼻耳舌身心:指人身各种感觉器官。

【原文】 缘善恶,结习深。

【译文】 缘:围绕。结习:由欲望引起的烦恼。这四句的意思是:人的器官会产生出各种各样的欲望。围绕着善的、恶的欲望,人应该利用自己的理智去扶善却恶,否则烦恼会越来越多。

【原文】 迷为凡,悟为圣。

【译文】 迷:执迷不悟,迷惑。悟:省悟。

【原文】 明顺逆,修善行。

【译文】 修善行:以清静之心为清静之事。这四句的意思是:对世俗的烦恼执迷不悟,只能是凡人,如果能从烦恼中解脱出来,就有可能成为圣人,即懂得修性养心的人。因此修炼者要学会顺其自然,不忤逆,多做有益于修行的事。

【原文】 曰灵仙,曰人仙。

【译文】 灵仙:即鬼仙,是五仙中最低下的一种。主要是指那些不悟大道而急于求成者,他们形如槁木,心若死灰,难返蓬莱仙岛,终无所归。人仙:修炼功夫略有小成,但俗的成分仍然较多者。《悟真篇》:"处世无疾而寿永者,人仙也。"

【原文】 曰地仙,曰神仙。

【译文】 地仙:长生在世,出入洞天福地者。神仙:形神具妙,与道合真,其坐在立亡,分形散体,倏忽万变,飞行八极,谓之神仙。

【原文】 并天仙,为五等。

【译文】 天仙泛指各种神通广大、超凡入圣的修炼之士。《悟真篇三注》:"神形俱妙,与道合真,步日月无形,入金石无碍,变化无穷,隐显莫测,或老或少,至圣至神,鬼神莫能知,著龟不能测者,天仙也。"

【原文】 用九六,絜纲领。

【译文】 用九六:运用阴阳。九为阳数之最,六为最高阴数。絜:提。纲领:网上总绳

和衣领,喻指起主导作用的准则。这八句的意思是:修炼中的五个阶段用五仙来命名,用阴阳作纲领,贯串整个过程。

【原文】　自仙真,至上圣。

【译文】　自仙真:从上清境中的上真、高真、大真、玄真、天真、仙真、神真、灵真、至真开始。至上圣:到玉清境中的上圣、高圣、大圣、玄圣、真圣、仙圣、神圣、灵圣、至圣(太清境中九仙略)。

【原文】　各三迁,九品应。

【译文】　各三迁:每一天界中的仙圣又分为三等,每等有三个品第的仙圣。九品应:每个天界有九个品第的仙阶,各有相应的名称,如上圣、上仙、上真。这四句的意思是:从上清至玉清各有三阶九种品第的仙真。此处用三天九品来借指修炼过程中的三乘九品,表明修炼的不同程度。

【原文】　西与北,南与东。

【译文】　西与北:道教内丹修炼隐语,按五行五脏之说认定西为金,在人体为肺,北为水,属肾。

【原文】　行攒簇,入中宫。

【译文】　攒簇:指五脏真气不断集中。中宫:丹田的别名。《金碧五相类参同契》卷中阴长生注:"中宫者丹田也,名曰鼎器。阴阳二气采炼入中宫,得土方可相合,制为一也。"这四句的意思是:肺气、肾气、肝气、心气经过采炼,不断聚集,然后进入丹田。

【原文】　曰龙虎,曰丹土。

【译文】　龙虎:喻指元精、元气。丹土:指元神,纳甲法中以"戊己"表示。

【原文】　此三性,归一处。

【译文】　此三性:指精、气、神。归一处:会合成一片,指精、气、神相注结成内丹。这四句的意思是:元精、元气、元神这三性到最后都要会合才能形成丹胎。

【原文】　运周天,勤烹炼。

【译文】　运周天:内丹家根据天人相应观点,借用天文学上的"周天"术语来概括功法,有大小周天之说。精气在身体内按经络路线循环运转,阳维、阴维、阳跷、阴跷、冲、任、督、带这八脉全通为大周天,必须在小周天的基础上进行,主要是连气化神,真意的运用从双目观照到无觉。大周天不是讲气的循环而是十月养胎,是无为,是炼性。小周天的锻炼始于活子时,即练功入静,体内真机初生,一阳始发之时,也就是下丹田有气感时,引元气从下丹田开始,逆督脉而上,沿任脉而下,经尾闾、夹脊、玉枕三关与上、中、下三田和下、上鹊桥,这一个循环为小周天,又称水火双运,亦称转河车。烹炼:外丹术中称烧炼药物称烹炼。内丹术中称文武火候,即练功入静之际,神未凝、息未调、神气二者不相交,这时强调意守,称武火。神稍凝、息稍调、神气二者略相交,但未至于纯熟,此时可以放松意念,称文火。

【原文】　火焰飞,真人现。

【译文】　火焰飞:内丹炼到一定的程度,即如同成熟的时候。真人现:丹体全部成熟。道教认为人的躯体只是人的外壳,是幻体,真正的身体应该由炁构成。这四句的意思是:经过采气、聚气、运气、边采边运行周天,反复地运和炼,然后使气集丹田,成为丹珠而被温养,到一定的时候便结圣胎(珠、胎都是气的形象说法,并非真的先成珠后成胎)。

【原文】　五气聚,体用全。

【译文】　五气:亦称五行或五脏之气。体:虚寂自然之本体,也就是"道"。用:指功能、作用、现象。

【原文】　三一化,妙无边。

【译文】　三一:按《太平经》说:"一为精,一为气,一为神,此三者共一位。"一说"道分三成,不离一气",谓之三一。根据本章前后内容的一致性,可释为精、气、神三法统一于炁。这四句的意思是:修炼得到的五气相聚作用于大脑,流溢于周身,这是精、气、神的统一,是所求的大丹,它对人的健康长寿将产生奇妙无比的作用。

【原文】　曰道身,曰真身。

【译文】　道身:修炼者本身的禀赋及天性相貌。真身:身神并一称真身,亦称法身

【原文】　曰报身,乃三身。

【译文】　报身:经过修炼而成的得道之身。三身:道、真、报三身。道身被视为刚生下的孩子;真身被视为坐在地上的孩子;报身被视为会行走的孩子。三身实指三个不同阶段,用以表明修炼已达到的水准。这四句的意思是:为了区分不同的修炼阶段,于是就有了道身、真身、报身的讲法。

【原文】　应身起,又生身。

【译文】　应身:随时随地可以显现为多种不同形象的道身。佛教中"应身"就是"报身"。生身:父母所育之身,俗称凡身。

【原文】　示妙相,顺世因。

【译文】　妙相:各种各样玄妙的身像。顺世因:顺应当时的需要。这四句的意思是:奇妙的应身刚刚出现又可以很自然地回复到俗身,各种玄奥神秘的身像可以适应当时的需要,变幻不定(这是丹成时的自我感觉,因人而异)。

【原文】　任聚散,无限量。

【译文】　聚散:聚气聚形,散气则散形,纵横驰骋,捭阖自然。用气功术语解释就是进入功态。

【原文】　云分身,化万象。

【译文】　分身:散气而成的各种身。万象:分身后出现的各种景象。这四句的意思是:应身可以任意聚散,没有规定的极限,如果说是分身,那么就能幻变出各种景象。

【原文】　前为本,后为迹。

【译文】　前:道身。迹:变化后的形象。

【原文】　随机显,常不一。

【译文】　随机:随着不同的变化和需要。不一:没有固定统一的形态。这四句的意思是:道身是根本,其他各身都是从道身中变化出来的。各身随时可以变化,通常没有统

一的形象。

【原文】 有白元,有无英。

【译文】 白元:神名,讳洞阳,与无英共居眉间入二寸处的洞房宫,有时在肺中,有尊神之称。无英:神名,讳公子,与白元共居眉间入二寸处洞房宫,有时在人的左肝。

【原文】 有桃康,有司命。

【译文】 桃康:神名,肾中之神。它专门运阳精于脑,辅助元阳成金丹。摄禀气之命造化胞元,成人之后,桃康神守人脐下,所以桃康又是丹田下的神名,主人精胎,能回通三田,成九神之气。司命:制心宫之神,掌管人的生年寿夭。

【原文】 有太一,为五灵。

【译文】 太一:人脑中的百神之主。《文昌大洞仙经》:"人身中皆有金楼玉室,紫户琼宫……太一君居之,掌管列仙得道之籍。"五灵:即白元、无英、桃康、司命、太一五神。

【原文】 彗圆备,神自明。

【译文】 彗:疑通"慧"。圆备:功德圆满而齐备。这八句的意思是:人体内有白元、无英、桃康、司命、太一几位主要的神灵掌管着人体的各个部分。人只有修炼到智慧聪颖、功德完备圆满时,体内神灵才会明白一切,从而在主寿夭方面给人以明鉴。

【原文】 天视通,梵音通。

【译文】 天视通:即天眼通。观察外界事物好像在手掌中一样随心所欲,地理山川,如同在眼前。梵音通:各种神奇美好的声音都能听清楚。

【原文】 神触通,神会通。

【译文】 神触通:畅游三界,无事不通。神会通:心领神会之通。

【原文】 凤神通,预兆通。

【译文】 凤神通:能知以往所作所为的神通。预兆通:即预照通。能预知将来一切事情起因归宿的神通。此六通是借用了佛教的说法,实际要说明的是修炼静功而达到的佳境。

【原文】 周法界,无不穷。

【译文】 周法界,道力遍及整个宇宙。无不穷:没有不穷尽的,即其神通可以在法界之内自由运用。

【讲解】

重修炼善养生,是道教一大特点,总体来看,不外乎以下几个特点:

一、以人体为小天地,各部位都赋予神名,这是道教泛神论在养生方面的具体表现。修炼家把人体各神称为尊神,在那里起主宰作用。如泥丸,本是穴位,在头部,二眉间入三寸处为泥丸,是百神出入的地方。一说天皇太帝在泥丸宫主持日常工作,一说是皇老三素君,名罕张在泥丸做主,掌天府事。《云笈七籤》说,泥丸君是脑神,生于脑,住在华盖乡蓬莱里,人称南极老人泥丸君,说得神乎其神。又有一说,泥丸九真皆有房,三元隐化成三宫,三三如九,故有三丹田,又有三洞房,合上元为九宫,中有九真神,共二十七位,为丹田百神之主。又如肺神名皓华,字虚成;肚神名混康;肾神为玄冥,字育婴;肝神是尚书

宫真人；膀胱由玉房宫真人主持。脐者人命，名中极，又名五城，五城住五帝；五城外住八卦神；八卦之外还有十二楼，住十二位大夫。太神常在八节晦朔夜半时分，五城击鼓，集召诸神将校定功德，谋议罪恶。有录者延命，众神共举；无录者去生籍。

因为有神主掌，所以修炼时免不了还要用上咒语。这些咒语的作用无非是祝告和自勉，促使自己较快地净心澄虑，进入修炼状态。念咒语不画符，可以反复念咒。养生类咒语常常是短小的韵文，如："元始虚皇，集气居中。三元道养，二象摄生。三气洞玄，肇生穿隆。七转八变，混合回风。散花万神，天地开通。吉日行道，万天所宗。愿保长年，享福无穷。臣等皈命，与道合真。"又如："丹珠口神，吐秽除氛。舌神正伦，通命养神。罗千齿神，却邪卫真。喉神虎贲，伸气引精。心神丹元，令我通真。思神炼液，道气长存。"这种咒语是促使修炼者入静。

二、阴阳五行学说贯串修炼的全过程。阴阳五行学说在道教诞生以前已经盛行，此学说认为"阴阳不为物所生，万物因阴阳而生"。道教吸收了阴阳精华，主张阴阳平衡，金、木、水、火、土，不论哪一行都不能失衡，否则人体就会失调。道教将五行适用到各个脏器，如肾属水，脾属土，肺属金，心属火，肝属木。按五行说，肾为先天之本、五脏之根，主身体的骨髓及牙齿。一旦肾水虚，就要利用金生水、水生木的原理，疏肝理气保脾护肾。从修炼角度讲就是要使精气充足，使元阳、元阴互济，肾水上升与心火相济，这样不但补肾还能治失眠遗精等症，五脏因之而协调。练功时出现的津液有助于降火养心，润泽皮肤。再如肝为木，木盛则阳亢，肝火便旺，精神浮躁，修炼时要想到金克木，以理气为主降肝火。道教的阴阳五行之说发展并丰富了我国的中医理论。

三、动静结合，以静为主。外丹修炼误入歧途后，炼丹家开始转移方向，他们把注意力集中到内丹的修炼上来，以自我为丹炉，探求长寿的奥秘及途径。当时出现了不少的门派，其中主要的是守一、吐纳、导引。汉魏伯阳《参同契》、晋葛洪《抱朴子》，魏华存主张存想自身之神，传《黄庭经》，这是最具代表性的三家，到后来可以归为一宗——气论，实为今天气功理论的前驱。

【原文】 曰天地，曰水途。

【译文】 天地水：三途，亦称三恶。由天、地、水所行的三种厄运为三途。一说为地狱、饿鬼、畜生三途。

【原文】 积世孽，当受辜。

【译文】 积世孽：人生在世一天天积累下来的大小孽债。辜：受罪，受处罚。这四句的意思是：人生在世，常常自觉或不自觉地犯下不少罪孽，如果不主动悔罪省悟，罪孽越积越重，死后应当受到三途不同的处罚。

【原文】 曰色累，曰爱累。

【译文】 色累：因爱女色而带来的烦恼。爱累：因情爱造成的烦恼。

【原文】 曰贪累，曰华竞。

【译文】 贪累：因悭贪无厌而产生的烦恼。华竞：即华境。因追求灯红酒绿淫侈而带来的烦恼。

【原文】　曰身累，此五苦。

【译文】　身累：因生、老、病、死而形成的烦恼。

【原文】　并三途，为人难。

【译文】　为人难：成为人生旅程中的灾难。这八句的意思是：色、爱、贪、华竞、身这五苦，再加上三途，成为人生的灾难，挥之难去，只有修道才能解脱。

【原文】　闻思修，归觉路。

【译文】　闻：听到了以上有关人生八难的情况。思修：想到修行。觉路：修道成仙之路。

【原文】　善体行，得会悟。

【译文】　体行：亲自修行。会悟：领会省悟修道的乐趣。这四句的意思是：听到了人生八难之苦，应当考虑自我修行，踏上悟道之路，摆脱各种苦难，认真地向道，刻苦悟道修行，领会修道成仙的真谛。

【原文】　正信度，定善度。

【译文】　正信：至正诚信，心纯不杂，信神不移。定善：行善不懈，与人为善，以善取信，从善如流。

【原文】　金华度，普德度。

【译文】　金华：精华。利用天地精华，修炼不松弛。普德：大众能共同沐浴德泽德惠。

【原文】　元命度，全真度。

【译文】　元命：修炼精、气、神三元，使之归根。全真：保持本性，志在守朴养素。

【原文】　斯渐证，称六度。

【译文】　渐证：逐渐修成正果。这八句的意思是：正信、定善等六种修道成仙、度己度人的方法是修炼者修成正果必不可少的途径。

【原文】　慈与爱，善与忍。

【译文】　慈：慈爱悲悯，大慈大惠，济度无穷。爱：与人友好，亲而不狎，近而不玩。善：温和善良。忍：以礼谦让。

【原文】　四行足，丹书允。

【译文】　四行：慈爱善忍的四种品行。丹书允：具备四行美德方可进行修炼。这四句的意思是：慈爱善忍四种品行是修行者必须具备的，只有具备了这四种美德，才能进行修炼而且能取得良好的效果。

【原文】　曰真常，曰净应。

【译文】　真常：无欲纷扰为真，五德五元完备称常，这是去妄存诚的美德。净应：清洁不秽为净，能适应各种修炼环境为应。

【原文】　此四德，清都证。

【译文】　清：清都，即仙都。证：证登仙乡。这四句的意思是：真与常、净与应这四种德行常在就能修成正果。

【原文】 圣凡路,净秽门。

【译文】 圣凡:神圣与平凡。净秽:洁净与污浊。

【原文】 凡五道,不须论。

【译文】 凡五道:指未成仙前灵魂轮回的五种环境。生世积德厚重,享上福入圣道,享中福入人道;生世悭贪吝惜不施,则入饿鬼道;奉亲不孝,九族无仁,恶及百姓所忌,入地狱道;生世杀害众生灵,不知修福,但行恶事,入畜生道。这就是五道轮回转生。这四句的意思是:根据生前所修的德福以及生前留下的灾孽,人死后便有规定的去处,为善的早判生方,为恶的入地狱,受轮回之苦。何去何从,自己选择,不必多说。

【讲解】

这一章主要讲了因果报因的部分内容。就道教而言,太平道、五斗米道初创时,《太平经》以及《老子想尔注》中的济度思想中已有报应说的萌芽。《太上洞渊神咒经》《度人经》的出现,标志着道教度人思想的成熟,阴曹地府信仰的深化。内丹派、符箓派都以各自不同的形式倡导度人精神,鼓励人们生时积德行善,死后升入天堂;鞭挞罪孽深重的势利者,死后坠入地狱,受轮回之苦。

道教的因果报应说在发展过程中吸收了儒佛两家的思想,将主宰报应的意志外的力量变为司功司神,强化了功过的管理职能。继而出现了以《太上感应篇》为代表的一大批劝善书,旨在说人从善。功过格(记录自己的功过)的出现既是报应系统化的需要,同时也渗透着道教的宽容思想,让悔过者为善消罪,将功补过,往后不入地狱。

【原文】 曰黄曾,有六天。

【译文】 黄曾:天名。气名元阳,其色为黄,属欲界,据说生活在黄曾天的天民寿数达九百万岁。六天:道教三界中的欲界六天。即太黄皇曾天、太明玉完天、清明玉童天、玄胎平欲天、元明文举天、七曜摩夷天。生活在六天中的人,欲根不净,有色有欲,人民婚配胎生。

【原文】 百善功,得升迁。

【译文】 善功:积德积善之功。升迁:由黄曾天向七曜摩夷天晋升。这四句的意思是:黄曾天是六天中的一天,处在欲界最低一层。居住在黄曾天的仙人还要不断行善积德,才能逐步升入较高境界。

【原文】 曰越衡,十八天。

【译文】 越衡:色界十八天中最低一层天,名虚无越衡天,色界上天境界名称。《度人经集注》:六欲总净,超出欲界,上进一天,即登色界。十八天:色界十八天。依次为:虚无越衡,太极蒙翳,赤明和阳,玄明恭华,曜明宗飘,竺落皇笳,虚明堂曜,观明端静,玄明恭庆,太焕极瑶,元载孔升,太安皇崖,显定极风,始皇孝芒,太黄翁重,无思江由,上揲阮乐,无极昙誓等天。

【原文】 六根净,粗尘捐。

【译文】 六根净:眼、鼻、耳、舌、身、意杂念全除。粗尘:粗色尘,即各种欲望。捐:逐渐减少。这四句的意思是:由越衡天到无极昙誓天称色界十八天,住在这十八天中的神

仙,六根不染,粗色尘不断减少。

【原文】 次六天,细且轻。

【译文】 次六天:色界十八天分为下六天、中六天、上六天。次六天是中六天。细且轻:色尘细小而轻微。

【原文】 再致六,轻染更。

【译文】 再致六:再加上六天,即上六天。轻染更:细小的色尘也发生了变化。这四句的意思是:住中六天的仙人色尘细而轻微,住上六天的仙人细小的色尘也发生了变化,六根越来越清静,尘俗越来越少以至于全无。

【原文】 曰霄度,乃四天。

【译文】 霄度:无色界中最低的一层天。至真无情,不交阴阳,人民化生,但啖香气,无形质之患,人身微妙,无复形色,无形可见,则为无色界。四天:皓庭霄度天、渊通元洞天、翰宠妙成天、秀乐禁上天共为无色界四天。

【原文】 忘心识,转气观。

【译文】 忘心识:忘记了思想意识,即不以思维认识事物。气观:凭借气来洞察事物。这四句的意思是:生活在无色界四天中的仙人,他们不以思想意识看待周围的事物,而是转化为凭气认识仙界。

【原文】 渐为妙,入重玄。

【译文】 渐为妙:逐渐进入更为神奇的境界。重玄:玄之又玄、无法言表的天界。

【原文】 无沦坏,四梵天。

【译文】 沦坏:沉沦或死亡。四梵天:比无色界更为高一层的天界。由常融天、玉隆天、梵度天、贾奕天(贾夷天)构成。《度人经集注》:"此四天出入二气之外,无年寿之限。"

【原文】 曰常融,曰玉隆。

【译文】 常融,玉隆:见上注"四梵天"。

【原文】 曰梵度,贾夷终。

【译文】 终:三界天和四梵天以贾奕天为终极。这八句的意思是:天界越往上升,其境越妙,进入玄之又玄的四梵天后,无生无死,无灾无厄,无滞无碍,怡然自乐,往来无羁,生活在四梵天的仙人是真正的神仙。

【原文】 此四民,并三界。

【译文】 此四民:四梵天即四种民天。并三界:加上欲、色、无色三界。

【原文】 蹑诸乘,无滞碍。

【译文】 蹑:走在。诸乘:四民天和三清天以及大罗天,即除三界天以外各天。这四句的意思是:住在四天三界中的仙人,出入各种仙界没有任何滞碍,逍遥自在。

【原文】 既明天,须论地。

【译文】 明天:明白了天的构成。论地:讲述地界的构成。

【原文】 地依天,气包举。

【译文】 地依天：清气上升为天，浊气下沉为地。天为阳，地为阴，天地互相依存。气包举：地被气包裹着。道教认为大地悬于空中，被刚风包裹，才不致坠下。这四句的意思是：已经明白了天的构成，应当再讲讲地的情况。地和天互相依存，大地被气包裹着。

【原文】 十方界，及洞渊。

【译文】 十方：东、西、南、北、东南、东北、西南、西北、上、下合称十方。洞渊：相对于天界而言，上有九天，下有九地，以泉而分，故称洞渊九地。九地依次为色泽地，刚色地，石脂色泽地，润泽地，金粟泽地，金刚铁泽地，水制泽地，大风泽地，洞渊无色刚维地气。

【原文】 六元聚，拥京山。

【译文】 六元：指空间东西南北中上。京山：玉京山。这四句的意思是：四维八极和洞渊九地支撑着天，六元相聚又拥戴着大罗天中的玉京山。天和地相离又相依，靠的是六元之气。

【原文】 混无分，沌朴大。

【译文】 混无分：天地未分，混杂一起。沌：迷蒙。朴：纯朴。

【原文】 云莪莪，无高下。

【译文】 莪莪：即峨峨，高峻的样子。无高下：没有高低之分。这四句的意思是：天地未分的时候，整个宇宙迷迷蒙蒙，弥漫四方，分不清高低。

【原文】 溟寂然，涬无涯。

【译文】 溟寂：昏暗而又静寂。涬：自然之气混混茫茫。

【原文】 罗天布，三境奢。

【译文】 罗天布：大罗天展开。此指天地开辟，大罗天的梵气笼罩于三清天之上。三境：大罗天以下的三清天。奢：广大。这四句的意思是：大罗天生成之前，宇宙一片昏蒙，云气迷茫，无声无息，无边无垠。大罗天生成以后，梵气逐步展开笼罩于宇宙最高处。三清天也广漠无垠，云气依然涌动。

【原文】 蒙细雨，颒溢华。

【译文】 蒙细雨：云气蒙蒙如同轻柔的细雨。颒：颒蒙。天地将分之时的混沌之气。溢华：充满光华。

【原文】 洪钧运，无障遮。

【译文】 洪钧：指天。运：运转。无障遮：没有任何障碍阻挡。这四句的意思是：混沌之气如迷蒙的细雨不断注入，旁流溢出，放射出无数光华。从此，宇宙不再昏暗，天体开始运转，毫无阻拦。

【原文】 径四维，八圆界。

【译文】 径：直至。四维：四方之隅。八圆界：四维加上东西南北四方。

【原文】 浮虚空，风所待。

【译文】 虚空：空中。风所待：凭借金刚风的风力。这四句的意思是：直到四维八极具备，自然间有了空间。这个空间如同悬浮着一样，必须凭借风才能开始运转。

【原文】 风虚摩，气抡然。

【译文】 虚摩:虚指太虚或虚空。摩:摩擦,推荡。抢:挥动,这里指金刚风在虚空中推荡,宇宙中的气被挥动而逐步运转。

【原文】 金刚力,乘乎天。

【译文】 金刚力:指金刚般的力量。《度人经》说,在劫前有"金刚秉天",说的是金刚风负载着诸天。金喻指至真,刚喻指至坚。金刚风是至清至精至坚的风,它强于真金,悬浮于天地之间,力量无比。乘:负载。这四句的意思是:金刚风在太虚中推荡,宇宙中的迷蒙之气被挥动。风气动而不止,负载着天开始了不停地运转。

【原文】 日月星,倍循环。

【译文】 倍循环:成倍地加速运转。指日月星循环运行。

【原文】 重重涉,似转丸。

【译文】 重重涉:一次又一次走过。指星体依自己的轨道递次走过天宇中的区域。似转丸:好像不停旋转的小球。这四句的意思是:日月星加快速度一次次地运转,一次次走过已经走过的地方。日月星的运转如同旋转不息的小球。

【原文】 阴与阳,过不及。

【译文】 过不及:过犹不及。超过了阴阳平衡的限度和达不到这一限度,一样都会失去平衡。

【原文】 若扞格,生灾殪。

【译文】 扞格:互相抵触。灾殪:灾难或疾病。这四句的意思是:阴阳平衡过犹不及,不达不及。日月星的运行如果互相抵触,就会失去平衡,从而产生大大小小的灾难或疾患。

【原文】 曰阳九,曰百六。

【译文】 阳九、百六:指天地自然的运度,年厄岁灾之数,逢阳九、百六都是灾年。《无上秘要》卷七:"道言灵宝自然运度,有大阳九,大百六,小阳九,小百六。九千九百年为大阳九,大百六,三千三百年为小阳九,小百六。"

【原文】 运天关,转地轴。

【译文】 天关:天体运行的枢纽。转地轴:古代传说大地有轴,地绕轴转。晋代张华《博物志》:"地有三千六百轴,互相牵制。"《北堂书钞·河海括地象》:"昆仑之山,横为地轴。"现代地理学以贯穿地球南北两极的假设直线为地轴。这四句的意思是:天的运转会产生阳九、百六的灾年,天关开启天始运行,地轴也因之而转动。

【原文】 计轮回,三千六。

【译文】 计轮回,三千六:天运三千六百周,其间天地稍有毁坏为一次轮回。

【原文】 阴否蚀,阳激勃。

【译文】 阴否蚀:亏耗穷尽为蚀。否:闭塞不通为否。此指地气弱于太阳之气。阳激勃:天运三千六百周后,天气极于太阴,称阳激勃。这四句的意思是:天运三千六百周为一个轮回,天地遭到一次小小的毁坏,也属一次轮回。当太阴之气亏耗穷尽时正是阳气旺盛之际,阴极阳弱,阴盛阳衰,阴衰阳极,阴阳相生相克,轮回无穷。

【原文】 天穷阴,地穷阳。

【译文】 天穷阴:即天气(阳气)穷于最阴。地穷阳:阴气穷于最阳。阴阳不断互补,天地乃运行不息。

【原文】 两大轮,共颉颃。

【译文】 两大轮天阳地阴一直处于轮回之中。共颉颃互相上下抗衡没有穷尽。这四句的意思是:天有阴阳,地有阴阳,天地阴阳互相抗衡,促使天地运行不停,气象万千,无止无息。

【原文】 观上下,人在中。

【译文】 上下:天地。中:天与地的中间部分。

【原文】 距四方,入穹窿。

【译文】 距四方:远离四极。传说地上有四根柱子分别立于东西南北支撑着天,所以天不会倾颓。穹窿:中间高而四面下垂,构成洞穴样的空间。这四句的意思是:纵观天地,天在上,地在下,人处在天地之间,看不到远离自身的四柱,生存在一个很大的穹窿之中。

【原文】 数此地,至浩劫。

【译文】 数此地:仔细地观察这地。至:经历过。浩劫:劫,一毁一灭为劫。指很长的时间。

【原文】 非道力,谁不灭。

【译文】 非道力:如果没有大道的力量。谁不灭:哪一种事物会不灭呢。这四句的意思是:仔细观察这地,它也经历了很长很长的时间才得以形成,如果不依赖道的威力,也会像其他事物一样,遭到毁灭。

【原文】 润泽地,金粟地。

【译文】 润泽地,金粟地:《无上秘要·九品地》载:"润泽地,名王德,其气通黄元,心土大将军之所治。金粟地,名人德,其气通赤元,福上令之所治。"

【原文】 刚铁地,水泽地。

【译文】 刚铁地,水泽地:《无上秘要·九品地》载:"金刚铁地,名水德,其气通白元,骨土长之所治。水泽地,名里德,其气通紫,甲土父母之所治。"

【原文】 大风泽,称五地。

【译文】 大风泽:《无上秘要·九品地》载:"名复德,其气通青,始贤土宗正之所治。"

【原文】 空色润,至微细。

【译文】 空色润:标志五地的气色清朗和滋润。至微细:五地的名称、色彩、职能明确不误。这八句的意思是:五地以色为标志,名称讳号清楚无误,所治之责也十分明白。

【原文】 曰戊土,曰己土。

【译文】 戊土:天干第五位是戊,在五行属土,故称戊土。己土:天干第六位,在五行中也属土,故称己土。戊己之土实际只存在于丹家理论中,又称雌土,指神中的杂念。

【原文】 曰浮黎,为三土。

【译文】 浮黎:传为天王宫之土,在清微天中,相传元始天尊曾在浮黎土说《度人经》。这四句的意思:戊土、己土、浮黎土简称为三土。

【讲解】

我们的祖先对天地形成奥秘的探索起源很早,认为道炁首先化育大罗天,然后再一天一天地化育,共有三十六天。四维八极具备,梵炁弥罗,空间开始形成,然后在罡风的推荡下开始运转,不复停止。天由道炁中的清气化育,浊气下沉便形成地。按阴阳说,天为阳,地为阴,天穷于阴,地穷于阳,阴阳互补,互为颉颃,运行不息。一旦失去平衡,就会出现灾难。四极废而后女娲补天,天之灾有人补;共工争帝而触不周山,人之灾无法补,故至今地不满东南,而水潦尘埃归焉。这是神话,也是人类对自然界的最初认识。汉代张衡为测天象而研制浑天仪,为了解地震而研制候风地动仪,这是史实,是人类欲想了解天地、掌握自然的可贵努力。用阳九、百六来研究天地的运度、灾厄,在汉代也已显端倪。这要比波兰天文学家哥白尼的"日心说",意大利布鲁诺否定"地心说",强调宇宙无限的理论早将近二千年。当意大利科学家伽利略的《关于托勒密和哥白尼两大宇宙体系的对话》被列为禁书,伽利略喃喃自语"可是,地球是在运动"时,我们的祖先早已知道"运天机,转地轴"了。虽然不能与伽利略的发现相提并论,但足以说明我国古代对天地成因及运行不辍的现象深感兴趣并进行了大胆的解释和探索实践。

在科学技术不发达的古代,要探讨天地的具体形成是十分困难的,即使在今天也难穷根究底,还有许多谜。当然这并非是人的愚蠢,主要是广袤的宇宙留给我们太多的玄妙。在道教看来,道是万物之母,它能化生一切,无疑天地由道所生。

道教对天地形成的认识是建立在猜想之上的,把天分为大罗天、三清天、四梵天、无色界四天,色界十八天,欲界六天,这三十六天各有神仙管理。神秘的划分与归纳,曾替代了科学的研讨,于是出现了探讨起源早而又无法得出科学意义上的天的定义的状况。

道教凭人的意识创造了天,天又掌管着人,人要升入天境却是那样艰难。靠修炼,其结果难料,因为这种至高至美的天境只存在于人的思维中间而不存在于现实之中。

三十六天说的宗教色彩十分浓厚,认为善人死后,灵魂能升天;恶人死后魂入地狱;善人犯过,亡灵可以通过超度登天;笃信道者可以通过修炼直接登天。鉴于这种认识,道教徒又十分崇敬天,一方面提倡我命在我不在天,一方面又敬天活动不断,岁时不忘祭天,无可奈何时还要屈从天意,使对天的认识越来越复杂。

宇宙学中的天是一个无限的宇宙空间,道经上的天是人们想象的神仙世界,前者属于自然科学的范畴,后者属于宗教理论。在道教信徒眼中这两个不同的天是一种天,是神创造的,唯有得道者才能有升天的机会。

【原文】 度人经,且说明。

【译文】 度人经:道教经书,全称《灵宝无量度人上品妙经》,是道教主要经典之一。且说明:况且已经说清楚。

【原文】 六十一,次第分。

【译文】 六十一:指《度人经》共有六十一章。次第:指《度人经》按元始说经开劫度人、天地形成等内容逐个依次讲述。这四句的意思是:关于天和地的形成及其有关的内容在《度人经》中有逐一的详细说明。

【原文】 太上道,上真道。

【译文】 太上、上真:后人给道所取的名称。太上道、上真道仅用于区分层次,不从经教的具体内容方面去命名。之所以这样分,是为了有利于习修者了解修炼达到的程度。

【原文】 中真道,种种道。

【译文】 中真道:学道的一个层次。种种道:冠以各种各样名称的道。这四句的意思是:道有许多不同的名称,如太上道、上真道、中真道,但这不是道派的名称,而是修道过程中所达到的程度或称阶位。

【原文】 知其几,观其窍。

【译文】 知:懂得,了解。几:《易传》:"几者动之微。"即玄妙或真谛。观其窍:观察掌握它的窍门。

【原文】 空无碍,入众妙。

【译文】 空:中无所有。无碍:无阻拦。入众妙:进入玄妙无穷的境界。这四句的意思是:要善于从各种不同名称的道经中了解道的玄机,观察掌握学道的窍门,不拘泥于道经中的个别文字,要凭悟性去悟道的真谛,不受任何干扰或阻碍,认真体道、悟道、修道,才能使自己进入修道者定能进入的佳境。

【原文】 凡学人,当自体。

【译文】 学人:崇道修行的人。自体:亲自体验。

【原文】 志向坚,万善举。

【译文】 万:指多。举:全,皆。这四句的意思是:所有学道的人应当亲自体验道,学道志向要坚定,要具备修道之人各种美德和善行。

【原文】 信能行,功无比。

【译文】 信:确实。行:坚持修行。无比:无可比拟。

【原文】 除秽垢,勤磨洗。

【译文】 秽:污浊。垢:粘在身上或思想上的肮脏物。磨洗:反复摩擦搓洗。这四句的意思是:确能坚定不移地修行,功德无可比拟。在修炼过程中倘若出现动摇,思想上沾染了杂念,那么要像洗涤衣服一样努力清洗,使之洁净。

【原文】 参众术,撮枢要。

【译文】 参:参通悟正。众术:各种修道成仙的方术。撮:抓住。枢要:最关键的。此处指众术的精华。

【原文】 循阶梯,爱深造。

【译文】 循:遵循,按照。爱:缓缓。这四句的意思是:要参悟各种修道成仙的方术,

抓住关键,摄取众术的精华,按照一定的秩序,由浅入深,缓缓地坚持修炼,逐步达到理想的境界。

【原文】 窥琅环,探玄奥。

【译文】 窥:仔细观察。琅环:指仙境。探:悟。玄奥:指道的奥妙。

【原文】 致虚寂,无朕兆。

【译文】 致:达到。虚寂:空而静,即无任何杂念。朕兆:迹象,痕迹。指大道无色无形。这四句的意思是:修道时要注意观察领悟特殊境界中的现象和感觉,探寻其中的奥妙,努力做到虚静无杂,道气贯满全身,人道合真。

【原文】 昔穆王,厌国情。

【译文】 穆王:即周穆王,周昭王之子,名满。他曾西击犬戎,东征徐戎,屡建安邦定国之功。后人演陈《穆天子传》,说他乘八骏马到昆仑山拜见西王母。厌国情:对处理国家日常事务感到厌烦。

【原文】 轻富贵,徂昆仑。

【译文】 轻:看轻。富贵:名誉、地位、权势、财富。徂:前往。这四句的意思是:古时候周穆王厌烦于处理国事,他放弃地位、权力、财产,前往昆仑山向西王母学道。

【原文】 李八百,古蜀君

【译文】 李八百:以此为名者甚多,这里的李八百应是杜宇,因为其余称李八百者均与蜀地无关。据《华阳国志》记载,杜宇为仙人,从天堕止蜀地,自称为蜀王,号曰"望帝",古称蜀君。

【原文】 去归隐,禅鳖灵。

【译文】 去:指杜宇放弃蜀君尊位。相传巫山蜀地,雍江洪水,杜宇派蜀相鳖冷凿巫山,治水有功,蜀人有了避洪水的陆地。杜宇遂禅位与鳖冷。归隐:相传杜宇隐居西山修道,化为杜鹃鸟,至春则啼,似是忏悔,闻者凄恻。

【原文】 王子晋,好神仙。

【译文】 王子晋:传说为道教仙人,周灵王太子,又名王子乔,字子晋。传说他生而神异,从小喜欢学道,吹笙像凤凰一样优雅。后来在河南一带云游,遇到道士浮邱公,同往嵩山。

【原文】 随浮邱,驾鹤还。

【译文】 驾鹤还:王子晋住嵩山三十年后的一个七月七日,乘白鹤回到家乡与家人告别,然后乘鹤升天而去。道教尊其为"右弼真人",治河南桐柏山,主管吴越一带的水旱,后被宋徽宗封为"元应真人",宋高宗时加封为"善利广济真人"。这四句的意思是:王子晋喜欢神仙之道,他在云游时遇到高道浮邱,两人随同前往嵩山。后来,王子晋修仙得道,乘白鹤回乡与家人辞别,升天而去。

【原文】 善济物,马师皇。

【译文】 善济物:乐善好施,济物利人。马师皇:黄帝时的马医,懂得马的各种疾病及治疗方法,医术很高。

【原文】 愈龙疾，甘草汤。

【译文】 愈龙疾：相传一天龙飞至马师皇面前，垂耳张口求医，马师皇用甘草汤治好了龙的疾病。这四句的意思是：马师皇是黄帝时的马医，他乐善好施，济物度人。有一次，龙飞到他面前，请求治病，他用甘草汤治愈了龙的疾病。此后龙又下凡，把马师皇接到仙界去了。

【原文】 介元则，有道术。

【译文】 介元则：即介象，汉末三国道士。《神仙传》上说他是会稽人，学通五经，修道法，在东岳受气禁之术，善隐形变化，后遇神仙得丹经一部。吴主孙权慕名将他召到武昌，学习隐形之术。后来介元则入蜀，常与刘备论道。不久尸解升仙而去。道术：指隐形变化之术。

【原文】 钓鲻鱼，献吴王。

【译文】 钓鲻鱼：相传介元则与吴王孙权论鱼，乘着兴致高涨，运用道术，在宫廷里置水坛，从中钓起一条大鲻鱼。这四句的意思是：介元则有隐形变化之术，善变草木鱼虫鸟兽。有一次在吴王宫谈论鱼的时候，他运用道术变出一条鲻鱼献给吴王。

【原文】 七岁童，丁令威。

【译文】 丁令威：道教神仙，辽宁人，七岁学道于灵虚山。

【原文】 学仙道，千年归。

【译文】 千年归：丁令威尝吟："有鸟有鸟丁令威，去家千岁今来归。城郭如故人事非，何不学仙冢垒垒。"以此歌劝世人修道。这四句的意思是：丁令威从七岁开始就进灵虚山学道，他吟了一首《千年归》的诗歌，劝解世人认真修炼成神仙。

【原文】 暨彗琰，修蝉蜕。

【译文】 暨彗琰：传说中道教仙人。修蝉蜕：主修一种名为蝉蜕的成仙方法。蝉蜕是比喻，实指"尸解"，即修道者死后留下形骸，魂魄聚升成仙。

【原文】 天目山，棺版飞。

【译文】 天目山：今浙江临安市西北的天目山。棺版飞：暨彗琰尸解成仙后，家人按民间旧俗入殓葬之。数年后仙及棺版内遗物，仙气带着棺版忽然飞出。这四句的意思是：暨彗琰在天目山修炼尸解的成仙方术，得道后留下遗骸，升仙而去，数年后连同肉体一起升仙而去。

【原文】 冯薛氏，修苦行。

【译文】 冯薛氏：道教女居士，河中少尹冯徽之妻，姓薛名玄同，婚后二十年一直托疾独处，诵念《黄庭经》，每日二、三遍，数十年如一日，称得上修苦行。

【原文】 得尸解，玄鹤迎。

【译文】 玄鹤迎：薛玄同得尸解成仙时，有鹤下迎。另一说是薛玄同修炼三十三年后某夜，有青衣玉女二人降其室，告诉她紫虚元君将要亲自降临。玄同焚香虔诚以待元君。终于在七月十四，元君把黄庭澄神存修秘诀告诉玄同，还赐给她九华丹一粒，让她八年后吞服。后因避乱，于八八二年二月沐浴服丹，至十四日称疾而卒，传为尸解仙去。

【原文】　太玄女,少丧夫。

【译文】　太玄女:古代女仙,本名颛和,年轻时就失去了丈夫(一说少丧父),于是立志修道延生。访名师,得王子之术,行之数年便能入水不濡,不避炎火,能变化万物,起死回生,三十六术,无所不为。

【原文】　治仙术,坐行厨。

【译文】　治:修炼。行厨:出行途中的临时烹饪设备,此指阆苑天厨。这四句的意思是:太玄女年轻时失去了丈夫,她自己便立志修炼神仙道术,最后竟能坐地日行到天厨烹用神仙之餐。

【原文】　张珍奴,悔青楼。

【译文】　感吕仙:张珍奴为消除自己的罪孽,朝夕告天希望及早解脱,这一行为感动了仙人吕洞宾,吕洞宾就将"太阴炼形丹法"传授给她。得真修:得到了真正能修之成仙的方法。

【原文】　感吕仙,得真修。

【译文】　张珍奴:唐代吴兴县的一个妓女。悔青楼:曾因自己是一个妓女而悔恨。

【原文】　古高真,诰谛多。

【译文】　高真:泛指修道成仙的人。诰:以勉励为旨的文章。谛:真言真理。

【原文】　嗟同人,易蹉跎。

【译文】　同人:志同道合者。蹉跎:白白浪费时光。这四句的意思是:古代的高真大德留下许多勉励的金玉良言和坚持修道的真谛,感叹那些志同道合的友人常常浪费修炼的好时光,碌碌无为地活在世上,心安理得地做个俗人。

【原文】　作三字,勉初学。

【译文】　初学:开始学道的人。

【原文】　细研精,得至乐。

【译文】　细研精:仔细研究,获取精华。至乐:最大的乐趣。这四句的意思是:写作这《道教三字经》是为了勉励刚刚开始学道的人,希望他们认真研讨,吸收精华从而获得学道修仙的无穷乐趣。

【原文】　莫泥象,莫执文。

【译文】　泥:拘泥,束缚。象:表象。执文:偏信于文字。

【原文】　悟此理,乃为真。

【译文】　为真:成为真人。这四句的意思是:初学者不应该被表面现象所左右,不要偏执于道书道言,主要的是悟出其中的道理,才能成为真正的学道得道之人。

【讲解】

神仙之说在道教诞生以前就已有之,有人把它视为无稽之谈,有人把它作为茶余饭后的谈资,也有人把它作为人生追求的目标。因为神仙之说确实神奇,神仙故事见于传略者比比皆是,言之凿凿。不少人士竭尽全力宣扬"至奇出于至庸,至神出于至精"的神仙人物,把后人搞得"不得其真","不信也惜"。封建士大夫出于对统治阶级的忠心,大

肆鼓吹忠臣孝子、义夫节妇皆是神仙之种,他们把神仙之说与儒家伦理纲常结合起来,强化了神仙之说的社会功能,极力渲染"可以生,可以死;可以隐,可以现;可以卿,可以相;可以穷,可以达,但断不可以没有神仙种子",于是,有关神仙的记载卷帙浩繁,内容却大同小异。好事者汰沙取金,探龙得珠,自汉到明,有名有姓的仙人二百七十六位。

随着历史的发展,人类由幼稚走向成熟,道教对神仙之说的看法也发生了微妙的变化,将修仙得道淡化为长生不老,把人生的最终希望逐渐转移到现实,注重今生今世,不可否认这是一大进步。

今天,我们该怎样看待长生不老呢?科学告诉我们,"不老"只是美好的愿望,新陈代谢才是不变的规律。应该在有生之年选择一种或多种适合自己的锻炼方法,炼性炼身,淡泊自然。达观者寿,努力延长生命的极限,提高生活和生命的质量。养生理论的完备,养生方法的多样化,正是人们探求延寿的经验总结。